国家出版基金项目
NATIONAL PUBLICATION FOUNDATION

國家出版基金項目

教育部哲學社會科學研究重大課題攻關項目

國家重點圖書出版規劃項目・重大工程出版規劃

「十一五」「十二五」「十三五」

「十四五」

國家重點出版物出版专項規劃項目・古籍出版規劃

國家社會科學基金重大項目

北京大學「九八五工程」重點項目

儒藏

精華編一七二册

史部傳記類

儒藏

精華編

北京大學《儒藏》編纂與研究中心

#《儒藏》精華編第一七二册

首席總編纂　季羡林

項目首席專家　湯一介

總　編　纂　湯一介　龐　樸　孫欽善　安平秋（按年齡排序）

本册主編　張希清

《儒藏》精華編凡例

一、中國傳統文化以儒家思想爲中心。《儒藏》爲儒家經典和反映儒家思想、體現儒家經世做人原則的典籍的叢編。收書時限自先秦至清代結束。

二、《儒藏》精華編爲《儒藏》的一部分，選收《儒藏》中的精要書籍。

三、《儒藏》精華編所收書籍，包括傳世文獻和出土文獻。傳世文獻按《四庫全書總目》經史子集四部分類法分類，大類、小類基本參照《中國叢書綜録》和《中國古籍善本書目》，於個別處略作調整。凡單書已收入入選的個人叢書或全集者，僅存目録，並注明互見。出土文獻單列爲一個部類，原件以古文字書寫者一律收其釋文文本。韓國、日本、越南儒學者用漢文寫作的儒學著作，編爲海外文獻部類。

四、所收書籍的篇目卷次，一仍底本原貌，不選編，不改編，保持原書的完整性和獨立性。

五、對入選書籍進行簡要校勘。以對校爲主，確定内容完足、精確率高的版本爲底本，精選有校勘價值的版本爲校本。出校堅持少而精，以校正誤爲主，酌校異同。校記力求規範、精煉。

六、根據現行標點符號用法，結合古籍標點通例，進行規範化標點。專名號除書名號用角號（《》）外，其他一律省略。

七、對較長的篇章，根據文字内容，適當劃分段落。正文原已分段者，不作改動。千字以内的短文一般不分段。

八、各書卷端由整理者撰寫《校點説明》，簡要介紹作者生平、該書成書背景、主要内容及影響，以及整理時所確定的底本、校本（舉全稱後括注簡稱）及其他有關情況。重複出現的作者，其生平事蹟按出現順序前詳後略。

九、本書用繁體漢字豎排，小注一律排爲單行。

#《儒藏》精華編第一七二册

史部傳記類

總録之屬

清儒學案卷一百八十八

天津徐世昌

南皮學案下

南皮弟子

繆先生荃孫

繆荃孫，字炎之，一字筱珊，晚號藝風，江陰人。未冠，肄業麗正書院，從丁儉卿先生受經學、小學。後侍父入川，寄籍華陽，應試獲舉，改歸原籍。於時，文襄公視蜀學，宏獎後進，執贄稱弟子。光緒丙子成進士，改翰林院庶吉士，散館授編修，充國史館纂修，總纂輯《儒林》、《文苑》、《循吏》、《孝友》、《隱逸》五傳，以續阮文達之所未竟。以《儒林》去取與當事者齟齬，會丁繼母憂歸，主講南菁書院，與黄元同先生分任經學、詞章。又歷主山東濼源、湖北經心、江寧鍾山、常州龍城諸書院講席。及鍾山書院改爲高等學堂，充監督。久之，疆吏奏舉績學碩儒，詔加四品卿銜，專辦江南圖書館事。宣統元年，學部奏充京師圖書館監督。辛亥，避居上海。清史館開，兩度應聘至京，商搉凡例，且以五傳原稾引爲己任，而以《循吏》一傳屬之他手。又任撰康熙朝列傳，脱稾僅十之六七。己未卒，年七十六。先生恪守乾嘉諸老學派，治經以漢學爲歸。所藏清代經説，王葵園先生續刻《經解》多所取資，而乙部致力最深，拾遺訂誤，悉循竹汀、西莊之軌。筆記當代掌故，積至數十册。文襄重修《順天府志》時，招之相助。及出任晉撫，則繼爲總纂。七年書成，時推鉅製。重修《湖北通志》，續修《江陰縣志》，亦先生所總持也。性嗜金石，所聚搨本萬數千通，而四川、畿輔、江南久居之地，訪搨略徧。又勤於目録、版刻，祕笈孤本博識精校，矻矻窮年。所著有孔北海、韓致堯、魏文靖、李忠毅《年譜》各一卷，《江蘇金石志》二十四卷，《待訪目》二卷，《藝風堂金石目》十八卷，《讀書記》四卷，《藏書記》八卷，《續藏書記》八卷，《文集》八卷，《續集》八卷，《辛壬稾》三卷，《癸甲稾》三卷，《乙丁稾》五卷。所輯有《續碑傳集》八十六卷，《遼文存》六卷，《常州詞録》三十一卷。未刊稾有《五代史方鎮表》十卷，《碑傳集補遺》十四卷，《金石分地録》二十四卷，《再續藏書記》不分卷。所編刻者有《雲自在龕叢書》、《對雨樓叢書》、《藕香零拾煙畫東堂小品》諸書，其爲朋好所編刻者尤夥。參夏孫桐撰行狀。

文集

爾雅有衍脱文攷

《釋詁》犯奢果毅。「毅」字衍文。案：注以陵犯釋犯，誇奢釋奢，果毅釋果，此以注文而誤衍。

阬阬。下「阬」字衍文。鄭樵云：「阬阬重文，經典所無，疑衍一字。」案：《廣韻·十二庚》「阬」字下引「《爾雅》曰『虚也』，郭璞云：『阬，塹也』，客庚切」。非重文。

鞫詾。「詾」字衍文。阮云：「鞫詁盈，詾詁訟不詁盈。此郭氏因引

《詩》『降此鞠訩』，正文遂衍『訩』字。」

《釋天》太歲在甲曰閼逢。　太歲在寅曰攝提格。　兩「太」字衍文。錢氏《養新録》云：「古法太陰與太歲不同，《淮南·天文訓》『太陰在寅，歲名攝提格』云云，蓋『閼逢』以下十名，『攝提格』云云以下十名，皆由太陰得名，不關太歲。《史記·天官書》索隱引《爾雅》云『歲在甲曰焉逢，寅曰攝提格』，無『太』字，當是古本。東漢術家不求太陰，誤認太陰爲太歲，故《漢書·天文志》有『太歲在寅曰攝提格』之文。太史公書但云『攝提格歲陰左行在寅』，初不云『太歲』也。然此兩『太』字，已是漢人所增矣。」❶

《釋地》郊外謂之牧。　似衍文。案：《魯頌》毛傳：「邑外謂郊，郊外謂野，野外謂林，林外謂坰。」《説文》亦云：「邑外謂之郊，郊外謂之野，野外謂之林，林外謂之冂。」俱據《爾雅》，無「郊外謂牧」之文。《小雅·出車》「于彼牧矣」，毛云：「出車就馬於牧地也。」《周語》「國有郊牧」，韋昭注：「國外曰郊。牧，牧地也。」而不云牧在郊外。此五字疑後人所加。

《釋草》藒車芞輿。　「車」字衍文。案：郝氏《義疏》：「《説文》：『藒，芞輿也。』『芞，芞輿也。』並無『車』字。臧氏

❶「已是」，清嘉慶刻本《十駕齋養新録附餘録》卷三作「疑」。

《經義雜記》云：『車即輿字之駮文也。』」「據《釋文》知古本《爾雅》作『藒，芞輿』，郭注特因《離騷》謂之『揭車』，故援以證之。後人輒仿注義，增經字耳。」

虉從水生。「生」字衍文。案：阮氏云：「此『虉從水』與下『薇垂水』文一律。此注『生於水中』與下注『生於水邊』文亦一律，因經無『生』字，故注云『生於水中』。蓋因注誤衍，覺注爲贅矣。」以上衍文八條。

《釋天》「赤奮若」下脱「歲陰」二字。案：《史記・曆書》「焉逢攝提格元年」，《索隱》曰：「《爾雅・釋天》云：『歲陽，十干是也。歲陰，十二支是也。』歲陽在甲云『焉逢』，謂歲干也。歲陰在寅曰『攝提格』，謂歲支也。」此唐司馬貞時「歲陰」二字尚存，自開成石經始脱去，宜補。

《釋丘》「水出其左營丘」脱「前而」二字。案：《詩正義》：「水所營繞，故曰營丘。郭注：❶『今齊之營丘，淄水過其南及東。』」是不惟郭氏所注之本正作「水出其前而左」，且營丘之形勢宛然如在目前，不可易也。乃邵氏《正義》反據孫炎注以駮郭氏，謂經文並無「而前」字，郭氏此注殆欲使人易曉耳。其説殊爲武斷。

《釋魚》「鼁䵹蟾諸」上脱「圥」字，下脱「鼀」字。《釋文》：「鼁音起據反。」起

❶「郭注」，《毛詩正義》作「孫炎曰」，與《爾雅》郭注同，當是郭氏襲孫氏語。

據之音蓋以鼁從去也。羅願《爾雅翼》曰「鼁䵶詹諸」，洪焱祖音釋曰：「鼁，《爾雅》音圥。」讀如六。似是《爾雅》「鼁」本作「鼀」。《説文》亦云「圥鼀，詹諸，從黽從圥。圥，七宿切」，讀如促。是鼀從圥不從去，則陸氏起據之音非矣。《釋文》「䵶音秋」。案：《莊子》曰：「鰌我亦勝我。」鰌，本又作「𨧫」。《荀子》曰：「大燕鰌吾後。」注：「鰌，蹴也。」《釋名》曰：「蹙，遒也。遒，迫也。」然則鰌、𨧫、遒三字從酋得聲，並讀如促。䵶字從酋，其音亦宜然。《説文》云「鼀，或從酋作䵶」，是䵶即鼀字，音促不音秋。鼀、䵶即一字也，然《爾雅》何以作重文？攷《説文》敍述之次曰：「圥鼀，詹諸也；䵶𪓰，詹諸也。」若據《説文》以訂正《爾雅》，則《爾雅》當曰「圥鼀、䵶𪓰，蟾諸也」，今但存「鼀䵶」二字重複爲文，莫可解説，疑傳寫者上脱「圥」字，下脱「𪓰」字。　「鼁」當作「鼀」。

《釋畜》「雞三尺爲鶤」下脱「六畜」二字。

案：《春秋》桓六年正義云：「《爾雅·釋畜》於馬、牛、羊、豕、狗、雞之下題曰『六畜』。」又昭二十五年正義曰：「《釋畜》之末，別釋馬、牛、羊、豕、犬、雞六者之名，其下題曰『六畜』。」然則唐初本《爾雅》有此題，今本脱。以上脱文四條。

《釋言》遇，偶也。　此文誤倒。案：《文選·讓宣城郡公表》「偶識量已」，注引《爾雅》曰：「偶，遇也。」郭

注：「偶爾值也。」《與山巨源絶交書》「偶與足下相知」，注引《爾雅》曰：「偶，遇也。」《一切經音義》卷二「偶成」下引《字林》「偶，合也」，引「《爾雅》『偶，遇也』，郭氏曰『偶爾相值』者矣」，卷九「偶得」下引「《爾雅》『偶，遇也』，郭氏曰『偶爾相值也』」，據此知唐以前《爾雅》作「偶，遇也」，郭注作「偶爾相值」，值即釋經之「遇」。今本經誤倒，注又衍「遇」字。

《釋宫》閍謂之門。　此文誤倒。案：《郊特牲》「祊之於東方」，正義引《釋宫》云：「『門謂之祊。』孫炎云：『謂廟門外。』」是孫叔然注本作「門謂之閍」也。《郊特牲》「索祭祝於祊」，注：「廟門曰祊。」正義曰：「《爾雅·釋宫》文。」又《禮器》「爲祊乎外」，正義曰：「以《釋宫》云『廟門謂之祊』。」皆「閍」字在下，可互證。鄭、孔俱言廟者，以義增加，非《爾雅》本文。以上倒文二條。

《釋草》「菋，至藸」、《釋木》「菋，荎著」。　郭氏《釋木》注：「《釋草》已有此名，疑誤重。」而王氏《經義述聞》則引「《周禮注》杜子春云『⿰麥未讀如菋荎著之菋』，❶以爲菋有⿰麥未音，與音味者師讀不同」。郝氏《義疏》亦引之，又同引《齊民要術》所引之《皇覽》，以爲木中亦有五味，而力駁郭氏重出之說。不知杜氏相傳之師

❶「義」，原作「訓」，今據光緒二十六年刻本《藝風堂文集》卷三改。

説固在郭氏之前，但杜氏自注「鮇」字，與《爾雅》初不相謀，雖曰漢儒之讀，若即後人叚借之例，不惟叚其聲并叚其義，然其時尚無反切，未可一概論也。他若《齊民要術》、《唐本草》諸書，則皆在郭氏後，無庸深辨矣。

《釋蟲》「密肌，繼英」、《釋鳥》「密肌，繫英」。郭氏《釋鳥》注：「《釋蟲》已有此名，疑誤重。」錢氏《潛研堂集》本之，僅解《釋蟲》而《釋鳥》則從闕。郝氏《義疏》則引《玉篇》、《廣韻》之鳥名以解《釋鳥》之繫英，而《釋蟲》之疏則本錢氏之説而引申之，且謂「今《釋蟲》、《釋鳥》俱有『鶮，天雞』，而郭氏未嘗以爲誤重」，其説殊有理。但郭氏於《釋蟲》注亦既以爲未詳，茲更以爲誤重，匪惟蓋闕之義，殆亦有所本焉，正不妨並存其説也。

《釋鳥》「桑扈，竊脂」。本篇重此句。以上重文三條。

「鸕諸雉」。此錯簡，「諸雉」二字當在「鷺舂鉏」之下。黑爲鸕，白爲鷺也。「諸雉」二字在下文「鷂雉等」之上，雉有數類，故以「諸雉」冠之。

《釋獸》「豕子豬」一段。此錯簡，當在《釋畜》「羊屬」之後，並脱「彘屬」二字，不應在《釋獸》內。以上錯簡二條。

逸文附攷

皇，大也。《尚書·洪範》「建用皇極」，傳：「皇，大。」正義曰：「『皇，大』，《釋詁》文。」案：今本《釋詁》皇爲君，訓大者卅九字，而皇、豐二字無之。

豐，大也。《詩・周頌・豐年》傳：「豐，大也。」正義曰：「『豐，大』，《釋詁》文。」今本無。

良，善也。《詩・唐風》「良士瞿瞿」，箋：「良，善也。」正義曰：「『良，善』，《釋詁》文。」案：今本《釋詁》云「元、良，首也」，訓善者十六字，而無「良」字。

自，用也。《尚書・立政》正義曰：「《釋詁》云『自，用也』。」案：今本《釋詁》云「遹、遵、率、循、由、從，自也」，無「用」之一訓。

由，用也。《左》昭八年傳「猶將復由」，注：「由，用也。」正義曰：「『由，用』，《釋詁》文。」案：今本《釋詁》由訓自，無「用」之一訓。

壽，考也。《詩・魯頌・閟宮》「三壽作朋」，❶傳：「壽，考也。」正義曰：「『壽，考』，《釋詁》文。」案：今本《釋詁》云：「黃髮、齯齒、鮐背、耇老，壽也」，而無「考」字。

謐，昚也。古《玉篇》引《爾雅》曰：「謐，昚也。」案：今本《釋詁》謐訓靜，無「昚」之一訓。

蓺，靜也。古《玉篇》引《爾雅》曰：「蓺，靜也。」案：今本《釋詁》訓「靜」者十一字，而無「蓺」字。

顯，明也。《禮記・祭法》「顯考廟」注：「顯，明也。」正義曰：「『顯，明』，《釋詁》文。」案今本《釋詁》顯訓光，又訓代，無「明」之一訓。

虔，敬也。《詩・殷武》「方斲是虔」，傳：「敬也。」正義曰：「『虔，敬』，《釋詁》文。」

❶「頌」，原在下「閟宮」下，今據引文例及《毛詩》改。

案：今本《釋詁》云「儼、恪、祇、翼、諲、恭、欽、寅、熯，敬也」，而無「虔」字。以上《釋詁》。

忒，疑也。　《詩・鳲鳩》「其儀不忒」，傳：「忒，疑也。」正義曰：「《釋言》文。」案今本《釋言》爽訓忒，無「疑」之一訓。

輯，合也。　《尚書・舜典》「輯五瑞」，正義曰：「《釋言》云：『輯，合也。』」案：今本《釋詁》輯訓和，又合之一訓有九字，而無「輯」字。《釋言》篇二字皆無之。

斯，盡也。　《詩・皇矣》「王赫斯怒」，箋：「斯，盡也。」正義曰：「『斯，盡』，《釋言》文。」案：今本《釋詁》訓盡者十三字，而無「斯」字。

飪，孰也。　《儀禮・士虞禮》「羹飪」注：「飪，孰也。」疏曰：「『飪，孰』，《釋言》文。」今本無此文。

𣄴，薄也。　《說文・旡部》：「𣄴，事有不善言𣄴也。《爾雅》：『𣄴，薄也。』」今本無此文。

鋪，布也。　敷，布也。　《文選・西都賦》「桑麻鋪棻」，李善注引《爾雅》曰：「鋪，布也。」《後漢・班固傳》作「敷」，章懷注引《爾雅》曰：「敷，布也。」又《尚書傳序》正義亦引《爾雅》「敷，布也」，今本無此文。

幾，冀也。　《尚書傳序》正義引《爾雅》：「幾，冀也。」案：今本《釋詁》幾訓危，又《釋言》云「庶幾，尚也」，無「冀」之一訓。

濬，通也。　《史記・五帝紀》索隱引《爾雅》：「濬，通也。」案：今本《釋言》「濬、幽，深也」，無「通」之一訓。

遂，生也。　《後漢・杜篤傳》「粳稻陶遂」，章懷注引《爾雅》曰：「遂，生也。」今本無此文。

蹤，迹也。　慧琳《音義》一引《爾雅》曰「蹤，迹也」，今本無此文。《説文》無蹤，古止從字，《詩・谷風》傳「委委，❶行可委曲從迹也」。

摎，求也。《後漢・張衡傳》「摎天道其焉如」，注引《爾雅》「摎，求也」，今本無此文。

與，許也。《論語・公冶長》「吾與汝弗如也」，皇疏引《爾雅》「與，許也」，今本無此文。以上《釋言》。

棘，戟也。《文選・吴都賦》注、《過秦論》注、《辨亡論》注均引《爾雅》曰「棘，戟也」，今本無此文。

半璧曰璜。《後漢書・張衡傳》注引《爾雅》「半璧曰璜」，今本無此文。

赤緣謂之襐。《儀禮・士喪禮》注「赤緣謂之襐」，疏曰：「《爾雅》文。」今本無此文。

以上《釋器》。

春爲忠，東方爲春，春，動也。是故鳥獸孕孳，草本華生，萬物成遂，忠之至也。夏爲樂，南方爲夏，夏，興也；南，任也。是故萬物莫不任興，蕃殖充盈，樂之至也。秋爲禮，西方爲秋，秋，肅也。萬物莫不肅敬，禮之至也。冬爲信，北方爲冬，冬，終也，北方，伏方也。萬物至冬皆伏，貴賤若一，美惡不異，信之至也。《御覽》引《尸子》。案：《釋天》「穹蒼蒼天也」一段，題曰《四時》，而所釋止天之異名，各書所引《尸子》當是《四時》篇，而今本無此文。

四時和正光照，謂之玉燭。甘雨以降，萬物以嘉，高者不少，下者不多，此之謂醴泉。其風春爲發生，夏爲長嬴，秋爲方盛，冬爲安靜。四時和爲通正，謂之永風。《爾雅疏》引《尸子》。案：此段全用《爾雅》，其説較今本完

❶「谷風」，據《毛詩》當作「君子偕老」。

備，疑今本殘缺。

須女謂之婺女。　《史記・天官書》索隱引《爾雅》云「須女謂之婺女」，今本無此文。

中央鎮星，東方歲星，南方熒惑，謂之大辰。　《後漢書注》引《爾雅》云「中央鎮星，東方歲星，南方熒惑，謂之大辰」，今本無此文。

時雨曰澍雨。　雨與雪雜下曰霰。　《初學》二引《爾雅》，今本無此文。

正幅爲縿。　《周禮・春官》注「正幅爲縿」，疏曰：「正幅爲縿者，《爾雅》文。」今本無此文。

熊虎曰旗。　《文選・西京賦》薛注引《爾雅》「熊虎爲旗」，今本無此文。以上《釋天》。

土之高者曰丘，高丘曰阜。　《周禮・春官》疏：「《爾雅》云：『土之高者曰丘，高丘曰阜。』」今本無此文。

有齊營丘。　《白帖》六引《爾雅》今本無此文，「有齊」當作「齊有」。

山足曰麓。　《周禮・地官・序官》「林衡」注、《秋官》「柞氏」注：「山足曰麓。」疏曰：「『山足曰麓』，《爾雅》文。」今本無此文。

山南曰陽，山北曰陰。　《秋官・柞氏》疏曰：「《爾雅》云：『山南曰陽，山北曰陰。』」今本無此文。

水別流曰派，風湧水面曰波，大波曰濤。朝夕而至曰潮。風行水成文曰漣。水波如錦文曰漪。　《御覽》五十八引《爾雅》，今本無此文。以上《釋地》。

蜃，大蛤。　《周禮・天官・醢人》注云：「蠃，螔蝓。蜃，大蛤。蚳，蛾子。」疏曰：「皆《爾雅》文。」今本無「蜃，大蛤」三字。《釋魚》。

二歲曰駒，三歲曰駣。　《周禮・夏官》注引鄭司農云：「二歲曰駒，三歲曰駣。」疏曰：「《爾雅》文。」今本無此文。《釋畜》。

序篇

《釋詁》、《釋言》通古今之字，古與今異言也。《釋訓》言形貌也。　《毛詩正義》引《序篇》。《漢書·蓺文志》《爾雅》二十篇，今止十九，疑本有《序篇》而今逸之。

秦博士攷

漢承秦後，設官多因秦制，班書《百官公卿表》云：「博士，秦官，掌通古今，秩比六百石，員多至數十人。」應劭《漢官儀》云：「博士，秦官也。博者通博古今，士者辨於然否。」《儒林傳》序載公孫弘奏請之辭，云：「古者政教未洽，不備其禮，請因舊官而興焉。爲博士官置弟子五十人，復其身。太常擇民年十八以上儀狀端正者，補博士弟子。」是漢之博士爲掌通古今及教育弟子之官，而實因乎秦之舊制也。考古無博士之名，《周禮》有師氏、保氏，《文王世子》有大司成、大小樂正及大胥、籥師、籥師丞之屬，不聞有博士。有之，自《史記·秦始皇本紀》始。其建置年月雖不可知，然觀二十六年丞相綰等議尊號，始有「臣等與博士議曰」云云，而前此無聞，則設立此職必未久遠。在秦前者，魯、魏二國有之。《史記·循吏傳》云：「公儀休者，魯博士也，以高等爲魯相。」[1]班書《賈山傳》云：「山祖父袪，故魏王時博士弟子也。」師古云：「六國時魏也。」蓋魯稱秉禮之國。魏文侯好學，曾師事子夏。二國之有博士，有由然也。漢初博士無定額，《百官表》云

[1]「等」，《史記》作「第」，《藝風堂文集》卷三作「第」。

「多至數十人」。若秦博士，則似有定額。《始皇本紀》：「三十四年，置酒咸陽宮，博士七十人前爲壽。」又：「侯生、盧生相與謀曰：博士雖七十人，特備員弗用。」《封禪書》：「始皇徵齊、魯儒生博士七十人至泰山下，議封禪。」是七十人爲秦博士之定數。又案：《百官表》云：「掌通古今。」此雖指漢制而言，而秦制略同。《始皇本紀》：「浮江，至湘山祠，逢大風，幾不得渡。上問博士曰：『湘君何神？』博士對曰：『聞之，堯女、舜之妻而葬此。』」是通古之證。「三十六年，始皇不樂，使博士爲《仙真人詩》。及行所游天下，傳令樂人歌絃之。」是通今之證。三十四年，李斯議曰：「臣請史官非秦紀，皆燒之。非博士官所職，天下敢有藏《詩》、《書》、百家語者，悉詣守尉，雜燒之。」是博士又有典守祕書之責矣。又有博士僕射，《史記·李斯傳》「始皇三十四年，置酒咸陽宮，博士僕射周青臣等頌稱始皇威德」云云。僕射者，博士之長。《百官表》云：「僕射，秦官。古者重武官，有主射以督課之。」應劭注云：「僕，主也。」此表敍漢制。又謂「自侍中、尚書、博士、郎皆有」，則以爲博士之加官。考《續漢·百官志》於博士首云「博士祭酒一人，六百石」，本注云：「本僕射，中興轉爲祭酒。」劉注引胡廣云：「官名祭酒，皆一位之元長者也。古禮賓客得主人饌，則老者一人舉酒，以祭於地。」廣，後漢人，作《漢官解詁》，必熟聞西朝之制，知前漢博士僕射已止一人，而《史記》於僕射但列青臣，亦止一人可知。《說苑·至公》篇：「始皇召羣臣，議曰：『古者五帝禪賢，三王繼世，孰者爲是？』博士七十人未對，鮑白令之對。」沈欽韓以鮑白爲博士之僕射，然無他證。又有待詔博士。案：漢制朱買臣、東方朔皆待詔公車，王褒、賈捐之皆待詔金馬門。《叔孫通傳》云：「秦時以文學徵待詔博士，後又拜爲博士。」是博士定額以外，又有待詔博士，如今額外候補之例。又有占夢博士。三十五年，「始皇夢與海神戰，如人狀，問占夢博士曰」云云。博士又上屬之奉常。《百官公卿表》云：「奉常，秦官，掌宗廟禮儀，博士及諸陵縣皆屬焉。」又案：漢視博士頗尊重，故高祖拜叔孫通爲博士，即號爲稷嗣君。若秦則不然，侯、盧二生所謂「備員弗用」者已可概見。衛宏《古文官書序》云：「秦既焚書，患苦天下不從所改更法，而諸生到者拜爲郎，前後七百人。迺密令冬種瓜於驪山阬谷中温處，瓜實成。詔博士諸生説之，人人不同，迺命就視之。爲伏機，諸生賢儒皆至焉，方相難不決，因發機，從上填之以土，皆壓，終迺無聲。」見《史記·儒林傳》索隱與《漢書·儒林傳》顏注。是并博士亦坑之，反不如陳涉尚知以孔甲爲博士也。又始皇因盧生事，使御史案問諸生，傳相告引，至殺四百六十餘人。二世因陳勝起，召博士諸生議，坐以非所宜言者又數十人，則非特備員弗用，又斬刈之，草芥之不若。故博士無所表見，其姓氏亦遂無傳於世。至今可考者，青臣、淳于越見《始皇本紀》；叔孫通見《史》、《漢》本傳；伏生見《史記·鼂錯傳》及《漢書·儒林傳》；正先以非刺趙高而死，見《漢書·京房傳》；盧敖爲秦博士而遯於膠西，見史□□□□。❶《蓺文志》儒家「《羊子》四篇」，注：「百章，故秦博士。」名家「《黄公》四篇」，本注：「名疵，爲秦博士。」桂貞爲秦博士，遭秦坑儒，改姓昋，見《桂氏族譜》。又考王氏《困學紀聞》云：「伏

❶「史」，疑誤，盧敖事見《淮南子·道應訓》。

生、浮丘伯經，不以秦而亡也。」閻注云：「『伏生』下，『浮丘伯』上，宜增『高堂生』。高堂生亦秦之博士。」案：閻説雖未知所本，然考《儒林傳》「申公與楚元王俱事齊人浮丘伯受《詩》」，又云「漢興，魯高堂生傳《士禮》十七篇」，以時代稽之，二人當與伏生同時。閻氏既謂高堂生亦秦博士，則浮丘伯者或亦秦博士之一乎？

鄭康成弟子攷

鄭君爲東漢大儒，本傳稱其客耕東萊，學徒相隨已數百千人。年六十時，弟子河内趙商等自遠方至者數千。後袁紹鎮冀州，大會賓客，延康成升上坐，汝南應劭亦北面稱弟子。建安五年，康成卒，郡守以下嘗受業者縗經赴會千餘人。范武子嘗以爲仲尼之門不能過也。嗚呼！經術至東漢可謂極盛矣！攷漢儒生徒既多，學者不能俱親受業，每以入室弟子轉授之。親受業者爲弟子，轉授者爲門人，亦稱門徒，亦稱門生。師古曰「門生，同門後生」是也。❶本傳稱馬融「門徒四百餘人，升堂進者五十餘生。康成在門下三年，不得見，迺使高足弟子傳授」，是在門下爲門生，其升堂入室者始得稱弟子也。本傳又稱：「門人相與撰玄答諸弟子問五經，依《論語》作《鄭志》八篇。」《孝經正義》曰：「鄭君卒後，其弟子追論師所著述及應對時人，謂之《鄭志》。鄭之弟子更相問答，編録其語，謂之《鄭記》。」是《鄭志》、《鄭記》中所載，皆鄭君與高業弟子問答之辭，門人記之，以傳後世。又攷漢《泰山都尉孔宙碑》惟陸暹、樂禹等十人稱宙弟子，其餘四十三

❶「師古」，疑是「士勛」之訛。

人皆稱門生，是門生與弟子行詣高下迥不侔矣。謹據本傳及《鄭志》作《康成弟子攷》，並以他書附益之，詳其所受之業，志其爵里，無可稽者闕焉。

任　嘏

本傳注：「任嘏，字昭光，樂安人。魏黃門侍郎。」王昶《戒子書》：「樂安任昭先，淳粹履道，内敏外恕。」《昶傳》。荃孫案：本傳章懷注：「嘏，字昭光。」《昶傳》及注皆作「昭先」。考嘏有祭先祝嘏之義，則「光」字係「先」字之譌，當以《國志》爲正。《嘏別傳》：「樂安博昌人，誦五經，皆究其義，兼包羣言，無不博綜。著書三十八篇，凡四萬餘言。」裴注。

國　淵

本傳注：「國淵，字子尼，樂安人。魏司空掾，遷太僕。」《魏志》列傳：「樂安，蓋人也，師事鄭玄。」《鄭君別傳》：「淵始未知名，玄稱之曰：『國子尼，美才也。吾觀其人，必爲國器。』」淵篤學好古，常講學於山巖，士人多推慕之，由此知名。裴注。

趙　商

康成自序：「趙商，字子聲，河内温人。博學有秀才。能講難而吃，不能劇談。」《御覽》七百四十八。「弟子河内趙商等自遠方至者數千。」《鄭玄傳》。「趙商作《鄭先生碑銘》。」《孝經序》。受《書》、《詩》、三《禮》、《春秋》，見《鄭志》。趙子聲遺文書曰：❶「北海鄭

❶「文」，清光緒十四年萬卷堂刻本《北堂書鈔》卷九七作「人」。

玄，字康成，學之淵府。今與業共往視之，❶故輩不暇顧命。」❷《書鈔》九十七。　趙子聲書詣鄭康成學，曰：「夫學之於人也，猶土地之山川也，珍寶於是乎出；猶樹木之有枝葉，本根於是庇也。」《御覽》六百七引《抱朴子》。

張逸

《鄭玄別傳》：「故尚書左丞同縣張逸，年十三爲縣小史，玄謂之曰：『爾有贊道之質，玉雖美，須雕琢而成器，能爲書生，以成爾志否？』對曰：『願之。』乃遂拔於其輩，妻以女弟。」《御覽》五百四十一。　受《書》、《詩》、《周禮》、《春秋》，見《鄭志》。

崔琰

《魏志·列傳》：「崔琰，字季珪，清河東武城人也。讀《論語》、《韓詩》。結公孫方等就鄭玄受學，學未朞，徐州賊黄巾攻破北海，玄與門人到不其山下避難。時穀糴縣乏，玄罷謝諸生。琰既受遣，而寇盗充斥，西道不通，於是周旋青、徐、兗、豫之郊，四年乃歸。」《三齊略記》：「鄭司農常居不其山城南山中，教授生徒。黄巾亂，乃謝遣生徒崔琰、王經諸賢於此，揮淚而散。」惠棟《後漢書補注》。崔琰《遂初賦序》云：「琰性頑口訥，至二十九，粗閱書傳。聞北海有鄭徵君者，當世名儒，遂往造焉。津涉淄水，歷祀馬、祀都之津，登鐵山，以望高密。」《寰宇記》。　《封氏聞見記》：「漢末崔琰於高密從鄭玄學，黄巾之亂而南，作《遂初賦》。」

❶「視」，《北堂書鈔》卷九七作「就」。
❷「顧」，《北堂書鈔》卷九七作「領」。

公孫方

公孫方，清河人，見《魏志·崔琰傳》。

王經

《魏志·夏侯尚傳》：「清河王經，冀州名士。」《世語》：「經，字彥偉。」裴注。《三齊略記》：「王經，字承宗，從康成於不其山下。」

郗慮

本傳：「山陽郗慮，仕至御史大夫。」《續漢書》：「郗慮，字鴻豫，山陽高平人。少受業於鄭玄，建安初爲侍中。」裴注。

王基

《魏書·列傳》：「王基，字伯輿，東萊曲城人。官鎮南將軍、樂安鄉侯。王肅箸諸經傳解及論定朝儀，改易鄭玄舊説。基據持玄義，常與抗衡。」《隋·經籍志》：「魏司空王基，字伯輿，撰《毛詩駮》一卷。」案：基駮王肅申鄭義。《新唐書》作「五卷」。案：錢氏《攷異》以康成卒時，基僅十一歲，不得在弟子之列。然言國淵、任嘏並皆童幼，則基或以幼年受業，亦未可定。

臨亦作「林」。碩

范書《孔融傳》：「臨碩，字孝存，北海人。」本傳。《答臨孝存周禮難》凡百餘萬言。「林孝存以爲武帝知《周官》末世瀆亂不驗之書，故作十論七難以排斥之。惟鄭玄偏覽羣經，知《周禮》者乃周公致太平之跡，故能答林碩之論難，使《周禮》義得條通。」《周禮疏序》。洪氏《傳經表》脱。

冷剛

冷剛受《易》，見《禮·月令》正義。又見《桑扈》正義。

孫皓

孫皓一作「孫顥」。受《乾象曆》及《詩》、《禮》，見《鄭志》。《月令》正義引作「孫顥」。案：《詩·七月》正義引作「孫皓」，《鄭志》作《吴志》，《正義》以吴孫皓當之，誤也。王伯厚云：「康成不與吴孫皓同時，《吴志》亦無此語，後人因孫皓名氏相同，遂改《鄭志》爲《吴志》以實之，不知其時代不合也。」

劉琰

受《周禮》、《論語》，見《鄭志》。洪氏《傳經表》脱。

劉炎

見《周禮·閽師》正義兩引劉炎問，《詩·關雎》正義亦引之。或疑炎即琰，亦無確據。

炅模一作「靈模」。

受《詩》、《禮》，見《鄭志》。《坊記》正義引作「炅模」。《禮記正義》引作「靈模」。《通志略》云：「靈氏，子姓。❶宋大夫子靈之後也。或曰齊靈公之後。《左傳》有靈輒。」《廣韻·去十二霽》「桂」下有「炅姓」。❷案炅與靈各一姓，疑「炅」誤作「灵」，因改作「靈」也。後漢《太尉陳球碑

❶「姓」上，原衍「孫」字，今據《通志·氏族略》删。

❷「去」，原作「士」，今據《廣韻》改。

陰》有城陽昃横，横與模形相似。城陽，今莒州地，亦相似，疑即其人。洪氏《傳經表》有昃模，無靈模。

王　瓚一作「贊」。

受三《禮》、《爾雅》，見《鄭志》。《初學記·武部》注引。惠氏《後漢書補注》作「王贊」。洪氏《傳經表》脱。

焦　氏

見《禮記·曲禮》正義「張逸答」。錢氏《攷異》以焦氏、焦喬爲二人，今從之。

焦一作「譙」。喬

受《小戴記》及《周禮》，見《鄭志》。見《詩·生民》正義引《鄭記》。又見《月令》正義引。

崇　精

受《小戴記》及《周禮》，見《鄭志》。見《禮記·曲禮》《月令》正義「焦氏答」。又見《詩·桑扈》正義引。

王　權

受《小戴記》及《詩》，見《鄭志》。見《月令》正義、《御覽·禮儀部》引「焦喬答」。

鮑　遺

受《小戴記》，見《鄭志》。見《禮記·曾子問》正義引「張逸答」。

任　厥

受《周禮》，見《鄭志》。見《周禮·天官》正義引「氾閣答」。洪氏《傳經表》脱。

汜閎一作「閣」。

受三《禮》，見《鄭志》。見《周禮·天官》正義引「答任厥」。洪氏《傳經表》脱。惠氏《後漢書補注》作「沈閣」，誤。

崇翱

受《小戴記》及《喪服》，見《鄭志》。見《郊特牲》正義引「汜閎答」。洪氏《傳經表》脱。

桓翱

見《通典·禮》引「汜閎答」。案：崇翱、桓翱疑一人。惠氏《後漢書補注》有崇翱，無桓翱。洪氏崇翱、桓翱俱不載。

劉德

受《儀禮·喪服》，見《鄭志》。見《通典·禮》引「田瓊答」。案：洪氏《傳經表》有劉德，然爲盧植弟子，疑即此人。或先事植，後事康成也。

陳鑠

受《小戴記》及《儀禮·喪服》，見《鄭志》。見《禮記·曲禮》正義兩引「汜閎答」、「趙商答」。

陳鏗

惠氏《後漢書補注》以陳鑠、陳鏗爲二人。今案：鑠、鏗二字形聲不類，當是兄弟二人同師康成者。毛本作「鑑」，《傳經表》從之，誤。

宋均

受《詩》、《禮》、《春秋》、《孝經》，見《孝經序》疏。劉知幾議宋均《詩緯序》云「我先師北海鄭司農」，則均是玄之傳業子弟也。《唐會要》七。《隋·經籍志》有緯書八種，宋均注題曰「魏博士」，或以爲即宋叔庠，叔庠殁於建初元年，何得爲鄭君弟子？

甄巽

字子然，一作「守然」。北海人。見《孝經序》正義。《後漢書·孔融傳》云：「融爲北海相，郡人甄子然、臨孝存知名，早卒，融命配食縣社。」劉知幾議稱《鄭志目録》記康成著有《答甄子然書》，則子然亦弟子也。《唐會要》七十七。

孫炎

《魏志·王肅傳》：「時樂安孫叔然授學鄭玄之門，人稱東州大儒，徵爲祕書監，不就。肅集《聖證論》以譏玄短，叔然駁而釋之。」臧氏《經義雜記》以「人」字屬上讀，誤。

程秉

《吴志》本傳：「字德樞，汝南南頓人。逮事鄭玄，後與劉熙攷論大義古今。」

田瓊

康成弟子，魏黄初間爲博士。《全三國文》小傳。見《周禮·大宗伯》正義、《禮記·王制》正義引。

韓益

案：《隋・經籍志》：「魏大長秋，著《春秋三傳論》十卷。」《舊唐志》：「《尚書釋問》四卷，田瓊、韓益正，鄭玄注。」《新唐志》：「鄭玄《尚書注釋問》四卷，王粲問，田瓊、韓益正。」則田瓊既爲康成弟子，韓益亦必同親炙於鄭門，同受《尚書》注義，故仲宣問注義於二子。此正字，謂正粲也。《鄭學録》以正爲名，誤。

孫乾

《蜀志》本傳：「孫乾，字公祐，北海人。先主領荆州，辟爲從事。」《鄭玄傳》云：「玄薦乾於州，乾被辟命，玄所舉也。」本傳注。　案范《書》本傳無此文，疑非范《書》，或「傳」上脱「别」字。

巢民

見《通典》引《鄭志》問張逸，以三苗初竄西裔，後分之南野，今《鄭志》輯本佚此文。

孔融

《後漢書》本傳：「字文舉，魯國人，漢北海相，青州刺史，遷大中大夫。」《鄭玄傳》：「國相孔融告高密縣爲玄特立一鄉，曰鄭公鄉。」　司馬彪《九州春秋》：「融在北海，禮高密鄭玄，稱之鄭公，執子孫禮。」《魏志・崔琰傳》注。　案：鄭君於獻帝建安五年卒，據本傳稱「自郡守以下嘗受業者衰絰赴會千人」，其時袁譚領青州，鄭君爲譚所逼，未必赴葬。所云郡守，當即指孔融而言。　又案：鄭君子益恩，融在北海，舉爲孝廉。及融爲黄巾所圍，益恩赴難殞身。以《融傳》攷之，事在建安元年以前。而《鄭君傳》建安元年以書戒子益恩，是二傳年月必有一誤。鄭君父子受融敬禮，益恩赴融之難，竟以身殉。鄭君之卒，融遠道赴葬，禮所當然。司馬彪稱融於鄭君「執子孫禮」，疑「執弟子禮」之誤。融被誅在建安十三年戊子，年五十六。鄭君之卒在建安六年辛巳，年七十四。時孔融年四十九，少鄭君二十五歲，不得云「執子孫禮」也。殷芸《小説》：「鄭玄在徐，孔文舉欲其返郡，敦請懇惻，使人繼踵。及歸，文舉告僚屬曰：周人尊師謂之尚父，今可咸曰鄭君，不得稱名也。」案：融言明有尊師語，知融必執弟子禮者也。

劉　熙

《隋·經籍志》：「字成國，北海人。漢末公車徵。注《孟子》七卷。又著《釋名》八卷。」案：熙與鄭君同鄉里，傳鄭學。攷詳下。

許　慈

《蜀志·列傳》：「字仁篤，南陽人。師事劉熙，善鄭氏學。治《易》、《尚書》、三《禮》、《毛詩》、《論語》。建安中，自交州入蜀。」

薛　綜

《吴志·列傳》：「字敬文，沛郡竹邑人。從劉熙學。」《通典》引「綜述鄭氏《禮》，定五圖」；疑綜從劉熙私淑康成，故守鄭家法也。案：許慈、薛綜皆師劉熙，而其學則宗鄭氏，疑熙必及康成之門爲高業弟子，故程秉逮事鄭君，其後亦從熙攷論大義；許慈、薛綜皆不及鄭門，但師劉熙習鄭氏學，則於康成爲私淑弟子矣。

附

陶　謙

范《書》本傳：「字恭祖，丹陽人。徐州牧。」　玄本傳：「會黄巾寇青部，避地徐州，徐州牧陶謙接以師友之禮。」

蜀漢先主

《華陽國志》：「諸葛亮曰：『先帝周旋陳元方、鄭康成之間。』」案：興平元年陶謙死，劉備代。康成本客謙，其與備周旋，當亦接以師友之禮。

應　劭

范《書》本傳：「河南人，漢太山太守。」華嶠《漢書》云：「劭，字仲遠，博學多識，撰《風俗通》等，凡百餘篇。」　案：劭雖未及門，然服膺鄭君，自稱北面，固當在弟子之列。

馬　昭

惠氏《後漢書補注》云：「見《鄭記》新校本。《鄭志》無馬昭。」案：王肅著《聖證論》呰詆鄭學，孫炎駮而釋之。今皆不傳，惟馬昭難王申鄭，見《郊特牲》、《祭法》正義兩引。又康成《駮五經異義》「感天而生」條，王基、馬昭、孫毓皆從鄭説，疑孫毓亦康成弟子。然經史無確據，附志於此，以竢攷定。

張　融

《舊唐書·元澹傳》：「守鄭學者有中郎馬昭，上書以爲肅謬。王學之輩占答以聞。」

又云：「王肅改鄭六十八條，博士張融核之，將定臧否，融稱玄注淵深廣博，兩漢四百餘年未有偉於玄者。」是張融亦玄弟子也。

案：《鄭學録》以張介侯録應劭、馬昭、張融三人爲誤，云：「應仲遠北面稱弟子，蓋一時戲言，而昭、融雖宗鄭學，年載相距既遠，皆非親受業於門下者。」至路粹一條，張云「見玄本傳」。今范《書》無此文。《國志》注但云「受業蔡邕」，疑亦張氏誤録。

蒯先生光典

蒯光典，字禮卿，號季述，合肥人。光緒癸未進士，改翰林院庶吉士，散館授檢討，充貴州鄉試正考官，會典館圖繪總纂。甲午事起，發憤上書言事，不報，遂乞假歸。文襄公督兩江，辟置幕府。先後主講江寧及兩湖書院。二十四年，敍會典館勞，以道員發江蘇，建議創立江南高等學堂。會大學士剛毅按事江南，延與語，憾其切直，即議罷學堂。先生拂衣去，總督劉忠誠公坤一乃檄屬他事以解之。雖儒效未彰，而吏能亦自翹異於庸衆。三十二年，授淮揚海道，以被檄入都參議官制。解任，旋赴歐州監督留學生。歲餘，謝歸，詔以四品京堂候補，充京師督學局長。宣統二年卒，年五十四。先生資秉絶人，少承庭訓，受業於文襄之門，又獲從馮林一、劉融齋、汪梅村諸先生游，其論學務明羣經大義，而以六書、九數爲樞紐。治《説文》必求義類以通諸學，識雙聲以明叚借，尤究心於江慎修、戴東原、金輔之、程易疇四家之言，謂其學足致用，且可融洽新舊也。嘗纂釋三《禮》，垂成，燬於火。其刊行者有《金粟齋遺集》八卷。參史傳、馮煦撰傳、馬其昶撰墓志銘。

文　集

文王受命改元稱王辨證

曉一孔之人之害道也久矣，文王稱王一事聚訟紛如，而苟瞭然於古今之故，則存而不論可也。孟子言行王政，孔子言三分有二，必辨之於稱王不稱王，則將並駮孔、孟矣。曹操並未躬篡，藩鎮阻兵未必上尊號，僅辨之於稱王不稱王，則將假借篡逆矣。權姦篡奪假託禪讓，巨寇犯順假託征誅，方今邪説横行，豈容再開假借之路。文王一事，安能不分別古今，嚴爲之辨，大爲之防哉！余故撰次上中下三篇，歷引師説，攷證事實，以見其説之有徵也。竊願世之君子無徒以攷證文字相視也。序言。

分教所發《文王受命改元稱王講義》，錯誤糾轕，厚誣康成。蒙以爲無此經學，當略本朱子之説，以詔諸生，然未能詳也。用再敷陳，以資商榷。言文王受命、改元、稱王者，蓋兩漢經師之所同也。辨文王不受命、改元、稱王者，始於《風俗通》、《皇霸》篇。孔穎達、《泰誓》疏、《周易論》。張守節、《史記正義》。劉知幾、《史通·疑古》篇。梁肅，《西伯受命稱王議》，《文苑英華》、《唐文粹》皆有之。繼之宋李覯，亦以取緯亂經爲疑，《盱江集》。豈待歐陽子哉？古事之傳疑者多矣，而必諄諄致辨於此者，曰以維名教也。朱子曰：「有心要存名教，而於事實有所改易，則夫子之録《太誓》、《武成》，其不存名教甚矣。」明乎此而後稱王之傳疑，辨不受命者之紛糾，可徐而理也。辨不稱王者曰受命爲受西伯之命，戡黎乃武王之事，武王不蒙文王年數，亦無先觀兵、後伐紂之事，武王亦未先稱王；又因此而辨古公不翦商，周公不攝政，其曰「外守侯度、内秉王心」者，僞孔傳也。其游移無定者，蘇子瞻也。其言紂稱帝，文王稱王者，魏默深、陳卓人，本於孔顨軒而略變之者也。由魏、陳之説，則不如傳疑。由前之説，則必舉舊聞師説而盡改之。且不僅如前所説已也，《文王世子》則必斥其僞，《中庸》追王太王、王季則必以爲文不具，而《春秋》家説則必辭而闢之，即《詩》中周王奉璋、六師以及豐鎬臺囿之制，皆須曲爲之説。夫文之羑里，無異湯之夏臺；文之伐國，何異湯之翦三蘖？惟不伐紂，斯爲至德。前乎此者，夏之帝相；後乎此者，周之幽、厲。不必暴如桀、紂，皆致失國，則雖謂紂之命，文王延之可也。惟以紂之悍，竊歎而因之。此據《史記》。豈文王三分有二，可因而不因之？而祖伊奔告，諉之天命者，正朱子所謂事體不同矣。况封建天下，異于郡縣；周之宗社，傳之古古。當羣小之竝進，更諸侯之益疏，若文王進不能黨惡，退不能自全，幸六州之人心，斬祖宗之禋祀，必不然矣。朱子、船山之説研精事理，昭晰無疑。其他則不失之愚，則失之詐，不僅改易事實已也。窮其變，則有征誅之義；精其義，則有服事之忠；論其世，則粗窺憂患經營之迹。經學益人如斯可矣，其他不必深辨也。必欲辨之，則推其傳疑之由，其要略亦可得而説也。蓋天之命文王，非諄諄有聲也，亦非文之侈陳符命也。《史記》云：「虞芮質成，諸侯聞之，曰：『西伯蓋受命之君。』」毛傳云：「天下聞之而歸者四十餘國。」夫諸侯曰「西伯蓋受命之君」，四十餘國自無不曰「受命之君」，已歸文王者無不曰「受命之君」，異喙同聲，斯爲受命之一年矣。文武道同，用康成語。武必推本文王受命以詔天下，因即蒙受命之年而不復改元，父子相繼，以卒伐功，古無所昉，不必疑文王之改元，亦不必疑武王之不改元也。此稱王之説所由來歟？商政久衰，紂虐尤甚。文王避紂之凶，延紂之命，鎮撫六州之大，翦除黨惡之多，其一切規爲制度，自不盡同於天子，亦必不能盡同於諸侯。又古者告朔所以頒政，文王不建號於六州之内，豈能不頒政於六州之侯。春秋之時，列國異曆，三代之季，或者相同。此改法度、制正朔之説所由來歟？《大雅》所言莫非王法，用孔疏語。若以爲諸侯之制，周何以盡取殷之侯制爲天子之制？若以爲文王創制，則無異於改法度之説。胡墨莊曰：「靈臺、辟雍，皆文王創制，而周家因以爲世法。如臯、應、冢土及造舟之類。」是又須易毛傳致臯、應、冢土之説而後可通矣。此所以展轉穿鑿，迄不能通歟？至稱王與否，經無顯證，史公先已傳疑，朱子亦不能論定也。夫周之世系也，武王之年與伐紂之年也，羑里之囚也，伐國之先後也，西伯之爲州牧二伯也，改元之異義也，受命之九年、七年稱王之在受命之年與伐崇之年也，疑義紛如，皆不可質言者也。豈僅稱王之不可質言哉！上篇。

若某君謂康成不言文王稱王，則怪變之事也。鄭所注緯候歷歷可據，然猶可曰注緯非注經也。《尚書大傳》可曰隨文注之乎？鄭注《易·臨卦》辭「至於八月有凶」爲文王自著周改殷正之數，可謂隨文注之乎？《書》則言武王蒙文王受命年數，又云文武受命皆七年，文可言不稱王，武可言不稱王乎？周公則鄭明言「攝政」。毛公於《文王》之詩但斥言天子之制，未有稱王明文。鄭則曰「受天命而王天下，制立周邦」，又歷敍其事曰「文王初爲西伯，有功於民，其德著見於天，故天命之以爲王，使君天下也，崩，謚曰文」。鄭於《小雅》一則曰「文王爲西伯，服事殷之時」，再則曰「文王爲西伯，服事殷之時」，而《大雅》則明言「天命之以爲王」，惟《旱麓》一篇不言謚，又不言王，疏家疑爲未稱王之前作耳。注《禮》則曰「《春秋》變周之文，從殷之質」，又曰「文王稱王早矣」，又曰「言君王，則此受命之後也」。經學原不必墨守康成。若以鄭言鄭，不用受命稱王，改法度，制正朔之說，則觸處難通，固不能更僕數也。而某君固自命爲墨守鄭學者也，試以其說核之。某君曰：「《書序》『惟十有一年，武王伐殷』，古文家謂武王改元之十一年。」不知所據者何古文也。古文之可據者，莫如《漢書·律曆志》。《志》曰：「文王受命九年而崩，再期大祥而伐紂。」並無改元之說。某君蓋涉下文「凡武王即位十一年」而誤，是不識數，不通文義矣。某君曰：「武王踰年改元，依即位之常及觀兵孟津，乃蒙文王受命年數，更稱太子。」忽改元，忽蒙文王年數，語涉無稽，事同兒戲。蓋又涉錢溉亭之說而誤。溉亭本竹汀之說，舉古今文而盡駁之，而鄭固無是說，不能捏合者也。某君據《墨子》引《太誓》「文王若日若月」，定爲觀兵時即追王，既無師說，亦無證據，惟較武王亦不先稱王之說尚爲近情，而於鄭學則必不能通。歷來傳記惟《大傳》追王太王、亶父、王季歷、文王昌，並敍於牧野既事之後，可爲文王不稱王之據。而鄭注之曰：「文王稱王早矣，於殷猶爲諸侯，於是著焉。」鄭據緯候，以文王稱王爲早，故曰「於殷猶爲諸侯」。其曰「於殷猶爲諸侯」者，即《史記》書「西伯崩」，又書「周武王爲天子」之義也。某君自申其說，曰：

「弔民之師既起，暴君即爲獨夫，天下不可一日無王，文王此時固當追王。」是於殷不爲諸侯矣，爲鄭學者不知之乎？鄭君不用再期大祥之説，其不信父死未葬之説可知。某君曰「載主以行，更稱太子」，又引《國語》晉文公返國距獻公薨已久而受王命，設喪主爲比，此亦皮傅之談，不如引《曾子問》而爲之説。是亦不信父死未葬之説矣。《中庸》「追王太王、王季」，屬於周公，情事稍緩，又與《大傳》不合，故鄭爲改葬之説。如某君説，十一年觀兵始追王，已葬乎？未葬乎？某君曰「踰年改元」，又曰「更稱太子」，是亦知未葬稱太子之説矣，則文王必須改葬矣。鄭有是義乎？至《文王世子》武王謂文王爲君王，某君謂「記者以受命後事例追稱王」，蓋又竊據僞《泰誓》疏而失之。義疏之謬，莫此爲甚。力破稱王之説，遂以《公羊》之文王爲孔子，尚可信乎？彼所謂從鄭則廢孔，從孔則廢鄭，不足辨也。而某君則不應竊據也。且彼疏曰：「呼文王爲王，乃後人追爲之詞。其言未必可信，亦非實也。」孔蓋並《文王世子》而疑之，非如某君説之「例追稱王」也。辭氣内之文定例追改，孔穎達雖昏耄，未必不通至是也。人之學術淺深不同，何能求備。融會之可也，兩存之可也，偏據之亦無不可也。所謂述先師之言，非從己出也。惟如某君，則天下無可徵之文，無不可誣之師説，而經學皆成囈語矣，不得已而辨之也。鄭君注經，義存勸戒，往往有險語。姑以《詩》論，《考槃》箋曰：「誓不忘君之惡。」宋人非之，蒙則申之曰：「此爲憤時嫉俗者言也。」《周頌》箋曰「文王養是闇昧之君，❶以老其惡」，

❶「頌」，原作「須」，今據上下文及《毛詩》改。

蒙亦無説以申之，後讀朱子書，與鄭義亦略彷彿，蓋敬止服事，理之可言者也；應天順民，亦義有可言者也。若天時人事之窮，雖聖人亦有不能萬全者。聖人且不能質言之，更非大賢以下之所能言也，亦據其可言者而言之耳。孟子曰：「文王百年而後崩，猶未洽於天下。」又曰：「取之而燕民不悦則不取，古之人有行之者，文王是也。」康成、朱子之言，蓋猶是孟子之言也。宋人曰：「以武王比文王，則文王爲至德；若以泰伯比文王，則泰伯爲至德。文王三分天下有其二，比泰伯已是不得全這一心了。」又人問朱子：「武王既殺了紂，有微子賢可立，何不立之，而必自立，何也？」朱子蹙眉不答。凡言之必不能行者，皆不可答者也。某君又言：「文王享國至甲子之朝，則伐紂雖於理可通，而言之太易。朱子於世人之以愚詐測文王者，反覆辨論，言之不一言，而於此則兩義並存，又以武王討紂爲未盡善。」蒙案：漢人之辨放、伐精矣。《白虎通》曰：「湯親北面稱臣而事桀，不忍相誅也。《禮》曰：『湯放桀，武王伐紂，時也。』」蓋互文見義。以武王未嘗北面稱臣，故可以誅紂也。後人以武王服事於紂，且至十餘年之久，欲維名義而更大害於名義，其謬不待言矣。紂可誅而朱子質言武王之誅紂爲夫子之所謂未盡善，何也？推文王之心可誅而不可誅也，夫子之意或在是歟？傳所以又有武不忘玉門之辱之説歟？此更漢、宋儒者精義之學，不能爲淺人道也。中篇。

古者天子於諸侯無純臣之義，周起西夷，蓋略如後世之屬國矣。論文王之事者，必如朱子之説而後可通。近日俞蔭甫年丈推究時世，尤爲明白，實足以證成朱子之説。

覺文王當日欲弔伐則礙君臣之大義，欲退避則不忍天下之毒痛，憂患之情昭昭然揭日月以行，通儒之效於斯著矣。文王必不誅紂，義見前。蓋牽混古今而譚名義，則人在將疑將信之間；剖析古今以維名義，則人無可彼可此之惑。不明乎此，不唯文王之事不能說，其他亦不可得而說也。微子之出奔，不能以劉昶、蕭寶寅例之也。麗億之商孫，不能以劉歆、李振、趙孟頫例之也。八百諸侯在三代則爲能識去就，而在後世則反顔從逆也。商奄之叛在三代則爲頑民，在後世則忠臣義士也。何一而可同哉？陳見桃之説《詩》曰：「國家興亡之際，忠臣義士所痛心，雖聖人受命，不能禁人故主之思。故殷之既亡，叛周者有四國，於《破斧》詩知之。周之將興，不忘殷者亦有四國，於《皇矣》詩知之。」見桃身丁喪亂，借以抒故國滄桑之感，於經義爲背，而其志則可哀矣，義各有當也。夫理之不可空言也久矣。今試執人而問之曰：古有揖讓乎？則必曰有。問：後世能行乎？則必曰：不能，假託者無論矣。戰國之時，讓國已足以召亂也，而固不能謂揖讓之無其理也。問：古有征誅乎？則必曰有。問：後世能行乎？則必曰不能，犯順者無論矣。如秦、如隋、如元，天下叛之而手弒煬帝者，仍天下之所不容也，而固不能謂征誅之無其理也。夫古之與今，猶中之與外，中與外固不同矣，外與外又復不同，執民主之説於英吉利則悖矣，而固不能謂民主之無其理也。執君民共主之説於俄羅斯則又悖矣，而固不能謂君民共主之無其理也。且如朝鮮，我之屬國也，蓋略如古之諸侯，爲人所脅，立爲自主，豈能責以張邦昌、劉豫哉？而不能以是寬張邦昌、劉豫之誅也，理各有在也。西洋之德國，蓋略如古之封建，日耳曼列邦不至而德衰，日耳曼列邦至而德盛，豈能責以反覆哉？若後此德政衰而日耳曼列邦不至，或日耳曼列邦別推共主，豈能責以叛逆哉？而不能以是寬反覆叛逆之誅也，理各有在也。阮文達曰：「朱子中年講理，晚年講禮，誠有見於理必出於禮也。如殷尚白、周尚赤，禮也。使居周而有尚白者，以非禮折之，則人不能爭；以非理折之，則人不能無爭矣。故理必附於禮以行。空言理則可彼可此之邪說起矣。」韙哉斯言！然世之妄人猶非之，無怪其目眩漢宋之文，心迷古今之故，魂驚魄悸於中外之交，無往而能得其條理也。今試與之言，君臣之義，有封建，有郡縣；有揖讓，有征誅；有中國，有夷狄；有君主，有民主，有君民共主。推而言之，家人之道有嚴君焉，可以知異類之所以賤；僚屬掾吏有君臣之義，可以知兩漢之所以强。其稱名也雜而不越，可不稽其類而以空理說之耶？知我說者，可以通古今之異義，立中外之大防。下篇。

蒙因論文王事並及韓文公《拘幽操》，以爲文人趁筆，非知道之言。頗有譏蒙爲稱說袁簡齋者，而不知此亦朱子之言也。朱子曰：「韓退之《拘幽操》云『臣罪當誅兮，天王聖明』，伊川以爲此說出文王意中事。嘗疑這個說得來太過。據當日事勢觀之，恐不如此。若文王終守臣節，何故伐崇？只是後人因孔子『以服事殷』一句，遂委曲回護箇文王說教好看，殊不知孔子只是說文王不伐紂耳。嘗見雜說云：『紂殺九侯，鄂侯爭之强，辨之疾，併醢鄂侯。西伯聞之竊歎。崇侯虎譖之曰：西伯欲叛。紂怒，囚之羑里。西伯歎曰：父有不慈，子不可以不孝。君有不明，臣不可以不忠。豈有君而可叛者乎？於是諸侯聞之，以西伯能敬上而恤下也，遂相率而歸之。』看來只這段説得平。」夫無是非之心，非人也。愈疏亦不孝也，以之事親猶不可，况事君乎？此于田號泣所以爲大孝，而呵壁問天者所以與日月爭光也。蒙學無專門，而固粗涉康成、朱子之書也，吾願世之自命鄭學、朱學者，略覽康成、朱子之書也。

呂新吾曰：「天地間惟理與勢最尊，理又尊之尊也。廟堂之上言理，則天子不得以勢相奪。即相奪，而理則常伸於天下萬世。」焦里堂駁之曰：「此真邪説也。孔子自言事君盡禮，未聞持理以與君抗者。呂氏此言，亂臣賊子之萌也。」蒙案：呂氏之所言者，理也。里堂之所言者，禮也。理與禮相附而行，則得其平矣。事親、事君之道，彌綸六合，有經有權，有常有變，凡偏執一禮與空持一理，均無當也。今與之言怨慕，則以爲獲罪名教。然則《小雅》之怨誹，屈子之行吟，皆非歟？是祇有勢之可言，而無情、無理之可言。及與之言諫諍，則又血脈僨張，以浮囂爲氣節。然則如後世太學聚衆左順門痛哭，皆可以爲法歟？是又祇有理之可言，而無禮之可言。無禮之人所持之理誰敢必其是也。蓋先王之制禮也，莫不參酌乎萬理。苟於禮觀其別，復於理會其通，孝可以通諸事君，弟可以通諸事長，彼有子致歎於犯上之鮮，孟子興慨於運掌之治，其亦深知禮意乎？附録。

南皮交游

李先生文田

李文田，字仲約，號芍農，順德人。咸豐

己未一甲三名進士，授翰林院編修，歷官詹事府右贊善、左贊善、翰林院侍講、侍讀、詹事府左春坊、左庶子、翰林院侍講學士、侍讀學士、詹事府少詹事、内閣學士、禮部右侍郎，前後充四川、浙江鄉試副考官，江南、浙江鄉試正考官，江西、順天學政，南書房行走最久。光緒二十一年卒。平生覃研乙部，於遼金元三史尤洽熟，典章、輿地攷索精詳。所著有《元祕史注》十五卷，《元史地名考》、《耶律楚材西游録注》、《朔方備乘札記》、《和林金石録》、《和林金石詩》各一卷。參史傳、葉昌熾撰事實。

張先生佩綸

張佩綸，字幼樵，一字繩庵，號蕢齋，豐潤人。同治辛未進士，改翰林院庶吉士，散館授編修，擢侍講。定制：講官有論事之責。居斯職久，視爲虚文。先生自負經世略，屢上言指陳軍國大計，與文襄公交莫逆。文襄亦時就以諮謀，一時敢諫之風震動朝野。既由庶子署都察院左副都御史，晉翰林院侍講學士，按事陝西，還命在總理各國事務衙門行走。甲申，法越事起，會辦福建海疆事宜，加三品卿銜，兼署船政大臣。法將孤拔以軍艦入馬尾，將取船廠，省會得戰書，不以相聞。先生賴有備，力禦之。適劉銘傳軍擊孤拔，重傷死，法軍退，船廠以全。乃飛章自請逮治，而督撫未得實據，以廠失上聞，咸被嚴斥，僅奪先生卿銜。下吏議，會坐保薦人員不稱，革職，特詔遣戍。迨賜還，❶客李文忠公鴻章所。後有言者，詔斥回籍，則

❶「還」，原作「環」，今據上下文義改。

卜居江寧，閉户著書，不與世事。庚子西狩，命以編修，隨文忠議和。和議成，以四五品京堂用，遂稱疾不出。光緒二十九年卒，年五十六。先生以周秦諸子惟《管子》足以經世，而注家多未盡善，乃據善本博考羣籍爲之詮釋，要在明其術業，闡其治法，成《管子學》二十四卷。又著有《穀梁起廢疾補箋》二卷，《奏議》六卷，《雜文》二卷，《詩》四卷。其《晉書補注》、《莊子古義》二書未成，創長編而已。參陳寶琛撰墓志銘、勞乃宣撰墓表。

奏議

謹獻升祔大禮議

奏爲謹獻升祔大禮議，以備采擇。恭摺具陳，仰祈聖鑒事。

竊臣恭閲邸鈔：「三月十四日奉上諭：朕奉慈安端裕康慶昭和莊敬皇太后、慈禧端佑康頤昭豫莊誠皇太后懿旨，惇親王奕誴等奏，遵旨相度太廟中殿位次，請飭廷臣會議一摺。據稱『我朝自順治初年創立廟制，迄今列聖廟享，中殿龕位已與九間之數相符』等語，穆宗毅皇帝、孝哲毅皇后神牌升祔供奉位次，鉅典攸關，著王大臣、大學士、六部、九卿、翰詹科道虔詣太廟，敬謹相度後，會同惇親王奕誴等妥議具奏。欽此。」

仰見我皇上詳求禮制、博采羣言之至意。臣謹案：本朝之制與歷代異，歷代賢君誼辟，或數世一作，或間世不一作，故親盡而祧。我朝列祖列宗，聖聖相承，皆當爲百世不遷之廟。顧酌古準今，垂諸久遠，非折衷三代，特立太宗文皇帝世室不可。伏考《國語》及《祭法》皆言殷人祖契而宗湯，據《商頌》則湯實稱祖，故賀循云「殷有二祖三宗」，是殷之特廟蓋有四矣。朱子序《殷武》之詩曰：「高宗中興，爲百世不遷之廟，不在三昭三穆之列。此詩則廟成而祔祭之詩。」劉歆曰：「周懿王時，始立文世室於三穆之上。孝王時，始立武世室於三昭之上。」諸儒多是其説。由此言之，殷以一祖三宗有功德特立廟，周以文、武有功德特立廟。我朝以太宗文皇帝有功德特立廟，實至當不易之經也。説者慮特立一廟，嫌於近祧，顧何楷有言：「武丁當世數未盡時，必仍居七廟中。及親盡應毁之日，乃始遷其主於新廟，與七廟同享祀，不與羣祧等列。」然則在七世中，則祔於太廟，以明有親；在七世外，則創立新廟，以明有功。廟有定數，宗無定數。《家語》引孔子曰：「諸見祖宗者，皆不毁。」可爲明證。至廟宜立於何所，考劉瑾之説謂：「中宗當穆，高宗、祖甲當昭，各立其廟於太祖廟之兩旁。」今同堂異室，與古制少殊。若於中殿垣外旁建世室，已居羣昭羣穆之次，不足以示尊崇。且中廣於後，既非古式，即相度規模，亦嫌未稱，似宜展後殿兩短垣，左右各建世室，既居昭穆廟之上，仍在太祖廟之旁，與文世室在西北、武世室在東北之制相合。地非神路所經，儘可宏規大起，將來世室告成，奉太宗文皇帝、孝端文皇后、孝莊文皇后神牌於左，爲昭世室。一切禮儀悉視中殿。其中殿龕位，則自世祖章皇帝、孝惠章皇后、孝康章皇后神牌以次遞遷，恭奉穆宗毅皇帝、孝哲毅皇后神牌祔於第九室。揆之古今禮制，頗無窒礙。如蒙敕下王大臣等詳覈定議，請旨施行，庶上慰列聖在天之靈，下緜萬世無疆之祚，我朝制度直與三代同風矣。臣竊測所及，是否有當，伏乞皇太后、皇上聖鑒。再王大臣等虔詣相度時，臣未經衙門傳知，不在會議之列，合併聲明，謹奏。

光緒三年五月初二日奉上諭：「朕奉慈安端裕康慶昭和莊敬皇太后、慈禧端佑康頤昭豫莊誠皇太后懿旨，翰林院侍講張佩綸奏《敬獻升祔禮議》以備采擇，並昭穆位次及考證異同各摺片，著王大臣、大學士、六部、九卿、翰詹科道，歸入惇親王奕誴等前奏請飭廷臣會議摺内一併妥議具奏。欽此。」

昭穆位次片

再昭穆之次，自漢以來紛如聚訟，何洵直、張璪之論，朱子之圖詳且盡矣。然皆爲都宫異寢者言之。若同堂異室而拘於昭常爲昭、穆常爲穆，必至子居父上，曾在孫先，極其流弊，實有如馬端臨所慮者。惟宋陸佃謂周以后稷爲太祖，王季爲昭，文王爲穆，武王爲昭，成王爲穆，康王爲昭，昭王爲穆，至穆王入廟，王季親盡而遷，則文、成昭，宜居昭位；武、康穆，宜居穆位。其言著於《禮志》，最爲明晰。臣再四尋繹，如佃所云，昭、穆者，父子之號，方其爲父則稱昭，取其昭以明下。方其爲子則稱穆，取其穆以恭上。實較昭穆定名之説爲長。如佃所云，同堂合食，穆居父行，則宜爲昭。昭居子行，則宜爲穆。又較昭穆定位之説爲長。况壇立於右，墠立於左，以周制考之，太王親盡，去右壇而爲墠；王季親盡，去左祧而爲壇，左右遷徙無嫌。儻以佃爲不足據，豈昭必越壇而經墠，穆必有壇而無墠乎？我朝郊廟位次東西互殊，實與陸佃之説相合。誠使中殿龕位以次左右遞遷，並非創爲新論，仍係率由舊章。應請飭下王大臣等一併核議，以垂萬世之式。謹再附片具陳，伏乞聖鑒。謹奏。

考證異同片

再事關升祔大禮，原宜博采羣議，考證異同，但傳説不一，所執各殊。若不剖别是非，無以折衷至當。或擬展中殿爲十一室，意謂歷代增置，具有成規，事既易行，工亦較省，不知天子七廟，一壇一墠，定爲九室，無可議增。自晉人謂廟以容主爲限，無拘常數，故至元帝、明帝皆十室，至穆帝、簡文帝皆十一室。唐宋金元沿爲故事，或多至十八室，然詳繹當日增展之由，則皆以兄弟相及者合爲一代，下則世次等倫，難分昭穆；上則高曾未盡，難即祧遷，故雖狹小，其制猶得以室逾九間，數仍九代爲解。儻今日踵而行之，不獨與古人立廟之制未符，亦且與後世增室之意未合。况因陋就簡，本係叔季衰風。設當重熙累洽之朝，則自十一室後以兩遞加，必至無地可容鼎俎。宋展太廟爲十二室，孝宗升祔而東室尚虚，朱子以爲非祝延壽康之意，深不然之。酌理衡情，無適而可。國家敬修祀典，當準萬世不易之經，不當爲一時權宜之計。若苟且遷就，但顧目前，度聖人議禮之心必不願出此也。或又擬於中殿旁别建九楹，將中一間爲穆宗毅皇帝新廟。意謂前殿爲廟，中殿爲寢，似乎父子異宫，不失禮意，而歲時合食，亦與古義無乖。然禮名升祔，不入太廟，尚得謂之祔乎？在昔殷盤庚時，陽甲别出爲廟；漢光武時，孝成别出爲廟；晉主賀循議惠帝别出爲廟，唐主陳貞節、蘇獻等議中宗别出爲廟，是數主者本無功德於民，當時建議别祀，禮家猶且非之，欽惟我穆宗毅皇帝削平大難，承烈顯謨，他日當定爲功德之廟，百世不祧。今甫當升祔，豈宜因中殿九室已盈，擬建新廟，轉類於殷、漢、晉、唐舊事乎？我朝經學昌明，禮儀詳慎，王大臣等欽承懿旨，必能斟酌盡善，仰副聖謨，而臣緦緦過慮，誠恐衆論紛紜，淆於疑似，不得不亟爲之辨，用特披瀝附陳。伏乞聖鑒。謹奏。

清儒學案一百八十八終

清儒學案卷一百八十九

天津徐世昌

摯甫學案

自望溪倡古文義法，劉、姚繼之，桐城一派遂爲海内正宗，綿延二百年，而摯甫爲之殿。海通以來，中國屢受外侮，識時之士知非變法不足以圖强，摯甫尤喜言西學，異乎拘墟守舊者也。述《摯甫學案》。

吴先生汝綸

吴汝綸，字摯甫，桐城人。少貧力學，早著文名。同治乙丑進士，授内閣中書。曾文正公督兩江，留佐幕府，從至直隸。李文忠公繼督直隸，仍留佐幕。時中外大政常決於曾、李二公，其奏疏多出先生手。尋補深州直隸州。丁外内艱，服除，署天津府知府，補冀州直隸州。先生爲政，尤留意教化，經畫書院，苟力所能至，不憚貴勢。籍深州已廢學田爲豪民侵奪者千四百餘畝入書院，資膏火，聚一州三縣高材生親教課之。及莅冀州，仍鋭意興學。深、冀二州文教斐然，冠畿輔。又開冀、衡六十里之渠，洩積水於滏，以溉田畝，便商旅。在冀八年，稱疾乞休，文忠延主講蓮池書院，爲教一主乎文。以爲文者，天地之至精至粹，吾國所獨優。語其實用，則歐美新學尚焉。博物、格致、機械之用，必取資於彼，得其長，乃能共競。舊法完且好，吾猶將革新之，況其窳敗，不可復用。

其勤勤導誘後生，常以是爲説。嘗樂與西士游，而日本之慕文章者亦來請業。會京師開大學堂，管學大臣張公百熙奏薦之，加五品卿銜，總教務。請赴日本考察學制，居三月返國。先乞假省墓，興辦本邑小學堂，規制粗立，遽以疾卒，年六十四。先生爲學由訓詁以通文辭，無古今，無中外，惟是之求。自羣經子史、周秦故籍以下逮近世方、姚諸文集，無不博求慎取，窮其原而竟其委。其論文謂「中國之文，非徒習其字形而已，綴字爲文而氣行乎其間，寄聲音、神采於文外，雖古之聖賢豪傑去吾世邈矣，一涉其書，而其人之精神意氣，若儼立乎吾目中。務欲因聲求氣，一循乎機勢之自然，以漸於精微奥窔之域，乃有以化裁而致於用。悉舉學問與事業合而爲一，而尤以瀹民智、自强、亟時病爲兢兢」云。著有《易説》二卷，《寫定尚書》一卷，《尚書故》三卷，《夏小正私箋》一卷，《古詩鈔》二十卷，《羣書點勘》若干卷，《文集》四卷，《詩集》一卷，《日記》十二卷，《尺牘》五卷，《補遺》一卷，《諭兒書》一卷，《深州風土記》二十二卷，《東游叢録》四卷。參馬其昶撰墓志。

文集

讀荀子一

自太史公以孟、荀合傳，其後劉向、揚雄、韓愈、歐陽修之徒皆并稱孟、荀。程、朱繼出，孟子之傳始尊。而初漢之時，荀氏獨爲言禮之宗，其傳尤盛。荀子宗旨，亦歸於聖人，其異孟子者，惟謂人性惡，以善爲僞耳。然世言孟子論性本有未備，故宋儒輔以氣質之説，實已兼用荀子。要之，聖人皆未言此。吾謂孟子固嘗以聲色、臭味、安佚爲性矣，其言性善蓋本氣質純美，又病學者外仁義不爲而溺於聲色、臭味、安佚之中，故曰「君子不謂性」，是亦榜檠矯直之意。而荀子則氣質不如孟子，由困勉而得，遂專以化性教人。夫亦各言其性之所近而已。且孟、荀之言皆貴學，不恃性。孟子曰：「人皆可以爲堯舜。」荀子亦曰：「涂之人可爲禹。」其以善爲僞而自釋以可學而能、可事而成，又即孟子「孳孳爲善」之旨。此其所以同也。昔孔子罕言命、仁，以《詩》、《書》、執禮爲教。當時列徒親炙聖人，一傳而後言禮者已各不同，其與聞性道，則曾氏一人而已。孟子晚出，私淑而得其宗，然於禮樂之意鮮所論列。而荀卿則以爲人不能生而爲聖人，必由勉强積漸而至。勉强積漸，必以禮爲之經緯蹊徑，故其爲學達乎禮樂之原，明乎先王以禮制治天下之意。其言皆程於隱括，非知和無節、明自然、流極放恣者比；而謂養欲給求，知通統類，又未嘗以禮爲桎梏也，非得聞於孔子之文章者歟？至《非十二子》，或據《韓詩外傳》無子思、孟子，此又非荀氏之舊，且其言不足爲卿病也。夫學者之傳，源遠則末益分，故孔子之後儒分爲八。當孫卿之世，吾意子思、孟子之儒必有索性道之解不得，遂流爲微妙不測之論者，故以僻違閉約非之。又其時騶衍之徒皆自託儒家，故《史記》以附孟子，卿與共處稷下，所謂「聞見博雜，案往舊造説五行」者，謂是類也。卿又言「法後王」，與其平日小五霸、師聖王之意不合。然謂「五帝之外無傳人，五帝之中無傳政」，則亦病騶衍之徒遠推上古窈冥怪迂而爲是説耳。所謂後王即三代之聖王也，豈嘗繆於聖人哉？大抵孟、荀之學皆出孔子，故子雲譏其同門異户。荀子好言仲尼、子弓，子弓特其傳《易》師，而卿之學要爲深於禮。其《非十二子》又並稱仲尼、子游，子游亦深於禮。吾意卿者，其學於子游之徒歟？孟子傳自曾子，而《檀弓》記子游論禮，曾子每不能逮，此孟、荀之傳所自分也。

讀荀子二

荀子之書，凡所爲論議之文總爲《正論篇》，凡所爲賦總爲《賦篇》，類其徒所集録者。其與秦昭王、趙孝成王、臨武君、應侯、齊相所言，及其弟子陳囂、李斯所問答，皆稱孫卿子，其爲門弟子所記無疑。蓋孫卿既殁，其徒乃編次其書，故頗有附益散亂，非其書本然也。昔韓退之嘗稱荀子「吐辭爲經」，又欲削其不合者以附聖人之籍。今就其書考之，《堯問篇》末言孫卿「孔子不過」，世皆知其徒所爲矣。其他與卿言不類者，亦皆其徒之言也。夫卿既言「治生於君子，亂生於小人」矣，顧又言便嬖左右爲窺遠收衆之門户；既言巧敏佞説善取寵爲態臣矣，又言事聖君之義以順志爲上，安得一人之言詭易如此？凡此類，必韓非、李斯之徒所竄益者，其非卿言決也。退之能辨古書正僞，意其欲削者其此類也歟？其書篇第亦失其舊，劉向、楊倞兩定之，皆未當。如《序官》一篇，乃采取古制，非其自作。故《樂論》引之曰「其在《序官》」云云，是《序官》舊必自爲篇題，今以合《王制》篇，誤矣。又《戰國策》載《遺春申賦》，前仍有書，今其賦具存而書乃佚在《韓子》中。此必編次所遺，而《韓非》獨收存之者，是亦集録於弟子之一證也。要之，今《荀子》非完書。漢時中《孫卿》三百廿二篇，劉向所校讎者卅二篇而已。此又非集録時本然也。當周秦之間，孫卿最爲老儒，善《詩》、

《禮》、《易》、《春秋》。漢初經師皆承卿學，故爭掇其書。二戴記《禮》，韓嬰説《詩》爲尤甚。卿好引《詩》、《書》自證其言，今《戴記》及《韓詩外傳》率如此。吾疑其間仍有《荀子》逸篇。賈誼引《學禮》教諭太子之言，《大戴》亦載之。當時言禮制率本荀子。賈生受《左氏春秋》於張蒼，蒼受之孫卿，然則生之言亦孫卿所傳歟？又向所芟除復重二百九十篇，其中亦必有脱誤難讀，而向自蒐獵以爲《説苑》、《新序》之屬者。惜乎其文不見於今，莫得而詳考也。

答陳樸園論尚書手札

大著《今文尚書攷》扶千秋之微學，羅百氏之舊聞，世業遠媲乎向、歆，專家近掩乎孫、段。自枚賾古文專行於世，即馬、鄭遺説亦就散亡，若歐陽、夏侯之學則更廢墜失傳，莫可考引。是以我朝樸學諸公得漢人片言，寶若彝鼎。而三家之學，絶無有尋其墜緒者。閣下獨旁蒐遠紹，輯成《歐陽夏侯遺説攷》，洵爲前哲所未逮。至如《泰誓》一篇，武帝末始出，自二劉父子、馬鄭諸儒均以爲後得之書，其非伏生所傳無疑。《史記·周本紀》所載誓辭數十言，蓋如《殷紀》之載《湯誥》，皆史公網羅放失而存之者，其時民間所獻之《大誓》猶未出也。王伯申乃曲證其傳自伏生，殊不足據。白魚赤烏出於《大傳》，《本紀》以爲九年觀兵時事。其下十一年云「武王乃作《大誓》」，則九年未作《大誓》甚明。而後出之《大誓》有赤烏等説，明與《史記》不合，此自後人割取《大傳》、《史記》而誤合之者。又其時《左傳》、《國語》、《孟子》諸書未出，亦未能剌取以彌其闕。江艮庭强釋馬融之疑，實非衷論。章句即偶有脱遺，何至諸書所引無一見存者耶？閣下既信《大誓》非伏生所傳，而猶取江氏之説，似尚未安。又謂《書序》真孔子作，而以足廿九篇之數，亦仍有可疑者。唐孔氏謂伏生廿九卷而序在外，蓋以伏生所得廿九篇及安國以古文考廿九篇皆主本經爲言，不應兼及《序》説。而《儒林傳》稱張霸分析廿九篇，又采《左氏傳》、《書序》云云，尤爲《序》不在廿九篇之塙證。竊謂《書》惟古文有《序》，今文則伏生於經尚亡數十篇，無緣更存序文。古人經傳別行，古文既入中祕，其序自傳人間，故張霸得以采取，非今文自有序，爲張霸所采也。《詩》三家序彼此不同，今文《書》若有序，安得與古文略無異義？况伏生篇第，《盤庚》合爲一篇，《康王之誥》合於《顧命》，又自與序牴牾耶？《世家》稱孔子序《書》，《漢志》亦稱孔子纂《書》凡百篇而爲之序，所謂序者殆如《易》之《序卦》。《法言》云：「昔之説《書》者，序以百。」温公訓序爲篇之次第，是也。若謂孔子作《書序》，則有以決其不然。伏生《書》，《堯典》本爲一篇，而《舜典》序謂「堯使嗣位，歷試諸艱」，此則同於姚方興之分題矣。《孟子》太甲放桐前後凡六年，而《伊訓》序謂放桐三年，則同於枚賾之古文矣。今知枚、姚之僞妄而顧信《序》爲孔子作，豈非知二五而不知十耶？愚意《大誓》既屬後得，今文又本無序，則古經止廿八篇，《漢志》稱廿九卷者，班據《别録》作《志》時，後出《大誓》已合於經也。《史記》云「伏生得廿九篇」者，又後人據班《書》改之者也。孔臧言廿八篇象廿八宿，臣瓚《漢書注》亦言當時學者謂《尚書》惟有廿八篇，是知《史記》本亦言廿八篇矣。若如閣下所云，伏生與兩夏侯同爲廿九篇，伏生則數《小序》不數《大誓》，夏侯則數《大誓》不數《小序》，篇數雖同，篇名各異，恐非其實也。覽尊著服其精博，愧無以相益，聊獻所疑如此。若有未然，不憚互質。

記寫本尚書後

古《尚書》百篇，今存者廿八篇，虞、夏、商、周之遺文可見者盡此矣。漢時，《書》多十六篇，由時師莫能説，不傳，卒以亡。惜哉！惜哉！古帝王之事與後世同，其所爲傳載萬世、薄九閡、彌厚土不敝壞者，非獨道勝，亦其文崇奥，有以久大之也。揚子雲最四代之書，以爲「渾渾爾」，「噩噩爾」，「灝灝爾」，彼有以通其故矣。由晉、宋以來，士汩於晚出之僞篇，莫復知子雲之所謂，獨韓退之氏稱《虞夏書》亦曰「渾渾」，於商、於周獨取其「詰屈聱牙」者，《詩》曰「惟其有之，是以似之」，信哉！其徒李漢敍論六藝，又曰「《書》、《禮》剔其僞」，《書》之僞蓋自此發。且必退之與其徒常所講説云爾，而漢誦述之。不然，漢之智殆不及此。聖人者道與文故并至，下此則偏勝焉，少衰焉，要皆有孤詣獨到，非可倣效而襲似之者，知言者可望而決耳。吾尤惜近儒者考辨僞篇，論稍稍定矣，至問所謂渾渾者、噩噩者、灝灝者、詰屈而聱牙者，其瞢然而莫辨猶若也。於是寫其文，自典謨訖秦繆，頗采文字異者著於篇，庶綴學之士有以考求揚、韓氏之説而得其意焉。

嗟乎！自古求道者必有賴於文，而文章與時升降，春秋以還，丘明所記，管、晏、老氏所言，去《尚書》抑遠矣。秦繆區區，起邠荒，賓諸夏，無可言者，獨其文崒然隮千載，上視三代殆無愧色。吾又以知帝王之文之肸蠁於後人者，蓋終古不絶息也。

再記寫本尚書後

自漢氏言《尚書》有今文、古文，其别由伏、孔二家。二家經皆出自壁中，皆古文，而皆以今文讀之。歐陽、夏侯受伏氏讀，不見其壁中書。壁中書本古文，以傳朝錯，入中祕，自是今文始盛行。吾疑安國與其徒亦故用今文教授，孔氏所由起其家，用此二家之異，在篇卷多寡耳，不在文古今也。《太史公書》言《尚書》滋多自孔氏。而劉歆議立逸《書》，譏太常，以《尚書》爲備。其時膠東庸生遺學亦以多十六篇，與中古文同。凡前漢人重孔氏學，稱古文逸《書》皆以此。及賈、馬、鄭之徒出，乃始斷斷於古文之廿八篇，而廢棄其逸十六篇，以無師説絶不講。朝錯所受壁中《書》雖朽折，至哀帝時尚在。孔氏古文若廢棄逸十六篇不講，而止傳伏氏所有廿八篇，則與朝錯所受《書》何以異？且又何以大遠乎今文耶？今文自前漢時立學官，有禄利，學者習歐陽、夏侯經説之成市，而朝錯壁中書僅乃能傳讀而已。此同出伏氏一師之所傳，盛衰懸絶乃如此。其於古文逸《書》以不誦絶之，誠無足怪。若賈、馬、鄭諸儒者，誚歐陽，詆夏侯，不習博士經，不徇禄利，背時趨，崇古學矣，乃亦不誦逸《書》，何歟？帝王之文至難得也，遭秦焚不盡亡，伏氏少失焉，而復出於孔子之堂壁，可謂至幸。是後雖微弱，猶尚絲聯縕續，彌四百年，而卒廢棄於諸儒崇古學者之手。自是以來，逸十六篇，舍太史公所録《湯誥》外，無復遺存者矣。此可爲深惜者也。

答張廉卿書

垂示《三江考》，辭高而義創，類韓、歐諸

公辯證經典文字，章句之徒不辨爲此。三江舊蹟久湮失，蒙陋之見，正大論所譏，墨守班《志》以爲不易者，何足以仰窺奥恉？私獨以爲郭璞岷江、松江、浙江之説與班氏無甚異同，頗怪執事既取《説文》江水東至會稽山陰爲浙江，以爲有合於班《志》、《水經》及康成「東迆」之説，而猶以爲江不通於浙，而殊異南江使自爲一江也。浙江自爲一江，今所見之水道然耳。古浙江固江所自爲，非別有一水。周秦人不稱南江、浙江而但名之爲江。《國語》云「句踐泝江以襲吴」，又云「吴軍江北，越軍江南，將舟戰於江」，《吕覽》言「越王棲會稽，有酒投江，民飲其流」，而樂毅亦言「子胥入江而不化」，使江不通浙，則吴越境上無江，此諸書必不冒他水爲江。江自吴縣南至錢唐，折由山陰而東，逕餘姚入海，故曰浙江。不獨《説文》言之，晉灼説亦如此。酈元亦言作者述志，多言江至山陰爲浙江，漢、晉以來未之有改也。其在錢唐右會漸水，漸水故不名浙，《説文》分列漸、浙二水甚明，而《史記・秦紀》：「始皇過丹陽至錢唐，臨浙江，水波惡，乃西，百廿里從狹中度。」蓋錢塘乃有浙江，錢唐西百廿里之狹中，即非浙江矣。後以漸水歸浙，亦或互受通稱，而浙要爲江尾，非漸瀆。南江既湮，於是江不通浙，而漸水始專浙江之名，而自爲一江。此乃遷流所變，豈得執爲禹蹟哉？且南江爲江所分，固無可疑者。凡北水通目爲河，南水通目爲江，特後世轉移通借而號之者耳。其初則江、河各爲專目，非河不名爲河，非江不名爲江。南江非江所分，決不名江。江止二瀆，但可謂之二江，決不名爲三江。若北江、中江皆江所歧分，獨南江乃取其旁一水，首尾不與江通者配之，而强名爲江，以足三江之數。神禹主名山川，殆不若是。南江經所未言，以江之有北、有中而知有南。以三江之並得江名而知南江非别爲一水，此決無以相易者。若謂經言爲中江，不言爲南江，則禹廝二河，《禹貢》固亦不見矣，況東迆之爲南江，其説固不易哉？執事之爲此説，徒以形勢論之，謂南江道不可通，避就而爲之辭耳。至譏班《志》而取景純，則景純之説固班説也。不獨浙江即餘姚入海之道，即執事引《江賦》所云「神委東會，注五湖，灌三江」者，亦明謂三江承於一江，是南江上流，景純亦未爲異説。獨隋、唐時，南人乃謂大江不入震澤，而張守節遂以並阻山陸爲言。竊嘗以今地考之，江南諸山來自五嶺，入徽州爲黄山，東行爲天目，其北枝爲九華。《山海經》三天子鄣即此，《禹貢》所謂「東陵」者也。今浙江出其南，而大禹南江行其北，繞九華及黄山支麓，出天目之背，以入太湖。今自石埭涇南陵、宣城、寧國、建平、廣德諸州縣水，皆鉤連交注無阻絶者，獨貴池、青陽之水不通涇南陵耳，疑池、寧比境南北數百里間必有可通之處，即使地脈連延，亦必有絶水復出，如經所云「過九江至於敷淺原」者。且賈讓固言「大禹治水，山陵當路者毁之」矣。南江絶而水皆倒流入江，莫或考其舊跡，殆非目驗，無以定之。要不得毁所不見，執今水以求故瀆也。三江，班氏時故尚在。枚乘諫吴王謂「羽林黄頭，循江而下，襲大王之都」，北江、中江皆不得至吴都，乘所云「循江而下」，蓋下石城分江水以東抵吴縣南者也。班氏推表山川，以綴《禹貢》、《周官》，立言至爲矜慎矣。九河不詳其處，於成平云「民曰徒駭河」，於鬲云「平當以爲鬲津」，皆闕所不知，未嘗肊決。又往往言故大河、故虖池、故漳以紀遷廢。至三江則各著所在之縣，詳其入海方所，是必前無異説，而經流見存，而石城分江水則又據當時見行之瀆名之，過若干郡，行若干里，入海何縣，始末具備，此豈不知而强言者？許、鄭之徒，勤於考索，翕然宗信，不聞一言違覆。今更千餘年後，求其跡不得，遂創爲一説以易之，可不可也？

執事又謂分江水，班未以爲南江，南江未言餘姚入海，此《志》文彼此互備，又不必辯者。湔氏道言江水至江都入海，毘陵北江不言江都，亦豈岷江北江爲二水哉？執事又謂在吴南者亦松江，譏班氏混南江於中江，此又非班氏之過。班未以松江爲中江也。《水經·江水》殘闕，酈注《沔水》述三江亦脱誤難讀，其言中江「左會滆湖」，乃軼而見於《文選注》。滆湖在常州西南，自滆湖東出直吴松口，正班《志》陽羨入海之道，皆在吴北，非吴南。景純之稱松江，亦據其下口言之，爲不誤耳。若松江上游，韋昭以釋《國語》者，乃酈注南江之枝津，不得指爲中江。此當據班《志》以正景純，不當復用譏班也。歸熙甫論三江，取景純而引宋邊實所列海岸三口曰揚子江口、吴松江口、錢唐江口，以爲三江既入，禹蹟無改，亦據下口言之。至上游則諸儒未有明辯之者。康成言江分彭蠡，班《志》、《水經》皆分於石城，石城當近彭蠡矣，漢石城在今建德，見《元和志》，而言南江者求之貴池。漢蕪湖在當塗東南，見杜氏《通典》，而言中江者求之今之蕪湖。皆據後城以定前地。執事謂酈注南江在萬山之中，殆亦由酈氏所稱縣地故城未易審知所在耳。夫執今水以求故瀆，據後城以定前地，言地理者之公患也。執事尚復如此，吾且烏乎正之。謹貢所疑，不惜更教示。幸甚！

再復張廉卿論三江書

前得惠書，極論三江事。塵冗卒卒，久不報。頃得續示，復稍稍改定尊説。且曰「師心背古，果於自用，固所甘之」，夫誠甘之，則亦何説不可？尚何取繁引曲證，前後更易，紛紛之爲？若返之本志而猶有未安，則汝綸請得進畢其説。凡執事所以譏班、鄭者，似未嘗究明二家之説。其堅持異論，不肯稍變易，固曰吾據經詞事理斷之。夫謂浙不通江而可名之爲江，因謂他水皆可名江，此則於經於事無一合者。由漢以來至於近世，自全謝山、王鳳喈外有謂浙不通江者誰乎？此何庸復强辯乎？若果不通江，又何庸强名爲江乎？始吾不解執事何爲必舍江而求南江，今讀來書云「經於道江曰『東爲中江』，此南江之别爲一江，居然可知者」，又言「漢非江而被江名」，證他水之可稱江，然後知尊意以江爲中江，漢爲北江，因謂别有南江，而經未言。經曰「東爲中江」，此中江之名起於會匯以東可知也。今指岷山至東陵者皆爲中江，可乎？經曰「東爲北江」，此明漢入江後所敍皆江瀆，因著其瀆之分流耳。今謂漢入江，匯彭蠡，行數百千里之後，仍獨成其爲漢；其爲北江者，仍大别以西之漢水，可乎？三江經流分繫江、漢二水，何以讀「東爲北江」之文，知别有南江？又何嘗被漢以江名而爲他水稱江之證哉？凡江、漢、河、濟，禹所命名也。禹既名江爲江，豈得又名漢爲江？漢且不得爲江，他小水無論入江、不入江，固亦各有主名，更安得僭名爲江？六蓺經傳從無稱他水爲江、河者，此何待程泰之、胡朏明始倡是説。執事又引九江亦他水，非江而名江，此又後儒肊論。《淮南王書》「禹身執藁垂，剔河而道九歧，鑿江而分九路」，太史公登廬山，觀禹疏九江，彼皆最初之説，目驗之論，豈故不足信？若據「過九江」，謂「凡言過皆他水」，「道漾」曰「過三澨」，三澨即漢水所爲也，而可謂之「過」，何獨至九江而疑之？九江既江水，漢又不名江，他水又不得冒爲江，則南江本江所分，非别有一水，殆可循名而定。且東迆之爲南江，固無可議者。

執事所好者，經之文也，請更以其文決之。經曰「至於東陵東迆」，考之《爾雅》、《漢志》、《山海經》所謂東陵者，固當西起彭蠡而東極於太湖以東，蓋南江首尾略盡之矣。而執事必令質實言之，曰「東爲南江」，以與「東爲中江」者爲儷，然猶未及其所入之委也。則又當分綴以「入於海」之文，緐委復重而不厭。否則，以爲孤懸隱射之語，執事以爲古人之文固必如是乎？凡《禹貢》所云「東北」者，皆東行而迆北者也。云「北東」者，北行而迆東者也。然未嘗曰「迆東迆北」，不惟《禹貢》，他經及《史記》、《漢書》亦未見也。惟歸熙甫作《李實行狀》載其疏語，稱「永寧迆東迆西」，而國家設官，有所謂迆東道、迆西道者，此乃後世常語，古人豈有此哉？《禹貢》「東迆」爲句，自漢以來未之有改。馬季長訓迆爲靡，今所習孔傳中多漢人舊説，而訓迆爲溢，未聞有以「迆北」連讀者。即執事所引《説文》，亦不得懸定許讀爲「迆北」也。獨魏默深肆其疏野之見，妄改舊讀，以「迆北」説之。此宜淵懿君子所不道，執事虚志而讀之，此經之讀以「至於東陵東迆」者爲勝乎？以「東迆北」爲句者勝乎？康成固不知文，何至自漢以來無一人知文？知文者，乃獨一魏默深也。凡此諸説，皆顯與本經不合，其尤無解於師心背古者，則謂南江、浙江之不通江也。且執事固以漢爲北江矣，北江通江，南江何爲不可通江，而必謂江不通浙者，爲夫江一通浙，則景純之浙江固即班《志》之南江。班、鄭之説無可易，石城分江水無可疑，而吴縣之南江爲分江水，自石城至餘姚之道無可置辨也。故《説文》江水至會稽山陰爲浙江之説，執事既嘗以爲合於班、鄭、《水經》而取之矣，今則援王鳳喈之妄改者以離畔之；景純《江賦》所云「灌三江而漰沛」者，執事既嘗引用之矣，今則以其同於班氏而割棄之。《説文》之言浙江，六朝以前無異説。僕前引酈元説「作者述志皆言江水至會稽山陰爲浙江」，酈氏所見方志多矣，惜其書今並亡佚耳，使其皆在，鳳喈能一一盡取竄改之，以成其曲説乎？執事之以浙江爲南江，所據者景純也。《江賦》與所爲《水經注》，一人之作，所説者三江一事也，此復何能左右而去取之哉？尋執事諸説，惟以考論地勢、山脈者爲最近理，要必真如所云「萬山複沓綿亘，絶無平迤中斷之所，開鑿無所施」，而謂大江不能經行於其間，然後可也。使不徑萬山之中，不行複沓綿亘之所，尚有中斷之處，無事開鑿之勞，則執事立説雖辨，其如施之非其實何？凡酈注南江所經大抵今池、寧、太、廣之境，而寧、太、廣之水至今通流，獨池州無水以通寧國，要亦非高山大阜盤亘數百里不中斷之地也。執事乃以徽、寧、池之萬山叢簇者當之，自昔言南江者何嘗南涉徽州哉？經曰「東迤」，班《志》但言石城東至餘姚耳，執事何由知爲直東指吴哉？既直東指吴矣，豈又能出徽州而南繞哉？且執事考求故蹟而徵之行旅商賈，尤非得理者也。行旅商賈不出水陸二道，水行固皆今水矣，其陸行則各指今所置郡縣城邑，以爲都會城邑遷改，道隨而變，豈能沿涉山川脈絡推求昔之舊瀆哉？凡此諸説，皆揆之事理而甚不合者也。論事既失其實，讀經又失其辭，則固不如墨守班、鄭之爲安矣。班、鄭之説，執事固明知其合也，顧乃强索疵纇，謂吴特南江中途一縣，距餘姚數百里，班不應於吴言入海，自昔紀水道者未聞若是。是又班《志》常例。錢溉亭輩殆不足知此。河至章武入海，魏郡之鄴去章武逾千里，而云「故大河在東北入海」；信都去海亦數百里，而云「故章河、故虖池皆在北東入海」。《禹貢》絳水亦入海，此皆中途一縣，執事曷爲未聞乎？中江自滆湖東出，執事譏僕何從得此水道。僕此道固與執事所稱分江水經徽州及石城直東指吴者不同。班《志》南江在吴南，則中江不在吴南甚明。其會滆湖至陽羨入海，既在吴北，非自滆湖東直吴松口，當復由何道哉？吴南之松江，酈注明以爲南江之枝津，執事乃謂自昔説班《志》者，皆言吴松爲中江，抑何不深考如此。禹厮二河，毘陵、江都之江皆因尊論類及之，不足深辨。南江經固言之，漯川則未之及，何論鉅細？湔氏道毘陵所紀，但問一水二水，豈與執事論揚州，且江都獨非揚州乎？河於河關、館陶，再言章武入海，江獨不可再言江都乎？凡此諸説，皆於班《志》未嘗究明者也。鄭氏三江説，惟疏所引爲真，執事乃徵及《初學記》。《初學記》説與疏所引鄭説絶異，明非一人語，其稱鄭玄、孔安國注尤猥。并余考之，必徐邈所爲《尚書音》中説也。《隋志》《尚書音》五卷，孔安國、鄭玄、李軌、徐邈等譔，與《初學記》稱鄭、孔者正同。當徐堅時，鄭注《尚書》未亡，無緣僞託，惟《尚書音》雜揉數人之説，故淆亂如此。近世陋儒識不足以定取舍，乃兼采疏及《初學記》妄合爲一，執事奈何從而信之，殆亦魏默深與有責爾。此又執事之未究明鄭説者也。夫不究明其人之説，而好爲異論，近世諸儒大率如此，而全謝山、王鳳喈、魏默深其尤也。不謂執事高識，俯視二漢，而所陰據者乃祇謝山、鳳喈、默深諸人。夫謝山、鳳喈、默深諸人之説何足以抗班、鄭哉？汝綸所見如此，儻有異議，不憚再質。

詩樂論

古者學樂而後誦《詩》，樂以《詩》爲本，《詩》以樂爲用，《詩》與樂相爲表裏者也。三百篇《詩》皆播於樂，故皆領在樂官者皆可歌。季札觀樂徧歌《風》、《雅》、《頌》，漢初瞽史例能歌三百篇，是也，而不皆入樂之用。其入樂之用者，燕饗祀之樂章耳。蓋凡《詩》雖皆播於樂，而燕饗祀之樂章獨爲雅音。雅者，常也，正也。燕饗祀常用之正樂，故謂之雅，非是不名。古樂不可復考。《荀子》云：「詩者，中聲之所止。」《史記》云：「孔子弦歌三百五篇，以求合於《韶》、《武》、《雅》、《頌》之音。」朱子皆深不然其説。蓋止於中聲者，雅樂耳。餘詩則貞淫美惡各從其類，安得一以中聲律之？且如《雅》、《頌》之詩自是《雅》、《頌》之音，鄭、衛之詩自是鄭、衛之音，又安能歌鄭以合雅乎？説者又謂《詩》與聲有辨，聲淫非《詩》淫，《詩》則三百篇皆雅音也。不知《詩》者樂之章，而聲則歌其《詩》而被於樂之名也。惟其《詩》淫，故被之於樂而聲亦淫。《記》曰：「《詩》，言其志也。歌，詠其聲也。」《詩大序》曰：「情發於聲，聲成文謂之音。」由此觀之，聲非即《詩》之聲乎？朱子謂：「深絶其聲，於樂以爲法；而嚴立其詞，於《詩》以爲戒。」聲與《詩》之辨，如是而已。若必别聲於《詩》，則所謂聲者何聲也？然則鄭聲之放，特謂不以其《詩》被之於樂耳。放其聲者，聖人惡亂雅樂之意。存其《詩》者，太師陳《詩》觀風之舊也。而謂三百篇皆中聲，皆雅音，誤矣。至《大戴禮·投壺》雅歌及杜夔雅樂四曲皆有《白駒》、《伐檀》二詩，不用於燕饗祀，而亦謂之雅，《白駒》猶《小雅》篇，《伐檀》則變風矣，蓋不用於燕饗祀而用於《投壺》之禮，是亦入樂之用者，所謂「止於中聲」、「合於雅音」者，或是類歟？然不可考矣。

三易異同辨

《連山》也，《歸藏》也，《周易》也，其書同耶，異耶？曰：其名則皆易也，其序則皆自乾至未濟也，其用則皆九六也，同也。至其所繫之詞，則孔穎達所云聖人因時制宜，不相沿襲者，此其所以異者也。三易之名見於《周官》，當時夏、殷之易與《周易》並用，至孔子表章《周易》，其後二易漸廢。及遭秦火，惟《周易》以卜筮得存，而《連山》、《歸藏》以不用而書亡矣。桓譚《新論》云「《連山》藏於蘭臺，《歸藏》藏於太卜」者，此僞託者也。漢以後儒者並未見《連山》、《歸藏》之書，各以意説，於是有謂夏、商未有易名，《連山》以山上山下爲名，《歸藏》以萬物歸藏爲名者；有謂《連山》首艮，《歸藏》首坤，而三易之道通於三統者；有謂《周易》以變者爲占而用九用六，《連山》、《歸藏》以不變爲占而用七用八者。諸説紛紛，莫有疑議。余嘗推求其義，而有以知其必不然也。蓋自伏羲畫八卦，因而重之以爲六十四卦，以教人卜筮而前民用，於是乎有易。當其卦畫既成，必爲之名以命之，則所謂《易》者是也。又必有其先後次序，一成而不可變者，則自乾至未濟者是也。有其名矣，有其序矣，而其所以教人卜筮者，又必有其入用之法，一定之例焉，則所謂用九、用六者是也。此伏羲作《易》之本也。《連山》、《歸藏》、《周易》雖三代異世，數聖異書，要皆本於伏羲而爲之者，而謂各取其書而反覆顛倒之，更改其義例，而數易其本名，有是理乎？夫《連山》、《歸藏》惟其皆名易也，故《周禮》著之，以爲三易，而《周易》之書題周以別餘代，使夏、商以前未有易名，則言易已別餘代矣，何必更題代名，而《周禮》又安能概以易之名加之《連山》、《歸藏》而謂爲三易耶？程大昌以季札觀樂十五國之歌不言風，❶遂謂《詩》無風名，今以《連山》、《歸藏》不言易，遂謂無易名，何以異於是。若謂《連山》取「兼山艮」之義，歸藏取「坤以藏之」之義，則一書之名止取書首之義，充其說則《周易》可因乾爲名，而《春秋》可以「春王」名書矣。此說之不可通者也。況所謂「兼山艮」與「坤以藏之」云云，又皆孔子《十翼》之說，豈夏、商之書並取義於《周易》之傳耶？至所謂「山氣連連不絶」與「歸根藏用」等說，又皆穿鑿鄙陋，不待辨而審其誣者矣。古書名義今不可考，姚信以《連山》爲神農，《歸藏》爲黄帝。考世譜，神農一曰連山氏，亦曰列山氏，黄帝一曰歸藏氏。《漢書·古今人表》亦著列山、歸藏。按他書止載堯、舜，《繫辭傳》庖羲而下特著神農、黄帝，明二帝之有造於《易》。《黄帝本紀》迎日

❶「程」，原作「陳」，今據清光緒刻本《桐城吴先生詩文集》卷四改。

推策，策即蓍策。而神農重卦，至今猶傳，雖其説非是，其必於《易》有述者。是則《連山》、《歸藏》先儒以爲神農、黄帝之書，而夏、商用之，説蓋近是。其謂之《連山易》、《歸藏易》者，亦猶《周易》之著代也云爾。豈如後儒之傅會鑿説云云者哉？

至若六十四卦重於伏羲，則六十四卦之序亦必定於伏羲。使非伏羲定其序，則當重卦之後，六十四卦果何如位置？卦之次序既伏羲所定，後之聖人雖各有所述，其於伏羲已定之序必無有所異同，況其起於乾、止於未濟者，乃法象自然之妙，其義藴之深，又如《序卦》所云，則當伏羲之時已爲「百世以俟聖人而不惑」者哉？今謂《連山》首艮，是少陽先於老陽而子加於父也；《歸藏》首坤，是陰先於陽而地尊於天也。其於法象義藴不已傎乎？爲此説者殆以《戴記》「吾得坤乾」之一言爲《歸藏》之明證。《歸藏》首坤，既有明證，則《連山》首艮，又可例推。不知《周禮》之言三易，明謂經卦皆八，別皆六十四，未嘗以爲有異也。今舍《周禮》之明文而徵《戴記》之説，❶固已不足深據，又況《戴記》並未嘗以坤乾爲《歸藏》。鄭康成注《禮》，第謂坤乾爲殷陰陽之書，其書存者有《歸藏》云爾，亦未嘗即以坤乾當《歸藏》也。又案：干寶云初乾、初奭、初艮、初兑、初犖、初離、初釐、初巽，此《歸藏》之易。干寶所謂《歸藏》已屬僞書，然亦未嘗以爲首坤也。《戴記》無是説，注《戴記》者亦無是説，即僞本《歸藏》亦並無是説。而梁元帝、孔穎達、賈公彦等乃始援《戴記》之「坤乾」以證《歸藏》之首坤，豈足信耶？又況《連山》首艮，於書並無徵據

❶「記」，原作「祀」，今據《桐城吴先生詩文集》卷四改。

者耶？

至謂三易通於三統，則天統、地統猶可言也，人統何以獨取艮之少男？八卦之配十二時、廿四位，術數家之説耳，聖人所不言也。即乾坤艮之合於子丑寅，猶非本義，況其不盡合耶？且著書立教，隨在皆寓其改正朔、易服色之意，何淺之乎爲聖人也？然則首艮、首坤，其説誣矣。《易》之爲書也，以變爲名也，其用之卜筮也，以變爲用，不變不用也。陽爻用九不用七，陰爻用六不用八，老陽變少陰，老陰變少陽，故用九六。少陽、少陰皆不變，故不用七八。今謂《連山》、《歸藏》用七八，是《周易》變，而《連山》、《歸藏》不變也。何以謂之易？且以不變爲占，則一卦止一卦之用，一爻止一爻之用，極其所終不過六十四卦三百八十四爻而已耳，何以悉備廣大？又何以引伸觸類而畢天下之能事哉？且夫用九、用六者，其法則伏羲之法，其例則伏羲之例也，使謂《連山》、《歸藏》始用七八而《周易》始用九六，是《易》之用至周始定，夏商以前俱爲未備。推而上之，當伏羲之時，其用何如耶？抑豈卦畫已具而無用耶？不然，則其法與例皆伏羲之本，固不待文王而始定其用矣，《連山》、《歸藏》固不能易其已定者而爲之用矣。考之於書，《左氏春秋傳》季友之筮遇《大有》之《乾》曰「同復於父，敬如君所」，《國語》晉成公之筮遇《乾》之《否》曰「配而不終，君之出焉」等説，今《易》並無其文，此固二易占辭也。既曰「乾之否」，非用變而何？此亦可以辨用七用八之非是矣。而或以爲穆姜之筮遇《艮》之八，此《連山》之易也，可爲《連山》用八之證。不知穆姜之筮占《周易》之彖辭，彼固用《周易》而非用《連山易》者，且其下云「是謂《艮》之

《隨》」，《連山》既用八而不變，何以復之隨耶？此所謂以子之矛攻子之楯者矣。夫《春秋傳》所引占辭其見於《周易》者，其以《周易》占者也。其不見於《周易》者，則其占之《連山》、《歸藏》者也。豈其占用二易，而所占之辭復用《周易》乎？先儒謂「《艮》之八」者，謂五爻皆變，惟六二少陰不變，故謂「艮之八」。晉重耳筮得國，遇貞《屯》悔《豫》皆八，內卦兩少陰，外卦一少陰，故云「皆八」。蓋變爻既多，因主不變之爻爲言耳，此豈可爲二易用七八之證耶？凡此數説，其穿鑿傅會顯然可見。而漢唐以來，儒者承譌襲謬，未嘗置議，皆習而弗察之過也。此余所爲辨駁其誤，而獨以爲三易之所同者也。

至其卦辭、爻辭，則《周易》乃文王、周公之所繫，《連山》、《歸藏》有不如是者，傳記所載，可考而知也。朱子贊《易》云：「降帝而王，傳夏歷商，有占無文，民用勿彰。」此又未必然者也。二易之所以異於《周易》，亦異之於其繇辭耳。然無繇辭，則是伏羲之易矣，何所辨其爲《連山》？又何所辨其爲《歸藏》耶？且民用勿彰，《周禮》之掌於太卜筮人者，果何所爲也？余有以知皆無所異，故皆謂之易。惟其繇辭有所不同，故謂三易。其名、其序、其用者，伏羲作《易》之本也。繇辭者，後聖之所各製者也。此三易之異同也。

讀漢書古今人表

《漢書》非綜核古今之書，斷代爲史者也。其表古今人，何也？班固著《漢書》未成而卒，詔其妹曹大家續成之，諸表皆大家所修者，豈其非一人之手故然歟。不然，《漢書》斷代爲史，非綜核古今之書也，古今人何以表也？太史公作《史記》，起五帝至天漢止，其書載古今人略備，而獨不爲立表，使三古以來其人非有赫赫事業可傳於後者，其姓名皆不概見。《漢書》則博極羣書，一一記其大略，而第其高下如此。然則《史記》當詳而不詳，《漢書》不必詳而詳之，又何也？先是班彪著是書，起於天漢以後，前此皆不具論，爲其爲《史記》所已著者也。蓋其著書之意，非欲以備一代之史，第欲爲一家言，以續史遷之後。及彪卒，固嗣其業，有告固私修國史者，坐逮固下獄。固上書自辨，乃免。然則彪、固之始爲《漢書》，非斷代爲之也，將以續《史記》也。後詔固就蘭臺，卒父業，乃始論列天漢以前，起於高帝，以成一代之史，名曰《漢書》。然其已見於《史記》者多仍舊文，無所改易，則其志仍以續《史記》也。大家深明此意，於諸表之末綴以《古今》一表，蓋謂《史記》之書既載古今人，即當爲立表，而不表，是《史記》之闕也。《漢書》本爲續《史記》之書，則於《史記》所未備者，要不可不爲之續，此表所以補《史記》之闕也。且以見斷代爲史，非著書之本意，其本意則將以續《史記》耳。然則《古今人表》其猶彪、固之志也歟？不然，則《漢書》本一代之史，非綜核古今之書，而攙以此表，如贅疣然，豈史家之體裁所宜然歟？後世具三長修史書者類不爲，而謂大家爲之歟？

籌洋芻議序

寧紹台道薛使君示余所爲《籌洋芻議》，其卒篇曰《變法》，余讀之，爲廣其説，曰：法不可盡變，凡國必有以立，吾儒也。彼外國者，工若商也。儒雖貧，不可使爲工商。爲之而工商不可成，而儒已前敗，失其所以立矣。使彼之爲法者而生乎吾之國，其所爲作也故且異乎是，吾獨奈何而盡從之？然則將一守吾故而不變乎？是又不然。吾之法，聖法也，其本自堯舜禹湯文武。由堯舜禹湯文武，而秦、漢而唐而宋而明，而逮乎今，每變而益敝，而彼乃始開而之乎完，以吾之敝當彼之完，其必不敵者，勢也，是烏可不變？夫法不可盡變，又不可一守吾故而不變，則莫若權乎可變不可變之間，因其宜而施之。今權乎可變不可變之間以施之者餘廿年矣，然而一如其未變，何也？曰：室之敝也必改爲，爲之必於工師；疾之劇也必更治，治之必於醫。楝楹之材，陶冶削之，不能成一椽；萬金之藥，巫覡劑之，不能成一方。取彼之法，役吾之人，吾之人不習彼之法，欲其才之赴其事也，是責跛牂以千里，望狼瞫於嬰兒也，必不幾矣。今諸國之在天下，略如昔之七國，國大小異耳。七國之時，以客卿爲謀主者不可勝紀，而秦自商君迄李斯，累世國相，大抵諸侯之客爲之。今外國之士負其能，思効於異國者，亦不可勝紀，在所欲用耳。賢者不獨居一國，吾貪其賢，彼不爲吾試，殆未有也。昔者聖祖之定律也，得西士南懷仁、湯若望之徒而任之也。使不得西士，徒用中國之曆官，雖日考徐、李之新法，采《職方》、《外紀》之遺論，能精西曆天算之術不也？然則爲今之計，欲用西法而釋習是法之西士，得乎？難者曰：今非不用西士也，如絶不效，何？曰吾所謂用西士者，非謂凡西士而盡可用也。執塗之人而用之，西之塗人視吾之塗人也奚以異？曰吾所用其賢也。賢其所賢，則賢西之賢視賢吾之賢也，又奚以異？語曰：「惟賢知賢。」薛使君，吾之賢也，今柄用於時，而鋭意變法，殆必有以知之者。因題其書之首，俟他日爲之徵。

尺　牘

與柯鳳蓀

去歲承是正拙著《尚書故》四册，當時怱怱一閲，深服辨證精審。近日覆校一過，凡鄙説之是者，經執事爲之廣引古義以證成之，其穿鑿失實則旁考博徵以諍救之，皆他家所遺漏失檢，以此見執事見聞該洽而能折衷至是，真學有經法，非依傍人門者比也。

僕於經學殊疏，往因《尚書》無善本，近時江、王、孫、段亦未盡愜人意，遂發憤爲此。初意但欲與江、孫爭名，故襲用其體例，異日風氣變遷，此等固亦不貴，要在訓詁精鑿，或亦後之治經者所不廢，但恨執事未盡抉摘謬誤耳。頃已將尊説添注册中，亦仍有鄙心未安者，於吾鳳蓀而不互質是非，更當於何取正。謹條列所疑於後，以當面論。

「曰若稽古」，尊引伯喈《東巡頌》，已補入拙説中。至謂《魯靈光賦》六字爲句，則似未然，「王賦實亦」四字句也。「嚚訟」，馬作「嚚庸」，亦讀庸爲訟。孫淵如謂馬讀「嚚」一字爲句，「庸可乎」三字爲句。此未明古人造句法，執事同之，蓋未審也。尊意依鄭、孔以四岳爲四人，用「師錫」爲證。蒙謂「僉曰鯀哉」，史公釋爲羣臣四岳。此「師錫」，亦當同彼，故《史》稱「衆皆言于堯」。若使四岳爲四人，則洪水之咨，其對自是岳言，何爲横加「羣臣」二字？彼「僉」爲兼羣臣，知此「師」亦兼羣臣，非謂四岳同言，明矣。《國語》載太子晉説，以四岳爲共之從孫，又云「胙四岳國，賜姓曰姜氏，曰有吕」，《史記·齊世家》

云「其先祖嘗爲四岳，佐禹平水土，甚有功」，此皆四岳爲一人之確證。執事謂非古義，過矣。鄭、孔分爲四人，於後廿二人説皆不能通，各以意去取，而終不當於人心，何若從《國語》、《史記》之爲善乎？

王氏父子謂「以孝蒸蒸」爲句，「克諧」上屬爲句。蒙初亦信之，後疑「克諧」不應上屬。蔡氏《九疑山碑》「克諧頑傲，以孝蒸蒸」，彼檃括經義，以就韻文，不可據爲經讀。又得《史・酷吏傳》云「吏治蒸蒸，不至於姦」，於是定依舊讀「烝烝乂」三字爲句，「克諧」四字爲句。蓋必如此而後文從字順，執事據蔡文而依王讀，似未安也。

「乃底可績」，孫據宋本《北堂書鈔》滅「言」字，雖是孤證，要其合于《史》文「謀事至而言可績」，蒙深有取焉。若經本如今《書》有「言」字，則《史》詁爲失經義矣。尊論謂乾嘉人好據誤本改正本，又喜詭稱宋本，蓋誠有之，至此文則非其比。孫所據《書鈔》，今廣東已付刻，以其合於《玉海》所引《中興書目》卷數，故定爲宋本。其書高郵王氏、臨海洪氏、烏程嚴氏皆嘗校勘，似難作僞。此條則嚴氏據《史》文證之，如孫欲作僞以入所著《尚書疏》，嚴未必相爲容隱也。孔傳本有「言」字，虞在唐初，或據鄭本，未可知也。既有合於《史》文，何反疑爲妄乎？

如「五器卒乃復」，鄙謂：五玉不專爲器，又爲幣。爲器，禮終還之；爲幣，則不還。執事引《周禮》駮正，謂《小行人》之稱六幣，因用幣帛配玉。蒙意未安。「圭以馬，璋以皮」，豈皆幣帛乎？先鄭釋《太宰》「幣貢」爲繡帛，後鄭改云「玉馬皮帛」，此玉爲幣之明證也。且《小行人》以六幣對六瑞爲文，豈得舍玉而言其所配？尊論「器幣並陳乃享禮，非朝禮；受幣還器，與周之朝禮、享禮均不合」。吾意此自虞禮，似不必引唐律以斷漢獄也。凡云幣者，其本訓爲幣帛，其引申則財用之通名。故《平準書》稱龜貝、金錢、刀布之幣，又云「虞夏之幣，金爲三品」，是幣固不得專以幣帛爲言。又朝享不可分爲二禮，朝必有享。《覲禮》三享皆束帛加璧，璧帛即幣。覲禮即朝禮，故覲禮以巡守終焉。虞之巡守固明言「覲四岳羣牧」矣，受幣還器，周之朝享亦略同虞也。《白虎通》「還珪留璧」，所云「珪」者，通五瑞言之，不專謂二王之後。執事謂「享用圭璋，乃二王之後，非常禮」，亦似過拘。豈《白虎》所云「還珪」止還二王之後，諸侯皆不還乎？必不然矣。

「格於禰祖」，尊論以親疏爲次，究爲名稱不順，經典罕見。《史記》「誰能馴予上下草木鳥獸」，尊論謂「馴、順通」，是也。但馴兼二義，上言「誰能馴予工」，此以順爲義也。此言「馴予上下草木鳥獸」，《秦紀》「調馴鳥獸」即本此經，是馴又爲調馴矣。

「孔壬」，尊論以《史記》「九江甚中」訓孔爲甚，故此不再見，是也。但《老子注》孔有大訓，則「大佞」較「甚佞」其訓爲捷。「氐道嶓冢」，尊論據《水經注》稱班固《地理志》言漢二源：東出氐道，西出西縣之嶓冢，定班《志》「氐道」下無「嶓冢」字。蒙謂：《水經》之文不足見班《志》氐道之無「嶓冢」，況《水經》明云「漾水出隴西氐道縣嶓冢山」，何以必漢《志》之不同《水經》乎？近人於唐、宋諸賢所引《書》有異文者皆不信而以爲誤，豈古人讀書盡如此疏陋？蒙謂近儒好詆前人，自是一失。即如《蔡傳》此條云「嶓冢山，《地志》云『在隴西氐道縣』，漾水所出」，又云「在西縣」，《蔡傳》所引明確如此，何得尚謂其誤乎？孔疏、《地志》無大別在安豐者，尊論「鄭云『廬江安豐』，據東漢郡國言之。孔檢班《志》廬江無大別，不復詳考」。孔乃唐初通儒，若如尊論，是直兒童之不如矣。就令如此，亦止可言廬江無安豐，不得言《地志》無大別也。孔文引杜預解《春秋》云：「大別，闕，不知何處。或曰大別在安豐縣西南。」若班《志》有明文，杜何以不知何處？又不引《地志》而云或曰，豈杜亦如孔不能細檢《漢志》乎？元凱地學最精，尚不知其所在，其爲《漢志》無文明甚。《續志》蓋採鄭説以補前《志》，不得謂盡本班《志》也。《史記》所載《湯誓》自是古文簡脱，尊論依《史》立説，如「有夏多罪，天命殛之」與上「非敢稱亂」文勢銜接。今接「予維聞汝衆言於有夏多罪」之下，殊失文理。後又云「今夏多罪，天命殛之」，又與「不敢不正」句不相承。至「舍我嗇事而割正」下復接「汝其曰夏罪其奈何」，反覆淩躐，古人決無此文理。尊解「割正」依舊傳云「專行割剥害民之政」，亦甚迂曲。執事謂使壁經顛倒訛衍，當時今文盛行，史公何難據以改正？此亦未然。《尚書》初出屋壁，朽折散絶，劉子駿固言之矣，今文之行則所謂博士集而讀之者，蓋久而後定。史公時，或尚無定本，或今文家已能屬讀，而史公自傳古文，存其真本，如《春秋》「郭公」、「夏五」之類，不得以此爲疑。要之，《史》載《湯誓》不如今《尚書》傳本之文從字順，則夫人而知之，不可易也。「茲予大享於先王，爾祖其從與享之」，此爲功臣配享甚明。尊論據《大傳》以爲祭於采地之廟。蒙謂采地不得立廟。叔孫通作原廟尚見譏於史，諸侯采地安得有廟？且《大傳》亦止謂不黜采地，使世守以供祀，并非謂采地有廟。《周禮》「祭于大烝」，鄭云「死則於烝先王祭之」，亦明謂配享先王。《詩·長發》歷敘殷先王，末章敘及阿衡，此尤配享之明證。《通典》高堂隆云：「《周志》：『勇則害上，不登於明堂。』」言有勇無義，死不登堂而配食。據此，則配食之爲古訓義久矣。執事謂爲後世之禮，殆未然也。「乃訓于王」，尊論祖己述武丁以誡祖庚，王謂祖庚。據《書·肜日》雊雉，武丁時事。祖己訓王，即因雊雉進訓，不得謂述武丁誡祖庚。《史》謂此篇書祖庚時作，不謂祖己誡王亦祖庚時事也。「無豐於昵」，尊論《盤庚》尊親廟，亦似牽於舊說。尊親廟不爲失，《史》但言「修政事」，曰「修德」，曰「以祥爲德」，并無親廟之説，後人何從知之？《大傳》亦言「反諸己以思先王之道」，是今文亦無尊親廟之説。盤庚以弟繼兄，乃殷家世及常事，非後世旁支入繼；無私親廟，載籍亦無盤庚尊親廟之事，直經生望文爲説耳。「今爾無指告予」，尊論「無」爲語詞，則「指告」乃成後世俚言，恐非是。謂《史記》「故」字爲「致」之壞字，亦涉改字之弊。此文本明，似無煩立異。「以容將食」，解者多迂繆，故鄙説以乏祀事爲言。尊論容爲小屏之乏，非匱乏義。蒙意本義爲反正之乏，引申爲匱乏之乏，似亦可也。不然，則此經難讀，直當闕疑。「我舊云刻子」，尊論據《墨子》有「賊誅孩子」之文，謂馬本作「孩子」爲是。蒙謂：此經無賊誅孩子之意，馬訓「侵刻」，不作「孩」，作「孩」者《論衡》，其云「紂爲孩子之時，微子睹其不善之性，性惡不出衆庶，長大爲亂不變」云云，義既淺鄙迂曲，又誤以此經爲微子之言，何足據乎？「好風好雨」，尊讀好爲畜，訓畜爲從，最得經恉，於下「月之從星」正相符合，但此乃中國古説。今西法行，風雨於星、月固無與也。「公乃自以爲功」，執事取洪説借功爲攻，攻爲太祝六祈之一，鄭注：「攻、説，以詞責之。」蒙謂如洪説，則「自以」二字爲剩語矣，不如以身爲質義長。「予仁若考能」，尊論依《述聞》訓爲「仁而巧能」，鄙意如《述聞》，則仁爲自美，其義爲儉，初用《廣雅》「仁，有也」之訓，訓「若」爲此，謂有此巧能，似亦可通。繼嫌其立説新巧，改訓「仁若」爲柔順，或當仍用初説乎？請代定。「弗弔」，尊論「不弔天」爲句，殆用孫説。蒙謂「不弔天」三字不成文句，孫氏不知文，故爲此妄説。執事不宜仍之。「莽誥天明威」，尊論當作「天用威」。按段依景祐本作「天明威」。「肆哉爾庶邦君」，尊論舊傳亦十字爲句，武億説「哉」同姚説，而在姚先。蒙謂：孔不明「哉」字之義，武與姚同時而學不如姚甚遠，應舍武引姚。「朕其弟」，尊論引「周公曰王若曰」，謂《康誥》「周公洪大誥治，王若曰」與彼同，周公順王命以告，不嫌稱弟。蒙謂：周公順天命當稱叔父，何能稱弟？後文「寡兄」承文王言之。若周公自稱是爲蔑棄武王，故文王之下便及己身，此大不可。且「王若曰」「若」不宜訓爲順。「若順王命」當言「若王曰」，不當言「王若曰」。此皆近儒用古訓不顧文義之失，執事不宜同之。至「洪大誥治」以爲《康誥》之首，其前言「作洛」爲剩語，於文無關，決爲他篇錯簡。昔人多是妄移，獨鄙説爲《大誥》末二簡錯奪在《康誥》篇題之下，但移「康誥」二字於此二簡下，便還其舊。又有「大誥」二字，爲《大誥》篇語之證。古書每篇皆有緣起，獨《洛誥》與《大誥》其敍述緣起皆在文尾，此似無可疑者。尊意儻不謂然，尚求互質。經有「朕弟」「寡兄」之文，其爲武王無疑。蒙解

《尚書》專以史公爲主，至此篇史公《管蔡世家》謂武王克殷，封功臣，康叔、冄季皆少，未得封，蒙亦未之敢信。《周書·克殷》篇衛叔封傳禮，《史記》亦言「康叔封布茲」。康叔在克殷時並非幼，則「少未得封」之説非其實也。孟堅譏史公分散數家事，或有牴牾，殆此類邪。《三王世家》載丞相青翟、御史大夫湯奏曰「康叔之年幼，周公在三公之位，而伯禽據國於魯，蓋爵命之時，未至成人。康叔後扞禄父之難，伯禽殄淮夷之亂」云云，據此則爵命在前而禄父之難在後，封衛又在禄父難後，然則始爵命在克殷時決矣。此漢初古義，當得其實。史公《衛世家》序云：「牧殷遺民，叔始封邑。申以商亂，《酒》《材》是告。」是史公亦以《康誥》先作，而《酒誥》、《梓材》在武庚亂後。所云「牧殷遺民」，即克殷時始封。姚姬傳謂初封於康，非臆説也。其後封衛而命以《酒誥》、《梓材》，故甯武子謂爲成王、周公之命祀，則康國除而移於衛矣。此雖與史義不合，而仍有史説足據。若謂成王時作《康誥》，則「朕弟」「寡兄」之説萬不可通者也。「在今後嗣王酣身厥命」，尊論「酣」字句絶，不成文句，未敢附和。「不克畏死，辜在商邑」，尊論「不克畏死辜」爲句，拙著初亦如此讀，後思商無飲酒死罪之令，無死罪可言。「王啟監」，尊校《論衡》作「王開賢」，蒙謂「賢」顯然誤字，可不引。「予乃胤保」，尊論蔡訓保爲太保，不辭。蒙謂既可稱保奭，即可單稱保。尊讀「胤保大」句絶，云「繼前王保大之功」，蒙疑增字太多。「我二人共貞」，馬訓最善。尊論二人共占之得吉，蒙疑增字太多；最後尊説「貞，問也。二人共問」，此訓簡直，但在「卜休恒吉」之後，不必更言「偵問」。「弗克庸帝」，尊釋「庸，用也」，蒙謂此常詁，因上文「降格」爲譴告，故從《小雅》償訓，以「西鄰責言不可償」爲證。「大淫，屑有辭」，尊據《大傳》后夫人侍君之禮爲「淫屑」之反證，蒙依江讀「大淫」爲句，讀大爲泰，訓淫爲侈。此經似無淫色之義。「襄我二人」，尊引《墨子》「敬哉無天命，惟予二人而無造言」，蒙謂《墨子》脱誤難讀。「崇亂」，尊論《釋文》作「重亂」，「崇」乃衛包所改。蒙謂：《釋文》自釋孔傳，非經文。「不蠲烝」，尊論馬「烝，升也」義長，享、烝皆以下進上之義。蒙謂馬訓蠲爲明，「明升」不知何義，不敢從。「其在受德暋」，尊讀「暋」字下屬，謂《爾雅》代爲詞之代，猶發語詞，以《書》「暋不畏死」及此經爲證，最爲有據，已見尊著《爾雅義疏》。蒙謂：語詞爲代，舊訓更代，似可兩存。此「成湯陟桀德」、「受德暋」皆相對爲文，鄙説亦可與公兩存。「上宗奉同瑁」，尊論虞意《尚書》本作「同」，誤作「冒」，傳本遂二字並收，鄭不覺，定反訓瑁爲杯，非謂經無瑁字也。蒙謂虞言古冃似同，從誤作同，不云同誤作冒。虞説不見二字並收之意。蒙據虞翻説鄭本無瑁，孔疏引鄭注「一手受同，一手受瑁」，殆非鄭説，疑是王肅説，傳寫誤爲鄭。尊議孔疏先引鄭注，後釋鄭義，畢乃云「王肅亦以咤爲奠爵」，則上義非王注明矣。蒙謂：孔疏説咤爲奠爵之義，距上鄭説已遠，與同、瑁之解無干。尊論同爲璽、爲杯，均無他證，以文義定之，確爲盛酒之器。疑「上宗奉同瑁」「同」爲衍字，「異同受同」當作「異瑁受瑁」，瑁即圭瓚，異瑁，璋瓚也。蒙謂：同爲璽，説本《白虎通》，當是古義。鄭易新説爲酒杯，恐未可據。爵乃篚實、籩豆之事，則有司存。今天子宰相入廟行禮，各拳拳於一杯，非所聞也。且不名爲爵而名爲同，果何據邪？鄙説「乃受同瑁」「瑁」衍字，尊論「同」衍字，彼此各一是非。至謂瑁爲瓚，雖有鄭仲師説可據，仍與酒杯異名同實，不如受璽爲傳重器，與《顧命》辭事相稱。「祗復之」，尊論「牿馬牛」及「勿逐馬牛、誘臣妾」所云馬牛、臣妾爲居人所有，非軍中所有，最爲卓見。惟「祗復」爲「敬復」，於居民恐未然。「追孝於前文人」，尊論「前文人」即顯祖，蒙謂如尊説，則詞義爲複，當依舊傳。「邦之阢隉」，尊論賈逵、徐巡皆治古文《尚書》，所説皆《尚書》義，蒙謂賈訓隉爲法度，於此經無與。高宗夢得説小序，蒙謂「得説」非《説命》篇中之文。尊引《國語》白公子張説，謂當是《説命》中文。考《國語》云「武丁於是作書」，賈、唐云「即《説命》」，韋云「非也」，是韋已不以爲《説命》。據鄭説傅説作書，亦非武丁作也。以上諸條，敬以鄙意奉質，願聞後命，不具。

附　録

先生答柯鳳蓀云：「拙著《尚書故》本恉專以《史記》爲主，史公所無，乃考辨他家，以此與孫淵如多異，又往往自造訓詁，以成己説。經學乃天下後世公物，不可以一人淺見懸定是非，亦不宜稍存瞻徇阿黨以留缺憾。執事裁之。」尺牘。

又答何豹臣云：「尊論《尚書》古訓，舍《史記》無由考。惜近代經師不能通太史公書，此最卓識。僕説《易》以《太玄》爲主，説《書》以《史記》爲主，向來私恉與大教略同，此可仰攀以自慰也。」同上。

侯官嚴幼陵博學能古文，精通外國語言文字，所譯西書自譯書以來蓋未有能及之者，而必就質於先生。先生每爲審正，輒退而服曰：「非所及也。」賀濤撰行狀。

摯甫弟子

賀先生濤

賀濤，字松坡，武强人。光緒丙戌進士，授刑部主事，以目疾去官。先生幼穎異，善悟。嘗爲《反離騷》，摯甫爲深州，一見奇之，登諸門牆。及武昌張廉卿主講保定蓮池書院，復引而通之廉卿。先生守兩家師説，益以研稽文藝爲事，主講冀州信都書院十八年。妙於説書，善爲形容，正言不喻，而偏宕言之，間以譬況，俾古人之聲音笑貌淩厲紙上，汲引學者心目。又愛西儒學説，説理宏深，病吾譯者蹇於辭不能達其誼，思整齊要删，成一家言。保定立文學館，延先生任其事，盡除去學堂科目，高縣其格，厚與之餼，人無定額，業有專攻。凡所招致，皆一時知名之士。嘗曰：「吾生平無過人之才，唯不敢學於無用。或思越所學，擾精神而廢時日。」蓋其爲學唯專乃精，視世事漠無足介其意者。著有《文集》四卷。卒年六十有四。參趙衡撰行狀。

文集

書所鈔儀禮後

《春秋》旁事設辭，而文之屬乎辭者即事而異，遂以得事情而盡其變。辭如事，是非如辭，歉焉則不達，侈焉則辭枝而事晦，偏焉私焉則失平。韓退之文本諸經而於《春秋》

則取其「謹嚴」，太史公謂孔子「制義法」以次《春秋》，謹嚴，其義法也；其稱《儀禮》以爲「考於今，無所用之」，而獨取其「奇辭奧旨」，殆亦慕乎其文耳。吾嘗以謂諸經皆綴輯而成，獨《禮》與《春秋》成於一聖人之手，尤學者所宜究心。《春秋》者，聖人治事之書也。《儀禮》者，聖人盡性之書也。春秋時，公卿大夫習於儀矣，孔子處朝廟、鄉黨亦祇如經所言，而《論語》詳志之。若志所獨者其儀，夫人習而能之，而情隨事變，發乎容色，不待勉强而中乎其節，則非聖人能盡其性者不能也。非聖人能盡其性者不能行，則亦非聖人能盡其性者不能言也。其書誠無所用之，而讀其書而神游其時，猶不覺肅然自斂其邪侈，而愛敬哀樂之心，怦然動於中而不能自已焉，豈非其文之至邪？旌要以題事，節屬以備典，標一以類餘，參通旁達以盡變，貌所形而情著，斷所不然而義顯，稱名舉物以隸乎事而麗乎辭，相所宜命之，奇而雅，典而不居，則於所謂義法，乃益廣而備矣。治古文者以謹嚴爲之基，以禮之詳博拓其規，然後合衆材以具體焉，則庶幾乎一雅之作矣。予鈔經史諸子以從事斯文，而先以《儀禮》，蓋以正所鄉云。

論左傳

左氏於《春秋》具其事而已，曷嘗爲之例而釋其辭哉？其例而釋之者，劉歆之爲也。吾觀太史公、班孟堅所論述，孔子作《春秋》，左氏蓋身與其事，後乃因孔子所據之史，參之列邦紀載，更爲一書，亦名《春秋》，故太史公引與《虞氏春秋》、《吕氏春秋》並列，而未嘗與《公羊》、《穀梁》諸家同稱。其曰「左丘失明，厥有《國語》」，則更儕之古之發憤著書者，知其非説經者流也。然其所以爲書之指，則因《春秋》不以書見者，弟子口授傳指，退而異言，故爲之具其事，以著善惡之迹，俾私見臆説不得參與其間，故亦謂之《春秋傳》，謂可據其事以證《春秋》也。何必撰説經之例，破文析義，如後世經師之爲哉？況其所紀述或不涉於經，其見於經者又或闕略不載，互備其事而不相附，其各爲一書，而非自託於經也，益可見矣。《藝文志》於諸家經皆著録於《春秋》，乃惟録《公羊》、《穀梁》二家，經無《左氏》，非其明證與？間嘗以爲「《春秋》文成數萬，其指數千」，事實不著，説雖多而不明；事實既著，時勢情僞之不同，可以曲通其意，因事而爲之例，必有底滯而不達者矣。且左氏好惡同於孔子，所據之史又同，《春秋》之意固自寓於所敍述之中而論而著之矣，乃復取所論著者從而爲之辭，以自明其作意。此淺學自喜者所爲，而謂左氏爲之乎？左氏既未嘗爲例以釋經，又以免時難，其書晚出，故無經師遞傳之法。其傳之者，張蒼、賈誼而已，非經師也。信口説而背傳記，是末師而非往古，漢儒之通患。《公羊》、《穀梁》既以口説相承，立之學官，習而安之矣，故見《左氏》之無師法，不肯深求其故，因其無釋經之辭也，遂以爲不傳《春秋》，此殆漢人相傳之語，不但成、哀時博士爲然也。其後范升折難《左氏》，亦以爲《左氏》不祖孔子而出於丘明。若明明旁緣經文，而例而釋之矣，雖淺深純駁有可指議，烏得云不祖孔子、不傳《春秋》哉？劉歆使鄭興爲條例以治《左氏》，賈徽亦爲《左氏條例》二十餘篇，潁容又爲《條例》五萬餘言，章句訓詁無藉條例，條例爲治經設也。當時《公羊》、《穀梁》盛行，其大師講授初無條例，以二家本有條例也。治《左氏》者絶少，而治之者必爲之條例，以《左氏》本無條例也。漢置博士，初立公羊《春秋》，施、孟《易》，歐陽《尚書》，其後復立穀梁、梁丘、京、大小夏侯。漢儒雖黨同妬道，諸家異説，未嘗不并行也，獨至《左氏》，成帝時爭之，哀帝時爭之，王莽時暫立矣，光武時復大爭之，依違數世，卒不得立。夫非穀梁、梁丘、京、大小夏侯之比哉？而顧排折之若是，豈非以其自爲一書，不與經文相比，而爲儒者所藉口哉？班氏又謂：「《左氏傳》學者初傳訓詁而已，至歆治《左氏》，引傳文以解經，轉相發明。」此可見傳不解經，其解之者劉歆所爲也。傳詳言隱公所由立，後復言其將授桓，歆以爲此經不書即位之故也，因解之曰「攝也」。經曰「公及邾儀父盟于蔑」，傳曰「邾子知儀父之爲君曰克，知儀父之爲字曰公，欲求好，知經之所以貴之」，所謂「引傳文以解經」也。其曰「未王命，故不書爵」及知稱字之爲貴，則互參曲證，而以義斷之，所謂「轉相發明」也。段之不弟如二君，鄭莊之失教，皆傳意也，歆以爲此經之所以稱段、稱克、稱鄭伯也，此「引傳文以解經」也。其曰「謂之鄭志，不言出奔，難之」者，則傳外之意引而申之，亦所謂「轉相發明」也。賈徽既從歆受《左氏》，子逵傳其業爲《左氏解詁》，并釋歆所爲者。服虔因之，亦并歆所爲於傳内。東漢時人猶知之，故其時訟爭《左氏》祗言所紀之事，未嘗及其説經，而班氏亦得分析言之如此。自賈、服之説行，歆所爲者不可復別，而《左氏》遂爲説經之書矣。方望溪以爲《周官》怪迂之事，皆劉歆承王莽意羼入之，其説既允矣，於左氏有所附益，又何足怪乎？然其妄爲傅會，非傳意亦非經意者十二，其自相牴牾亦十一。

復吴先生書

所論《左氏》謂凡例爲劉歆所爲，先生意不謂然，而亦以爲後人所託，但不知在歆前後，令得違復。聞命慚悚，深悔所言無據，反復思之，乃仍欲守其前説而妄有所陳，謂爲之者在歆以前，附於傳耶？歆時博士不得斥「《左氏》不傳《春秋》」，范升亦不得云「不祖孔子」；不附於傳而別行邪，而治《左氏》者已解經矣，班氏何得云「解經始於劉歆」？且歆後治《左氏》者多宗歆，必不肯取他説入傳，其附之傳當在何時？如謂雖有其書，當時儒者或未之見，歆猶未見，賈逵承歆學，安得以附於傳而釋之？歆前之無其説也決矣。若以爲在歆後，則與賈、服同時，更不得爲之《解詁》，此尤可決其不然。故疑其爲歆之爲之，而賈逵入之傳耳。歆創通大義，所爲説固多，賈入之傳者特治經凡例，餘説固別行也。杜氏所見殆指別行者言，或賈、服所稱述。杜治《左氏》，首重凡例，故曰「傳之義例，總歸諸凡」。蓋未悟其出自後人，後人假託古書而人不悟者甚多，通人偶蔽，不足爲病。今謂劉歆爲之，杜必疑而致辨，不辨不得爲《左氏》忠臣。同是後人所爲也，何出自劉歆則當辨，而出自他人遂不必辨邪？先生之意蓋以劉歆通儒，不當妄爲傳會。漢儒多傳會《洪範五行》，劉氏父子治之尤深，先生亦嘗譏之，而終以歆爲通儒，傳會《洪範》不足爲通儒累，傳會《左氏》將爲通儒累乎？況附其説於傳乃賈逵所爲，歆特因傳所紀事撰治經條例耳，固未嘗增竄《左氏》之文也，此亦與假託古書者不同。若以其説時或穿鑿淺陋，劉歆當不至是。古書往往純駮互見，《公羊》、《穀梁》出七十子後，口説相承，其穿鑿淺陋者多矣，而終不失爲一家之學，此尤不足爲歆病。濤學術譾陋，經義尤疏，此皆臆說，未有確據，然私以爲《左氏》自有凡例，則已必謂出於後人，則惟謂劉歆爲之，賈逵以入於傳爲近理。否則，鄭興、賈徽所爲，興、徽條例亦歆使爲之。論中所謂「淺學自喜」，乃謂《左氏》與《春秋》同指，解經乃自解也，故近於淺學自喜。蓋決《左氏》之未嘗解經，非謂凡解經者皆淺學自喜也。羊斟之事，如先生說爲後人羼入無疑。古書同記一事而相歧者甚多，三傳於《春秋》，《史記》於《左》、《國》，《漢書》於《史記》，往往因一字之訛遂以相遠，無由斷其是非，從其近理者而已。《左氏》既自爲一書，其綜一事之本末，不盡依經之次第，或後經以追敘前事，或先經以終之，後人强與經附，遂多割裂。先生所疑僖五年事即其類也。而濤之私見，則微與先生不同。經書殺申生在僖五年春，而傳在四年十二月，此必《左氏》别有見聞，并存記異，亦如《史記》紀傳時有不同也。尋繹傳文申生之死、重耳之奔，乃一時事，辭義纘而不斷，後人見經傳不同時，疑經從告，故於五年春增入「晉侯使以殺太子申生之故來告」之語，以此語之懸而無薄，遂割伐蒲事以隸此語之後，文義已不相屬，而傳所載視朔事在正月，朔又不可居後，於是申生之死、重耳之奔遂爲所斷而分爲兩時事矣。先生謂後人羼入視朔事離絶晉事。濤疑視朔事爲《左氏》本文，其離絶晉事者後人遷就經傳之年月而爲之也。此與羊斟之説固皆後人增竄，然與説經無涉，自非劉歆所爲。先生鈔《左傳》，不盡依近世通行本次第，想多更正，恨不一讀之也。山東鄭東甫刑部杲合三傳以治《春秋》，用二傳之例而不用其説，用《左傳》之事而不用其例，以爲《春秋》乃決讞之辭，二傳如律令，《左氏》其供狀也。深信《左氏》而不用其例，亦可謂有特識矣。方望溪謂劉歆增竄《周官》，其説固不足據，然亦不敢決其必無是事。莽于天位，猶勉附之。莽改聖經，顧敢違之乎？公孫禄言莽敝政，謂國師顛倒五經，毁師法，與孫陽造井田、魯匡設六筦並稱，皆實指其事，則歆於諸經必有承莽意爲之竄亂者，有所劫而爲，不足累其文學，惜死在莽前，未及更正，後遂有沿用而不可復辨者耳。撰《左氏凡例》自與此有別，論中援以爲證，不類，當删之。濤性愚妄，又屢誘之使言，徑展私臆，無所依違，伏望容其不遜，而指示其謬。

馬先生其昶

馬其昶，字通白，桐城人。官學部主事。家世文學，濡染鄉先輩流風，少以文名。又問業於摯甫及武昌張濂亭裕釗，恪守桐城家法。晚益肆力諸經，著有《周易費氏學》、《尚書誼詁》、❶《詩毛氏學》、《三經誼古》、《老子故》、《桐城耆舊傳》、《抱潤軒文集》。與修《清史》，同志姚永樸、永概兄弟並爲桐城後勁，已附見惜抱家學後。先生所造爲尤深云。參陳三立、王樹枏撰《文集序》。

重定周易費氏學序

余主講潛川書院三年，成《易費氏學》八卷，繕寫定，值上丁釋奠，謹焚薦稾本，不敢瀆先聖。爲册祝以通於先師朱子之前，冀牖其明，俾得是正繆失。後館合肥，李生國松輯入《集虛草堂叢書》，遂刻行。今又十餘

❶「誼詁」二字，原空二格，今據清宣統元年安徽官紙印刷局石印本《抱潤軒文集序》補。

年，雖老矣，異時不知後此所得當何如。今幸猶及肄業，芟夷裒益視前有加，自度此生殆無能更進，因即以此爲定本。客有問者曰：費氏亡章句，徒以《彖》、《象》、《文言》、《繫辭》十篇解説上下經，今無存者，而子以費學名篇，何也？曰：費氏書不傳，其家法自在也。晁公武謂東京荀、劉、馬、鄭皆傳費學。近儒陳氏澧遂謂：凡據十篇解經，皆得費氏家法者也。説《易》者當以此爲斷。然則荀、劉、馬、鄭之言不既允乎？曰：知及之而不能純，則有待於擇，然則十篇備矣，曷贅乎爾？曰：聖言簡而義藴閎大，自非好學深思、心知其意者，孰能通之？一人思力有所慊，則必聚天下古今才知之士羣盡其才知，不務師古。若乃循誦孿習無歧説矣，又讋於大儒名高，寧牾聖言，勿敢越軼舊訓，補苴掇拾，益以猥陋，經義所以猶有未明，無慮皆以此也。然則學《易》當奈何？夫《易》有聖人之道四，象、辭、變、占是也。象莫大於陰陽，天地雷風水火山澤，乃至近取、遠取皆象也，而人事爲多，人事則禮制尚焉。「觀其會通，以行其典禮」，合禮則吉，違禮則凶，悔吝隨之，故曰禮原大易。周公致太平之書曰《周官禮》。説者又謂周公繫《易》爻，非也。彖辭、爻辭皆文王製，文王繫《易》，虛言其象，周公思兼三王，於是創制立法，悉本於《易》耳。父作之，子述之，所以爲成文武之德也。韓宣子適魯，觀《易象》與《魯春秋》，曰：「周禮盡在魯矣。」其知此也，豈必簡册未竟，賡續成書，乃爲傳業者哉？《易》家言禮唯鄭氏，惜其注佚。李鼎祚自謂「刊輔嗣之野文，補康成之逸象」，然其取舍失當，未窺制禮之原。其他瑣屑以求象者，乃益等諸兒戲。此《易》之一蔽也。象不明則辭晦，凡注《易》者皆釋其辭，然而有得有失，其得焉者必其象之已明者也，反是則否。天下事變之無窮也，雖聖人不能靡所據以言理，則即象以顯之。《大學》之教曰：「致知在格物。」物即象也。自輔嗣有忘象之論，世之求象而不得者遂欲空之，以爲《易》之象猶《詩》之比興耳，適然取之，羲、文、孔不必同。夫君子居則觀其象，玩其辭，使無定象，即亦何庸觀玩爲乎？韓退之言「《易》奇而法」，有定象之謂法，而可忘乎？此《易》之又一蔽也。雖然，象既不明矣，辭因以晦；辭既晦矣，於何求象？曰仍求之辭，辭有其意，吾求此一爻一象之意而不得，然其大指所在可推而知也。善乎陸賈之言曰：「先聖圖畫乾坤，以定人道，民始開悟，知有父子之親、君臣之義、夫婦之道、長幼之序。」當漢之初，七十子之徒其遺言固猶有存者，賈之言疑非賈所及。吾又聞諸夫子矣，曰「學《易》可以無大過」。此聖人作《易》之本也。操其本以求其離散四出者，證之他經，苦思而潛索之，亦往往有得焉。觀《文言》釋乾、坤，上、下《繫》釋十九爻，皆舉大義，其辭明白易知。以此推較諸家支離破析，苟爲難而已。就求其意於經綸世故，敷宣性術，舉無所當，敝心力而無當於用。此《易》之又一蔽也。《易》之爲言也，變易以利用。《左氏傳》稱「在乾之姤」、「在豐之離」，雖不筮亦以變言。未有周人乃不知當代王者制作，爲書稱引而淆其義例者。後儒於爻不言變，失《易》之用矣。好古者反之，陽必變陰，陰必變陽。夫陽必變陰，陰必變陽，與陰陽一成不變何以異？蓋卦爻有時位，陰陽有老少，老者變，亦其可變云爾，必觀時位之當否，而後能擬議，能擬議而後能成其變化，能成其變化而後《易》之用章。是故君子有審幾之學，而說者乃各執一解。❶此《易》之又一蔽也。象也，❷辭也，變也，其蔽若此。吾慎之，猶懼其不免。若夫占法之掌於太卜者，今不可見矣。漢世焦、京占候、災異，下逮管輅、郭璞之徒之前知，未始非得《易》餘緒，世俗所喜道，余固未之學，然又頗疑象辭變既得，而占已舉其要矣。子曰：「其或繼周者，雖百世可知也。」聖人之前知者如此，此豈《孔子閉房記》所可同語者乎？諸讖緯書皆術士矯誣所託，非君子之大道，宜不可信。

摯甫交游

陳先生喬樅 別見《左海學案》。

方先生宗誠 別見《惜抱學案》。

張先生裕釗 別見《湘鄉學案》。

黎先生庶昌 別見《巢經學案》。

薛先生福成 別見《湘鄉學案》。

蕭先生穆

蕭穆，字敬孚，桐城人。諸生。少謁曾文正公於安慶，文正語人曰：「異日纘其邑先正遺緒者，必此人也。」其爲學博綜羣籍，喜談掌故，於顧亭林、全謝山諸家之書尤熟。客上海製造局、廣方言館，得俸輒購書，積至

❶「解」，民國七年抱潤軒刻《周易費氏學》自序作「觭」。
❷「也」字，原脱，今據《周易費氏學》補。

數萬卷，間多善本。王祭酒先謙任江蘇學政，刊《續經解》，又續姚氏《古文辭類纂》，每取材於先生。爲文長於考證，敍跋居多。著有《敬孚類稾》十六卷。光緒三十年卒，年七十。參陳衍撰傳、姚永樸撰傳。

文集

周公不作易爻説

陸德明《經典釋文序》《易》注解傳述人有曰：「宓犧氏始畫八卦，因而重之爲六十四。文王拘於羑里，作卦辭。周公作爻辭。孔子作《彖辭》、《象辭》、《文言》、《繫辭》、《説卦》、《序卦》、《雜卦》，是爲《十翼》。」陸氏之説如此，自唐以來，儒者宗其説，無異議矣。以予觀之，其論宓犧、文王、孔子所作《易》，皆原本《易》之《繫辭》及漢代馬、班諸儒之説，確不可易。其説周公作爻辭，則予未之敢信，何以明之？太史公《報任少卿書》有曰「文王拘而演《周易》」，其爲《日者列傳》述司馬季主語賈誼、宋忠有曰：「自伏羲作八卦，周文王演三百八十四爻，而天下治。越王句踐倣文王八卦，以破敵國，霸天下。」揚子雲曰：「宓犧緜絡天地，經以八卦。文王附六爻，孔子錯其象，彖其辭，然後發天地之藏，定萬物之基。」班氏《漢書·藝文志序》曰「宓戲氏始作八卦，文王重《易》六爻，作上下篇。孔子爲之《彖》、《象》、《繫辭》、《文言》、《序卦》之屬十篇，故曰：易道深矣。人更三聖，世歷三古」云云。三聖，韋昭曰：「伏羲、文王、孔子。」三古，孟康曰：「伏羲爲上古，文王爲中古，孔子爲下古。」又《三國志·管輅傳》有曰「上追文王六爻之旨，下思尼父

《彖》、《象》之義」云云。諸家皆精通易理者也，其説如此，皆無一及周公。即孔子《繫辭》，累及庖犧、文王，亦未嘗一及周公，予固知爻辭皆爲文王作，而周公固未嘗作《易》也。陸氏述宓犧、文王、孔子三聖作《易》，皆遠有根據，惟周公作《易》，自孔子暨漢、魏諸家無一道及。後之君子從漢魏以前諸家之説而舍唐人之説可也。或曰：子歷引諸家之説信矣，而《春秋左氏傳》「昭公二年春，晉侯使韓宣子聘於魯，觀書於太史氏，見《易象》與《魯春秋》，曰：『周禮盡在魯矣。吾乃今知周公之德與周之所以王也。』」則又似以《周易》專爲周公之書，而於文王無與焉，何也？曰：杜氏預注「《易象》、《春秋》，文王、周公之制」云云，似杜氏以《易象》屬之文王，《魯春秋》屬之周公，抑或統文王、周公言之。然韓宣子只云周公，並未及文王，杜氏不過以《易象》、《春秋》萬非周公一人之典制，故補出文王以明之。愚則以韓宣子所云「周公之德與周之所以王也」，當是統周家歷代聖王后稷、公劉、太王、王季、文王、武王、周公而言之。而韓宣子所觀魯太史氏之書，亦當不僅《易象》、《魯春秋》，意《周禮》、《儀禮》等書必皆在其中，所以有「周禮盡在魯矣」之歎。《左氏》紀此，不過約而言之。不然，則是周家積累十五王，均不足道，而周之所以成此王業，特爲周公一人之力。此萬無可通之理也。吾固歷舉先儒説《易》，知其必遠有淵源，而韓宣子所云「周公之德與周之所以王也」，蓋統周之先王、先公而約言之，可無疑義也。

禹貢三江説

前人之論地理言人人殊，不能劃一者，

莫過於《禹貢》之三江。蓋由於此三江特爲「震澤底定」，而發明皆在震澤數百里左右之近。班氏《地理志》既已明注之於前，郭景純又復申明之於後，後人推求古人著書之義，參之以今世地理水道之形勢，古今容有異同，神而明之可也。班氏《地理志》「會稽郡吴縣」之注曰：「南江在南，東入海。」「毗陵」之注曰：「北江在北，東入海。」又「丹陽郡石城」之注曰：「分江水首受江，東至餘姚入海，過郡二，行千二百里。」「蕪湖」之注曰：「中江出西南，東至陽羨入海。」此明以中江、北江、南江爲三江。郭景純曰：「三江者，岷江、松江、浙江也。」蓋景純之所謂岷江即班《志》之北江，所謂松江即班《志》之南江，所謂浙江即班《志》「石城」之注「分江水首受江，東至餘姚入海」。此不在三江之數，而班《志》之所謂中江者，今故道已湮，不可考耳。又班《志》「丹陽石城」之注「分江水首受江，東至餘姚入海」，此文太寥闊無當，致起後人之疑，不知此餘姚乃餘杭之誤，賴有酈道元《水經注》以證之。明乎班《志》「石城」注「分江水首受江，東至餘杭入海」，則所云「過郡二，行千二百里」者確爲有據矣。「過郡二」者，即會稽、丹陽也。「行千二百里」者，石城距餘杭以漢時道里較今稍小者言之，亦約略相合也。惟《水經》云「江水又東，至會稽餘姚入海」，此餘姚亦爲餘杭之誤，賴有酈氏注引述志多言「江水至山陰爲浙江」，今江南枝分歷烏程縣、南通、餘杭縣，則與浙江合。故闞駰《十三州志》曰：「江水至會稽與浙江合。浙江自臨平湖南通浦陽江，又於餘暨東合浦陽江，自秦望分派，東至餘姚縣又爲江也。」觀此引《十三州志》「江水至會稽與浙江合」，又歷臨平、浦陽、餘暨、秦望等處，乃至餘姚，則班《志》「石城」之注「江東至餘姚入海」，餘姚之確爲餘杭益明矣。而酈注有「今江南枝分歷烏程縣、南通、餘杭縣，則與浙江合」，則班《志》「石城」之注即景純之所謂浙江也。惟班《志》「石城」之注所云「江水首受江，東至餘姚入海，過郡二，行千二百里」，不細述此二郡千二百里之故道，今但以《水經》酈注「江水至山陰爲浙江，今江南枝分歷烏程縣、南通、餘杭縣，則與浙江合」，可以知班《志》石城下之注江水入浙故道大略耳。惟酈注所云「今餘暨之南，餘姚西北，浙江與浦陽江同會歸海」，但水名已殊，非班固所謂南江也，亦爲得實。郭景純曰：「三江者，岷江、松江、浙江也。」然浙江出南蠻中，不與岷江同。此則誤會《山海經》之文，是又當以班《志》「丹陽郡黝」注及許氏《説文解字》之「漸」字證明之。班《志》「黝」注云：「漸江水出南蠻夷中，東入海。」許氏《説文解字》「江」字下注云：「水出蜀湔氐徼外崏山，入海。」「沱」下注云：「江別流也。」「浙」下注云：「江水東至會稽山陰，爲浙江。」此皆與班《志》之石城注及郭氏所云三江之浙江遥遥相映，明乎浙爲岷江之南江也。又「浙」字下逾四十三水爲漸，注云：「水出丹陽黟南蠻中，東入海。」明乎此，漸水別爲一水，與浙江無涉也。又《水經》云「漸水出三天子都」，亦與班《志》、《説文解字》合，而郭氏誤引《山海經》「漸江謂之浙江」之誤文，往往以漸、浙二江合而爲一，則大謬矣。但此漸江實由徽港歷建德、桐廬，經富陽，乃會於浙江而入海。班《志》及許氏《説文解字》均未敍明，只云「出黟南蠻中，東入海」，故後人益疑爲漸江即浙江耳。因述三江而附論之。

孟子夏諺兩節解

此諺乃夏之衰時，賢人君子憫時嫉俗，時君不惜民命，專爲一己之樂而作。前半追想先王之時，勤政愛民，深被其澤，所以民咸望其王之出遊也。至後半「今也不然」以下十句，言今時之王全與前王相反，民不堪命，一游一豫，無非流連荒亡，爲諸侯憂之事。所以確知爲夏諺者，緊接上文亦用韻語以配之。至「從流」以下十句，乃晏子對景公解夏諺「流連荒亡」四字之義，與上文「天子適諸侯曰巡狩，諸侯朝於天子曰述職」，此亦晏子先引前人成語，已乃徐解巡狩、述職之義相同。既申明「流連荒亡」四字之義，乃正言之曰：「先王無流連之樂，荒亡之行。」此先王即指景公所述之先王也。結之曰：「惟君所行也。」言君能無流連荒亡之行，乃可以比於先王之游觀矣。自朱子以「今也不然」以下全屬之晏子之言，失之遠矣。豈臣子對君之辭亦仿諺語用韻，自言之且自解之者耶？蓋前解巡狩、述職之説，亦是先引前人成説，非己率爾造出也。

范先生當世

范當世，初名鑄，字无錯，號肯堂，江蘇通州人。歲貢生。性至孝。少貧力學，始游武昌，受業於張廉卿，又交於摯甫，師友淵源，學術益懋。李文忠督直隸，聞其名，介摯甫禮請授其子學。暇恒過先生論政事，多所贊助。會中日事起，京朝士大夫集矢和議，先生獨違衆論，以爲未可輕開外釁，時論訾之，憮然曰：「是非聽之，異日終當思吾言也。」坎軻自傷，一寄之於詩。論者謂「合東坡、山谷爲一人」。兩弟鐘、鎧，先生親督教之，竝成通才，世號爲通州三范。著有《范伯子詩集》十九卷，《文集》十卷。參金鉽撰事略、姚永概撰墓志。

清儒學案卷一百八十九終

清儒學案卷一百九十

天津徐世昌

葵園學案

同、光以還，詞曹著述之富、陶冶之宏，稱葵園無異詞。其督教勤懇，士類至今猶樂道之。雖晚遭奇謗，顑頷以終，而直節垂聲，遺書傳世，足動高山之仰，匪止湘學之光焉。述《葵園學案》。

王先生先謙

王先謙，字益吾，號葵園，長沙人。同治乙丑進士，改庶吉士，散館授編修。光緒元年，大考二等，擢中允，歷官祭酒。先後典雲南、浙江鄉試，分校順天會試，得士稱盛。充日講起居注官。疏陳言路防弊，請籌東三省防務，追論雲南巡撫徐之銘罪狀，迭言俄事，請停罷三海工程。出爲江蘇學政。後劾太監李蓮英秉性奸回，肆無忌憚，請嚴加懲戒。疏上不報，乞假回籍。尋請開缺，在江蘇奏設南菁書局，彙刻先哲經注，仿阮文達《皇清經解》例，刊《續經解》一千四百三十卷，《南菁叢書》八集。培植南菁書院高才生，成就甚衆。回籍後，歷主思賢講舍，嶽麓、城南兩書院，誘掖獎勸，不遺餘力。督撫以所著書進呈，晉内閣學士銜。宣統二年，長沙飢民肇亂，總督瑞澂疑先生所主，奏劾降五級。同鄉京官郵傳部參議胡祖蔭等以冤抑呈請，都察院代奏，懇予昭雪。又有大學堂監督劉廷琛奏陳冤誣，並劾瑞澂，皆不報。先生於壬子後書札詩箋自署曰遯，不復書名。民國六年卒，年七十有六。其學循乾嘉遺軌，趨重攷證。著有《尚書孔傳參正》三十六卷，辨析精碻。成《漢書補注》一百卷，《後漢書集解》一百二十卷，《水經注合箋》四十卷，類薈萃羣言。獨《荀子集解》二十卷，用高郵王氏《讀書雜志》例，取諸家校本，參稽考訂，補正楊注凡數百事，可爲蘭陵功臣。其《詩三家義集疏》二十八卷，自爲序例，精博絶倫。尤加意者，爲《東華録》二百卷，《東華續録》四百三十卷，校刊《天禄琳瑯書目前後編》三十卷。又有《莊子集解》八卷，《續古文辭類纂》三十四卷，《駢文類纂》四十四卷，《元史拾補》十卷，《虚受堂詩文集》三十六卷，《日本源流考》二十二卷，《外國通鑑》，《五洲地理志略附圖》一册。其校刻之書有校正《鹽鐵論》十卷、《世説》八卷，校刻《晁氏郡齋讀書志》二十卷、趙氏《附志》二卷。自謂於晁氏一家之學庶幾盡心。自餘雜著稿藏於家。參史傳、《葵園自定年譜》、吴慶坻補年譜。

尚書孔傳參正序

自伏生脱秦燼，發壁藏，以延三代聖經一綫之脈，厥功甚鉅。歐陽、張生傳習本經，志記明白，而治古文《尚書》學者誣之曰「口授」，鄙之曰「俗儒」，不恤虚誕競勝，過甚其辭，文人相輕，豈有量乎？古文之阸屢矣，阻於巫蠱，厭於博士，亡於永嘉，亂於梅、姚，且若顯若晦於數百年間。劉向取校三家，文字異者七百有餘，脱字數十。賈逵復奉詔撰《歐陽夏侯古文同異》三卷。此於本經爲有實益。其卒增訂與否，莫能明也。馬、鄭諸儒可云篤好，然其所述不及逸篇，致文誼罕通，積久澌滅，是所謂古文《尚書》者，徒供僞學藏身之固，發千古爭鬬之端已耳。獨馬、鄭二十九篇傳注，於今古文同異藉資推究，有助經指。有宋朱子、吴草廬氏發僞孔之覆，明梅氏鷟繼之，國朝諸儒抉僞扶經，既美既備，惜其散而無紀，尋繹爲難。學者束髮受《尚書》，垂老而不明真僞古今之辨，豈不哀哉？先謙從事斯經，自《史》、《漢》、《論衡》、《白虎通》諸書，迄於熹平石經，可以揮發三家經文者，采獲略備，兼輯馬、鄭傳注，旁徵諸家義訓，其有未達，間下己意，今古文説炳焉著明。以僞孔古文雖經純皇帝論定，然功令所布，家傳僮習，莫敢廢也，仍用其經傳元文，附諸考證，爲《尚書孔傳參正》三十六卷，以便讀者。雅才好博，亦或取斯云爾。

例略

《漢書·藝文志》《尚書》下云：「經二十九卷。」班自注：「大、小夏侯二家。」顏注：「此二十九卷，伏生傳授者。」先謙案：此一篇爲一卷也。伏生之二十九篇，《堯典》一，連「慎徽五典」以下。《皋陶謨》二，連「帝曰來禹」以下。《禹貢》三，《甘誓》四，《湯誓》五，《盤庚》六，《高宗肜日》七，《西伯戡黎》八，《微子》九，《坶誓》十，《鴻範》十一，《大誥》十二，《金縢》十三，《康誥》十四，《酒誥》十五，《梓材》十六，《召誥》十七，《雒誥》十八，《多士》十九，《無佚》二十，《君奭》二十一，《多方》二十二，《立政》二十三，《顧命》二十四，《康王之誥》二十五，《粊誓》二十六，《甫刑》二十七，《文侯之命》二十八，《秦誓》二十九。《史記·周本紀》作「《顧命》」，作「《康誥》」，明爲二篇，則二十九已足，並無《太誓》在内。《隋書・經籍志》：「伏生口傳二十八篇，又河内女子得《太誓》一篇獻之。」宋王應麟説同。《釋文》云：「《太誓》與伏生所誦合三十篇。」《書疏》云：「伏生二十九篇，併數《太誓》，序在外。」皆非。《藝文志》班自注又云：「歐陽經三十二卷。」《志》又云：「歐陽《章句》三十一卷，大、小夏侯《章句》各二十九卷。」先謙案：云「大、小夏侯《章句》各二十九卷」者，《堯典》一，仝上。《皋陶謨》二，仝上。《禹貢》三，《甘誓》四，《湯誓》五，《盤庚》六，《高宗肜日》七，《西伯戡黎》八，《微子》九，《大誓》十，三篇同卷。《坶誓》十一，《鴻範》十二，《大誥》十三，《金縢》十四，《康誥》十五，《酒誥》十六，《梓材》十七，《召誥》十八，《雒誥》十九，《多士》二十，《無佚》二十一，《君奭》二十二，《多方》二十三，《立政》二十四，《顧命康王之誥》二十五，《粊誓》二十六，《甫刑》二十七，《文侯之命》二十八，《秦誓》二十九。知《顧命》《康王之誥》爲一篇者，僞孔序云：「伏生《康王之誥》合於《顧命》。」以歐陽、夏侯爲即伏生本，誤。《釋文》云：「歐陽、大小夏侯同爲《顧命》。」此其明證也。既以《康王之誥》合於《顧命》，則二十八矣。仍爲二十九者，王充、房宏皆云後得《太誓》，二十九篇始定。是後漢人見歐陽、夏侯本皆有《太誓》，合爲二十九篇之明證也。云「歐陽《章句》三十一卷」者，分《盤庚》爲三篇故也。詳《盤庚》本篇。云「歐陽經三十二卷」者，併經三十一卷、序一卷數之。經三十二卷而《章句》三十一卷者，西漢人不爲序作解詁也。馬、鄭始爲序作傳注。《藝文志》又云：「《尚書》古文經四十六卷。」班自注云：「爲五十七篇。」先謙案：云「四十六卷」者，據《藝文志》云：「孔安國所得壁中古文，以考伏生二十九篇，云「伏生二十九篇」，則是無《太誓》者。得多十六篇，據此,篇爲一卷。共四十五卷。」《釋文》云:「馬、鄭之徒百篇之序總爲一卷。」以一加四十五,是四十六卷也。馬、鄭序總一卷,蓋本孔壁之舊。陸德明但見馬、鄭本如此,故據以爲言也。「得多十六篇」者,《書疏》引鄭注《書序》云「《舜典》一,別有《舜典》,非梅賾所分。《汨作》二,《九共》九篇十一,《大禹謨》十二,《益當作「弃」。稷》十三,《五子之歌》十四,《胤征》十五,《湯誥》十六,《咸有一德》十七,《典寶》十八,《伊訓》十九,《肆命》二十,《原命》二十一,《武成》二十二,《旅獒》二十三,《冏命》二十四。《漢書·律曆志》有《畢命》文,此劉歆載之《三統術》者,是古文有《畢命》矣。穎達作《冏命》,「冏」當爲「畢」字之誤也。惠棟、王鳴盛説同。以此二十四爲十六卷者,《九共》九篇共卷,除八篇,故爲十六是也。云爲五十七篇者,《書疏》又云:「鄭於伏生二十九篇之内,案此歐陽、夏侯本,云「伏生」,誤。分出《盤庚》二篇,此歐陽所分,以爲鄭分,誤。《康王之誥》,此歐陽、夏侯合於《顧命》,之後鄭又分之。又《泰誓》三篇,爲三十四篇,此就歐陽、夏侯本有《太誓》者分出二篇,足證上文「伏生」之誤。更增益僞《書》二十四篇,此孔穎達祖僞孔傳,以此二十四篇爲張霸僞《書》。惠棟云:「《漢志》先述逸《書》,後稱張霸《百兩篇》,明逸《書》非《百兩》。《經典敍録》云:『《百二》篇文意淺陋,成帝時劉向校之,非是,後遂黜其書。』校古文者,向也。識《百兩》之非古文,亦向也。豈有向撰《別録》仍取張霸僞《書》者?篤學如康成,亦豈以民間僞《書》信爲壁中逸典者耶?」爲五十八。桓譚《新論》亦云:「古文《尚書》舊有四十五卷,除《序》言之。爲五十八篇。」僞《武成》疏引鄭云:「《武成》,逸《書》,建武之際亡。」譚云「五十八」者,譚没於世祖時,在建武前,《武成》未亡。班云「五十七」者,班作《漢書》在顯宗時,《武成》已亡故也。

《書疏》引馬融《書傳序》云：「《太誓》後得，案其文似若淺露。」此孔壁不見《太誓》之明證也。使民間得之，孔壁又與之符合，馬豈能爲此言乎？然龔自珍以爲今古文皆無《太誓》，則又非也。謂今文無《太誓》，何以處王充、房宏之説？彼二人皆親見今文有《太誓》者也。明伏生與夏侯、歐陽二本之不同，則諸説無所閡礙矣。鄭《書論》依《尚書緯》云：「孔子求書，定可以爲世法者百二十篇。百二篇爲《尚書》，十八篇爲《中候》。」讀後得《太誓》「赤烏白魚」之文，與《中候》合，明其爲《中候》，則有以處《太誓》矣。

漢魏人無謂伏《書》爲今文者，晉、宋之間始有之。如徐廣《史記音義》「今文《尚書》作『不怡』」之類，裴松之《三國志注》「今文《尚書》曰『優賢揚歷』」是也。至《釋文》、《正義》則今文之稱愈顯，皆對僞古文而名之。龔自珍云：「伏生壁中《書》，實古文也。歐陽、夏侯之徒以今文讀之，傳諸博士，後世因曰伏生今文家之祖。此失其名也。孔壁固古文也，孔安國以今文讀之，則與博士何以異？而曰孔安國古文家之祖也，又失其名也。」先謙謂：今文固無定之稱，因時代而異。秦、漢今文，是謂隸書。《隋書·經籍志》今字《尚書》十四卷，孔安國傳，謂隋世已有今字，蓋劉焯、炫等所爲。衛包所改亦號今文，則今之楷字是已。周代以倉頡所作爲古文，籀書爲今文。秦初則李斯小篆爲今文，其改用隸書在始皇焚書之際。伏生當漢文時，年九十餘，上溯爲秦博士，齒方壯强，所習《尚書》應從篆體，未必尚是古文元本。亂定之後，發壁藏以教齊、魯，亦早易作今文，非歐陽、夏侯始以今文讀之也。《藝文志》云：「六體者，古文、奇字、篆書、隸書、繆書、蟲書。」顏注：

「古文謂孔子壁中書。」《志》又云：「《史籀篇》者，周時史官教學童書也，與孔氏壁中古文異體。」《説文序》云：「宣王太史籀著《大篆》十五篇，與古文或異。至孔子書六經，左丘明述《春秋傳》，皆以古文。」蓋古文所書之本文如今所摹鐘鼎款識，籀篆則周代通俗文字，與古文兩體並行。《漢志》云「異體」，《説文》云「或異」，雖變古，不全異也。孔子以古文書六經，不用時字，蓋尊經之意。安國以今文讀《尚書》，其古文真本固在，實有專稱，通儒傳授不没其本來，而以爲與今文博士無異，稱古文者失其名，又非也。

司馬遷爲《史記》時，止歐陽《尚書》立學，故遷書敍述五帝三代，《秦本紀》、《魯》《衛》《宋》《蔡》《晉》《齊》《燕世家》無不原本伏《書》。《漢書·儒林傳》云：「司馬遷亦從安國問故，遷書載《堯典》、《禹貢》、《洪範》、《微子》、《金縢》諸篇，多古文説。」然則《堯典》諸篇以外皆今文説可知。孫星衍以遷爲用古文，誤也。兩漢博士治歐陽、夏侯《尚書》，載在令甲。平帝詔立古文，莽滅遂廢。後漢古文雖盛，不立學官，詔册章奏皆用博士所習。蔡邕石經亦據學官本。至應劭、徐幹之論著，介於漢、魏之間，則頗有出矣。緯書漢人所作，漢碑通用今文，皆與《書》義相證發。明其時代限斷，而後可以言今古文之別也。

《法言·問神》篇云：「昔之説《書》者，序以百。」《漢書·藝文志》云：「故《書》之所起遠矣，至孔子纂焉，上斷於堯，下訖於秦，凡百篇。」《論衡·正説》篇引俗儒説云：俗儒，謂今文博士。「《尚書》二十九篇，法北斗七宿，四七二十八，其一曰斗。」直至孔安國《書》出，方知有百篇之目。《漢書·劉歆傳》歆

《移太常博士書》云：「往者綴學之士，保殘守缺，以《尚書》爲備。」臣瓚注：「當時學者謂《尚書》惟有二十八篇。」除《序》言之。《書疏》云：「鄭序以爲《虞夏書》二十篇，《商書》四十篇，《周書》四十篇。」是百篇之説，在孔壁書出後。壁《書》止多十六篇，云「百篇」者，當是據序知之。然《史記》本紀、世家所云「作某篇」者五十餘條，其文字説解與古文《書序》多異，塙是今文《書序》。據此已不止二十九篇。至《大傳》之引《九共》、《帝告》佚文，《史記》之引《湯征》、《湯誥》佚文，及《書》文之見於《孟》、《荀》、《禮記》、《左傳》所引，皆不止二十九篇之明證。博士之以《尚書》爲備，特專己守殘之成見，非真不知有百篇也。

據《漢書·儒林傳》安國古文，都尉朝、膠東庸生、胡常、徐敖、涂惲、桑欽遞相傳授。《後漢書》稱張楷作注，衛宏作《訓旨》，賈逵作訓，則得多之十六篇不容無説。而《書疏》引馬序云「逸十六篇絶無師説」，疑都尉朝等所傳但習其句讀，而不釋其文義。張、衛、賈之注訓皆止解二十九篇，其後康成作注，分伏《書》爲三十四，逸篇爲二十四，凡五十八篇，見《書疏》。而逸篇仍無注。《釋文》云：「馬、鄭所注並伏生所誦，非古文也。」案：陸所謂古文，即指梅賾僞《書》言。陸及見馬、鄭注，若鄭有二十四篇之注，當有流傳於後，陸不得爲此言。以此知鄭惟注三十四篇也。又《堯典》疏云：「鄭注《尚書》篇數，並與三家同。」是鄭未注二十四篇也。説本江聲。其故皆不可曉。朱子云：「孔壁得古文《儀禮》五十六篇，鄭康成曾見且引其文於注中，不知緣何止解十七篇，而三十九篇不解，竟無傳焉。」案：鄭於《尚書》逸篇不注，與《儀禮》同。王鳴盛以爲古文在東漢未立學官，故鄭亦不注，其或然邪。

或疑後漢杜林所得西州桼書一卷，見本傳。非古文《尚書》真本，然《後漢・儒林傳》載尹敏、楊倫、孫期、周防以及周磐、張楷皆習古文，所稱授受淵源，與林無涉。又孔僖自其祖安國以下，世傳古文，是安國真本具存，林何從而僞之？且《賈逵傳》言逵父徽受古文於涂惲，逵悉傳父業。《儒林傳》又言：「杜林傳古文《尚書》，同郡賈逵爲之作訓，馬融作傳，鄭玄注解，由是古文遂顯於世。」使林傳贋本，逵豈肯舍父業而爲林書作訓乎？蓋必桼書與孔壁文字頗有同異，足資考證，或且有勝於安國所傳者，古文四十六卷。桼書一卷，蓋非全本。故逵既作訓，而馬、鄭諸儒雖於古文別有師承，益重此本也。

安國本藏於中祕，其副本流傳民間，庸生之徒私相授受，不無譌脱變亂。如「我其試哉」上脱「帝曰」，《史記・五帝紀》有「堯曰」。「夔曰」八字重出，「優賢揚」作「心腹腎腸」，殷三宗無太宗而有祖甲，必非孔壁之舊。據此知薄今愛古者未嘗平心考覈也。歐陽、夏侯三家皆今文説，小夏侯當古文出後，其文義乃頗合於古文，亦趨時之一驗矣。王莽時古文立學，義説漸盛，如《禹貢》所述水地，桑欽輩剏之；立六宗，建三公，《三統曆》之文王受命九年崩，武王十三年克殷，劉歆剏之。厥後衛、賈、馬出，古文之説大明。康成作注，雜糅今古，旁通曲暢，又爲《書》學一大變。風會日新，涂軌歧出，高才超世，囊括衆家，蓋有不得不然者。近儒强仞爲今文，知亦非鄭所心許耳。向疑賈、馬、許、鄭皆人儒，何以必舍今從古。及觀石經漢碑文字多譌，乃知今文因當時通行，不免譌俗，諸君好古，故鄙棄今學也。但今文有譌俗，不妨以古文參攷。古文無説解，仍兼采三家所長，庶爲盡善。乃諸君詆諆今文，别張幟志，學官未立，微顯不常。王肅輩得乘其隙，僞造孔安國傳，後人誤信之，而東漢古文與西漢今文同歸於盡。且諸君之崇古文，崇其文字之古耳，唐衛包乃盡易以譌俗之字，又豈諸君所及料者哉？説本皮錫瑞。

僞孔之辨定於國朝，天子考文之功，美矣盛矣！諸儒力闢僞經，推見至隱，擷其精粹，各載本篇。自熹平石經亡後，今文遂無完本，二十九篇反藉僞傳而存。古《書》遺碣可以參證文字同異，馬、鄭傳注亡佚，宋以來頗有輯本，所當全采，以暢經恉。衆家疏解冶爲一鑪，時有管闚，弗忍割棄，增塵足嶽，庶幾企而。

梅《書》廿五，詞旨坦明，益之傳語，衹形駢贅。他篇舛謬，隨文記注，間襲馬、鄭，亦加披抉。假託安國，初無主名。唐陸德明云：「王肅注大類古文。」孔穎達又云：「其言多是孔傳。」已頗滋疑議矣。近儒推勘，皆謂傳出肅手，尤莫詳於丁晏《尚書餘論》。今取傳義與王注合者條繫經下，以資證明。《晉書·皇甫謐傳》言古文授受淵源，謐亦與撰古文者也。肅之《孔叢》、《家語》，謐之《汲郡紀年》，本冀輔真，轉以證僞，心勞日拙，其自贊邪？

凡以古字易經文，如郭忠恕、薛季宣所造作；自唐至今有集古篆繕寫之《尚書》，號壁中本，二十四篇亦在其中。蓋集《説文》、《字林》、魏石經及一切雜奇之字爲之。《釋文序録》云：「穿鑿之徒，務欲立異，依傍字部，改變經文，疑惑後生，不可承用。」據此唐以前久有此僞書，至郭忠恕作《古文尚書釋文》，晁公武刻石於蜀，薛季宣爲《書古文訓》，宋人多誤仞此爲壁中真本。以時字易經文，如衛包所改；唐明皇不喜古文，天寶三載，命集賢學士衛包改古文爲時字，名之曰《今文尚書》。其改古字多錯謬，詳段玉裁《古文尚書撰異》。至宋開寶中，陳鄂等奉詔删改《釋文》，令與包相應，而舊音古字無可尋求矣。以古書易經文，如近儒取經傳諸子、《說文》所引《尚書》以改本經；其意以爲安國真本如是，但馬、鄭與僞孔不同處，梗槩已具於《釋文》、《正義》，不當於《釋文》、《正義》外斷其妄竄。且魏晉人作僞時，衛、賈、馬、鄭之書尚存，皆知爲安國遞傳之本，作僞者斷不敢取三十四篇塗改字句，令與安國傳本不類，以啟天下之疑。故《堯典》雖析一爲二，而「慎徽」之上未著一字，後有愚者乃爲之耳。說本段玉裁。其或僞《書》偶有竄易，證據墝錯者，仍各揭明於本篇句下。以臆說易經文，如近儒點竄經字，以伸己見，若宋儒改經之爲，皆亂經之甚者也。包改之謬，詳具本篇。餘屏不取。

漢書補注序例

自顏監注行而班《書》義顯，卓然號爲功臣，然未發明者固多，而句讀譌誤、解釋踳駁之處亦迭見焉。良由是書義蘊宏深，通貫匪易。昔在東漢之世，朝廷求爲其學者，以馬季長一代大儒，尚命伏閣下從孟堅女弟曹大家受讀，即其難可知矣。宋明以來，校正板本之功爲多。國朝右文興學，精刊諸史，海内耆古之士承流嚮風，研窮班義，考正注文，著述美富，曠隆往代。但以散見諸書，學者罕能通習。先謙自通籍以來，即究心班《書》，博求其義，薈最編摩，積有年歲，都爲一集，命曰《漢書補注》，藏之篋笥，時有改訂，忽忽六旬，炳燭餘明，恐不能更有精進，忘其固陋，舉付梓人。自顧才識駑下，無以踰越古賢，區區寸心，頗謂盡力。疏譌之咎，仍懼未免。匡我不逮，敬俟君子。

據《敘例》，顏監以前，注本五種，服虔、應劭、晉灼、臣瓚、蔡謨也。大氐晉灼於服、應外，增伏儼、劉德、鄭氏、李斐、李奇、鄧展、文穎、張揖、蘇林、張晏、如淳、孟康、項昭、韋昭十四家。臣瓚於晉所采外，增劉寶一家。顔監於五種注本外，增荀悦《漢紀》、崔浩《漢紀音義》、郭璞注《司馬相如傳》三家，說本王鳴盛。顔注發明駁正，度越曩哲，非印人鼻息者也。其中或引舊文，據爲己說。以《史記索隱》證之，《張蒼傳》「柱下方書」注乃姚察說，《淮南王安傳》「會有詔，即訊太子」注乃樂産說，《郊祀志》「周始與秦國合而別，別五百載當復合」注乃顔游秦說。本洪頤煊。以《文選》李善注證之，《枚乘傳》注「隱匿」謂「僻處於東南也」，乃韋昭說；梁下屯兵方十里，乃張晏說。本朱一新。以《詩・王風》譜疏證之，《地理志》内「雒邑與宗周通封畿」注，乃臣瓚說。《舊唐書・顔籀傳》叔父游秦撰《漢書決疑》十二卷，爲學者所稱，師古注《漢書》多取其義。今書中未見。本王鳴盛。此外，注文間用舊説，皆爲證明，以資識別。原其本意，非必掩襲前賢。或因己説冥符，不復割捨，尚非巨累。至游秦行輩，文學巋然在前，盜竊遺名，有慙德矣。今《補注》所采，悉出其人。家世儒素，昆弟相師，先後三人，慘歸黄土，脊令原隰，垂老增唏，片羽可珍，敢忘護惜。宗族講肄，朋好往還，賞析所存，皆登斯輯，亦公善之義也。

顔注《漢書》，至宋仁宗景祐二年韶州余靖《宋史》本傳字安道，曲江人。爲祕書丞，奏言文字舛謬，命與王洙同校。靖撰《刊誤》一書，增入江南張佖校説六條，宋祁云：「《漢書》中有『臣佖』者，乃張佖，江南人。歸本朝，太祖收諸僞國圖籍實館閣，或召京朝官校對，皆題名卷末。」所謂景祐刊誤本也。嗣又有宋景文公祁合十六家校本。至寧宗慶元中，建安劉之問又取宋校本，更別用十四家本參校，又采入蕭該《音義》、司馬貞《索隱》、孫巨源《經綸集・學官考異》、章衡《編年通載》、楊侃《兩漢博文》、《漢書刊誤》、《楚漢春秋》、史義宗本《西京雜記》、朱子文《辨正》、孔武仲《筆記》、三劉《刊誤》、《紀年通譜》刻之，爲建安本。周壽昌云：「劉之問，號元起，書前題云『建安劉元起刊於家塾之敬室』。余購得之，今存湘潭袁漱六同年芳瑛家。」顧千里析劉元起與之問爲兩人，又訛作「之冏」，南監本又作「之同」。明南監本即用建安本者也。但於注文刊落甚多。汲古閣本注文完足，而去其《敍例》，又於《藝文志》、張良、司馬相如、東方朔、揚雄、賈誼傳後附臣佖校語六條，即張佖也。而三劉《刊誤》及景祐《刊誤》皆未之采。國朝文教昌明，圖書大備，乾隆四年，武英殿校刊《漢書》用監本精校，付梓，別加考證。今《補注》以汲古本爲主，佖説併入注文，遵用官本校定，詳載文字異同，備録諸人考證，顏監《敍例》、宋劉校語粲然具列，庶覽者無遺憾焉。

監本列宋景文參校諸本：一古本，顏師古未注以前本。二唐本，張唐公家所得唐本。三江南本，《金坡遺事》云：「太祖平江南，賜本院書三千卷，皆紙札精好。」東原榮氏私記云：「江南本宣和間尚在御府。」四舍人院本，江南本在舍人院，亦曰舍人院本。劉之問云：「景文所據爲十五家。」按其目實十六，殆因舍人院本即江南本之藏舍人院者，一本二目，故併稱之。五淳化本，《國朝會要》云：「淳化五年七月，詔選官分校《史記》、前後《漢》，命陳充、阮思道、尹少連、趙況、趙安仁、孫何校前後《漢》，畢，遣內侍裴愈齎本就杭州鏤板。」六景德監本，《國朝會要》云：「咸平中，真宗命刁衎、晁迥與丁遜覆校兩《漢書》板本，迴知制誥，以陳彭年司其事。景德二年七月，衎等上言『《漢書》歷代名賢注釋至有章句不同，名氏交錯，除無考據外，博訪羣書，徧觀諸本，校定凡三百四十九卷，籤正三千餘字，録爲六卷以進。』」七景祐刊誤本，景祐元年九月，祕書丞余靖上言：「國子監所印兩《漢書》，文字舛譌，恐誤後學。臣謹參括衆本，旁據他書，列而辨之，望行刊正。」詔送翰林學士張觀等詳定奏聞。又命國子監直講王洙與靖偕赴崇文院讎對。二年九月,校書畢,凡增七百四十一字,損二百一十二字,改正一千三百三十九字。八我公本,今不詳何人。九燕國本,十曹大家本,十一陽夏公本,十二晏本,十三郭本,十四姚本,十五浙本,十六閩本。又列建安本參校諸本:用宋景文本校定,復用諸家參校。一熙寧本,熙寧七年參知政事趙抃奏新校《漢書》五十册,及陳繹所著是正文字七卷。二卷子古本,古字。三史館本,舊本。四國子監本,宣和六年本。五陳和叔本,熙寧中所校。六邵文伯本,用宋景文本校。七謝克念本,用景文本校。八楊伯時本,用謝本校。九李彦中本,用楊本校。十張集賢本,張環得唐世本校。十一王性之本,用景德中監本校。十二趙德莊本,用祕閣本校。十三沈公雅本,用祕閣本校。十四王宣子本。用祕閣本校。景文校本近儒錢大昕、王鳴盛等皆信之,惟全祖望以爲南渡末年麻沙坊中不學之徒依託爲之,非出景文,列有五證,見《鮚埼亭集外編》第四十六卷。今案:宋説淺陋,誠所未免。惟劉之問輩曾用以校定,則固嘗有是書,不出南渡末也。國朝諸儒講求板本之學,致力《漢書》者多用南監本,此外如景祐本、王念孫父子校。閩本、錢大昕校明按察司按察使周采、提學副使周琉、巡海副使柯喬等刊。汪本、朱一新校明汪文盛刊。德藩本、葉德輝校明德王刊。乾道本、宋乾道中刊。北監本、以上二本先謙校。並備搜羅,間有甄采。良由文軌同塗,衆善咸萃,内府精槧,前無以加云。

三劉《刊誤》出劉敞與其弟攽、子奉世撰。《宋史·敞傳》云:「字原父,臨江新喻人。」不言有此書,惟《攽傳》云:「字貢父,邃史學,作《東漢刊誤》,爲人所稱。司馬光修《資治通鑑》,專職漢史。」《奉世傳》云:「字仲馮,精《漢書》學而已。」其實兩《漢》皆有三劉評論，今書已亡，賴監本存之。斗南《補遺》援引蕪雜，說詳王氏《十七史商榷》。頗有芟取，未從割棄。蕭該《音義》采自監本，雖非瑰寶，亦資印證。明代史評大暢，競逐空疏。國朝碩學雲興，考訂精能，超踰前古。兹編廣羅衆家，去取務慎。沈文起《疏證》一書，以後事稽合前言，自爲别派。今但取有關書義者，餘屏不録。

顔監《敘例》言曲覈古本，歸其真正。《史記正義》「論例」云：「《史》、《漢》文字相承已久，若悦字作説，閑字作閒，智字作知，汝字作女，早字作蚤，緣古字少，通共用之。《史》、《漢》本有此古字者，乃爲好本。」劉之問跋建安本《漢書》云：「自顔氏後，又幾百年，向之古字日益改易，書肆所刊祇今之世俗字耳，識者恨之。今得宋景文公所校善本，雌黄所加，字一從古。」愚按：從古之字，如供爲共、伺爲司、蹤爲縱、藏爲臧、廂爲箱，慰爲尉，屢爲婁，嗜爲耆，屍爲死，讓爲攘之類，或係最初正文，或出聲近通假，非由古字之少，既展轉借寫，彌久失真。故東京文字不正，流弊斯極，而許氏《説文》出焉，刊本存真，不宜輒改。若概目爲古字，其蔽也愚。或乃以爲六書假借之恉，則去之愈遠矣。

汲古本文字無定，如以字作㠯，後多作以；桓字作桓，間亦作桓；及公孫賀等傳贊，淵聖御名，悉仍其舊。或有譌脱乖誤之處，並依前式，加以注正。書雖增新，板如逢故。惟官本劉、宋注文有隔斷顔注者，輒爲移易舊處，俾免違滯。

顔監於雜家傳記擇取綦嚴，如太公名字、四皓姓氏，雖登史志，並就刊落，可謂慎矣。《西京雜記》亦在屏除之列，沈文起詆之。引見傳中。愚謂《雜記》不知撰人，初無妄説。又古事雅語並資多識，師古棄而不取，而稱引顯相牴牾之《楚漢春秋》，不悟其僞託，抑又何也？今依沈説，仍采《雜記》，此外如《飛燕外傳》之類，概不闌入。

《王子功臣外戚恩澤侯表》所列皆受國封，而司馬貞之徒或云名號，此大謬矣。其不見《地志》者皆因免侯併省，亦有《侯表》相符而《地志》不言侯國，則班氏失書也。其有先國而後縣，或一國而前後兩封，取覈《表》、《志》，原委咸在，疑訟已久，特爲揭明。

班志地理，存前古之軌迹，立來史之準繩，兼詳水道源流，使後人水地相資，以求往蹟，可謂功存千古者也。元魏酈道元《水經注》一書，於漢世水道曲折具存，實爲疏證班《志》而作。前人引用不得要領，兹編於酈注諸水顛末悉備。同郡之水則云「自某縣來，下入某縣」，隔郡之水則云「自某郡某縣來，下入某郡某縣」，脈絡畢貫，臚載無遺。更取歷代水地諸書爲之疏通發明，訂正訛謬，讀者因酈證班，即漢攷古，然後遞推諸史，上下數千年地理可以了然胸中。

《律曆》、《天文》，顔監無注，國朝錢、李諸儒洞貫劉術，更迭推衍《三統》，以明《天文》。圖籍紛陳，管窺積歲，補苴闕漏，藉竟全功。其餘得失之林，開卷即了，遠俟百世，不煩贅論。

合校水經注序

少時讀《漢書·地理志》，驚歎以爲絶作，惜其上溯古蹟，旁羅水道，宏綱已舉，細目未賅，雖爲書之體固然，而於探奇耆古之懷，猶歉然弗愜也。嗣讀酈善長《水經注》，深美其用意，足輔班氏所不逮。蓋班之志水，撮舉始終，而所過之地從略。酈則於漢世郡縣端委并包，曲折貫串，旁引支流，以千數百計，使後之搜渠訪瀆者一展卷而如案古圖書。班之志地，根據經籍，俾三代以來之要典，不至放失無稽。酈尤因地致詳，元魏以上故事舊文皆可攷求而得實。其繁簡雖異，精思實同。洵乎閎覽之山淵，方輿之鍵轄也已！

夫地無古不立，水非地不章。酈氏爲書之恉在因水以證地，而即地以存古。是故遷貿畢陳，故實駢列。世或訾其好奇騁博，及視爲詞章所取資，雖謂於地理之學概未有聞焉可也。今非無顓疏水道之書，以校彼優絀，果何如哉？

余耽此三十年，足跡所至，必以自隨。考按志乘，稽合源流，依注繪圖，參列今地，兼思補證各史關涉水地事蹟，及經注未備各水，爲之作疏，人事牽率，懼不獲卒償斯願。曾用官校宋本參合諸家，輯爲一編，久藏篋笥，先授梓人，以質海內之好讀是書者。而推論其要義如此，至合校之微意，則備具《例略》中。

例略

一校官本。《四庫提要》稱官校宋本。乾隆中，哀集《永樂大典》，就所引《水經注》排比原文，鉤稽近本，武英殿聚珍板印行。其後蘇州、福建皆有刊本。茲取用互校，與朱、趙同者列爲正文，而雙行標注異文於下，以袪歧惑。當時校上此書，出戴震東原之手，戴氏號稱究心酈亭之學。自有刊本行世，預修《四庫全書》，以乾隆三十九年校上此本。見官本案語。而趙氏之書先成於乾隆十九年，見趙本自序。至五十一年丙午始謀鋟板，見趙本畢序。其流布反在官本之後。世罕覯《大典》元文，見戴校與趙悉合，疑爲弋取。然聖明在上，忠正盈廷，安得有此事？且書中增補删改多至七千餘字，既著之案語中，其訂正各條，明注本文之下，並非盡出《大典》，是纂修時或旁攷羣書，或獨伸己見，亦未嘗隱而不言也。趙氏覃精極思，旁搜廣證，合契古籍，情理宜然，特以數十年考訂苦心，一旦爲中祕書所掩，因之俗論滋紛。今於官本案語下並列趙氏所釋及《刊誤》各條，俾讀者知右文盛世，祕籍應運而呈奇；而鴻生稽古之功，亦不至聽其湮没，庶因兩美之合，以釋千載之疑。諸家聚訟，若段玉裁茂堂、見《經韻樓集》。魏源默深、見周壽昌《思益堂日札》。張穆石舟，見近刻《全校水經注》附録中，兼言畢秋帆尚書索趙書於一清子載元，載元恐父書不當畢意，竟以巨貲購謝山本合併修飾，此則過信無稽，不通情理之言，殊爲無識。各執一詞，存而不論可也。

一校朱本。明中尉朱謀瑋鬱儀所箋，趙氏本之以作《刊誤》者也。朱氏之前，《水經注》本著稱者有二：一黄省曾刻於嘉靖甲午，一吴琯刻於萬曆乙酉。朱氏復與其友謝耳伯、孫無撓輩商榷校讎，以成此書。萬曆乙卯齊安李長庚序而刻之，崇禎己巳竟陵譚元春、鍾惺等加以評點，重刻之，所載箋語頗具異同。至趙氏稱真州鏤板，竊朱箋爲己有者，見趙附録。今未得見。有新安歙西黄晟曉峯者，於乾隆十八年癸酉刻《水經注》，前列歐陽玄、黄省曾、王世懋、朱謀瑋、李長庚五序，文皆見趙附録。自跋云「爰取舊本，重爲校刊」，而不著其何本。書中校語大氐與朱箋合，豈即趙所稱邪？自來論朱箋者，褒貶互見，其攷訂誠爲未精，然引證故實，以輔注文，厥勞甚鉅。黄棃洲訾其無所發明，未爲確論。近因戴、趙啟爭，疑議蠭起，至有謂朱箋尚存真面，遠勝二家改訂者。此則全未讀書之言也。今於趙氏《刊誤》所引外，全録箋語，以資蒐討。譚、黄二本所載，容有他人羼入者，不復加以區別矣。

一校趙本。趙讀酈書，首爲之釋，列於卷中，存朱氏之是，弼酈亭之違。其朱箋謬者削之，漏者補之，别爲《刊誤》十二卷。今併散入正文下，俾讀者開卷瞭如，易於尋究。酈注字分大小，發自全氏，而趙因之，條理分明。茲特參用其例。家藏本册面題籤，「水經注釋」大字，卷集之某小字，後十二卷「水經注朱箋刊誤」大字，卷某之某小字。刻畫精善，極爲我友繆筱珊、朱蓉生兩太史所鑒賞，真最初本也。別有舊藏一部，字句增損竄易，往往同符官本。蓋出後來刊改，頗失趙書面目，故茲校一以初本爲主。惟八卷《濟水》篇有「漢司隸校尉魯恭家」，下釋曰「《金石録跋尾》云『《魯峻碑》，其他』云云」，改曰「《金石録·魯峻碑跋尾》云：『嘗得石室所刻畫象，與延之所記合。其他』云云」，增多十四字。又「文字分别」下釋曰「一牓鈴下二字三十餘騎」，删「二字」兩字。「後有駙馬二匹，牓曰持駙馬」，删「牓曰持駙馬」及下「又」字。「次横牓曰薦士一人」，删「牓曰」二字。「又駙史僕射二騎」，删「又」字。「蓋闕里之先賢也，字而不名」，删「字而不名」四字。「與史家異同，缺二字。字不能次，❶以爲兩魯根，《史記》作申棠，《家語》作申續，《檀弓》以申詳爲顓孫子張之缺二字。地」云云，删上「缺二字」三字，移「家不能次以爲兩」於「地」字之上。「客拜侍於前後者六人，侍者四人」，並删「人」字。「皆駕以一馬」，删「以」字。「鮮明卒」上增「有」字。「朱浮墓畫象」，「墓」下增「壁」字。十六卷《穀水》篇「世謂之紵麻澗」下釋曰「此句是善長所增加」，改曰「此句是連引郭璞注」。三十八卷《資水》篇「縣，故昭陵也」下釋曰「《漢表》作『洛陽』，今湖南寶慶府

❶「字」，據下文及清文淵閣《四庫全書》本《水經注釋》卷八，疑當作「家」。

東北五里有洛陽山，蓋以侯封得名，即前漢之昭陵」云云，改曰《漢表》作『路陵』。路、洛古通借。《校獵賦》『虎路三嵏』，晉灼曰：『路音洛。』然疑《史》、《漢》表誤昭陵』」云云。此四條有裨考訂，附記於此。《刊誤》間有增改，無關要義，不録。至若猶爲由、邪爲耶、已爲以、克爲剋、侵爲寖、升爲昇、德爲悳、懷爲褱、隙爲隟、累爲纍、臘爲臈、喜爲憙、懸爲縣、雝爲雍、燕爲鷰、蛇爲虵、貒爲貒、藕爲蕅、緑爲渌、虚爲墟、野爲壄、淀爲澱、嶺爲領、嵎爲隅、岡爲罡、隥爲磴、崖爲厓、嶂爲障、嵋爲岷、洛爲雒、沇爲兖、淄爲菑、滹沱爲滹池、瑯琊爲琅邪、險阻爲嶮岨，或本同字，或由假借，如此之類，卷中不能悉出，標舉首簡，以備參稽。

一校孫本。孫星衍伯淵所手校。桐城蕭穆敬甫聞余校勘《水經》，持以相餉。末卷孫氏自記，略云：「《水經》向無善本，予驟讀之，便知經注錯亂，以意定之。嗣以唐人引此書，若《史記索隱》《正義》、《文選注》、《藝文類聚》、《初學記》、《元和郡縣志》校之。得休寧戴東原本，多與鄙意相合，復是正數十條。其與戴不同者，不敢附和也。」顧千里跋云：「伯淵觀察於此書用功甚深，晚年對客猶能稱引瀾翻，不須持本，手校丹青滿紙，中多與戴東原氏異説，尤可資考索。道光四年閏月，觀於桐城汪君均之插架，爲識其後。」今觀所校，亦不能盡如其説。其引證今地極便考覽，世無傳本，悉登之，以備一家。《漢志》乃人人能讀之書，繁稱無當，不備載焉。

一參校各家。善長一序，《大典》僅存。餘姚盧文弨紹弓用武進臧氏所得絳雲樓舊藏宋本校之，頗有奇異，刊見《羣書拾補》中。茲標注官本原序下。陽湖董祐誠方立研精酈書，著《圖説》四卷，未竟而殁。其兄基誠取其説，刊入遺書，而圖遂佚，茲全録入注。

此外如武進丁履恒《游水疏證》、謝鍾英《洛涇二水補》，亦備采之。近世爲《水經》之學者，江寧汪士鐸《水經注圖》，精思密致，經緯釐然，然亦頗有譌誤，惜其不及參繪今地，未爲盡善。全氏《七校水經注》晚出，淛中慈谿林頤山晉霞斥其僞造，抉摘罅漏，至數十事，頃歲刊行，茲編一字不敢闌入。

荀子集解序例

昔唐韓愈氏以《荀子》書爲大醇小疵，逮宋攻者益衆，推其由以言性惡故。余謂性惡之説，非荀子本意也。其言曰：「直木不待檃栝而直者，其性直也。枸木必待檃栝烝矯然後直者，以其性不直也。今人性惡，必待聖人之治、禮義之化，然後皆出於治，合於善也。」夫使荀子而不知人性有善惡，則不知木性有枸直矣，然而其言如此，豈真不知性邪？余因以悲荀子遭世大亂，民胥泯棼，感激而出此也。荀子論學、論治皆以禮爲宗，反復推詳，務明其指趣，爲千古修道立教所莫能外。其曰「倫類不通，不足謂善學」，又曰「一物失稱，亂之端也」，探聖門一貫之精，洞古今成敗之故，議論不越几席，而思慮浹於無垠，身未嘗一日加民，而行事可信，其放推而皆準。而刻覈之徒，詆諆横生，擯之不得與於斯道。余又以悲荀子術不用於當時，而名滅裂於後世流俗人之口，爲重屈也。國朝儒學昌明，《欽定四庫全書提要》首列《荀子》儒家，斥好惡之詞，通訓詁之誼，定論昭然，學者始知崇尚。顧其書僅有楊倞注，未爲盡善。近世通行嘉善謝氏校本，去取亦時有疏舛，宿儒大師多所匡益。家居少事，輒旁求諸家之説，爲《荀子集解》一書，管窺所及，間亦附載，不敢謂於荀書精意有所發明，而於析楊、謝之疑辭，酌宋、元之定本，庶幾不無一得。刻成，謹弁言簡端，並揭荀子著書之微旨，與後來讀者共證明之云。

嘉善謝氏校本首謝序，見《攷證》。次楊序及新目録。今照刊。次《荀子》讎校所據舊本，並參訂名氏。影鈔大字宋本、《元刻纂圖互注》本、此乃當時坊間所梓，脱誤差舛，不一而足。然正以未經校改之故，其本真翻未盡失，書中頗多採用。明虞氏、王氏合校刻本、明世德堂本、明鍾人傑本。有評點，注删節。江陰趙曦明敬夫、金壇段玉裁若膺、海寧吴騫槎客、吴縣朱奂文游、江都汪中容夫、餘姚盧文弨紹弓、嘉善謝墉金圃輯校。輯諸家之説，並附所見。上皆增一圓圍，以別於楊氏之注，其引用各書不具列。末錢大昕跋。見《攷證》。《校勘補遺》一卷。案：此書盧、謝同校，故郝蘭皋稱謝，王懷祖稱盧，但謝序云「援引校讎，悉出抱經，參互攷證，遂得藏事」，是此書元出於盧，參攷刊行迺由謝氏，則稱盧校本者爲是。盧所據大字宋本爲北宋吕夏卿熙寧中所刊，然未見吕刻本，僅取朱文游所藏影鈔本相校，故間有爲影鈔訛字所誤者，《修身》、《王霸》兩篇注可證也。兹刻仍以盧校爲主，依謝刻於楊注外增一圓圍，全録校注，加「盧文弨曰」四字別之。據徐序、錢跋，校注亦有出謝手者，然無可區別。其《補遺》一卷，散入注中。盧校不主一本，兹亦仿其例，擇善而從。

虞、王合校本，明虞九章、王震亨校，爲盧據舊本之一。其引見書中者，止《王霸》篇「大有天下，小有一國」注文，兹覆檢元書，尚有可采，爲增入數條。此外正文及注歧異滋繁，當由傳寫致訛，或係以意删節，多與盧氏所云俗間本相合，既非所取證，不復稱引。

宋台州本，宋唐仲友與政刊於台州，即依吕本重刻。遵義黎庶昌蒓齋於日本得影摹本，重刊爲《古逸叢書》之一。首楊序及新目録，末劉向上言及王、吕重校銜名，與今本同。熙寧元年國子監劄子官銜，淳熙八年唐序，《經籍訪古志》二跋，重刊楊跋。俱見《攷證》。此即《困學紀聞》所稱「今監本，乃唐與政台州所刊熙寧舊本，亦未爲善」者也，然在今日爲希見之本。茲取以相校，得若干條，列入注文。其與吕本相同，如一卷「取藍」、「干越」之比，並不復出，以省繁文。至其顯然訛誤，雖與吕歧出，亦無所取。

棲霞郝氏懿行《荀子補注》上下卷，末附《與王侍郎論孫卿》、《與李比部論楊倞》二書，並見《攷證》。茲全採入注。

高郵王氏念孫《雜志》八校《荀子》八卷，係據盧本加案語，用錢佃江西漕司本、龔士卨《荀子句解》本、明世德堂本參校。嗣得元和顧千里澗薲手録吕、錢二本異同，復爲《補遺》一卷，敍而行之。附《荀子佚文》及顧氏考訂各條於末。《敍》、《佚文》並見《攷證》。其中如劉台拱端臨、汪中容夫、陳奐碩甫諸家之説，蒐討綦詳，而盧校、郝注之精者亦附録焉。茲取王氏各條散入注文，劉、汪、陳、顧諸説仍各冠姓氏於首。

德清俞氏樾《諸子平議》十二之十五，《荀子平議》四卷，全採入注。近儒之説，亦附著之。《攷證》上下篇，見本書卷首，文繁不録。

校刻世説新語序

晁子止曰：「小説之來尚矣，不過志夢卜，紀譎怪，記談諧。後史臣務采異聞，往往取之。故爲小説者，多及人善惡，肆喜怒之私，變是非之實，以誤後世。」識者以爲篤論。自余觀之，非盡爲書者有心之過也。采摭所及，見少聞多，而其言變矣；詞氣抑揚，聲情乖隔，而其言又變矣。能祛此二蔽者，蓋難言之。此小説所以少佳書也。余嘗怪臨川爲《世説新語》一書，彼其時去魏晉未遠，固宜紀載得實，而秉筆不慎，事實牴牾，致爲劉子玄輩所譏，蓋不免如余所稱二蔽。若其羅前代之軼聞，供詞人之藻繪，則游心文苑者所不廢也。劉注匡弼之功，尤爲此書增重。而唐人修《晉書》，如周安東求絡秀爲妾，韓壽私賈充女之類，經孝標糾正者，猶取入傳，何其迷謬者與？桓靈寶、殷仲文亂賊之徒，言行無足稱述，而書中稱舉至於再四，良以其時篡奪相仍，綱常廢墜，不復知忠義爲何説，此難以責之臨川，又豈孝標所敢舉正者哉？

近世通行王元美《世説新語補》本，删節元書，附以何氏《語林》，全失臨川之真。余因取元書重刊，貽同好者覽焉。元美序言「《世説》所長，造微單辭，徵巧隻行，因美見風，因刺通贊，使人短詠而躍然，長思而未罄」，可謂盡其妙矣。又云：「私心好之，每讀輒患其易竟。」夫既患其易竟矣，而又删之。噫嘻！是則明人之爲學也已矣。去古益遠，往籍日湮，如是書之存，抑其幸也。

校正鹽鐵論後序

《漢書·田千秋傳》言：「昭帝世，國家少事，百姓稍益充實。始元六年，詔郡國舉賢良文學士，問以民所疾苦。於是鹽鐵之議起。」觀班氏爲傳載大將軍霍光乞千秋教督，千秋終不肯有所言，而於贊復引桓氏雜論「車丞相當軸處中，容身而去」之語以終之，其微意可覩矣。以千秋名德見推重大將軍，而勤惜民隱之指又自大將軍出，得千秋一言，鹽鐵、酒榷、均輸可悉罷也。阿附同列，取譏後世，惜哉！桑大夫用心計得幸，躐居輔道之位，故絀仲尼而崇商鞅，鄙原、顔而慕蘇、張，亦當時大道不明，學術不一之咎也。至乃夸其籌策之積，致富成業，鄙哉！可與事君乎？賢良文學之議正矣。若其言「不禁刀啓」，❶「聽民放鑄」，俾共人主操柄，與二賈諫詞相戾。至謂「加德施惠，北夷必内向款塞」，斯迂闊不達事情之論也。夫所謂以德服人者，有力而不輕用力之謂也。苟無力，則德無由見，而人奚自服？《書》曰「大國畏其力」，力非聖王所諱言。武帝之失在於内多欲而急興利，至其詰戎固圉，未嘗非也。是故有鬼方之克，迺致氐羌之王；非衛、霍之師，必無渭橋之謁。儒生之議，苟其不在當局，履全盛則戒用兵，處積弱則思奮武，救弊補偏，取相警厲而已。至於國家大政，斟酌損益，發慮於深宮，擇善於逼邇，而使草野新進與二三大臣爭詬於朝堂，抑豈所以崇國體，式方來乎？重刊是書竟，因備論其時事得失如此。桓氏屬文在西漢，特嚴、徐、褚先生之匹。歷世緜遠，闕誤相仍，如李孟傳、姚鼒輩所訾，不足病也。

莊子集解序

夫古之作者，豈必依林草、羣鳥魚哉？余觀莊生甘曳尾之辱，卻爲犧之聘，可謂塵埃富貴者也。然而貸粟有請，内交於監河；係履而行，通謁於梁魏；説劍趙王之殿，意猶存乎捄世；遭惠施三日大索，其心迹不能見諒於同聲之友，況餘子乎？吾以是知莊生非果能迴避以全其道者也。且其説曰：「天

❶「啓」，清光緒二十六年刻《虚受堂文集》卷五作「幣」。

下有道，聖人成焉。天下無道，聖人生焉。」又曰：「周將處乎材不材之間。」夫其不材，以尊生也；而其材者，特藉空文以自見。《老子》云：「美言不信。」生言美矣，其不信又已自道之，故以檄飾鞭筴爲伯樂罪，而撽髑髏未嘗不用馬捶。其死，棺槨天地，而以墨子薄葬爲大觳；心追容成、大庭結繩無文字之世，而恒假至論以修心。此豈欲後之人行其言者哉？嫉時焉耳。是故君德天殺，輕用民死，刺暴主也；俗好道諛，嚴於親而尊於君，憤濁世也；登無道之廷，口堯而心桀；出無道之野，貌夷而行跖，則又奚取夫空名之仁義與無定之是非？其志已傷，其詞過激。設易天下爲有道，生殆將不出於此。後世浮慕之以成俗，此讀生書者之咎，咎豈在書哉？

余治此有年，領其要，得一語焉，曰「喜怒哀樂，不入於胸次」。竊嘗持此以爲衛生之經，而果有益也。噫！是則吾師也。夫舊注備矣，輒芟取衆長，間下己意，輯爲八卷，命之曰《集解》。世有達者，冀共明之。

續古文辭類纂序

自桐城方望溪氏以古文專家之學主張後進，海峯承之，遺風遂衍。姚惜抱稟其師傳，覃心冥追，益以所自得，推究閫奥，開設户牖，天下翕然號爲正宗。承學之士如蓬從風，如川赴壑，尋聲企景，項領相望，百餘年來，轉相傳述，徧於東南，由其道而名於文苑者以數十計。嗚呼！何其盛也。

自聖清宰世，用正學風厲薄海，耆碩輩出，講明心性，恢張義理。厥後鴻生鉅儒，逞志浩博，鉤研訓詁，繁引曲證，立漢學之名，詆斥宋儒言義理者。惜抱自守孤芳，以義理、考據、詞章三者不可一闕。義理爲幹，而後文有所附，考據有所歸。故其爲文源流兼賅，粹然一出於醇雅。當時相授受者，特其門弟子數輩。然卒流風餘韻，沾被百年，成就遠大。逐末者不悶，而知道者常勝，詎不信與？

道光末造，士多高語周秦漢魏，薄清淡簡樸之文爲不足爲。梅郎中、曾文正之倫相與修道立教，惜抱遺緒賴以不墜。逮粤寇肇亂，禍延海宇，文物蕩盡，人士流徙，展轉至今，困猶未蘇。京師首善之區，人文之所萃集，求如昔日梅、曾諸老聲氣冥合，簫管翕鳴，邈然不可復得。而況山陬海澨，弇陋寡儔，有志之士生於其間，誰與祓濯而振起之乎？觀於學術盛衰升降之源，豈非有心世道君子責也？

惜抱《古文辭類纂》開示準的，賴此編存，學者猶知遵守。余輒師其意，推求義法淵源，采自乾隆迄咸豐間得三十九人，論其得失，區別義類，竊附於姚氏之書，亦當世著作之林也。後有君子以覽觀焉。

日本源流考序

先謙録日本開國以來迄於明治二十六年癸巳，采歷代史傳曁雜家紀載，參證日本羣籍，稽合《中東年表》，爲《源流考》二十二卷。裒輯既畢，作而歎曰：

天下禪代，獨日本世王，非但其臣民有所鑒戒取舍而然也。以島國孑立無鄰，故外侮亦弗及焉。然自番輪飆至，重關洞開，情勢岌岌，賴豪傑雲集，謀議翕合，上下之情通，從違之機決，捐棄故技，師法泰西，曾不數年，屹然爲東方强國。

余嘗攷其變法之始，倍難於他邦。大將軍擅權，國王守府，君民暌隔。一也。封建日久，諸國紛紜，不相統壹。二也。游俠成風，政令拂衆，輒被狙刺。三也。迺自西國擾亂而將軍乞退，議改郡縣而梗命即敗，羣謗蠭起而執政不撓，遂以經緯區寓，焕然啟維新之局。嗚呼！豈偶然哉。

夫舉一國之政而惟外邦之從，匪易事也，而日本行之如轉圜流水，此其故亦有二：一則地懸海中，事簡民樸。其先規制，取則李唐；安德而後，權移霸幕，王朝無政焉。德川氏偃武三百年，人士涵濡宋學，曉然於尊王之義，日思踣幕府而定一尊。乘德川積弱之勢，藉口攘斥西人，責以歸政，聳動羣藩，納上户土，億兆一心，拱戴王室。於是英傑在位，審時制宜，朝廷規模，悉由刱立。傾一國之人，乘方新之氣，日皇皇焉惟國制之圖。其前無所因，故後並不得謂之變。非我中國，每事拘牽舊章，沮隔羣議者比也。一則初效西人，不得要領，衣服、飲食、器用、宫室刻意規摹，虛糜無算。人民重困，異議紛起。或復舊制，或倡民權，官與官齟齬，則退歸而謀亂。民與官不協，則刺殺以洩忿。國是叢脞，亦曰殆哉！而我中國，塞聰蔽明，百務苟且。臺灣生番之償金，隱中其機權；甲午北洋之利益，飽張其威力。故彼國之士氣咸伸，而更新之機勢大順矣。攷其内政所施，惟力課農桑，廣興工藝，爲得利之實。而以官金資助商會，知保商即以裕國，從而維持附益之，斯得西法之精者也。中國之海軍不必論矣。鐵路楮幣，富强則相須，貧弱祗自敝。至於學校分門，官僚分職，非所以治數千年文教之邦也。居今而言變法，不必事事慕效，惟務開廣地利，毋俾他人我先；兼審外商所以歆動吾民而攫取其財，何者最甚，亟勸導斯人率作興事。行是二者，必以放勛之勞來輔翼爲心，匪特不爭其利，亦並不與其事。鼓天下之智力，以求保我君民共有之元氣。國家靈長之祚，或在茲乎？日本得志之後，所刊《維新史》、《法規大全》諸書，揚詡過情，觀之徒亂人意，不可概執爲興邦之要道也。是書成，因附述鄙見，以質當世如此。至日本史家文章之美，覽者自得之，故不復云。

重刊景教碑文紀事攷正序

《景教碑文紀事攷正》，廣東楊榮鋕襄甫撰，自稱景門後學。書凡三卷，刊於光緒二十一年。卷端列影照碑文一。第一卷載翻譯《景教流行中國碑文》。次金石家攷論，次大秦攷，次景教及諸教攷原。二、三卷則取今之通行耶穌本經以證釋碑文者也。碑稱貞觀中，大秦阿羅本至長安，詔造寺度僧。高宗時，諸州各置景寺。玄宗送五聖寫真寺内安置。肅宗於靈武等郡重立景寺。代宗誕降之辰，錫香頒饌。建中二年，僧景淨述頌建碑。文中稱其道曰景門、曰景風、曰景力，徒曰景衆、曰景士，且曰「真常之道，妙而難名，功用昭章，强稱景教」。其云三一妙身無元真主阿羅訶者，用希伯來音譯。阿羅訶乃猶太人稱造化主之名，即天也。三一分身景尊彌施訶者，希利尼文稱彌施訶曰基督，即耶穌也。號耶穌曰景尊，故其教曰景教。或謂唐諱丙之字曰景，丙於五行爲火，景教即祆教，故以拜火爲宗。此不知火祆非景教而爲此臆説也。宋敏求《長安志》：「布政司西南隅胡祆祠，武德四年立，西域胡天神也。

祠有薩寶府官，主祠祆神，亦以胡祝稱其職。」今案：《舊唐書·職官志》有薩寶府祆正，亦曰祆祝。《西溪叢話》言武宗毁浮圖，籍僧爲民。會昌五年，敕大秦穆護、大祆等六十餘人，並放還俗。所謂大祆，即祆祝也。祆字胡煙切，從天不從夭。《唐會要》云：「波斯國西與吐蕃、康居接，西北距拂菻，即大秦。其俗事天地日月水火諸神，西域諸胡事火祆者，皆詣波斯受法，故曰波斯教，即火祆也。」《長安志》又云：「義寧街東之北，波斯胡寺，貞觀十二年太宗爲大秦國胡僧阿羅斯立。又醴泉坊之東，舊波斯寺，儀鳳二年波斯三卑路斯請建波斯寺。神龍中，宗楚客占爲宅，移寺於布政坊西南隅祆祠之西。」《册府元龜》：「天寶中，詔以波斯經教出自大秦，改兩京波斯寺爲大秦寺。」今攷武德所立胡祆祠，與宗楚客所移波斯寺之東，同地一祠。又《新唐書·百官志》兩京及磧西諸州火祆歲再祀，而禁民祈祭，皆波斯國事火祆之祠也。義寧街東北波斯胡寺，太宗爲阿羅斯立。阿羅斯即碑阿羅本，義寧街即碑義寧坊。此寺與移布政坊西南隅之舊波斯寺，天寶中皆改大秦。推其改名之由，蓋以嫌與波斯祆祠相溷。而碑云「貞觀詔造大秦寺」，乃從其後名稱之。❶錢大昕《景教考》以爲夷僧之夸詞，非也。明崇禎間，碑始出土，今在陝西省城金勝寺内。楊氏宣揚景教，箋釋碑文，第一卷於西國文字之遷貿，輿圖之分合，教宗之同異，剖析詳明，爲言職方者不可少之書。爰重刊以貽博覽君子。二、三卷則以專釋彼教，今無取焉。

❶「乃」，原作「及」，今據《虚受堂文集》卷六改。

後序

周地之民瞋瞋而行，倨倨而卧，無異牛馬也。見夫蒼蒼者，高無與並，則神之；明明者，疾莫能追，則神之；烈烈者，熱不可執，則神之；以至鬼怪之毒害，物類之侵偪，莫不相與神之。術智者出焉，因其人之敬畏，導以崇奉之禮、禱祀之辭，而教始萌牙。思夫天地如此其遼遠也，蓋有造分天地者；人類如此其蕃滋也，蓋有主持人類者。於是爲教者之論説紛、邪正雜矣。善夫楊氏之論婆羅門也，曰歷夏、商、周三代而異端之説日出不窮，則以好論鬼神之過。夫教人而極思於空虛，安在其不爲異端所託也哉？謨罕默德、摩尼之藉教以行其私也，楊氏詳之矣。余嘗旁攷中國傳記，亦頗有與西書合者。

《五運歷年記》云：「元氣鴻濛，肇立乾坤，分布元氣，乃孕中和，是爲人也，首出盤古。」且言其垂死化身，備諸神異。《述異記》云：「盤古氏，天地萬物之祖也。」然則生物始於盤古。今案：摩西紀阿羅訶創造天地萬物之次序，祚阿樂士論歐拉密創造天地萬物之主宰，是其例也。《風俗通》云：「女媧摶黄土爲人，劇務力，不暇供，乃引繩絙泥中，舉以爲人。故富貴賢知者黄土人，貧賤凡庸者引絙人。」今案：摩西紀創造世人之始祖，韋陀言波綿頭、肩、股、脚生四等人，是其例也。《淮南子》云：「積陽之熱氣生火，火氣之精者爲日，積陰之寒氣爲水，水氣之精者爲月。」古聖王之祀神也，大者秩望山川，微者迎及猫虎。秦有黄虵、雄雉之祠，漢有星辰、風雨及天、地、日、月、兵、陰、陽、四時八主之祭。今案：火祆教初以日爲衆陽之宗，而拜太陽；後以火爲發光之原，而更拜火。婆羅門論神道有天日晝三位，風火湖海及主宰禽獸、昆蟲凶殺諸神，且謂無物不可以爲神，無神不可以爲物，是其例也。竊試論之，敬天之理，今古所同。福善禍淫之訓，上帝有赫之歌，《詩》、《書》略陳之，以垂世戒。雖以子貢之智，不聞孔子言天道，夫子言敬鬼神矣，而答季路云「未能事人，焉能事鬼」。《易》之爲書，廣大悉備，夫子作贊，惟返而求之於人事，豈不以垂教之旨，當如是邪。《舜典》「敬敷五教」，爲中國言教之權輿；子思子作《中庸》，其言性推極於天命矣，仍不外「率性爲道，修道爲教」，而申之曰「可離非道」。凡所以約人身心，而懼其馳情於幽渺之域也。佛之爲教，清虛浩曠，可爲養性清心之助。然印度戒殺，蛇虎爲殃，則道固有時而窮矣。求其行萬世而無弊者，唯我孔子之教也夫。

附　録

先生先遘父喪，《年譜》自述云：「府君所爲古詩、試帖詩及詩文律賦，存者無多，陸續刊入《家集》。及近人所選刻諸集，有《詩義標準》六十卷，采自漢至明諸家精粹之作，分别義類，綴以評論，開示不孝兄弟至爲詳切。不孝於詩稍窺門徑，皆府君教也。是編府君晚年手録，憂傷困難，血痕濡染，每啟篋不忍卒讀。間有漏略，亟圖蒐補付梓，勉成先志。適省中重修《湖南通志》，先栞府君自序於第二百五十八卷中。」後遘母喪，就苫次成《太夫人年譜》一卷。逾年校刊《魏鄭公諫録校注》暨《鄭公諫續録》、《文貞故事拾遺》、《文貞年譜》、《新舊唐書合注·魏徵列傳》成，爲《後序》云：「嗚呼！自季弟之没，余嬛嬛獨立，心志於邑，沈憂迫切，不能少自發抒，迄今十餘年矣。凡弟所造作，鐍篋不忍省覽。歲壬午，遭母喪歸，孤苦餘生，益以病困，乃强自振厲，取所爲詩文及校勘書籍，覆加考訂，將次第刊之，勉成余弟未竟之志，亦以慰吾母於九原。」先生季弟名先恭，字禮吾。《葵園自定年譜》。

先生甲戌分校禮闈，繆編修荃孫、李侍御慈銘、朱侍御一新、趙太守銘並出其房，力薦未售。時人言儻四君獲售，足冠一榜。先生亦謂：「文章聲氣之微，冥合符契，有非盡出於適然者。」《葵園校士録存序》。

先生視學江蘇，蒞任之初，撰《勸學瑣言》，教士以分治經籍。其語要云：「每歎今日農工商賈皆有營爲，惟士無業。應試之外，不過出王游衍，笑與日終，何如以有用精神及時自奮？功名可遇而不可求，與其慕浮榮、希詭獲，不若守其在我早謀自立之地也。昔人任爲一書，自非聖經賢傳，何能毫無指摘？立名之事爭不勝爭，前哲瑕疵議不勝議，惟有自勤學業，方是實在受用。坐觀徒羡，不勝結網；俟河之清，必非志士。」覽者感悚。《勸學瑣言》。

先生先後刻同邑李禹臣壽梅《山居詩存》，丁笠雲《磨綺室詩存》，巴陵《毛西垣詩鈔》，校刻郭筠仙侍郎《養知書屋遺集》，李佐周《畹蘭文集》，輯刻巴陵吴南屏《柈湖文集》，周自庵閣學《思益堂集》，刪刻新化《歐陽磵東詩鈔》。凡關於鄉邦文獻，靡不致力，湘人稱之。諸書近序。

辛亥八月，先生辟地平江。甲寅，還長沙，居東鄉涼塘舊莊。乙卯，刊《後漢書集解》成。自序云：「毛氏汲古閣序言刊范史時，適當崇禎、順治之際。今余再刊，又丁國變，儻亦有運數存其間耶。」吴慶坻補年譜。

丁巳十一月二十六日，先生歿於涼塘。前數日，自知告終之期，預書於日記。遺命不赴，不入城設奠。所居湫隘，斂之日，至不能容賓客云。同上。

葵園弟子

繆先生荃孫　別見《南皮學案》。

趙先生銘　別見《子勤學案》。

朱先生一新　別見《越縵學案》。

王先生仁俊　別見《陶樓學案》。

吴先生慶坻

吴慶坻，字子修，一字敬彊，錢塘人。光緒丙戌進士，改庶吉士，散館授編修。歷官湖南提學使，先後典雲南鄉試，任四川學政，湖南學政，直政務處。丙午，授湖南提學使，至日本考學制。辛亥，乞休。先生性仁孝，九歲喪母，經年獨夜常霣涕廢寢。少治宋學，通籍後服官中外，蒿目時艱，深以世道人心爲懼。紀朝章國故、遺聞軼事爲《蕉廊脞録》八卷。辛亥後，爲《辛亥殉難記》八卷。文主湘鄉陽剛陰柔之説，爲《補松廬文録》八卷。詩宗老杜，爲《補松廬詩録》六卷。辛亥後所作爲《悔餘生詩》五卷。修《杭州府志》、《浙江通志》。歿年七十有七。參姚詒慶撰墓志。

陳詒重毅

陳毅，字詒重，號郇廬，湘鄉人。光緒甲辰進士，歷官郵傳部參議。著有《墨子注疏》、《荀子集解》、《補晉書地理志補注》、《魏書官氏志疏證》、《隋書經籍志補遺》、《十六國雜事詩》、《郇廬詩文集》。參章華寫記。

文集

虚受堂文集序

昔姚惜抱以理學名儒，類纂古文辭，主張後進，海内翕然奉爲圭臬。粤寇之亂，厥學寖微。吾師長沙祭酒愍焉而憂，以學術之盛衰引爲有心世道君子之責。於是裒采乾、嘉、道、咸諸名人集，按類編次，續姚之書，而所自爲各體古文，一以姚氏宗旨爲歸，而進求合乎先儒義理之學。先生固不欲以文名，而文必如先生乃可謂獨精者。先生之言曰：「乾嘉鉅儒立漢學之名，詆宋儒言義理爲不足述，獨惜抱以義理、攷據、詞章三者不可一闕。義理爲幹，而後文有所附，攷據有所歸。故其爲文原流兼賅，粹然一出於醇雅。」夫先生於經史諸子、國朝掌故皆嘗鉤稽參訂，著有成書，固非不能以攷據名世，而必若世之儢離僆㒄、襲取宋學爲高者，然而其揚搉惜抱，立言如此，則先生之自任斯文，實重且遠。而所以探討義理，發之於古文辭者，皆吾黨小子所得而略言之矣。

嗚呼！義理之説，孟氏寔始言之。其旨爲禮教所從出，學者得之，以不同乎雜家者言，而自成其爲儒家言者也。孟氏既往，墨學未衰，其徒黨又率能譬諭齊給，掛爲名法捭闔諸姦説，以蔑禮廢教瞀惑愚衆，故其文亦鬝宇嵬瑣而不可究詰。荀卿子出，論學、論治悉本乎禮，反復推演，綦明其趣。於是其學爲千古修道立教所莫能外，而其文迺大醇而無所蔽。近世已來，士夫多厭薄中庸，務摭取荒徼異言，著爲文説，謏詾我政制經典，而謬謂能捄之蔽，其瓻較戰國横議爲烈。先生獨能主持正學，放距衺詖，俾其説不至深中乎風教。先生之引學術盛衰爲有心世道之責者，毋乃在乎是？然則先生之文益不可不傳，而先生之所發抒乎其文者良有所本也。

毅受學先生有年，知先生之學惟毅獨深。每先生一文出，輒得先讀，讀輒録之，積有歲年，遂成巨帙。亂離既肇，人事日繁，深恐師説之存於毅者或及身而散失，因與平江蘇厚康孝廉各出所録若干篇，仍謹依先生《續古文辭類纂》之例次第之，都十五卷，梓而行世。毅生平不能文，然偶有觸悟，自謂能獲古文家傳授之宏恉。嘗以所得質先生，曰：「文而禮，儒家言也。文而非禮，雜家言也。」先生深韙之。今刊先生之文，因臚舉己説，引伸師義而爲之敍，後之讀先生文者，幸其知所宗尚也。

蘇厚庵輿

蘇輿，字厚康，一字厚庵，平江人。光緒甲辰進士，改庶吉士，官郵傳部郎中。幼好學，既長，以著書存古自任。少時有《晏子春秋校本》。戊戌，爲《翼教叢編》。官京師時，著《春秋繁露義證》，乃極經意之作，遠勝淩注。葵園爲之刊行。未成者有《史記集注》、《顧亭林詩集注》。歿年四十二。參楊樹達寫記。

葵園交游

周先生壽昌別見《湘鄉學案》。

俞先生樾別爲《曲園學案》。

吴先生汝綸別爲《摯甫學案》。

郭先生嵩燾別爲《養知學案》。

黄先生以周別見《儆居學案》。

孫先生詒讓別爲《籀廎學案》。

蕭先生穆別見《摯甫學案》。

鄒先生代鈞別見《叔績學案》。

皮先生錫瑞別爲《鹿門學案》。

清儒學案卷一百九十終

清儒學案卷一百九十一

天津徐世昌

古愚學案

清季士夫恫於内憂外患，知非僅治考據、詞章者所能挽救，乃思以經世厲天下。古愚講學關中，本諸良知，導之經術，欲使官吏兵農工商各明其學，以捍國家。自謂今日講學，宜粗淺不宜精深，可見其宗旨已。述《古愚學案》。

劉先生光蕡

劉光蕡，字焕唐，號古愚，咸陽人。幼孤貧。弱冠，避回寇醴泉、興平間，爲人磨麥、鬻餅餌求食，而讀書不倦。亂定，補諸生，舉光緒乙亥鄉試，赴春官不第，乃退居教授數十年，終其身。先交咸陽李寅、長安柏景偉，究心漢宋儒者之説，尤取陽明本諸良知者，歸於經世，務通經致用，灌輸新學、新法、新器以救之。以此爲學，亦以此爲教。歷主涇陽、涇干、味經、崇實諸書院，其法分課編日程，躬與切摩，門弟子千數百人，成就者衆。關中學風廓然一變。復刱義塾於咸陽、醴泉、扶風，導之科學。餘則練槍械，寓兵謀以風列縣。募鉅金二十萬謀汽機，開織業，以興民利。舉經濟特科，不赴。陝甘總督奏請赴蘭州主大學教事。先生以邊地回漢之爭繫大局安危，欲假學術漸摩，開其塞陋，弭隱患。未幾病卒，年六十一。所成書數十種，取便學者，非以自名，頗散佚。弟子王典章次第搜刊，曰《立政臆解》一卷，《學記臆解》一卷，《大學古義》一卷，《孝經本義》一卷，《論語時習録》五卷，《孟子性善備萬物圖説》一卷，《管子小匡篇節評》一卷，《荀子議兵篇節評》一卷，《史記貨殖列傳注》一卷，《史記太史公自序注》一卷，《前漢書食貨志注》一卷，《前漢書藝文志注》一卷，《古詩十九首注》一卷，《陶淵明閑情賦注》一卷，《改設學堂私議》一卷，《濠塹私議》一卷，《團練私議》一卷，《尚書微》一卷，《修齊直指評》一卷，《陜甘味經書院志》一卷，《養蠶歌括》一卷，《國債罪言》一卷，《煙霞草堂文詩集》十卷。

參陳三立撰傳、陳澹然撰墓表、《陜西續通志》。

論語時習録

有子章

上章言學，未言所學何事。此章有子以孝弟爲仁之本，則學之本末備焉。蓋受於孔子者，故次於《學而》後也。夫子承堯舜之統，以事言爲孝弟，以心言爲忠恕。孔子之道，忠恕而已矣。堯舜之道，孝弟而已矣。約言道一也，堯舜見於事，夫子存於心也。此章言「不犯上作亂」，言「君子」、言「爲仁」，則從事上説。聖人以學承堯舜之統，以經世爲重，非鄉曲小儒之學也。

孝弟何以不犯上作亂？孝弟良知良能，與身俱來，生而有者也。知生之所自生則孝，知與身所同生則弟。推之乾父坤母，吾之氣質心理無不稟於天地，則凡與吾並生於天地間，齒德位尊於我者，皆吾之兄，何至犯之？齒德位卑於我者，皆吾一家之人，何忍亂之？人人不犯上作亂，天下太平矣。夫顧諟天之明命，如臨父母，忠也；視萬民之疾苦，如對父兄，恕也；存心，本也；行事，道也。務本者，乾父坤母，胞與萬物也。道生者，愛親敬長，綱紀萬事也。仁即仁民也，親親而仁民，故孝弟爲爲仁之本。孔子爲學之道，即堯舜爲政之道也。君子，君國子民之人，堯、舜、孔子所同稱者。孝弟、仁民皆性分之事，堯、舜之政無所加，孔子之學無所損也。

道國章

身修則可出而經世矣。千乘之國者，是時天下將爲戰國，小國已難圖存，戰爭之禍獨千乘之國受之也。敬事則無因循廢弛之患，信則無欺飾詐僞之行。節用，理財也，食貨盈虛受以節制，所謂「以三十年之通制國用」，非僅宫府之節衣縮食也。愛人，君德也，所謂「以不忍人之心行不忍人之政」，一切經營皆秉此心，非第煦煦之仁也。使民以時，則教養之全規。使民因天時以自治其生業，如《夏小正》所言是也。禹盡力溝洫而夫子於夏得天時，時即「使民以時」之「時」。蓋自古治民，以時爲重也。然農時固宜使民急趨；若冬，民既入，餘子亦在序室，則教士之時也。又工商執雞，謂能趨時也，則工商又重時。處列國分疆之世，而不使工商相時以治生，則精華爲人所吸，非敬信、節用、愛人之政也。此言使民，故知時爲教養之時。若農隙之時，則用民非使民矣。

使民之時，更有大焉者。洪荒之時，士惟敦樸，農惟佃漁，工惟網罟，商則惟以天生之貨相市易。至文明之時，則當使士以禮樂《詩》《書》，使農以耕耘，使工以耒耜舟車，使商以金錢粟布矣。以此推之，時之所迫，大害大利所在，民不知興知避，皆賴君上使之，以爲興避。君所以爲民父母，而以裁成輔相天地爲己責也。

時之在民者，有終身之時，如士之八歲入小學，十五入大學，四十强仕之類；農之十六受二十五畝，二十受百畝之田之類。有一歲之時，士則春誦夏絃，農則春耕夏耘之類，工商亦然。

上使之不惟不奪，又須不違，使民及時爲之。否則過時爲之，勞而無功矣。士農工商皆然。

使民以時，爲教養之全規。此章最重。此句「國以民爲本」上，皆言國政，此獨及民也。使民無一人一事失時，此非心日周於閭閻，如周公所稱「無逸」各君不能。若使民不失時運之時，則非有時習之學者不能。故此句宜重看深看。

此句乍閲之若甚淺者，似無關人君身上事，而春秋之君決不能爲，以春秋之君未有重視民事以爲不可緩者也。

此章以上皆言學，此方遞入政。學重時習，政重民時，孔子所以爲聖之時者也。

吾十有五章

此章夫子自敘生平之學，似於爲政無涉，而載之《爲政》篇，不入《學而》篇，此必有故矣。反復思之，乃知載此章於此，其義極爲精深宏大也。夫聖人之學與年俱進，時習之功爲之也。既進之後，其習必與舊異，時異而習不得不異也。一人之身，範之以學，十年之間，有何變更，而學之所進，不能仍執舊見也，則時異而學即異。矧爲政於天下，十年之間，其變必更多更大，而能不法時習之學以爲政乎？湯之日新又新，文王之望道未見，周公之仰思不合，《易》言「君子自强不息」,《春秋》張三世,皆此義也。此一義也。學由十五以至七十,無日不習,乃爲聖功。爲政必自始至終無日不修省,乃爲王道。《易》所謂「久道化成」,必窮而變,變而通,通而始久也。此又一義也。一人之學當如是,則人人之學皆當如是。聖人之學尚如是,則常人之學更不得不如是。後世有政無教,農工商賈幼不讀書識字者無論矣,即曾入幼學,迨至自謀生業,便棄其學,豈知操生業之日正是實爲學之日。聖人十五始志於學,至三十而立,此十五年中爲委吏、爲乘田;懿子與敬叔來學禮,適周而反,弟子稍益進。如是聖人爲吏爲師,皆是爲學。由是適齊、相魯,周流列國,無間窮達,無日不學,則知古者爲政必舉一國之人,胥納於學而終身焉,乃可謂之王道。觀《漢書·食貨志》所敍及何休《公羊春秋》「初税畝」注,農夫終身有閭胥之師,則凡六經謂爲王政者,皆納一世之人於學,而無日不學者也。此又一義也。夫矩者所以爲方之器。一縱一横之謂矩,兩矩相合則爲方,格事事物物之天則也。十五成童,則將出而應事接物。志於學者,矢以赴其天則也。三十則能踐其則而不移,四十則神明於天則矣,五十則知天則之所從出矣,六十則天則之自外見者無所扞格矣,「七十從心所欲不踰矩」,天則之自内出者無不融也。聖人現身説法,正爲修己治人者示之,則而豈自詡其學之純哉?

古無終年兀坐靜室講誦虚文之學。人自十五後,皆當自治生業。四民之中農最多,從事田野最難學,而有閭胥、鄰長教於鄉閭,農官、田畯帥於郊原,無地非學,而後三餘讀書,講求大道。自受田以至歸田,日治生業,即日爲學,故國無惰民,而亦無游士。

農既如是，工商可知。然則今日欲行王政，非仿三代之法，使一國之人無日不在學中，不足爲王道也。

人而無信章

爲政重禮，以禮即先王之大經大法也。然忠信之人可以學禮，人不忠信，禮皆虛文，上下以虛文相遁，科條日繁，政事胥墮，於冥冥之中相沿既久，成爲風俗。即有願治之君，亦不能遽使改更，而大變其俗，日焦勞爲政，而無一政之可舉，則以文法未改於其舊，臣可以相沿之弊法自解，君不能以祖宗所定之法咎其臣也。因循廢弛，凡先王良法美意之所在，皆爲極弊虐民之端，而不敢議其非，所謂流俗污世，非之無舉，而刺之無從，則皆無信之人所積而成也。人事之須信，猶大小車之有輗軏也，無之即無以行。從古至今，豈有無信可行之政哉？夫子言此，其慨深矣！

春秋將爲戰國，全恃詐力。尚力，則爲政不以德；喜詐，則行禮不以信，即是無禮。此禍亂所以爲千古所未有，而名爲戰國也。各國爲政者皆無信，其禍豈能專責秦人。秦徙木尚能不欺其民，此所以雖詐於六國，而猶能滅六國也。然則欲行政於天下，必自無不信於其民始。

夫子與子貢論政，兵、食可去而信不可去，曰「民無信不立」。信者禮之幹。無信則禮爲虛文，以虛文與民相市，無一事之能舉，而國誰與立乎？

無所爭章

禮者，先王治天下之法也。此篇多言先王立法之本意，此章尤要。天下之亂無不起於爭，先王以禮治之，禮以退讓爲文者也。範天下以退讓之法，必豫絶天下爭競之端。射則助爭之器之最烈者也，何不絶而去之，而反重之爲禮，而後世君子且不可不爭於此者，何也？曰：先王能融天下爭競之心，不能去天下爭競之力。懼天下之爭競而去弓矢之射以弱之，何異畏斯民之智而焚《詩》、《書》之文以愚之？秦皇把持斯民之私，固早戾於先王制禮之本意矣。故必爭於射，化爭之所也。爭以君子，使人人無所爭也。先王以禮讓持天下而不流於積弱，其用意深遠，非後人所及也。

暴君之爲爭也，莫烈於射。仁君之止爭也，亦莫大於射。故射不可去，而先王以禮讓行之。君子無所爭，以禮讓爲國，不與人爭也，尤使人之不敢與我爭也。「揖讓而升，下而飲」，以射爲行禮之具，馳强盛之氣於禮文之中，變力爭爲退讓，而無積弱之失，則天下可永永太平，而列國可相安於無事矣，故曰「其爭也君子」。爭以息天下之爭，君國子民之道，其本源固如是也。

甯武子章

嗚呼！春秋而有戰國之禍也，武者爲之乎？文者爲之乎？愚者爲之乎？智者爲之乎？無道時爲之乎？有道時爲之乎？春秋之時，蓋無一邦爲有道，然内變不作，外患未興，國家閒暇，上下相安，此正智者用文之時也，而諸大夫則愚而甚武，農困於野而不知恤，士荒於學而不知修，財已絶於國而私家之囊橐未盈也，兵不練於伍而倡優之歌舞偏精也，紀綱墮於冥漠之中，刑賞悉屬僭亂之舉，其才智庸下，原不能效奸雄之所爲；而舉動輕狂，反自詡爲霸王之偉略。故政入其手，則上凌弱主，而强國之勢分；外怒强鄰，而小國之地盡。中原鼎沸，無國不亂，此時則宜矢愚忠以救國，奮武功以戡亂，竭心力以圖之，捐頂踵以赴之，而卿大夫則又智而甚文。積弊宜除，知犯小人之忌而不能也；君威宜振，恐觸權奸之怒而不敢也；冗員宜汰，則畏游士之舌鋒；民困宜蘇，則懼强鄰之責賦。左瞻右顧，反覆思維，身家之念重，而吾君吾民皆可以度外置之，隱忍依違，以冀旦夕之安。稍有雄傑者，奮興於其間，以厚施得民，以嚴刑厲俗，以强戰侵鄰，而有道時之愚，而武者氣爲之靡；無道時之智，而文者心亦爲之歸矣。此春秋所以成爲戰國，戰國將入於秦，則卿大夫不善用其智愚爲之。夫子所以思念甯武子不置也。甯武子「邦有道則智，邦無道則愚」也。

然則春秋之末，列邦卿大夫尚無甯武子其人乎？若有之，能使春秋不爲戰國乎？曰：能。時勢無定者也。春秋之末，較武子時則爲無道，較戰國時則爲有道。於其有道者用武子之智，保境息民，善事鄰邦，并吞之禍可以暫息。於其無道者，用武子之愚，盡心竭力，不避艱險，以保其君，以全其國，如是則晉不分，齊不篡，陳蔡不亡，魯衛宋鄭不弱。燕秦楚越雖强，其奈中國何哉？夫武子之智原不能易無道爲有道，使春秋之末復爲桓、文之盛，然其愚忠則能不速其國之亡，而至誠所積，强大爲戢其謀，奸雄亦斂其迹，故「武子之智可及，而愚不可及」。夫子所以思念不置者，亦以其愚也。

夫春秋之末，知戰之禍而欲挽之者，莫如我夫子。思有所藉手，莫切於用魯，次則用衛，衛之君不如魯，而大夫則多賢。故夫子生平行道之兆有三：季桓子、衛靈公、衛孝公。於魯擇臣，於衛擇君。夫子用魯不終，非桓子法其祖之三思，謂不利於私家而惑乎？若於衛，則既得君矣，而其卿無助。孔子爲衛謀者，如仲叔圉輩蓋皆能及武子之智而不能及其愚，夫子所以屢至衛一無所展也。故記此於文子三思後，在陳思歸前，見聖人不能用魯、衛之故，春秋入於戰國而無可挽回也。

學記臆解序

嗚呼！今日中國貧弱之禍誰爲之？劃兵吏農工商於學外者爲之也。以學爲士子專業，講誦考論，以騖于利禄之途，而非修齊治平之事，日用作習之爲。故兵不學而驕，吏不學而貪，農不學而惰，工不學而拙，商不學而愚而奸欺。舉一國爲富强之實者，而悉錮其心思，蔽其耳目，繫其手足，倀倀惘惘，泯泯棼棼，以自支持于列强環伺之世，而惟餘一士焉，將使考古證今，爲數百兆愚盲疲茶之人指示倡導，求立於今世，以自全其生。無論士馳于利禄，溺于詞章，其愚盲疲茶與彼兵吏農工商五民者無異也。即異矣，而以六分之一以代其六分之五之用，此亦百不及之勢矣。告之而不解，令之而不從，爲之而無效，且弊遂生焉。彼六分之一之士，其奈此數百兆愚盲疲茶之民何哉？

然則興學無救于國之貧弱乎？曰：救國之貧弱，孰有捷且大于興學者？特興學以化民成俗爲主，而非僅造士成材也。風俗于人材，猶江河之蛟龍也。江河水積而蛟龍生，風俗醇美而人材出焉。無江河之水，即有蛟龍，亦與魚鼈同枯于肆，而安能顯興雲致雨，以潤大千之靈哉？故世界者，人材之江河，而學其水也。化民成俗，則胥納士吏兵農工商于學，厚積其水，以待蛟龍之生也。兵練于伍，吏謹于衙，農勤于野，工巧于肆，商智于市，各精其業，即各爲富强之事，而又有殊異之材，挺然出于羣練、羣謹、羣勤、羣巧、羣智之中，以率此練謹勤巧智之羣，自立于今日之世界，不惟不患貧弱，而富强且莫中國若矣。以地大物博、民衆而質美，白種之所以深忌我黄種者此也。堯、舜、禹、湯、文、武、周公以來，其終日憂勤惕厲者皆爲此事。其曰勤民，非君相一手一足代億兆人之手足而啟其心思也。納民于學，使皆爲有用之材，以自治其業而已，所謂「化民成俗」也。故《大學》言治平，曰明明德于天下。政與教不分，故士皆出于民，而士訓曰事，仕訓曰學。九流十家之學皆出于古之官也，桀、紂、幽、厲不以德教民，而以力制之，數百年有政無教，中國疲弊。孔子欲起而救之，布衣不得位，陳堯、舜、禹、湯、文、武、周公之治，力不能及民，僅與民之秀者講明之，故言學不言政，學不及兵吏農工商，而專屬於士。後世爲政之失，非聖人言學之本義。化民成俗之本義不明，而造士育材之作用亦隘。士日困於記誦詞章，民則困于愚盲疲苶，國勢散渙阢隉，屢受制于外人，而無可如何。嗚呼！其所關豈淺鮮哉！

乙未歲，馬關約成，中國賠費二萬萬。予傍徨涕泗，無能爲計。其臘，幼子瑞駱之師解館，予代督課，時讀《學記》，予閱一過，舊書重讀，新解特生。蓋身世之悲有不能自已於言者，强附經訓，以告稚子，故題曰「臆解」。觀者若執古訓以繩予，則予之戚滋深矣。

文集

大學格致説

格物之説，《中庸》至誠盡性章可爲補傳。格物者，即物之形以求其性，使歸有用也。以形質言曰物，以義理言曰性。形是有物有則之物，性即有物有則之則。俾物物順其則，即是盡性。盡物性，即格也。故格物者，物必有性，我不能盡求，知其理實爲其事也。物格者，已知其理，爲其事能盡性也。誠者，格之本也。《大學》一篇，皆是格物，故傳從誠意説起也。由己性以及人性、物性，格之序也。天下之本在國，國之本在家，家之本在身也。終及贊化育，格之量也。不至天地位、萬物育，不得爲天下平。天下平，即「明明德於天下」，盡物之性而物格也。言物則實而紛，言性則虚而要，《大學》言物不言性，欲人徵於實，而實不能徧舉，以天下國家該之，故無專釋格物之傳。《中庸》言性不言物，欲人運以虚，而虚究有實功，故終及參贊之能。格物能參贊化育者，服牛乘馬，鑠金凝土，皆是也。中國格物何嘗遺及一草一木，然千古人患之興，豈一草一木之故乎？抑以倫理之不存也。故謂中國之衰由於空談性命而不實徵諸事物則是，謂中國孔子所傳格物之説僅重倫理而遺萬物則非也。日本仿行西法不遺餘力，而其學校必先倫理。吾嘗謂西人談理不如中國之精而精於治事，西人大不以爲然，貽書辨論，則西人格物必先盡性明矣。盡性不爲善去惡，其道何由？陽明以格物爲誠意之功夫者此也。豔西人而棄身心性命之修，此近人所謂西學不患不興，而患中國之先亡也。司馬温公及陽明訓格物之異，在格字不在物字。温公去私之説，本於《書》之格其非心，訓格爲去也。陽明爲善去惡之説，則仍朱子訓格爲至之義，而意則異，謂實致其知於物也。蓋朱子訓格爲至之義，於格物能通，於物格則近不詞，故陽明取温公去私之説，而益以爲善，則欲和同於兩家之説也。朱子格至之説，原本鄭氏，是東漢訓詁之學，語本於《詩》「來格來享」、「神之格思」，訓格爲至，不知此處「格物」之「格」，《詩》之「有物有則」乃其的解。蓋泥文字以爲訓，不證之以義理，故見不及此也。「格其非心」，語出東晉梅賾僞造之古文《尚書》，鄭氏所不及見，不如格至之説屢見於《詩》、《書》也。漢儒重訓詁，墨守古訓，不求心得。宋儒反之身心，爲大有功於聖道。不可以近日講學家之迂拘偏執，並宋儒義理之學而非之也。

格物之説，當以身心國家天下爲大綱，而仍依之爲定序。舉凡天下之物有益於身心家國天下者，無不精研其理，實爲其事，俾家國天下實獲其益，則天生物以供人用者，皆得顯其用，是爲物格，是爲盡物之性。其贊化育處，耒耜、杼機、舟車、弓矢最要，而西人聲光化電之學無不該其中矣。西人驅使無情之水火、輪船、鐵路、電綫、汽機、照相、傳聲，真奪造化之奇。然奪造化而參贊造化也，若無益生人之用，則爲奇技淫巧，愈神異，吾中國愈不可格。故中國格物之學，必須以倫理爲本，能兼西人而無流弊也。

行周禮必自鄉學始説

今人行《周禮》，必先從鄉學起。一村設一小學，其師如閭胥。視人家多寡立幼學，其師如比長。比長即如牌頭，閭胥即如鄉約。比長教十歲以下之童蒙，兼管十家、二十家之政令教化。閭胥教十歲以上之童蒙，兼管一村之政令教化。積至一鄉，必有市集，則設鄉學。其師如州長，教十六歲以上之成童，兼管一鄉之政令教化，如今之總鄉約。市集設幼學、小學如鄉村，教工商之童蒙，兼管工商之政令教化。由村而縣爲縣學，其師爲今之縣令，如古鄉師，其治公事之所即教學之所。小學之師二人，一教書算講説，一教體操舞蹈。中學三師，仿漢制三老、嗇夫、游徼之職。三老主教化詞訟，即教誦讀文學之事；嗇夫主賦税，即管錢糧，課農桑，教童子農學、動植物學之類；游徼主盜賊，即管工役團練，教童子干戈、射御之類。鄉有市官、工官，山林川澤則有虞衡等官，品秩則鄉學五師矣。去知縣以下官，而六房吏、三班役均爲士民。六房吏如周之府史、漢之掾史，今之生員也；三班如周之胥徒，漢之尉、游徼、求盜，今之武生、營兵也。

由縣以至于府，則設大學及專門之學，視其地之所宜，如電化水火各學。大學則講求政、兵、刑、商務、邊防之事。大學之師即知府，專門之學則各延其名家，教兵者即將也，講法律者即士師也，講農桑以及工商各事即司農、度支等官，今之户部、工部、通商大臣也。皆在學治事，治事即爲學，然後統于省。省之巡撫署即爲國學，其制度如府而較大之。官民相見，皆師弟之禮。省府之官命自京師。縣鄉之官，即用其縣之人，而府不出省。每歲各學詳註其所教之人，德行道藝，村上于閭，閭上于鄉，鄉上于縣，縣上于府，府上于省，省上于京，即爲貢士。無論有官職與否，以爲議員及各部之官。如是，則將駕西國而上之，可爲唐虞之盛矣。

唐虞三代之制皆是如此，故大學在路寢之東序。而《周禮》一書絶不言及鄉學，言國學亦甚略，無一語及教學之師、教學之地，惟《師氏》、《保氏》「居虎門之左，國之貴游子弟學焉」，則王宮門塾之小學。《大樂正》「以樂德、樂語、樂舞教國子」，樂語即誦文詞，樂舞即習學武藝。考之《内則》，爲成童以前事，則仍小學而非大學也。觀《大學》一篇重在講論。《禮記·文王世子》大司寇論説在東序，則路寢之東序，國君之朝堂，即爲大學也。而州長之治事廳，即爲州序。黨正之治事廳，即爲黨庠，而閭胥、比長之公所爲家塾可推矣。治事即是教學，治事即爲學，惟童子性情不可不養，道藝不可不習，故《周禮》有小學教法，無大學教法。大學則天子及三公爲師，專門之學則官即其師也。聽訟當別設官，《周禮》有鄉士、遂士，統于司寇也。治事即爲學，則學者無影響之見、依稀之談，不爲記誦詞章之習，而真才出矣。治事即其學，則三載考績，課吏即是課士，而德行道藝皆實迹，鄉舉里選之法可行，不妨以射選之也。孔子謂射不主皮爲古之道。古者士皆治事，其賢否上知之於平日，臨時僅習禮文而不主于中，不主于中者不釋獲也。若專以射爲去取，烏有不主皮哉？

天下之民皆受學，天下之官民皆如師弟，而天子則以天下之官民爲弟子。民隱焉有不上達，主澤焉有不下究，隔閡去而吏弊何自而生？涣散萃而人心焉有不振？以之理財，財必裕；以之治器，器必良；以之治兵，兵必强。故中國爲一人，天下爲一家，大同之運，尚何敵國外患之足慮哉？故孔子之學，即堯、舜、禹、湯、文、武、周公之政。《周禮》雖經劉歆僞亂，其大端則政教不分，仕學一貫，萬世行之而無弊，可決然信者也。

泰西機器必行於中國説

機器入中國，天欲合五大洲爲一氣運之所趨，不惟中國不能阻，即西人亦不能祕其術，不令入中國也。孔子繫《易》，十三卦之制作，黄帝、堯、舜時言窮變通久爲取諸乾坤，不言所制何器，而繼以舟車、杵臼、弧矢、文字等項，是黄帝以前無舟車等也。自盤古以至神農，《外紀》所云歲數雖不必盡信，然亦必數千年之久。無舟車，則山川之隔不相往來可知也。無重門、擊柝、弓矢，則無寇盜可知也。無杵臼、宫室、棺槨，則風俗儉樸可知也。無書契、文字，則人心純厚不相詐虞可知也。數千年之間，渾穆相安，設有告以黄帝、堯、舜以後之舟車、弧矢、文字等事，其駭人聽聞，與今之火礮、火輪、舟車、電綫、汽球等當無以異，亦必訾爲奇技淫巧，懼洩天地之精，壞人心之樸，力欲窒塞而不聽其行，然而不能也。數者誠便于日用民情之所樂。風氣既開，民爭趨焉。聖人爲治，不能强民以不便也。且器之便利于用者，雖極殘忍之爲，聖人亦不能廢。弓矢始于彈丸，起于古孝子蚩尤作五兵，蓋始易泥丸以鏃羽，冒木梃以利刃，不聞黄帝以泥丸、木梃禦蚩尤之五兵也。且不聞既擒蚩尤，並其五兵而廢之也。以泥丸、木梃視五兵，與以今弓矢、刀矛視火礮何異？三聖不能廢五兵，而謂今能廢西洋之機器乎？至於以機器製造尤便於民，而謂人將淫心舍力，此尤不通之説也。牛耕始於漢之趙過，是漢以前耕者皆不用牛，故《周禮》「合耦」、《論語》「耦而耕」。一牛足代十餘人之力，以耦耕視牛耕，與以機器視人工何異？當以牛易耦之時，不聞民之淫心舍力，豈易以機器而遂淫心舍力乎？西洋之論機器也，曰若干匹馬力，則以機器製造亦以牛力代人力之類。農用牛力，農不淫心舍力。工用機器之馬力，工獨淫心舍力乎？今西人數十國持其舟車、火礮環伺中國，中國人民雖衆而驅血肉之軀以當火礮，仁者忍如此乎？不忍而求勝之，非機器不爲功，則軍器不能不用機器造也。軍器，殺人之器也。其製造日用之器，則生人之器也。殺人之器欲效法，而生人者乃不效法，不亦顛倒乎？且富如人之血氣充强，則其筋骨壯也。西人製造精工，歲耗中國銀錢數千萬。此如人有漏瘡，日耗其氣血，久將羸弱自斃，而尚有筋力與人爭鬬者，無是理也。故欲效法西洋之製造軍器，必先法西洋製造日用之器。近日金生粟死，中國之農勢已不敵工商，安能敵外洋？則工商困，農愈困，困即《易》之所謂窮，通變神化，黄帝、堯、舜之神聖，必不强存上古渾樸於三代之後也。

嘗論世運五百年而一變，孟子論道統是也，亦必五千年而一大變。❶皇古至中天不知若干歲，中天至今正五千餘年，其大變之時乎？機器雖創自外洋，正如舟車等類，《易》於通變神化取諸乾坤，後不言何人取象，其三僅言「後世聖人」，蓋皆非黄帝、堯、舜所自創，其不言聖人者，或又凶人之所作，如弧矢之作自蚩尤，然則今外洋之機器，其亦待我中國之黄帝、堯、舜通變神化，以濟其窮，而成垂裳之治乎？

嗚呼！「嗜欲將至，有開必先。」舟車、弧矢、書契之作，天欲合中國之九州爲一也；火車、電綫、機器之作，天欲合地球之萬國爲

❶「一」，原爲空格，今據上下文義補。

一也。天欲開之，誰能違之。西洋人固感于氣運之先而惟恐或後，中國人乃欲怠于氣運之後而不思爭先，其能焉否耶？天意茫茫，世事難料，震旦古稱清淑之氣所鍾，神靈首出，未必不仍在中土，起而收黄帝、堯、舜之功，萃萬國之玉帛于塗山，誅後至之防風氏，爲兩間重新氣象，願士人息心静氣，拭目待之。

顧命天球河圖解

天球者，天文也。河圖者，地域也。球何以爲文？天之體圓，以球象之，寫其文於上，故曰天文也。河何以爲地？唐虞至周，中國地勢據河兩岸，圖河之曲折高下，而中國疆域瞭然矣，故曰地域也。二者皆經天緯地之事，政事之大端，生民之切務。或前代法物，或本朝新製，陳之西序，皆謂之寶，示珍重也。然則有證乎？曰有。請一證之《帝典》，再證之《周髀算經》，三證之《禹貢》，四證之《顧命》本文，然後取《注疏》之説而破之，乃知爲天文、地域而無疑。夫此天球，即《帝典》之璿璣玉衡也。傳謂璿爲美玉，璣徑八尺，圓周二丈五尺而强，衡長八尺，孔徑一寸，則其器渾圓，運轉如球也。球爲圓形，古經未言，而算書多言之，當必有本。此一證也。《周髀》言寫天以笠，笠爲球形之半，球則笠形之合也。測算者貴適於用，故寫於笠，人目所見之半周也。觀玩者貴識其真，故製爲球，天體自具之實形也。《周髀》首載周公訪問商高，是公于成王時必修曆法矣。修曆必製器，歷代皆然。經以《周髀》名，周，圓周也；髀，股也。算法以縱者爲股，横者爲句。今之割圓八線，多用正弦，即股也。以《周髀》名書，則周用渾天之術可知，而測算止用其半，故《周髀》之笠，疇人所用正弦，限於半，《周髀》之義也。《顧命》之球，人君所寶，天體實爲渾圓，周之義也。觀《周髀》名義，知周測天必備半周、全周兩器。此又一證也。舜察璿璣，亦當即位之初，與康王正同。識天形，乃能知天心而敬天命，于人君授受之際所關重矣，故天球爲象天之器。善則歸君，周公所制作，即成王所制作，心法手澤兼而有之，可不於《顧命》陳之哉？若《河圖》則《周髀》亦略言之矣。商高言算術測量高深廣遠，證以禹之行水，必禹行水之迹至周猶存，迹非圖不顯。冀州三面距河，禹之時，河患爲大。中天至周，中國文物皆濱河之區；大江以南，《禹貢》極略，故圖河而中國之地域備矣。古謂中國爲冀州者此也。兩山之間必有川，兩川之間必有山，山包孕宏深，而川則脈絡分明。《禹貢》地勢以山川爲主，山不易圖而川易圖，故《河圖》爲地域之圖也。舜時，西王母獻益地圖，《史記》言「天子按古圖籍，名河所出爲崑崙」，其即《河圖》之類與？再以《顧命》證之。《顧命》言「玉五重」，琬、琰分明二玉，而孔疏誤合爲一，不得不以天球補五玉之數，豈知周人陳設均有次序，上文云「越玉五重，陳寶」，明有非玉而以爲寶者，則指赤刀、大訓、天球、《河圖》也。赤刀、大訓者，文武之事也。天球、《河圖》者，天地之事也。其曰越者，自夾室適東西序，必見五重之玉，而過之，乃陳寶也。西序之陳，自東向之，坐南而北，則先赤刀、大訓之寶，而弘璧、琬、琰之玉以次而北。東序之陳，自北而南，則先大玉、夷玉，而天球、《河圖》之寶以次而南，以至西向之坐。證之《儀禮》陳設，序皆如是。寶皆近坐，玉皆在北，則天球非玉，而爲天文之器，

《河圖》不得不爲地域之書。此證之本文而尤可信者也。然則由漢至今，諸儒不以天文地域釋天球、《河圖》者何也？曰漢儒重訓詁，讖緯球字之見於經者，皆訓爲玉，故據《益稷》、《禹貢》釋球爲磬、爲玉，而不顧天字之不可解。康成以玉色似天附會之，則望文生義矣。此拘於訓詁也。《河圖》尤爲緯候家所祖述，故據《易》、《論語》之文釋《河圖》，而不知其理之不可安，何也？文王演八卦矣，武王訪《洪範》矣，《易》謂聖人則《河圖》以畫卦，不寶祖宗所演成之八卦，而寶前代所則之《河圖》，非存手澤之意也。且後世以《河圖》、《洛書》並言，《洛書》武王親訪之箕子，其戴九履一等數之圖，周時必尚存，何不與《河圖》並陳，而以《河圖》與天球並列乎？以此知《河圖》非龍馬旋毛一六二七等數之圖，而必地域之圖也。宋儒不拘訓詁，而於名物多不深求，不惑讖緯，而先天之學時方盛行，故天球、《河圖》之解沈晦至今。今西人天文地域各學均極精深，挾其圖象以傲我中國，我中國驚爲西人創得之奇，豈知皆我三千年以前之故物？經訓不明，有關於世教，誠非細矣。

與門人王舍初論致良知書

陽明較白沙、甘泉爲實。「靜中養出端倪」，此端倪爲何物？「隨處體認天理」，誰體認之？且誰使之隨處？便自家體認天理，不得不歸之良知矣。「靜中養出端倪」，蓋因宋元至明，以文詞取士，朱子之學行而不暢，別爲道學一派，知守朱子家法者，即士人論不過千萬分之一。其他無非以語言文字求聖人之道，蓋皆知語言文字而不知有道矣，故白沙欲人擺脱文字，於靜中養出端倪。蓋於詞章錮蔽之中，欲人自見天則，如樹木然，既得真種子，然後滋培灌漑，發榮滋長，自成佳木，而無惡蔭，非謂養出端倪，便可不學也。白沙明言端倪，言養出，則以是爲學之萌芽，豈以靜養畢學之事哉？至甘泉即慮及世人不察，第守靜中端倪而忘即物窮理之功，故以「隨處體認天理」爲師説，補出「養出端倪」以後功夫，非背棄師説，別開一途，自立一派也。靜中養出之端倪，似爲道之體。隨處體認天理，似求道之用。在俗儒泥文字，又必看爲兩橛，不惟不見爲相成，且見爲相反。故陽明出而力爲溝通之，曰：靜中養出之端倪何也？即吾心中惺惺不昧之天理也。其隨處能體認天理者何也？即吾心中時時自出之端倪也。其體清明精粹，故屬之知。具於吾生之初而爲道之大原，不爲氣質物欲所蔽錮，故曰良。推之事事物物，無處不有，無時不見，則一身之大用又該焉，故須致。是白沙、甘泉之説，陽明以三字該之，而天人、内外、本末、精粗一理融貫，其簡易直捷爲何如哉？不惟能該白沙、甘泉也。

主靜之説出於周子。程子見人靜坐，便歎爲好學。天理二字，是程子自家悟的。程子又易周子主靜爲主敬，則甘泉之於白沙，正如程子之於濂溪也。朱子謹守主敬窮理之旨，不敢稍失。是時程學孤行，信從者少，僅其弟子私相授受，故無流弊。苟有信從主敬窮理之説，而以之爲學，則皆聖人之徒，故朱子一意表章程學，而不別啟程途，正不暇別啟程途。又適有金谿之説別立一幟，此時重外輕内之弊未形，陸子之説未免發之過早，故朱子力與之辨而拒之。至理宗表章道學，學禁大開。由元至明，朝廷取士，均主程朱之説，程朱之學可謂大行矣。其時實爲程朱之學者幾人，蓋寥落可數矣。豈非主敬不窺其源，則拘而難久；窮理不窺其源，則泛而無歸？其淺嘗者又致飾於文貌，比附於語言，而大道乃日隱矣。於是白沙出而指示入手之法，使人先認本體，甘泉又使證之物物，陽明會合二家之説，括以「致良知」三字，單傳直指，一針見血，使學人聞言立悟，有所執持，以循循於學問之途。故自陽明之説出，海内學人蠭起，名儒輩出。蓋自周、程創興儒教以來，未有若斯之盛也。

然弟子於師雖親受其傳，究難盡同於其師，源遠而流益分，背其師説者必多。勢盛則附從者衆，又不能保無敗類雜於其中。明末、國初諸儒，鑒王學末流空疏之失，欲矯而救之，遂痛詆陽明。夫矯末流之空疏可也，以空疏詆陽明不可也，詆陽明而以「致良知」一語爲遁於虚尤不可也。良知之説出於《孟子》，致知之説見於《大學》。謂陽明扭合兩書爲近於巧則是，謂此語背於聖道，迷誤學者，則非也。然亦安知《大學》「先致其知」、「致知在格物」之「知」非未致時之良知，知至之知非已致之良知，則致良知又即朱子因已知之理以求至乎其極之謂也，而致良知又偏於道問學矣。故吾謂凡詆陽明者，謂入於禪，遁於虚，皆胸中有物，未嘗平心以究其旨，一見「致良知」三字，怒氣即生，遂不憚刻論深文以羅致其罪也。我於人辨程朱、陸王者全不置詞，不欲爭閑口舌也。今嘵嘵告汝者，以汝今甫有志於學，即染市井鬬口惡習，我心爲之戚然。且今日講學，不必與禪家爭性理，當與耶氏爭事功。且不必與耶氏爭事功，當使中國之農工商賈不識字之人皆自命孔子之徒，爲孔子之學，其有功吾教，較之辨明正學，蓋不止百倍也。夫良知者何？即世俗所謂良心也。致良知者何？作事不昧良心也。此則蠢愚可曉，婦孺能喻矣，欲盡收中國之民於學，舍「致良知」三字何以哉？此吾向所謂今日講學宜粗淺不宜精深者，此也。

復魏泚汀問河套屯田書

頃奉手書，殷殷致詢河套屯田一事，欲蕡詳爲復答。蕡足迹未出里門，河套去長安幾二千里，雖有所見，亦皆依稀想像之詞，不能自信，又何敢必人之信而用其策也。今聞中丞深謀遠慮，有志於是，足見忠藎之心超出尋常萬萬也。蕡雖迂腐書生，敢不竭其千慮之一得，以助賢哲之擇。夫今日之勢，不能悉五洲情形，不能自立於一隅；不能悉各省情形，不能自修其職守。中日一戰，情見勢絀，各國無不垂涎中國。幸西伯利亞鐵路未成，俄人鷙忍，不欲輕發；英、法、德、日均有所忌，而不敢輕試。或幸數年無事，則正修明刑政，以求富强之時也。然修明刑政，當舉中國百事徧修明之。蕡乃議及河套，限以屯田者，何哉？今日外洋之師，不惟中國之額兵不能禦，即募勇亦不能禦。非機器不若人也，人之兵擇之閭閻，出於學校。而我乃募愚頑油滑脆弱倉卒成軍，欲以當人平日訓練之師，此必不敵之勢也。故須盡舉今日兵勇營規而大變之，安之田畝，習之訓練，教之學校，出作入息，將帥無異，師長優游，十年庶幾一戰。以此施之內地兵勇，見之必將譁然不肯就我範圍。此曾文正練兵所以不於長沙而於衡州也。況他日外患若起，必先犯我京師，動我根本，牽扯天下之師。英法德日則以游師取地於南，俄則以游師擾我西北，蒙古極弱，敵入河套，則山西之兵不能調動，而京師之勢愈孤矣。蕢所以汲汲河套屯田爲陜之隱憂，亦即當時之急務也。數年以來，謀國多有西遷之説。中日戰後，盛京已成邊衝。朝廷遠謀，必宜別建京都。曠覽中原，莫若關中。自古都關中者，周、秦、漢、唐無不汲汲於河套。周之朔方，秦之新秦中，漢之五原、朔方，唐之三受降城，皆戍守套外而耕屯於内，豈皆務遠略哉？護一身者，必先護其首。河套固關中之首也。若建都直隸，河套即其右肩。趙武靈王非有九原，何敢輕入咸陽？赫連不敢舍夏州而都長安，金敗遼主於套外而後取燕，元滅西夏而後取金，明閉潼關而後取元。以東勝統河套而邊患息，棄河套而三邊俱棘矣。至我朝制準噶爾西路之師，亦從寧夏出邊，與東路之師聲息相通。河套有重兵，足壯燕晉之勢。即赴援京師，亦較長安倍近。故蕢斤斤以河套屯田爲言也。查河套東西約二千里，南北遠者八九百里，近者二三百里，三面阻河，土地沃衍，宜耕桑。自漢至明，無不謂其肥饒者。再能仿寧夏渠利，相其地勢，興修水利，致富强尤易。陜西北山亦多荒地，蕢所以先及河套者，天地氣運漸將由南而北，河套膏腴，歷代忽開忽閉，地脈蘊而愈厚，天若隱儲以待我國家今日之用者，不可不察也。夫爭利於市，以奪他人之有者，商賈之事也。若別開富强之基，則如弈棊然，必置子於人所不及覺之處。若秦之開蜀，漢之入漢中，初若迂遠，及其成功，始驚以爲奇。不然，今日中國圖富强，與洋人相競數十年，而卒無一效者，人如舊商，我欲以新設之肆奪之，必不可得也。然則，屯套内以爲强，以厚關中之背，而爲京師之右肩也。屯套内以爲富，以其膏腴遠僻，人所不爭也。其屯之法條列於下：

一，先用兵屯。延安各屬，自回亂後，田多荒蕪，不能盡墾。遠赴河套，募民遠耕，必無應者。宜以募勇戍邊之法行之。擬滿、漢並募，仿西洋營制。成營之後，擇耐勞官弁帶以赴套。募得千人，即從現在額兵勇營内裁去千人。沿路即以西法訓練，及至套内，再招蒙古數百人，與滿、漢雜處，爲營擇地屯紮，即興屯政。耕耘之暇，即行操練。一千五百人可分三十屯，屯五十人，一年之後，漸移家室。凡兵有願移家室者，即爲民屯，三年後去其軍餉，以地與之。别募兵以補千五百人之數。而農隙仍須講武。此後脚根已定，隨時召募兵屯，民屯必易擴充。

一，設屯政大臣。此次屯田，當如郭子儀之屯朔方、曾文正之練兵衡州，訓練而兼撫綏，名是將帥，實備教養之事。故必知古人兵農不分之理者，方能勝任。況又與蒙王事事交涉，非大臣能專摺奏事，事必掣肘。

一，籌經費。屯勇自有勇糧，不待另籌，而農器、牛馬、室廬、移家費亦不貲。查吉蘭池所出青鹽舊行興漢，必由蘭州繞越秦、鳳，方至興漢。宋時制西夏，禁青鹽入内，夏人即困。則開青鹽之禁，其利必溥。以爲興屯之費，可得巨款。又神木邊外之鹼專銷蘇杭，今若弛禁煎熬，其利亦溥。又陰山之木，亦可由黄河入陝。蒙古皮毛之利，亦可設法入口而抽其税。屯政大臣悉心辦理，使地利悉興，必不苦貧。

一，招工藝。蒙古樸拙，器用多仰之内地。興屯之後，通商惠工，廣爲招來，出息當更盈溢。

一，興水利。寧夏漢、唐二渠俱用黄河之水，從此出塞。古豐州在河東岸，其地膏腴，可仿開大清渠之法，再開一渠。查河水流至府谷，深僅七八尺，則從寧夏出塞不過四五尺，開渠必易，得利尤厚。

一，聯聲勢。守套者必守於河外，踞陰山以臨大漠，唐三受降城最得其要。西受降城在河北流西岸，與寧夏近。東受降城在河南流東岸，與偏關近。中受降城在河東流北岸套内。屯政既修，必經營套外，收三受降城遺址，甘爲其西，晉爲其東，陝營其中，三方並峙，外與塔爾巴哈台、昭莫多、歸化城聲氣聯絡，則北邊一帶節節有備，而京師之勢壯矣。

一，治北山。河套興屯，而北山延安一帶仍任荒廢，則聲息不接，與陝仍無大利。秦之屯新秦中，蒙恬駐兵綏德，便接應也。北擬於延安一帶開礦興屯，而於洛河行船。北山宜君、榆林製船，載炭而下，至於同州，船炭俱賣，以其利修路，數年洛河亦可逆流而上。洛河大於南山之寨河，寨河於嘉慶年間始行船，豈洛河之大不能行船？洛河之路通，則延安之屯亦易舉。惟此項經費過鉅，亦須預籌。聞近日爲北山各州縣均籌津貼，每歲需八千兩。若以此項移爲開河、興屯、開礦之用，歲歲推廣，以漸而舉，地方既興，官必不貧，則仍不失津貼本意。因循坐困，仰食於公，何若振奮有爲，地方興利也。延安屯政若興，陝之北邊自固，而河套之屯亦不慮孤懸塞外矣。

以上數條，皆就時勢約略言之。其臨時斟酌盡善，因地勢以制其宜，順時變以扼其要，則在任事之大臣，公忠體國，經權並用，非草茅所能預擬矣。至河套地圖地志已擬有規模，年終方能脱稾，彼時當再就正也。

時務齋學規

予承乏味經有年矣，愧無實德，足以感發諸生志氣，振奮有爲，而時變日棘，非人人卧薪嘗膽，不足以禦外侮而輯中夏。古謂：「四郊多壘，爲卿大夫之辱。」地廣大荒而不治，亦士之辱。今以中國之大，不能禦一日本。割地賠費，無辱不有。非地廣大荒而不治之實乎？吾輩腆顔爲士，不引以爲辱，無論無以對朝廷也。試思外禍又發，天下之大，何處藏身？各有父母，各有子孫，讀書無科舉之路，經商無貿易之途，工無所用其巧，農不免税其身，中國之患尚堪設想耶？欲救此患，必自士子自奮於學始。人才輩出，不臻富强者，無是理也。今與諸生約，各存自勵之心，力除積習，勉爲真才，日夜有淪胥異類之懼，以自警惕於心目，則學問日新月異，皆成有用之才。豈惟余有厚望，亦吾陝之幸，天下之幸也。謹條列其端於後：

一，厲恥。今日士子孰不讀書，而終無用者，非書無用也。經史如天之雨露，然其灌溉心與養草木之苗無異。由善念而讀書則成良才，由俗念而讀書則爲惡卉。人心皆良而非惡，一念之歧，終於千里。《孟子》所謂善利舜蹠是也。吾輩用功，當從此下手。無論何書，每讀時先問讀此何用，則心中先有主宰，一線穿去，有條不紊，才識日增，而且易於記憶。此即程子所謂立志，朱子所謂穿錢之索子也。而吾歸之厲恥者，人惟心有所恥，則内若負疚，無時間斷，心密氣奮，志自專而力自果，則知恥尤立志之本也。今之仕途雖雜，東事之興，其當大任者雜途乎？抑曾讀書稱士子者乎？此日之書無用，當日讀之之志非也。讀書不立志，愈讀愈壞，則皆自不知恥始。吾輩須力戒之。

一，習勤。今日天下之患惟惰爲甚，而惰之患亦惟士爲甚。文武分途，弓馬之事，士皆不習見。見兵刃則動色，聞礟火則戰慄，養成嫩脆之骨，其嬌弱甚且同於婦女，全失古人桑蓬之意。前數十年，友人游京師者，謂士大夫衣飾全效婦女，將終蹶而不振。今其言驗矣。古者士子進身皆以射，鄉大夫賓賢能，天子選士澤宫，射與禮樂並重。管子處四民，所謂士，鄉者戰士也。即《春秋左氏》所記所謂士者，亦多指戰士。至戰國始有策士，以口舌取官者。然則勞力之事，不可謂非士之當爲也。夫《孟子》所謂「勞心者治人，勞力者治於人」，似士但當講習討論以益其智，如周公之仰思待旦，孔子之忘寢忘食，然知勞心之人未有憚於勞力者，憚於勞力之人未有能勞心者也。《孟子》謂當大任，必先勞其筋骨。勞則堅凝，不勞則脆嫩，以脆嫩之筋骨如何能膺艱鉅？五胡亂華，陶士行運甓習勤。今日之時勢，何如可不以士行爲法哉？有志之士，其學問當自習勤始。

一，求實。外人謀富强，中國言仁義，豈吾聖人垂訓，不能富强而以仁義貧弱天下哉？外國之富强有實事，中國之仁義託空談，故中國不敵外洋，非仁義不敵富强，空談不敵實事，其弊亦自士子讀書始束髮受學，但知讀書爲作八股之資，不惟與世事無涉，並與自家身心無涉。故讀道德之言，亦知聖賢談理之精。讀經濟之言，亦知名世論事之切。發之八股，何嘗不言之有物，持之有故，而技止於此。舉聖賢所遺之經史子集，不過爲一大兔園册子。一旦身列仕途，問以家國天下之事，皆欲索之倉卒，而毫末預爲之計，天下事安得不壞？故士非士，吏非吏，官非官，兵非兵，工非工，刑非刑，一切用人行政均以八股之技從事，代他人爲言，而與己無與，成爲虛浮之天下，而外敵乘虛而入矣。故今日之弊，非矯虛以實不可矯之，亦必自士子讀書始。凡經史中所言之事皆以爲實，而默驗之身心必求其可行，而不貴其能言，則心入於事理之中，言未有不真切者，而文亦精進矣。求一得兩，何憚不爲？

一，觀時。昔人云：識時務者爲俊傑。此時字，人以爲豪傑之趨時，不知即《易》之「時義」，《中庸》之「時中」。蓋天地之機日新，帝王之政事，聖賢之學問，吾輩之識見，不得不求日新，以合天地之氣運。日新即日變，變而能新，則時義、時中之謂也。故孔、孟不取老莊之言，而用黄帝、堯、舜之道治春秋、戰國之天下者，以時隔二千餘年，道當窮變通久也。今日之天下，黄帝、堯、舜之天下也，混沌可易而文明，文明亦可易而機巧，欲變通久，即孔孟之道也。士生今日，徒抱唐宋以來之成迹，而不統觀開闢以來之變以印證今日，必不足以持今日之變。故士子讀書，以識今日時務爲第一義。凡讀經史皆與今日時勢相證，思其合且思其所以不合之故，則書皆有用，士成通才矣。

一，廣識。今之爲政，難矣！不胸有五大洲之列國，不足以安一洲之一國。學以爲政，非悉五大洲之政事、文章、人情、物産，亦何以爲學？況西人驅使無情之水火、無形之氣風，一草一木之微皆想入非非，化無用爲極有用，硝磺及炭是也。使有言於四五百年之前者，則必議其妄。今果何如耶？況經國大猷，歷代不襲其迹，而意未嘗不同，不知其迹之異，則泥古而鮮通；不知其意之同，則執迷而不化，未有能應今日之變者也。宜於古今治亂興衰之迹，深求其故，了然於心，而於外洋各國立國之本末，亦兼綜條貫，則遇事自分曉，不難立斷，而措置從容，無不中節矣。

一，樂羣。今日人心涣散極矣。《易》言「涣其羣，元吉」，今何以不吉？蓋涣其名利之私，而羣其道義之公，涣之正所以羣之，故繼之曰「涣有孚，匪夷所思」。聖人何嘗不重天下之羣哉？吾鄉人士，習「秦人無黨見」語，多「獨學無友，孤陋寡聞」，執高頭講章之説，自以爲是，與世事全形隔閡，乃聞人之長而必言其短，見人之短而特甚其詞，此爭名之心發於外也。居處飲食不相讓，學問事業不相謀，此爭利之心藴於中也。及至居官以空疏之識競名利之私，其能不嫉賢妬能，貪榮慕勢，如《詩》之所謂忮求者乎？官方壞，則事事失人心。今日人心之涣，未必不自吾輩存心釀而成之也。孔子曰：「君子矜而不爭，羣而不黨。」自愛名節，則矜而不黨。不貪名利，則不爭而能羣。能羣即胞與之仁，不羣即土崩瓦解之勢。《書》所謂億兆人，惟億兆心也。《易》於極涣之後，許以「元吉」，象以「有孚」，幸以「匪夷所思」，萃人心之涣，其權不能專責之士。然士亦有人心世道之責者也。有志者事竟成，吾輩所得爲者，吾自勉之，匪夷所思，安知不爲今日之讖哉？

附録

自譯書盛行，自由平等之説，囂囂横議，不可遏抑。先生憂之，曰：平等、平權，西人之説本自無弊，譯者亂之耳。夫曰等，則必有尊卑；曰權，則自分輕重。物之不齊，物之情也。使賢者居上以臨下，不肖者居下以奉上，乃安而無傾。不平之平，平之至也。

妄者樂其平而忘其等、昧其權，則大亂之道矣。李岳瑞撰墓志。

先生治經，宗《周禮》、《左氏傳》，治史精四史、《通鑑》。以《周禮》、《左傳》典禮治迹，粲然明備，研究致用，足破空疏瑣碎之弊。學術推宗姚江，會合閩洛，常曰：「程朱內外交養，是聖門自小學至大學周詳綿密工夫。陸王重內輕外，是教後世少壯廢學者直捷簡易工夫。一《論語》教法，一《孟子》教法也。陽明以救學程朱末流之弊耳。當識聖賢救時苦心，何嘗不殊途同歸。」行狀。

天算測量之學，秦中久已失傳。先生孤詣研求，至忘寢食，徹三晝夜不眠，至於咯血，卒盡通其説。啟授生徒，隨時講習，學者聞風興起。陝士多精幾何學，明測量術，實先生啟之。文集附録。

先生心存利濟，保護鄉里，勞怨不辭。同治中，捻回交閧，關隴糜爛。屢上各當道政策，又代擬上大吏招安土匪、平定關隴善後方略，行之多驗。同上。

先生念中外通商漏卮日甚，非注重實業爲根本之計，不足以救貧弱。爰説當道，建崇實書院，專課新學。遣及門高材生數人遊鄂、滬學習機器，擬鳩貲二十萬，開辦織紡公司，與書院相輔，俾學歸實用。卒以造端宏大無助中止。乃以力所能及者，苦心經營，試辦白蠟、軋花各廠，闢桑園，製人力紡紗車，諸所設施，雖未全收效，然秦人知機器利用，浸浸嚮風實業矣。同上。

先生晚年憂憤時事，哭泣至於失明，猶繫心時事，不少寬隱。念貧弱之原，由民智不開，而識字之難實爲之障。默坐冥思，悟聲音轉注之奥，以聲統義，欲合中外文法爲一，使婦孺一覽而知。口授童蒙《識字捷訣》

十餘卷，未幾，目亦復明。同上。

古愚交游

李先生寅

李寅，字敬恒，咸陽人。同治辛未貢士，甲戌補殿試，改庶吉士，散館授編修，以母老，不樂就養京師。或謂請假、迎養，進退可自主。先生曰：「甫入仕途，即欺朝廷耶。」遂請終養，歸，閉門承歡，足不輕出。有諷以投謁當道者，婉謝之。論學以心得爲主，不欺爲用，破除門户之見，其大端近象山、陽明，而不改程、朱規模。有以三教歸一爲學者，則深斥之。嘗謂：「陸、王識超語峻，直中人心隱微之弊，其功甚偉。然繼程、朱而鞭其後，非外程、朱以爲學也。若概施之初學，則腹無義理，目無《詩》、《書》，是猶虚弱之人而復投以硝黄，鮮不敗矣。」又病天文書多蕪雜，欲以七政爲綱，恒星爲經，陵犯侵食爲緯，而輯史書之文，縱横書之，以爲表。曰：「災異之説雖多附會，然可見天人相通，而於畏天之學所補實多。苟删其不經者，數卷可畢。」僅成《日》、《月》二表。又謂：「兵事以地理爲要，顧宛溪氏書所以多言兵事也。然詳地之險要，而於用險要之法多不詳者。」乃依《孫子》九地之説，以意變更之，分目十餘，以宛溪爲主，而備採史文以實之，亦未成書而卒。參劉光蕡撰行略。

柏先生景偉

柏景偉，字子俊，晚號忍庵，長安人。咸豐乙卯舉人，大挑教職，授定邊訓導，以回亂未赴任。奉父母，匿南山，轉徙荒谷。親殁，喪葬盡禮。尋以在籍辦團防敍勞以知縣選用。左文襄督師入關，辟參軍事。因請築堡塞以衛民居，設里局以減徭役，提秏羨以足軍食，徙回居以清根本，開科舉以定士心。又上《辦理回匪臆議十六事》，文襄深才之，以屬幫辦軍務。劉典敍積年勞勩，特保以知縣分省補用。嗣劉公以終養回籍，先生遂歸里，不復出。光緒三年，秦大饑，請於大吏發粟振恤，創爲各村保各村法，以貧民稽富民粟，使無匿；以富民覈貧民户，使無溢，多所全活。歷主涇干、味經、關中各書院。立求友齋，以經史、道學、政事、天文、輿地、掌故、算法分門肄習，造就甚衆。先生爲學，似陳同甫、王伯厚，而實以劉念臺慎獨實踐爲的。嘗謂：「聖賢之學，以恕爲本，以强爲用。强恕而行，則望於人者薄，而責於己者厚。」又謂：「同此性命，同此身心，同此倫常，同此國家天下，道未嘗異，學何可異？凡分門别户者，非道學之初意也。故理一分殊之旨，與立人極、主静、體認天理之言，學者不以爲異，而其所持究未嘗同。然則主敬、窮理、致良知、先立乎其大之數説者，得其所以同，亦何害爲異乎？」其大旨如此。著有《灃西草堂集》八卷。參史傳、《陝西續通志》、劉光蕡撰墓志。

文集

示趙生舒翹

近見某官平日聲名尚好，乃因一政偶失，怙惡不悛，竟至人言弗恤，肆行無忌，始恍然於學兼體用，其功不可缺，其序不可紊。未能格致誠正，斷難望齊治均平也。蓋必先平一己之血氣，而後能平天下人之血氣；必先正一己之性情，而後能正天下人之性情。孝者所以事君，弟者所以事長，慈者所以使衆，三者仁也，仁不外於敬恕。主敬行恕而體立矣，體立而用有不善者乎？嗟乎！此能吏之所以不如良吏也。

示吴生堉

交友最宜慎，學者不知擇友，往往以損友爲益友，爲害不小。夫導我以孝友者益友也，則導我以背逆者，非損友而何？導我以忠厚者益友也，則導我以刻薄者，非損友而何？導我以恭謹者益友也，則導我以傲惰者，非損友而何？果以此慎之，即素所交之友細加辨别，則雖不知擇友於先，而尚可免害於後矣。

清儒學案卷一百九十一終

清儒學案卷一百九十二

天津徐世昌

籀廎學案

籀廎學承永嘉，而所致力則近亭林，博治羣籍，咸有述造，其專心尤在《周禮正義》一書。先是，浙江爲三禮之學者有秀水盛世佐、烏程沈夢蘭、臨海宋世犖，至籀廎而集其成，先河後海，其源遠已。述《籀廎學案》。

孫先生詒讓

孫詒讓，字仲容，晚號籀廎，瑞安人。父衣言，字琴西，道光庚戌進士，由編修入直上書房，歷官江寧布政使，召爲太僕卿。文章氣節重於時。論學謂綜漢宋之長而通其區畛，莫如永嘉之學。曾補輯《永嘉學案》，爲梨洲、謝山拾遺。著有《遜學齋集》、詩、文各若干卷行世。先生爲琴西次子。同治丁卯舉人，官刑部主事。淡於榮利，家居著述。光緒中，以經濟特科徵，不赴。禮部奏徵爲禮學館總纂，亦不赴。三十四年卒，年六十有一。先生少承家學，與父執諸耆碩游。初讀《漢學師承記》及《皇清經解》，漸窺通儒治經史小學家法，謂古子羣經有三代文字之通假，有秦漢篆隸之變遷，有魏晉正草之混淆，有六朝唐人俗書之流失，有宋元明校讐之羼改，匡違捃佚，必有誼據。先成《札迻》十二卷，又著《周禮正義》八十六卷。以爲有清經術昌明，於諸經均有新疏，《周禮》以周公致太平之書，而秦漢以來諸儒不能融會貫通。蓋通經皆實事實字，天地山川之大，城郭、宫室、衣服、制度之精，酒漿醯醢之細，鄭注簡奥，賈疏疏略，讀者難於深究，而通之於治尤多謬盭。劉歆、蘇綽之於新、周，王安石之於宋，膠柱鍥舟，一潰不振，遂爲此經詬病。先生乃於《爾雅》、《説文》正其訓詁，以《禮經》、大、小《戴記》證其制度，研撢廿載，稾草屢易，遂博采漢唐以來迄乾嘉諸經儒舊説，參互繹證，以發鄭注之淵奥，裨賈疏之遺闕。其於古制疏通證明，較之舊疏實爲淹貫。而注有牾違，輒爲匡糾，凡所發正數十百事。復捃《周禮》合於遠西政治者，類區科列，論説徵引，推勘富强所由，如合符契，成《周禮政要》四卷。又以富强而適今代，《周禮》之外無過《墨子》，謂《墨子·强本》、《節用》、《兼愛》、《非攻》足以振世捄敝，不止五十二篇以下爲兵家之要言也。於是盡引諸本，參綜考讀，覃思正訓，發疑解牾，又旁通鄒、梅，證合算理，成《墨子閒詁》十九卷。其於小學，本許書，上攷金文，益上而考㸚文，成《㸚文舉例》一卷、《名原》七卷、《大篆沿革考》一卷、《古籀餘論》三卷、《古籀拾遺》三卷、《政和禮器文字考》一卷，以解《説文》，字必歸墟。考據有《周書斠補》三卷，《大戴記斠補》三卷，《尚書駢枝》一卷，《周禮三家佚注》一卷，《六曆甄微》一卷，《九旗古誼述》一卷，《籀廎述林》十卷，以條理鎛逸。其爲目録學有《四部别録》一卷，《温州經籍志》三十六卷，《百晉精廬塼録》一卷，《温州古甓記》一卷。爲地理學有《温州建置沿革表》一卷。參史傳。

周禮正義敘

粵昔周公，纘文武之志，光輔成王，宅中作雒，爰述官政，以垂成憲，有周一代之典，炳然大備。然非徒周一代之典也，蓋自黄帝、顓頊以來，紀於民事以命官，更歷八代，斟汋損益，因襲積絫，以集於文武，其經世大法，咸粹於是。故雖古籍淪佚，百不存一，而其政典沿革，猶約略可攷。如《虞書》羲和四子爲六官之權輿，《甘誓》六卿爲夏法，《曲禮》六大、五官，鄭君以爲殷制，咸與此經多相符會，是職名之本於古也。至其閎章縟典，并苞遠古，則如五禮六樂、三兆三易之屬，咸肇耑於五帝，而放於二王；以逮《職方》州服，兼綜四朝；《大史》歲年，通晐三統。若斯之類，不可殫舉。蓋鴻荒以降，文明日啓，其爲治靡不始於麤觕，而漸進於精詳。此經上承百王，集其善而革其弊，蓋尤其精詳之至者。故其治躋於純太平之域。

作者之聖，述者之明，蟠際天地，經緯萬端，究其條緒，咸有原本。是豈皆周公所肊定而手刱之哉？其閎意眇恉，通關常變，権其大較，要不越政、教二科。政則自典法、刑禮諸大端外，凡王后世子燕游羞服之細，嬪御閹閽之昵，咸隸於治官，宫、府一體，天子不以自私也。而若國危、國遷、立君等非常大故，無不曲爲之制，豫爲之防。三詢之朝，自卿大夫以逮萬民，咸造在王庭，與決大議。又有匡人、撢人、大小行人、掌交之屬，巡行邦國，通上下之志。而小行人獻五物之書，王以周知天下之故。大司寇、大樸樹肺石、建路鼓，以達窮遽。誦訓、土訓夾王車，道圖志，以詔觀事辨物。所以宣上德而通下情者，無所不至。君民上下之間，若會四枝百脈而達於囟，無或雝閡而弗鬯也。其爲教，則國有大學、小學，自王世子、公卿大夫士之子暨夫邦國所貢、鄉遂所進賢能之士咸造焉。旁及宿衛士庶子、六軍之士亦皆輩作輩學，以德行道藝相切劘。鄉遂則有鄉學六，州學三十，黨學百有五十，遂之屬別如鄉。蓋郊甸之內，距王城不過二百里，其爲學辜較已三百七十有奇，❶而郊里及甸公邑之學尚不與此數。推之鄙縣畺之公邑采邑，遠極於畿外邦國，其學蓋十百倍蓰於是。無慮大數九州之內，意當有學數萬。信乎教典之詳，殆莫能尚矣。其政教之備如是，故以四海之大，無不受職之民，無不造學之士。不學而無職者則有罷民之刑。賢秀挾其才能，愚賤貢其忱悃，咸得以自通於上，於以致純太平之治，豈偶然哉。

此經在西周盛時，蓋百官府咸分秉其官法以爲司存，而大宰執其總會，司會、天府、大史臧其副貳。成、康既没，昭、夷失德，陵遲以極於幽、厲之亂，平之東遷，而周公之大經良法蕩滅殆盡。然其典册散在官府者，世或猶尊守勿替，雖更七雄去籍之後，而齊威王將司馬穰苴尚推明《司馬法》，爲兵家職志；魏文侯樂人竇公猶裒《大司樂》一經於兵火喪亂之餘。它如《朝事》之義，《大行》之贊，述於大小《戴記》；《職方》之篇，列於《周書》者，咸其枝流之未盡澌滅者也。其全書經秦火而幾亡。

漢興，景、武之間五篇之經復出於河間，而旋入於祕府，西京禮家大師多未之見。至

❶「三百」下，原衍「里」字，今據民國二十年湖北刊本《周禮正義》删。

劉歆、杜子春始通其章句，著之竹帛，三鄭、賈、馬諸儒賡續詮釋，其學大興。而儒者以其古文晚出，猶疑信參半。今文經師何休、臨碩之倫相與擯庰之。唐趙匡、陸湻以逮宋元諸儒，呰議之者尤衆。或謂戰國瀆亂不經之書，或謂莽、歆所增傅。其論大都逞肊不經，學者率知其謬，而其抵巇索痏，至今未已者，則以巧辭衺説附託者之爲經累也。蓋秦漢以後，聖哲之緒曠絶不續，此經雖存，莫能通之於治。劉歆、蘇綽託之以左王氏、宇文氏之篡，而卒以踣其祚。李林甫託之以修《六典》而唐亂，王安石託之以行新法而宋亦亂。彼以其詭譎之心、刻覈之政，偷效於旦夕，校利於黍秒，而謬託於古經以自文，上以誣其君，下以敓天下之口，不探其本而飾其末，其僥倖一試，不旋踵而潰敗不可振，不其宜哉！而懲之者遂以爲此經詬病，即一二閎攬之士，亦疑古之政教不可施於今，是皆膠柱鍥舟之見也。

夫古今者，積世積年而成之者也。日月與行星相攝相繞，天地之運猶是也。圓顱而方趾，横目而直榦，人之性猶是也。所異者，其治之迹與禮俗之習已耳。故畫井而居，乘車而戰，裂壤而封建，計夫而授田，今之勢必不能行也，而古人行之。祭則坐孫而拜獻之以爲王父尸，昏則以姪娣媵而從姑姊，坐則席地，行則立乘，今之情必不能安也，而古人安之。凡此皆迹也，習也，沿襲之，久而無害則相與遵循之，久而有所不安則相與變革之，無勿可也。且古人之迹與習亦有至今不變者，日月與地行同度則相掩蝕，地氣之烝盪則爲風雨，人之所稔知也。而薄蝕則拜跪而救之，湛旱則號呼而祈之，古人以爲文，至今無改也。柷敔拊搏無當於鏗鎗之均，血腥全烝無當於飲食之道，而今之大祀猶沿而不廢，然則古人之迹與習不必皆協於事理之實，而於人無所厭惡，則亦相與守其故常，千百歲而無變。彼夫政教之閎意眇恉，固將貫百王而不敝，而豈有古今之異哉？

今泰西之强國，其爲治非嘗稽覈於周公、成王之典法也，而其所爲政教者，務博議而廣學，以臬通道路，❶嚴追胥，化土物卝之屬，咸與此經冥符而遥契。蓋政教修明，則以致富强，若操左契，固寰宇之通理，放之四海而皆準者。此又古政教必可行於今者之明效大驗也。

詒讓自勝衣就傅，先大僕君即授以此經，而以鄭注簡奥、賈疏疏略，未能盡通也。既長，略窺漢儒治經家法，乃以《爾雅》、《説文》正其詁訓，以《禮經》、大小《戴記》證其制度，研撢衆載，於經注微義略有所寤。竊思我朝經術昌明，諸經咸有新疏，斯經不宜獨闕，遂博采漢唐宋以來迄於乾嘉諸經儒舊詁，參互證繹，以發鄭注之淵奥，裨賈疏之遺闕。艸剏於同治之季年，始爲長編數十巨册，綴輯未竟，而舉主南皮張尚書議集刊國朝經疏，來徵此書，乃檃栝䚡理，寫成一秩以就正。然疏牾甚衆，又多最録近儒異義，辯論滋繇，私心未慼也。繼復更張義例，剟繇補闕，廿年以來，稾艸屢易，最後遂録爲此本。其於古義古制疏通證明，校之舊疏爲略詳矣。至於周公致太平之迹，宋元諸儒所論多閎侈，而駢拇枝指未盡揭其精要，顧惟秉資疏闇，素乏經世之用，豈能有所發明，而亦非箋詁所能鉤稽而揚榷也，故略引其耑而不敢馳騁其説，覬學者深思而自得之。中年早

❶「臬」，原作「眾」，今據《周禮正義序》改。

衰，傫然孤露，意思零落，得一遺十。復以海疆多故，世變日亟，睠懷時局，撫卷增喟。私念今之大患在於政教未修，而上下之情睽闕，不能相通。故民竄而失職，則治生之計陿隘，而譎觚干紀者衆；士不知學，則無以應事偶變，效忠厲節，而世常有乏才之憾。夫舍政教而議富强，是猶泛絶潢斷港而蘄至於海也。然則處今日而論治，宜莫若求其道於此經。而承學之士顧徒奉周經漢注爲攷證之淵棷，幾何而不以爲已陳之芻狗乎？既寫定，輒略剌舉其可剴今而振敝一二犖犖大者，用示櫫楬，俾知爲治之迹，古今不相襲，而政教則固百世以俟聖人而不惑者。世之君子，有能通天人之故，明治亂之原者，儻取此經而宣究其説，由古義古制以通政教之閎意眇恉，理董而講貫之，別爲專書，發揮旁通，以俟後聖。而或以不佞此書爲之擁篲先導，則私心所企望而旦莫遇之者與！

周禮政要敍

中國變法之議，權輿於甲午，而極盛於戊戌。蓋詭變而中阻，政法未更，而中西新故之辯，舛馳異趣，已不勝其譁聒。夫政之至精者，必協於羣理之公，而通於萬事之變，一切弗講而徒以中西新故畫區畛以自隘，吾知其懵然一無所識也。中國開化四千年，而文明之盛莫尚於周，故《周禮》一經，政法之精詳，與今泰東西諸國所以致富强者若合符契。然則華盛頓、拿坡崙、盧梭、斯密亞丹之倫所經營而講貫，今人所指爲西政之最新者，吾二千年前之舊政已發其端。吾政教不修，失其故步，而薦紳先生咸茫昧而莫知其原，是亦綴學者之恥也。

辛丑夏，天子眷念時艱，重議更法，友人以余嘗治《周禮》，屬捃摭其與西故合者，甄緝之，以備財擇。此非欲標楬古經，以自張其虛憍而飾其窳敗也。夫亦明中西新故之無異軌，俾迂固之士廢然自反，無所騰其喙焉尒。書凡二卷，都四十篇，雖疏漏尚眾，而大致略具。漢儒不云乎，「爲治不在多言，顧力行何如耳」。誠更張今法，集我羣力而行之不疑，則此四十篇者以致富强而有餘，其不能也則雖人懷鼂、賈之策，户誦杜、馬之書，其於淪胥之痛，庸有救於豪氂乎？嗚呼！世之論治者可以鑒矣。

墨子閒詁敘

《漢志》「《墨子書》七十一篇」，❶今存者五十三篇。《魯問》篇墨子之語魏越云：「國家昏亂，則語之《尚賢》、《尚同》；國家貧，則語之《節用》、《節葬》；國家熹音湛湎，則語之《非樂》、《非命》；國家淫僻無禮，則語之《尊天》、《事鬼》；國家務奪侵淩，則語之《兼愛》、《非攻》。」今書雖殘缺，然自《尚賢》至《非命》三十篇，所論略備，足以盡其指要矣。《經》、《説》上、下篇，與莊周書所述惠施之論及公孫龍書相出入，似原出《墨子》，而諸鉅子以其説綴益之。《備城門》以下十餘篇，則又禽滑釐所受兵家之遺法，於墨學爲别傳。惟《修身》、《親士》諸篇，誼正而文靡，校之它篇殊不類。《當染》篇又頗涉晚周之事，非墨子所得聞。疑皆後人以儒言緣飾之，非其本書也。

❶「一」，原作「二」，今據清光緒刻本《墨子閒詁》所收孫序及《漢書·藝文志》改。

墨子之生，蓋稍後於七十子，不得見孔子。然亦甚老壽，故前得與魯陽文子、公輸般相問荅，而晚及見田齊太公和，又逮聞齊康公興樂及楚吳起之亂。身丁戰國之初，感悕於獷暴淫侈之政，故其言諄復深切，務陳古以剴今，亦喜稱道《詩》、《書》及孔子所不修百國《春秋》，惟於禮則右夏左周，欲變文而反之質，樂則竟屏絶之，此其與儒家四術六蓺必不合者耳。至其接世務爲和同，而自處絶艱苦，持之太過，或流於偏激，而《非儒》尤爲乖盭。然周季道術分裂，諸子舛馳，荀卿爲齊魯大師，而其書《非十二子》篇於游、夏、孟子諸大賢皆深相排笮，洙泗齗齗，儒家已然，墨儒異方，跬武千里，其相非寧足異乎？

綜覽厥書，釋其純駁，甄其純實，可取者蓋十六七。其用心篤厚，勇於振世救敝，殆非韓、吕諸子之倫比也。莊周《天下》篇之論墨氏曰：「不侈於後世，不靡於萬物，不暉於數度，以繩墨自矯，而備世之急。」又曰：「墨子真天下之好也，將求之不得也，雖枯槁不舍也，才士也夫。」斯殆持平之論與？墨子既不合於儒術，孟、荀、董無心、孔子魚之倫，咸排詰之。漢晉以降，其學幾絶，而書僅存。然治之者殊尟，故挩誤尤不可校，而古字古言轉多沿襲未改，非精究形聲通叚之原，無由通其讀也。舊有孟勝、樂臺注，今久不傳。近代鎮洋畢尚書沅始爲之注，藤縣蘇孝廉時學復刊其誤，刱通涂徑，多所諟正。

余昔事讎覽，旁摭衆家，擇善而從，於畢本外，又獲見明吳寬寫本，黄丕烈所景鈔者，今臧杭州丁氏，缺前五卷，大致與《道臧》本同。顧千里校《道臧》本，《臧》本明正統十年栞，畢本亦據彼校定而不無舛扇。顧校又有季本，傳録或作李本，未知孰是。明槧諸本大氏皆祖《臧》本，畢注略具，今並不復詳校。又嘗得倭寶曆間放刻明茅坤本，並爲六卷，而篇數尚完具，册耑附校異文，間有可采，惜所見本殘缺，僅存後數卷。用相勘覈，別爲寫定。復以王觀察念孫、尚書引之父子、洪州倅頤煊及年丈俞編修樾、亡友戴茂才望所校，參綜攷讀。竊謂《非儒》以前諸篇誼恉詳焯，畢、王諸家校訓略備，然亦不無遺失。《經》、《説》、兵法諸篇，文尤奧衍淩襍，檢攬舊校，疑滯殊眾，覃覈有年，用思略盡，謹依經誼字例爲之詮釋。至於訂補《經》、《説》上、下篇，旁行句讀，正兵法諸篇之譌文錯簡，尤私心所竊自喜，以爲不謬者。輒就畢本更爲增定，用遺來學。昔許叔重注《淮南王書》，題曰《鴻烈閒詁》，據宋槧本《淮南子》及晁公武《讀書志》。閒者發其疑啎，詁者正其訓釋。今於字誼多遵許學，故遂用題署，亦以兩漢經儒本説經家法箋釋諸子，固後學所睎慕而不能逮者也。

《墨子》書舊多古字，許君《説文》舉其羛、緜二文，今本並改易不見，則其爲後人所竄定者殆不知凡幾。蓋先秦諸子之譌舛不可讀，未有甚於此書者。今謹依《爾雅》、《説文》正其訓故，古文篆隸校其文字。若《尚同》篇引「術令」即《書·説命》之佚文，魏晉人作僞《古文尚書》，不知「術」爲「説」之叚字，遂摭其文竄入《大禹謨》矣。《兼愛》篇注「召之邸、虖池之瀆」，「召之邸」，即孫炎本《爾雅·釋地》之「昭餘底」，亦即《周禮·職方氏》之「昭餘祁」，今本「召」譌爲「后」，其義不可解，畢氏遂失其句讀矣。《非攻》篇之「不著何」，即《周書·王會》之「不屠何」，畢氏不憭，依俗本改爲「中山」，遂與《墨子》舊文不合矣。《明鬼》篇「迓無罪人乎道路術徑」，迓即《孟子》「禦人於國門之外」之「禦」；《非樂》篇「折壤坦」，折即《周禮》「哲蔟氏」之「哲」。今本「迓」譌爲「退」，「折」譌爲「拆」，畢、蘇諸家各以意校改，遂重悂貤繆，不可究詰矣。《公孟》篇「夏后啟使菻蘄雉己卜於白若之龜」，❶菻即嗌之籀文，亦即伯益，與《漢書》述《尚書》古文伯益字正合，今本「菻蘄雉己」譌作「翁難雉乙」，又挩「雉」字，遂以「翁難乙」爲人姓名矣。《非攻下》篇説禹「攻有苗，有神人面鳥身，奉珪以侍」，此與秦穆公所見句芒同；奉珪者，東方之玉，與《禮經》「祀方明，東方以珪」之義合，而今本「奉珪」誤作「若瑾」，其義遂不可通矣。若此之類，輒罄蠡管證厥違迕。它若《經説》篇之蝖爲蚓、虎爲霍，兵法諸篇之幎爲順、又爲類，芒爲芸，桴爲杯，其岐互尤不易理董。覃思十年，略通其誼，凡所發正，咸具於注。凡譌挩之文，舊校精塙者徑據補正，以資省覽。其以愚意訂定者，則著其説於注，不敢專輒增改，以昭詳慎。世有成學治古文者，儻更宣究其恉，俾二千年古子釐然復其舊觀，斯亦達士之所樂聞與！校寫既竟，復記於後。

墨子後語小敘

墨子之學亡於秦季，故墨子遺事在西漢時已莫得其詳。太史公述其父談《論六家之恉》，尊儒而宗道，墨蓋非其所憙，故《史記》攟采極博，於先秦諸子自儒家外，老、莊、韓、吕、蘇、張、孫、吳之倫皆論列言行爲傳，唯於墨子則僅於《孟荀傳》末附綴姓名，尚不能質

❶「公孟」，據《墨子閒詁》卷一一，當是「耕柱」之誤。

定其時代，遑論行事。然則非徒世代緜邈，舊聞散佚，而《墨子》七十一篇其時具存，史公實未嘗詳事校覈，亦其疏也。今去史公又幾二千年，周秦故書雅記百無一存，而七十一篇亦復書闕有間，徵討之難不翅倍蓰。然就今存《墨子》書五十三鉤攷之，尚可得其較略。蓋生於魯而仕宋，其平生足跡所及，則嘗北之齊，西使衛，又屢游楚，前至郢，後客魯陽，復欲適越而未果。《文子》書偁「墨子無煖席」，《自然》篇，又見《淮南子·脩務訓》。班固亦云「墨突不黔」，《文選·荅賓戲》，又趙岐《孟子章指》云：「墨突不及汙。」斯其諗矣。至其止魯陽文君之攻鄭，絀公輸般以存宋，而辭楚越書社之封，蓋其犖犖大者。勞身苦志，以振世之急，權略足以持危應變，而脱屣利禄不以累其心，所學尤該綜道蓺，洞究象數之𢼸。其於戰國諸子有吴起、商君之才而濟以仁厚，節操似魯連而質實亦過之，彼韓、吕、蘇、張輩復安足算哉？謹甄討羣書，次第其先後，略攷始末，以裨史遷之闕，俾學者知墨家持論雖間涉偏駁，而墨子立身應世具有本末，自非孟、荀大儒不宜輕相排笮。彼竊耳食之論以爲詬病者，其亦可以少息乎？《墨子傳略》弟一。

史遷云：「墨翟，或曰並孔子時，或曰在其後。」《史記·孟荀傳》。劉向云：「在七十子之後。」《史記索隱》引《别録》。班固云：「在孔子後。」《漢書·蓺文志》，蓋本劉歆《七略》。張衡云：「當子思時。」《後漢書》本傳注引衡《集論圖緯虚妄疏》云：「公輸班與墨翟並當子思時，出仲尼後。」衆説舛啎，無可質定。近代治《墨子》書者，畢沅以爲六國時人，至周末猶存，既失之太後。汪中沿宋鮑彪之説，鮑説見《戰國策·宋策》注。謂仕宋得當景公世，又失之太前。宋景公卒於魯哀公二十六年，見《左傳》。《史記·六國年表》書景公卒於貞王十八年，即魯悼公十七年，遂減昭公之年以益景公，與《左氏》不合，不可从也。據本書及《新序》，墨子嘗見田齊太公和，有問答語。田和元年上距宋景公卒年凡八十三年，即令墨子之仕適當景公卒年，年才弱冠，亦必逾百歲前後，方能相及，其可信乎？殆皆不攷之過。竊以今五十三篇之書推校之，墨子前及與公輸般、魯陽文子相問荅，見《貴義》、《魯問》、《公輸》諸篇。而後及見齊太公和，見《魯問》篇，田和爲諸侯在安王十六年。與齊康公興樂。見《非樂上》篇，康公卒於安王二十三年。楚吴起之死，見《親士》篇，在安王二十一年。上距孔子之卒，敬王四十一年。幾及百年，則墨子之後孔子，蓋信。寀覈前後，約略計之，墨子當與子思並時，而生年尚在其後。子思生於魯哀公二年，周敬王二十七年也。下及事魯穆公年已八十餘，不能至安王也。《史記·孔子世家》謂子思年止六十二，則不得及穆公，近代譜諜書或謂子思年百餘歲者，並不足據。當生於周定王之初年，而卒於安王之季。蓋八九十歲，亦壽考矣。其仕宋蓋當昭公之世。鄒陽書云：「宋信子罕之計而囚墨翟。」《史記》本傳。其事他書不經見，秦漢諸子多言子罕逐君，高誘則云「子罕殺昭公」，《吕氏春秋·召類》篇注。又《韓子》説「皇喜殺宋君」，《内篇説上》。❶子罕與喜當即一人，竊疑昭公實被放弒，而史失載。墨子之囚，殆即昭之末年事與？先秦遺聞百不存一，儒家惟孔子生卒年月明著於《春秋》經傳，尚不無差異。七十子之年，孔壁古文《弟子籍》所傳者，亦不能備。外此則孟、荀諸賢皆不能質言其年壽，元人所傳孟子生卒年月，肊撰不足據。豈徒墨子然哉？今取定王元年迄安王二十六年，凡九十有三年，表其年數，而以五十三篇書關涉諸國及古書説墨子佚事附箸之。《史記·六國年表》魯哀悼、宋景昭

❶「篇」，據《韓非子》當爲「儲」之誤。

年與《左傳》不合，今從《左傳》。本書《貴義》篇墨子嘗使衛，年代無攷，他無與衛事相涉者。又墨子當春秋後，《非攻下》篇、《節葬下》篇並以齊、晉、楚、越爲四大國，時燕、秦尚未大興，墨子亦未至彼國，今並不列於表。雖不能詳塙，猶瘉於馮虛肊測，舛繆不驗者爾。《墨子年表》弟二。

呂不韋曰：「孔、墨徒屬彌衆，弟子彌豐，充滿天下。」《尊師》篇。又曰：「孔、墨之後學顯榮於天下者衆矣，不可勝數。」《當染》篇。蓋墨學之昌，幾埒洙泗，斯亦盛矣。《公輸》篇墨子之説楚王曰：「臣之弟子禽滑釐等三百人。」《淮南王書》亦謂：「墨子服役者百八十人。」服役即徒屬，《韓非子·五蠹》篇云：「仲尼爲服役者七十人。」即指七十子而言。皆可使赴火蹈刃，死不旋踵。《新語·思務》篇云：「墨子之門多勇士。」而荆吴起之亂，墨者鉅子孟勝以死爲陽城君守，弟子死者百八十五人，則不韋所述，信不誣也。獷秦隱儒，墨學亦微。至西漢，儒復興，而墨竟絶。墨子既蒙世大詬，而徒屬名籍亦莫能紀述，惟本書及先秦諸子略紀其一二，今勼集之，凡得墨子弟子十五人，附存三人。再傳弟子三人，三傳弟子一人。治墨術而不詳其傳授系次者十三人，襍家四人，大都不逾三十餘人，傳記所載盡於此矣。彼勤生薄死以赴天下之急，而姓名湮滅，與艸木同盡者，殆不知凡幾。嗚呼，悕已！《墨學傳授攷》第三。

墨子之學微矣。七國時，學者以孔、墨並偁，孔子言滿天下，而墨子則遺文佚事自七十一篇外，所見殊尠，非徒以其爲儒者所擯絀也，其爲道瘠薄而寡澤，言之垂於世者質而不華，務申其意而不馳騁其辭，故莊周謂「其道大觳，使人憂，使人悲，其行難爲」，而楚王之問田鳩，亦病其言多而不辯。田鳩荅以墨子之説「傳先王之道，論聖人之言，若辯其辭，則恐人懷其文，忘其用」。《韓非子·外儲説上左》。已弗心慊矣。蓋孟、荀之議未興，世之好文者固已弗心懨矣。秦、漢諸子若呂不韋、淮南王書所采摭至博，至其援舉墨子之言，亦多本書所已見，絕無異聞。然孔子遺書自六蓺外，緯候之誣，《家語》、《孔叢》之僞，《集語》之褋，真贋糅莒，不易別擇。而墨氏之言行以誦述者少，轉無叚託傅益之弊，則其僅存者雖不多，或尚碻然可信與。今采本書之外，秦漢舊籍所紀墨子言論行事，無論與本書異同，咸爲甄緝，或一事而數書並見，亦悉附載之，以資讐勘。而七十一篇佚文，則畢氏所述略備，固不勞綴録也。《墨子緒聞》第四。

春秋之後，道術紛歧，倡異説以名家者十餘，然惟儒、墨爲最盛，其相非亦最甚。墨書既非儒，儒家亦闢楊、墨。楊氏晚出，復擯儒、墨而兼非之。然信從其學者少，固不能與墨抗行也。莊周曰：「兩怒必多溢惡之言。」《人間世》篇。況夫樹一義以爲櫫楬，而欲以易舉世之論，沿襲增益，務以相勝，則不得其平，豈非勢之所必至乎？今觀墨之非儒固多誣妄，其於孔子亦何傷於日月，而墨氏兼愛固諄諄以孝慈爲本，其書具在，可以勘驗。班固論墨家亦云：「以孝視天下，是以尚同。」而孟子斥之，至同之無父之科，則亦少過矣。自漢以後，治教嫥一，學者咸崇孔、孟，而墨氏大絀。然講學家剽竊孟、荀之論，以自矜飾標識；綴文之士習聞儒言，而莫之究察，其於墨也多望而非之，以迄於今，學者童丱治舉業，至於皓首，習斥楊、墨爲異端，而未有讀其書，深究其本者。是曖昧之説也，安足與論道術流別哉？今集七國以還於漢諸子之言涉墨氏者，而殿以唐昌黎韓子《讀墨子》之篇，條別其説，不加平議，雖復申駁襍陳，然否錯出，然視夫望而非之者固較然其不同也。至後世文士臮講學家之論，則不復甄録。世之君子有秉心敬恕，精究古今學業純駁之故者，讀墨氏之遺書，而以此篇證其離合，必有以持其是非之平矣。秦漢諸子及史傳涉儒、墨者甚夥，華文氾論，無所發明。及荀、韓諸子難節葬、兼愛之論而未明斥墨子者，今並不録。《墨學通論》弟五。

劉歆《七略》諸子十家，墨爲弟六。《漢志》著録六家，自墨子書外，史佚遠在周初，爲墨學所從出。史佚書，漢以後不傳，近馬國翰輯本一卷，僅録《左傳》、《周書》所載史佚語及遺事數條，無由定其爲二篇之佚文。今不録。胡非、隋巢二子，皆墨子弟子。田俅與秦惠王同時，似亦還見墨子者。我子，則六國時爲墨學者，我子書，漢以後不傳，古書亦絶無援引者。時代或稍後與？田俅書惟阮孝緒《七録》尚著録，唐初已亡。見《隋志》。《隋・經籍志》、《唐・經籍》《藝文志》及梁庾仲容《子鈔》、見《意林》及高似孫《子略》。馬總《意林》僅録胡非、隨巢二家，餘並不存，而別增纏子一家，則即《漢志》儒家董無心之書也。至宋《崇文總目》而盡亡。惟纏子爲董子，宋時尚在《崇文目》及《宋史・藝文志》，並入儒家。使非墨子本書具存，則九流幾絶其一，甚足悕也。田俅以下四家之書，近世有馬國翰校輯本。田俅、隨巢書別有仁和勞格輯本，不及馬本之詳。檢覈羣書，不無遺闕。今略爲校補，都爲一篇，孤文碎語不足以攷其閎恉，然田俅盛陳符瑞，非墨氏徵實之學。與其自對楚王以文害用之論，亦復乖牾，或出依託。隨巢、胡非則多主於《明鬼》、《非鬬》，與七十一篇之恉若合符契，而隨巢之説兼愛曰「有疏而無絶，有後而無遺」，則尤純篤無疵，是知愛無差等之論。蓋墨家傳述之末失，後人抵巇蹈瑕，遂爲射者之的，其本意固不如是也。採而録之，以見先秦墨家沿流之論，或亦綱羅放失者所不廢乎？《墨家諸子鉤沈》弟六。

札迻敍

詒讓少受性迂拙，於世事無所解，顧唯嗜讀古書。咸豐丙辰、丁巳間，年八九歲，侍家大人於京師澄褱園時，甫受四子書，略識文義。庋閣有明人所刻《漢魏叢書》，愛其多古册，輒竊觀之，雖不能解，然瀏覽篇目，自以爲樂也。年十六七，讀江子屏《漢學師承記》及阮文達公所集栞《經解》，始窺國朝通儒治經史小學家法。既又隨家大人官江東，適當東南巨寇蕩平，故家秘藏多散出，間收得之，亦絫數萬卷。每得一佳本，晨夕目誦，遇有鉤棘難通者，疑啎絫積，輒鬱轖不怡，或窮思博討，不見耑倪，偶涉它編，迺獲塙證，曠然昭寤，宿疑冰釋，則又欣然獨笑，若陟窮山，榛莽霾塞，忽覯散徑，遂達康莊。邢子才云：「日思誤書，更是一適。」斯語亮已。卅年以來，凡所以采獲咸綴識簡耑，或別紙識録，朱墨戢孴，紛如落葉。既又治《周禮》及墨翟書，爲之疏、詁，稽覽羣籍，多相通貫。應時椾記，所積益衆。中年早衰，意興零落，惟此讀書結習，猶復展卷忘倦，綴艸褋遝，殆盈匧衍矣。竊謂校書如讐，例肇西漢，都水《別録》，閒舉譌文，若以立爲齊、以肖爲趙之類。蓋後世校字之權輿也。晉、唐之世，束晳、王劭、顔師古之倫，皆著書匡正羣書違繆，經疏、史注咸資援證。近代鉅儒，修學好古，校栞舊籍，率有記述，而王懷祖觀察及子伯申尚書、盧紹弓學士、孫淵如觀察、顧澗薲文學、洪筠軒州倅、嚴鐵橋文學、顧尚之明經及年丈俞蔭甫編修所論箸尤衆，風尚大昌。覃及異域，若安井衡、蒲阪圓所箋校雖疏淺，亦資攷證。綜論厥善，大氏以舊槧精校爲據依，而究其敳恉，通其大例，精思博攷，不參成見。其諟正文字譌舛，或求之於本書，或旁證之它籍，及援引之類書，而以聲類通轉爲之鈐鍵，故能發疑正讀，奄若合符。及其蔽也，則或穿穴形聲，捃摭新異，馮肊改易，以是爲非。乾嘉大師，唯王氏父子郅爲精博，凡舉一義，皆塙鑿不刊。其餘諸家，得失間出。然其稽覈異同，啟發隱滯，咸足餉遺來學，沾溉不窮。我朝樸學超軼唐宋，斯其一耑與。

詒讓學識疏譾，於乾、嘉諸先生無能爲役，然深善王觀察《讀書襍志》及盧學士《羣書拾補》，伏案孯誦，恒用檢覈，間竊取其義法，以治古書，亦略有所寤。嘗謂秦漢文籍，誼恉奧博，字例文例多與後世殊異。如荀卿書之案、墨翟書之唯毋、晏子書之以敓爲對，淮南王書之以士爲武，劉向書之以能爲而，驟讀之幾不能通其語，復以竹帛棃棗，鈔槧婁易，則有三代文字之通叚，有秦漢篆隸之變遷，有魏晉真艸之輥淆，有六朝唐人俗書之流失，有宋元明校槧之羼改，逵徑百出，多歧亡羊，非覃思精勘，深究本原，未易得其正也。

今春多暇，檢理匧臧，自以卌年覽涉所得，不欲棄置，輒取秦漢以還齊梁故書雅記，都七十餘家，丹鉛所識，按册迻録，申證厥誼，間依盧氏《拾補》例，坿識舊本異文，以備甄攷。漢唐舊注及近儒校釋或有回穴，亦坿糾正。寫成十有二卷，其羣經、三史、《說文》之類，義證閎博，別有著録，以竢續訂。册中所録雖復簡絲數米，或涉瑣屑，於作述閎恉，未窺百一，然匡違茜佚，必有義據，無以孤證肊説，賈亂古書之真，則私心所遵循而不敢越者。儻坿王、盧諸書之後，以裨補遺闕，或有所取爾。編寫既竟，謹舉漢唐以來校讎家之例，論厥要略，覬與學者共商榷焉。

栔文舉例敍

文字之興，原始于書契。契之正字爲栔，許君訓爲刻。蓋鍥刻竹木以著法數，斯謂之栔。契者，其同聲叚借字也。《周禮》小宰八成，「聽取予以書契」，乃契券之一種。與《易》「書契」小異。《詩·大雅·緜》云：「爰始爰謀，爰契我龜。」毛公訓契爲開，開、刻義同，是知栔刻又有施之龜甲者。《周禮·菙氏》「掌共燋契，❶以待卜事」，又云「遂吹其焌契，以授卜師」，杜子春云：「契謂契龜之鑿也。」亦舉《緜》詩以證義。鄭君則謂契即《士喪禮》之「楚焞」，所用灼龜也。綜觀杜、鄭之義，知開龜有金契、有木契，杜據金契用以鑽鑿，鄭據木契用以然灼，二者蓋同名異物。金契即刻書之刀鑿，將卜，開甲俾易兆；卜竟，紀事以徵吉，殆皆有栔刻之事。《詩》、《禮》所述義據焯然。商周以降，文字緐孳，竹帛漆墨日趨簡易，而栔刻之文猶承用不廢。漢承秦燔之後，所存古文舊籍，如淹中古經、西州賸簡皆漆書也。《汲冢竹書》出晉太康初，亦復如是。然則栔刻文字自漢時已罕覯，迄今數千年，人間殆絕矣。

邇年河南湯陰古羑里城掊土得古龜甲甚夥，率有文字。丹徒劉君鐵雲集得五千版，甄其略明晰者千版，依西法拓印，始傳於

❶「菙」，原作「華」，今據民國五年刻本《籀廎述林》卷五及《周禮·春官》改。

世。劉君定爲殷人刀筆書。余謂《考工記》「築氏爲削」，鄭君訓爲書刀，刀筆書即契刻文字也。甲文既出於刀筆，故庯峭古勁，觚折渾成，恍若讀古史手札，唯瑑畫纖細，拓墨漫漶，既不易辨仞；甲片又率爛闕，文義斷續不屬。劉本無釋文，苦不能卒讀也。蒙治古文大篆之學四十秊，所見彝器款識逾二千穜，大氐皆出周以後。賞鑒家所橥楬爲商器者，率肊定不能塙信。每憾未獲見真商時文字，頃始得此册，不意衰年睹茲奇迹，愛玩不已。輒窮兩月，力校讀之，以前後復緟者參互宷繹，迺略通其文字，大致與金文相近。篆畫尤簡消，形聲多不具。又象形字頗多，不能盡識。所稱人名號，未有謚法，而多以甲乙爲紀，皆在周以前之證。羑里於殷屬王畿，於周爲衛地。據《周書·世俘》篇，殷時已有衛國，故甲文亦有商、周、衛諸文，以相推論，知必出於商、周之間。劉君所定爲不誣。至其以斝爲子，以孖爲係，間涉籀文，或疑其出周宣以後，斯則不然。夫《史籀》十五篇，不必皆其自作，猶之許書九千字，雖爲秦篆，而承用《倉》、《沮》舊文者十幾七八，斯固不足以獻疑爾。甲文多紀卜事，一甲或數段，從横反正，这遣糾互，無定例。蓋卜官子弟應時記識，以備官成，本無雅辭奥義。要遠古契刻遺文，赭存辜較，朽骼畸零，更三四千年，竟未漫滅，爲足寶耳。今就所通者略事甄述，用補有商一代書名之佚，兼以尋究倉後籀前文字流變之迹，其所不知，蓋闕如也。

抑余更有舉證者，《尚書·洪範》原本《雒書》，漢劉子駿、班孟堅舊説咸謂「初一曰五行」至「畏用六極」六十五字爲雒水所出龜書，禹得之以爲九疇，馬、鄭所論略同，後儒疑信參半，遂滋異議。顧彪、劉焯、劉炫、孔穎達之倫雖依用劉、班，猶致疑於字數繇簡之間。今所見龜文殘版，徑一二寸者刻字輒數十，計元龜全甲尺二寸必可容百名以上，以相推例，雒水龜書殆亦猶是。蓋本邃古之遺文，賢達寶傳，刻著龜甲，用代簡畢。大禹浮雒，適爾得之，要其事實不過如此。自緯候詭託，以爲神龜負書，文瑑天成，後儒矜飾符瑞，遂若天璽神讖、祥符天書，同茲誣誕。實則契龜削甲，古所恒覯，不足異也。此似足證經義，輒附記之，以諗學者。

名原敍

汝南許君云：「倉頡之初作書，蓋依類象形，故謂之文。其後形聲相益，即謂之字。」是文字之初，固以象形爲本，無形可象則指事爲之，逕後孳乳寖多，而六書大備。今《說文》九千文，則以秦篆爲正，其所録古文蓋捃拾漆書經典及鼎彝款識爲之，籀文則出於《史篇》，要皆周以後文字也。倉沮舊文雖襍厠其間，而叵復識別，況自黃帝以迄於秦，更歷八代，積年數千，王者之興必有所因於故名，亦必有所作於新名，新故相襲，變易孳益，巧曆不能計，又孰從而稽覈之乎？自宋以來，彝器文間出，攷釋家或據以補正許書之譌闕。邇年又有龜甲文出土，尤簡消奇詭，間有原始象形字，或定爲商時契刻，間與籀文同，或本商前舊文，而《籀篇》因襲之。然亦三代瑑迹爾。

余少耆讀金文，近又獲見龜甲文，咸有譔録。每惜倉沮舊文不可復覩，竊思以商周文字展轉變易之迹，上推書契之初軌，沈思博覽，時獲塙證。最栝論之，書契初興，形必至簡，還其後，品物衆而情僞滋，簡將不周於用，則增益分析而漸緐； 其最後文極而敝，苟趣急就，則彌務省多，故復減損而反諸簡。 其更迭嬗易之爲，率本於自然，而或厭同耆異，或襲非成是，積久承用，皆爲科律。 故歷季益遠，則譌變益衆，而李斯之作小篆，廢古籒，尤爲文字之大戹。 蓋秦漢間諸儒傳讀經典，已不能精究古文，如古多叚㕚爲文，與寧形近。金文「文」多作[glyph]，❶，與寍作[glyph]絶相似。❷ 而《書·大誥》曰「寧攷」、「寧王」、「前寧人」、「寧武」，則皆「文」之譌也。 古文有「載市」，即《禮》之「爵韠」。 又有「裁」字，當爲「爵帛」本字。 而《毛詩·絲衣》曰「載弁俅俅」，載則載、裁之叚也。 庸，古文作亯，與敔偏旁相涉，而《左傳》説「成王賜魯土田倍敔」，「倍敔」則「附庸」之譌也。《書》、《詩》傳自伏生、毛公，《左氏春秋》上於張蒼，大毛公當六國時，前於李斯； 伏固秦博士，張則柱下史，咸逮見李斯者，三君所傳尚不無舛駁。 斯之學識度未能遠過三君，而迺奮肊制作，徇俗蔑古，其違失《倉》、《史》之恉，寧足責耶？ 通校古文、大小篆，大氐象形字與畫繢通，隨體詰詘，譌變最多； 指事字次之； 會意、形聲字則子母相檢，沿譌頗尟，而與轉注相互，轉注從徐鍇説。 爲例又至廣博。 其字或秦篆所不具，或許氏偶失之，故不勝枚舉，而叚借依聲託事，則尤茫無涯涘矣。 古文叚借至多，茲不遑論。 今略摭金文、多據原器拓本，未見拓本，則以阮元、吴榮光、吴式芬三家橅本左之，宋薛尚功、王俅諸家所橅多誤不足依據。 唯今拓本所無之字略有援證，餘悉不馮也。 龜甲文據丹徒劉氏橅本。 與《説文》古籒互相斟校，

❶「[glyph]」，原作「□□」，今據清光緒三十一年刻本《名原》補。

❷「[glyph]」，原作「□□」，今據《名原》補。

榻其歧異，以著省變之原，而會最比屬，以尋古文、大小篆沿革之大例，約舉辜較，不能備也。

世變方亟，茲學幾絶，所覩金石瑑刻日出不窮，倉沮舊迹儻重見於人間。後之治古文奇字者，執吾説以求之，其於造作書契之𢼸恉，或得冥符於萬一爾。

古籀拾遺敍

攷讀金文之學，蓋萌柢于秦漢之際。《禮記》皆先秦故書，而《祭統》述《孔悝鼎銘》，此以金文證經之始。漢許君作《説文》，據郡國山川所出鼎彝銘款，以修古文，此以金文説字之始。誠以制器爲銘，九能之選，詞誼瑋奥，同符經藝。至其文字，則又上原《倉》、《籀》，旁通《雅》故，博稽精斠，爲益無方。然則宋元以後，最録款識之書，雖復小學枝流，抑亦秦漢經師之家法與？宋人所録金文，其書存者，有呂大臨、王楚、王俅、王厚之諸家，而以薛尚功《鐘鼎款識》爲尤備。然薛氏之恉在于鑒别書法，蓋猶未刊集帖之陋，故其書摩勒頗精，而平釋多繆，以商周遺文而迺與晉唐隸艸絜其甲乙，其於證經説字之學，庸有當乎？

我朝乾嘉以來，經術道盛，修學之儒孯斠篆籀，輒取證于金文。儀徵阮文達公遂集諸家拓本，賡續薛書。南海吴中丞榮光著《筠清館金石録》，亦以金文五卷冠首。阮氏所録既富，又萃一時之方聞邃學，以辯證其文字，故其攷釋精塙，率可依據。吴書釋文蓋龔禮部自珍所箸定，自負其學，爲能冥合《倉》、《籀》之恉，而鑿空貤繆，幾乎陽承慶、李陽仌之説。然其孤文甄誼，偶窺扃奥，亦間合于證經説字，終非薛氏所能及也。

詒讓束髮受經，略識故訓，嘗慨獮秦燔書，别刱小篆，倉沮舊文寖用湮廢，漢文掇拾散亡，僅通四五。壁經復出，罕傳師讀。新莽居攝，甄豐校文，書崇奇字，而黜大篆。甄豐所定六書：一古文，二奇字，三篆文，即小篆，四左書，五繆篆，六鳥蟲書，而無大篆，是其證也。建武中興，《史籀》十五篇書缺有閒。魏正始石經，或依科斗之形，以造古文。晉人校《汲冢書》，以隸古定，多怪詭，不合六書。蓋古文廢于秦籀，缺于漢，至魏晉而益敳。學者欲窺三代遺迹，舍金文奚取哉？端居諷字，頗涉薛、阮、吴三家之書，讀之展卷思誤，每滋疑滯，閒用字書及它刻互相斠覈，略有所寤，輒依高郵王氏《漢隸拾遺》例爲發疑正讀，成書三卷。自惟末學膚受，不足以通古籀之原。竊欲刺剟𣧑瓾，少坿證經説字之學。至於意必之論，刊除未盡，且僅據傳摹，罕斠墨本，點畫漫缺，或滋妄説。世有好古文字，如張敞、顔游秦者，儻能理而董之矣。

古籀餘論後敘

甄録金文之書，自錢唐薛氏書外，近代唯儀徵阮氏、南海吴氏最爲精富，《倉》、《籀》遺跡粲然可尋，固縣諸日月而不刊者也。余前著《拾遺》，於三家書略有補正。近又得海豐吴子苾侍郎《攈古録金文》九卷，搜録尤閎博，新出諸器大半著録，釋文亦殊精審，儀徵、南海信堪鼎足。攬涉之餘，閒獲新義，又有足正余舊説之疏繆者，並録爲二卷。蓋非弟偶存札樸，抑亦自資砭䒱矣。猶憶同治閒，余侍親江東，時海内方翹望中興，而東南通學猶承乾嘉大師緒論，以稽古爲職志。余壯年氣盛，嘗乘扁舟游江至京口，登金山，訪遂啟諆大鼎，不得，迺至焦山海雲堂，觀無叀鼎，❶手拓數十紙以歸。時德清戴子高茂才亦客秣陵，與余有同耆，朝夕過從。余輒出所得漢陽葉氏舊藏金文拓本二百種同讀之，君亦出舊藏《季媍鼎》，相與摩挲椎拓，竟日不倦。時余書方挩稾，而戴君得羸病甚劇，然猶力疾手録余説於《積古齋款識》册耑。又嘗屬余爲《毛公鼎》釋文，其歿前數日，猶迻福不遺一字。蓋余治此學，唯君知之最早，亦愛之獨深。子雲奇字，見之伯松；歐公《集古》，每咨貢父，不是過也。繼余以資郎留滯春明，時吴縣潘文勤公臧彝器最盛，與濰縣陳壽卿編修埒，而宗室盛伯熙、福山王文敏兩祭酒，元和江建霞、陽湖費屺褱兩編修，同邑黄仲弢學士，皆爲茲學，每有雅集，輒出所藏金文，辨證難字。適文勤得《克鼎》，文字奇瑰，屬王、江諸君爲正其讀，攷跋纍纍，莊成巨册。公以示余，俾別擇其是非。余輒舉鼎中「擾遠能執」一語，證以《詩》、《書》，謂以擾爲柔，執爲邇，爲聲近叚借。仲弢見之，則爲舉《尚書》「執祖」即「禰祖」，以證其義。文勤亦以爲致塙。此鼎吴氏未著録，文勤所臧器殆八百餘種，如《齊侯鎛鐘》等，❷皆吴氏所未見也。京雒緇塵，萃此古懽，致足樂也。未幾，余省親南旋，而文勤治振畿輔，官事倥偬，猶馳書以新得井人殘鐘拓本寄示，屬爲攷釋。比余答書未及達，而文勤遽薨逝，余亦自是不復至都，意興銷落，此事幾輟。

今檢吴氏此録，則《季媍鼎》、《毛公鼎》、

❶ 「叀」，原作「惠」，今據民國十八年燕京大學刻本《古籒餘論》改。

❷ 「等」，原爲空格，今據《古籒餘論》補。

《井人鐘》諸器咸入橅録，而戴、潘、盛、江諸賢墓已宿草，永念疇昔，幾同隔世。邇年敱門課子，舊友雲散，唯屺裒收羅彝器，時以拓本寄贈。其所得《師奎父鼎》、《趩尊》、《師趛鼎》、《冘卣》、《戈叔朕鼎》，[1]亦多足校正吴録。屺裒所臧，余嘗見者五十餘器，如《戰狄鐘》、《師龢父敔》、《趞曹鼎》、《無斁鼎》、《乙亥方鼎》，[2]皆吴氏所未見也。然余年逾五十，多病早衰，目力囟力咸遠不逮昔矣。大氐余治此學逾卅年，所覯拓墨亦絫千種，恒耽玩篆埶，審校奇字，每覃思竟日，輒萬慮俱忘，眇思獨契，如對古人。不意過眼雲烟，倏成陳迹。迄今世變彌亟，風尚日新，古文字例，殆成廢絀，敝帚自珍，輒用內恧。然泰西學埶大昌，其所傳埃及、巴比倫象形鐵栫古字，遠不及中土篆籀之精妙。彼土學者捃拾於冢塔土甓之餘，猶攷讀庋儲，珍逾球璧。而我國學子，略涉譯册，輒鄙棄古籀如弁髦。政教之不競，學術亦隨之，斯固相因之理乎？然周孔之教，儻永垂於天壤，則《倉》、《籀》遺文必有愛護於不隊者。此册既寫定，將寄質屺裒、仲弢兩君，相與商榷定之，而附識弱冠以來，攷攬所逮，皋師友存亡並離之跡，[3]綴之卷尾，以志今昔之感。古學將湮，前塵如夢，余又何能無慨於心哉！

周書斠補敍

《周書》七十一篇，《七略》始著録。自《左傳》以逮墨、商、韓、吕諸子，咸有誦述，雖褋以《陰符》，間傷詭駮，然古事古義，多足資

[1]「奎」、「戈叔」，原爲空格，今據《古籀餘論》補。

[2]「趞」、「斁」，原爲空格，今據《古籀餘論》補。「乙」，原作「也」，今據《古籀餘論》改。

[3]「皋」，原作「眔」，今據《古籀餘論》改。

攷證，信先秦雅記，壁經之枝別也。隋、唐《志》繫之《汲冢》，致爲紕舛。《晉書》記荀勗、束晳所校《汲冢》古文，篇目雖有《周書》，與此實不相涉。今汲縣晉石刻《大公吕望表》引《竹書·周志》「文王夢天帝服玄禳，以立于令狐之津」云云，迺真汲冢所得《周書》。以七十一篇書校之，文例殊異，斯其符譣矣。此書舊多闕誤，近代盧氏紹弓校本、朱氏亮甫集訓，芟鬍蓁薉，世推爲善册。余嘗以高續古《史略》、黄東發《日鈔》勘之，知宋時傳本實較今爲善。世所傳録惠氏定宇校本略記宋槧異文，雖多互譌，猶可推故書蹤迹。盧本亦據惠校，顧采之未盡。朱本於盧校之善者，復不盡從之，而所補闕文多采丁宗洛《管箋》，則又大都馮肊增羼，絶無義據。蓋此書流傳二千餘年，不知幾更迻寫，俗陋書史率付之不校，即校矣而求專家通學如盧、朱者固百不一遘。今讀《酆諜》、今本並誤「謀」。《商誓》、《作雒》諸篇，則盧、朱兩校亦皆不能無妄改之失。然則此書之創痏眯目，斷朋不屬，寧足異乎？

余昔讀此書，頗涉讎勘，略有發正，輒付掌録，覬以思誤之適，自資省覽，不足爲盧、朱兩家拾遺補闕也。至近代治此書者，如王氏裒祖《讀書襍志》、洪氏筠軒《讀書叢録》、二書朱校亦采之，然未盡也。莊氏葆琛《尚書記》、此書逞肊增竄，難以依據，然亦間有塙當者。何氏願船《王會箋釋》、俞丈蔭父《羣經平議》，其所理董，亦多精塙。既學者所習見，則固不煩捃録矣。

大戴禮記斠補敘

《禮大戴記》，漢時與《小戴》同立學官，

義指閎邃，符契無間。而《小戴》誦習二千年，昭然如揭日月；《太傅禮》迺殘帙僅存，不絶若綫，綴學者幾不能舉其篇目，何其隱顯之殊絶與？綜而論之，二君咸最集古記，捃采極博。《大戴》雖殘闕，而先秦遺籍猶多存者，如《三朝記》爲洙泗微言；《曾子》十篇義尤純粹，與子思《中庸》、公孫尼子《坊記》《緇衣》相儗；而《天圓》、《易本命》諸篇究極天人，致爲精眇。近儒多援四角不揜之難，以證地圓。余謂《小正》實有夏遺典，所出最古，其「三月參則伏」傳云「星無時而不見，我有不見之時，故云伏」，其於地圓之理蓋尤明辨晳矣。

二《記》原流，劉氏《七略》、班氏《儒林傳》所論略備，原其師授，咸本高堂生。而魏張稚讓《進廣雅表》説《爾雅》云：「爰暨帝劉，魯人叔孫通撰置《禮記》，文不違古。」然則漢初撰集《禮記》，稷嗣實爲首出導師，而高堂、后蒼咸在其後，故《大戴》舊本亦兼述《雅》訓，《白虎通義》引《禮・親屬記》即其遺文，是則大戴師承既遠，綜覽尤博，斯其左證矣。

自馬、鄭詁《禮》，唯釋《小戴》，隋唐義疏家復專宗北海，八十五篇之《記》遂無完書，今所存三十九篇爲十三卷者，不寀始於何時。東原戴氏據《隋・經籍志》謂《小戴》删《大戴》爲四十六篇，與今《大戴》闕篇適合，證隋時傳本已如是。然《經典釋文敍録》引晉陳邵《周禮論序》先發此論，陳序謂《小戴》删《大戴》爲四十九篇者，并《月令》、《明堂位》、《樂記》三篇計之也。《隋志》則以三篇爲馬融所補，故止四十六篇。然《隋志》似即本陳説，陸氏所引或有删潤矣。復謬悠，然可證彼時所傳已與今同。若然，此《記》完本殆亡於永嘉之亂乎？唐人所引有《王度記》諸篇，蓋從魏晉古書捃拾得之。孔巽軒、孫頤谷並謂唐本篇數增多於今，未塙。唐以後盧注亦闕大半，宋時雖稱十四經，而自傳崧卿、楊簡、王應麟諸家外，津逮殊尟。近代通人始多治此學，而孔氏《補注》最爲善本。余昔嘗就孔本⿱覀手讀，又嘗得寶應劉楚楨年丈寶楠所録乾嘉經儒舊斠，多孫淵如、丁小雅、嚴九能、許周生諸家手記。又有趙雩門所斠殘宋槧異文，與孔書小殊，並録於册耑，臧庋廿年，未遑理董也。

己亥冬，既寫定《周書斠補》，復取《大戴》斠本別付寫官，以劉録舊斠傳鈔甚稀，慮其零落，並刪定著之。猶憶同治癸酉，侍先太僕君在江寧時，余方艸刱《周禮疏》，而楚楨丈子叔俛孝廉恭冕適在書局，刊補《論語正義》亦甫成，時相過從，商榷經義，偶出《大戴》斠本示余，手録歸之。叔俛喜曰：「此本世無副迻，唯嘗寫寄績谿胡子繼教授培系。今子又録之，大江以南遂有三本，可不至湮隊矣。」又云：「胡君爲《大戴義疏》方綴緝長編甚富，儻竟其業，諸家精論，必苞綜無遺。它日當與《周禮疏》並行，但恐其書猝不易成耳。」未幾，余從先君子至皖，而胡君適爲太平教授，曾一通問，未得讀其所著書也。比余歸里，不數年，聞劉、胡兩君相繼物故。嗣胡君族子綀谿太守元潔守温州，余從問君遺著，略述一二，而詢以《大戴禮疏》，則殊不憭，殆未必成也。子勝斐然，中道廢輟，劉君之語不幸中矣。今者甄録諸家舊斠，亦以答劉君相示之意，而深惜胡疏之不得覩其成。舊學日稀，大業未究，迻寫之餘，所爲撫卷增喟者也。至此册識誤匡違，米鹽淩襍，聊爲治此經者識小之助，於《禮經》大義槩乎其未有聞。竊念海内閎達，儻有踵胡君而爲義疏者，或有取於是。

冲遠之博采皇、熊，撝約之兼徵盧、戴，是則不佞所睎望於方來爾。

尚書騈枝敍

自文字肇興，而邃古語言得著於竹帛，絫字而成語，絫語而成辭，馳騁其辭，錯綜連屬以成文，文辭與語言固相傳以立者也。語言則童蒙簡而成人緐，惷愚樸而智慧文，野鄙質而都邑雅。夫文辭亦然，有常也，有雅也，或簡而徑，或緐而曲，不可以一端盡也。故常語恒畸於質，期於辭約恉明而已。雅辭則詭名奥誼，不越厥宗，其體遂判然若溝畛之不可復合矣。

古記言之經，莫尚於《書》。自夫三科文立，辭體攸殊。唐虞典謨，簡而易通。商周命誥，緐而難讀。是豈如後世揚雄、樊宗師之倫，故爲艱深以難學子哉？亦其辭有雅質，則區以別耳。《大戴禮記·保傅》篇不云乎，天子「荅遠方諸侯，不知文雅之辭，少師之任也」，古者史佚職之。而《禮·聘記》又云「辭無常，孫而説，辭多則史，少則不達。辭苟足以達，義之至也」，然則文雅之辭，義至而無弗達，雖古之良史，猶或難之，而可以晚近淺俗之辭例求之乎？《論語》云：「子所雅言《詩》、《書》、執禮，皆雅言也。」《禮·三朝記·小辨》篇孔子曰：「《爾雅》以觀於古，足以辨言矣。」是知雅言主文，不可以通於俗；《雅》訓觀古，不可以概於今。故《春秋元命苞》説子夏問孔子作《春秋》不以「初哉首基」爲紀何？蓋《春秋經》則云「元年春王正月」，此記事徵實之辭也。《書·康誥》則云：「惟三月哉生魄，周公初基，作新大邑于東國洛。」此記言文雅之辭也。《釋詁》之篇託始于「初哉首基」，所以綜《雅》辭而明其義也。惟《詩》亦然。《國風》，方語也，故易通；《雅》、《頌》，雅辭也，則難讀。故命誥之辭與《雅》、《頌》多同。《大誥》云「天棐忱辭」，文致奥衍，證以《蕩》云「天生烝民，其命匪諶」、《大明》云「天難諶斯」，則昭若發蒙矣。《康誥》云「汝惟小子，乃服惟弘」，恉亦簡晦，證以《民勞》云「戎雖小子，而式弘大」，則弇若合符矣。《大雅・思齊》云「肆戎疾不殄，烈假不瑕」，毛、鄭皆未得其義，證以《康誥》云「不汝瑕殄」，則奂然冰釋矣。若茲之類，殆不可以僂指數。然則文言雅辭非淹貫故訓，不能通其讀，而況以晚近淺俗之辭强爲詮釋，其詰鞫爲病，不亦宜與？

《書》自經秦火，簡札殽亂，今古文諸大師之所傳，漢博士之所讀，所謂隸古定者，或以私肊更易，展轉傳授，舛牾益孳。漆書古文蓋多叚藉，如非、匪率爲棐，今多作正字，其偶存者則皆誤釋爲輔者也。文多作忞，古文著心於文中，今所傳鼎鍾款識咸如是。今絶無「忞」字，而有譌作「寧」者，則因釋爲安而存其形似也。其它文字殊異，復數百科，《書》之譌易無完札，固不待八庀而然矣。❶《書》有八庀，見段氏《撰異敍》。乾嘉經儒治《尚書》者，如王西莊、段若膺、孫淵如、莊葆琛諸家，多精通《雅》詁，而王文簡《述聞》、《釋詞》釋古文辭，尤爲究極敚眇。余少治《書》，於商周命誥輒苦其不能盡通，逮依段、王義例以正其讀，則大致文從字順，乃知昔之增益傎到以爲釋，而綴系晦澀仍不可解者，皆不通雅辭之蔽也。頃理董舊册，攈蒙所私定，與昔儒殊異

❶「八」，據清《經韻樓叢書》本《古文尚書撰異》段序，當作「七」。下「八庀」同。

者，得七十餘事，别寫存之，而約舉古文辭之要略，以示家墫子弟，俾知雅辭達詁自有焯然之通例，可藉文字句讀，以進求古經之大義，儻有所津逮尒。

六曆甄敚敍

黄帝、顓頊、夏、殷、周六家曆術，漢時掌於史官，民間亦有傳之者。劉向傳《洪範》，作《五紀論》，頗著其説。向子歆集《七略》，亦載古曆，總四家八十二卷。演撰權輿，備於是矣。向又謂黄帝曆有四法，顓頊、夏、殷竝有二術。漢末宋仲子亦集七曆，以攷《春秋》朔蝕。七曆者，蓋六家之外兼及《三統》，而所校夏、周兩曆又各有二家，是其時諸曆皆完具，且復有别本可資校覈也。然古術章蔀疏闊，才舉大耑，日蝕、歲差缺焉未具，加以疇人算士妒異黨同，略涉舊文，便相呰毁。是以祖冲之排之於前，僧一行詆之於後，羲、撓遺典，籍爲躲的，良足悕已。南北之亂，典籍灰夷；六家之文，益多枚佚。故魏李業興稱殷曆甲寅、黄帝辛卯，徒有積元，而術數亡缺，修之各爲一卷。然唐修《隋志》，辨章經籍，并録亡書，六家之目固已無載；李氏所補，亦復闕如。至於唐、宋而後，議曆之士，雖有援據，蓋由展轉徵引，非見本書，然其遺文，迺時時見於它籍。如李湻風注《五經算術》，詳推周曆至朔；瞿曇悉達《開元占經》，備列六家歲元，斯皆碻然可徵，賢於求野。它如諸史《曆志》及《天官》、占驗之書所載，亦頗具較略。爰博爲鉤核，甄其佚文，别録四分，用相督補，爲《曆經》一卷。熹平論元，大明改法，羣議取證，多及六家，《開元大衍》攷述尤賾。或仰測天行，遠符古象；或别演新術，獲諗舊編。今竝疏通證明，課其離合，益以它書，爲《曆議》一卷。昔史遷《年表》斷自共和，三五步驟，元紀茫昧。若廑憑積年，則上推易舛，輒放周曆譜諜，漢曆《世經》，自黄帝初元，逕於秦亡，列其年歲同異，爲《曆譜》一卷。斗憲險失，楸見舊典，如《淮南書》之顓頊術，《易緯》之殷術，《周髀》之周術，竝法數詳碻，足爲左諗。亦删綴其文，略爲校覈，爲《曆徵》一卷。漢唐治曆之家，率有立成，法實相乘，數究於九，御率治分，實便布策。❶復放嘉定錢氏《三統術鈐》，别演《四分術鈐》一卷。總題曰《六曆甄攷》。近代通人，如宣城梅氏、元和李氏、陽湖董氏皆治古曆，竝以六術久亡，未能補述。惟金山顧氏《六曆通攷》，甄綜略具，而未能詳備。今之所集，雖復疏略，而梗槩粗具，推課無難，用以存敬授之初軌，其於《太初》、《乾象》，蓋亦大輅之椎輪、增冰之積水也。

九旗古義述敍

古王者建國，必改正朔，易服色，殊徽號，異器械，以變民視。故賓祭、師田、修禮、敷政，咸以旗章爲尤重。肇自虞夏，爰迄有周，三統循環，五德更王，於是有五旗，以上法天官，下應方色，章物燦然，義咸有所取，非苟爲别異也。《周禮·司常》「掌九旗之名物」，而《巾車》陳路建五正旗，其文制昭晳，不可增省。先秦、西漢儒家大師，如子夏、叔孫通、梁文之修《爾雅》，毛公之傳《詩》，尚能識其大畧。東漢以後，説經者寖失其義，以汝南許君、北海鄭君之精博，尚不無舛牾。

❶「便」，原作「使」，今據《籀廎述林》卷四改。

如許釋旃、勿二文，皆未得其本制；而鄭以旜、物、旞、旌各別爲旗，皆無畫章；又以旜爲即大赤，與大白、大麾應三代正色，亦皆別爲旗；《爾雅》之「旐旆」則爲喪旌，咸不在九旗之數，而旗識古義沈霾千載矣。自是以降，劉成國、孫叔然、郭景純以臮賈、孔義疏，率敷闡鄭詁，無所匡益。而《司常》大閱、《大司馬》治兵，旗物錯文互見，鄭君不得其說，則歸諸常變、空實之異，禮堂弟子如趙商輩已疑之。宋元迄今，說禮者間持異論，然皆未能有所發明。余前著《周禮疏》，深善檠齋金氏《禮箋》說，知大赤即鳥旟，大白即熊旗，大麾即龜旐，合之大常大旗，而方色大備。又攷正旞、旌，爲諸旗之通制，❶其說皆致塙。顧於旜、物、旐、旆，猶沿襲舊釋，而於《司常》旗物，則以爲賓祭陳路建旗之法，與《大司馬》四時大閱治兵之禮異。近儒懋堂段氏、墨莊胡氏皆宗其說。余初亦無以易之。竊念師田之建旗，所以表事章信。叚令如鄭君及金氏說應時更建，變易無方，則是適以滋惑，於理難通。況諦審《司常》建旗一經，明冠以「及國之大閱，贊司馬頒旗物」云云，文義本相承貫，而金氏釽析章句，以「王建大常」以下爲更端別起，不冡「大閱」爲文，其說尤牽强。揆之私心，終未能釋然也。積疑匈肊，於今廿年。庚子之夏，畿輔告警，鑾輿西狩。余里亦伏莽竊發，邑城戒嚴，索居無憀，憂憤怫鬱，輒藉溫習經疏以自遣。偶紬《司常》、《大司馬》經注，尋繹之，綜覽舊詁，疑啎益甚。迺取《詩》、《禮》、《爾雅》諸經與九旗相涉之文，悉心校覈，竊疑《詩·干旄》明著旄、旟，則是鳥旟注旄，不涉通帛，而《毛傳》

❶「之通」，原作「文之」，今據《籀廎述林》卷四改。

則云「大夫之旜」。此案之鄭義，必不可通者也。《鄉射禮・記》説國君「獲旌于竟則龍旜」，既爲通帛，何因復有龍章？此案之鄭義，亦必不可通者也。《爾雅》之釋「旐」云「緇廣充幅」而繼之以「旆」，《士喪禮》不命之士銘旌，以緇爲正幅而䞓末，❶末今文又爲「旆」。䞓末既有旆文，則緇正必擬旐制。此與《雅》訓適合，而案之鄭義亦必不可通者也。因其參互之迹，以尋其間罅，覃思累日，始較然得其鰓理，迺知周之旗物名九，而正唯五。正旗之外，更無它旗。所謂旜、物者，猶國徽之有正、有鑲，實爲諸旗之通制。旜純而尊，物駁而卑。王侯孤卿尊則建旜，大夫士卑則建物，而自命士以上斿皆依命數，唯不命之士無物，則叚旐物而小變之，去其斿而屬以旆，此其辜較也。若然，旜物與旞旌不過就五正旗而別異之，耤縿斿之通襍、注羽之全析，以別嫌辨等爾。金氏既得之於旞旌而仍失之於旜物，則其疏也。執是例以求之，則知《司常》、《大司馬》兩經文小異而義大同。《司常》曰「孤卿建旜，大夫士建物」，而《大司馬》統晐之曰「百官載旟」，則知孤卿所建者爲旟之旜，大夫士所建者爲旟之物也。《司常》曰「帥都建旗」而《大司馬》分楬之曰「帥都載旜，鄉家載物」，則知軍帥大小都所建者爲旗之旜，家邑所建者爲旗之物，而鄉復即《司常》之州里，則知其所建者又爲旟之物也。更以是推之，《詩》、《禮》、《爾雅》則亦無不可通。《干旄》之旟，《毛傳》以爲大夫之旜，即《司常》之「孤卿建旜」。上大夫即卿。《鄉射・記》「國君龍旜」，即《司常》

❶「䞓末」，原作「經末」，今據《籀廎述林》及《儀禮・士喪禮》改。

之「諸侯建旃」，蓋孤卿所建之旜即旟，而諸侯所建之旂皆旜也。《爾雅》「旐旆」，即雜帛爲物之別制，故《士喪》儗之，以爲無物者之銘旌，則知緇、赬異色，亦即雜帛之塙詁矣。蓋諸經之不可理董者，以是求之，而弅然若引弦以知矩，益信古經文例縵密，非綜校互勘，未易通其條貫也。既檃栝其略著之疏，而以二千年承譌之舊義，非反覆辨證，無以釋學者之疑，故別述是册，以究其説。首舉《司常》、《大司馬》九旗、五正以著其等例，而旁及《爾雅》常旐、《鄉射》「獲旜」、《士喪》「銘旌」諸文，以廣其義證。其它名制無關恉要，或舊釋已詳，咸不著於篇。世變紛亟，舊學榛蕪，獨裒遺經，無從質定。安得精孯禮學如金氏者，與之榷斯義之是非哉？

籀高述林

子莫學説攷

《孟子·告子》篇以子莫執中與楊、墨同論，則子莫必戰國時聞人碩士，能以學説自名其家，然自來無有能知其人者。趙岐注則云：「子莫，魯之賢人也，其性中和專一者也。」其説殊無義據。余博徵之先秦諸子遺説，而以聲義推合之，竊意其即魏公子牟也。牟、莫聲類同，《方言》云「侔莫，强也。北燕之外郊，凡勞而相勉，若言努力者，謂之侔莫」。是牟、侔與莫一聲之轉，疑子莫即子牟之異文，抑或牟字子莫，要近是一人矣。《荀子·非十二子》篇云：「縱情性，安恣睢，禽獸之行，不足以合文通治，然而其持之有故，其言之成理，足以欺惑愚衆，是它囂、魏牟也。」《韓詩外傳》亦有此文，惟「它」作「笵」。楊倞注云：「魏牟，魏公子，封於中山。《漢書・藝文志》道家有『公子牟四篇』，班固曰：『先莊子，莊子稱之。』今《莊子》有公子牟稱莊子之言，以折公孫龍，據即與莊子同時也。又《列子》稱公子牟解公孫龍之言，公孫龍，平原君之客，而張湛以爲魏文侯子，據年代非也。《說苑》曰：『公子牟東行，穰侯送之。』未知何者爲定也。」以上竝楊氏說。今攷《列子》，以子牟爲魏之賢公子，又嘗封於中山，然非文侯子，張湛說不足據，楊倞糾之是也。其言行自荀卿書外，又見《戰國策・趙策》、《列子・仲尼》篇、《莊子・秋水》《讓王》篇、《呂氏春秋・開春》《審爲》篇、《淮南子・道應》篇甚詳。雖未明揭執中之義，然《漢志》列其書於道家，《莊子》載其與公孫龍相難，《列子》又有中公孫龍之說，則其學說當在道家、名家之間，無所偏主。《荀子》謂其「縱情性，安恣睢」，至斥爲「禽獸之行」，殆樂生玩世，純任自然，而放浪形骸，若子桑伯子之羸處，所謂同人道於禽獸者。蓋已開魏晉王、何、嵇、阮之先。❶ 其持論調合聏合，不拘一隅，故於爲我、兼愛兩無所取。而《孟子》又謂其「執中無權」，明與儒家時中之道亦舛馳不合。西漢時，其書尚存四篇，執中之說容有見於其中者。自東漢以後，其書亡佚。梁《七録》已不箸録。趙邠卿迺肊定爲魯人，說固未足憑，而劉熙、綦毋邃諸儒詁《孟子》者亦皆未有所見。要孟子以子莫與楊、墨鼎足而三，而《荀子・論十二子》又首舉子牟，其「持之有故，言之成理」者，殆亦戰國時一巨子與。

❶「嵇」，原作「稽」，今據《晉書》改。

蕭同叔子義

《左氏・成二年》傳稱齊頃公之母云「蕭同叔子」，杜注云：「同叔，蕭君之字，齊侯外祖父子女也。」《公羊》作「蕭同姪子」，何注云：「蕭同，國名。姪子者，蕭同君姪娣之子，嫁與齊，生頃公。」《穀梁》作「蕭同姪子之母」，范注云：「齊侯與姪子同母異父昆弟。」《穀梁》此説與《左氏》、《公羊》、《史記》並異。鍾文烝以「之母」二字爲衍文，是也。《史記・齊世家》作「蕭桐叔子」，《晉世家》作「蕭桐姪子」，蕭同即蕭桐，依何説，自是國名，爲宋之附庸。《左傳・莊十三年》有「蕭叔大心」，即蕭同君。《史記・殷本紀》索隱引《世本》子姓有蕭氏。《廣韻・三蕭》注引《風俗通》謂：「宋樂叔以討南宮萬、立御説之功，受封於蕭。」《唐書・世系表》則謂：「宋戴公生衎，字樂父，裔孫大心，封蕭。」《通志・氏族略》本《文選》沈約《齊安陸王碑》李注説，古蕭國爲宋所并，微子之支孫大心，食采於蕭。諸説不同，而皆爲子姓之枝別，則其君固與宋同姓。古女字皆繫姓爲稱，則叔子蓋齊侯母字，子即宋姓，叔其行弟，猶言叔姬、叔姜爾。《公》、《穀》姪子，亦謂蕭同君之姪。或頃公自有適母，而叔子爲姪娣，皆未可知。要子爲姓，固與《左氏》同也。何、范諸説並以子爲女子，殆失之不攷。杜征南誤以蕭同叔爲字，孔撝約又謂蕭同叔之姪女，忽子忽姪，尤不辭矣。

附録

先生少好六藝古文，父乃授以《周官經》，其後爲《正義》自此始。後從父官於江寧，是時德清戴望、海寧唐仁壽、儀徵劉壽曾皆治樸學，先生與游，學益進。家傳。

先生答人書云：師今人不若師古人。故自出家塾，未嘗師事人，而亦不敢抗顔爲人師。曲園俞先生於某爲父執，其拳拳垂愛，尤逾常人，然亦未嘗奉手請業。蓋以四部羣籍，浩如烟海，善學者能自得師，固不藉標揭師承以相誇炫也。平日在鄉里，未嘗與少年學子論經子古義。年譜。

温州僻處海濱，士尠實學。先生與黄君紹箕創立學計館及方言學堂，承學之士雲集飈起。温處兩郡，離省窎遠，文化阻塞，迺請於巡撫，設温處學務辦事處，公舉先生總理其事。復請以温州校士館改爲師範學堂，以小學所需格致員甚亟，乃開兩次博物理化講習所，卒業者皆好學深思之士。先生辦學三載，兩郡中小學校增至三百餘所，而所籌之款均與地方官紳切實規畫，資倡而力營之，卒底於成。歲必巡視，驗以所得。《爲學務本議》四則，《枝議》十則，上諸學部，以明教育興革之要。史傳、年譜。

戴子高之殁，先生與唐君仁壽經紀其喪，沽所藏書，以其資刻遺著。嘗自謂「治金文之學，惟子高知之最早，愛之最深」云。年譜。

遜學先生治永嘉學，刊其鄉先正鄭、薛、陳、葉諸遺集，多先生所校定。先生治漢學，而於宋代諸儒未嘗輕詆，蹈尊漢卑宋之習。史傳。

黄元同《禮書通故》，俞曲園序謂「視秦氏《五禮通考》精審過之」。先生藏帙有點勘，凡三百餘條。年譜。

籀廎交游

劉先生壽曾別見《孟瞻學案》。

劉先生恭冕 別見《端臨學案》。

桂先生文燦 別見《東塾學案》。

譚先生獻 別見《曲園學案》。

戴先生望 別見《南園學案》。

黄先生紹箕 別見《南皮學案》。

唐先生仁壽 別見《嘉興二錢學案》。

王先生棻

王棻，字子莊，別字耘軒，黄巖人。同治丁卯舉人，再上春官，遂不復赴，一意著述。其論學不立門户，以爲古今學術大別有四：曰性理，曰經濟，曰訓詁，曰詞章，而其歸有三：性理者，志於立德者也；經濟者，志於立功者也；訓詁、詞章者，志於立言者也。四者皆有用，但當辨其真僞，不當互相是非。其説經以經證經，不偏於漢、宋。爲文章不事雕琢，而持論明通，援證詳塙。於鄉邦文獻，尤所究心。晚年成《台學統》一百卷，裒録鄉先哲，自晉以來，迄於近代，凡三百三十餘人，分爲六派，而歸重於氣節躬行。歷主九峯精舍及清獻、文達諸書院講席，弟子承其沾溉，俱有所成立。光緒二十四年，學使徐侍郎致祥以學行聞於朝，賞加内閣中書銜。越二年卒，年七十有二。他著有《曲禮異義》四卷，《經説偶存》四卷，《六書古訓》六十四卷，《史記補正》三卷，《漢書補正》三卷，《重訂歷代帝王年表》十五卷，《明年表》一卷，

《大統平議》四卷，《明大禮駁議》二卷，《中外和戰議》十六卷，《杜清獻年譜》一卷，《台獻疑年録》一卷，《希倪子》四卷，《折韓》一卷，《辨章》一卷，《柔橋文集》四十六卷，案今鉛印本《柔橋文鈔》僅十六卷。《詩集》八卷。參王舟瑶撰傳。

文集

生民詩諸説得失攷

《詩·大雅·生民》篇，毛傳、鄭箋大旨略同，惟「履帝武敏」句爲異。而「履帝武敏」句凡有三説，當以鄭箋爲正，故朱氏《集傳》從之也。其分三説奈何？毛傳曰：「帝，高辛氏之帝也。武，迹；敏，疾也。從於帝而見於天，將事齊敏也。」此一説也，馬融、王肅從之。鄭箋曰：「帝，上帝也。敏，拇也。祀郊禖之時，時則有大神之迹，姜嫄履之，足不能滿，履其拇趾之處，心體歆歆然，如有人道感己者也。」以「歆」字屬上讀。此又一説也。《列子》、《史記》、《列女傳》、《春秋元命包》、《河圖》、《中候》、《爾雅》舍人注、《楚詞》王逸注並同，然《史記》、《元命包》、舍人、王逸實別爲一説，以爲姜嫄出野，見巨人迹，履之於畎畝之中，《爾雅》舍人經文「敏」字作「畝」。不言「禋祀郊禖」，其説顯與經背，不可從也。三説之中，毛氏最正，然一壞於馬融、王肅遺腹之説，再壞於孔穎達以姜嫄爲帝嚳元妃之説，名爲遵毛，而實與毛背。夫毛但言「配高辛氏帝」，又曰「帝，高辛氏之帝也」，蓋高辛者，代名也。《春秋命曆序》謂嚳傳十世，其説是也。毛不言「帝嚳」，而言「高辛氏之帝」者，乃高辛繼世之帝，非謂嚳也。然自帝堯踐阼，則高辛已亡天下，但有公侯之國，不可稱帝，故鄭易之爲「高辛氏之世妃，其國如二王之後」。此乃鄭申毛之意，斡旋其説，非與毛立異也。而孔穎達乃據《大戴》、《史記》之説，以姜嫄爲帝嚳元妃，謂「五帝傳世之事毛所不信」，誤矣。毛傳於第三章特言「天生聖人，❶異之於人，欲以顯其靈也。帝不順天，是不明也，故承天意而異之於天下」，是毛明以后稷爲天所生，與鄭箋履迹之説同意，而馬融、王肅乃以爲帝嚳既崩，遺腹生子，爲衆所疑。此與《史記》以爲不祥之説，皆顯與毛背，宜王基、馬昭、孫毓、孔穎達羣起而排之也。但馬、孫兼攻毛氏，則又過矣。蓋毛雖無履拇之説，而其事實由禋祀高禖而得，是固天之所生也，豈未棄之前，遂不知其降生之異耶？且細玩經文，蓋后稷生而不呱，狀若死，然實亦有不得不棄者。至鳥去稷呱，則必收而養之矣。況又有異徵在前耶？然尤有大可疑者，則以周人奉后稷爲始祖，而又別立姜嫄之廟，使稷竟若無父者。然由是《春秋公羊》説遂謂「聖人皆無父，感天而生」。王逸《楚詞・天問》注謂姜嫄以后稷無父而生。近儒戴震亦謂姜嫄無夫而生子。使嚳爲周家祖之所親出，何《雅》、《頌》中言姜嫄、言后稷竟無一語上溯及嚳乎？此與《正義》所載張融之説言「詩何故但歎其母，不美其父」，「周、魯何殊，特立姜嫄之廟」者，其詞略同，而其意迥別。張説是，戴説非也。蓋張融辨后稷乃帝嚳之冑，非嚳之子，其父不著，故《雅》、《頌》無得而稱。其説精核，可正《大戴》、《史記》之誤。而戴震則謂姜嫄無夫，后稷無父，非徒未達禮典，亦且顯違本經。夫無夫之婦，乃當禋祀求子乎？戴氏號爲通儒，而立説之悖謬如

❶「聖人」，《毛詩正義》作「后稷」。

此，洵可怪也。竊以毛、鄭二説核之，毛則以后稷爲高辛後世嗣帝之子，鄭則以后稷爲高辛後世公侯之子。夫帝王之子爲諸侯者不敢祖天子，諸侯之子爲大夫者不敢祖諸侯，此禮經也。《禮·大傳》所謂「有無宗亦莫之宗者，公子是也」，后稷之謂矣。其後稷雖别封於邰，列於諸侯，而高辛之國必其嫡出兄弟嗣侯以守其父之宗廟，非稷爲庶子者所得而祭也。此稷所以獨爲一國之太祖，而其母既非高辛之正妃，自當從子就封於邰。及其薨也，稷固當立廟祀之矣，而周家遂因之而勿敢廢耳。此參攷周、漢二代之禮，而較然無疑者也。漢凡諸王之母皆就其子所封之國，自爲一國太后。邰既爲姜嫄之母家，而稷又爲周家之太祖，宜詩之但頌后稷以及其母，而不能復及其父也與。《楚詞·天問》「稷維元子」，元子者，首生之子也。凡庶長皆得稱之。《左氏》曰：「微子啟，帝乙之元子也。」是其證。然則《生民》之説，鄭箋最善，毛傳足備一義。《史記》、《春秋元命包》、《爾雅》舍人以及馬融、王肅之説則皆非也。

董先生沛

董沛，字孟如，號覺軒，鄞縣人。生具異稟，學極淹貫。光緒丁丑進士，官江西建昌知縣。勤敏精能，盡心民事。告歸，歷主崇實、辨志書院講席，所識拔皆一時名宿。尤留心前賢著作，全謝山七校《水經注》原本爲有力者竊據，乃搜求底稾，重加校勘付梓。所著有《明州繫年録》七卷，《兩浙令長考》三卷，《甲丁鄉試同年録》三卷，《甬上宋明詩略》十六卷，《韓詩箋》六卷，《周官職方解》十二卷，《唐書方鎮表考證》二十卷，《竹書紀年拾遺》六卷，《西江靖寇録》六卷，《甬上明詩略》二十四卷，《甬上詩話》十六卷，《六一山房詩集正續》二十卷，《正誼堂文集》二十四卷，《外集》十卷。又擬賡《大戴禮疏》，未成而殁，年六十有八。參董縉祺撰行狀、《籀高述林》。

清儒學案卷一百九十二終

清儒學案卷一百九十三

天津徐世昌

鹿門學案

鹿門經術原以高密爲宗，其後專治今文家言，涂轍稍變，經義引而日新，時會然也。唯博洽精審，亦能折中羣言，無所偏激。述《鹿門學案》。

皮先生錫瑞

皮錫瑞，號鹿門，善化人。同治癸酉拔貢生，光緒壬午舉人，考取内閣中書。幼工詞章，博聞强記，淡於榮利，研精漢儒經訓之學，宏通詳密，多所發明。光緒末年，主講江西經訓書院，其教人大旨：一當知經爲孔子所定，孔子以前不得有經；二當知漢初去古未遠，以爲孔子作經，説必有據；三當知後漢古文説出，乃尊周公以抑孔子；四當知晉、宋以下，專信古文《尚書》、《毛詩》、《周官》、《左傳》，而大義微言不彰；五當知宋元經學雖衰，而不信古文諸書，亦有特見；六當知國朝經學復盛，乾嘉以後治今文者，尤能窺見聖經微旨。執此六義以治諸經，乃知孔子以萬世師表之尊，正以其有萬世不易之經。經之大義微言亦甚易明，治經者當先去其支離瑣細，而用漢人存大體、玩經文之法，勉爲通經致用之材，斯不至博而寡要，迂而無用矣。江西學者聞風興起，成材甚多。晚以病還湘，卒。著有《經學歷史》、《經學通論》、《王制箋》、《古文尚書冤詞平議》、《今文尚書考證》、《尚書中候疏證》、《聖證論補評》、《鄭志疏證》、《鄭記考證》、《六藝論疏證》若干卷。

易經通論

論變易不易皆易之大義

治經者當先知此經之大義，以《易》而論，變易、不易皆大義所在，二者當並行不相悖。《周易正義·第一論易之三名》曰：「夫易者，變化之總名，改換之殊稱。自天地開闢，陰陽運行，寒暑迭來，日月更出，孚萌庶類，亭毒羣品，新新不停，生生相續，莫非資變化之力，换代之功。然變化運行，在陰陽二氣，故聖人初畫八卦，設剛柔兩畫，象二氣也。布以三位，象三才也。謂之爲易，取變化之義。既義總變化，而獨以易爲名者，《易緯乾鑿度》云：『易一名而含三義，所謂易也，變易也，不易也。』又云：『易者，其德也。光明四通，簡易立節，天以爛明，日月星辰，布設張列，通精無門，藏神無穴，不煩不擾，澹泊不失，此其易也。變易者，其氣也。天地不變，不能通氣，五行迭終，四時更廢，君臣取象，變節相移，能消者息，必專者敗，此其變易也。不易者，其位也。天在上，地在下，君南面，臣北面，父坐子伏，此其不易也。』鄭玄依此義作《易贊》及《易論》，云：『易一名而含三義，易簡一也，變易二也，不易三也。故《繫辭》云：「乾坤，其《易》之藴邪。」又云：「《易》之門户邪。」又云：「夫乾，確然示人易矣。夫坤，隤然示人簡矣。」「易則易知，簡則易從。」此言其易簡之法則也。

又云：「爲道也屢遷，變動不居，周流六虚，上下無常，剛柔相易，不可爲典要，唯變所適。」此言順時變易，出入移動者也。又云：「天尊地卑，乾坤定矣。卑高以陳，貴賤位矣。動靜有常，剛柔斷矣。」此言其張設布列，不易者也。』」錫瑞案：孔穎達引證詳明，《乾鑿度》爲説《易》最古之書，鄭君兼通今古文之學，其解《易》之名義，皆兼變易、不易之説。鄭引《易》尤切實，是《易》雖有窮變通久之義，亦有不易者在。斯義也，非獨《易》言之，羣經亦多言之，而莫著於《禮記·大傳》，曰：「改制度，易服色，殊徽號，異器械，別衣服，此其所得與民變革者也。其不可得變革者則有矣，尊尊也，親親也，長長也，男女有別，此其不可得與民變革者也。」變革即變易也，不可變革即不易也。董仲舒漢初大儒，深得斯旨。其對策曰：「道之大原出於天，天不變，道亦不變。」又曰：「爲政而不行，甚者必變而更化之，乃可理也。」後人讀之，疑其前後矛盾，不知董子對策之意，全在變法。以爲舜繼堯後，大治有道，故可無爲而治。漢繼秦後，大亂無道，而漢多襲秦舊，故謂當變更化。不變者，道也。當變者，法也。亦即《易》以變易爲義，而有不變者在也。今之學者不知窮變通久之義，一聞變法，羣起而爭。反其説者又不知變易之中有不易者在，舉天地君臣父子不可變者亦欲變之，又豈可爲訓乎？

論伏羲作易垂教在正君臣父子夫婦之義

讀《易》者當先知伏羲爲何畫八卦，其畫八卦有何用處。《正義》曰：「作《易》所以垂教者，即《乾鑿度》云：『孔子曰：上古之時，人民無別，羣物未殊，未有衣食器用之利，伏羲乃仰觀象於天，俯觀法於地，中觀萬物之宜，於是始作八卦，以通神明之德，以類萬物之情。故《易》者，所以繼天地，理人倫，而明王道。是以畫八卦，建五氣，以立五常之行，象法乾坤，順陰陽，以正君臣、父子、夫婦之義，度時制宜，作爲罔罟，以佃以漁，以贍民用。於是人民乃治，君親以尊，臣子以順，羣生和洽，各安其性。』此其作《易》垂教之本意也。」又《坤靈圖》曰：「伏羲氏立九部，民易理。」《春秋緯文耀鉤》曰：「伏羲作《易》名官。」《禮緯含文嘉》曰：「虙者，别也。戲也，獻也，法也。伏羲始别八卦，以變化天下。天下法則，咸伏貢獻，故曰伏羲也。」鄭君《六藝論》曰：「虙羲作十言之教，曰乾、坤、震、巽、坎、離、艮、兑、消、息。無文字謂之易，以厚君民之别。」鄭專以厚君民之别爲説，蓋本孔子云「君親以尊，臣子以順」之義。陸賈《新語·道基》篇亦云：「先聖仰觀天文，俯察地理，圖畫乾坤，以定人道，民始開悟，知有父子之親、君臣之義、夫婦之道、長幼之序。於是百官立，王道乃生。」《白虎通》暢其説，云：「古之時，未有三綱六紀，民人但知其母而不知其父，能覆前不能覆後，卧之詓詓，起之吁吁，飢即求食，飽即棄餘，茹毛飲血，而衣皮葦，於是伏羲仰觀象於天，俯察法於地，因夫婦正五行，始定人道。畫八卦以治天下。」焦循謂：「讀陸氏之言，乃恍然悟伏羲所以設卦之故。」更推闡其旨，曰：「學《易》者必先知伏羲未作八卦之前，是何世界？伏羲作八卦重爲六十四，何以能治天下？神農、堯、舜、文王、周公、孔子何奉此卦畫爲萬古修己治人之道？孔子删《書》始唐虞，治法至唐虞方備也。❶ 贊《易》始伏羲，人道自伏羲始定也。 有夫婦，然後有父子；有父子，然後有君臣。 伏羲設卦觀象，定嫁娶，以別男女，始有夫婦，有父子，有君臣，然則君臣自伏羲始定，故伏羲爲首出之君。 前此無夫婦父子，即無君臣。 凡緯書所載天皇、地皇、人皇、九頭、五龍、攝提、合雒等紀，無容議矣。《莊子·繕性》篇云：『古之人在混茫之中，與一世而得淡漠焉。 當是時也，陰陽和靜，鬼神不擾，四時得節，萬物不傷，羣生不夭，人雖有知，無所用之。 此之謂至一。 當是時也，莫之爲常自然。 逮德下衰，及燧人、伏羲，始爲天下，是故順而不一。』按莊子不知《易》道，不知伏羲之功者也。 飲食男女，雖禽獸蟲豸生而即知，然牝牡無定偶，故有母而無父。 自伏羲畫八卦，而人道定。 有夫婦乃有父子，有父子乃有君臣。 孔子贊《易》所以極稱伏羲之功也。 人道不定，天下大亂，何以得至一？ 故無伏羲畫卦，則無夫婦，無父子，無君臣，而以爲陰陽和靜，萬物不傷，真妄論矣。 阮嗣宗《通易論》云：『《易》者何也？ 乃昔之元真，往古之變經也。 庖犧氏當天地一終，值人物憔悴，利用不存，法制夷昧，神明之德不通，萬物之情不類，於是始作八卦，引而伸之，觸類而長之，分陰陽，序剛柔，積山澤，連水火，雜而一之，變而通之，終於未濟，六十四卦盡而不窮。』嗣宗亦莊生之流，而論《易》則稱伏羲之功，不拾漆園唾餘。 然謂『利用不存，法制夷昧』，似謂上古本有法制利用，至伏羲時晦亂，而伏羲氏復之，則無稽耳。」錫瑞案： 焦氏發明伏羲畫卦之功，尤暢畫卦之功首在厚君民之

❶「虞」，原作「處」，今據清光緒思賢書局刻本《經學通論》改。

別。故曰「上天下澤，履，君子以辨上下，定民志」。而地天爲泰，天地爲否，似與此義相反。蓋泰之得在天地交，否之失在天地不交，履以位言，泰否以情言，所謂言豈一端而已。後世尊卑闊絶，而上下之情疏；禮節繁多，而君臣之義薄。四語本蘇子瞻。昧者欲矯其弊，遂議盡去上下之分，豈知作《易》垂教所以理人倫，而明王道之義乎？

書經通論

論尚書分今古文最先而尚書之今古文最糾紛難辨

兩漢經學有今、古文之分，以《尚書》爲最先，亦以《尚書》爲最糾紛難辨。治《尚書》不先攷今、古文分別，必至茫無頭緒，治絲而棼。故分別今、古文，爲治《尚書》一大關鍵，非徒爭門户也。漢時今文先出，古文後出，今文立學，古文不立學。漢立十四博士，《易》施、孟、梁丘、京氏，《尚書》歐陽、大小夏侯，《詩》魯、齊、韓，《禮》大、小戴，《春秋》嚴、顔，皆今文立學者也。費氏古文《易》，古文《尚書》、《毛詩》、《周官》、《左氏春秋》皆古文，不立學者也。其後今文立學者皆不傳，古文不立學者反盛傳。蓋自東漢以來，異説漸起，非一朝一夕之故矣。謂今古文之分，《尚書》最先者，《史記·儒林傳》舉漢初經師，《詩》自申培公、轅固生、韓太傅，《禮》自高堂生，《易》自田何，《春秋》自胡母生、董仲舒，皆今文無古文，惟於《尚書》云：「孔氏有古文《尚書》，而安國以今文讀之，因以起其家。」是漢初已有古文《尚書》，與今文別出，故曰今、古文之分以《尚書》爲最先也。謂今、古文以《尚書》爲最糾紛難辨者，太史公時,《尚書》立學者,惟有歐陽,太史公未言受《書》何人,《史記》引《書》多同今文。而《漢書・儒林傳》云:「司馬遷從安國問故,遷書載《堯典》、《禹貢》、《洪範》、《微子》、《金縢》諸篇,多古文説。」然則《史記》引《書》爲歐陽今文乎?抑安國古文乎?此難辨者一。《漢書・藝文志》曰:「古文《尚書》者出孔子壁中,安國獻之,遭巫蠱事,未列於學官。劉向以中古文校歐陽、大小夏侯三家經文。」又《儒林傳》曰:「世所傳《百兩篇》者,出東萊張霸,分析合二十九篇以爲數十,又采《左氏傳》、《書敍》爲作首尾,凡百二篇。成帝時,求其古文者,霸以能爲《百兩》徵,以中書校之,非是。」《後漢書・儒林傳》曰:「扶風杜林傳古文《尚書》,林同郡賈逵爲之作訓,馬融作傳,鄭玄注解。由是古文《尚書》遂顯于世。」據此,則漢時古文《尚書》已有三本:一孔氏之壁書,一張霸之《百兩》,一杜林之漆書。此難辨者二。東晉梅頤獻古文《尚書》,孔安國傳,孔穎達作疏,以孔氏經傳爲真,馬、鄭所注爲張霸僞《書》。宋儒以孔安國《書》爲僞。近儒毛奇齡以孔氏經傳爲真,馬、鄭所注本於杜林漆書者爲僞。閻若璩、惠棟則以孔氏經傳爲僞,馬、鄭所注本於杜林者即孔壁真古文。劉逢禄、宋翔鳳、魏源又以孔氏經傳與馬、鄭本於杜林者皆僞,逸十六篇亦非孔壁之真。此難辨者三。錫瑞案:張霸《書》之僞,《漢書》已明辨之。孔安國《書》之僞,近儒已明辨之。馬、鄭古文《尚書》出於杜林者,是否即孔壁真古文,至今猶無定論。故曰今古文之分以《尚書》爲最糾紛難辨也。若唐玄宗詔集賢學士衛包改古文從今文,乃以當時俗書改隸書,與漢時今文不同。《文獻通考》曰:「漢之所謂古文者，科斗書；今文者，隸書也。唐之所謂古文者，隸書；今文者，世所通用之俗字也。」宋時又有古文《尚書》，出宋次道家，尤不足據。阮元曰：「衞包以前，未嘗無今文。衞包以後，又別有古文也。」

論漢時今古文之分由文字不同亦由譯語各異

漢時所謂今文，今謂之隸書，世所傳熹平石經與孔廟等處漢碑是也。漢時所謂古文，今謂之古籀，世所傳鐘鼎石鼓與《說文》所列古文是也。隸書漢時通行，故謂之今文，猶今人之於楷書，人人盡識者也。古籀漢時已不通行，故謂之古文，猶今人之視篆、隸不能人人盡識者也。《史記·儒林傳》曰：「伏生者，濟南人也。故爲秦博士。秦時焚書，伏生壁藏之。其後兵大起，流亡。漢定，伏生求其書，亡數十篇，獨得二十九篇，即以教于齊、魯之間。」錫瑞案：孔子寫定六經皆用古文，見許氏《說文自敘》。伏生爲秦博士，所藏壁中之書必與孔壁同爲古文。至漢發藏，以教生徒，必易爲通行之隸書，始便學者誦習。江聲《尚書集注音疏》始用篆文書，不通行後，卒改用今體楷書。觀今人不識篆文，不能通行，即知漢人不識古文，不能通行之故。此漢時立學，所以皆今文，而古文不立學也。古文《尚書》之名，雖出漢初，尚未別標今文之名，但云歐陽《尚書》、夏侯《尚書》而已。劉歆建立古文《尚書》之後，始以今《尚書》與古《尚書》別異。許慎《五經異義》列古《尚書》說、今《尚書》夏侯、歐陽說，是其明證。龔自珍總論漢代今文古文名實，曰：「伏生壁中書，實古文也。歐陽、夏侯之徒，以今文讀之，傳諸博士，後世因曰伏生今文家之祖，此失其名也。孔壁固古文也，孔安國以今文讀之，則與博士何以異，而曰孔安國古文家之祖，此又失其名也。今文、古文同出孔子之手，一爲伏生之徒讀之，一爲孔安國讀之。未讀之先，皆古文矣；既讀之後，皆今文矣。惟讀者人不同，故其説不同。源一流二，漸至源一流百，此如後世翻譯，一語言也，而兩譯之，三譯之，或至七譯之，譯主不同，則有一本至七本之異。未譯之先，皆彼方語矣；既譯之後，皆此方語矣。其所以不得不譯者，不能使此方之人曉殊方語，故經師之不能不讀者，不能使漢博士及弟子員悉通周古文。然而譯語者未嘗取所譯之本而毀棄之也，殊方語自在也。讀《尚書》者不曰以今文讀後而毀棄古文也，故其字仍散見於羣書及許氏《説文解字》之中可求索也。又譯字之人必華夷兩通而後能之。讀古文之人必古、今字盡識而後能之。此班固所謂曉古今語者，必冠世大師，如伏生、歐陽生、夏侯生、孔安國庶幾當之，餘子皆不能也。此今文、古文家之大略也。若夫讀之之義，不專指以此校彼而言，又非謂以博士本讀壁中本而言。其如予外王父段先生言。」詳見段氏《古文尚書撰異》。案：段氏解讀字甚精，龔氏通翻譯，解讀字尤確。據此可知，今古文本同末異之故，學者不必震於古文之名而不敢議矣。

論治尚書當先看孫星衍尚書今古文注疏陳喬樅今文尚書經説攷

《孔傳》至今日，人知僞作而不足信矣，《蔡傳》又爲人輕蔑而不屑稱矣，然則治《尚書》者當以何書爲主？陳灃曰：「江、王、段、孫四家之書善矣，既有四家之書，則可删合爲一書，取《尚書大傳》及馬、鄭、王注、僞《孔傳》與《史記》之采《尚書》者，《爾雅》、《説文》、《釋名》、《廣雅》之釋《尚書》文字名物者，漢人書之引《尚書》而説其義者，采擇會聚而爲集解；孔疏、《蔡傳》以下，至江、王、段、孫及諸家説《尚書》之語，采擇融貫而爲義疏。其爲疏之體，先訓釋經意於前，而詳説文字、名物、禮制於後，如是則盡善矣。」錫瑞案：陳氏説近是而未盡也。江聲《尚書集注音疏》疏解全經，在國朝爲最先，有蓽路藍縷之功，惟今文搜輯未全，立説亦有未定；如解「曰若稽古」兩歧，孫星衍已辨之。又承東吴惠氏之學，好以古字改經，頗信宋人所傳之古《尚書》，此其未盡善者。王鳴盛《尚書後案》主鄭氏一家之學，是爲專門之書，專主鄭，故不甚采今文，且間駁伏生，如解司徒、司馬、司空之類。亦未盡善。段玉裁《古文尚書撰異》，於今、古文分别具晰，惟多説文字，尟解經義，且意在袒古文而不信伏生之今文，如《金縢》詆今文説之類。亦未盡善。孫星衍《尚書今古文注疏》，於今、古説搜羅略備，分析亦明，但誤執《史記》皆古文，致今、古文家法大亂，如《論衡》明引《金縢》古文説，孫以其與《史記》不合，乃曰：「王氏充以爲古者，今文亦古説也。」豈非遁詞？亦有未盡善者，然大致完善，優於江、王，故王懿榮請以立學。其後又有劉逢禄《尚書今古文集解》、魏源《書古微》、陳喬樅《今文尚書經説攷》三家之書，皆主今文，不取古文。蓋自常州學派以西漢今文爲宗主，《尚書》一經亦主今文，劉氏、魏氏不取馬、鄭，並不信馬、鄭所傳逸十六篇，其識優於前人。惟既不取馬、鄭古文，則當專宗伏生今文，而劉氏、魏氏一切武斷，改經增經，如魏氏改《梓材》爲《魯誥》，且臆增數篇，攙入《尚書》。從宋儒臆説而變亂事實，與伏生之説大背，如劉氏駮周公稱王之類。魏氏尤多新解，如以管叔爲嗜酒亡國之類。皆不盡善。陳氏博采古説，有功今文，惟其書頗似長編，搜羅多而斷制少，又必引鄭君爲將伯，誤執古説爲今文，以致反疑伏生，違棄初祖，如文王受命、周公避居二事，皆詆伏生老耄，記憶不全。亦有未盡善者。但以捃拾宏富，今文家説多存，治《尚書》者先取是書，與孫氏《今古文注疏》悉心研究，明通大義，篤守其説，可不惑於歧趨。今即近人所著書中，酌取兩家之説，指明初學所入門徑，以免歧誤，猶《易》取焦、張兩家之説也。若如陳澧所言，撰爲集解、義疏，當先具列《伏傳》、《史記》之説，字字遵信，加以發明，不可誤據後起之詞，輕疑妄駮；次則取《白虎通》及兩《漢書》所引經説，加以漢碑所引之經，此皆當日通行之今文，足備考證；又次則取馬、鄭、僞孔，擇其善者，以今文爲折衷，合於今文者録之，不合於今文者去之，或於疏引而加駮正；至《蔡傳》與近儒所著，則於義疏擇取其長，兩説相同則取先出，如取蔡不取江是。不合於今文者概置不取，以免轇轕。惟其説尤足惑人及人所誤信者，乃加辨駮，使勿迷眩。後人以此體例，勒成一書，斯爲盡善。否則，俱收並蓄，未能别黑白以定一尊，古今雜淆，漢宋兼采，覽者如入五都之市，瞀惑不知所歸，祗是一部類書，無關一經閎旨，豈得爲善本乎？今人王先謙《尚書孔傳參正》兼疏今古文，詳明精確，最爲善本。

詩經通論

論毛傳不可信而明見漢志非馬融所作

《史記·儒林傳》述漢初經師，《易》止田生一人，《書》止伏生一人，《禮》止高堂生一人，《春秋》有胡母生、董仲舒二人，而二人皆傳《公羊》，故漢初立《公羊》博士，不分胡、董。惟《詩》有三人，於魯則申培公，於齊則轅固生，於燕則韓太傅。此三人者，生非一處，學非一師，同爲今文，而實不同，故漢初分立三博士，蓋有不得不分別者。《史記》不及毛公，若毛公爲六國時人，所著有《毛詩故訓傳》，史公無緣不知。此《毛傳》不可信者一。《漢書·藝文志》雖列《毛詩》與《毛詩故訓傳》，而云：「與不得已，魯最爲近之。」三家皆列於學官。又有毛公之學，自謂子夏所傳，而河間獻王好之，未得立。」自謂者，人不謂然也。《毛詩》始發見於劉歆，《漢志》多本劉歆《七略》，乃以「魯最爲近」，而於毛有微詞，則班氏初不信毛，《漢志》亦非全用《七略》。此《毛傳》不可信者二。徐整、陸璣説《毛詩》授受源流，或以爲出荀卿，或以爲不出荀卿。魏源辨之已詳。兩漢以前皆無此説。此《毛傳》不可信者三。荀卿《非十二子》有子夏之賤儒，是荀卿之學非出子夏，判然爲二。毛公之學，自謂子夏所傳，祖子夏不應祖荀卿，祖荀卿不應祖子夏。此《毛傳》不可信者四。申公受《詩》於浮丘伯，浮丘伯又受之荀卿，則《魯詩》實出荀卿矣。若《毛詩》亦荀卿所傳，何以與《魯詩》不同？此《毛傳》不可信者五。《漢志》但云毛公之學，不載毛公之名，亦無大、小毛公之分。鄭君《詩譜》曰：「魯人大毛公爲訓詁，傳於其家。河間獻王得而獻之，以小毛公爲博士。」陸璣曰：「荀卿授魯國毛亨，毛亨作《詁訓傳》，以授趙國毛萇，時人謂亨爲大毛公，萇爲小毛公。」蓋鄭君始言大、小毛公有二，陸璣始著大、小毛公之名，如其説，則作傳者毛亨，非毛萇，故孔疏云：「大毛公爲其傳，由小毛公而題毛也。」鄭，漢末人，不應所聞詳於劉、班。陸璣，吴人，不應所聞又詳於鄭。此《毛傳》不可信者六。

《後漢書·章帝紀》：「建元六年，詔令羣儒選高才生受學《左氏》、《穀梁春秋》、古文《尚書》、《毛詩》以扶微學，廣異義焉。」袁宏《後漢紀》遂言：「於是古文《尚書》、《毛詩》、《周官》皆置弟子。」案：古文在漢時無置博士弟子者，惟《左氏》立而旋罷，故顧炎武斷《後漢·儒林傳》「《詩》齊、魯、韓、毛」，「毛」字爲衍文。《儒林傳》云：「三家皆立博士。趙人毛萇傳《詩》，是爲《毛詩》，未得立。」顧氏之説是也。《儒林傳》：「馬融作《毛詩傳》。」何焯曰：「後人據此傳云《詩序》之出於宏，不誤。《毛傳》之出於融，何也？或疑融别有《詩傳》，亦非。范氏明與鄭箋連類言之矣，康成親受經於季長，以箋爲致敬亦得。」案何氏説雖有據，而《漢志》已列《毛詩詁訓傳》，仍當以融别有《詩傳》爲是。

論以世俗之見解詩最謬毛詩亦有不可信者

凡經學愈古愈可信，而愈古人愈不見信。所以愈可信者以師承有自，去七十子之傳不遠也。所以愈不信者，去古日遠，俗説沈溺，疑古説不近人情也。後世説經有二弊：一以世俗之見測古聖賢，一以民間之事律古天子諸侯，各經皆有，然而《詩》爲尤甚。姑舉一二言之。如《關雎》，三家以爲詩人求淑女，以配君子。毛以爲后妃求賢，以輔君子。皆不以寤寐反側屬文王。俗説以爲文王求太姒，至於寤寐反側，淺人信之，以爲其説近人情矣，不知獨居求偶，非古聖王所爲。且如其説，則《關雎》與《月出》、《株林》相去無幾，正是樂而淫、哀而傷，孔子何以稱其不淫、不傷，取之以冠篇首。試深思之，則知俗説不可信矣。《卷耳》三家無明文，荀子以爲卷耳易采，頃筐易盈也，然而不可以貳周行；毛以爲后妃佐君子求賢審官，皆不以采卷耳爲實事。俗説以爲提筐采卷耳，因懷人而置之大道，引唐人詩「提籠忘采葉，昨夜夢漁陽」爲比例，又以二三章爲登山望夫，酌酒銷愁，淺人信之，以爲其説近人情矣，不知提筐采卷耳，非后妃身分；登山望夫，酌酒銷愁，亦非后妃身分，且不似幽閒淑女行爲。試深思之，則知俗説不可用矣。其他如疑詩人不應多諷刺，是不知古者師箴、瞍賦、矇誦，百工諫之義也。疑淫詩不當入國史，是不知古者男女歌詠各言其傷，行人獻之太師之義也。疑陳古刺今不可信，是不知「主文譎諫，言之者無罪，聞之者足戒」之義也。疑作《詩》不當始衰世，是不知「王道缺而《詩》作，周室壞而《春秋》作」，皆衰世所造之義也。疑康王不應有刺詩，是不知「《頌》聲作乎下，《關雎》作乎上」，習治則傷始亂之義也。後儒不知詩人作《詩》之意，聖人編《詩》之旨，每以世俗委巷之見推測古事，妄議古人，故於近人情而實非者，誤信所不當信；不近人情而實是者，誤疑所不當疑。見毛、鄭之説已覺齟齬不安，見三家之説尤爲枘鑿不入，曲彌高而和彌寡矣。或謂大毛公六國時人，安見不比三家更古？曰：毛公六國時人，並無明文可徵，且《毛傳》實有不可信者。「丕顯」二字，屢見《詩》、《書》，《毛傳》於《文王》「有周不顯」曰「不顯，顯也」，又於「不顯亦世」曰「不世顯德乎」，是其意以不字爲語詞，爲反言，不知「不顯」即「丕顯」也，「不顯亦世」即「丕顯奕世」也，「不顯不時」即「丕顯丕承」。《清廟》之「不顯不承」，正「丕顯丕承」之證也。《卷阿》「伴奐爾游矣」，「伴奐」疊韻連文爲義，與下「優游」一例，即《皇矣》之「畔援」，顔注《漢書》引《詩》正作「畔换」，亦即《閔予小子》之「判换」，所謂美惡不嫌同辭也。《毛傳》乃云「廣大有文章貌」，是其意分「伴奐」爲兩義，伴訓廣大，奐訓有文章，不知下句「優遊」何以解之？毛何不分優游爲兩義乎？正義據孔晁引孔子曰「奐乎其有文章」、「伴乎其無涯際」，孔晁、王肅之徒其所引即《孔叢》、《家語》之類，王肅僞作，必非聖言。《蕩》「曾是彊禦」，「彊禦」亦二字連文爲義，《左氏・昭元年》傳曰「彊禦已甚」，《十二年》傳曰「吾軍帥彊禦」，皆二字連文。《繁露・必仁且智》篇曰：「其强足以覆過，其禦足以犯難。」《史記集解》引《牧誓》鄭注曰：「彊禦，猶彊暴也。」彊禦即《爾雅・釋天》之「彊圉」，漢《石門頌》倒其文曰「綏億衙彊」，惟其義同，故可倒用。《毛傳》乃云「彊梁禦善也」，不知二字連文而望文生義，豈六國時人之書乎？

論詩教温柔敦厚在婉曲不直言楚辭及唐詩宋詞猶得其旨

《論語》言六經，惟《詩》最詳，可見聖人删《詩》之旨，而不得其解，則反致轇轕。如言《關雎》「樂而不淫，哀而不傷」，《毛序》已糾纏不清，鄭箋改哀爲衷，朱注《論語》又以憂易哀，後人更各爲臆説矣。言「《詩》三百，一言以蔽之，曰思無邪」，《詩》本託諷，聖人恐人誤會，故以無邪正之。毛、鄭解《詩》，於此義已不盡合。朱子以鄭、衛《詩》爲淫人自言，王柏乃議删《鄭》、《衛》矣。惟言「小子何莫學夫《詩》」一章，「興觀羣怨，事父事君，多識鳥獸草木之名」，本末兼該，鉅細畢舉，得《詩》教之全，而人亦易解。其大者，尤在「温柔敦厚」、「長於風諭」。《困學紀聞》曰：「子擊好《晨風》、《黍離》而慈父感悟，見《韓詩外傳》。《韓詩》以《黍離》爲伯奇之弟伯封作，言孝子之事，故能感悟慈父，與《毛詩》以爲閔周者不同。周磐誦《汝墳》卒章而爲親從仕，王裒誦《蓼莪》而三復流涕，裴安祖講《鹿鳴》而兄弟同食，可謂興於《詩》矣。」焦循《毛詩補疏序》曰：「夫《詩》，温柔敦厚者也，不質直言之，而比興言之；不言理而言情，不務勝人而務感人。自理道之説起，人各挾其是非以逞其血氣，激濁揚清，本非謬戾，而言不本於性情，則聽者厭倦，至於傾軋之不已，而忿毒之相尋，以同爲黨，即以比爲爭，甚而假宫闈、廟祀、儲貳之名，動輒千百人哭於廟門，自鳴忠孝，以激其君之怒害，及其身禍於其國，全戾乎所以事君父之道。余讀明史，每歎《詩》教之亡，莫此爲甚。夫聖人以一言蔽三百曰『思無邪』，聖人以《詩》設教，其去邪歸正，奚待言？所教在思，思者容也，思則情得，情得則兩相感而不疑，故示之於民則民從，施之於僚友則僚友協，誦之於君父則君父怡然釋。不以理勝，不以氣矜，而上下相安於正。無邪以思致，思則以嗟歎永歌、手舞足蹈而致。《管子》曰：『止怒莫如詩。』劉向曰：『夫《詩》，思然後積，積然後流，流然後發。』《詩》發於思，思以勝怒，以思相感，則情深而氣平矣。此《詩》之所以爲教歟？」又《補疏》曰：「循按《蒹葭》、《考槃》皆遯世高隱之辭，而《序》則云『《考槃》刺莊公，《蒹葭》刺襄公』，此説者所以疑《序》也。嘗觀《序》之言刺，如《氓》、《靜女》刺時，《簡兮》刺不用賢，《芄蘭》刺惠公，《匏有苦葉》、《雄雉》刺衛宣公，《君子于役》刺平王,《叔于田》、《太叔于田》刺莊公,《羔裘》刺時,《還》刺荒,《著》刺時不親迎,《葛屨》刺褊,《汾沮洳》刺儉,《十畝之間》刺時,《伐檀》刺貪,《蟋蟀》刺晉僖公,《山有樞》、《椒聊》刺晉昭公,《有杕之杜》刺晉武公,《葛生》、《采苓》刺晉獻公,《宛丘》刺陳幽公,《蜉蝣》刺奢,《鳲鳩》刺不壹,《祈父》、《白駒》、《黄鳥》刺宣王,《賓之初筵》衞武公刺時,《魚藻》、《采菽》、《黍苗》、《隰桑》、《瓠葉》刺幽王,《抑》衞武公刺厲王,求之詩文,不見刺意,惟其爲刺詩而詩中不見有刺意,此三百篇所以温柔敦厚,可以興,可以觀,可以羣,可以怨也。後世之刺人一本於私,雖君父不難於指斥,以自鳴其直。學《詩》三百,於《序》既知其爲刺某某之詩矣,而諷味其詩文,則婉曲而不直言,寄託而多隱語,故其言足以感人,而不以自禍。即如《節南山》、《雨無正》、《小弁》等作,亦惻怛纏綿,不傷於直,所以爲千古事父事君之法也。若使所刺在此詩中,即明白言之,不待讀《序》,即知其爲刺某人之作,則何以爲『主文譎諫而不訐,温柔敦厚而不愚』?二語李行修説。『人之多辟,無自立辟』,洩冶所以見非於聖人也。宋明之人,不知《詩》教,士大夫以理自持,以倖直抵觸其君,相習成風,性情全失,而疑《小序》者遂相率而起。余謂《小序》之有裨于《詩》,至切至要,特詳論於此。」錫瑞案:《詩》婉曲不直言,故能感人。焦氏所言甚得其旨。三百篇後,得風雅之旨者,惟屈子《楚辭》。太史公云:「《國風》好色而不淫,《小雅》怨誹而不亂,若《離騷》者,可謂兼之。」而《楚辭》未嘗引經,亦未道及孔子。宋玉始引《詩》素餐之語,或據以爲當時孔教未行於楚之證。案:楚莊王、左史倚相、觀射父、白公子張諸人在春秋時已引經，不應六國時猶未聞孔教。《楚辭》蓋偶未道及，而實兼有《國風》、《小雅》之遺。其後唐之詩人猶通比興，至宋乃漸失其旨。然失之於詩而得之於詞，猶《詩》教之遺也。

三禮通論

論漢初無三禮之名儀禮在漢時但稱禮經今注疏本儀禮大題非鄭君自名其學

三禮之名，起於漢末，在漢初但曰《禮》而已。漢所謂《禮》，即今十七篇之《儀禮》，而漢不名《儀禮》。專主經言，則曰《禮經》；合記而言，則曰《禮記》。許慎、盧植所稱《禮記》皆即《儀禮》與篇中之記，非今四十九篇之《禮記》也。其後《禮記》之名爲四十九篇之《記》所奪，乃以十七篇之《禮經》別稱《儀禮》，又以《周官經》爲《周禮》，合稱三禮。蓋以鄭君並注三書，後世盛行鄭注，於是三書有三禮之名，非漢初之所有也。《史記·儒林傳》曰：「諸學者多言《禮》，而魯高堂生最。《禮》固自孔子時，而其經不具。及至秦焚書，書散亡益多，於今獨有《士禮》，高堂生能言之。」據《史記》高堂生所傳《士禮》即今十七篇之《儀禮》，是史公所云《禮》，止數《儀禮》，不及《周禮》與《禮記》也。《漢書·藝文志》：「《禮》：古經五十六卷，經七十篇，原注：「后氏、戴氏。」劉敞曰：「七十，當作十七。」《記》百三十一篇，《明堂陰陽》三十三篇，《王史氏》二十一篇，《曲臺后倉》九篇，《中庸說》二篇，《明堂陰陽說》二篇，❶《周官經》六篇。」據《漢書》「經十七篇」，即今十七篇之《儀禮》；「古

❶「二」，《漢書·藝文志》作「五」。

經五十六篇」，則合逸《禮》言之：「《記》百三十一篇」，今四十九篇之《禮記》在內。《明堂陰陽》，今《明堂位》、《月令》在內。《中庸説》，即今《禮記》之《中庸》，而《志》皆不稱經。《周官經》別附於後，是班氏所云經止數《儀禮》，不及《周禮》與《禮記》也。《志》曰：「帝王質文，世有損益，至周曲爲之防，事爲之制，故曰『禮經三百，威儀三千』。及周之衰，諸侯將踰法度，惡其害己，皆滅去其籍，自孔子時而不具，至秦大壞。漢興，魯高堂生傳《士禮》十七篇。於孝宣世，❶后倉最明，戴德、戴聖、慶普皆其弟子，三家立於學官。《禮》古經者，出於魯淹中及孔氏，學七十篇文相似，多三十九篇，及《明堂陰陽》、《王史氏記》，多天子諸侯卿大夫之制，雖不能備，猶瘉倉等推《士禮》而致於天子之説。」劉敞曰：「讀當云『《禮》古經者，出於魯淹中及孔氏』。孔氏則安國所得壁中書也。『學七十篇』當作『與十七篇文相似』，五十六卷除十七，正多三十九也。」《禮記·奔喪》正義曰：「鄭云逸《禮》者，《漢書·蓺文志》云漢興始於魯淹中得古《禮》五十七篇，其十七篇與今《儀禮》正同，其餘四十篇藏在祕府，謂之逸《禮》。其《投壺禮》亦此類也。又《六蓺論》云：『漢興，高堂生得《禮》十七篇，後孔子壁中得古文《禮》五十七篇，其十七篇與前同而字多異。』」孔疏引《漢志》云「十七篇」，可證今本之誤，與劉氏説正合；而云「古文《禮》五十七篇，其餘四十篇」，則又誤多一篇，與《漢志》云五十六卷多三十九篇之數不合。古云篇卷有同有異，此則五十六卷即五十六篇，蓋篇卷相同者，《禮記正義序》

❶「於」，《漢書·藝文志》作「迄」。

引《六藝論》作「古文《禮》凡五十六篇」不誤，下云「其十七篇與高堂生所傳同而字多異，其十七篇外則逸《禮》是也」，説尤詳明。下又云「《周禮》爲本，則聖人體之；《儀禮》爲末，賢人履之」，蓋孔穎達推論之辭，諸家輯本皆不以爲鄭君之論。丁晏《儀禮釋注敍》據此以爲《儀禮》大題，疑鄭君自名其學，非也。

論鄭君分別今之儀禮及大戴禮小戴禮記甚明無小戴删大戴之説

《禮記正義序》又引《六藝論》云：「案《漢書·藝文志》《儒林傳》云：『傳《禮》者十三家，唯高堂生及五傳弟子戴德、戴聖名在也。』❶五傳弟子者，熊氏云：『則高堂生、蕭奮、孟卿、后倉及戴德、戴聖爲五也。』」又引《六蓺論》云：「今《禮》行於世者，戴德、戴聖之學也。」又云：「戴德傳記八十五篇，則《大戴禮》是也。戴聖傳記四十九篇，則此《禮記》是也。」鄭君分別今之《儀禮》及《大戴禮》、《小戴禮記》甚明。近人推闡鄭義者，陳壽祺《左海經辨》爲最晰，其説曰：「壽祺案：二戴所傳記，《漢志》不別出，以其具於百三十一篇記中也。《樂記》正義引《別録》有《禮記》四十九篇，此即小戴所傳，則大戴之八十五篇亦必存其目。蓋《別録》兼載諸家之本，視《漢志》爲詳矣。《經典釋文序録》引陳邵晉司空長史。《周禮論序》云：『戴德删古《禮》二百四篇爲八十五篇，謂之《大戴禮》。聖删《大戴禮》爲四十九篇，是爲《小戴禮》。後漢馬融、盧植考諸家同異，附戴聖篇章，去其緐重，及所敍略，而行於世，即今之

❶ 下「戴」字，原作「載」，今據《經學通論》改。

《禮記》是也。』邵言微誤。《隋書・經籍志》因傅會謂戴聖删大戴之書爲四十六篇，馬融足《月令》、《明堂位》、《樂記》爲四十九篇。休寧戴東原辨之曰：『孔穎達《義疏》於《樂記》云按《别録》《禮記》四十九篇，《後漢書・橋玄傳》：「七世祖仁，著《禮記章句》四十九篇，號曰橋君學。」仁即班固所説小戴授梁人橋仁季卿者也。劉、橋所見篇數已爲四十有九，不待融足三篇甚明。康成受學於融，其《六藝論》亦但曰戴聖傳記四十九篇。作《隋書》者徒謂《大戴》闕篇即《小戴》所録，而尚多三篇，遂聊歸之融耳。』壽祺案：橋仁師小戴，《後漢書》謂『從同郡戴德學』，亦誤。又《曹褒傳》：『父充，持慶氏《禮》，褒又傳《禮記》四十九篇，教授諸生千餘人，慶氏學遂行於世。』然則褒所受於慶普之《禮記》亦四十九篇也。二戴、慶氏皆后倉弟子，惡得謂小戴删大戴之書耶？《釋文序録》云：『劉向《别録》有四十九篇，其篇次與今《禮記》同。』然則謂馬融足三篇者妄矣。」又曰：「錢詹事大昕《漢書考異》云：『《小戴記》四十九篇，《曲禮》、《檀弓》、《雜記》皆以簡策重多，分爲上下，實止四十六篇，合《大戴》之八十五篇正協百三十一篇之數。』壽祺案：今二《戴記》有《投壺》、《哀公問》兩篇篇名同。《大戴》之《曾子大孝》篇見《小戴》，《祭義》、《諸侯釁廟》篇見《小戴・雜記》，《朝事》篇自『聘禮至諸侯務焉』見《小戴・聘義》，《本事》篇自『有恩有義』至『聖人因殺以制節』見《小戴・喪服四制》，其它篇目尚多同者。《漢書・王式傳》稱《驪駒》之歌在《曲禮》。服虔注云：『在《大戴禮》。』《五經異義》引《大戴・禮器》，《毛詩・豳譜》正義引《大戴禮・文王世子》，唐皮日休有補《大戴禮・祭法》。

又《漢書·韋玄成傳》引《祭義》，《白虎通·畊桑》篇引《祭義》、《曾子問》，《情性》篇引《閒傳》，《崩薨》篇引《檀弓》、《王制》，蔡邕《明堂月令論》引《檀弓》，其文往往爲《小戴記》所無，安知非出《大戴》亡篇中，如《投壺》、《釁廟》之互存而各有詳略乎？《大戴禮》亡篇四十七，唐人所見已然。《白虎通》引《禮·謚法》、《王度記》、《三正記》、《別名記》、《親屬記》、《五帝記》，《少牢饋食禮》注引《禘于太廟禮》，疏云《大戴禮》文。《周禮注》引《王霸記》，《明堂月令論》引《佋穆》篇，《風俗通》引《號謚記》，《論衡》引《瑞命》篇，皆《大戴》逸篇，其他與《小戴》出入者，略可舉數，豈能彼此相足？竊謂二戴於百三十一篇之記，各以意斷取，異同參差，不必此之所棄，即彼之所録也。」

論周禮在周時初未舉行亦難行於後世

漢今文家張禹、包咸、周生烈、何休、林碩，不信《周禮》者也。賈疏云：「張、包、周、何、林不信《周禮》爲周公所作。」古文家劉歆、杜子春、鄭興、鄭衆、衛宏、賈逵、許慎、馬融、鄭玄，尊信《周禮》者也。自漢至今，於《周禮》一書疑信各半。《周禮》體大物博，即非周公手筆而能作此書者，自是大才，亦必掇拾成周典禮之遺，非盡憑空撰造，其中即或有劉歆增竄，亦非歆所能獨辦也。惟其書是一家之學，似是戰國時有志之士據周舊典，參以己意，定爲一代之制，以俟後王舉行之者。蓋即《春秋》素王改制之旨。故其封國之大，設官之多，與各經不相通，所以張、包、周、何、林皆不信。古文家即尊信《周禮》，亦但可以《周禮》解《周禮》，不可以《周禮》解各經，而馬、鄭注《尚書》官制、服制皆引《周禮》爲證。即如其説，以《周禮》爲周公手定，亦不得强虞、夏以從周，況《周禮》未必出於周公，豈可據之以易舊説乎？《禮記》七十子之後所作，未知與作《周禮》者孰先孰後。其説《禮》與《周禮》或異，當各從其説以解之。鄭以《周禮》爲經，《禮記》爲記，一切據《周禮》爲正，未免有武斷之失。《周禮》晚出，本無師授，文字奇古，人多不識，鄭註所引故書乃其原本，杜、鄭諸儒始爲正音讀，明通假。鄭君所云「二三君子所變易，灼然如晦之見明」，使山巖屋壁之書，得以昭見於世，其有功於《周禮》甚大。而因尊信《周禮》太過，一經明而各經皆亂，則諸儒亦不能無過矣。《周禮》鄭註、賈疏之外，王安石、王昭禹、王與之、易祓之説皆有可采。近人沈彤《周官禄田考》、王鳴盛《周禮軍賦説》皆能自成一家之説，但未能疏全書。治此經者仍以《註疏》爲主。《考工記》據胡無弓車之類，亦屬戰國人作，文字奥美在《周官》上，可考古人制器尚象之遺。宋林希逸《鬳齋考工記解》，於古器制度未詳核。近人戴震《考工記圖》、程瑶田《考工創物小記》、阮元《車制圖考》、鄭珍《輪輿私箋》，皆有發明，惟詳於車而他物尚略。（陳澧云：「記以輪爲首，有旨哉！古人以輪行地，今外國竟以輪行水，且西洋人奇器圖説所載諸器，多以輪爲用。算法之割圜，亦輪之象也。」予謂《易》既濟、未濟皆水火，而爻辭皆云「曳其輪」，亦有微旨。）今當振興工藝之日，學者能遠求《考工》之法，必當大著成效。《周禮》自王莽、蘇綽、王安石試行不驗，後人引以爲戒。王莽篡弑之賊，本非能行《周禮》之人，其所致亡，亦非因行《周禮》。蘇綽於宇文泰時行《周禮》頗有效，隋、唐法制多本字文。王安石創新法，非必原本《周禮》，賒貸市易特其一端，實因宋人恥言富强，不得不上引周公以箝服異議。後人謂安石以《周禮》亂天下，是爲安石所欺。安石嘗云：「法先王之政者，法其意而已。」此言極其通達，故知其所行法非事事摹周也。《周禮》在周時初未舉行，如王畿居中、封公五百里之類。何能行於後世？古之治天下至纖至悉，後世尚簡而戒煩苛，無論賒貸市易必不可行，即飲射讀法亦將大擾。然則法《周禮》者，亦但可如安石所云「法其意而已」矣。

論周官之法不可行於後世馬端臨文獻通考言之最晰

馬端臨曰：「按《周禮》一書，先儒信者半，疑者半。其所以疑之者，特不過病其官冗事多，瑣碎而繁擾耳。然愚嘗論之，經制至周而詳，文物至周而備，有一事必有一官，無足怪者。有如閽閽卜祝各設命官，衣膳泉貨俱有司屬。自漢以來，其規模之瑣碎，經制之煩密，亦復如此，特官名不襲六典之舊耳。固未見其爲行《周禮》，而亦未見其異於《周禮》也。獨與百姓交涉之事，則後世惟以簡易闊略爲便，而以《周禮》之法行之，必至於厲民而階亂。王莽之王田市易，介甫之青苗、均輸是也。後之儒者見其效驗如此，於是疑其爲歆、莽之僞書，而不可行。或以爲無《關雎》、《麟趾》之意，則不能行。愚俱以爲未然。蓋《周禮》者，三代之法也。三代之時，則非直周公之聖可行，雖一凡夫亦能行。三代而後，則非直王莽之矯詐、介甫之執愎不可行，而雖賢哲亦不能行。其故何也？蓋三代之時，寰宇悉以封建，天子所治不過千里，公侯則自百里以至五十里，而卿大夫又各有世食祿邑，分土而治，家傳世守。民之服食日用悉仰給於公上，而上之人所以治其民者，不啻如祖父之於其子孫，家主之於其臧獲。田土則少而授，老而收，於是乎有鄉遂之官，又從而視其田業之肥瘠，食指之衆寡，而爲之斟酌區畫，俾之均平。貨財則盈而斂，乏而散，於是乎有泉府之官，而從而補其不足，助其不給，或賒或貸，而俾之足用，所以養之者如此。司徒之任，則自鄉大夫、州長以至閭胥、比長，自遂大夫、縣正以至里宰、鄰長，歲終正歲，四時孟月，皆徵召其民，考其德藝，糾其過惡，而加以勸懲。司馬之任，則軍有將，師有帥，卒有長，四時仲月，則有振旅、治兵、茇舍、大閱之法，以旗致民，行其禁令，而加以誅賞，所以教之者如此。上下蓋弊弊焉，察察焉，幾無寧日矣。然其事雖似煩擾，而不見其爲法之弊者，蓋以私土予人，痛癢常相關，脈絡常相屬，雖其時所謂諸侯卿大夫者未必皆賢，然既世守其地，世撫其民，則自不容不視爲一體。既爲一體，則姦弊無由生，而良法可以世守矣。自封建變而爲郡縣，爲人君者宰制六合，穹然於其上，而所以治其民者則諉之百官、有司、郡守、縣令，爲守令者率三歲而終更，雖有龔、黄之慈良，王、趙之明敏，其始至也茫然如入異境，積日累月，方能諳其土俗，而施以政令。往往期月之後，其善政方可紀，纔再期而已及瓜矣。其有疲愞貪鄙之人，則視其官如逆旅傳舍，視其民如飛鴻土梗，發政施令，不過授成於吏手。既授成於吏手，而欲以《周官》行之，則事煩而政必擾，政擾而民必病，教養之恩未孚，而追呼之苛嬈已亟矣。是以後之言善政者，必曰事簡。夫以《周禮》一書觀之，成周之制未嘗簡也。自土不分胙，官不世守，爲吏者不過年除歲遷，多爲便文自營之計。於是國家之法度，率以簡易爲便，慎無擾獄市之説，治道去太甚之説，遂爲經國庇民之遠猷。所以臨乎其民者，未嘗有以養之也，苟使之自無失其養，斯可矣；未嘗有以教之也，苟使之自無失其教，斯可矣。蓋壤地既廣，則志慮有所不能周；長吏數易，則設施有所不及竟。於是法立而姦生，令下而詐起，處以簡靖，猶或庶幾；稍涉繁夥，則不勝其瀆亂矣。《周禮》所載凡法制之瑣碎煩密者，可行之於封建之時，而不可行之於郡縣之後。必知時適變者，而後可以語通經學古之説也。」錫瑞案：馬氏謂《周禮》可行於封建，不可行於郡縣，以壤地既廣，長吏數易之故，最爲通論。今壤地之廣過於南宋，長吏數易亦甚於南宋，彼時守吏猶必三歲而更，今且一歲而數易矣。使與百姓交涉，能至纖至悉乎？外國之法所以纖悉備舉者，以去封建未遠，日本與德意志皆初合侯國爲一者。壤地不大，官制不同之故。今人作《泰西采風記》、《周禮政要》，謂西法與《周禮》暗合。

春秋通論

論春秋大義在誅討亂賊微言在改立法制孟子之言與公羊合朱子之注深得孟子之旨

《春秋》有大義，有微言。所謂大義者，誅討亂賊，以戒後世是也。所謂微言者，改立法制，以致太平是也。此在孟子已明言之，曰：「世衰道微，邪説暴行又作，臣弑其君者有之，子弑其父者有之，孔子懼，作《春秋》。《春秋》，天子之事也。是故孔子曰：『知我者，其惟《春秋》乎？罪我者，其惟《春秋》乎？』」趙注：「設素王之法，謂天子之事也。」朱注引胡氏曰：「罪孔子者，以謂無其位，而託二百四十年南面之權。」朱注又曰：「仲尼作《春秋》以討亂賊，則治世之法垂於萬世，是亦一治也。」孟子又曰：「王者之迹熄而《詩》亡，《詩》亡然後《春秋》作。晉之《乘》，楚之《檮杌》，魯之《春秋》，一也。其事則齊桓、晉文，其文則史。孔子曰：『其義則丘竊取之矣。』」趙注：「竊取之以爲素王也。」朱注：「此文承上章歷敍羣聖，因以孔子之事繼之，而孔子之事莫大於《春秋》，故特言之。」錫瑞案：孟子説《春秋》義極閎遠，據其説可見孔子空言垂世，所以爲萬世師表者，首在《春秋》一書。孟子推孔子作《春秋》之功，可謂天下一治，比之禹抑洪水、周公兼夷狄驅猛獸。又從舜「明於庶物」説到孔子作《春秋》，以爲其事可繼舜、禹、湯、文、武、周公，且置孔子删《詩》《書》、訂《禮》《樂》、贊《周易》皆不言，而獨舉其作《春秋》，可見《春秋》有大義微言，足以治萬世之天下，故推尊如此之至。兩引孔子之言，尤可據信。是孔子作《春秋》之旨，孔子已自言之。孔子作《春秋》之功，孟子又明著之。孔子懼弑君弑父而作《春秋》，《春秋》成而亂臣賊子懼，是《春秋》大義，天子之事；知我罪我，其義竊取，是《春秋》微言。大義顯而易見，微言隱而難明，孔子恐人不知，故不得不自明其旨。「其事則齊桓、晉文」一節，亦見於《公羊·昭十二年》傳，大同小異，足見孟子《春秋》之學與《公羊》同一師承，故其表章微言，深得《公羊》之旨。趙岐注《孟子》兩處，皆用《公羊》素王之説。朱子注引《胡傳》亦與《公羊》素王説合。素，空也。謂空設一王之法也。即孟子云有王者起，必來取法之意。本非孔子自王，亦非稱魯爲王。後人誤以此疑《公羊》，《公羊》説實不誤。《胡傳》曰：「無其位而託南面之權。」此與素王之説有以異乎？無以異乎？趙岐漢人，其時《公羊》通行，岐引以注《孟子》，固無足怪。若朱子宋人，其時《公羊》久成絶學，朱子非墨守《公羊》者。胡安國《春秋傳》，朱子亦不深信，而於此注不能不引《胡傳》爲説，誠以《孟子》義本如是，不如是則解《孟子》不能通也。後人於《公羊》素王之説羣怪聚罵，並趙岐注亦多詬病，而朱注引《胡傳》則尊信不敢議，豈非知二五而不知十乎？朱子云：「孔子之事，莫大乎《春秋》。」深得《孟子》、《公羊》之旨。云「治世之法，垂於萬世，是亦一治」，亦與《公羊》撥亂功成、太平瑞應相合，人多忽之而不察耳。

論春秋是作不是鈔録是作經不是作史

杜預以爲周公作凡例陸淳駁之甚明

説《春秋》者，須知《春秋》是孔子作，作是做成一書，不是鈔録一過。又須知孔子所作者，是爲萬世作經，不是爲一代作史。經史體例所以異者，史是據事直書，不立褒貶，是非自見；經是必借褒貶是非以定制立法，爲百王不易之常經。《春秋》是經，《左氏》是史。後人不知經、史之分，以《左氏》之説爲《春秋》，而《春秋》之旨晦。又以杜預之説誣《左氏》，而《春秋》之旨愈晦。杜預曰：「《周禮》有史官，掌邦國四方之事，達四方之志。諸侯亦各有國史，大事書之於策，小事簡牘而已。《孟子》曰：『楚謂之《檮杌》，晉謂之《乘》，而魯謂之《春秋》，其實一也。』韓宣子適魯，見《易象》與魯《春秋》，曰：『周禮盡在魯矣。吾乃今知周公之德與周之所以王。』韓子所見，蓋周之舊典禮經也。周德既衰，官失其守，上之人不能使《春秋》昭明，赴告策書諸所記注多違舊章，仲尼因魯史策書成文，考其真僞，而志其典禮，上以遵周公之遺制，下以明將來之法，其教之所存，文之所害，則刊而正之，以示勸戒。其餘則皆即用舊史。」錫瑞案：杜預引《周禮》、《孟子》皆不足據。《孟子》言魯之《春秋》止有其事、其文而無其義，其義是孔子創立，非魯《春秋》所有，亦非出自周公。若周公時已有義例，孔子豈得不稱周公，而攘爲己作乎？杜引《孟子》之文不全，蓋以其引孔子云云，不便於己說，故諱而不言也。《周禮》雖有史官，未言史有凡例。杜預云：「其發凡以言例，皆經國之常制，周公之垂法。」《正義》曰：「今案《周禮》竟無凡例。」是孔穎達已疑其說，特以疏不駁注，不得不强爲傅會耳。《正義》又曰：「先儒之說《春秋》者多矣，皆云丘明以意作傳，說仲尼之經，凡與不凡無新舊之例。」據孔說，則杜預以前如賈逵、服虔諸儒說《左氏》者，亦未嘗以凡例爲周公作。蓋謂丘明既作傳，又作凡例，本是一人所作，故無新例、舊例之別也。至杜預乃專據韓宣疑似之文，盡翻前人成案，以《左氏傳》發凡五十爲周公舊例。周衰史亂，多違周公之舊，仲尼稍加刊正，餘皆仍舊不改，其稱書不書、先書故書、不言不稱書曰之類，乃爲孔子新例。此杜預自謂創獲，苟異先儒，而實大謬不然者也。自孟子至兩漢諸儒皆云孔子作《春秋》，無攙入周公者。及杜預之說出，乃有周公之《春秋》，有孔子之《春秋》，周公之凡例多，孔子之變例少。若此，則周公之功大，孔子之功小。以故唐時學校尊周公爲先聖，抑孔子爲先師，以生民未有之聖人不得專享太牢之祭，止可降居配享之列。《春秋》之旨晦，而孔子之道不尊，正由此等謬説啟之。據孟子説孔子作《春秋》，是一件絶大事業，大有關繫文字。若如杜預經承舊史，史承赴告之説，止是鈔録一過，並無褒貶義例，則略識文字之鈔胥皆能爲之，何必孔子？即曰「據事直書」、「不虛美，不隱惡」，則古來良史如司馬遷、班固等亦優爲之，何必孔子？孔子何以有知我、罪我，其義竊取之言？孟子何以推尊孔子作《春秋》之功，配古帝王，説得如此驚天動地？與其信杜預之説，奪孔子制作之功，以歸之周公，曷若信孟子之言，尊孔子制作之功，以上繼周公乎？陸淳《春秋纂例》駁杜預之説，曰：「杜預云『凡例皆周公之舊典禮經』，按其《傳例》云『弒君稱君，君無道也；稱臣，臣之罪也』，然則周公先設弒君之義乎？又曰『大用師曰滅，弗地曰入』，又周公先設相滅之義乎？又云『諸侯同盟薨則赴以名』，又是周公令稱先君之名以告鄰國乎？雖夷狄之人不應至此也。」案陸淳所引後一條，即《左氏》所謂禮經，杜預所謂常例。陸駁詰明快，不知杜預何以解之？祖杜預者又何以解之？柳宗元亦曰：「杜預謂例爲周公之常法，曾不知侵伐入滅之例，周之盛時不應預立其法。」與陸氏第二條説同。

論春秋是經左氏是史必欲强合爲一反致信傳疑經

《左氏》敍事之工、文采之富，即以史論，亦當在司馬遷、班固之上，不必依傍聖經，可以獨有千古。《史記》、《漢書》後世不廢，豈得廢《左氏》乎？且其書比《史》、《漢》近古，三代故實、名臣言行，多賴以存。如納鼎有諫，觀社有諫，申繻名子之對，御孫別男女之贄，管仲辭上卿之饗，魏絳之述夏訓、虞箴，郯子之言紀官，子革之誦《祈招》，且有齊虞人之守官，魯宗人之守禮，劉子所云天地之中，子産所云天地之經，胥臣敬德之聚，晏子禮之善物，王應麟《漢制考序》嘗歷舉之，顧棟高、陳澧皆引之，以爲《左氏》之善矣。然《左氏》記載誠善，而於《春秋》之微言大義實少發明，則陸淳《春秋纂例》嘗言之矣：「或問：無經之傳，有仁義誠節、知謀功業、政理禮樂、讜言善訓多矣，頓皆除之，不亦惜乎？答曰：此經，《春秋》也。此傳，《春秋傳》也。非傳《春秋》之旨，理自不得録耳，非謂其不善也。且歷代史籍，善言多矣，豈可盡入《春秋》乎？其當示於後代者，自可載於史書爾。今《左氏》之傳見存，必欲耽玩文彩，記事迹者覽之可也。若欲通《春秋》者，即請觀此傳焉。」錫瑞案：陸氏自言其所作《集傳》，不取《左氏》無經之傳之義，治《春秋》者皆當知此義，分別《春秋》是經，《左氏》是傳，離之雙美，合之兩傷。經本不待傳而明，故漢代《春秋》立學者止有《公羊》，並無《左氏》，而《春秋經》未嘗不明。其後《左氏》盛行，又專用杜預《集解》，學者遂執《左氏》之說爲《春秋》之義，且據杜氏之說爲《左氏》之義，而《春秋》可廢矣。分別《春秋》、《左氏》最明者，惟唐大中時工部尚書陳商《立春秋左傳學議》：「以孔子修經褒貶善惡類例分明，法家流也。左丘明爲魯史，載述時政，惜忠賢之泯滅，恐善惡之失墜，以日繫月，修其職官，本非扶助聖言，緣飾經旨，蓋太史氏之流也。舉其《春秋》則明白而有識，合之《左氏》則叢雜而無徵。杜元凱曾不思夫子所以爲經，當以《詩》、《書》、《周易》等列。丘明所以爲史，當與司馬遷、班固等列。取二義乖剌不侔之語，參而貫之，故微旨有所不周，宛章有所未一。」此義載令狐澄《大中遺事》、孫光憲《北夢瑣言》。陳商在唐代不以經學名，乃能分别夫子修經與《詩》、《書》、《周易》等列，丘明作史與《史記》、《漢書》等列，以杜預參貫經傳爲非，是可謂卓識。其謂《左傳》「非扶助聖言」，即漢博士云「丘明不傳《春秋》」之説也。「非緣飾經旨」，即晉王接云「《左氏》自是一家言，不主爲經發」之説也。經史體例判然不同，經所以垂世立教，有一字褒貶之文；史止是據事直書，無特立褒貶之義。杜預、孔穎達不知此意，必欲混合爲一，又無解於經傳參差之故，故不能據經以正傳，反信傳而疑經矣。

論公羊左氏相攻最甚何鄭二家分左右袒皆未盡得二傳之旨

《公羊疏》云：「《左氏》先著竹帛，故漢時謂之古學。《公羊》漢世乃興，故謂之今學。是以許慎作《五經異義》云『古者，《春秋》左氏説。今者，《春秋》公羊説』是也。」又引戴宏序云：「子夏傳與公羊高，高傳與其子平，平傳與其子地，地傳與其子敢，敢傳與其子壽，至漢景帝時壽乃共弟子齊人胡母子都著於竹帛。」錫瑞案：戴宏漢人，其言當可信據。《左氏》書先出而不傳口授之義，《公羊》書後出而實得口授之傳，此漢所以立《公羊》而不立《左氏》也。漢今古文家相攻擊，始於《左氏》、《公羊》；而今古文家相攻若仇，亦惟《左氏》、《公羊》爲甚。四家《易》之於《費氏易》，三家《尚書》之於古文《尚書》，三家《詩》之於《毛詩》，雖不並行，未聞其相攻擊。漢博士惟以《尚書》爲備，亦未嘗攻古文。惟劉歆請立《左氏》，則博士以左丘明不傳《春秋》抵之。韓歆請立《左氏》，則范升以《左氏》不祖孔子抵之。鄭衆作《長義》十九條十七事論《公羊》之短、《左氏》之長。賈逵作《長義》四十條云「《公羊》理短，《左氏》理長」。李育讀《左氏傳》雖樂文采，然謂不得聖人深意，作《難左氏》四十一事。何休與其師羊弼追述李育意，以難二傳，作《公羊墨守》、《左氏膏肓》、《穀梁廢疾》。鄭康成《鍼膏肓》、《發墨守》、《起廢疾》。隗禧謂：「《左氏》爲相斫書，不足學。」鍾繇謂：「《左氏》爲大官，《公羊》爲賣餅家。」各經皆有今古文之分，未有相攻若此之甚者。蓋他經雖義説不同，尚未大相反對。惟《左氏》與《公羊》不止義例不合，即事實亦多不符。《左氏》以文、宣爲父子，昭、定爲兄弟，《公羊》以文、宣爲兄弟，昭、定爲父子，魯十二公倫序已大不同。《左氏》經作「君氏卒」，以爲魯之聲子，《公羊》經作「尹氏卒」，以爲周之世卿，所傳之經一字不同，而一以爲婦人，一以爲男子，乖異至此，豈可並立？平心而論，以「《左氏》爲相斫書」，則詆之大過，亦由治《左氏》者專取莫敖采樵、欒枝曳柴之類有以致之。以「《左氏》爲大官，《公羊》爲賣餅家」，專以繁簡詳略言之，不關大義。鄭衆、賈逵《長義》不傳，賈所舉《左氏》深於君父，不可據，已見前。李育、羊弼書亦不傳，何休《墨守》僅存一二，《廢疾》得失互見，《膏肓》以《左氏》所載之文爲左氏之罪，未知國史據事直書之例，且駮論多瑣細，惟兵諫、喪娶數條於大義有關。鄭《發墨守》亦僅存一二，《起廢疾》亦得失互見，《鍼膏肓》多强説，以文公喪娶爲權制，豈有喪娶可以從權者乎？《後漢書》於鄭康成《鍼膏肓》下云：「自是《左氏》大興。」蓋鄭君雖先習《公羊》，而意重古學，常軒《左氏》而輕《公羊》，重其學者意有偏重，遂至《左氏》孤行。自漢以後，治《公羊》者如晉之王接、王愆期已不多見。《北史·儒林傳》云：「何休《公羊傳》大行於河北。」而其傳載習《公羊》者止有梁祚一人。且傳又云：「《公羊》、《穀梁》多不措意。」則以爲河北行《公羊》似非實録。《唐志》《公羊疏》無撰人名氏，《崇文總目》或云徐彦，《郡齋讀書志》引李獻民説同。董逌《廣川藏書志》亦稱世傳徐彦，不知時代，意其在貞元、長慶之後。王應麟《小學紺珠》謂《公羊疏》徐彦撰，《宋志》直云：「徐彦《公羊疏》三十卷。」嚴可均曰：「不知何據。」即徐彦亦不知何代人。東晉有徐彦，與徐衆同時，見《通典》九十五。又九十九有武昌太守徐彦《與征西桓温牋》，而疏中引及劉宋庾蔚之，則非東晉人。今世皆云唐徐彦，尤無所據，蓋涉徐彦伯而譌耳。疏先設問答，與蔡邕《月令章句》相似，唐疏無此體例。所引書百二十許種，最晚者郭璞、庾蔚之，餘皆先秦漢魏。開卷疏「司空掾」云「若今三府掾是也」，齊、梁、陳、隋、唐無此官制，惟北齊有之，則此疏北齊人撰也。洪頤煊、姚範之説略同。王鳴盛以爲即《北史》徐遵明。攷其年代，似亦相近。惟據《北史》所載遵明傳鄭《易》、《尚書》、三《禮》、服氏《春秋》，未聞傳何氏《公羊》，其弟子亦無治《公羊》學者，則謂彦即遵明，尚在疑似之間。若以「葬桓王」一條同於楊士勛《穀梁疏》，謂徐襲楊疏，當在楊後，又安知楊士勛非襲徐疏乎？

論春秋必有例劉逢禄許桂林釋例大有功於公羊穀梁杜預釋例亦有功於左氏特不當以凡例爲周公所作

《禮記・經解》引孔子曰：「屬辭比事，《春秋》教也。」又曰：「《春秋》之失，亂。」《經解》引此爲夫子自道，是猶《孟子》兩引孔子之語，皆聖人自發其作《春秋》之旨，最可憑信。古無例字，屬辭比事即比例。《漢書・刑法志》師古曰：「比，以例相比况也。」《後漢書・陳寵傳》注：「比，例也。」夫子以《春秋》口授弟子，必有比例之説，故自言屬辭比事爲《春秋》教。《春秋》文簡義繁，若無比例以通貫之，必至人各異説，而大亂不能理，故曰「《春秋》之失，亂」。亂由於無比例，是後世説經之弊，夫子已豫防之矣。何休《公羊解詁序》曰：「往者略依胡母生《條例》，多得其正。」是胡母生以《公羊傳》著於竹帛，已爲之作《條例》。董仲舒曰：「《春秋》無達例。」則董子時，公羊《春秋》已有例可知。胡母生《條例》散見《解詁》，未有專書。何休《文謚例》僅見於疏所引。《公羊傳條例》見於《七録》，今佚。劉逢禄作《公羊何氏釋例》以發明之，其釋時月日例，引子思贊《春秋》「上律天時」，以爲《春秋》不待褒譏貶絶，以月日相示，而學之者湛思省悟，推闡甚精。《穀梁》時月日例更密於《公羊》，許桂林作《穀梁釋例》以發明之，其有功於《穀梁》，與劉逢禄有功於《公羊》相等。范甯解《穀梁》亦有例，《四庫提要》曰：「自序有『商略名例』之句，疏稱『甯别有略例百餘條，此本不載』，然注中時有『傳例曰』字，或士勛割裂其文，散入《注疏》中歟？」陳澧曰：「楊疏有稱范氏《略例》者，有稱范《例》者，有稱范氏《别例》者，皆即《略例》也。范氏注中已有例，又别爲《略例》，故可稱《别例》。」楊疏所引二十餘條，王仁圃《漢魏遺書鈔》已鈔出。據此，則《公羊》、《穀梁》二家説《春秋》者皆有例矣。左氏之例，始於鄭興、賈徽，其子鄭衆、賈逵各傳家學，亦有條例。潁容已有《釋例》，在杜預之前。《左氏傳》本無日月例，孔疏曰：「《春秋》諸事皆不以日月爲例，其以日月爲義例者，唯卿卒、日食二事而已。」陳澧曰：「此説可疑。豈有一書内唯二條有例者乎？且『日食不書日，爲官失之』，其説通。『大夫卒，公不與小斂，不書日』，則不可通。孔巽軒云：『九月甲申，公孫敖卒於齊』，公豈得與小斂乎？此無可置辨矣。蓋《左傳》無日月例，後人附益者，以《公》、《穀》有之，故亦倣效而爲此二條耳。」錫瑞案：二條爲後人附益，固無可疑。即五十凡，亦未知出自何人，然鄭、賈、潁已言例在前，則非杜預所創，特不當以舊例爲周公所定耳。

王制箋序

朱子謂《周禮》、《王制》皆制度之書，以二書説制度最詳，舉以並論，初無軒輊。説者以《周禮》爲周公作，則揚之太高；以《王制》爲漢博士作，則抑之太甚。惟何劭公以《周禮》爲六國時書，鄭康成以《王制》在赧王之後，當得其實。據二君説，則二書時代不甚遠，而古今説異，當由各記所聞。漢主今文，博士説多與《王制》合。《白虎通》引《王制》最多，是其明證。鄭君以《王制》爲孔子之後大賢所記，則亦知其書出孔門，惟過信《周禮》出周公，解《王制》必引以爲證，則昧於家法，而自生葛藤。今攷鄭注，其失有六：一曰土地。《王制》云：「九州州方千里，三三如九，爲方三千里。」今文説如歐陽《尚書》、《公羊春秋》、《鹽鐵論》、《説苑》、《漢書》、《白虎通》、《論衡》皆云「中國方五千里」。《白虎通》以爲平土三千，蓋合山陵林麓等三分去一者爲五千里。鄭據古文説「中國萬里」，而强爲彌縫，云：「此文改周之法，關盛衰之中，三七之間，以爲説。」其失一。二曰封國。《王制》云：「公侯田方百里。」與《孟子》、《公羊》、《白虎通》合。張、包、周皆不信《周禮》有五百里之封。鄭據《周禮·大司徒》文，創爲周公斥大九州之界，以自圓其説。其失二。三曰官制。《王制》云：「天子三公九卿。」篇中所云大司徒、大司馬、大司空，即三公。冢宰、司寇、大樂正，亦當在九卿之列。鄭據《周禮》六卿，以《王制》之司徒諸官爲《周禮》之司徒諸官，攷其職掌不甚相符。其失三。四曰征税。《王制》云：「市廛而不税，關譏而不征，林麓川澤以時入而不禁。夫圭田無征。」與《孟子》合。《孟子》以「關市不征，澤梁無禁」爲文，正治岐之政。必無周公立法，不遵文王，而創爲苛政者。鄭引《周禮》「門關有征，士田有税」，以爲殷周異制。其失四。五曰祀典。《王制》云：「天子犆礿、祫禘、祫嘗、祫烝。」當如皇氏所引先儒之説，每年祫祭。鄭謂周改夏祭爲礿，以禘爲殷祭，又謂「三年一祫、五年一禘，百王通義」，與經不合。其失五。六曰學制。《王制》云：「小學在公宫南之左，大學在郊。」大學人衆，國不能容。八歲太子不能入郊學，此乃定理，當是通制。鄭誤據下文養老謂王者相變，或貴在國，或貴在郊，貽惑後人，學制至今不明。其失六。鄭君所注偶失，人不知爲注誤，而以爲經誤，遂集矢於此經。如孫希旦謂「漢初未見《周禮》及古文《尚書·周官》篇」，舛謬殊甚。《王制》固非漢人作，漢人安得見魏晉之僞古文哉？《周禮》、《王制》皆詳制度，用其書皆可治天下。《周禮》詳悉，《王制》簡明，《周禮》難行而多弊，《王制》易行而少弊。王莽、蘇綽、王安石强行《周禮》，未有行《王制》者。蓋以《周禮》爲出周公而信用之，《王制》出漢博士而不信用之耳。今據俞樾説，《王制》爲素王所定之制，疏通證明其義，有舉而措之者，知王道之易易，豈同於郢書治國乎？鄭君箋《詩》以毛爲主，「若有不同，便下己意」，今用其法，以箋《王制》，專據今文家説，不用古《周禮》説汩亂經義。全載鄭注，間糾其失。孔疏擇其合者録之。後儒之説，或採一二，而附以己意，俟達者理董之。

古文尚書冤詞平議序

毛大可檢討《古文尚書冤詞》八卷，世傳爲駮《尚書古文疏證》而作。予觀其書，亦不盡然。有明一代，專以宋學取士，其於宋儒之説，如删《孝經》、改《大學》、去《詩·國風》，皆奉爲科律，莫敢異議。獨檢討起而爭之，在當時實能言人所不敢言，不可謂非豪傑之士。惟檢討之才，長於辨駮，務與朱子立異，而意見偏宕，遂有信所不當信，疑所不當疑者。朱子信《儀禮》，是也。檢討因其爲朱子所信，乃謂三禮之中《儀禮》最下，所訂《喪禮》，肆意抨擊。朱子疑古文《尚書》亦是也，檢討因其爲朱子所疑，乃大聲疾呼，爲古文鳴冤，横暴先儒，痛詆同時攻駁古文之人，以曲護黎丘之鬼，皆由意見偏宕使之然也。

夫古文《尚書》並非由朱子始疑之，檢討欲爲平反，意必據有鐵案，乃其所執爲左證者，惟《隋書·經籍志》。《隋志》唐初人作，其時崇信僞孔，立學官，作義贊，史官所采，皆左袒僞學之徒，檢討乃據一家之言，偏斷兩造之獄，豈能反南山不移之案，以鳴千載不白之冤乎？《尚書》一經，自東漢古文汩之於前，東晉古文假之於後，宋以來又各剏異説，迄今紛紛，莫衷一是。或據宋儒之説以駁東晉古文，或據東晉古文以駁宋儒之説，或據東漢古文以駁東晉古文及宋儒説，未有能守西漢今文之學以決是非、正得失者。矧在明末經義湮晦，以閻徵君之精核，攻古文猶用宋儒之説，其餘郝、梅諸君所批駁，多不得要領。僞古文雖當罪，而罪之不得當，宜檢討爲之負罪而稱冤也。檢討是書，其佳處在不用宋儒新説，如武王封康叔、周公留後之類，其弊則在專信僞孔，並《伏傳》、《史記》亦加訾議，與《疏證》互有得失。其是非可對勘而明。予於《疏證》既爲辨正，乃於是書更作《平議》，冀以持兩家之平焉。

鄭志疏證序

《鄭君列傳》云：「門生相與撰玄答諸弟子問五經，依《論語》作《鄭志》八篇。」是《鄭志》乃諸弟子推尊鄭君，比擬孔子，而自比於孔子弟子，裒其問答之語，以爲治鄭學者宜何如寶貴。乃隋、唐《志》皆載《鄭志》卷數，唐人作義疏亦多采用，歷五代宋而遽亡佚，此亦有故。鄭君先通今文，後通古文，先所著書多今文説，後所著書多古文説。據《鄭志》答炅模問：「初爲《記注》，後得《毛傳》，不復改之。」答劉琰問：「《論語注》人間行久，義或宜然，故不復定。」是其所著書，先後不合，並非有意矛盾，故示參差之迹。學者因其參差之迹，正可攷見經學門户之廣。去聖久遠，記者各尊所聞，今、古文皆有師承，不可偏廢。有前所據而後追改者矣，亦有前所據而後不必追改者矣。當時弟子蓋嘗以此致惑，而鄭君自爲解釋，其意已彰彰如是。孔沖遠等不達斯義，解《詩》則疑《禮注》，解《禮》則疑《詩箋》，其於《鄭志》亦疑其與《禮注》、《詩箋》不合，又疑《雜問志》首尾無次，疏家例不駁注，專守一經之注，不欲牽引他人異説，其體例固如是。至因專守一經之故，並注家一人先後之説不能疏通證明，以其少異而疑爲不可信，則唐人已不知是書之可寶貴，宜其至宋而遽亡佚矣。夫自漢至唐，鄭學極盛，其時諺云：「寧道孔孟誤，諱言鄭服非。」承學之士，莫不服膺顔帢，逐康成車後，而於鄭學已不能偏觀盡識，何怪後來攻鄭之紛紛乎？暖暖姝姝，學一先生之言，乃莊子之所譏。後之暖姝者，並一先生之言亦不盡學。唐人宗鄭，既專守一經之注，其餘若《鄭志》等棄之弗顧。宋以後人宗朱，又專守四書之注，其餘若《語類》、《或問》有異於四書注而可備參攷者，亦復棄之如遺。其所見狹隘，不能盡厭後儒之意，後儒起而捃摭他説，以反攻鄭君與朱子，究其所摭他説有不見於本處之注，而見於他處，爲鄭君與朱子所已言者，是爲以鄭攻鄭，以朱攻朱。人但議輪攻者不睹全書，而不知墨守者已先不能折衷壹是。嗜古之士，蓋其閔矣。然則若《鄭志》者，豈非今日所當急治者歟？予治鄭學有年，念是書可與諸經注義參證，以攷鄭君生平學術先後異同之故，且知古人之學與年俱進，常有欿然不滿之意；而於弟子問難，又常有殷然誨人不倦之心，皆後學之所宜法也。《鄭志》有殿本、錢本、孔本、袁本之異。袁後出，最詳審，其中亦有疏失。如引《御覽》「韋曜問曰」一條爲《鄭志》，謂曜亦鄭君弟子，不知此乃《毛詩答雜問》語。韋以孫皓鳳皇二年被誅，華覈疏救之，曰「曜年七十」。鄭君卒於建安五年，距鳳皇二年凡七十四年，是韋不及見鄭，不得在弟子之列也。是書寶應成蓉鏡嘗作《攷證》未畢，僅三十餘紙，栞入《南菁書院叢書》。茲據袁本，復加校訂，成所攷證具列簡端，不敢掠美。其未及者補之，名曰《疏證》，附以《鄭記》與《答臨孝存周禮難》，以存鄭氏一家之學，而發明其大旨如此。

聖證論補評序

治經分門户、相攻擊自王肅之攻鄭君始，僞造古書、依託聖言亦始於肅。漢時劉歆請立左氏《春秋》，博士不敢置對。范升、陳元互相排詆，止爭家法，非有私見。鄭君於許叔重、何邵公亦具有駁難，然《五經異義》或從或駁，《箴膏》《起廢》入室操戈，説《禮》仍多從今《春秋》，君子和而不同，是則是，非則非，未嘗吹毛索瘢，蓄意乘隙，且託聖言以助之攻也。肅集《聖證論》以譏短鄭，蓋自謂取證於聖人之言。《家語》一書，是其根據。鄭君名重天下，肅以爲必假聖訓，乃足以奪其席。兩漢經師聚訟，由今、古文家説不同。鄭兼通今古文，擇善而從，譽之者以爲鄭學宏通，毁之者以爲壞亂家法。肅善賈、馬之學，其父朗師楊賜，楊氏世傳歐陽《尚書》，是肅亦兼通今古文者，乃不能分別家法以難鄭，反舉兩漢今古文聚訟莫決者，一皆託於孔子之言以爲定論，獨不思孔子没而微言絶，重以秦火，學者不見全經，各守顓門，莫能通貫。至於石渠、虎觀，天子稱制臨決，若孔子之言如此彰灼，羣言淆亂折諸聖，尚安此嘵嘵爲哉？漢人作注，發明大義而已。肅注《家語》，如五帝、七廟、郊丘之類，必牽引攻鄭之語，以肆其抨擊，適自發其作僞之覆。故其時鄭學之徒皆云《家語》王肅增加，或云《家語》王肅所作，則肅所謂聖證，人皆知其非出於聖。而自宋以來，猶有信《家語》，祖王肅者。甚矣！人之易惑也。孫叔然《駮釋》，惜不傳於世。馬昭之駮、張融之評，稍具崖略，亦多未盡。《舊唐書·元行沖傳》行沖云：「子雍規玄數十百件。」又云：「王肅改鄭六十八條。」今《聖證論》已亡，玉函山房輯本約三十條，劣得其半，比《漢魏遺書鈔》所輯爲備。

予服膺鄭學，乃據其本，更加校訂，采取先儒申鄭之説，參以己意，爲之《補評》。肅論皆引《家語》互勘，十得七八。亦有不見於《家語》者，《祭法》正義引《聖證論》王肅六宗之説，用《家語》之文。《大宗伯》疏王肅議六宗取《家語》「宰我問六宗」云云，而今《家語》無言六宗者，則世所傳王肅本有缺佚矣。茲引其見於《家語》者，具列其文與注，以抉王肅依託之隱，而申鄭君未盡之旨，庶後人於兩家之得失有所攷焉。

附録

王葵園曰：「史遷從孔安國問《故》，明孔氏嘗爲《故》矣。遷書載《堯典》諸篇多古文説，是古文有説矣。如莽立六宗，建三公，及《三統曆》言文王受命、武王克殷之年，顯背今文，由劉歆創説，此可意定，而必謂古文義説盡出於歆，或不其然。鄭君以漢末儒宗，雜糅今古，爲《書》學一大變。本朝碩學朋興，今古文界域始明，而蔽亦因之。曲阿高密，强仞今文，蔽一。尊尚古文，故抑《伏傳》，蔽二。不信《史記》，擯斥舊聞，蔽三。皮君鹿門以《今文尚書疏證》視余，條理詳密，兼諸大儒之長。余讀君撰箸，每有鍼芥之合。惟於論古文義説，反求於心，未能釋然。因出所見相質，附於諍友之義云。」《今文尚書攷證序》。

葉焕彬曰：「鹿門好學深思，邃於經術，於鄭氏遺説皆有發明。《六藝論疏證》考訂殘闕，别白是非，語必徵實，而言外之旨，則隱然憂學術之淪喪，懼黨禍之憤爭，非盛德君子而能如是之忠言苦口乎？」《六藝論疏證序》。

鹿門交游

胡先生元儀

胡元儀，字子威，湘潭人。諸生。著有《毛詩譜》一卷。《皇清經解續編》。

毛詩譜序例

《詩譜》一卷，鄭君所作。或云二卷，或云三卷，注本有所分也。唐賢奉詔撰定《正義》，割《詩譜》説置《風》、《雅》、《頌》首，今不全滅，賴有此耳。北宋之時，其《譜》竟亡。歐陽永叔稱得殘本，爲之補缺。今發其書，舛駁殊甚，《檜》、《鄭》同譜，彼尚不知，其餘乖方，不暇指摘，殘本欺人，羌不足據。戴氏東原亦訂《詩譜》，仍踵其謬，所正者僅《檜》《鄭》同譜、《王》居《雅》上二事而已。淮安丁晏重加補綴，永叔之謬，頗致疑焉。惜囿于習，未能顯然別爲總譜，略近鄭意，猶未善也。悵前賢之未周，愍將來之多惑，反覆《譜序》所云，灼知其例，爰加訂正，就耳目之所及，暢鄭學之隱微，補其所可補，缺其所已缺，千載沈淪，迷塗斯闢，敢云復鄭之舊，庶幾不遠矣。蓄疑方寸，蓋亦有年。歲在重光，書乃奪稿，不恥狂簡，輒録成篇。條例粗陳，用列于左。

《譜》云：「夷、厲以上，歲數不明。太史《年表》自共和始，歷宣、幽、平王而得《春秋》，次第以立斯譜。」則《譜》必依史公《年表》之體，首列周王，以統乎下。各國有詩之君，列於國之譜，上值周王，以從乎上也。國自爲譜，乖鄭意矣。

《譜》云：「欲知源流清濁之所處，則循其上下而省之。」源流清濁，謂封域之廣狹，政教之得失，即《譜》說是也。循其上下而省之，謂《周》、《召》、《邶》、《鄘》依次上下列之，欲知《周》、《召》則省乎上；欲知《邶》、《鄘》則省乎下也。又云「欲知風化芳臭氣澤之所及，則旁行觀之」，風化芳臭，謂《詩》之美刺，旁行列其目，則芳臭自見，而君之氣澤可知也。《正義》每譜之末，釋某詩某君作，必云「鄭於左方，以此知之」，則《譜》說列於《譜》之右，《詩》篇目列於《譜》之左也。

《檜譜》正義云：「鄭先譜《檜》而接說《鄭》。」《王譜》正義云：「《王詩》次在《鄭》上，《譜》退居《豳》下者，欲近《雅》、《頌》，與王世相次故也。」則《詩譜》之次，《檜》、《鄭》同譜，《王》居《雅》上也。

《鄭譜》《商頌》以宋戴公爲主，云「列之

以備三《頌》」，則《商頌》繫乎宋戴公，以得詩之年統之周宣王也。

《譜》有逸文，見引羣書，别録於後。《毛詩》受授源流，鄭必有説，今亡不具，因附録徐整之説以補之。

《邶鄘譜》正義云：「鄭於其君之下云某詩某作者，準其時之事而言。」則《譜》於每君之下某詩屬之，必言其故。今每《譜》正義必釋某詩某君作，即本鄭君。然非鄭君之辭，故不補入《譜》，别録附末以申鄭義。

詩但列篇目，則風化芳臭不明。今并列序之首句，庶幾旁行觀之，美刺昭然。鄭君之舊，諒必如此矣。

胡先生元玉

胡元玉，字子瑞，湘潭人。諸生，著有《駮春秋名字解詁》一卷，《璧沼集》四卷。《皇清經解續編》。

駮春秋名字解詁自序

六經資故訓以明，故訓緣聲音而顯。是故不知古音，不足與言假借；不知假借，不足與治經。第假借之術，實有二端：一曰古假借，起于未造本字之先，最初之假借也。上古字少，一字恒假爲數字之用，後世始各就其事類，益以偏旁，以爲本字。至許君時，本字孳乳寖多，故往往《説文》有本字，而經典猶用古借字者。如噬齊、齊盛、攝齊、齊戒，經典同用齊字，《説文》則各有作齌、作齍、作齎、作齋之本字，即其例矣。一曰傳寫通假，或以聲義並近而相通，或專取聲近而相假，起于既造本字之後，而非所謂「本無其字，依聲託事」之假借也。二者並由聲起，皆學者所宜知，然而輕重懸殊矣。蓋實從一字得聲之字有窮，而僅聲近之字無窮。苟本字有所難通，不先求之古假借，而專求之聲近通假，則其弊必至使本字茫乎無據，如譯音之無定字，而無不可附會之謬説矣。故以聲近破本字，非于經文上下實有明證不可。近儒混而一之，不别白其輕重，此所以小學日隆，而支離破碎之風亦因以日盛也。高郵王氏小學巨儒，諸所譔述喜言聲近，《名字解詁》破字尤多，雖合于古假借者不少，如云句與拘通、周讀爲輖、帶讀爲蔕之類皆是。而專取同音之字爲説者，頗不免輕易本字之失。人之名字非若《詩》《書》，文理不屬，難可尋繹。全棄本字，悉取同音，心所不安，病之久矣。今以《左氏》授從弟輩，爲講古人名字相輔之故，乃取此書駮正數十人，先録元文，次下己意，俾覽者得以參校得失。其疑而無説易之者，則置不駮。略施匡弼，以遏流弊。趣舍既明，固不必一一求通也。王氏元有闕疑未釋者二十五人，今亦仍其舊目，悉爲補之。

清儒學案卷一百九十三終

清儒學案卷一百九十四

天津徐世昌

東甫學案

魯人尚樸學者，自嘉、道間郝蘭皋、王貫山後，繼起者蓋鮮。東甫孯經信道，於《春秋》三傳能觀其通，而亦潛心宋學。同時佩南諸人，皆博究羣籍，學有本原，實山左諸儒之後勁也。述《東甫學案》。

鄭先生杲

鄭杲，字東父，即墨人。先世籍直隸遷安。父鳴岡，官即墨知縣，有惠政。卒後，貧不能歸，士民懷其德，家遂居焉。先生用即墨籍舉光緒己卯鄉試第一，庚辰成進士，授刑部主事。性至孝，母李賢，撫孤成名。及迎養京邸，晨昏侍奉，猶如孺子之慕。篤學敦行，惟懼無以慰親心。母喪後歸，主講濟南、濼源書院，教士有法。服闋，復至京師。光緒二十六年卒，年四十有九。先生之學，自經訓史傳、朝章國故，以逮百家眾説，無所不涉，獨妣於經。諸經皆致力，尤篤於《春秋》，謂「三傳錯出，必求其通。《左氏》明魯史舊章，二傳明孔子推廣新意，口授傳指，《公羊》明魯道者也，《穀梁》明王道者也，《左氏》則備載當時行用之道，霸道也」。其爲説兼綜三傳，牽引連互，不相違害。凡所論著，亦循乾嘉諸儒軌轍，而獨有意於前哲微言大義，使儒術鑿然可施效。所欲著之書多未就，遺槀刊行者，《春秋説》二卷，《論書序大傳》一卷，《書張尚書之洞勸學編後》一卷，《筆記》一卷，《文集》四卷，《雜著》一卷。參馬其昶撰傳、姚永樸撰遺書序。

春秋説

夫三傳蓋皆《春秋》之真傳，故始未嘗分爭。漢初承是，《左》、《穀》猶出一師。董生專明《公羊》，而亦間稱引《穀梁》，而未嘗詆《左氏》，特不能兼明，而《公羊》獨顯，乃與《左》、《穀》分矣。是時傳《穀梁》必兼傳《左氏》，《左》、《穀》猶未分也。宣帝欲立《穀梁》而恐不勝，老師無存，乃使子政助之，於是説《穀梁》不復顧《左氏》，《左》、《穀》始分矣，然猶未嘗相詆也。申《左氏》而詆《公》、《穀》，自劉歆始，非善申《左氏》者也。賈逵兼治《左》、《穀》，蓋承師法，其獨爲《左氏》奮筆譏短《公羊》，以《左氏》獨絀，而公羊弟子把持故也。三傳交訌於此時矣，然而古學博通之儒，實有兼治三傳一派，子長其最著者。特其業未畢，莫由大顯耳。鄭君能顯之者也，其《發墨守》意在三傳並申，非欲絀《公羊》也。其説《穀梁》之義，必據《左氏》之事，遇不能通，則置之不説，未有説此而害彼者也。且鄭君先通《公羊》，而因以推之《穀梁》，兼信三傳，而求其合焉者也。鄭學既顯，學者多出其塗。向使此塗不塞，合天下之心思，賡續而爲之，以至于今，《春秋》之志，明者必多矣。遭世大亂，學術衰歇，何、杜健者，益務墨守；范氏私心，實啟末派。唐爲定本，苟取速成，三家交訌，鄭學遂絕。江、范濫觴，啖、趙大決，三傳並絀，千載奪流，惜哉！惜哉！雖然，求其合是也，責其同則非也。《易》

曰：「君子以同而異者也。」三傳同而異者也。今試設爲一縱一横，且分且合，分三傳而各觀其横，每一傳中未有一條自相重複者也。《史記》曰：「去其繁重。」合三傳而比觀其縱，此傳與彼傳未有一條互相雷同者也。譬諸上衣下裳，相合而備一身之服，則有之矣。責衣之亦裳，裳之亦衣，是未睹全身者也。宋晉之曰：「設有三人，各注一傳，書成，無一語同，而三人相視而笑，則庶幾矣乎？」

杲始讀三傳之不同也而惑之，既而於其不同者而幸見其同矣，既而同者又見其異矣，最後乃若將見其所以異也。始見其同，喜積惑之可解也，曰有是哉！三傳本相通，而説者必各異之也。此與孔顨軒同。三傳本相通，後之人不自反其智而顧以詆傳也。此與顨軒異矣。雖然，仍無解於其事文義之相乖異者也，故不得已而仍有取於啖、趙之説，《與黄子固書》正是此等見解，猶將謂三傳中有後人附益，不盡是真傳也，則責同之心蔽之也。既而於向之幸見其同者，又見其異焉，則心志漸開，而將不苦其異矣。最後乃又見無乎不異，而曾無一同，則因以將知其所以異矣。乃歎《春秋》之三其傳也，蓋非三不足以傳《春秋》也。故曰三傳皆《春秋》之真傳。

韓文公謂：「孟子死，不得其傳。」此言也，自《春秋》觀之，益信。大抵孟子之前，有旁出之一支，尸子是也，非《春秋》之正傳也。孟子之後，有正下之一支，荀子是也。然而能傳其書而未能究其指也。始吾聞尸子者，商鞅之師也。心疑《穀梁》之尸子非此人也。既讀《商君書》，又意其即此人也。讀《尸子》，益將謂其即此人也。《商君書》曰：「聖人作爲一書，傳之後世，必師授之，然後能知其所謂之名。不師授之，而人以心意議之，至此不能知其名與其意。」嗚呼！後世之爲《春秋》者，鞅之言盡之矣。且其言與《穀梁》爲近，故意其師即此人也。荀卿傷亂世，切陳儒術，子政爲之歎息出涕。今觀《尸子》，其令人欲涕不後於荀卿，而精悍多術，似欲過之。然荀卿論秦治得失及教李斯相秦；斯不能用，荀卿爲之不食。商鞅始説秦以帝王霸之道，不省，卒乃出于無道。尸子未能非之也，依之不去，至鞅敗乃逃。豈荀卿守死不變之比哉？然鞅一用秦而秦以得志，卒兼六國，故自鞅後，天下談治術者多遵之。刑名法術之言盈天下，大抵踵鞅術者也。而此四字，實出《尸子》。《尸子》不專言刑名法術，大抵出于《春秋》而雜以異端，不能專學孔子，而自以爲能兼諸子，又或「知及之，仁不能守之」，故一轉而爲鞅、斯、申、韓及凡當時有道術于時之士，要無不讀《春秋》者，故曰旁出之一支，非正傳也。李斯、韓非皆學於荀卿，而皆畔之。荀卿稱：「非其人而授之術，是爲資盜以兵。」蓋有感於此夫。《春秋》與其進，孟子願學孔子，其設科也往者不追，來者不拒，不聞慮資寇兵。荀卿之言與孔子異矣。荀卿弟子不變者，浮丘伯也，入漢猶存，瑕丘江公、楚王輩皆其弟子，《穀梁》實賴以傳。然《公羊》之義猶待董生，《穀梁》之義卒未章顯。且仲尼祖述堯舜，而荀卿之道不過三代，道過三代謂之蕩，性與天道固所未聞，徒見諸子是古而非三代，與孔子異，而不知百世之王固有其等，夫子賢於堯舜不可誣也。荀卿之性惡，其指也。

十二元也，薨也，葬也，子卒也，夫人之薨、葬也，大夫卒也，諸侯之卒葬也，天子之崩也與其志葬也，凡此諸門，惟薨葬一律皆日，無參差，則傳不言其日義，其餘皆時月日變換，則傳必皆言其義例，此亦可見傳之非妄發且周備矣。抑傳不曰「國之大事日」乎？公薨，夫人薨，葬我君，葬我小君，國之大事也，然則「國之大事日」五字是此五事之日義也。抑傳不曰「恒事不志」乎？此五事在恒則恒，在變則變，苟在《春秋》，斯其變也。且夫事小變小，事大變大，此大事之所以日也。日月莫非謹也，卒葬之日義莫非正也，比觀其凡有傳者，而其無傳者可推也。

少讀《春秋》而有疑焉，曰何獨不爲周設一謀乎？既聞託王於魯之説，姑擬議焉，半釋半不釋也。讀五石、六鷁之傳，而後知《春秋》之王道在辭，而其伉者尤在日月義也。夫前此何必不見此傳，然而不信，是以讀之不審，但知日月之爲例，而不知其有義也；但知諸稱之有譏貶絶以見義，而不知時月日之亦是其辭也。諸稱之所治者小，而日月辭之所正者大，故曰正領譏貶絶也。諸稱不如三稱，三稱不如時月日。古之造文者，三畫連中爲王。時月日一科，譬則其上一層也。「《春秋》祖述堯舜，憲章文武，上律天時，下襲水土」，時月日之義，其「上律天時」者也。子曰：「下學而上達。」此取譬焉，則亦將由諸稱而上達三稱，由三稱而上達時月日也。

石，鷁，其微者也，石、鷁且猶盡其辭，而況於人乎？學者當觀乎人事也。傳曰：「國之大事，[1]日。即位，君之大事也，其不日何也？以年決者，不以日決也。」夫不以日，則亦不以月也。故曰「雖無事，必舉正月，謹始也」。人知元年例舉正月，而不知其爲有所謹也。凡傳之曰「故謹而日之」、「故謹而月之」者，此其舉例矣。曰「以年決」，則爲年之

[1]「國」，《春秋穀梁傳注疏》作「内」。

爲正，舉月不正也。人知定元年無正月之爲變，而不知隱元年必舉正月之已爲變也。《春秋》恒事不志也，甚則日，不甚則月也。十二公之即位，其爲變也小，故月之。定之即位，其變大，故日之也。若何而後爲至正？孔子曰：「古者君薨，王世子聽於冢宰，三年不敢服先王之服，履先王之位，而聽焉。」然則三年爲子畢喪，朝於周，受命而後爲諸侯，是爲正矣。故曰「踰年即位，厲也」，故曰「以年決也」。若曰但觀其年正否已決也，是故《公羊》好言篇而《穀梁》不言篇，《公羊》不譏踰年即位，故分篇而斷觀之，《穀梁》則合而觀之也。此十二元之年月日義也。

觀於三決而後知時月日之莫非決也，觀於所不決而益知其所決也。何謂三決？決日義，一也。決不日而月，二也。以年決者不以日決，三也。是謂三決。年月日各一舉，知其餘之莫非決矣。何謂所不決？「夏五」傳疑是也。明乎「夏五」之外，皆所不疑也。夫「夏五」之爲夏五月，十有九也。人將以爲無疑也，而《春秋》疑焉，曰：「焉知必是月字乎？」苟有毫髮疑，不敢決也。然則其餘之凡曰日、凡曰月、凡曰時者，皆其信而無疑者也。

《穀梁》複傳最多，有一字不異者，則其比必在其不複發者。如「繼正，即位正也」六字於文發之，於成弗發也，人將以爲舉一隅而已者也。然於襄又發焉，於昭又發焉，而於哀又弗發也，然後知其遇正輒發也。成繼宣，哀繼定，非繼正者也，然後知所以繼正者，不但有正終，必其有正始者也。因此可以比觀三路寢之傳。《春秋》書「路寢」三，傳三發焉。此三事自相比者也，有正始而後謂之正終，宣之薨于路寢，不可曰正終也。莊若可矣，然不如成，是故傳三發而各異。夫宣與定皆無正始，宣易知而定介疑似者也。惟此複傳決之矣。莊與成皆有正終，然成則以齋終者也，莊則幸而既病而能居正寢得以齋終者也，亦惟傳辨晳之。又如「聘，問也。聘諸侯，非正也」九字不發於隱七年初見，而發於九年，而於《宣十年》「王季子來聘」復發「聘，問也」三字，一若隨手拉襍，都無條理也者，而不知其大有條理也。不發於七年而發於九年者，以隱爲限斷也。下對聘桓，若曰惟聘隱之爲聘諸侯，而其失爲非正，若聘桓則非聘諸侯，而其失非但不正而已也。於宣復發「聘，問也」三字，若曰聘之爲問所同也，至於下六字則非所施於此者也。又如《隱六年》之「秋七月」不發傳，《隱九年》之「秋七月」乃發傳，曰：「無事焉，何以書？不遺時也。」止發一半。至《桓元年》之「冬十月」乃全發之，曰：「無事焉，何以書？不遺時也。《春秋》編年，四時具，然後爲年。」其俟九年乃發者，下與桓對也。若曰隱無遺時，桓而後有遺時也。其留一半至桓元年乃全發者，下與四年、七年之遺時對，並與九年、十三年之不遺時者對也。若曰桓年之有遺時是不爲年也，然其故在桓而又不盡在桓也。是故四年、七年不爲年，而九年、十三年則猶爲年也夫。然而其所以不爲年之故，可推而知矣。《書》曰：「王省惟歲。」年者，天子之所省也。是故《春秋》之變，莫大於不爲年，而隱無正，桓無王，文無天，次之何？則文無天是文之無天耳，天下猶有天也。若夫不爲年，則非但桓之故也，是天下之故也。是故桓無王矣，而二年與十年之曰王，宋與曹自有王也。文之無天亦然。宋晉之曰：「文二年、十年、十三年之曆時而言『不雨』，蓋『文無天』之見文與？此三年之春夏，自天下之春夏，而文自無春夏也。」以桓二年、十年之曰「王」比觀之，宋説蓋是也。定十四年之遺冬，昭十年之十二月不繫冬，繼此推之。

不但本傳須比觀也，又須二傳相比觀。一事之相值，一字之複見，皆有義理，比觀而屬讀之，必有得也。即如《公羊》曰：「納者何？入辭也。入者何？簒辭也。」此二句屬而讀之，此本傳自相屬也。既屬讀之矣，《穀梁》則入與納總爲「内弗受」。此二傳之相合者乎？然而納有可而入無可也，「納糾」傳曰「當可納」。則《穀梁》加辨晳也。《公羊》分而合，《穀梁》合而分。「我入祊」之「入」，「夫人入」之「入」，「納于太廟」之「納」，《公羊》皆分之。「入極」、「入向」之「入」，《公羊》亦與「小白入于齊」之「入」分爲二，惟「小白入」之「入」爲簒辭。且《穀梁》則侵伐圍入之入與納入之入及「夫人入」之「入」及凡納字總爲「内弗受」，極而至於周有出無入之入，綜爲一入，其爲合併也大矣。《公羊》既分之後，每一分中無分別矣。《穀梁》合併爲一，而于其中詳別之。傳多不可勝録，大抵全傳之中凡見入字之處備録之，一字無遺，則見其首尾相屬，完然成章，是一篇入字傳。以詁訓之學觀之，謂之入字纂詁可也。此屬辭之學也。凡字皆如是屬之。朱子曰：「析之有以極其精，而後合之有以盡其大。」今取譬焉，則亦將曰：「其合而一之，如君子之語大，天下莫能載也；其辨而析之，如君子之語小，天下莫能破也。」故學者能逐字各得其屬，而後此字與彼字可比觀也。即如《公羊》好言微，《穀梁》則有卑有微，卑微之辨則即在傳中。曰「王人，卑者也」，「人，微者也」，兩句不在一處，惟屬讀焉則不煩言而明矣。而《公羊》之所以但言微，亦可知矣。是故一凡伯也，《公羊》曰「不與夷狄之執中國」，天子與諸侯等之爲中國而已，《穀梁》則加崇焉，此天子之使也，有天子之命在，不但執中國而已者也。是故《穀梁》有戎衛、戎晉及狄滕之類而《公羊》無有也，《穀梁》有寰内諸侯而《公羊》無有也。由此而推之，兩部全傳字字皆可比也，故曰：《公羊》諸侯，而《穀梁》天子也。《公羊》非全無天子也，其與周相交接，則曰「有天子在」，而退而自爲於其封内，則曰「上無天子」矣。「上無天子」者，無明天子也，故曰「古者有明天子」，則襄公不得爲若行也。天位殷適，其號何嘗不曰天子，而其行則獨夫也。故湯武之有慚德，不在放伐也。子行三軍在懼與謀，夫謀則預矣。謂周公之伐殷先事不謀者，愚也。明人序《逸周書》譏《酆謀》篇。既謀之矣，而責其志戴天子，不思者也。夫《公羊》固曰：「王者孰謂？謂文王也。」武王、周公繼志述事者也。文王之志若絶無伐者，則達孝何謂也？《孟子》曰：「文王望道而未之見。」子貢曰：「君子之過也，如日月之食，人皆見之。」惟道無過，未之見則不能無過也。如日月之食，則不畏人見也。文、武、周公之道，則盡在《公羊》矣，其過亦盡在《公羊》。然而《公羊》不曰是過也，非《公羊》之識劣也。曰吾所聞之王者，其道恰如是也。故凡《公羊》與《穀梁》異趣之處，大抵以此故也。《穀梁》曰：「天子微，諸侯不享覲。」天子之在者，惟祭與號。夫微之與無，其别則幾矣。古書則已訓微爲無矣。微而無之，《公羊》之不如乎？道其一端矣，《穀梁》則雖微矣，而戴之如天志，未嘗須臾忘也。求諸古者聖人以實之，無見也，是以知其爲孔子之志也。

一伯討也，《公羊》予之，而《穀梁》惡之，然《穀梁》非不與伯討也，於「晉人執宋仲幾」曰「不與大夫之伯討也」，然則諸侯而有伯討，《穀梁》之所與也，特所謂「伯討」者，不同於《公羊》之所謂「伯討」者耳。是故紀子伯，《公羊》無聞，而《穀梁》則有其義焉，曰：「或曰：紀子伯、莒子而與之盟。或曰：年同爵同，故紀子以伯先也。」前一說，明乎伯之由人推。後一說，明乎伯之不以齒，不以爵也，則以德者也。《孟子》曰：「夫豈不義？是或一道也。」夫義與道，宜乎《公羊》之曰「無聞也」。《詩》有之，「因以其伯」，夫因則道也。韓侯爲百蠻所服，不待爵命而既伯百蠻矣，宣王因而命之爲侯伯，故曰「因以其伯」。故其序曰「能錫命諸侯」，而其傳曰「受命」，受命爲侯伯也。《詩》曰伯，傳曰侯伯，而序但曰「錫命諸侯」，何也？《書大傳》曰：「錫弓矢，得專征。錫鈇鉞，得專殺。錫秬鬯，得祭。謂之命諸侯。」命諸侯即侯伯，侯伯即方伯。方者，四方也。四方，四嶽，是故《虞夏傳》曰「巡守四嶽八伯」。八伯：岱、泰山兩伯，曰陽伯、曰義伯；大交、霍山兩伯，曰夏伯，曰羲伯；柳穀、華山兩伯，曰秋伯，曰和伯；幽都、弘山兩伯，曰冬伯，曰垂。爲冬伯、羲伯，蓋即堯所命之羲叔、和仲。垂則舜所命也。義伯，或曰即羲伯之譌。若然，則羲仲也。大交、柳穀、幽都，羲、和所宅也。惟此四伯，是帝命往宅其陽。夏秋冬四伯，不由帝命，蓋所謂因伯者也。《禮》稱「因母喪首」，「因服有子」，曰「因不失其親」。子曰：「因民之所利而利之。」太史公曰：「太上因之。」《老子》曰：「道法自然。」因之謂也。《莊十三年》「會於北杏」之傳曰：「桓非受命之伯也，將以事授之者也。曰可矣乎？未乎？舉人衆之辭也。」二十七年同盟于幽之傳曰：「於是而後，授之諸侯也。其授之諸侯何也？齊侯得衆也。」以下詳説桓之信厚愛民，諸侯信之，是其所以得衆也。傳説伯字之義至此，而「紀子伯」之傳義照然矣。而《公羊》之曰「無聞」，其指亦曉然矣。大抵傳無不成章，一字必自有一篇首尾完備之傳。大抵起隱，桓，尾没乎定、哀，如大地山川，脈絡分明，而條貫如織文五綫，綫長皆如其幅，觀者能察其起訖，即組織之巧可得而觀也。此有其術，依辭而屬之已矣。何謂辭？即如伯字，自「紀子伯」起以下，凡傳中苟見伯字者，則皆伯字傳也。依次編録，都爲一篇，目之曰伯字傳，即傳指豁然呈露，則見其首尾相應，成章自明，不須更加注解也。後之人坐不得其屬耳，譬之織綫長皆竟幅，而觀者顧以爲韤綫也。「屬辭比事，《春秋》教也。」然舍傳而遽屬經，方且不知孰爲辭，而胡由能屬也？學者當知屬傳，《公羊》、《穀梁》皆其辭之傳也。傳如乎經者也，故屬傳即屬經也。《孟子》曰：「其事則齊桓、晉文，其文則史。孔子曰：『其義則丘竊取之矣。』」《公羊》曰：「其序則齊桓、晉文，其會則主會者爲之也，其辭則丘有罪焉爾。」孟子三言，舉三傳者也。《公羊》三言，則但其文之謂也。《春秋》之文有此三者，子之所革者但其辭也。若夫其序、其會一仍其舊，無所革也。後師每欲求孰爲史舊，孰爲筆削，而不知《公羊》明白之矣，是夫子之言也。

然則何以知孰爲其序、其會，孰爲其辭？傳告我矣。曰稱人，討賊之辭也。稱國以殺，君殺大夫之辭也。以是推之，凡稱莫非辭也。曰：「何以不日？遠也。所見異辭，所聞異辭，所傳聞異辭。」時月日莫非辭也，於「以成宋亂」復發焉？「西狩獲麟」復發焉？一發指大夫，再發指十二公，三發指全書也。明乎凡傳所説莫非辭也，傳之所置弗道者，則所謂其序、其會者也。

文集

彖象文言傳疏序

序曰：杲幼時讀《易》，每苦舊説歧出，無所折中。以意求之，縱復有理，無以見其必合聖人。又每讀經文注説既畢，更讀《大傳》，往往義已前盡，轉若贅文。其後稍識《本義》之善，觀其切合語勢，聖人之情乃若可見。然又頗疑經傳各明一義之説，而於前之兩惑抑仍無由盡解。稍長，讀《御纂周易折中》乾彖案語，始悟四德古辭只是一義。因之究觀六十四彖，乃見傳釋經文，辭必相應，有所引申，義未嘗不一貫也。又讀《大象傳》，推其所以分部之故，乃見夫子之謙慎，知義例不可不嚴。因悟後學説《易》但當疏傳，不當越傳而更注經。於是頗思有所纂録，顧念傳主明義，經文取物往往不詳，當時或是共明，今已不勝阻奥，釋之則嫌於破體，不釋則古訓難通，牽兹兩端，擬議未決。又見朱子嘗欲略釋經文，而發其所以然於傳之下。因歎先賢於此已有規度，向之所擬疑其不可復用。最後觀魏高貴鄉公問博士之言，然後所疑涣然，若有所定。蓋觀博士之對，知當日所論，正指鄭本。若使分傳隸經，已如後世，豈容仍曰《彖》、《象》不連經文？用此知《易》之卷弟，鄭君未有所動。其曰「而注連之」者，必是注本單行，釋傳、釋經都居一處，故令讀者見爲連也。如是，則舊帙無所紛更，而經傳自歸一貫。即有釋經之處，更無越傳之由。私幸積年蓄疑，一旦而解，一隙之得，可以不終棄矣。於是放其義例，本用單行，首舉傳文，弟曰自某至某，「小狐」畢舉，下接「天行」；「慎辨」既明，乃釋「陽在」；《彖》、《象》都畢，繼以《文言》。意謂傳本釋經，非自立説。傳義既釋，經文自宣。至於經詳傳略，不容無釋之處，則用《本義》切合語勢之趣，變而通之，俾所解説，雖有連經，要其指歸，只是明傳。未知鄭注連經是否如此？要之，不敢越傳之初指，庶幾不終負焉。

規爲之始，但期擷取諸家，資其成説。既而屬筆，則見前人多是解經，移以疏傳，義雖相通，辭多未應，於是割取本文，不没所自；冠以傳文，明其辭之相屬；申以蒙案，見其義之有徵。若夫解説經文，似已通曉，繩以傳義，未見其然，概從舍旃，無容牽合。若夫《御纂》案語，罔敢割裂，有所稱引，恭録全文，亦綴謹案，明乎前聖、後聖所以符合。又有陳義縱横，文難分隸，漢人目爲通論，其體昉自《繫辭》，若兹之類，另節離居，分附篇末，亦有蒙案，明其所以足徵。當其旁攷前聞，比經合傳，本稽舊訓，時獲新知，則亦附録篇中，姑備一解。以上之等，既取義通，兼求證確。疏義或旁涉他書，取徵則不出《十翼》。用此益知《易傳》獨是完書，自相應合。後學説《易》，誠無庸舍爾靈龜，自蹈迷復者矣。然而兹編雖是疏體，不取辭繁，恐其引申漸遠，語勢迷隔。其中括辭約旨，未經證明者，别爲小箋，即附各篇之後。自明已作，有如《或問》之書；尋省易了，則猶鄭君之意。仍必歸本傳義，以示勿絶其源。凡兹大端，揭諸卷首。其餘細例，散寓箋中。總以見折中夫子，不敢自破其疏傳而不注經之例云爾。六十四篇既完，題曰《彖象傳疏》。

讀宋元學案

道統之説不自宋儒始，孟子由堯舜以來歷數聞知、見知之人已是此意，特後來庚續之者少小不甚著。昌黎、徂徠皆有此言，但其言向約小，和之者亦尚寡。至程子而後，其意大張。至《伊洛淵源録》成，而後其説遂定。自是以來，學者往往好談道統，大抵庚續此《録》者也。道學之得詬，以此一事爲尤甚，然亦其疏隘有以取之，而非道統之不可談與是《録》之不當作也。夫所謂道統者，猶繼祖之有宗孫云爾。諸君子固皆聖人之支裔，而擇其尤賢者以爲宗，此亦奚不可者？然朱子未嘗謂是《録》之外諸君子之學皆無與於道也。後之談道統者，無朱子之識，而主張過甚，故道爲之隘，而學爲之疏。然平心論之，宋元以來，凡世所指目爲承接程、朱之統者，其人之析義必較密，制行必較嚴，使天下之人於聖人之道有所畏而不敢叛，有所慕而興起者，終以此數君子之力爲多。然則道統之談究不可謂非天下之公論也。閔子騫曰：「仍舊貫，如之何？何必改作。」以數百年人心風俗之所繫，可謂舊貫矣。其有缺失，修補之，可也。舉而剗去之，懼風俗爲之仆也。梨洲原本以三十五人標案，仍舊貫之義也。案中小傳，兼取各派，疏隘之病庶幾免矣。讀《總目》二條。

《伊洛淵源録》未嘗兼收取各派，而不病於疏隘者，朱子是《録》，但名之爲「伊洛淵源」，而是書則兩代之學案也。體例各殊，故并行而不悖也。即如本朝學者，有爲《漢學師承記》者，與朱子是《録》命名正同。又有爲朱子作《年譜》者，有讀經史劄記中而鄭君、朱子特自爲卷者，亦與是《録》之意相似，皆是明學術之有宗主，而非謂此外别無學術。故有益學者，而人亦鮮有異詞。可見君子立言，但求不過乎物耳。主張過甚固不可，調停兩可亦屬不必也。蓋明宗主者，將由宗主以及各派，故非主張過甚。陳各派者，即于百派中明宗主，亦非調停兩可。不惟不相悖，而且相爲用也。讀《總目》三條。

《太極圖説》訟辨七八百年未定，或以爲出于異端，或以爲直接夫子，經先賢數十人而不能定，後學豈容置議。然先賢之辨，大抵于大原處爭之。夫大原之處，殆非聖人不能定也。呆於此竊有二説，皆但於淺末論之。其一曰「無極」二字，如象山所譏，則信不可也。如朱子所解，則無不可也。今既不能知周子確從何解，則其是非固無由而定，然但論修詞之義，則《大傳》但言太極，後學不宜更言無極，況承異端猖狂之後。無極二字明見《老子》書中，立言者獨不宜致慎乎？象山所疑，不當「太極」上加「無極」二字。梭山所疑，「《大傳》『易有太極』，聖人言有，今乃言無」，又云「作《大傳》時，不言無極，太極何嘗同於一物，不足爲萬化根本邪」，又云「若懼學者泥于形器而申釋之，則宜如《詩》言『上天之載』而下贊之曰『無聲無臭』可也」，此數語似皆顛撲不破，學者宜知所法戒者也。其二曰《太極圖説》，據潘清逸則周子所自作也。據朱子發，則出于陳希夷，傳至穆伯長，而周子得之者也。後之論者，紬《圖説》則據朱氏，伸《圖説》則據潘氏。❶身及周子，爲之誌墓。朱氏尊信周子，爲之表揚。去周子未遠，皆不應虚搆。惟黄晦木稱《圖》出河上公，本名《無極圖》，陳搏得之，傳种

❶「潘氏」，據上下文疑當重文。

放，放傳穆修，修傳周子，周子更易其名，綴《説》于《圖》，附于《大易》，殆爲得之。蓋《圖》出彼氏，而《説》爲周子所自作，據其終；朱氏原其始，合而觀之，庶幾得其實耳。惟朱子亦然。其始單據潘誌，定爲周子自作。後閲十數年，見希夷之徒其言有與《圖説》相應者，改謂：「是説之傳固有端緒，至於先生然後得之於心，無所不貫。」蓋雖始終崇信而不得謂其端緒不出希夷也。惟晦木亦然其言，曰：「方士之訣在逆而成丹，故從下而上。周子之意以順而生人，故從上而下。」蓋雖始終不信，而不得謂周子之説仍是希夷之舊也。夫極詆《圖説》者，莫如晦木。極尊《圖説》者，莫如朱子。兩端不同之極之中而有其同者焉，豈非事跡詞旨之顯見有不可没者也。後學置其不同者姑付闕如，而但取其顯見者觀之，則亦可得其大概，而不至以畸輕畸重，蹈毫釐千里之失矣。讀《濂溪學案》。

有單疑《圖説》者，梭山、象山、晦木、主一是也。有並疑周子者，晁氏謂「元公師事鶴林寺僧」，《性學指要》謂「元公初與東林總游」，豐道生謂「兩程子稱周子曰茂叔，稱安定必曰胡先生，雖有吟風弄月之游，非師事之」是也。有並程子以來疑之者，本朝紬宋尊漢諸儒是也。有以周子直接夫子，而程子得其統者，朱子以來道統諸儒是也。有因疑《圖説》雖不廢周子而不欲奉爲伊洛之統者，玉山汪氏及主一謝山是也。末學於此，既不能定疑與信者之是非，假令疑者全是而我誤信之，或信者全是而我誤疑之，皆有千里之謬之懼，安敢輕置議哉？今但以其有據易見者攷之。梭山謂《圖説》與《通書》中言太極不言無極，是其不相類也。豐道生謂兩程子未嘗道及《太極圖説》。今案：《程氏遺書》其中與《圖説》相類者蓋有之矣，然始終未嘗論及《圖説》，亦不見無極二字。是豐氏之言未盡無據也。然則以《圖説》與《通書》分別觀之，或亦可乎？若夫濂洛之分合，其合而疑者，如紬宋尊漢之説，則周子出於陳摶，出于鶴林寺僧，出于東林總，而程子又出於周子，若大可疑矣。然梨洲有言，使其學而果是乎，則陳摶、壽涯亦周子之老聃、萇弘也。今案：周子之學，若除《太極圖説》暫不敢定外，其《通書》中不但無無極二字，即其辭義之明白純粹，亦絶無一語夾染彼氏。此其學之果是亦可見矣。又主一有言：元公以誠爲五常之本，百行之源，以無欲主靜立人極，其居懷高遠，爲學精深，孝于母，至性悱惻過人，又勤於政事，宦業卓然，此正與釋氏事事相反者。若果禪學，如此則又何惡于禪學乎？今案：主一亦疑《圖説》而有取其無欲主靜、立人極之言者，蓋《通書》中有無欲字，出于初漢老師。《通書》中有主靜義，其説出于《樂記》，無可疑也。況其實行又粹然如此，然則周子雖得《圖》於希夷，及曾事鶴林寺僧，無害其終爲聖人之徒也。其分而疑之者，如豐道生之説，因程子稱胡先生而字茂叔，及終身語不及《太極圖説》，遂謂未嘗師事。今案：大程子稱昔受學于周茂叔，述所聞四事，伊川與康節論天地安在何處，歎曰：「平生唯見周茂叔論至此。」則謂未嘗師事者非也。又汪氏之言則曰：「濂溪先生高明純正，然謂二程受學，恐未能盡。」又曰：「伊川于濂溪，若止云少年嘗從學，則無害矣。」謝山之言則曰：「伊洛所得實不由于濂溪。」又曰：「濂溪誠入聖人之室，而二程子未嘗傳其學。」又引滎陽、紫微之言，以爲之證。今案：滎陽之言曰：「二程初從濂溪游，後青出於藍。」紫微之言曰：「二程始從茂叔，後更自光大。」然則亦謂所得不盡由于濂溪耳。謝山謂「實不由於濂溪」，分別太甚矣。又統觀明道之言與其教人之法，合于濂溪者十八九也。其述茂叔四事，又皆明擧之以教學者也。則謂「明道所得，不盡由濂溪」及謂「未嘗傳其學」者，抑又非矣。伊川講學，教人視濂溪。明道有變矣，則以別有得于安定，與其性格不同故也。然如論太極、性道、陰陽及見人靜坐便歎其好學，仍是出於濂溪者耳。然則論濂溪之源流分合者，當曰：明道傳濂溪之學，微有所損益；伊川兼承濂溪、安定之學，而各有損益，成其爲伊川者也。讀濂溪、明道、伊川《學案》。

周子直接夫子，下統伊洛以來者，朱子以後道統諸賢是也。有不廢周子而不謂其統伊洛以來者，玉山汪子及主一謝山是也。可謂衆論不同之極致矣。然嘗合而觀之，似乎各有其是，亦各有其非也。如梭山謂《圖說》與《通書》不類，欲去《圖說》而存《通書》。今案：《通書》言太極不言無極，是誠不相類也。然《通書》有「靜無而動有」五字，立言亦未盡善，似宜不分別《圖》、《書》，而但分別可否。置其一二之可疑，取其八九之可信，其亦可乎？豐道生謂：「程子稱周曰茂叔，稱安定必曰胡先生，雖有吟風弄月之游，非師事之。不道《太極圖說》，蓋知其爲異端，莫之齒也。」今案：明道自言與伊川同受學濂溪，謂「非師事」，謬矣。又案：明道、伊川之所發明，往往合于周子，則謂之「爲異端，莫之齒」者，亦誤矣。然觀二子之終身不以《圖說》示人，而伊川之稱濂溪實不逮推尊安定，則亦必有其所以然者，惡不可攷邪？若夫詆爲異端，或據朱子發之言，謂出于陳摶，或併據晁氏之言謂師事鶴林寺僧壽涯，則梨洲論之最善，曰：「使其學而果是乎？則陳摶、壽涯亦周子之老聃、萇弘也。」今案：濂溪人品之高，接物之和，事親之孝，至性過人，宦業卓著，則其行，儒也。《遺書》中除「無極」二字及「靜無而動有」一語，此外則其言亦儒也。據其一二而概其什百，將可乎哉？然而疑者之紛紛，則亦有故矣，由推崇過其分也。自朱子以爲直接夫子道統之號，垂七百年，天下之美惡皆歸之，人見其美之不稱也，則疑之矣；見惡之咸歸也，抑憂之矣。憂夫疑之者，將並廢其美也。憂夫過信者，將並取其不美也。玉山其知之矣，故與朱子書曰：「濂溪先生高明純正，然謂二程受學，恐未能盡。」又曰：「伊川于濂溪若止云少年嘗從學，則無病矣。」蓋目覩洛學之流弊，不宜更張其焰，而又知推崇過當，必致後來之貶抑過當也。百年以來，舉濂溪關閩七八百年之德行學問，被以禪學而不復道，玉山預料之矣。數十賢達畸輕畸重之間，而數百千年天下學者爲之胥受其病，然後知夫子之慎毁譽，其義有大焉者矣。

筆記

凡一字止有一義，其餘皆此一義所引申也。他經訓詁有定，宜詁以祖義者，易以引申義不得也；宜訓以引申義者，詁以祖義，亦不甚趣顯也。惟《易》不然，六十四名皆祖義也。此六十四義括盡天地萬物，更無漏義。故凡此六十四字之引申義，無不備於三百八十四爻辭之中。即如需亦待亦養，畜亦養亦止，再引申之則爲畜聚、爲畜犯，皆有之。稍深於訓詁之學者，於此因悟正名百物之原，下逮唐以前展轉變遷之字義，與夫唐宋以後極晚極俗沿譌之語，孰爲最初祖義，孰爲俗儒無根之解，可以如視諸掌。以此讀《易》，則亦了無阻隔矣。

杲嘗妄論五經，《易》尤深奥，宜乎難明。然自今觀之，反未有明於《易經》者也，則豈非學者尊信《十翼》故耶？《詩》、《春秋》最晦失者，則豈非不信傳故耶？子曰：「述而不作，信而好古。」觀學者於經義之所以得之與其所以失之，未有出此兩言者也。且學者於《詩》、《春秋》之傳所以輕疑之者，以求其説而不得耳。抑思《易》之《十翼》又何嘗盡其説哉？惟不得其説而不敢疑，所以展轉賡續，逐漸至今而明者已多。《詩》、《春秋》之傳則不然，一不得於心，輒謂傳誤，所以終不明也。向使於《十翼》亦以《詩》、《春秋》之傳視之，恐至今猶蒙昧而已矣。向使於《詩》、《春秋》之傳亦以《十翼》視之，則二經之義決亦不至如今日之晦失矣。

朱子欲於經下但小著訓詁，其發明經義，俱於傳下發之。此言也，蓋在既成《本義》以後，乃必不可不從者也。此言之於《易》，鄭君之於《春秋》，皆是晚年見及，略啟其端，而未及爲。然譬之宫牆數仞，不得其門而入，不見宗廟之美，百官之富，二君之言，乃已得二經之門也。竊嘗譬之，經如關鍵，傳其鑰也。子貢之言，是傳之題辭也。後世學者，於五經之傳，猶幸尊信《十翼》，是已得其鑰也。所不盡如法者，病在不疏傳而解經耳。向使不解經而但疏傳，如唐人之疏注者然，經義之明當不僅此。朱子晚而悟及，而後人猶莫之由也，宜經義之明猶有待也。鄙意經下不多著一字，雖其名物詁訓傳所未言者，亦總於傳下發之，專務明傳，傳明而經自明。如此，則但有誤解傳，斷無舍傳而自立説之僭惑矣！《詩》、《春秋》亦然。必如此而後讀傳審諦，唐以來不得於經則疑傳之蔽可祛矣。

「子所雅言：《詩》、《書》、執禮」，然《論語》惟説《詩》爲詳。「《詩》三百」，「《關雎》樂而不淫」，「誦《詩》三百」，「小子何莫學夫《詩》」，「子謂伯魚」諸章，皆學《詩》之門户也。《書》則無之。且今所見經之傳記，《易》有《十翼》，《春秋》有三傳，《禮》有《禮記》，《詩》有《序》、《傳》，惟《書》之傳記較弱矣。《書序》不知其所自出，《尚書大傳》不能盡釋經文，且與《史記》不合，馬、鄭亦不遵用，視彼四經之傳完好者，獨不侔矣。《傳》曰：「作者之謂聖，述者之謂明。」又曰入學祭先聖先師。先聖作經，先師述之爲傳。不由其傳而欲明經，由欲入室而不由户也。而《書》之傳，其微弱顧如此，然則《書》之門户將安在乎？竊嘗以爲《論語》説《詩》詳而説《書》無之者，《詩》主文而譎諫，《書》則正而質，文且譎故須説乃明，正而質故無須説也，一疑解矣。且《論語》何嘗不説《書》？《論語》所稱堯、舜以來聖帝明王之明德，蓋皆孔子之説《書》也。《孟子》論古自堯以來，無不與《論語》相應，而言更敷暢，是《論語》之義疏也。由此推之，《禮記》似此者亦不少，此殆學《書》之門户乎？以此爲師，以讀《史記》、《書序》、《大傳》，訖於馬鄭，大義之多歧，可以有所折中。詁訓正以《爾雅》，所謂通古今語而可知者也。

詁，易地不變者也。訓，易地輒變者也。鄭注於古書未有是訓，而於義有之。於此書文意爲便者，加猶字以致慎。然此術用之於傳爲宜，於經恐不宜也。《爾雅》，釋經者也，經之須釋者，《爾雅》釋之矣，故曰「古文讀應《爾雅》」，故通古今語而可知也。顧誥體多辭，《爾雅》所不釋，此非《爾雅》之疏漏，蓋不須釋也。何以不須釋？書讀百徧自悟也。以《爾雅》識其詁，以百徧悟其辭，辭詁並得，大義可得而論矣。此皆無待旁求者也。梅《傳》以下，大抵以《爾雅》爲不足盡解經而旁求之，由不得其辭，每字必爲義故也。每字必爲義，則《爾雅》信不足以盡解經。不得已而展轉引申之，訓滋起矣。自梅《傳》至近世戴氏，踵此術日以加益，其用力之勤，並皆有得，然其得之者，大抵不出《爾雅》之外，而其下資乎後世之《書注》，展轉推移而後成訓者，則往往纖弱迂回，不肖古人渾厚自然之趣。由書讀百徧之功少，繙檢字書之力多故也。

周公禮，譬諸國初之典。《周官禮》，譬諸後來一再修之典。《孟子》周世頒爵禄，周初禮也。《周官》與《孟子》異者，後世所行禮也。其與經禮合者，則是未改者也。經禮不但《儀禮》，凡《孝經》、《論語》、《中庸》、《孟子》及他傳記中，孔子所取者，則經禮也，大抵成王、周公以前制也。惜抱先生謂：「周公之制存於《周官》而不備。」旨哉言乎！

《禮運》篇首諸語，直謂之近老氏，固嫌武斷，要之，此篇在諸傳記中，則不得謂非創論高議也。學者誠不欲遽斷，然不可不常蓄疑於胸中也。且如所云「今大道既隱」者，將謂禹以下之世爲今乎？將謂春秋末年乎？所云「天下爲家」者，將謂傳子乎？將謂不然者乎？且其言曰：「今大道既隱，天下爲家，各親其親，各子其子，貨力爲己，大人世及以爲禮，城郭溝池以爲固，禮義以爲紀，以正君臣，以篤父子，以睦兄弟，以和夫婦，以設制度，以立田里，以賢勇智，以功爲己，故謀用是作，而兵由此起。」文義明白，非直謂謀兵由禮義乎？鄭注他經一用儒家，獨此引用《老子》，可見鄭君亦以爲近老子也。

《公羊》、《穀梁》於《春秋》猶刑獄之有條例也，《左傳》則案情也。稽《左傳》之案情，而斷以二傳之條例，則《春秋》可得而治矣。

杲治《春秋》有年，曩謂《左氏》事詳而義例疏，今見《左氏》義例尤精，足以正二傳之得失也。曩謂二傳惟例可憑，記事説義多不足據，今則見其往往可通，且多精義也。且《左氏》明魯史舊章，二傳明孔子新意，譬如爲高必因丘陵，舊章者，孔子之丘陵也，周公之德與周之所以王者咸在焉。孔子因是推廣新意，故《左氏》雖專明魯史，兼可以明二傳也。孰爲口受之傳指，孰爲推測失真，證以《左氏》，蓋可得而識也。新意必二傳者，《公羊》明魯道者也，《穀梁》明王道者也，《左氏》則明當時行用之道者也。當時行用者，霸道也。《孟子》曰「其事則齊桓、晉文」，五霸桓公爲盛，故當時行用，總之霸道。霸道總之齊道也。子曰：「齊一變，至於魯。魯一變，至於道。」譬如《左氏》一變，而進於《公羊》，《公羊》一變而進於《穀梁》也。所以必明魯道者，爲人子孫，道在法其祖也。《穀梁》則損益四代之趣咸在焉。惟聖人崛起在帝位者乃能用之也。大約學者先須識《左氏》事，次識《公羊》義，次識《穀梁》義，最後識《左氏》義。未學二傳，不能識《左氏》發凡解書之趣也。

《左氏》明其事也，《公羊》明其文者也，《穀梁》明其義者也。《左氏》之發凡解書，繼二傳而明所難明者也。何謂明其文？《春秋》有言有否，言者何？譏貶也。不言者何？不譏不貶而隱有以見正者也。《春秋》之所譏貶者，《公羊》斯明之矣。所不譏不貶而隱有以見正焉者，《公羊》恒引而不發，發之者《穀梁》也。然而《公羊》非不知也，肖乎《春秋》之文，《春秋》不言，則亦不言之也。《左氏》非不言也，但不正言之耳。後之爲二家者，不知此義，故務與《穀梁》相反，而唐以後又因以詆《左氏》與《公羊》，此所謂蔽也。知《左氏》亦是《春秋》，亦有諱。知《公羊》明魯道，爲人子孫，幹父之蠱，用譬不得，聞斯行之，則三傳不同之處，往往不相違害矣。知三傳並出孔子，皆是我師，遇有非常可怪之義，奇古幽奥之詞，則愈虚心叩之，勿疑爲妄，勿遽有所主張，則精義入神之用，可得而聞矣。

周、鄭交惡，君子乃刺周王，而商臣弑父，且得免議者，蓋拒父弑君之惡，不待議而義明，故不議也。試觀《左氏》全傳，可以得其旨矣。再觀《公羊》、《穀梁》益可曉然矣。大惡衆著之事，二百四十二年中，何翅數百，三傳例不置一語，其有語及之者，則必其有小出入，人所易忽，及疑不能決之，義因牽連及之，非爲大惡發也。杜元凱後讀《左傳》較熟者推元儒趙氏，《左氏》之冤，趙氏時有所發。其論諸侯之女惟王后書一條，云：「《左氏》明知其事，何苦自相違異？」杲讀此言，爲之鼓掌稱快，因賡續之曰：「解如此存心，以讀《左傳》，雖不能即悟，終必有悟之一日。彼輕詆《左氏》者，皆視《左氏》之智曾童稺之不若者也。此《春秋》之所以久不明也。」趙氏又譏《左氏》舍其大而論其細，其蔽猶沿唐宋之誤，所謂不能充其類者也。

始疑佛老二家皆有堅苦卓絶之處，何以

韓子、程子、朱子惡之之嚴如此？今治經既久，乃知聖人所以必制爲笙簧、酒醴、俎豆、衰麻，以使人升降拜跪、哭泣悲哀者，無非養人愛敬之本心，以全其大倫。今異端視君臣、父子、兄弟、夫婦皆成幻迹，是其於本根上剗除已盡，又何怪視聖人之制度典章若弁髦乎？楊墨之道不息，孔子之道不著。諒哉斯言矣！

附録

先生主灤源書院，有《示諸生文》，録其論學如左：以下見文集。

有經學，有經小學。求經義者亦必資於小學，譬諸繙譯，理藩院之政資焉，但求繙譯不錯，不致誤事足矣。至於經義，更有大事在。若夫專講小學，則繙譯中之學問也。此亦終身講之不盡，性之所好者爲之，非所責於凡讀經書者也。

謂六書爲小學者，近世所名也，本於漢人而非漢人意也。漢以《孝經》、《爾雅》爲小學。《爾雅》是訓詁，非講六書，與《説文解字》自兩塗也。《孝經》更不待言。謂治《説文》爲小學，非正名也。第相沿已久，今用之則從之耳。漢小學之名，大致不錯，當以《孝經》爲先務，《爾雅》次之，所謂「行有餘力，則以學文」也。若僅以《爾雅》易《説文》，尚非知本者。

《説文》非《爾雅》之比也，《説文》止是許君一家學問，尚統不過漢四百年學問來。《爾雅》則是孔門真傳，與諸經之傳説咸相應，求之大義而應，求之微言而應，故可尊信。經之詁訓一決於此，至爲簡易諦當，可以省無算力，正無算誤。但其字與今本之經字或不同。此分二類：一則如仇匹也之逑，一則如愛隱也之薆。學者不知《爾雅》所釋之某字，即是經之某字，以故不得享其利，無有要領焉，只須聲得之矣。阮文達告郝蘭皋語也。此所謂聲，則耳治之謂也。郝氏之書好處在此。

大抵經必有傳，而傳之好處在簡易諦當，皆明白如話，使初學一望即知，最爲省力也。譬諸行萬里者，塗則誠遠矣，然有傳以爲鄉導，不使人多走一步枉路。假如其人日僅能三十里，百日則三千里矣。萬里雖遥，一年可到也。自真傳失傳，後人另自生出許多傳注來，遠則不及千里，然多歧塗斷港，乃令人終身行不到矣。是故别古書之真僞爲先務也。

善人不踐迹，亦不入於室。後世專講格言一派學問，讀四書而不切徵之五經，《論》、《孟》微言只作語録讀之，講良知與非良知相去亦無幾。天下有道，國家無事，朝野上下，蹈常襲故，相與勉爲善人，亦未見其不可也。乃若運窮而世變大，創論日新，無所取決矣。稱説孔孟者，羣見以爲迂闊，亦非羣見之罪也，道不足以相統也。豈惟不足以統之，抑且不足以勝之。韓文公曰：「聖賢者，時人之耳目也。」舉世倀倀不知所出，邪説乃易中人。孟子曰：「堯舜既没，聖人之道衰。」邪説暴行之作由於邪説，邪説之作由於道衰也。天下之人羣以仁義爲不足以爲治，由久不見仁義之效故耳。其視孔孟之仁義與講《陰騭文》、《感應篇》之仁義深淺大小無幾，此孔孟之所以不信於天下也。孟子曰：「仁之勝不仁，猶水勝火。今之爲仁者，猶一杯水救一車薪之火也，不熄則謂之水不勝火。」今之爲四書五經學者，得無類是乎？

東甫交游

孫先生葆田

孫葆田，字佩南，榮成人。同治甲戌進士，授刑部主事，改知縣，銓授宿松，調合肥。大學士弟子之傔横於鄉，以逼債毆人死。先生檢驗屍傷，觀者數萬人，恐縣令爲豪强迫脅，驗不實。先生命仵作曰：「敢欺罔者論如律。」得致命狀，人皆讙噪，謂包龍圖復出。讞遂定。有御史劾先生誤入人死罪，下巡撫按之，卒直原讞。先生遂自免歸，民送境外。有愛民如子、疾惡如仇之頌。逾數年，安徽將清丈民田，大吏疏調先生主其事，辭不赴，貽書當事，言清丈病民，陳清賦之要：「熟地報荒者當寬其既往，限年墾復。平歲報災者，當警其將來，分年帶徵。弊自可除，無事紛擾。」時以爲名言。《與朱肯夫學使書》有云：「近世學者通病，一曰剽竊，一曰駁雜。嘗謂：欲救斯失，莫若以通經學禮爲教。孟子言『經正則庶民興』，其意蓋謂此耳。」《上閻文介公書》有云：「近世所矜尚者曰漢學，葆田亦嘗微窺其樊。夫漢學之可貴在實事求是，而今乃以泛覽助其攻擊，其弊至於罔知檢束，視理學爲迂拘。間有一二聰穎之士，則又不過高談經濟，以驚世炫俗爲釣取卿相之具。苟一旦投之艱難，固未有不僨事者也。」其《答夏伯定書》有云：「葆田幼秉庭訓，年十六七時，讀《朱子全書》與國朝湯、陸諸儒遺集，頗有志於正學。其後因泛觀博覽，遂漸染於近代漢學家之説，故論學不專主一途。」又云：「謁選得宿松，逾歲調署合肥，凡所設施，類皆迂闊，獨心存愛民，必思於物有濟，尚不悖乎賢聖遺訓。至其所以去官之故，則又自知直道終不可行，故謂其能如君子之易退可也，然其初則已有媿於難進矣。今來教乃曰直聲震天下，得非亦誤聽傳述之言乎？至於經術云云，尤非葆田所敢遽承。」先生平生志行略具於此數書。歷主山東、河南書院，學者奉爲大師。山東巡撫張勤果曜疏陳其學行，賜五品卿銜。中外大臣迭薦之，詔徵不出。宣統三年卒，年七十有三。著有《校經室文集》六卷。參史傳、文集、❶姚永樸《舊聞隨筆》。

文集

堯典説

或問曰：《史記》：「帝嚳娶陳鋒氏女生放勳，娶娵訾氏女生摯，帝嚳崩而摯代立，帝摯立，不善，崩而弟放勳立，是爲帝堯。」《傳》又曰：「摯在位九年，政微弱，而唐侯德盛，諸侯歸之，乃受帝禪。」二説孰是？曰：以事理推之，其皆非也。萬章曰：「堯以天下與舜，有諸？」孟子曰：「否。天子不能以天下與人。」堯既不能以天下與舜，乃獨能私受摯之天下乎？且摯之不善亦未見於他經，而一以爲既崩而堯立，一以爲中微而禪堯，則其説均爲無徵。使摯之立爲繼父而堯承之，則禹之傳子亦不得爲剏見，而人言何以有德衰之疑？嗚呼！唐虞以前，《尚書》所不載，春秋時去堯舜之世遠矣，孔子亦但於讀書歎其爲大、爲君、爲禪讓而已。至戰國時，異説蠭起，孟子乃因論唐虞之事而直斷以舜之天下爲天與。夫堯之初，亦必如舜而已矣。後世

❶「文」，原作「本」，今據全書體例改。

禪繼之義不明，乃至有莽、操之禍。原其初，則堯舜授受之説實有以啟之。夫嬰、獻固未嘗禪也，即令果禪，是以天下與人，彼其臣又安得而受之？故儒者解經，一言之誤，其流禍無窮，豈得獨罪一竄亂五經之劉歆哉？然則帝堯之繼立與否，學者闕其所不知，可也。

臯陶謨説

司馬遷謂帝舜朝禹，伯夷、臯陶相與語帝前，臯陶述其謀云云，即此篇也。《虞書》蓋本有《大禹謨》，故漢儒以爲已逸，而其分《臯陶謨》爲《益稷》篇，則自僞《孔傳》始。因經文有「暨益暨稷」之語，遂以《益稷》名篇，不知曰《臯陶謨》者，皆一時交儆之詞。自「臯陶方祗厥敘」至「庶尹允諧」，❶乃紀虞舜治效，而以「賡歌」終之，則首末皆臯陶之言也。漢儒所傳《書序》亦有《棄稷》，無《益稷》，鄭康成諸儒皆謂別有《棄稷》之篇。或疑《棄稷》在逸《書》十六篇内，康成猶及見之。要亦懸揣之詞。或又以史臣敘事之文爲出自伯夷，以附合《史記》所云，益見其穿鑿。夫《大戴禮》言虞史伯夷，猶言虞書伯夷云耳，豈得謂伯夷爲虞之史臣哉？然《誥志》篇所引伯夷兩言，今亦不見於他經，疑或《書》中有伯夷語，而今亡矣。

司馬遷載《臯陶謨》於《夏本紀》，而於「往欽哉」之下説云：「於是天下皆宗禹之明度數聲樂，爲山川神主。」後儒或據是以《史記》陟天之命爲薦禹於天而告之，其説非也。《臯陶謨》記言之文，故首末皆載臯陶言，而以「賡歌」終之。蓋子夏謂：「舜有天下，選

❶「尹」，原作「君」，今據《尚書注疏》改。

於衆，舉皋陶，不仁者遠。」孟子曰：「舜以不得禹、皋陶爲己憂。」舜五臣中，禹、棄、稷、皋陶皆有《謨》，而今獨《皋陶》一篇存，使後世不見此篇，不且以刑官視皋陶哉？若夫舜、禹之事，孟子論之詳矣。堯薦舜，舜亦薦禹，但舉之在位耳，固未嘗以天下與人也。夫天下者，天之所統，非天子所得私。唐、虞以前，天下皆歸於有德，未有以繼立相承，亦未有以天下私相授受者。故曰「天與賢則與賢，天與子則與子」。與賢與子，皆天也，非人之所能爲也。嗚乎！舜禹禪讓之事不見於經，自僞古文以「汝陟元后」爲禪禹之徵，世乃謂與「汝陟帝位」前後同揆矣。司馬遷於《堯本紀》曰「女登帝位」，於《夏本紀》曰「陟天之命」，則陟非升也。儒者或欲傅會薦禹之文，不亦誣乎？

禹貢説

昔禹平水土，定經制，九州各擇其土宜之物，以獻於天子。史臣因而紀之，以表禹之功，以見虞舜德化之盛，故曰《禹貢》。始舜攝政之年，蓋嘗分天下爲十二州。及命禹治水，水患既平，乃定田賦之制爲九等之差，畫爲九州。至於聲教遠暨，經制大定，蓋即禹宅百揆之實。攷其成功，前後固已時逾數載矣。世儒以九州之制，别自堯時，謂舜實改爲十二州，禹即位後，復定爲九州者，誤也。禹受命治水，雖在堯之末年，其錫圭告成，則在舜時。九州既定，制乃畫一，故《禹貢》一篇，皆追原貢所由致，於山曰既藝、既旅，於水曰既道、既入，則此書乃舜治定功成後所作，至夏遂繼虞而不改耳。故史傳以爲《夏書》。不然，一州之地，貢賦所出，而乃以意更置，紛紛合并，豈聖人經世之道哉？

君奭説

《君奭》，周公勉召公之詞也。周公爲師，召公爲保，相成王爲左右，同心輔政，故周公作是書以勉召公。舊説以爲召公欲告歸而周公留之。今按：告歸之意不見於經，蓋周公既戒成王以《無逸》，因以是與召公互相勸告，故曰：「今在予小子旦，若遊大川，予往暨女奭，其濟。」又曰：「小子同未在位。」小子，周公自稱也。或乃誤爲斥成王，豈周公躹躹如畏之義哉？昔虞舜之世，禹、臯陶相與語帝前爲昌言，蓋大臣憂國之心如此，不必事有所因而後發也。夫周、召之相勉，亦若是而已矣。惜乎召公之所以答周公者不傳，而世儒乃謂周公攝政，召公不説，故周公作此以自解。其説不亦悖哉！或曰不説者，蓋召公自以爲衰老而久居於位，故蹙然有不安意云。

顧命説

《顧命》一篇，紀成王崩，康王立之事也。馬融、鄭康成分「無壞我高祖寡命」以上爲《顧命》，自「王若曰」以下爲《康王之誥》；僞《孔傳》則以「王出在應門之内」爲《康王之誥》篇首，皆非伏生所傳之舊。今攷先儒議是篇者多矣，或以成王未葬，君臣皆冕服爲失禮；或以天子易世傳受，國之大事，其禮與士庶人不同；或又疑「狄設黼扆」以下，爲康王踰年即位朝諸侯之事。而《顧命》一篇尚有闕文，其義雖並通，而要皆不得其實也。惟近世姚氏鼐有云：「周嘗會諸侯於東都，蓋成王方將會諸侯而疾作，其時太子監國於鎬，召之未至，成王以疾大漸不能待，故恐弗獲誓言嗣，乃召卿士以下而命焉。不然，王疾，太子將不脱齊玄而養於左右焉。有顧命而不在側，而王崩乃延之於南門之外者乎？」竊以爲此説庶幾得之。蓋史臣紀此，亦所以志禮之變也。古者君薨，百官總己以聽於冢宰三年，未有喪服未畢而朝諸侯者，況麻冕黼裳亦不可謂即位之服。然則成王蓋崩於東都，事變倉猝，禮由義起，其時諸侯咸在，故召公因册立嗣君而召見之，至「王若曰」以下則亦召公代王作誥之詞耳，豈必康王之面命哉？抑是禮也，召公可謂處變而不失其正矣。後世此義不明，乃有先帝以四月崩而太子以五月即位，遂改元者。烏虖！書闕有間，周室成康之事既不可億知，若以蜀漢永安之義律之，則召公處此，其真得天理人情之至者矣。世儒乃猶以失禮議之，此所以讀其書，尤不可不論其世也夫。

外丙二年仲壬四年説

或問：外丙、仲壬繼湯而立爲天子，信乎？曰：然。然則，太甲立以湯崩之年，其説非與？曰：此乃僞古文《尚書》之謬，諸儒從而傅會之也。史稱殷湯年百歲爲天子，用事十三年。傳又云：湯娶有莘氏女，生太丁及外丙、仲壬。當太丁卒時，太甲之生則既長矣，而謂湯崩之前一年乃生外丙，又有三歲之仲壬爲之兄，此事理之必不然者也。《漢志》引《伊訓》篇曰：「惟太甲元年十有二月乙丑朔，伊尹祀於先王，誕資有牧方明。」班固言「是朔旦冬至之歲，越茀祀先王於方明，以配上帝」。今《伊訓》篇云：「伊尹祠於先王，奉嗣王祇見厥祖，侯甸羣后咸在。」彼蓋見《顧命》成王崩以乙丑，而康王見廟在丁卯後七日，意湯崩亦當在十二月前，故又於太甲傳內謂湯以元年十一月崩，此其所以僞也與？春秋國君薨皆踰年而後改元。漢初襲用秦曆，史書元年冬十月，然不聞高帝以孝惠元年某月崩也。後漢昭烈崩於章武三年夏，末帝以五月改元建興，史氏非之。今僞爲古文者，不深究班史之義，至謂湯崩在太甲元年，是湯未崩而太甲立，何其言之不經也！然則外丙、仲壬之説宜何從？曰從孟子。孟子之言何如？曰太丁未立，其繼立者，則外丙二年也，仲壬四年也。且由後儒之説，其意以爲外丙、仲壬不宜立也，則是逆探伊尹之心而爲是二歲、四歲之辭以自文也。太丁雖未立，外丙、仲壬以次當立，則雖以襁褓之成王，周公立而輔之可也，夫又安得以其幼而廢之乎？且其時外丙之年當與太丁不甚懸絶，而謂仲壬爲之兄，以弟先兄，於言尤不順。曰外丙、仲壬即位之年有可詳與？曰是不可以强解也。《商頌》之詩曰「昔在中葉，有震且業。允也天子，降予卿士」，與他書紀外丙元年乙亥、仲壬元年丁丑命卿士伊尹事適相符。竊嘗疑《詩》内震業之義，當指湯崩後上下憂危而言。彼伊尹者身爲卿士，遭時閔凶，左右之力實多，故詩人作爲樂歌以紀之，則外丙、仲壬當立於此時也。伊尹之立外丙也，意湯必有命焉，如周成王道揚大訓，而伊尹奉命以立之也。不幸未三年而崩，伊尹以爲先君之喪未除，吾得君之季子而立之，猶之乎君命也。伊尹之立仲壬，繼湯也，非繼太丁也。又不幸四年而崩，然後君之適長孫立焉，以承大統，以對天下。此伊尹之志也。衛太子蒯聵出奔，靈公欲立公子郢，郢辭以亡人之子輒在，以孫禰祖，衛之亂實兆於此。烏虖！以伊尹之聖，其於繼立之際，思之審矣。後世舍子立孫，卒以召禍亂者，抑獨何哉。

删定馬氏所輯漢儒經解序

兩漢人傳經並有師法，以其時去古未遠，而釋老之説猶未行，學者各通一藝，用日少而畜德多，雖彼此異同相是非，然微言大義往往賴以不絶。後世綴學之士，固不可得而廢也。其見於傳者，《易》本田何；《尚書》本伏生；《詩》有毛公，又有齊、魯、韓三家；言《禮》本高堂生，而大、小戴並出后倉；《春秋》《公羊》、《穀梁》分齊、魯學，而《左氏傳》最後興；《孝經》、《論語》蓋學之者兼通焉。故曰：「儒家者流，游心於六藝之中，宗師仲尼，於道爲最高。」及後世五經乖析，儒學浸衰，魏晉而降，異説蠭起。當隋唐之世，古籍猶未盡湮，然唐人爲諸經定義疏，《易》用王、韓，《書》用僞孔氏，《春秋傳》主晉人，《詩》、《禮》二經僅存漢注。自此之後，利禄之途開，而漢儒四百餘歲授受相承之師説不絶如綫。王伯厚處宋儒末，獨能修學好古，於《易》、《書》、《論語》則輯鄭氏注，於《詩》則輯齊、魯、韓三家遺文，於《春秋》則輯賈、服章句，亦可謂用力勤而有志者矣。聖清之有天下，敦崇經術，遠邁前代。經師宿儒，以漢學爲宗，獨能發明古義。言《易》自吴縣惠氏，言《書》自嘉定王氏、吴縣江氏，言《詩》自休寧戴氏，言《禮》自濟陽張氏、婺源江氏。爲《易》，惠氏之學，則有武進張氏。爲《書》，王氏、江氏之學，則有陽湖孫氏。爲《詩》，戴氏之學，則有金壇段氏。而輯《爾雅》注者有武進臧氏。考九經古義者，本惠氏學。雖不同，要皆博識多聞，玩經文而得其大體。若兼綜諸經，博采先儒訓詁，不爲空談，則有長洲余氏，今四庫所收《古經解鉤沈》，其遺書也。近世若歷城馬氏，蓋又聞宋王氏及余氏之風而興起者。馬氏名國翰，字竹吾，道光壬辰進士，陝西知縣。生平纂書無虚日，晚歲乃成《輯佚書》六百卷，皆唐以前諸儒著述，分經史子編，惟經編爲稍備，然所輯既多，其中牴牾時亦不免。余嘗徧取其書閲之，有一傳而兩書復見者，有一書所獲止三四條而强分爲卷者，有所輯或非元書，及元書在當時已散佚而以意揣編之者。夫貪多務得，固世儒之通弊，抑亦所取多則不能無失。推馬氏之意，將欲保殘守闕，不妨是非並存，以待折衷於後儒，在學者慎取之而已。余爲删存其經編什之五而壹以漢人爲主，於小學則間取魏晉，爲序録如後，因論次其大凡，亦所以致余之意焉。

古文尚書跋

辨東晉晚出《古文尚書》之僞者，自朱子始。九峰蔡氏承師命作《集傳》，於漢儒伏生所傳二十八篇則注曰「今文、古文皆有」，於梅賾所獻增多二十五篇，則注曰「今文無，古文有」，雖不以二十五篇爲僞《書》，而使學者知有今文、古文之别，其用意亦可謂善矣。陳振孫《直齋書録解題》於《尚書正義》前載有「《書古經》四卷，《序》一卷」，謂爲朱晦庵所録，蓋即臨漳刻本。而元書則今不可復見，其篇不知與僞《孔傳》有異否也。兹刻用趙氏分編今古文例，仍附《書序》於後，而一題曰《古文尚書》，其義實不悖於朱子。按漢儒鄭康成所注三十四篇，亦曰《古文尚書》，實即二十八篇内分出《盤庚》二篇與《康王之誥》一篇，又《大誓》三篇爲三十四，而《大誓》後得，亦漢代僞《書》，近世諸儒或從而信之，亦過矣。恭讀《四庫全書提要》云：「《書小序》之依託，《五行傳》之附會，久論定矣。古文之辨，至閻若璩始明。朱彝尊謂是書久頒於學官，其言多綴輯逸經成文，無悖於理。汾陰漢鼎，良亦善喻。吴澄舉而删之，非可行之道也。」又論《書纂言》云：「古文《尚書》自貞觀敕作《正義》以後，終唐世無異説。宋吴棫作《書裨傳》，始稍稍掊擊。其專釋今文，則自澄此書始。考漢代治《尚書》者今文古文本各爲師説，澄專釋今文，尚爲有合於古義，非王柏《詩疑》舉歷代相傳之古經肆意刊削者比也。」今按：王柏《詩疑》外，又有《書疑》，《四庫書》並列《存目提要》，云：「其併《舜典》於《堯典》，除姚方興所撰二十八字合《益稷》於《皋陶謨》，此有孔穎達《正義》可據者也。」茲刻與王氏偶同，非用其例。至《金縢》篇自「武王既喪」以下，詞氣與古文頗異，而《史記》以「秋未穫」爲周公卒後事，故先儒疑此篇爲《亳姑》逸文。否則，當有脱簡。今姑别行，以待攷定。又近日桐城吴氏寫定今文二十八篇，於《康誥》篇首「惟三月」一節注云：「疑爲《大誥》篇末簡。」愚嘗反復推究，而歎其説之不可易也。蓋周公之居東方，乃營洛邑以偪殷，正合古兵機，而後世屯田之法亦起於此。故《大誥》篇中以「堂構播穫」爲喻。及武庚既平，因以東都爲朝會諸侯之所，故有《召誥》諸篇，特書缺有間，學者遂莫能心知其意耳。吁！非有卓識如朱子，亦安能破千古拘墟之見哉。

伏生墓攷

《水經注》：「漯水又東北，逕東朝陽縣

故城南。戴氏震云：「此十三字，近刻並訛作經。」漢高帝七年，封都尉華寄爲侯國。《地理風俗記》曰『南陽有朝陽縣』，故加東。《地理志》曰：『王莽之修治也』。此爲注中注。趙氏一清説。漯水又東，逕漢徵君伏生墓南，戴氏云：「此十二字，近刻並訛作經。」碑碣尚存，以明經爲秦博士，秦阬儒士，伏生隱焉。漢興，教於齊、魯之間，撰五經《尚書大傳》。文帝安車徵之，年老不行，乃使掌故歐陽生等受《尚書》于徵君，號曰伏生者也。」此亦注中注。是伏生墓在漢朝陽縣地，在後魏時猶歷歷可徵如此。按：《漢書·地理志》「濟南郡朝陽」，班氏原注云：「侯國，莽曰修治。」後漢曰東朝陽。隋大業初，省朝陽入臨濟。唐武德元年，於縣置鄒州。八年，州廢爲臨濟縣，屬齊州。《元和郡縣志》臨濟西南至齊州一百二十里。《太平寰宇記》：「朝陽城在臨濟縣東四十里。」又云：「伏生冢在縣朝陽故城東五里。」《大清一統志》云：「朝陽故城在今章丘縣西北。」今齊東縣西南有地，俗名魏王城，或云即朝陽故城。其東五里有冢，俗名寄駕冢。咸豐五年，黄河東決，冢被沖。光緒二年，土人得斷碣，有文曰「徵君伏生冢」。於是以其事聞於宫保丁公，公命尚志堂博學士張昭潛往驗得實，乃爲説曰：鄒平城東十八里，舊有伏生祠，相傳爲伏生故里。元張文穆公起巖修祠記，謂此地亦當有墓。國朝康熙中，縣令程某乃於祠旁築土以實之。然考《水經注》、《太平寰宇記》諸書，墓宜在漯水北，今反在漯水南，以故嗜古之士如周兩塍、孫淵如諸先輩皆疑其不合。漯水雖已輟流，而古蹟猶存，次第可考。葆田案：此説與《平津館叢書》内載《伏生墓考證》不同，當是傳聞之誤。然則俗所謂寄駕冢者，其爲伏生冢無疑。冢高一丈八尺，闊倍之。正南有平沙，土人掘之，往往得螺殼。《水經注》所謂「漯水逕墓南」者，此其故道矣。又曰：「嘉慶間，嘉定時銘來爲邑宰，銘故淹雅士，下車後，周閱境内，即知寄駕冢爲伏生冢，欲爲立祠，不果。今墓碑『徵君』上尚有餘字，字形莫辨。其他古碣尚多。初冢旁多汙田，鄉人墾之，有不起科者。及古碣出，則相託曰：『吾田，伏生祭田也。』伏生冢石已斷爲二，爲廩生孟繼和所得云云。」今年夏，邑人復以立祠事請諸學使裕公，公以詢葆田，葆田徵諸張君，乃得其詳如此。張君又謂葆田曰：「聞孟繼和以此事思聚斂得財，爲邑人所惡，故當日立祠事，卒不果。」孫葆田曰：伏生墓之爲寄駕冢，不知始於何時。或者因華寄食封朝陽，故以訛傳訛與？又或即「棘下」二字之轉音與？予攷《一統志》，於伏生墓引《寰宇記》謂在章丘縣朝陽故城東五里，又云鄒平東北十八里亦有墓，獨未據《水經注》「漯水逕漢徵君伏生墓南」以正之。今得張君目驗乃明。又案：《水經注》於此文下又言「漯水又東，逕鄒平縣故城北」，《一統志》謂鄒平故城在今鄒平縣北。又引舊志謂故城在今縣北孫家鎮，去齊東縣東南四十里，則漯水之先逕伏生墓南，後逕鄒平故城可知。安得以今鄒平東後人所立土冢爲伏生墓乎？張君又記冢旁所謂石碣，多門人誄詞，有博士伏夫子詩石、傳經伏夫子詩石各一。又一石云：「悲哉伏夫子，保我漢家邦。石灰拭兩目，千秋痛斷腸。」張君謂「石灰拭目，可補史傳之缺」。予謂「詞近鄙俚，殆出後人所爲。使果爲伏生門人誄詞，則是蘇、李以前已有此五言矣」。是皆可以不辨。

予既爲此攷，復檢尋《平津館叢書》建立

伏博士始末，内載《伏生墓考證》，引近人撰《伏徵君墓攷》，謂「漢鄒平故城在今治西北四十里之孫家鎮，鎮西有寄駕冢，即伏生墓」。是當時已有此説，第不知所指近人爲誰，或者即張記所謂時君銘乎？案《考證》云：「學者欲明伏墓，必先知朝陽、鄒平兩故城所在，方可定其道里。」其説無以易矣。乃據于欽《齊乘》謂：「朝陽城，漢初封華寄爲侯國。高齊廢，入章丘，古城在臨濟鎮東。」疑臨濟故城當在今章丘縣東北，朝陽故城又在臨濟故城東四十里。今攷《元和郡縣志》臨濟縣本漢管縣，屬濟南郡。隋開皇六年，移朝陽縣治於此，屬齊郡。十六年，改爲臨濟縣。鄒平縣，本漢舊縣，屬濟南郡，隋開皇三年，自梁州城移平原縣入鄒平城，屬齊州，今治是也。十六年，改屬淄州。十八年改平原縣爲鄒平縣，復舊名也。《太平寰宇記》：「鄒平縣本漢舊縣，屬濟南郡，後漢及晉並不改。永嘉之亂，其縣遂廢。後魏屬臨濟縣。案臨濟縣在高苑縣界，如逖故城是也。高齊天保七年，自今長山縣界濟南故城移平原縣於今治東南三十五里，漢梁鄒故城地屬焉。」又曰：「鄒平故城，俗名趙臺城，在縣西南十五里。臨濟縣本漢管縣地，屬濟南郡。朝陽城，漢縣名，今縣東四十里伏生冢，在朝陽故城五里。」據此，則伏生墓在唐、宋臨濟縣界歷歷可考如此。臨濟在齊州東北一百二十里，而鄒平在淄川西北一百三十里，故城又在縣西南十五里，則由齊州而東，先臨濟而後鄒平，其道里分明又如此。《一統志》謂管縣故城在章丘縣西北，朝陽故城亦在章丘西北。又引《肇域志》故管城在今章丘縣西北二十五里，今名水寨。是則臨濟在今章丘縣西北、齊東縣西南，與舊志謂鄒平故城在今縣北，去齊東縣東南四十里，其説正合。故《水經注》敍漯水先逕伏生墓南，後逕鄒平縣故城北。若如《考證》所云，鄒平故城當在今鄒平縣東，又謂城東北十八里爲真伏生墓，則是漯水先逕鄒平故城，而後逕伏生墓也。考證又引《寰宇記》「濟水西自齊州臨濟縣界流入南，去縣三十五里，又北入高苑縣界」，是則臨濟在西，鄒平在東，其敍次分明如此，而此文下又云「鄒平故城在縣西南十五里」，是故鄒平去臨濟爲近，安得謂鄒平故城當在今鄒平東？又以今鄒平東北十八里，謂即臨濟境内之朝陽故城東五里乎？且于氏所言朝陽古城在臨濟鎮東，與《金史・地理志》謂章丘有臨濟鎮，其言亦合。蓋今齊東縣在金爲齊東鎮，元憲宗始改鎮爲縣，故前代考古蹟者俱不言及齊東。今伏生墓出於齊東，有碑碣可徵。又案之《水經注》、《元和郡縣志》、《太平寰宇記》與《欽定一統志》無不一一相符，而《考證》乃第據《山東通志》謂鄒平故城在今鄒平縣東北境，遂以鄒平縣東北之伏墓爲即《太平寰宇記》所稱朝陽故城東之伏墓，斯真可謂臆説難據，獨惜不能起前賢於九原而正之耳。

廟祔議

謹按：三代廟制，經無明文。據《禮記・王制》、《春秋穀梁傳》皆曰：「天子七廟。」又《喪服小記》曰：「王者立四廟。」鄭康成云：「立廟以親爲限，不過於四。其外有大功者，然後爲祖、宗。」又云：「七廟者，周制。夏則五廟，殷則六廟。」蓋漢儒相傳之説，皆謂三代特立太祖廟，爲百世不遷之祖。太祖以下，立親廟四，親盡而迭遷，遷廟之主藏乎太祖。殷人祖契而宗湯，則廟六，故曰殷有二祖。周之所以七廟者，以后稷始封，文、武受命而王，故三廟不毁，與親廟四，而爲七。魏王肅獨謂七廟者，通百代之言。天子立親廟四，又立高祖之父、高祖之祖，並太祖而爲七。夫議禮家紛如聚訟，其來久矣。漢承亡秦絶學之後，宗廟之制未能稽古。惠帝時，尊高帝廟爲太祖廟，景帝尊孝文廟爲太宗廟，宣帝復尊孝武廟爲世宗廟，其後貢禹建迭毁之議，元帝仍獨尊孝文廟爲太宗，世世不毁。至哀帝時，或議以孝武親盡宜毁。劉歆以爲武帝功至著，爲武世宗，宣帝崇立之如此，不宜毁。詔從其議。歆又謂：天子七廟，七者其正法數，可常數者也。宗不在此數中，苟有功德則宗之，不可預設爲數也。光武中興，祖高帝而帝四親。其後從張純、朱浮議，改建元、成、哀、平廟，廟制遂廢。魏晉而降，大抵雜用鄭康成、王肅二義。唐宋初興，皆立四親廟，後乃祔立九廟，沿襲相因，迄於明代，卒無正議。何者？禮文缺微，古今異制，因時施宜，固未易偏定也。我朝自順治初年，祔立廟制，後殿奉肇、興、景、顯四祖，中殿奉太祖高皇帝居中，太宗文皇帝居左，猶殷之有湯，周之有文、武，皆爲王者之祖，不與先代同廟，義至當也。迄今列聖廟庭昭穆相次，九室無虚。近因穆宗毅皇帝升祔大典，特詔廷臣會議。翰林院侍讀張佩綸擬請特立太宗文皇帝世室，其説近似，然不詳稽今之廟制，而但以法古爲名，是知有世室而不知世室之所由稱。況有昭世室，則有穆世室，既云展後殿兩旁各建世室，則穆世室亦不宜虚置。夫所謂文世室在西北、武世室在東北者，其説本不足深據，然由其言推之，則必太廟居中，世室在太廟旁，故廟主迭遷，前後左右自不相紊亂。今後殿非太祖所居，歲時祫祭合食前殿，太祖猶在肇、興、景、顯四祖之右，則後猶上也，而欲於後殿旁剏建世室，是太祖在前，而太宗居後，謂在昭穆廟之上則誠然矣，抑思太祖與昭穆無二廟乎？我朝廟制所以視古稍殊者，古有太祖廟，有四親廟，而今則太祖與昭穆合爲一廟。又古有祧廟，而今無祧廟也。三代之禮其詳雖不得聞，然傳世至二十、三十，廟主亦斷無不祧者。我朝列聖相承，所以勸功德者至博，推原其故，則非親盡不祧，而實有三代賢聖之君所不能及者。蓋三代賢聖之君莫盛於商，商有三宗，皆間世而一興。我朝自太祖高皇帝誕膺天眷，締搆鴻圖，帝業已成。太宗文皇帝纘承丕緒，始建國號，規模宏遠，制度大備。故二聖廟號曰太祖、曰太宗，以明萬世不祧之義。及我世祖章皇帝，順天應人，撫有方夏，謨烈昭垂。聖祖仁皇帝繼統遵業，成三聖之德，在位六十一年，涵育生養，覆燾靡外。二祖之廟，同號太祖，所以明有功，示無極也。世宗憲皇帝覲光揚烈，勵精圖治，保世靖民，德莫厚焉，故廟號爲世宗。高宗純皇帝臨御六十年，德威遠施，鴻基式廓，丕大之烈，同符殷武，故廟號爲高宗。此三祖三宗，聖聖相承，自開闢以來，功德未有盛於本朝者也。今太廟九室，高宗以上，同爲萬世不祧之廟，高宗以下，同在四親之內，於禮皆不宜祧。如張佩綸議，必爲太宗特立廟，不過以太宗親盡，又不在三昭三穆之數耳。不知漢儒所傳三代惟太祖特立廟，故殷有三宗，周有文、武，乃特立一廟，以昭尊崇。譬如周文王及成、康同在太廟，必不爲武王特立一廟也。蓋古者雖有祧廟，而廟中位次，實無獨缺一代之禮，何況今之廟制，同堂異室，太祖猶居中殿，而乃以萬世不祧之宗遽移別室，豈惟太宗神靈弗安？抑恐大違祖宗首建宗號之意。且立一廟而中殿九室之位又已無虚，其説與權宜遷就，只顧目前，又何以勝？徒使昭穆失序，遷移無定，非禮之意也。伏惟穆宗毅皇帝削平禍亂，大業中興，聖武之德，遠軼殷周，以古禮言之，則宜以功德特立廟。以今禮論之，則宜與列聖同配天。故今日入廟之始，尤不可不詳定其儀。然而禮有變通，事難刱易。今誠欲酌之於古，準之以今，協一時之中，立萬世之規，亦劉歆所謂「至尊至重，難以疑文虚説定也」。昔宣宗成皇帝遺命無庸廟祔，當時聖慮淵深，必有見於太廟尊崇，如殷之中宗、周之宣王不敢與湯、文同廟。又預計異時廟室既盈，將有執親盡則祧之説以上擬列祖者，訓誥諄諄，有由然也。文宗顯皇帝重慎其禮，特集廷臣定議，羣臣不能推闡聖明，爲萬世之慮，又不思殷、周立廟祖禰不必與太祖同堂，因時制宜，輔成文宗顯皇帝繼志之孝，以至今日，遂有欲於太祖廟内遷易昭穆，以爲知禮者。豈三代盛時聖人制禮之意哉？然則爲今日計，別出一廟，以奉穆宗，既於義未安，莫若仍遵宣宗遺旨，於中殿前建立祖禰廟，如古四廟之制，上祀宣宗、文宗，而穆宗毅皇帝以時升祔，在文宗前日爲尊親，在皇上今日爲尊祖，仁至義盡，於禮無失。又歲時饗祫，俱合食於前殿。位雖異室，祭則同堂。禮由義起，乃適其宜。至禮謂升祔，亦謂祔於祖廟，非祔於太祖廟也。以周制言之，后稷爲太祖，至康王時，文、武皆未特立廟，則成王祔廟必祔於文、武廟，不祔於太祖廟可知。又親廟既立，則諸廟之主在太祖廟内亦昭常爲昭，穆常爲穆。蓋古者最重祫禘，在禮惟祫禘大祭，遷廟之主皆與其序，實有常而不紊。以今中殿位次言之，太宗在左一室爲昭，世祖在右一室爲穆，聖祖在左二室爲昭，世宗在右二室爲穆，高宗在左三室爲昭，仁宗在右三室爲穆。至於前殿饗祫也亦然。故今之前殿，古之明堂也。如今爲宣宗以下立寢廟，更於中殿内東西爲夾室，以爲祧廟。祧廟不爲室數，以謂傳之無窮。此則我朝定制，無異殷周，韓愈所謂「禮從而變，非所失禮」者，在聖主斷而行之耳。否則，事有經權，迹憚更張。禮非天子不議，在皇太后崇示謙讓，以待異日，則中殿展爲十室之説，義猶近之。何也？古者宗無常數，即廟無常數。故先儒謂周有文、武、姜嫄合爲十廟。如王肅所論，則殷有二祖、三宗，又有三昭、三穆，殷當有十一廟矣。夫今之異室，即古之異廟也。廟可增，故室亦可增。總之，《禮經》殘闕，無徵不信。漢儒所記，各有師承，而鄭、王兩家，其説互異。況於今日，時非搬制，學無伊、周，安得權衡至當，以爲萬世法度？宋曾鞏有言：「以時考之，則祖宗神靈固有待於陛下。」今皇上冲齡，皇太后虚心訪納，而衆説紛紛，各執所聞，不能適於大道，故舉斯兩端，敬附末議，以待聖人之折衷。

附　録

先生父名福海，字鏡寰，官湖北知縣。買書度二萬金，先生皆讀之，手加丹黄。嘗從武昌張氏裕釗受古文法。史傳、汪康年筆記。

先生宰宿松，勤於其職，日坐堂皇，妻紡績室中，蕭然如寒士。宰合肥，撰聯云：「合則留，不合則去。肥吾民，勿肥吾身。」及晚歲主講河南，撰聯云：「浮生止爲虚名累，垂老方知寡過難。」則客氣全消，幾於道矣。史傳、《舊聞隨筆》。

桐城姚叔節孝廉嘗至皖，遇先生於途，方著公服，亟下輿，攜手步行，談笑至寓，市人爲之驚異。《舊聞隨筆》。

先生初至河南，鎮平高麟超詣之，先生方接見布政，高待諸門隅騶從門。先生送客，見之，謂從者曰：「高先生來矣，何不導之入？」其書籍塞屋，告所司曰：「高先生要讀何書，便取與之，勿預我聞。」汪康年筆記。

柯先生劭忞

柯劭忞，字鳳孫，膠州人。父蘅，字佩韋，從陳左海受許、鄭之學。嘗以《史》、《漢》諸表爲紀傳之綱領，而譌舛殊甚，最稱難治。於是條而理之，爲《漢書七表校補》二十卷，又有《舊雨草堂札記》、《舊雨草堂詩集》、《聲詩闡微》等書。先生少承家學，光緒丙戌成進士，改庶吉士，散館授編修。丁酉，膠州事起，輿論憤慨，乃自請回籍，辦理團練，猶王文敏公懿榮之於甲午也。中朝既與德意志定約，乃回京供職。歷官至典禮院學士。嘗充湖南學政，未滿任，召還。癸亥歲卒，年八十有四。生平爲學，博綜經史，兼擅詞章。其外舅吴摯甫先生文章經術負當時盛名，每與外邦人士論《周易》、《尚書》，有所不決，輒移書與之商搉，而東甫、晉之亦與講學深契。於其鄉邦文獻，無論傳與不傳，類能睹記而道其略，通博冠於山左。於經則專治《穀梁》，以爲鍾、柳諸家未能盡當，則爲《春秋穀梁傳注》十五卷，反覆削稿，至於絶筆。於史則專攻元代，金華學士所修期促體蕪，實難攷信，而錢、汪諸説未有薈粹，於是發憤爲之，垂二十年，成《新元史》二百五十七卷，世昌爲刊以行世。其他詩文雜著若干種，稿藏於家。

按先生卒後，碑志未出，僅就平生往還所聞見者爲之傳。

春秋穀梁傳注自序

自瑕丘江公紬於董子，而《穀梁》之學微。孝宣以後，劉子政爲《穀梁》大師，其學説尚有存者。子政通儒達識，兼采《公羊》，然用傳義者十之七八，用《公羊》義十之二三而已。《漢書·五行志》：「劉向治《穀梁春秋》，數其禍福，傳以《洪範》。」知子政演説《春秋》禍福，皆《穀梁》義也。東京之末，篤生鄭君，兼通三傳，尤篤好《穀梁》之學。其言曰：「《穀梁》善於經。」又曰：「《穀梁》近孔子。」可以知其宗尚。其《起廢疾》之説，發揮傳義至精至密，舉一反三，斯爲善學。何邵公治《公羊》智慮深長，爲經師之冠。其説三科九旨，不用古説，而别爲條例者。按《公羊》徐疏引宋君《春秋注》三科者：一曰張三世，二曰存三統，三曰風内外。九旨者，一曰時，二曰月，三曰日，四曰天王，五曰天子，六曰王，七曰譏，八曰貶，九曰絶。何氏則就三科分爲九旨，擯古説之九旨不用。蓋以三科爲《公羊》學，九旨則《穀梁》學，故取其三科而不取其九旨也。今以《穀梁傳》證之，日月時之例，傳義較《公羊》詳數倍。天王、天子、王之三稱，傳義備矣，《公羊》未之及也。譏貶絶之例，亦較《公羊》爲詳。用是知宋君所謂九旨者，誠哉爲《穀梁》之義例矣。何氏耑治《公羊》，故舍之不取，奈何治《穀梁》者熟視無睹，而自棄綱領之大者乎？師説久湮，傳義恒疑其無條理，若統之以九旨，則有條不紊矣。今就子政、康成之遺文墜義而推闡之，以九旨爲全書綱領，復取本傳之文旁參互證，以究其未備，庶幾《穀梁》一家之學得其門而入乎？至於疏通疑滯，其事有三：一曰正文字之譌，如《僖十六年》「公子季友卒」，傳曰：「稱公弟，仲叔賢也。」此謂經文稱公弟叔肸、叔仲、彭生可證。《文十一年》「叔彭生，會晉郤缺」，當依《左氏》經文作「叔仲彭生」，今本奪「仲」字，傳之大義湮矣。《桓二年》「取郜大鼎于宋」，傳曰：「責以賂。」范注本作「數日以賂」。「數日」者，責字傳寫之譌，賴有敦煌石室《穀梁傳》殘葉可證。一曰正説解之譌。如《僖三十有一年》「四卜郊，乃免牲」，傳曰：「乃者，亡乎人之辭。言其咎不在人。」與宣三年、八年、成七年、十年、襄七年之傳義並同。范武子各爲之説，俱失之。賴高郵王文簡公深明訓詁，大義始晦而復明。一曰通傳文之義例。傳文有二事相比之例，如《隱五年》「公觀魚于棠」，傳曰：「尊不親細事，卑不尸大功。」此以公觀魚之事，與士匄不伐齊喪之事尊卑比例，以見義之高峻。有比事則發其義於一傳之例，如《僖八年》「禘于太廟，用致夫人」，傳曰：「夫人之，我可不夫人之乎？夫人卒葬之，我可不夫人卒葬之乎？」此兼釋《文五年》「葬我小君成風」之義，略於彼，故詳於此，以見義之精嚴。有因一事而通釋數事之例，如《宣七年》「衛侯使孫良夫來盟」，傳曰：「不言及，以國與之。不言其人，亦以國與之。」此舉《成七年》「及荀庚盟」、「及孫良夫盟」之言「及」，《定三年》「仲孫何忌及邾子盟于拔」之言仲孫何忌而通釋之。因不言及而通釋言及、言其人，如此而義始詳盡也。至於同一事有發傳不發傳之别，有前後發傳之别，又有處處發傳不嫌重複者，日月時之例，如内外之會盟，内大夫之卒，外諸侯之卒葬，參差錯互，皆精義之所在。吾友鄭東父有言：「《穀梁》之複傳，其文省而理密。」嗚呼！可謂知言矣。竊謂世亂方亟，撥亂反正，莫尚於《春秋》。非兼通三傳，不足以治《春秋》之學。《左氏傳》有杜元凱，《公羊傳》有何邵公，皆可以津逮後學，獨范武子《穀梁集解》多襲杜氏、何氏之説，其自爲説或不免於淺膚。近人有爲之《補注》者，汎取唐宋以來諸家之説，亦無裨傳義也。劭忞儔昧無能爲役，譬茅塞之途，粗知墾闢，成《穀梁傳注》十五卷，敬俟大雅君子匡其不逮焉。

宋先生書升

宋書升，字晉之，一字貞階，號旭齋，濰縣人。先世多隱德。父玉璞歿後，遺腹生先生。幼穎慧絶倫，讀書過目不忘。年十九，爲諸生，授徒養母。濰縣多藏書家，多延致，先生樂就之，日益淹博。光緒壬辰成進士，改庶吉士。年已五十，慮仕進奪著書日力，遂不赴。散館，主講金泉書院。疆吏學使屢疏陳學行，詔予五品卿銜。無子，女適章丘高氏，就養其家。乙卯歲卒，年七十有三。先生爲學初事考據、詞章，中年亟思著述，不持漢、宋門户。於經史百家、《山經》、地志、醫卜、星曆，罔不鑽研。論學以經術爲根柢，而不專重小學。治經尤深於《易》，初綴輯漢《易》諸家，折衷求是，繼乃上溯河洛，中萃漢宋，下採近儒毛、惠、張、焦諸家説，以捋其精而棄其粕，以毛、惠諸家於《易》有摧陷廓清之功，顧再爲摧陷廓清之，非從天算著手不可。由是推衍中西算法，以考定古今黄赤道大距之變動，知夏禹元年與《竹書紀年》合。又即其年考定《夏小正》諸星躔次，知「十月南門見」與「四月南門正」二「南門」實爲庫樓外之南門星。其《夏小正釋義》、《黄帝以來甲子紀元表》二書，皆爲注《易》而作也。其《周易要義》一書，凡五易稾，年近七十，始寫定。他著有《論語義證》、《春秋分類考》、《周禮明堂考》、《二十四史正譌》暨詩古文辭凡十餘種。晚年悉自焚之，副本僅存《夏小正釋義》、《黄帝以來甲子紀元考》、《初篁書屋詩集》。又有《孟氏易考證》、《尚書要義》、《詩略説附古韻微》、《五穀考》、《旭齋説經賸稾》諸書，並付女夫高淑性。卒後遭亂，稾多焚毀。同縣丁錫田蒐輯遺文數十篇，爲《旭齋文鈔》一卷。參門人郭育才等撰行狀、手札。

文鈔

啟明長庚解

五行之星古人多立異名，如木星名歲，又名龍。《史記·天官書》言歲陽歲陰，其異名尤夥。若金星別稱大囂，又稱啟明、長庚，則以朝夕二候所見之時殊，故其名因之而異也。《詩·大東》篇：「東有啟明，西有長庚。」毛傳云：「日旦出，謂明星爲啟明。日既入，謂明星爲長庚。」鄭君箋云：「啟明、長庚，皆有助日之明而無實光也。」孔穎達《正義》云：「言旦出者，旦猶明也。明出即嚮晨時也。啟，開也。言開導日之明，故謂明星爲啟明。『庚，續』，《釋詁》文。日既入之後有明星，言其長能續日之明，故謂明星爲長庚也。《釋天》云：『明星謂之啟明。』孫炎云：『明星，太白也。晨出東方高三舍，命曰明星。❶昏出西方高三舍，命曰太白。』然則啟明是太白矣，長庚不知是何星也。或一星出在東西而異名，或二者別星，未能審也。」今按：《爾雅》一書，訓詁多主於《詩毛傳》，所舉皆與《爾雅》相契印。《爾雅·釋天》所載明星謂之太白，殆爲《詩》「明星有爛」、「明星煌煌」而言。《爾雅》既以明星爲太白，毛公復總以明星釋啟明、長庚，則爲金星可知。且不但毛公釋《詩》如此，《史記·天官書》索隱引《韓詩》云：「太白晨出東方爲啟明，昏出西方爲長庚。」張揖《廣雅》云：「長庚謂之太白。」是漢儒所説皆如此也。不知孔沖遠何緣猶疑未決，復出騎牆之見，云「長庚不知何星」，以致鄭氏樵有長庚爲水星之謬解。夫水星微而難見，詩人必不取以入詠。此不待辨自明者也。大抵金星行限離日左右各四十度外，以最精測象鏡視之，作半圓象，與月之上下弦等，最遠日之限不能過四十七度。孫叔然謂「出東、西方，各高三舍」，此指金星離日能躔三舍中相距之宿爲言，非謂果滿九十度也。其分晨昏二見者，亦因此繞日而行，其規道甚近之故耳。金星行周二百二十四日十六小時三刻四十八秒，晨昏之周則五百八十三日有奇，其在日之西，則爲晨見；在日之東，則爲夕見。日在星地之間，則爲上合；星在日地之間，則爲下合。金星之交黃道交角甚狹，故上合下合之期常伏而不可見也。明、庚一韻，詩人先言啟明，後言長庚，必據「晨疾末」至「夕疾初」二段率爲言。其兩率相距之間，依古率以推晨伏爲三十九日，合伏爲三十九日，相併得七十八日。

❶「命」，《毛詩正義》作「今」。

《小東》一詩，言征役之苦，自東國以及周，歷日甚久，必非一晨夕所見之天象，故東西二星并言，不以爲嫌云。

釋鑃

鐘形器一，諸城友人王蘭溪家所藏，質色蒼古，左右銘二行，字凡三十，文曰「正初吉丁亥」，言「正」不言「月」。「百」文下一字文曰「其」，又下一字或釋爲「某」，誤。《説文》夙從夕從丮，又丮從反爪。爪文三畫右向，此字上半篆係夕字，下半作爪文右向，明白無剥爛痕，則爲「夙」字無疑。二字王太史廉生據《姑馮句鑃》定爲作器者人名，是也。文又曰「擇其吉金」，下一字似「司」字而中畫上繚，乃「句」字，句從斗口，斗象兩物交結狀，今小篆特於首尾增其屈曲耳。又下一字左金右翟，當爲鑃之别體。凡從翟、從蜀之字古多讀一音。《周禮·地官·鼓人》：「以金錞和鼓，以金鐲節鼓，以金鐃止鼓，以金鐸通鼓。」注云：「鐲，鉦也，形似小鐘。」與兹器確合。彼所謂鐘指大者，非謂編鐘也。文又曰：「以享以孝，用蘄萬壽，子子孫孫，永寶用之。」鐲爲軍器，而此銘則確爲廟器者何？蓋周之世，樂尚《大武》而用偏於羣廟，《武》象勝殷之事。《禮·樂記》賓牟賈云：「駟夾而振。」先儒釋振爲振鐸。夫既有鐸，則《鼓人》之四金必備於樂中可知。又《鼓人》既言「掌六鼓四金之音聲，以節聲樂，以和軍旅，以正田役」，則六鼓之用皆有四金，所謂「路鼓鼓鬼享」，即宗廟之祭也。言句者，《禮·樂記》「句中鉤」注云：「句謂大屈也。」是器取名義或由此。銘作反書，古器款識往往見之。而文則倒者，案此器有直枋而無蟲旋，不可以縣；又體重不可以持。枋端作菑形，知用之時，必建其柄，使銑口上向捋之。夫鑃不見於《説文》，以鐲字已收，遂不復列其别體。《集韻》鑃爲銚之古文。《説文》銚爲温器，《集韻》復以鑃爲温器，知本屬一物，二字可以通用。前修已能知之，惟是此爲樂器，彼爲温器，名一而實不一。古人樂器爲鐘，粟之量又爲鐘；樂器爲錞，矛之鐏又爲錞，異物政不嫌同名。器頂作雲雷紋，無帶紋諸飾。中體長建初尺一尺二寸，旁出迤二寸爲其鋭，三分體長去一爲其枋，口縱八寸七分，横六寸二分微長。

武靡嬰買冢田玉券考

券文曰：「建初六年十一月十六日乙酉，武孟子男靡嬰買馬起宜、朱大弟少卿冢田，南廣九十四步，西長六十八步，北廣六十五步，東長以上正面。七十九步；爲田二十三畝奇百九十四步，直錢七萬二千。東陳正比介，北、西與禾少比介。時知券約，趙滿、何非沽酒各二千。」以上背面。案：古人男女皆稱子，「孟子男」，猶言長子，對其考言。此必買田瘗墓之文，故刻之以玉也。後漢用《四分曆術》，其節气合朔皆後天，今用《時憲術》推，建初六年節气日名干支與《後漢書》相印證，確得是年十一月十六日乙酉。曆表附後。考其廣長畝數，此係四邊不等之田。其法用兩廣兩長相加，得三百奇六步，二約之爲一百五十三步。南廣較五十九步，西長較八十五步，北廣較八十八步，東長較七十四步，諸較連乘，得三千二百六十五萬七千六百八十步，開方得五千七百一十四步六八九。案：《漢書·食貨志》注古百步爲畝，漢時二百四十步爲畝。以漢畝法收之，得二十三畝餘一百九十四步，小餘六八九，畝數確合。計其錢，每畝之直當爲三千，其奇不足畝，亦給滿數，故云「直錢七萬二千」。今以建初尺較工部營造尺，漢尺短二寸七分，每步六尺，則短今步一尺六寸二分。凡二百四十步，則短六十一步奇二尺八寸，爲漢畝不及今畝之數。古介字與界通，比介猶接界。四界所至，不舉南者，此買地益冢田，其原田在其南故也。

建初六年辛巳曆表

距雍正癸卯積年一千六百四十二。

中積分五十九萬九千七百二十七日九千一百三十一分，小餘一七六四。

通積分五十九萬九千六百九十五日七千九百零五分，小餘七七四六。

天正冬至四日二千零九十四分，小餘二二三六。

紀日五。

積日五十九萬九千七百二十八日。

通朔五十九萬九千七百四十三日一千二百六十三分，小餘三。

積朔二萬零三百零九。

首朔一十一日三千六百三十二分，小餘五六二三。

四分甲辰正月大，甲辰二十六日雨水己巳。

甲戌二月小，甲戌二十六日春分己亥。

甲辰三月大，癸卯二十七日穀雨己巳。

癸酉四月大，癸酉二十八日小滿庚子。

癸卯五月小，癸卯二十八日夏至庚午。漢曆節气後天，夏至在次月朔，則此月爲漢之閏四月。

壬申六月大，壬申三十日大暑辛丑。漢五月。

壬寅閏月小，壬寅。漢六月大暑在初二日。

辛未七月大，辛未初一日處暑辛未。後漢五行六月辛未晦。案：漢曆後天，故辛未爲前月晦，而此月朔爲壬申。

辛丑八月小，辛丑初二日秋分壬寅。漢八月朔壬寅。

庚午九月大，庚午初三日霜降壬申。漢九月朔辛未。

庚子十月小，庚子初四日小雪癸卯。漢十月朔辛丑。

己巳十一月大，己巳初五日冬至癸酉。漢十一月朔庚午其十六日乙酉。

己亥十二月小，己亥初五日大寒癸卯。

四分十二月，大餘三十八，小餘三百四十六。

齊魯古印攈後序

金石文字，山左頗著。聞阮文達公輯吾鄉金石志凡豐碑桓碣、鐘鼎檠敦之倫，莫不備載其中。古印亦甄賞至確，然非專書，所收之數不過數十，覽者慊焉。《齊魯古印攈》者，余表太叔南鄭公所著録也。公邃於金石學，鼎彝碑版無不購蓄，而嗜古印爲尤最。嘗取印中官爵名氏紀在前典，關於山左，可以考證者，彙而成編，上起周秦，下至兩漢而止。其印之無可考證而確屬出自山左界壤者附焉。共若干卷，名曰《齊魯古印攈》。厥後，燕秦楚越廣爲蒐訪，益聚益夥，凡六百餘枚，盡著之譜。仍舊名者，從朔志也。譜既成而遽捐館舍。公嗣君翰生表叔，克紹家學，重加釐訂，廣爲流傳。其中條例一無所更，懃懃焉冀成前美者，於志可謂篤已。今歲冬，適命序於升，俾志緣起。升無文，然義不敢辭，乃勉爲序言，以綴其後。

蓋嘗論古印之用有二：曰官印，曰私印。印亦曰璽。《周禮·職金》鄭君注：「璽者，印也。」《春秋外傳·魯語》韋君注：「璽，印也。」

蔡邕《獨斷》云：「璽者，印也。印者，信也。天子璽以玉螭虎鈕。古者尊卑共之。《月令》：『固封璽。』《春秋左氏傳》曰：『魯襄公在楚，季武子使公冶問璽書，追而與之。』此諸侯大夫印稱璽者也。衛宏曰：『秦以前，民皆以金玉爲印，龍虎鈕，惟其所好。』然則秦以來天子獨以印稱璽，又獨以玉，羣臣莫敢用也。」《漢舊儀》云：「皇帝六璽，皆白玉螭虎鈕，文曰皇帝行璽、皇帝之璽、皇帝信璽、天子行璽、天子之璽、天子信璽。諸侯王黄金印，槖駝鈕，文曰璽。列侯黄金印，龜鈕，文曰印。丞相、將軍黄金印，龜鈕，文曰章。二千石銀印，龜鈕，文曰章。千石、六百石、四百石銅印，鼻鈕，文曰印。」按《獨斷》謂秦天子之印獨稱璽，《漢舊儀》謂天子及諸侯王之印獨稱璽，此官印也。而私印稱璽者，其習猶通乎臣下，不能以盡革。《淮南子·説林訓》云：「龜鈕之璽，賢者以爲佩。」高誘注：「衣印也。」印而稱衣，乃常佩以爲飾之意，謂私印也。故用龜鈕者，亦可言璽矣。璽字制形之義，《説文》小篆作璽，从土；其籀文作璽，从王。王，古玉字。如《印藪》所載，荆王之璽从土，梁王之璽从王，足相徵也。然古印多作鉨字，爲《説文》所無。意者秦書八體，其五曰摹印。秦制天子之璽用玉，以下私璽用金，故从金。此爲當時所制之專字與？而《子夏易傳·遘卦》爻辭「繫於金鑈」，尒、爾既通用，鑈當爲鉨之別體，不容判作兩字。近經學家以《説文》引《易》作「檷」，云「絡絲柎」，遂謂鑈與檷通。顧字有正義，有藉義，於《易》即假作檷，又何害正義之爲印耶？吾固謂此字載在六經，出自秦以上之古文，或可與好學深思心知其意者一爲言及之耳。又私璽之璽或作⿰土尒，⿰土尒即璽，亦可爲坸即鑈作證。其从玉、从金、从土之不同，何也？蓋古人重耳治之學，專藉爾尒以定聲，以玉爲之，則曰璽；以金爲之，則曰鉨；以土爲之，則曰坸，後乃混同用之，要其制字本義實確然各有所屬。《説文》璽訓爲守土，許君特取秦漢之制專主主上，隨文爲釋，決非本旨。其不載鉨文者，漢世印中已不行此字，故略之也。夫欲論古印時代之殊，西漢與秦官爵多沿，人之名氏又每錯見，苟徒講求形貌，則緩鑄急鑿，異代同工，惟以字體剖別，曰印、曰璽，此類雖難確定，而以鉨爲文之一類，非秦以後物，斷可識矣。攷歷來以印訂譜者，如姜夔、王俅、錢選、顔叔夏、徐克一、吾丘衍、趙孟頫諸先輩，既各名家。嗣是而後，更多著録。其體例皆諸印雜陳，茫無畫界。今此譜特列古鉨於前，以餘印次後，鑒別良爲精審。而古鉨之多，且至三十餘枚，以視阮文達公所著《山左金石志》外，其自藏弆，見諸品題者，僅海上嘉私鉨，以多寡相視，判若楹筳。雖物之聚散顯晦必有其時，而亦見南鄭公振奇好古，其蒐羅固匪易也。

噫！古人往矣，官爵名氏其爲史籍弗載，曷可勝數！幸而即一物以見焉，是古人精神之所託也，是古人手澤之所存也，可不珍重愛惜之與！而況彪炳簡策，足以風礪來葉者，可不珍重愛惜而復播傳之與！若夫偏旁點畫，區區證文字之同異者，猶其後也。儻是譜出，閲之者乃僅目爲清玩，微特非南鄭公之心，亦豈後人所以冀成前美之志也哉！

續齊魯古印攈序

同里郭申堂嫺丈，耆學耽古，喜聚書，以

餘力爲金石學，三代秦漢鉥印蒐存者數秩矣。今夏方輯《續齊魯古印攈》，一日過其齋，出古大鉥示余曰：「此吾作印譜之緣起也。吾舅氏高南鄭先生以金石名家，嘗輯《齊魯古印攈》，書甫成，而先生遽謝世。嗣君翰生爲增補以傳。吾向從舅氏稍稍聞緒論。丁亥秋，獲此鉥，摩挲愛賞，與翰生詫爲海内瑰寶。由是古興益深，收籠日富。今欲編次，附先生之書後，公諸同好，即以此弁簡端。惟是篆文奇詭，索解爲難。子曷以暇日彊識之以爲快？」余退攷其文，因臆釋之，曰：鉥篆文「[illegible]，[illegible]」。[illegible]即易字，爲陽之古文。《春秋》三見，《文公六年》：「晉殺其大夫陽處父。」陽爲處父食邑。《一統志》云：「山西太原府太谷縣東有故陽城，漢爲陽邑，晉大夫陽處父邑。」《昭公十二年》：❶「齊高偃帥師納北燕伯于陽。」杜預注：「陽即唐燕別邑，中山有唐縣。」今直隸保定府唐縣東有漢唐縣故城，即其地。《閔公二年》：❷「齊人遷陽。」杜預注：「國名。《世族譜》云：『《土地名》，闕，不知所在。』」案：《漢志》「陽都」下，應劭注：「齊人遷陽。」故陽國是陽都，在今山東沂州府沂水縣境。此鉥碻出沂水界中，則昜即陽國。《禮·坊記》曰：「陽侯殺繆侯而竊其夫人。」蓋當時亦强大之國。[illegible]當是向字。《春秋·宣公四年》：「伐莒，取向。」杜預注：「莒邑，東海承縣東南向地城。」❸注所指爲今在蘭山境之向城鎮，儒者多以爲非。《太平寰宇記》莒州南七十里有向城，此去莒爲近。經書「取向」，當在是。

❶「二」，原作「五」，今據《春秋左傳正義》改。
❷「二」，原作「三」，今據《春秋左傳正義》改。
❸「向地城」，《春秋左傳正義》作「有向城」。

承縣向城，即此鉨向邑之向。蓋陽都在沂水西南葛溝西，向城鎮在蘭山西南洳河東，兩地相距百餘里，當時必爲其屬地。篆文加邑作□者，識别之文，亦猶樊或作□、祭或作□、奄或作郁耳。□，依文求義，應爲聖。聖、聚二字古通用。《説文》：「聚，會也。一曰：邑落曰聚。」《後漢·平帝紀》張晏注：「聚，邑落也。」皆謂邑之村落。曰「陽向邑聚」，國大於邑，邑大於聚，相統之辭。篆文又曰「□□□□」，近見好古家藏四字古鉨，與此鉨作凸出式相類者凡有三鈕，惟第二字殊，餘則並同。一爲吴縣潘文勤公藏，篆形作「□□□□」，二爲吾邑陳文懿先生藏，篆形作「□□□□」，又作「□□□□」。首「徙」字也，徙、屎二字古通用。《毛詩》「民之方殿屎」，即借屎爲徙。屎尺从尾省。《説文》徙之古文作□，亦即屎字。中从火者，尾注从

到毛在尸後，蓋全體象形字。初畫宛轉左紐，象尻骨形。右下垂者，象到毛形。諸鉨體有繁簡，交互可推。□字，文懿先生釋「盦」，極碻。上从亼，《説文》以此字爲象三合之形，讀若集。「今」字在其部，云「从亼乛」，本分爲二字，然金字从土，左右注，象金在土中形，今聲。彝器中金字，如《曾伯霥簠》作□，《邾公望鐘》作□之類甚夥，亦皆省乛作亼。盦之本字从皿盦聲，鄭公盦聲，今作壘，爲會意字。此省酉，仍諧聲字耳。□字上覆作内抱形。□即也字，與彝器中作□者文小異，小篆作匜，鉨文从也加皿，與《叔娟匜》作□同，爲古文中别體。□當是盧，❶《盧氏幣》爲□，與此皆省文。《説文》云：「盧，飯器也。」言徙盧者，《玉篇》云：

❶「盧」，原脱，今據文義補。

「徙，遷也。遷，徙也。」遷、徙二字同義，故展轉相訓。《尚書》「貿遷有無化居」，此徙謂貿遷也。

古者百工器皿，恒越境轉粥，以通有無。其時關市有譏，故必以鈢爲之徵信。《周禮・掌節》「貨賄用璽節」，此鈢殆所謂「璽節」者與？嘗謂金石可證先聖遺籍，今得是以借見經中古器形，宜耆古者之珍賞之也。越日録此，以復申堂。申堂曰：「子所釋有深契吾心者。今譜既成，曷書諸册，以志作譜之緣起乎？」復質諸翰生，翰生曰：「古文既失傳，後人釋者皆虛揣景射，是非莫由據定，故滋訟紛如。今録是釋，以質當世通人，證其是非，未始非學問之意也。」余韙其說，遂書以爲序。

辨蟫居藏書記

吾齊自古稱文物藪，漢世所傳，若王同之《易》，庸生之《書》，韓固之《詩》，鄭君之《禮》，衣被宇内，卓爲儒宗。海隅席其風者，學問彬彬，莫不以經籍爲貴。厥後劉宋間，青州任彦升，宏才博覽，聚書至巨萬卷，習俗雅尚，於是概見。我朝聚書之家僂指難數，而流傳藉藉者，則安丘張杞園氏、益都李南澗氏爲最著。夫杞園當日，家僅逾中人之產。南澗一官落拓，貧窶以終，其物力不足以奔走市賈，所藏之籍能與幾何，然而世每樂道之者，豈其人果以聚書傳耶？吾邑高君翰生，星街公之孫，叔餘公之子也。星街公爲余曾王母羣從弟，君年視余爲弱，而行則長。每相過從，謙謙自牧。尊酒談讌際，功名富貴未嘗挂齒頰。蓋冲夷而澹退，其天性然爾。夙重樸學，嗜書成癖。凡奇編祕函以及宋槧元雕，刻意搜羅，不惜巨資。偶或不給，輒典質以酧其價。又輯《齊魯遺書》，采摭數十家，表彰先喆，孜孜不遺餘力。先是，星街公始有事收藏，獲壽光故家書若干卷。後司鐸闕里，又得書八櫝，捆載東歸。嘗戲語人曰：「此吾冷官宦槖也。」公捐館後，叔餘公兄弟四人析而分讀。公性好金石，鼎彝、碑版、秦璽、漢章之倫，莫不衆蓄。故凡小學諸書，足資攷證者，咸購之。今得君所續存者，合計卷三萬有奇。以三世之勤，始獲百城之擁。嗚呼！何其難也。君惜其聚之難而思葆諸永久，俾無墜失。爰擇精室庋之，插架分廚，仿朱秀水曝書亭例，略爲變通，區分六門，曰經、曰史、曰子、曰集、曰叢書、曰類書。室外旁蒔修竹，每當旭日初升，微風徐動，而幽籟清影，時縈迴拂動囊衺間，致足樂也。君則閉關獨坐，參鉤研稽，甲乙丹黄，寒暑靡間。取宋沈忠敏公詩句「安得牙籤三萬軸，爲公一一辨蟫魚」之意，顔曰「辨蟫居」，而囑余爲之記。

余嚮讀《隋書·經籍志》，每慨書有三厄，亦嘗綜究物理，深原其故。嬴氏扇虐，燔棄六經。此火厄也。五季之變，蕩於兵戈。此金厄也。隋初載以渡江，中流沈舶。此水厄也。葢文字爲五行之秀，其機偶戾，則氣必反而自讎。古與古相續，著録日盛，其免此三厄，獲傳於今者，幸矣。乃其千百什一之存，又或以歲久飽蠹銷蝕殘毁，不施斟斠，古書之傳愈久而愈失真，則又幸中之一大不幸矣。此承學之士所尤兢兢也。抑又聞之，泛涉爲雄，精粺一致，擇術不審，心思耳目馳騖而無所就，是謂亂官，德業且以日荒。徂徠先生之《録蠹書魚辭》也，云：「《文中子》曰：『九師興而《易》道微，三傳作而《春秋》散。齊、韓、毛、鄭，《詩》之末也。大戴、小戴，《禮》之衰也。又楊墨之言出，而孔子之道塞。佛者之教行，而堯舜之道潛。則《易》其九師之蠹乎？《春秋》其三傳之蠹乎？《詩》其齊、韓、毛、鄭之蠹乎？《禮》其大戴、小戴之蠹乎？孔子道其楊墨之蠹乎？堯舜道其佛老之蠹乎？』魏晉以降迄於今，又有聲律對偶之言，雕鏤文理，刓刻典經，道日以刻薄而不修，六經之旨日以解散而不合。斯文其蠹也。」徂徠此言，推闡王氏之説，切譏經師，適開後學不信古、不好古之漸，所持未免過當，而其餘論則美矣。茲以「辨蟫」名居也，勿亦有慨於此與。

夫藏弆雖富，而獨能剖別，以黜其悖道，則君志之所嚮可知矣。且君之藏書承先澤也。星街公宣教曲阜，以昌明聖教爲己任。載書而歸，別無長物，與南潤賈舟潮陽時何以異？叔餘公攷訂古印擵，經潘司寇伯寅、王太史廉生弁言藏於家，論者謂不得杞園鐵筆摹刻以傳爲憾。二公學行素績，允符羣望，非皆服古功深，涵濡於正學之驗耶。君食舊德，紹清芬，撫摩遺編，必有益生。其孝恭而自勵，所以可傳者，固無俟獻規於司籥也。重違其囑，遂述梗概，以爲之記。

清儒學案卷一百九十四終

清儒學案卷一百九十五

天津徐世昌

漢宋之學例重師承，全書於諸家授受源流已詳加紀述矣。其有潛修自得，或師傳莫考，或紹述無人，各省中似此者尚復不少，今特别爲一類，分省彙編。凡著作宏富者擷取菁華，否則撮敍大略，兼搜博采，冀不没其劬學之深心焉。述《諸儒學案》。

諸儒學案一

劉先生芳喆

劉芳喆，字宣人，宛平人。世居涿州。順治辛丑進士，改庶吉士，授編修。歷官國子監司業。困事鐫級，❶假歸，築草亭於石橋村。喜獎進善類，士論歸之。康熙四十二年，值聖祖南巡，過涿州，迎謁道左，蒙召對，命復原官。五十五年卒，入祀鄉賢祠。先生爲學一主於庸，所求皆子臣弟友之事，必極其當。著有《庸語》，曰：「事惟庸者可作，物惟庸者適用，言惟庸者易行也。存天理，遵王法，體人情。遵王法，忠也。體人情，恕也。存天理，忠恕之本，一以貫之者也。太極先儒言之備矣，吾人不必更增一語，但能於日用之間處己接物之際，一言一行務合於道理之當然，而不失其中，即是太極。曾子之學喫緊處在孝以事親，曾子之孝喫緊處在敬以守身。不遺父母惡名，孝之至也。必慎

❶「困」，疑「因」之誤。

其獨，敬之至也。當官之法惟有三事：曰清、慎、勤，今無不知之者。余請更益以一言曰誠。清而不誠，保無飾於外而淆於中乎？慎而不誠，保無詳於小而畧於大乎？勤而不誠，保無工於私而拙於公乎？誠則清爲真清，慎爲真慎，勤爲真勤。念之在國不爲家，營事之在民，不圖己逸，普天大地實受其福矣。不問民之貧與不貧，❶但問官之富與不富；不問小吏之貪與不貪，但問大吏之清與不清。尊卑内外界限截然，全靠一箇禮字。辭受取與銖兩不差，全憑一箇義字。」又著有《拙翁集》。其家書三十首，言生事死葬皆從至性中流出。生平所稱許者，新繁費燕峯密、休寧蔡瞻岷廷治、黄岡曹厚庵本榮三人而已。參《學案小識》、《畿輔通志》。

王先生植

王植，字懷三，號戇思，深澤人。少究心濂洛關閩之學。爲諸生時，受知於督學江陰楊文定公，益博觀經史，審擇先儒之説。康熙辛丑成進士。雍正初，授廣東和平知縣。歷平遠、海豐，擢羅定知州。長於折獄，所至多惠政，持大體，舉卓異。又歷署欽州、新會、香山。大吏特疏薦之，奉旨引見。會連丁父母憂，服闋，發往山東，署滋陽，授霑化，調郯城，先後凡任三州九縣，廉直守正如一日。乾隆十四年，以疾乞休，年已六十八矣。退居林下，撰述不輟。平生爲學，體用兼

❶「民」，原作「是」，今據清道光二十六年刻本《學案小識》卷八改。

備，剖析朱陸異同，以宋六子爲宗。著有《四書參註》四卷，《濂關三書》三卷，《正蒙初義》十七卷，《道學淵源録》一卷，《讀史綱要》一卷。又精擘音韻，著《韻學》五卷，《韻學臆説》一卷。又輯古事，分四十門，曰求仁、主敬、稽古、訂訛、論世、經國、審權、正學、崇識、啟悟、修辭、審變、致果、弘謨、敉亂、量入、篤棐、飭治、貞守、明義、砥廉、用諫、慎獄、敦厚、裕量、治家、篤親、慎交、肅神、應天、辨妄、任官、足民、恤荒、因地、詰戎、制勝、擇術、樹型、成教，每門復各分子目，凡一百四十有九，名曰《權衡一書》，共四十一卷。蓋統修齊治平之要，盡事理之變，爲致用之術也。晚年著《皇極經世書解》十四卷，自謂於邵子之説能觀其通。其詩文有《崇德堂集》八卷，《偶存草》一卷。又有《嘗試語》，自述閲歷所得，生平治迹具見是書。纂輯《深澤縣志》、《定州志》。其所歷官和平、羅定、新會、霑化、郯城，諸志皆修之。子炯，貢生，官邯鄲教諭，能承其學。參文集及諸書序。

四書參註自序

聖賢之書，聖賢精意所積也。自漢以還，經師遞相授受，爲註爲疏，用力誠亦勞矣。然於時性學未明，所以闡明義理者，往往獵其膚末，失其精微；或彷彿影響之間，言之不肖其情。逮有宋大儒輩出，乃一舉而擴清之，朱子遂有《章句集註》之作。予謂不閲註疏之説，正不知朱註之精。譬之畫工然，魏何晏註《論語》而宋邢昺疏之，漢趙岐註《孟子》而宋孫奭疏之也，如畫家寫真，雖形貌衣冠已具，而眉目手足尚蒙然而不清，遑問其神與氣乎？然遥而望之猶是形也。漢鄭康成之註《大學》、《中庸》，而唐孔穎達爲之疏也，則如繪樹寫山，節節段段而爲之，而本末不相聯，條理不相續，甚者一樹成而幾不知爲何木，一峯就而幾不知爲何景，求一形似，猶難之。惟紫陽成書而後，其人乃如笑如語，并其精神情性現於楮端，非但頰上三毫而已。其樹與山之向背陰陽，并其色香烟嵐，如可遊覽，非但濃枝疏影、危嶂奇峯而已。所以傳聖賢之心，發道德之藴，而孔、曾、思、孟之神至今如在。乃晚近多有新說，欲張幟於程朱之外，然實有悟入，發前人所未發者百不得一。其餘率漢唐人已具之舊解，宋儒吐棄之唾餘耳。予惡夫道聽塗說，輒拾殘瀋以相炫鬻，又慮夫後生佔畢蛀蝕故紙堆中，不能一有心得，且罔識近說所由來也，間取什百之一二，參諸古註，以明朱註之理，而後儒精到之言可與朱註相參者亦偶附焉。至性道仁義之理，乃聖學之命脈，洛閩所以遠紹鄒魯，纘不傳之緒者，實尋原於此。此又畫家形外寫心之祕妙也。然而源合流分，異條同貫，世儒隨文求通，詎免歧塗亡羊之誚。故僭爲會其旨趣，詒之來者，如彼一葦，以俟問津。

濂關三書自序

濂溪《太極圖說》一篇，《通書》四十章，横渠《西銘》一篇，皆朱子手所註釋，表章於世者也。蓋朱子於此三書，既爲之註，復詳爲之說，闡發不遺餘力，尊之與《語》、《孟》、五經等。而《性理大全》所掺輯，凡後儒探微抉幽，以暢其意旨之未盡者，亦幾釐然備矣。後學或且病之，曰「擇焉弗精，語焉弗詳」也。

夫謂其弗精，則紫陽微言具在於是。謂其弗詳，則一言而千百其辭，尚何以加焉？乃猶不足厭賢哲之心。而驟而讀之，亦有難得其端緒之所在者，言未循其序，而理未衷於一也。夫言多而擇之無術，雖微詞渺義，尚汨没于繁雜紛賾之中，矧新安未定之言、諸賢未醇之論，如涇渭同流，而丹黝雜陳，能無惘惘哉？

予嘗從事於此，思爲訂正，乃爲二法例之：一曰以傳從經。説之發明大文者，即以大文爲序次，使條分縷析，皆按次而列。一曰以疏通註。意之發明註義者，即以註義爲標準，使經直緯横，皆從一而定。若作室然，彼始其事者堂構垣墉、棟梁榱桷、楹礎階砌，既無一不具，然取多用宏，或未暇細爲經理。吾欲去其厖雜，奠其杌隉，無俟另闢門庭而改作之，第于位置未善者，爲之調方向，通户牖，界牆垣，觀者自覺爽然一新。予於是書志此物也。若夫悟太極、無極之妙，念乾父坤母之原，體仁義中正之實，求踐形惟肖之旨，心研力追，有非言詮所可概者。予有志焉而未之逮也。將伯之呼，所望於二三同志何如哉？

正蒙初義自序

予家世讀書，未嘗就外傅。幼時從家君授讀，繼從先大父館於外。先大父爲學，非聖之書不讀，歲九經、性理誦必周。年八十餘，猶强記不忘。諸從遊問典故，必舉某經篇目分剖辭義示之，或取先儒之説相發明。予讀四子書成誦，即授《孝經》，繼以《太極》、《通書》、《西銘》，繼以《正蒙》。曰：「註疏僅詮聖人之言，濂洛關閩所以傳聖人之意也，實裨身心，學不可後。」然予苦《正蒙》難讀，且以少註説爲憾。偶得一家言，皆質問大略，置篋中藏之。書不可得者，必備録成帙。如是者積之久。乙酉鄉薦後，洊歷四方，獲與十五國賢士遊，輒時時以此爲志。蓋閲二十餘載，一再易稾，而後敢彙而次之。當其曉披夜誦，朝信暮疑，舊説之存者十五六而已。其直空舊説，自出心悟者，亦往往而有也。先是同邑宋子鋭臣、晉州趙子彤元皆嘗有志於是，互相往復者歲餘。辛丑春，謬叨南宮，攜所業於京邸，同年生蜚英陳君見而嗜之，攜之去，次第手寫成册，隻字片語皆惜若拱璧。然予曰：「是書稡諸家成言，頗踵訓詁餘習，聊備初學之一義耳。方欲芟其蕪冗，袪其歧二，以易今稾，君何嗜之篤乎？」陳君曰：「説書欲瑩白如話，此帙詳明曉暢，人人如意所欲出。況横渠得自苦思力索之餘，方晦澀是懼，何必若郭象註《莊》，又以聱牙詰屈與横渠較奇耶？精理久蝕，請就我録本速成之，何如？」予曰：「諾哉！」遂與家弟膺如寧文慎加覆校，大義則決之家君。三閲月而告竣。既爲臆説十有七條總其綱要，復識所由於書首，以歸陳君是正焉。

皇極經世全書解自序

《宋史·道學傳》首列周、程、張、邵、朱六子，百世同稱大儒。今《太極》、《通書》及程朱之學絃誦徧寓内，已而横渠、康節之言獨苦其艱深玄奥，類不敢涉其籓籬。夫二子於前聖未闢之奥，憑其妙悟神契，淵然獨造窈微。今人幸生二子之後，反畏險疑阻，不能循塗以窺牖，自棄何亟耶？余資性最爲駑下，惟不敢自欺之心則終始不渝。少壯時，嘗有志《正蒙》一書，悉心研玩者二十餘年，始知太虛有三層之義，而太和神化一以貫之，覺諸家詮註言之不得其意者什七八焉。時亦有志康節之書，力未能兼營也。逮後碌碌簿書，閣廢者幾三十年，每心焉愧之。邇以農田餘晷，取而卒業，蓋鄉者所見，僅西山《指要》，未得其全。嗣得粤洲黄氏之註，稱係本書全文，而又不無自爲增芟，且於《先天》各圖芟而不録。按：先儒謂《元會運世》《聲音唱和》諸篇，如《易》之上、下經。《觀物》十二篇之文，如《易》之《繫辭》。若有説無圖，則所説皆爲何事？更有謂《元會運世》非邵子精義所存，而概乙之者。蓋本不能知而大言以欺世也。至《内外篇》抉先天不傳之祕，雖伊川亦有所未及，而諸家之隨文疏解，言之不得其意者，又何譏焉？

余不揣固陋，取粤洲所得本書，冠以西山纂録各圖，并考别本全書，以復其始。又分别粤洲《聲音圖》中所附卦體，以還其真。而於《内外篇》再四研玩，即以邵子之自解者解之，始知著書之名即著書之意。謬以所見爲《内》《外臆説》各一篇，亦覺先生之意距今幾七百年，猶遥遥可會也。

蓋自五星聚奎而六大儒之學各詣殊絶，亦如天光分耀，無嫌軌度各别。横渠不必同於周、程，康節又不必同於横渠，故其理兼乎數，《大易》之傳爲能獨得其宗。史稱先生智慮過人，遇事能前知者，特其學之一端爾。嗚呼！邵子内聖外王之學，其於天地萬物之理，究極藴奥；古今治亂興廢之由，洞如指掌。世但知其數學之一端，以致穿鑿支離而不得其意者，率由於此。余之追求初義於《正蒙》之後，蓋亦有不得已焉者哉！

韻學自序

天子移風易俗，無遠弗届。以閩粤鄉音鴃屈，令守土官多方訓迪，定以年限。然則審聲韻以一方言，固司牧責哉？予謂欲辨音律，宜識韻首。韻，天籟也。天籟，自然者也。韻首黄鐘也，黄鐘爲宫，宫音喉，萬事根本黄鐘，故韻必自喉始。宫音正，一韻之音無不正。一韻正，則各韻之音視此，而五方不齊之音無不截然各正。顧世之言韻者，或薄等音爲渺義。言等韻者又不知即律韻爲等差，間有律韻之次以等韻者，復不知部首之非韻首，於是執東冬等字欲分脣齒，試問此一字爲脣爲齒，亦能概全部之字而脣之齒之乎？又有合相次數部欲類宫商，試問此數部或宫或商，亦能概各具之音而一宫宫之、一商商之乎？言韻者且家殊人異，舛謬孔多，何惑乎生而習焉者之囿於其方哉？故律韻必貫以見溪羣疑之等次，而後如繩約珠；等韻必識其光官公昆之韻首，而後如綱挈網。每部各等其韻，每韻各見其首，則此韻中或一音，或兼音，或三四音，合者無不可賓而按矣。其韻之或爲宫，或爲商，或爲宫、羽、徵、角，合者無不可縷而析矣。吾之所據既確，則了然於心，了然於口，舉世之謬執私説，妄誹古音，而屑屑然聚訟於《切韻》，操戈於《韻補》者，無不可讞其得失，而靜其浮囂，無他，歸於自然爾矣。間就時傳韻書求其權輿，若恍然有一得焉，蓋於分部歸併姑仍《平水》，而詳繹法言之遺，欲使今韻得自然之脈絡；於通轉、叶音斷歸才老，而盡詘異喙之鳴，欲使古韻得自然之意理；於五音十三字首取馬氏以通之百有六部，參新安《直圖》以譜其三十二母，欲使字之清濁、音之發收得自然之經緯，而要以天籟定人聲，以黄鐘之宫長衆響，則銜口而出，胥歸風雅。即五方之言原合正韻者豈少乎哉？夫今人讀古人書而但因循依傍，逐影附聲，焉能實有心悟？予此書蓋亦前賢所未及者，願與海内名流證其是非，藉以俾此邦人士化駃屈而歸大雅，是則司牧之志也夫。

權衡一書自序

昔人有作書曰《論衡》，又有曰《權書》、《衡論》者，予初甚悦之，及讀其書，猶惜其一家私言，非能有以盡事理之變，而亦未探其本也。夫人生事物之來紛投沓至，目有時不及瞬，心有時不及謀，倘未能酌輕劑重，一一稱平而出之，則失之累黍，謬以鈞石，近或集愆於乃躬，遠且貽災於民世。《經》曰：「可與立，未可與權。」傳曰：「天下之事猶持衡。」此聖賢之學所必以稱物平施爲至也。予以爲天下古今之故萬有不齊，理則一而已。然不極萬事之賾，無以觀理；不參伍錯綜於古今之變，無以揆事。事與理在髣髴影響之間，亦何以使輕重不爽而銖兩之悉稱哉？按《記》稱「屬辭比事，《春秋》之教」，而先儒以爲制事之權衡者，亦必曰《春秋》。然則聖人與權持衡之書，固莫善於手所筆削之《春秋》乎？嗣是代有史，人有作，上之遺言往行美不勝摎，次而野録稗官義可兼採，至於時勢所值，淺深異趣，人有不必盡醇，事有不必皆馴，而博觀約取，舍短用長，則舉古今來所爲，析難明之理，應難處之事，燭難察之幾，發未闡之論者，無一不見《春秋》之大義，而事理之權衡亦於是乎略備焉。予嘗檢笥中所有，擇其有關事理之實，足資識守而裨身心者，托始於麟經之文，而旁通乎古今之故，以爲《權衡一書》，視仲任所謂「詮輕重之言，立真僞之平」，老泉所謂「於此爲銖，於此爲石」者，以今較昔，誠未知其何如。而矻矻孜孜，求什一於千百，用力亦少勤矣。若乃二酉、四庫，代有聞人，然以上蔡之博聞强記，不免玩物喪志之譏；更如明道之泛濫百家，未若返求六經之益。使但合兩分銖，逐物求稱，而聞聞見見，罔知鏡己，則徇物之累，其去坐馳者幾何？此予於仁敬兩言，所先取以立權衡之準，用挈《春秋》之綱領也哉！至於年世可紀者詳之，不盡知者闕之，書之不能追其原始者隨所見註之，亦竊附於郭公、夏五之義。

例言

理緣事而義異，猶天賦物而形殊。非秉理以燭幾，即乖窮理之學；不隨事以求理，終難制事之才。是以盱古鏡今，因常盡變，即事林之疏漏可指，而理城之闉塹已周。

六籍皆爲載道之文，麟經獨有刑書之義。蓋事理之林，即權衡之樞也。不明《春秋》之義者，學雖博，不適于用；守雖正，不通于權。故屬辭比事，必履端于此。

莊言可録也，諧言亦可並録；端人可取也，僉人亦可節取；正書可收也，他書亦可兼收。蓋衆美所會，如採玉于崑岡；一善足存，若揀香于樹圃。惟欲能擇，皆足我師。

紀懿行者貴紀其立德之實，録豐功者必録其經世之模。非是，皆空言也。既稱其識，必超人之遠見；如取其議，必特出之微言。非是，皆浮豔也。事惟求其所以然，學乃歸于有實用。

敍事以時代爲先後，同時以年月見初終，間以類從，仍分世次焉。夫人人我我，豈必相謀，而開始之智足以型今，繼起之英時能合古，以此見人性之咸備，亦可識天理之常存。

道學、經濟之言，前人各有成編。襲舊纏述，滋爲贅矣。提要擷英，期于自得，則人不必著其終始，事不必晰其本末，言不必罄其端委。別求淹通，自在宏博之業。

纂述陳編不紀所出，甚則攘人爲我，卑哉陋矣。然考盲左、腐遷所撰成，時與古史遺經相表裏。《呂覽》、《説苑》而下，互見錯出尤多，欲追厥始，不綦難乎？但從所見爲緣起，不敢以弇陋自欺，亦不欲以旁摻費日也。

古今雅士通人，時具錦心玉唾，而學不扼要，僅屬綺語支詞；理非近思，難免玩物喪志。此賢關之樞鍵，歸于求仁；而聖域之家珍，莫如主敬也。以此爲書笥鎖鑰，庶知滌慮怵心，不至入耳出口。

聖朝得統之正，遠軼前古。盛德鴻烈，無孅不兼。紀事纂言，曷加于此？然傳聞之語，恐或以訛爲真；紀載之餘，不免舉一漏百。私史失實，敢不是戒乎？倘得與讀祕府之編，獲以揚扢文明之盛，志焉未逮，中心藏之。

髫齡授書，即喜紀録。每得前賢懿事，樂爲座右良箴。久而所收漸多，遂復其奇難棄，非欲與博物家闘珍積也。一二愚見附入者，亦云疑義與質，寧有奇文可欽？凡在同人，必能諒我。

文集

一貫論

天下之故無窮，事物之理靡盡，而孔子之語曾子、子貢也，皆曰「一以貫之」，其所謂一者，何也？或曰心也。然人皆有心，即不能無人心、道心之雜，而何以能貫？或曰理也。然在物爲理，一物各具一理，而何以相貫？予以爲心與理之説似也而未盡也。夫末之歧出者本必同，流之散見者源則合。故至道之妙，渾渾無名，名曰太極，其在道則萬化之原，其在性則衆理之窟。於是同本異體，乃曰四德，一之分而四也。於是因物妙應，乃有百行，一之廣而賾也。是故殺爲五倫，列爲五事，别爲九經，達之四國、五禮、六樂、三物、八典，一事一理，繁然不可紀極，然理本四德，德具性始，故傳曰「萬物皆備於我」，又曰「中者，天下之大本」，性豈有不一者哉？然而人皆有性，而貫之者獨聖人，則何也？衆人之所以爲性者漸漓於心，而聖人之所以爲心者即心是性，故當其至德内涵，淵然無朕，空空如也；及夫物感紛乘，因物而付也，時而接之以仁，即吾性之肫然者爲之；時而行之以義，即吾性之確然者爲之；時而應之以禮、以智，即吾性之中且正者爲之；時而呈於手足之容，施於民物之衆，散於百爲之著，達於庶政之和，無非吾性之燦然備具者分而應之，稱量而予之，如繩之約，如珠之聯，以是爲貫之爾矣。《易·繫》曰「寂然不動，感而遂通天下之故」，性之謂也。先儒曰：「誠者，五常之本，百行之原。」實盡其性之謂也。故從心所欲而不踰，亦取之左右而皆逢。夫豈於吾性之外，別有所謂一於一事一物之間逐物而求其貫哉？雖然，一者有對，非守寂之爲一；而貫者不一，非憑虚以爲貫。他日子曰「參也魯」，又曰「賜也達」，其魯也所以能積也，不積不化；其達也所以能格也，不格不通。是以卒傳其道者二子也。然則學孔子者，必自曾子、子貢始。

西銘論

《書》曰：「惟天地萬物父母。」《易》曰：「乾天也，故稱乎父。坤地也，故稱乎母。」《記》曰：「仁人之事親也如事天，事天如事親。」《孟子》云：「親親而仁民，仁民而愛物。」合此數言而《西銘》之理可識矣。昔龜山嘗疑此書，謂其「言體而不及用」。程子謂：「彼欲使人推而行之，本爲用也。」而他日又曰：「《西銘》意極完備，乃仁之體。」其言若有不一者何？蓋仁者，天地之生理，渾淪涵育，無所不備，而其發動充盈，周通徧滿，無時而息。故人得之，而會萬有於性始者，心之德至全；合萬物爲一體者，愛之理至大也。《西銘》備發此意，故以爲仁之體，殆如欲立立人、欲達達人，朱子以爲狀仁之體者，豈猶夫體用對待之云乎？故由此以詮《西銘》，固非專明理一分殊之義。而程子又以此一言蔽之者何？曰：此亦因龜山兼愛之疑而剖之也。横渠之意由分立而推其理之一，程子之言因理一而明其分之殊，故大略觀之，則於通體事天猶親見理之一，於民胞物與、宗子家相、長幼兄弟之異見分之殊。此一義也。詳析言之，而以事天、事親每句横分，無不有分殊之義焉。此又一義也。仁在而分立，分立而仁無不在，《西銘》所以爲仁之體者正在於此，朱子所以謂「《訂頑》之言，示我廣居」歟？抑更反覆求之，《西銘》之理，即《太極圖説》之理也。「乾父坤母」之云，與所謂「成男成女而生生不窮」者一也；「塞吾其體，帥吾其性」，與所謂「無極之真，二五之精」者一也；「踐形惟肖而繼志述事」，與所謂「主靜立極」、「天地合德」者一也；「無忝匪懈」即「君子所以修之吉」，❶悖德、害仁、濟惡即「小人所以悖之凶」；而存順没寧，則又「原始要終，以知死生」之説也。昔游定夫讀《西銘》而曰「此《中庸》之理也」，明道亟許之。若讀《西銘》而不知參之《太極圖説》，亦烏足與論《西銘》哉？

心性説

治法由於心法，而事功本於性功。自《虞書》言「人心惟危，道心惟微」，言心之始也。《仲虺》言「降衷下民，若有恒性」，言性之始也。至孔、孟而大暢厥旨，遂開道學之宗。《大學》言心不言性，非不言性也，明德即其性。《中庸》言性不言心，非不言心也，戒懼慎獨即其心。《孟子》合而言之，曰「盡心知性」，曰「存心養性」，知性即盡心之要道，而存心即養性之實功。此鄒魯授受之指歸，後先若合符契。顧嘗歷考先哲微言，竊謂心之與性歧而二之不可，混而一之尤所不可。《左傳》劉子曰：「民受天地之中以生。」中非即性之謂乎？《中庸》：「喜怒哀樂之未發謂之中。」若爲劉子特下一解，然者非中之所以謂性者乎？然而性有理有氣。以理則《易》言「繼善成性」，《中庸》言「天命之謂性」，《孟子》言「性善」，程子一言以明之，曰

❶「忝」，原作「泰」，今據清乾隆二十四年刻本《崇德堂稾》卷一及明萬曆四十六年刻本《張子全書》卷一改。

「性即理也」，是即所謂「受天地之中」者，是曰義理之性。以氣則《易》言天道之陰陽，地道之柔剛，而又曰「立人之道曰仁與義」，陰陽氣也，柔剛質也，人亦有然。故張子曰：「形而後有氣質之性，善反之，則天地之性存焉。」程子曰：「論性不論氣，不備。論氣不論性，不明。」蓋所謂「性相近」，所謂「動心忍性」，所謂「性也有命焉」，皆謂氣質之性也。若夫《易》言「洗心」，《大學》言「正心」，而《孟子》之言心也曰「良心」、曰「本心」、曰「求放心」，皆不外人心、道心之義，亦猶性有理氣之分，非心與性各爲一物也。故張子曰「心統性情」，又曰「合虛與氣有性之名，合性與知覺有心之名」，然則心性之相爲體用者歧而二之，其可乎？顧嘗即太極陰陽之理論之。朱子曰：「性猶太極，心猶陰陽。太極即在陰陽中，非能離陰陽也。然太極自是太極，陰陽自是陰陽，惟性與心亦然。」性無形而爲理之宗，猶所謂「無極而太極」也。其「寂然不動，感而遂通」，皆心之爲之，性則乘是以見焉。故朱子言太極曰「動靜者，所乘之幾」，其言心亦曰「出入乘氣幾」，蓋離氣不可以見理，而不可即以氣爲理；離心不可以見性，而不可即以心爲性。又烏得混而一之也哉？且孔孟之言心，所以無爲心累者，蓋心爲人之神明，至虛至靈，而具衆理，非即心以爲理，故誠意之前必有格致之功，而養心之道則有操存之力，皆所以充虛靈之體，以復其天地之性，而不流於空寂之學也。若即人心之靈明以爲理，而前無格致之功，内無操存之力，將以意是其所是，非其所非，焉知不有似是而非，似非而是者，而毫釐千里，去先聖之道遠矣，則惟混心性而一之，而不知其體用相須，顯微一貫之妙。嗚呼！此後儒談心學者所以易入於禪，而明心見性之異説且中于人心，害及世道，可勿嚴其辨哉？

皇極經世觀物臆説

邵子之學，先天之學也。先天者，中天之先，所稱三皇者也。《皇極經世》，邵子以名其書也。《觀物》，以名篇也。著書何意？書之名即著書之意也。言治道則上推三皇，所謂「惟皇作極」，故曰「皇極」也。經緯組織之謂經。曰元、曰會、曰運，皆世之積，故「以元經會，以會經運」，皆以經世也。以《皇極經世》而曰《觀物》，非以皇作極，則非所以經世也；非以皇極經世，非所以爲觀物也。非曠觀萬物，則非所以爲皇極之經世也。邵子之言往往自解之矣，而解之者尚無解人，故真解迄未之見也。解所難解而爲之圖，圖即所以爲解也。《先天》各圖，西山所纂入者十，所未録者八，皆圖其所經，圖其所觀也。《元會運世》，合天地古今人物以爲觀者也。《聲音唱和》十有六，以聲音律吕見萬物之數者也。篇有《内》、《外》，《内》以明圖，《外》以明内也，非《觀物》則皇極不晰，非《經世》則《觀物》不大也。非《内篇》則《皇極經世》之理終晦，非《外篇》則《内篇》未盡之藴猶藏也。《内篇》首言天地人，知其言天地也而不知其爲觀物也。天地何以曰物？篇首即曰「物之大者無若天地」，而其後申明之，在三篇中。曰：「以天地觀萬物，則萬物爲物。以道觀天地，則天地亦爲萬物也。」其曰「太陽爲日」至「少剛爲石」，天地四象之圖説也。上一篇。由天而人，則觀聖人也。古有以天地爲物者矣，無敢以聖人爲物者，邵子何敢物聖人也。然邵子不遽物聖人也，聖人者，人而聖者也，故其言曰「人亦物也，聖亦人也」，而又申明之曰：「人也者，物之至者也。聖也者，人之至者也。」言聖人也，而何以知其觀聖人也？蓋其言又曰：「聖人吾不得而目見之，察其心，觀其迹，亦可以理知之也。」上二篇。於是由人而觀萬物也，曰盡民、曰盡人，而何止曰物？然人亦物也，故其言曰「謂昊天能異乎萬物，則非所以謂之昊天也。謂聖人能異乎萬民，則非所以謂之聖人也。萬民與萬物同也。」曰天、曰聖而皆言其有四府者，何也？天之四府者，時也。聖之四府者，經也。時與經皆皇之極也。昊天盡物，聖人盡民，皆經世之實也。此所以爲《經世》之《觀物》也。上三篇。知天與聖之盡民、盡物，則合觀天、觀聖，與物同一觀也。故篇首即曰觀春、觀夏，曰觀秋、觀冬，首以觀，猶首篇之首以物所以爲觀物也。而於是言皇帝王伯，獨推極於三皇，其後又申明之，在九篇中。曰「王一變至於帝矣，帝一變至於皇矣」，此所以《觀物》爲《經世》之《觀物》，《經世》爲《皇極》之《經世》也。上四篇。世非一世，古與今無非世也，無非物也，故其言曰「古今者在天地之間猶旦暮也」；又曰「古亦未必爲古，今亦未必爲今，皆自我而觀之也，安知千古之前，萬古之後，其人不自我而觀之也？」上五篇。言古遡自三皇，言今迄於宋代，即《經世》三篇中三千有餘之年也。其言曰「孔子祖三皇，宗五帝」，又曰「雖不敢比仲尼上贊堯舜禹，豈不敢比孟子上贊仲尼」，此《觀物》所以爲《皇極經世》之《觀物》也。故直以所著之書自信曰「予非知仲尼者，學爲仲尼者也」。上六篇。於是就經世三千餘年，尚論其人與事，乃觀古今之實跡也。所論斷者非一事，所盱衡者非一人，或合而論之，或比而論之，或析而論之，或概而論之，其言曰「前聖後聖」，曰「古今之時則異也，而心非異也」，曰「十億萬年行之，人知其歸者也」，曰「三代之世」，曰「三代而下」，皆合古今而言之也。篇末乃遥結之曰「人亦物也，以其至靈，故特謂之人也」。此所以爲經世古今之人也，所以爲《皇極經世》觀古今之物也。上七八九篇。然其曰時、曰經、曰時有消長，經有因革，觀物也何以及此？此皆爲《經世》三篇而言也。消長者，天之時也。因革者，聖之時也。識消長之變，妙因革之權者，元會運世所以生生不窮之幾也，故直示以經世之所以然。其言曰「日經天之元，月經天之會，星經天之運，辰經天之世」，則《經世》三篇之圖説也。曰「元之元一，元之會十二，元之運三百六十，元之世四千三百二十」，則天地之數圖説也。所以因元會運世世數甲子而驗消長之天時也，所以因歷代興廢治亂而驗因革之人事也。此則《皇極經世》之大旨，而天地、聖人、古今人物凡在所觀之中者，皆在所經之中者也。先儒所謂如上經之有《繫辭》者此也。上十篇。其曰「陽剛太少之數各十，陰柔太少之數各十二，進退相因而得一百六十、一百九十二之數也，得一百一十二、一百五十二之數也，於是再相乘而得一萬七千二十四之數也。天地四象之唱和此數也，聲音之唱和亦此數也，故其曰唱、曰和、曰再唱和，即以言聲音者言萬物也。先儒以爲如下經之有《繫辭》者此也。上十二篇。於是舉萬有不齊之物而明爲之解，曰所以謂之觀物者，非觀之以目而觀之以心也，非觀之以心而觀之以理也。然後人知此之爲解《觀物》也。而前此無非解《觀物》者，無非解《皇極經世》之《觀物》者，人仍未之知也。上十三篇。若夫學先天者常自《外篇》始，《外篇》者門人記邵子之言，邵子嘗爲之筆削者也。其曰更思之、更詳之者，邵子之筆也。邵子自寫胸臆之書則内之，門人記其談數明《易》之説、格物窮理之學則外之者，邵伯子子文之意也。此稱曰《外篇》，然後稱邵子之《觀物》篇曰《内篇》也。先儒之論邵子也，程子曰：「堯夫振古之豪傑，内聖外王之道也。就其所至而論之，可謂安且成也。」龜山楊氏曰：「《皇極》之書，皆孔子之所未言也。」朱子曰：「駕風鞭霆，手探月窟，足躡天根，天挺人豪也。」靜修劉氏蔽以一言曰：「邵至大也。」所以推崇邵子者至矣！然程子雖有加一倍法之説，而邵子未與之深言也。朱子因西山之纂述，而取其圖以詮《易》，然西山但有引經引義別爲一説，用字立文自爲一家之言，而其書未爲之解也。朱子雖有每見一物皆作四片之言，且因其書以作《啟蒙》，而亦未遑解其書也。邵伯子嘗解之矣，然語其精意，子不能受之其父也。王豫、張崏嘗從之學矣，然究其指歸，弟子不能盡之於師也。後世不無傳註之作，而或失則淺，或失則鑿，不知邵子之書已往往自爲解也。夫邵子探造化之原，究極天人之藴，盡天地之終始，古今之往來，以窮萬物之理與數，其眼底則海闊天空也，其胸中則春晴日午也，然先儒中別具神奇，其微言渺論原自難得解人也。若但驚其奇，怵其神，而不以其自解者解之，則邵子何以著此書也？邵子之書何以命此名也？此予所以不揣其愚，而漫爲之解者也。

皇極經世外篇臆説

《皇極・外篇》有言之互錯而義實相發，所宜特爲理會者，其義有四：

一曰乾坤坎離之義。邵子曰：「乾坤定

上下之位，坎離列左右之門。」《外》二。以伏羲先天卦言也。又曰：「置乾於西北，退坤於西南，長子用事而長女代母，坎離得位而兑艮爲耦。」《外》五。以文王後天卦言也。然邵子精意尤在《先天圓圖》，其以三百六十卦言曆，以四正卦當閏。曰：「乾坤坎離之不用，所以成三百六十之用也。」《外》八。此非先聖所嘗言也。先聖所未有而邵子創爲之，將何據乎？竊謂邵子所言者《先天圖》，而所以爲言者仍於後天卦位中參以先天之義。蓋先天四正位，天上而地下，日東而月西，宜確不可易。乃後天則乾之午中者易而西北，坤之子中者易而西南，是有不用之意矣。西南者猶近南，而西北者純陰之位，是有全不用之意矣。然雖曰不用而非四正何以生羣卦？故於閏用之，所謂「不用以成三百六十之用」者此也。若先天乾坤定上下之位，而乾以君之，六十四卦無不以乾爲主者，丕冒萬物，日午天高，而坤輿深廣，承藉衆形之下，故乾之不用，即乾之全用，而坤又全不用也。乾坤不用矣，乃用坎離者，先天坎離列左右之門，陰陽所由以出入也，故曰「當陰陽之半，爲春秋晝夜之門」。《外》八。是以坎離半用也。至閏卦之先離後乾，而繼以坎、坤者，仍用《圓圖》之義。一元之始起於子，會之復而一陽生，如一年之冬至，然復爲震之初，而居震、兑之間者離也，故閏卦用離。再至兑之臨爲卯中，如一年之春分，然而居兑、巽之間者乾也，故閏卦去離用乾。再至午中之姤而一陰生，如一年之夏至，然姤爲巽之終，而居巽、艮之間者坎也，故閏卦又去乾用坎。再至艮之遯爲酉中，如一年之秋分，然而居艮、震之間者坤也，故閏卦又去坎用坤，坤居戌閉寅開之中故也。謂非於後天卦位，而參以先天之義歟？

一曰震巽之義。伏羲畫卦既成之後，其次序自乾一而兑離，以至於震四；又自巽五而坎艮，以至於坤八，即小横圖也。由横圖中間震巽二卦分溯兩頭，則由震而離兑，以至西北之乾；由巽而坎艮，以至東南之坤，即《繫辭》所謂「雷以動之，風以散之，雨以潤之，日以晅之，艮以止之，兑以説之，乾以君之，坤以藏之」，即大圓圖中之方圖也。夫《易》始於乾坤，而此乃自震巽起。且「天自益以下，地自豫以下」，邵子又以爲無數者。《外》三。蓋《外篇》之言震、巽有三義，有以震、巽分屬乾、坤而言者，《易》乾、坤六子一節以震、坎、艮爲乾之三男，巽、離、兑爲坤之三女，與乾、坤四象不同。乾坤四象中，震本陽少而陰多，巽陰少而陽多，《外》二。以乾三爻之變，自下而上當爲巽離兑☴☲☱。巽，乾之一變也，乃去巽不用，以歸於坤。以坤三爻之變，自下而上當爲震坎艮☳☵☶。震，坤之一變也，乃去震不用，以附於乾。故曰「天之體數四，而用者三，不用者一；地之體數四，而用者三，不用者一」。《外》一。又以經世之四象言之，震附於天爲天之辰矣，辰不可見；巽歸於地爲地之石矣，剛而不生。故又所不用，曰「天以剛爲德，故柔者不見；地以柔爲體，故剛者不生。是以震巽不用也」。《外》一。且震爲辰矣，又爲長男從父，故不見於地也；巽爲石矣，又爲長女從母，故不見於天也。《外》五。又震爲辰矣，兑於四象爲月而近辰，曰「月會於辰」；巽爲石矣，艮於四象爲火而近石，曰「火潛於石」。《外》十。凡此，皆以震巽言之。此一義也。有以震巽以下而言者，曰「天之有數起乾而止震」，曰「天自益以下，地自豫以下，無數也」。《外》三。蓋震以下，於時爲冬，於日爲夜，於辰爲亥子丑，猶地之北方。然地之南與東西可見而北不可見，天之春夏秋三時生物而冬不生物也。且其間又有所謂餘分者，陰陽對待之理，陽主晝，陰主夜，應各得六時，然細分之，則自日出以後、日入以前方屬晝，而日之出入實自晨昏分可辨色，皆屬之晝。是以加餘分，故有七。《外》七。故曰「天剋地，地剋天」，而剋者在地，猶晝之餘分在夜也。曰「天見乎南而潛乎北，極於六而餘於七」，《外》一。有餘分之一故也。凡一歲之閏，夏至之刻，揲蓍之策，聲音之數，皆不外此，乃天地之交數，所謂「天地之交十之三」。《外》三。此以震以下言之，又一義也。然邵子言「辰與火不見」，《外》三。又曰「天辰不見，地火常潛」，《外》三。曰「地之火且見且隱，其餘分之謂耶」，《外》一。則以天辰地火有可通於餘分之義者。蓋天地之交十之三，自震以下固以七分之一爲天之餘分，而巽爲地卦之天，不可以餘分言，但石者火之所潛，火猶半見半隱，較之天辰之全不見，亦如地之有餘分。然此比況之辭，以震之兑與巽之艮分屬乾坤而言之，殆又一義也。有直以巽爲天地之餘分，如《外》一首節補註所云者，非其義也。

一曰自一至十，天地所名之數。大概言之，天以奇，地以耦，各有分屬，然非融會詳玩，不足得其精義。如天一、地二、天三、地四、天五、地六、天七、地八、天九、地十，《外》一。以《易》大衍之數言也。七九爲陽，六八爲陰，以四象策數言也。此其大略也。又陰陽皆以四言者，離坎爲生物之主，以離四陽、坎四陰，故生物者必四也。《外》八。其以六與四對言者，參天兩地，則圓者徑一而圍三，方者徑一而圍四，故曰天六地四。曰若參天而兩之則六，兩地又兩之則四，此天地分太極之數也。《外》一。又曰「氣以六變，體以四分」，《外》一。蓋年月日時以六，六而周；元會運世以四，四而列，兼神與氣言之也。然三十六亦六之積，二十四亦四之積，故曰策數三十六。曰九進之爲三十六，皆陽數也。《外》一。蓋天用六六，應乾之策。地用四六，應坤之策。然四固陰位，而蓍法至成爻之後則四即一，一即陽也。其以五與六分天地者，天數二十五，合之爲五十。地數三十，合之爲六十。《外》一。亦以大衍之數言也。至天爲一，又爲十；地爲二，又爲十二者，天一合天九爲十，地二合地十爲十二，通始終言之，故曰一衍之爲十，二衍之爲十二。《外》一》。若乾一合內外卦爲六，坤二合內外卦爲十二，亦以奇耦言之，故曰六即一也，十二即二也。《外》四。又以一爲六，以三十當一，以十二爲二者，乃天地始終之數，所以相乘之故。蓋日爲一而日一月三十，故以三十當一，以三十年爲一世；合甲子甲午則六十月爲二，而月一年十二，故以十二當二。故曰：「陽數從三十起，陰數從十二起，常存二六也。」《外》一。又曰：「陽數常六，陰數常二。」《外》七。又有以月爲一者，曰「日一位，月一位」，曰「日起於一，月起於二」，《外》七。蓋日爲元，元之元爲乾。二爲夬，元之會，即會之元也，故亦爲一。三四十二節，《外》一。原註云「如月初一，今作十二也。正以夬之十二，即月之一也」。以上皆須理會至不相悖處，乃爲得之也。

一曰天地體用之數。《內篇》言陰陽太少之體數，陽各十，陰各十二；剛柔太少之體數，剛各十，柔各十二，而以其互相進退，得陽剛之體數一百六十，陰柔之體數一百九十二，得陽剛之用數一百一十二，陰柔之用數一百五十二。《内》十一。《聲音唱和》篇所以見萬物之數者，亦由此以推，其説固已。《外篇》則有體四用三之説，《外》一。又曰「體數之策，體數之用，用數之策，用數之用」，又曰「實用之數」，曰「生物之數」，《外》八。其數賾然而不一，其理則研之而愈精。蓋體數者，本然之數三百八十四也，即六十四卦全爻之數也。用數者，運用以生物之數，三百六十也，即一年四九之數，而全爻中去乾坤坎離閏策二十四，即此數也。體數之用者，一年中除三月不生物，爲生物九月之數三九二百七十也。於體數中去交數之九十，取其用數，乃寅開以後、戌閉以前之數也。實用之數者，二百六十四也。二百七十中於前後各虚三陰三陽爲一百五十二陽、一百一十二陰，即此數。蓋二百七十者，其一百五十六爲陽，一百一十四爲陰，去離之四陽二陰，實止此數。陽去離而用乾，陰去坤而用坎故也。又三百八十四中，用天卦乾、兑、離、震之陽策一百一十二而去其陰策八十，用地卦巽、坎、艮、坤之陽策四十、陰策一百一十二而去其南北之陽四十，亦即此數也。用數之用者，又於用數中正當生物之時。蓋一年三百六十，開物八月止二百四十，連閏則二百五十二，乃三百六十中十之七也。又二百六十四中去乾與坎之八陽四陰，得一百四十四陽、一百八陰，即此數。所謂「天自賁以上，地自艮以上」也。《外》三。又自二百七十中去乾與坎離之十二陽六陰，亦即此數。故曰「六六而又六之也」。《外》八。又生物之數曰二百五十六者，用數之用加四閏也。開物雖待地天交之泰，然氣已始於賁。閉物雖待天地不交之否，然已成於艮。天氣固行乎地之中，而地中之氣難見，地上之氣易識，故自寅末草木萌動，至亥初地始凍，以天之運行，則二百五十二；以地之生物，則二百五十六也。陽去離之四，陰去坎之四，各得一百零八，加餘閏之四十，即此數。三百八十四而三分之，得三之二，亦即此數。又十二會之運，三百六十當有二十四閏，内八會之運二百四十，當有十六閏，通閏數，亦即此數也。以上皆宜特作一理會，使理數融貫而後觸類相通。否則，入九嶷而神眩，焉望縱横出入，尋幽賞奇其間耶？

韻學臆説

言音韻必先韻首，韻首者即司馬温公《指掌圖》每音之第一字，蓋喉音也。然前此皆未分别親切而確言之，惟近世滇中馬氏槃什所傳《等音》，始分五音十三字首。五音之分，曰宫，舌居中；商，將口張；角，舌縮卻；徵，舌點齒；羽，口撮聚。蓋宫字即宫音，韻家多入弓音者，誤。商字即商音，所領之字各如其音。五音皆然。惟角與徵俱舌音，小異而大同，故五而實四也。五音各十三字首者，如宫音則曰光官、曰公昆、曰○讀如高驕而合口呼。乖、曰○讀如鉤鳩而合口呼。規、曰戈○、讀如麻之稽茄切而合口呼。曰孤○讀如基居而合口呼。瓜，各以二字爲讀，餘四音準此。如第一字合口呼爲光，開口則爲岡，閉口齊齒則爲姜，撮口則爲恚。官以下亦復如是。故岡干、庚根、高該、鉤○、歌○、○○○，商也。姜兼、京金、驕○、鳩○、○○、○基家，角也，徵也。○涓、弓君、○○、○○、○○、○居○，羽也。其有音無字者，但即别音推此音。而以開口、合口之分以意會之，宫商可以自得矣。即馬氏此説以通之韻部，然後知古人分部之始皆本等韻而爲之。故每部之或一音，或二音、四音，平上去入，一一脗合。初，余友望江沈新周鎬嘗言每韻有雌雄二音，欲作音表而未成。後予質以馬氏之説，謂如此則非拘拘二音而已。即快然曰：「君何善悟，良如君言。」余著《韻學》，實託始於此。

韻中羣字，每一韻首領三十二音，每一音下字多少不等，或無字。元黄公紹、熊忠《集韻》、《韻會》等書，祖温公字母之説，列字先後。邵氏謂其於舊韻顛倒錯綜，而云音紐亂於黄。不知《唐韻》每部所收字俱從韻首之宫商，如宫音字自見溪至來日皆合口呼，商音字皆開口呼，五音皆然。故宫、商、徵、羽第一字分公、庚、京、扃，則末一字分籠、稜、靈、隆，首尾纍如貫珠。試觀東、冬二部俱宫、羽之合，不雜入商、徵。董部有宫無羽，腫部有羽無宫，宫、羽亦不相混。即此知古人分部皆按韻首之音自爲部署。近世諸家紛紛論辨者，大槩多言字義與其字之當如何用，悉後一層事耳。而此字何以隸此部，鮮能言之，惟不知韻首故也。

韻首爲分部所由起，而部首實與韻首不同。部首者，偶拈一字以標其首，非通部之宫商也。自魏李登始作《聲類》，而六朝吕静、段弘、季奉節、李概、夏侯該、陽休之、周研、周顒之徒，皆著音韻，惟沈約之《四聲切韻》爲最著。至隋陸氏詞始與劉臻等八人取前此諸家而彙次之，總爲《四聲切韻》五卷，於是始有二百六部之分，一東、二冬、三鍾、四江之目。蓋緣諸家有以東爲首者，有以冬或以鍾爲首者，皆不外公、弓二韻，故酌雅芟複，分爲三部以相次，而三部非確有可分也。韻部多者又于庚、青、蒸分屬下卷，亦非果有異音也。逮唐天寶間，孫愐增修，名爲《唐韻》，後遂用以試士。又因其字多足用者註曰「獨用」，字不足用者註曰「與某同用」，如今韻東部字一百七十，而冬、鍾兩部字僅一百一十，其明驗已。然自唐李涪《刊誤》即訾《切韻》中東、冬、中、終妄别聲紐，宋毛晃《增韻》亦詬支、微、魚、虞分韻爲不當，是已知其所分之未確矣，特以頒自朝廷，沿用已久，勢遂不得復變耳。至宋頒行《禮部韻》，而平水劉淵更酌之，遂併同用者爲一部，共一百有六部。元陰氏兄弟又删劉氏三千一百字，存八千八百餘字，即今通行韻本。雖以部署仍唐舊目爲《唐韻》，而《唐韻》及以前之書皆已不傳，有直以今韻爲沈韻，爲陸韻，爲唐韻者，皆非也。更若顧氏謂一東二冬三鍾乃韻書之本原，又云「冬之與鍾必不可以相雜」，不誠如毛氏所譏，錯認仕途便覽爲臯陶律者哉？

韻同而部分者，不惟東、冬爲然。蓋韻部有一部一音者，有一部而二音四音者。一音之部惟江、魚、蕭、肴、豪、侵、覃、鹽、咸九部而已。二音之部十有六，東、冬外，若支、微、齊、虞、佳、灰、真、文、寒、删、先、歌、青、尤是也。四音之部五，元、麻、陽、庚、蒸是也。其部止一音及音各不同者，不必具論。論其音同而部分者，如東與冬皆公、弓二音也而分爲二，支、微、齊皆機、規二音也而分爲三，真、文皆巾、君二音也亦分爲二。蓋以字多之韻難歸一部，故因前此諸家各分爲部，又汰其複字，使歸於一。❶如東之公百三十餘字，而弓無端透四母、精清五母之字；❷譜詳《韻學》，下同。冬之攻僅十五字，而恭之字

❶「使」，原作「絶」，今據《崇德堂藁》卷二改。

❷「四母精」，原爲墨丁，今據《崇德堂藁》卷二補。

幾一百，其故可知。又如支部收字至四百二十，而微部無端透以下十八母之字，齊之圭亦無邦滂以下十四母之字。又如真部收字至百有六十，而文部無端透以下十八母之字。其有存有汰，不更可知乎？不寧惟是，東之弓無上去二聲，冬之攻、齊之圭無上，青之扃無去，蒸之肱無上去，其羽並無平上去，元之根、庚之羽皆無入，豈非以字窄之韻不能分隸，故或存或汰，各爲一部以適用耶？更以五音合論之，非但東、冬之同音，真、文之同音而已。東之公、冬之攻，與庚之觥、蒸之肱皆宫，是一音而分爲四者也。東之弓、冬之恭，與庚之○、青之扃皆羽；支、微、齊之圭、規、歸，與灰之瑰，又皆宫，亦一音而分爲四者也。外此，而寒之官與刪之關皆宫，寒之干與覃之弇皆商，庚、蒸之庚、緪亦皆商也，刪之姦與先、咸之堅、緘皆徵，庚之京與青、蒸之經、兢亦皆徵也，魚之居與虞之拘皆羽也，孰非一音之爲二、爲三、爲四者耶？或數音而合爲一部，或一音而分之各部，謂皆有確然可分之理，豈其然乎？然則各音之所以分部者，自有經緯。一音之分於數部者，別無深意。苟知其所以然，道固並行不悖耳。

韻部中有異音同部者，或以休文、法言皆吴産，遂謂吴音之謬而訾之，亦非也。異音同部者凡七，曰支、微、齊，以基規合也；曰虞，以拘孤合也；曰灰，以瑰該合也；曰元，以○鞬與昆根合也；曰麻，以瓜○嘉與○合也。此不惟古之吴音爲然，如今姑蘇以歸去爲居去，以鬼爲舉，以水爲使；甌粵間讀葵爲希，讀遺爲違，讀季爲桂，讀僞爲溺，即基規之合。儒在拘韻而燕趙讀爲如，租在孤韻而粵人讀爲茲，即拘孤之合。北人稱爺而南人稱衙，即嘉〇之合。即此而知五方之音合以成韻，足未出里閈，語未通四國，而歸咎吴音，吴人肯任受過乎？

前古人未分四聲，多平仄間用，如《書》「賡歌」、《禮》「曳杖歌」之類皆然。四聲自周顒、沈約始，是以梁武有「何爲四聲」之疑，周捨有「天子聖哲」之對。此爲初發其扃耳。解者謂平和而安，上厲而舉，去清而遠，入直而下，是已。而平又有清濁之分，如師與時皆平也，而時爲濁；方與房皆平也，而房爲濁。諸如汪王、烘洪之類倣此。於是字母清濁亦與之配，如溪羣，羣即溪之濁也；透定，定即透之濁也；餘如滂並、清從、心邪、穿牀、審禪以及曉匣、影喻、敷奉皆一清一濁，惟上去入非有清濁可分，而亦用此母者，等音之例以仄從平，温公之舊也。字母始於魏僧神珙，原三十六。近世梅氏祚膺以知、徹、澄三母與照、穿、牀相近，孃與泥相近，省之爲三十二，而不外乎喉、舌、唇、齒、牙。然諸家之説多繁重委折，未易尋究。亦惟馬氏《等音》爲直捷而明確。其説以喉、舌、唇、牙、齒亦分宫、徵、羽、角、商。見、溪、羣、疑，喉音，宫也；端、透、定、泥，舌音，徵也；邦、滂四母，唇音，羽也；精、清五母，牙音，角也；照、穿五母，齒音，商也。音出於喉，固宜先之，以次而舌，而唇，又返而爲牙，爲齒也。再次則爲二音之合，而曉、匣、影、喻以喉牙合，非、敷、奉、微以唇齒合，來以喉舌合，日以齒牙合，有自然之序焉。非三十二，不足盡天下之音，而三十二音無一複出，所以爲自然之數，不可以意爲增減者也。

有字母遂有反切，自魏孫炎作反音，唐人以反爲諱，故孫愐作《唐韻》謂之切，實一而已。其法以上字定位，下字審音，音即宫、商之音，位則見、溪、端、透之位。上字固重，下字尤嚴。如同一見之位，而見羌切爲姜，見康切即爲岡，見匡切即爲光。其羣字反切之下一字不出本部，此其所以嚴也。近世談音韻者，如顧氏炎武《音學五書》、毛氏奇齡《古今通韻》、邵氏長蘅《古今韻略》俱稱博洽，各有所長，然於字之反切，似鄙爲淺近，不足深論。不知由反切以得此字之正音，此音之正位，而後宫商可定。否則一家之言恒有所蔽，且上下一字亦非可混用。如《韻略》於東部雄字本回弓切，在匣母下，而訛爲羽弓切。《通韻》於佳部媧字本古蛙切，在見母下，而訛爲翁佳切。此類頗有。又二書於元部袁字本于元切，在喻母下，而統入疑母之元字下，作愚袁切。不知疑、喻二母之字最易相溷，致有複音。蓋疑母之字以舌抵上齶取之，如吾、危、牙、牛、宜、魚、五、擬、語、遇等字，皆讀如昂、偶、艾、餓等字之音。喻母之字乃於喉舌間取之，相近而實不同。既談音韻而不知字爲何音，更焉知音爲何韻，豈不爲知音所哂？

古韻與律韻原不相涉也。宋南渡後，吴氏棫字才老者始作《韻補》，就律韻以言古韻。其例有二：曰通轉，曰叶。通轉之説，吴氏始發之。邵氏曰：「通轉之分，不指用韻，原主音聲而言。逕通者曰通，聲轉而後通者曰轉，其施於用則一。叶則音韻俱非，而切響通之。」是已。近多牴牾吴氏，自爲一説者，如毛氏爲五部三聲之説，古韻平上去三聲相通，而又通及所通之三聲。邵氏以爲音義汎瀾，循其説使人滉漾而靡所畔岸。其言是也。邵氏叶遵吴氏，而通轉又以杜、韓爲詩譜，又謂江與陽不相通。然既談古韻，當本前古。《易》、《書》、《詩》、《周禮》、《禮記》、《左傳》、《國語》、《國策》、《楚詞》、《老子》、《荀子》、《吳子》、《三略》、《六韜》，唐虞三代之音也。《史記》、《漢書》、《淮南子》、《孔叢子》、漢焦贛《易林》、《黄庭經》、《道藏》歌詩、劉歆《列女頌》、揚雄《太玄》、《二十四箴》、史游《急就章》、《後漢書》、《三國志》、丁鴻等《白虎通》、劉熙《釋名》、《蔡邕集》、魏《陳琳集》、漢魏文，秦漢以下至魏之音也。《晉書》、《阮籍集》、《陶潛集》、《陸機集》、《陸雲集》、郭璞《山海經贊》、《文選》、《類文》、陳《江淹集》、徐陵《玉臺新詠》，兩晉六朝之音也。唐《韓愈集》、《柳宗元集》、《白居易集》、《藝文類聚》、宋《歐陽修集》、《蘇軾集》、《蘇轍集》、《文粹》，唐以後之音也。此即吳氏所據之五十家，固不專以詩也。自唐虞至六朝，三千年之音不問而專以杜、韓之詩爲詩譜，其允足據乎？若江、陽皆四音之部，法言於陽韻中摘其東、冬偏旁者自爲一部，以近東、冬，乃變格，偶爲之舉，而遂謂其必不可相通，則何解於古之相通而用，如毛氏《通韻》所舉似者乎？

吳氏《韻補》所謂叶音，蓋自既有律韻之後，即今韻以尋古音而强爲之名，於是從其多者以爲通轉，而紀其少者以爲叶音，皆不得已之爲也。自陳氏第倡古無叶音之説，和於陸氏德明，而顧炎武暢言之。其説誠似有見，然毛氏嘗辨之矣。其言曰：「謂古無叶韻者，謂韻本後起，非先著爲律韻，而後從而通轉之，實則字有本音，有轉音，轉即爲叶。《詩》『弓矢既調』，調之讀同。《荀子》『請布基，慎聖人』，人之讀時。既無别義，又非本音，不謂之叶不可。」其言是也。今更以音絶不類而古人嘗用者言之，如《老子》「修之於國，其德乃豐」，國與豐叶。《楚詞》「多迅衆些」，實滿宫些」，衆與宫叶。《三略》「因敵變化，動而輒隨」，化與隨叶。此類不可枚舉。即古有一字兩讀者，可讀此音，亦可讀彼音。然就今韻以言古韻，固不謂之叶不可矣。又如顧氏謂天本讀汀、下本讀户之類，毛氏亟辨之曰：「天下未有呼天下爲汀户，牛馬爲尼母，而可成世界者。」其言更爲醒快矣。

古韻自吴氏《韻補》後，宋又有鄭氏庠之《古韻》，分平之三十韻爲六部，以東、冬、江、陽、庚、青、蒸七韻皆叶陽音，支、微、齊、佳、灰五韻皆叶支音，真、文、元、寒、删、先六韻皆叶先音，魚、虞、歌、麻四韻皆叶虞音，蕭、肴、豪、尤四韻皆叶尤音，侵、覃、鹽、咸四韻皆叶覃音。其説以今韻數部爲古一韻之通，似古人本今韻而通之者，然未以分宫商五音也。毛氏五部之説，宗鄭氏而少變之，以東、冬、江爲宫，陽、庚、青、蒸爲變宫，七韻爲一部；支、微、齊、佳、灰爲徵，魚、虞、歌、麻、尤爲變徵，十韻爲一部；真、文、元、寒、删、先爲商，六韻爲一部；魚、虞、歌、麻、尤、蕭、肴、豪爲角，八韻爲一部；侵、覃、鹽、咸爲羽，四韻爲一部。其説强分七均固非是，而魚、虞、歌、麻、尤既爲變徵，何以又爲角乎？近安溪李氏又變其説，謂精於樂府者分爲六部，以支、微、齊、魚、虞、歌、麻皆直收本字喉音爲第一部，乃天地之元聲，佳、灰與支、微、齊同收聲爲第二部，蕭、肴、豪、尤與魚、虞同收聲爲第三部，東、冬、江、陽、庚、青、蒸收鼻聲爲第四部，真、文、元、寒、删、先收舌齒聲爲第五部，侵、覃、鹽、咸收脣聲爲第六部。其説於喉、舌、唇、齒外，又添鼻聲，尤從前所未有。以上諸家不同，皆就部首一字各爲意見，故其指難歸於一。

夫論通轉當視全部，而以韻首之音領

之。《韻補》所分但博考古人經用之字，合以今韻，而謂爲某韻之通、某音之叶，援經據古，各有所本，而未嘗驅古人以就我，故反多不齊正，足見古音、今韻本不相涉，而不敢謂今韻之皆與古合，是以四聲之中通轉有不能一例者，以此故也。諸家則但執部首一字人自爲説，不知部首一字之宫、商豈能槩全部之字而一宫宫之、一商商之乎？況各部中有合二音至四音，且有同部異音者，而欲概數部不齊之音，而以一音叶之，果可叶乎？夫謂其然而不能言其所以然，以至於各然其然，則未必然矣。

附　録

先生鄉舉後越十七年，始成進士。積學既久，游歷半寓内，見聞日廣，識力益定。服官所在，視前官之寬猛治忽以相捄正，詳求地方之利病以爲張弛。不唯諾隨人，亦不噢咻市德。申上事，有不合輒力爭，曰：「職在親民。見民事曲折頗確，少有回屈，如民命何！」鄭其儲撰文集序。

先生通籍出儀封張清恪公之門，清恪示以所編濂洛關閩諸書，先生於編輯詳略當否間有疑義，上書論之，凡八條。於先儒學説貫串別擇，皆心得之言。文集。

先生通達政體，集中《本政論》六篇，乃被薦時擬進呈者，後未果上，其論皆純正。他所載公牘，如論《採辦楠木》、《海疆利弊》及《請撥抵虛糧》、《請結積案以清刑獄》諸篇，皆剴切平實。其審案讞語數十，則尤見明允，可爲治譜。同上。

王西莊曰：「戇思先生潛心道學，於濂溪周子、横渠張子、康節邵子之書，皆務窮其指歸。復研精於聲音文字，旁及經世之務，著述博而可傳。所爲古文，理純辭達，足以發揮經典，扶樹世教者甚多。」《崇德堂集序》。

唐鏡海曰：「《崇德堂稾》言學、言治均極見本末。」《學案小識》。

雷先生學淇

雷學淇，字瞻叔，號竹卿，又號介庵，順天通州人。父鐏，字宗彝，乾隆壬午舉人，官江西崇仁縣知縣。著有《古經服緯》三卷。先生成嘉慶甲戌進士，授山西和順縣知縣，改貴州永從縣知縣，課士育民，俱稱職。不久，即以親老告歸。生平讀書好爲討論之學，每得一解，必求其會通，務於諸經之文無所牴牾。嘗爲《介庵經説》十卷，《補遺》二卷，皆以傳註一義爲主，而參酌衆書，以衷於是。或衆説皆誤，而自下己意者，又必旁證曲引，以訂其非。其父宗彝先生所著《服緯》共分目六十有四，先生爲之注釋，附以《釋問》一篇，《名同實異表》一篇。凡鄭注三《禮》中於服制有誤者，亦逐條指出，不稍附會。又以《夏小正》一書有脱簡者，有失次者，而注家援尊經之説、闕疑之義，每多曲爲之解，因檢校異同，證明譌誤，成《夏小正經傳考》二卷，《本義》四卷。又以《竹書紀年》爲先秦古書，自五代以來頗多殘闕，近時傳本溷亂尤甚，爰蒐輯唐以前書所稱引者爲之釐訂，詳考博辨，俾復舊觀，成《考定竹書紀年》十四卷，後乃增訂爲《義證》四十卷。又以漢以後《禹貢》之山川、《儀禮》之宮室、《春秋左傳》之國邑具有成書，而言天者獨略，乃匯爲八篇，分以四紀，爲《古經天象考》十二卷，附《圖説》二卷，使讀者可因此而曉天算，明星學焉。其他撰述尚有《校輯世本》二卷，附《考證》一卷，《亦囂囂齋文集》三十二卷。參史傳。

介庵經説

易

三易原始

三易之卦象皆同，惟卦名、卦序有異，此即三皇之遺制也。《周易》乃伏羲之舊，伏羲詳於天而首乾，以陽爲主，以健爲道，以行爲義，所以著用也。乾之初象始於奇，其畫在正南，所謂「天尊地卑，天地定位」也。乾之動象在西北，陽動而進，立於兩，成於三，故曰「乾，西北之卦也」。西北乃立春時日躔所在，此時陽氣已充於地中，二陽已達於地上，羣動肇啟，人事將興，故周人因之，是爲《周易》。其正朔用建子之月著陽之終始，其授時出政則仍用夏時，即此義也。然則伏羲畫卦自兩儀生爲四象，而四時之序已著；自四象生爲八卦，而萬物之理悉函。自八卦重之，相錯相盪，陽動而進，左旋，而位於西北；陰動而退，右轉，而位於西南，於是震、兑正於東西，坎、離正於南北，而四時首春，「帝出乎震」之象以立。又以乾元用九消息之，而十二辟卦之象以成，六十四卦之象以著。因此立周天曆度而天象始可窺測，曆元始可推求。蓋陽以日爲宗，日之旋天三百六旬有六日一周，故因此分度，此即乾元之運象，天皇伏羲氏之所以爲易者也。《連山》者，神農氏之易也。神農詳於地，辨土性，藝五穀，嘗百藥，鑿井出泉，立市通貨，故其易用伏羲八卦之動象，以艮爲首。艮者，止也，止乃行之首，故《艮・彖》以行止並言。《連山》以時行爲義，由體達用之象也。艮本陽卦，其象爲山，位在東北，立春斗逢之所在也。山託於地而親上，能出雲氣，和洽天地，且二山相襲，故曰《連山》。立春之後，其中氣曰雨水，即此義。《説卦》曰：「艮，東北之卦也，萬物之所成終而成始也。」又曰：「終萬物、始萬物者，莫盛乎艮。」蓋大寒、雨水象皆在此卦中，故以人事言之，此乃止之終、行之始也。夏后平水土，授民時，順斗綱之建，以孟春爲正，故易用神農之卦象，而各繫以辭，即太卜所掌者是也。姚信、皇甫謐、孔穎達、羅泌皆以《連山》爲炎帝之易。阮籍曰：「禹湯之經皆在。」羅苹亦云：「二易之文，禹、湯所作。」朱元昇《三易備遺》從杜子春《連山》伏羲之説，以夏正孟春、春帝太皞證之，不知伏羲以後時皆首春，不惟太皞。物之生於地者，穀爲貴，以其能養人也。五穀春生夏長，至夏齊著，故《易》曰「齊乎巽，相見乎離」。自神農氏作，穀始暢茂，人始粒食，故五行之序，帝爲火德，不得以此疑神農時不首孟春也。且如杜氏之説，《連山》伏羲，《歸藏》黄帝，是夏、商二易，皆有所因，獨《周易》是文王自出，所見以乾爲首，則《易傳》所云「黄帝堯舜氏作，垂衣裳而天下治，蓋取諸乾坤」，此何以稱乎？是杜氏之説未確已，惟《歸藏》黄帝此説必不可易。蓋黄帝之治詳於人，作調曆以授時，作杵臼以前用，作舟車以致遠，作弧矢以取威，作衣冠、宫室以庇身，作禮樂、書契以立教，上古樸野之俗至此而變，後世文明之象自此而開。《易・象》曰「后以裁成天地之道，輔相天地之宜，以左右民」，即謂此矣。其後五帝之治，皆因於此。故伏羲爲天皇，神農爲地皇，黄帝爲人皇。此即《周官》書之所謂三皇矣。黄帝在位百年，成功之後，深求道極，默契本原，於羲、農之易，皆反而歸之，得其初象，知陽氣之所以能生，實原於此，於是以坤爲首，以陰爲主，以静爲道，以柔爲用，所以明體也。月爲陰之宗，乃天之懸象。易有飛伏納音、五子六甲、律吕旋生、斗綱三正之象，即出於此。月之盡爲晦，日入地中爲明夷，皆坤藏之義也。《歸藏》於《周易》是對待法，《連山》於《周易》是旁通法，義雖各異，理實相通。故孔子《十翼》中皆有其説。《艮·彖》之言止行，《説卦》之言終始，即《連山》之義也。《泰·象》之言地天，《繫辭》之言闔闢，即《歸藏》之義也。《説卦》者，説卦之初象、動象者也。首章總説之，原卦之始立，必從初象，故曰陰陽。論爻之既生，必從動象，故曰剛柔。「和順於道德而理於義」，此《周易》用動象之大綱，即「自强不息」、「厚德載物」之謂也。「窮理盡性以至於命」，此《歸藏》本初象之大綱，即易有太極、反本歸原之謂也。下章承説性命之理，至「坤以藏之」，皆申明初象之義。「帝出乎震」以下至「既成萬物也」，皆申明動象之義。《連山》亦用動象，故義統於此。《歸藏》兼及初象，故義各分著。「乾，健也」以下至《説卦》終篇，乃統説三易經卦之象，非專爲《周易》言矣。孔子集聖之大成，《十翼》之作自無不包括。殷人尚質，故《易》用黄帝之舊，以坤爲首，曆元始於冬至，正朔改用季冬。冬至之夜半，日躔、斗建皆在子宫正中，此乃八卦初象，坤之正位。動象坎之中爻，萬物皆孳於子，而坤乃資生之原；及其動而愈出，終復歸根，乾之陽退藏於中，坤以至虚者含而藏之，囊而括之，而其象乃成坎矣。季冬之朔氣，亦八卦初象，坤之上畫，在爻辰爲坤之六四，其時律中大吕，亦陰律六同之首。且北辰之居，凝命於此，故殷以爲正，此皆《歸藏》之義也。老子述其義，作《道德經》，莊、列之徒宗之。《陰符》之説亦出於此。魏君得其説作《參同契》，徐、景修。張、平叔。涫于叔通。宗之，虞仲翔翻。《周易注》亦本於此。劉歆等不知此義，乃以三代之正朔附會斗建之三正，其所以建丑之故，則曰「丑取未衝」；解坤之「東北喪朋」，則曰「答應之道」。晉唐以後又以三易解三代之正朔，謂即《夏書》所言之三正，此皆傅會之説，非其本義也。三極之道，以初象言之，則天地人，所謂「道生一，一生二，二生三」也。太極之化生，三皇之治世，其次序皆依此。故《説卦》曰：「立天之道曰陰與陽，立地之道曰柔與剛，立人之道曰仁與義。」以動象言之，則天地人，三畫、六畫之卦皆以中爻爲人。三皇之序易，三統之斗建，其次序皆依此。故《繫辭》曰：「《易》之爲書也，廣大悉備，有天道焉，有人道焉，有地道焉。」此皆其判然可考者。且商之正朔在丑之初，雖與未初爲衝，而未初乃離卦上爻之位，與坤之在西南無涉。商周雖改正朔，其授時仍用孟春。蓋因天之始和、地之釋凍，以興起人事者也。亦未嘗依用《歸藏》、《周易》之序；然則正朔、三正、三易，義雖相通，各是一事，無容强合矣。

書

古今文申説

古《書》百二十篇，孔子删訂訛誤，以傳後世。秦人滅學，伏生壁藏其書，漢興求之，已朽折散絶，得二十八篇及序，以授歐陽生、張生及魯人孔安國。文帝末，多徵爲博士。

故西漢一代，惟傳伏生《書》，是爲今文。此《書》之齊學也。漢景帝末年，魯共王壞孔子宅，於壁中得古文竹簡，悉與孔氏。孔安國以今文讀之，得多十六篇，并前受於伏生者，皆録以孔壁科斗文，以授都尉朝及司馬遷，是爲古文。此《書》之魯學也。武帝初，民間獻《泰誓》一篇，帝命博士説以教人。時孔氏及張生、歐陽生竝爲博士，故三家皆有《泰誓》篇，此則漢時僞《泰誓》之所由行也。武帝征和初，孔安國已卒，其家獻古文《尚書》，會有巫蠱事，未及施行。平帝末，始建古文，行十餘年即廢。東漢章帝還高才生受古文學，《書》止傳孔氏校録之今文二十八篇、《序》一篇及武帝時之《泰誓》，其增多之十六篇不與也。晉永嘉之亂，今文三家經説及逸篇十六竝亡。元帝之世，枚《書》始出，頗行於時，漢儒之學漸廢。唐初，惟行枚《書》孔傳，而馬、鄭之注僅存。後馬、鄭《書》亦亡，而漢學乃埽地盡矣。南宋吴才老及朱子始疑枚《書》，直斥其傳曰僞。明之梅氏作《尚書考異》以證之，本朝朱氏、彝尊《經義考》。閻氏、若璩《尚書疏證》。惠氏、棟《尚書考》。王氏、鳴盛《尚書考證》。宋氏、鑒《尚書考辨》。段氏、玉裁《書撰異》。孫氏星衍《尚書今古文疏》。皆引伸《考異》之説，辨枚《書》孔疏者甚詳，其間持論或殊，猶有未能盡合者，嘗申説之，具列於左。

一、《泰誓》出民間，雜有今文，非出孔壁也。漢至西晉，皆以民間之僞《泰誓》爲武王時真書，因今文、古文四家竝有此篇也。東晉迄唐，又皆以此《泰誓》爲伏氏今文，因《尚書大傳》有其語，今文三家皆有此篇，且時以枚《書》之《泰誓》爲真古文，故謂此爲今文也。馬季長《書注》始疑其僞。趙邠卿《孟子注》云「不與古《泰誓》同」。王肅則直云：

「《泰誓》近得，非其本經。」近人或仍從兩漢之説，此因以枚《書・泰誓》爲僞，故以漢時之《泰誓》爲真也。淇按：今文經二十八篇，古文增多者十六篇，皆不云有《泰誓》。蓋《泰誓》三篇，孔壁、伏壁初雖竝藏，後因歲久朽折散絶，惟伏壁者僅有殘文。武帝初，作僞者取之，增衍成篇，獻之武帝，帝因其合於伏傳，信爲逸經，命博士讚説充學，自是《尚書》經文始有二十九篇，即《漢志》所云「經二十九卷」者是也。《漢志》别出《序》文言之，故謂之經。不盡是伏壁之文，故不系於伏氏。此事本在武帝初年，時歐陽、張、孔竝爲博士，故《史記》云「張生爲博士」，又云「安國爲今皇帝博士」，又云「兒寬以文學應郡舉，詣博士受業，受業孔安國」。劉向《别録》云：「武帝末，民間有得《泰誓》於壁内者獻之，與博士，使讀説之，數月皆起以教人。」劉歆《七略》亦載其事。蓋此皆武帝初年事也。因歐陽、張、孔三家皆以教人，故三家竝有《泰誓》。至武帝五年罷傳記博士，《尚書》惟存歐陽，而孔適遷官，既得古文，欲傳述祖業，自以古文名家，於是以增多之十六篇并前所習之今文三十篇悉以古文録之，此今文、古文所以皆有《泰誓》也。惟其竝有，故謂爲今文可也，謂爲古文亦可也。謂此即出孔壁、伏壁，不可也。謂此篇雜有伏壁遺文可也，謂此篇盡出伏壁不可也。謂枚《書・泰誓》雜有古之真《泰誓》可也，謂枚《書》之三篇即古之真《泰誓》，雖伏傳《泰誓》之遺文亦是僞作，不可也。謂枚《書》及漢初之《泰誓》皆後人僞作可也，謂孔氏古文《泰誓》三篇即真《泰誓》不可也。

一、孔氏傳古文《尚書》五十八篇，其中亦雜有今文，僞文不盡出孔壁也。西漢一代，除都尉朝、庸譚、胡常、徐敖、王璜、塗惲、桑欽係孔氏六傳弟子，其餘皆習今文者也。不惟歐陽、夏侯三家是今文，司馬子長從安國問古文，初亦習今文者也。《漢書·司馬遷傳》曰：「遷從安國問故。遷書所載《堯典》、《禹貢》、《洪範》、《微子》、《金縢》諸篇多古文説。」蓋止此數篇參用古文，不悉今文，其餘多今文説也。不惟太史公習今文，孔安國初亦習今文者也。子長親見孔氏，所言孔氏事必皆可憑。初於申公、伏生二傳附孔氏名，蓋孔初學《書》於伏氏，後又學《詩》於申公，故《伏生傳》云「得二十九篇，以教於齊魯之間」，謂教於齊，傳張生、歐陽生；教於魯，傳孔安國也。又云：「歐陽生教千乘兒寬，寬既通《尚書》，以文學應郡舉，詣博士受業，受業孔安國。」據此，武帝初年孔氏已爲《尚書》博士，故教授郡舉之文學。鄭氏《書贊》以棘下生爲《尚書》之先師，又謂安國亦好此學，即謂孔氏先從伏生受今文也。此時孔氏與張生竝爲博士，僞《泰誓》即獻於此時，故三家竝説之。緣文帝之末博士有七十餘人，武帝初亦因之。至五年罷傳記博士，《尚書》惟存歐陽，時孔氏已得古文，考以伏生《書》增多十六篇，欲傳述祖業，自以名家，適又遷官爲諫大夫，遂不復爲今文學。《史記》云：「孔氏有古文《尚書》，以今文讀之，因以起其家。」此之謂也。蓋今文經二十八篇，孔壁同有者則證以今文，而全從古文録之。其今文有孔壁無者，亦全鈔伏壁經文，易以科斗古書。於此外又得伏壁所無者十六篇，即增多之數也。不惟録伏壁經文，即《序》文、僞《泰誓》亦竝以古文録之。故桓譚《新論》云：「《尚書》舊有四十五卷，五十八篇。」四十五卷者，今經文二十八增多者十六，其一即《泰誓》也。五十八篇者，孔氏分《九共》爲九，《盤庚》、《泰誓》皆爲三，及《序》文一篇也。《漢書》謂武帝始立博士，古文經有四十六卷。近人謂孔氏古文五十八篇盡出孔壁，此皆誤也。伏《書》出壁去秦之滅學不過二十年，其存者止十之四，餘皆朽散。孔《書》出壁去秦之滅學已七十餘年，何以所獲反能過半？雖壁之燥溼或有不同，未必懸殊若是。且如《書序》之出伏壁，《泰誓》之出民間，此在兩漢具有明文，何嘗盡出孔壁乎？

一、《武成》篇亡於劉歆，歆所引之《武成》、《嘉禾》皆歆之僞作也。近人因歆立《毛詩》、《周禮》、古文《尚書》、《左氏春秋》，遂謂歆所引《書》，皆孔壁真古文。又因古文《尚書》五十八篇鄭君註云「《武成》逸篇，建武之際亡」，遂謂《漢志》載《尚書》古文經四十六卷，註云「五十七篇」，即因《武成》篇亡於建武也。淇以爲非是。按：歆父劉向奉命校中祕書，其著於《別録》者尚云「五十八篇」，同時桓譚作《新論》亦云「《尚書》舊有四十五卷五十八篇」。《漢書》雖出班固，而《藝文志》所載實歆之《七略》也。帝家典籍何等尊嚴，何以歆掌祕書時忽亡此卷？既云亡矣，何以歆作《三統曆》又引《武成》篇文？以此推勘，是《武成》一篇實亡於歆。因歆作《三統曆》，與此篇之説尤多違忤，乃滅去之而別撰僞《武成》文以實其術，恐真書流傳，將發其覆，無以自解，故滅去此篇，使無能證己也。《後漢書》謂儒術之衰，有貨定蘭臺桼書經字以合其私文者。歆則不惟更定之，并其全篇皆亡去之矣。今考所撰僞《武成》文大半皆逸《書·世俘》篇語，但移易改羼，欲使隱爲己證耳。然則新莽建立古文時，此篇已被劉歆徹去，頒於學者僅五十七篇，故載於

《七略》者止有此數。又故於經文之説誤作四十六卷，遺惑後人，此皆其作僞之迹欲蓋彌章者也。不然，建武去新莽十餘年耳，古文之立已將二十年，傳習者幾徧天下，縱使罹於兵火，士必有能口誦者，何乃獨亡此篇？且《嘉禾》、《畢命》古文皆無，歆何所憑，獨得其説？豈周公之聖竟如新莽之稱假王、稱天子耶？凡此皆劉歆僞撰古書之故智，莽之亂歆實成之，又嘗改名爲秀，希冀非常，豈得因其人面而説《詩》、《書》，遂掩其逆迹哉？

一、東漢古文《書》皆淵源孔氏，止傳經文二十九篇、《序》一篇者，有故也。西漢之末，傳古文者二：一爲弟子之授受，一即中祕古文《書》，王莽時建立於學者也。莽時所立止五十七篇，此時爲博士者，即六傳之弟子塗惲。以劉歆之附莽言聽計從，三統曆法又奉行於時，塗氏雖有《武成》，必不敢出以示人證其僞，以攖歆忌，故塗氏亦以此貴顯。然則弟子之所傳與學宫之所建，時已合爲一矣。桑欽、賈徽及太常弟子皆受學於惲。更始之際，天下兵亂，學士多懷挾圖書，遁逃林藪。光武中興，愛好經術，杜林、衛宏等繼踵而至，於是立五經博士，《尚書》有歐陽、大小夏侯。五年又修起太學，稽式古典，莽所立之古文悉皆廢黜。至章帝時，因賈逵之言始復選高才生受古文學，此孔氏古文《書》所以得傳於後世也。袁氏《漢紀》謂杜林嘗得泰書古文《尚書》，後以授衛宏、徐兆。許沖進《説文表》謂建武時，衛宏校定古文。《經典釋文》、《史記正義》竝引衛宏詔定古文《尚書》。范氏《後漢書》謂衛宏從杜林受古文《尚書》，爲作《訓旨》。又謂：「賈逵父徽受《尚書》於塗惲，即塗惲。逵傳父業，嘗與班固共典祕書。後言於帝，選高才生受諸古文學，古文遂行於世。」又謂：「馬融典校祕書，十年不得調，註《尚書》。」又謂：「鄭玄從東郡張恭祖受古文《尚書》。」❶又云：「杜林傳古文《尚書》，同郡賈逵爲之作訓，馬融作傳，鄭玄注解，由是古文遂顯於世。」據此諸説，是東漢之傳古文者皆出塗氏，其文字則定於衛氏。學士之遁逃林藪，即新莽時太常弟子也。杜氏所得之桼書，即學士之受於塗氏懷挾而遁逃者也。賈氏之學，范《書》明云「出於塗惲」。衛氏之學，范《書》明云「出於杜林」。東京之中祕古文，舊説皆云衛宏所定，是賈逵、班固、孔僖、馬融等所見之中祕書即此是也。章帝後既行古文，則蓋豫、張恭祖等所傳之古文《書》，即杜、賈、衛、徐及高才生之傳述也。杜、賈之學同出於塗，而杜氏先以桼書行世。賈又考於衛氏所定之中祕《書》，以授高才生。范《書》謂衛、賈、馬、鄭皆傳杜氏學。溯而上之，其實皆出於孔氏也。諸儒既同傳孔學，而所傳止及今文所有者。此因光武黜王莽之學，《尚書》止立今文三家，當時必因假王莅政，三統曆法等文頗疑逸篇多僞，故衛氏之定官書，賈氏之授高才，止及此數，餘悉逸之。猶之光武最重緯讖，而王莽時新出之緯讖亦必盡黜之也。漢時功令最嚴，諸非令甲所載者不得引以明事，故逸篇十五好古家雖或傳之，諸儒不爲解釋，止謂之逸《書》。《釋文》、《正義》因此遂謂十六篇爲僞《書》，又謂馬、鄭所注皆是今文，非孔學，謬矣。

一、古文逸篇晉初雖存，而王肅、皇甫謐所引之逸文可疑也。按衛宏作《古文尚書訓

❶「祖」，原脱，今據清道光雷氏刻本《介菴經説》卷一二補。

旨》，篇數與賈、馬、鄭氏悉同，其逸篇、逸文止流傳好古之家，故鄭注古文《書》引《胤征》、《伊訓》，《鄭志》載趙商問答引《周官》，此猶之《史記·殷本紀》引《湯征》、《湯誥》也。此無可疑者也。王肅僞《家語·正論篇》引《夏書》之文，而「今失厥道」句與枚《書》同，與《左傳》異。皇甫氏作《帝王世紀》直引作《五子之歌》，其文全同枚本。又引虺之誥文，與枚《書》亦符。《隋書·經籍志》謂：「晉時祕府存有古文《尚書》經文，謐嘗從武帝借書，容或得見。」然逸篇之文，兩漢諸儒竝未之見，何以忽存祕府？豈孔氏古文竟有異本耶？謂此竟是古《書》逸文，何以《五子之歌》忽缺一句，又改易數字，與《左傳》所引者迥殊，不復以韻相協耶？王肅《家語》後序及《孔叢子》書其說與僞傳全符，豈序出後人依託，非肅手筆耶？肅注《家語》謂亂其紀綱是夏桀，注《左傳》此文又謂是太康。《釋文》、《正義》因肅注《尚書》多與僞傳同，疑肅見孔傳而祕之。近人更其說，謂是僞傳竊肅注而襲之也。今按：僞傳於地理事實多從《世紀》，其與鄭氏異義者多是王注，正恐枚氏所上即是王氏作俑僞撰數篇語於前，雜藏秘府，士安不察，誤以爲古《書》逸文，入於《世紀》，而枚氏等又續成之，竝作僞《孔傳》、《孔叢子》及古文傳授之說以證明之耳。夫以士安之高尚，斷非作僞之人。即王子雍之爲人較之劉歆，亦判然大異。特因肅性嗜榮貴，好下佞己，既作《聖證論》，顯與鄭氏爲難，爲孫叔然所駁；又作僞《家語》及古文逸篇，隱與鄭氏爲難。如廟制一篇，與枚《書》七世之廟正是一類。此等皆肅之僞撰，以欺惑後人者矣。

一、《書序》出伏壁，非出孔壁也。僞傳

及《孔叢子》皆謂《序》出孔壁，近人從之，以《盤庚序》將治亳殷，束晳引孔壁古文作「將始宅殷」爲證。惟朱氏、宋氏從漢以前舊説，謂《序》出伏壁，故漢儒以經文二十八篇擬列宿，其一蓋《書序》也。猶《漢志》《周書》七十一篇，其一亦《書序》也。今按：兩漢説古文者皆云「增多於今文十六篇」，即馬、鄭《書注》稱爲逸篇，孔氏《正義》指爲僞《書》者，是其目具在，無所謂《書序》也。王充《論衡》云：「或説《尚書》二十九篇，法北斗七宿也。四七二十八篇，其一斗矣。」蓋《序》文統攝百篇，北斗；環建列宿星不止於四七，而入用者止此。《書》不止於二十八，而見存者止此。其取譬可謂精確，而王充乃非之，未爲當矣。且揚子雲、班孟堅皆習今文者，而《法言·神道》篇、《漢書·藝文志》竝言「《書》有百篇序」，此尤可相證。不然，漢之中興，黜王莽所立之古文，不建於學，故逸篇十六不行於時。使《書序》果是古文，世宗必竝黜之，何以此篇獨流傳耶？此可知《書序》實出伏壁，非出孔壁。束氏所云「孔壁古文」，謂孔氏以壁中古文所録之《書序》也，亦非謂《序》出孔壁矣。

詩

詩有體律定於樂正

言之成文而合律者爲詩，識其文而肄之覆之爲誦，因事而誦之爲諷，長言以誦之爲詠，詠而搖曳之爲謠，琴瑟以詠之爲歌，播之管弦、被之金石焉爲樂，樂之歌詞、舞曲皆詩也。《詩》有六體，土音爲風，正聲爲雅，正聲之可歌可奏於郊廟者爲頌。風之中有雅、頌焉，雅之中有大小焉，風、雅之中有正、變焉，風、雅、頌之中皆有入樂、不入樂者焉。此皆音與器之度數、離合、鉅細、正越有以定之。雖《詩》之不入樂者，亦皆諧於絲肉而可歌，故墨子曰「誦《詩》三百，歌《詩》三百，絃《詩》三百，舞《詩》三百」。《史記》曰：「《詩》三百五篇，孔子皆絃歌之，以求合於《韶》、《武》、《雅》、《頌》之音。」蓋合者，其入樂者也。不合者，其僅可絃歌者也。此三者，《詩》之大凡。賦與比興，則人之感以成詩者有此三體焉。古制公卿至於列士獻詩，天子巡狩則邦國之大師陳詩，皆大司樂論定之，以著其素。其諧於音律者，付於樂師，以教國子。否則去之。《書傳》之余謡、大謡、中謡、小謡，即古之音調。《晳陽》、《南陽》、《初慮》、《朱干》、《苓落》、《歸來》，即虞舜時列國之風。《招䧹》、《肆夏》、《教成》、《大唐》、《卿雲》，即《韶》之樂章、樂歌也。周制於巡狩之九歲，屬瞽史聽聲音，亦陳詩之制。蓋大行人屬之大司樂，聽之以定其去取，與有虞同制也。《漢書·食貨志》、杜預《左傳》注以遒人之循路爲采詩，此則誤耳。

春秋

三傳

三傳優劣，終以劉子駿「左氏親見，公、穀傳聞」之説爲確。左氏不惟親見夫子筆削，並親見諸國史記，故其書原委悉具，雖經所不載，或詳備其説，非若公、穀之依文爲訓，憑空作斷也。公、穀不惟未見夫子及諸國史記，其傳亦並非二子所著，故雜引北宫子、司馬子、女子、魯子、曾子、高子、沈子、尸子及公羊子、穀梁子之説，其爲後儒所述甚明。以秦漢人之傳聞，較左氏之親見，其孰得孰失，此不待智者始辨。故世無《公》、《穀》，讀《左傳》而《春秋》之義可十得六七。世無《左氏》，讀《公》、《穀》二傳，雖其義亦可推測，而其事則十存二三，且疑信無從考質矣。漢代《左氏》學初未得立，董江都、劉子政諸儒表章二傳，至以之決事治獄，故取重於時。先入者主之，此實《左氏》之不幸。

禮

經禮三百

鄭君《禮器》注謂「經禮三百」即《周禮》三百六十官。傅瓚《漢書注》謂《周禮》三百是官名，《經禮》謂冠昏吉凶。朱子從傅説，故《儀禮經傳通解》以《周禮》附於後。淇案：禮生於太一，即天理也。以心理言之，是爲秉彝。以事理言之，是即國法。子告顏淵曰「克己復禮」，又曰：「夏禮，吾能言之；殷禮，吾能言之。吾學周禮，今用之。」此禮字，皆不專指五禮。言五禮掌於宗伯，不下於庶人，即《儀禮》是也。三代之治法，必於庶人加詳，故設官分職，皆曰「以爲民極」，即《周禮》是也。《周禮》凡詔嬓諫惡，無微不詳。且人人設之教，以正其行，實聖功、王道之大綱大紀。《大學》、《中庸》二篇，最爲世重，實亦禮家之言。《中庸》言性道，《大學》言明德，即司徒、司樂等官教人之法，聖人告顏子克己以復之者。二篇又皆言平天下，而《大學》尤詳。絜矩以同好惡，在用人、理財，其事莫詳於治典、教典，而《儀禮》皆未之及。然則經禮三百，當從鄭，即夫子所學所從者是也。《儀禮》乃六典之一端，六藝之一事，掌於宗伯，而藏於瞽宗者。春官之有《儀禮》，猶夏官政典之有《司馬法》，冬官事典之有《考工記》也。則《儀禮》之爲曲禮威儀甚明。《左傳》曰「是儀也，非禮也」，此古人經曲之辨矣。蓋禮有經，有儀，有記，有義，有說，有容。統明德新民而立之制，謂之經。《漢書·藝文志》古《周官經》六篇，今所傳之五篇是也，凡一代之大經大法，悉於是乎具。詳五禮之品節而等差之，謂之儀。古《儀禮》五十六篇，今所傳之十七篇是也，凡禮事之等威曲折、儀容辭令悉於是乎具。補《經禮》、《儀禮》所未及，通異代而廣言之，謂之記。古記百三十一篇，劉向增爲二百十四篇，今《儀禮》諸記及大小戴所傳《夏小正》、《五帝德》、《遷廟》、《公冠》、《王制》、《月令》、《明堂》、《祭法》等篇是也，凡前代之差異，後代之變更，悉於是乎具。推原禮之所由起，而因以著其所以然謂之義，舊在二百十四篇內，今《儀禮》及大小戴所傳諸義篇及《禮運》、《禮器》、《大學》、《中庸》等篇是也，凡因革損益、從違得失之禮悉於是乎具。嫻其儀而不必通其義，謂之容。叔孫通爲緜蕝以習禮，徐生善爲頌是也。釋其義而不必習其事謂之說，《漢志》所載傳說、奏議及諸家注疏是也。經與儀皆作於周公，而孔子訂之。記與義皆傳於孔子，而門人述之。習禮樹下，患難不忘，「子所雅言，《詩》、《書》、執禮」，門人七十，皆身通六藝，曾子、卜子尤能詳其義，子張、子游尤能辨其儀，是容與說亦著於聖門。漢以後乃分而肄之也。李唐以降，有善爲說，無善爲容者矣。

大小戴

后倉傳《禮》，作《曲臺記》數萬言，以授二戴。二戴各采取古籍說之，延君傳八十五篇，謂之《大戴記》；次君傳四十九篇，謂之

《小戴記》。鄭康成《六藝論》曰「戴德傳記八十五篇，戴聖傳記四十九篇」是也。此皆在宣帝之世。漢儒如馬融、盧植、鄭康成皆嘗注《小戴記》，而大戴之學遂微。魏晉以降，或止傳三十九篇，故晉陳劭《周官論序》曰：「戴德刪古記二百四篇爲八十五篇，戴聖又刪《大戴禮》爲四十九篇。」見《經典釋文》。《隋書·經籍志》從其説，謂：「劉向《别録》古記合二百十四篇，戴德刪其繁重，合而記之爲八十五篇，戴聖又刪大戴之書爲四十六篇。漢末馬融益以《月令》、《明堂位》、《樂記》三篇，合四十九篇，鄭玄爲之注。」《釋文》又云：「《别録》有四十九篇，其篇次與《禮記》同。此不可謂之《小戴記》。」淇案：二戴記禮，並在劉向校書前。《别録》之四十九篇，實即《小戴記》，偶未標題姓氏耳。《别録》成於漢哀帝之世，戴氏在甘露間已立爲博士，論於石渠，則延君無從刪劉氏之書，次君亦必非刪延君之記。且二書之同者，如《投壺》、《哀公問》並不在逸篇中，其逸篇如《王度記》見《曲禮》正義。《辨名記》、見《魏風》詩疏。《謚法篇》、見沈約《謚法序》及《通典》、《通志》、《玉海》。《禘于太廟篇》見《少牢饋食》疏。及經疏史注所引《大戴》逸文，竟絶無與《小戴》同者，則《大戴記》之逸篇四十六，非即《小戴記》可知。《别録》之篇次，既與《小戴記》同，橋仁親受業於次君，《漢書》稱其著《禮記章句》四十九篇，成帝時爲大鴻臚。見《後書·橋玄傳》。則《月令》、《樂記》等篇非馬氏所附益甚著。《論序》、《釋文》，忘其世次之後先，《隋書》又附會陳説，未之考耳。曹褒傳慶氏《禮》，亦四十九篇。

大戴授琅邪徐良游卿，小戴授梁人橋仁季卿，俱家世傳業。見《前漢書·儒林傳》。《後書》稱橋著《章句》四十九篇，至漢魏之際尤盛。《大戴》之學無表見者。劉熙《謚法注》二卷，《隋書·經籍志》附於《大戴記》下，蓋《謚法》本《大戴記》中篇名，劉氏嘗注此一篇耳。《白虎通》引《禮記·謚法》，即《大戴記》之逸文。後北周盧辨景宣始注《大戴記》，亦未能詳備。明人朱氏《授經圖》、焦氏《經籍志》皆有《大戴禮橋記》八卷，注云「橋仁著」。此因《橋玄傳》誤謂仁從同郡戴德學，故附會爲此，實僞書也。漢以來書目不載。季卿止從次君學，未嘗從延君學。《橋玄傳》德字乃聖之誤耳。《大戴》原書八十五篇，晉代已殘缺。據陳劭之說，是晉時傳三十六篇。據《隋書》之說，是隋時傳三十九篇。《史記索隱》云：「存三十八篇。」韓元吉序引《崇文總目》云：「存十卷，三十五篇。」《玉海》引《總目》云：「一本作三十三篇。」又引《書目》云：「存四十篇，其篇始三十九。」此是《中興書目》。《郡齋讀書志》云：「十三卷四十篇，其篇目自三十九篇始，無四十三、四十四、四十五、六十一四篇，有兩七十四。」淇案：《郡齋》之說，卷數與隋、唐《書》合，今所傳《崇文總目》亦云：「《大戴禮記》十三卷。」篇次之缺與《書目》、韓序皆合，即今之傳本也。然《玉藻》疏稱《五經異義》引此書《明堂篇》說，謂之《盛德記》，是此書止傳三十九篇，後人誤分《盛德記》爲二篇也。且《詩》《禮》正義、《文選注》、《漢書注》、《通典》、《通志》所引《大戴記》文，如《王度記》、《辨名記》、《三正記》、《儀禮疏》引《大戴禮》云「卿大夫之蓍五尺」，據《白虎通》引《三正記》文同此。《謚法篇》、《祭法篇》、皮日休有《補大戴禮記·祭法篇》文。《禘于太廟篇》及「文王十三生伯邑考，十五生武王發」等文，今本皆不載，豈隋、唐時篇之殘缺者猶傳於世而可舉歟？抑古本文多於此，後因殘脫，乃多分其目當之歟？《詩正義》曰：「《大戴禮記》殘缺之書，文多假託。」是古人嘗疑之矣。今考其書，多與古籍同文，其言醇而不駁，韓序稱其「探索陰陽，窮析物理，推本性命，雜言禮樂之辨、器數之詳，必有自來」。蓋信乎有不可没者，此古人所以列之爲十四經歟？

論語

五家

《漢志》載《論語》：魯二十篇，有傳，十九篇。有説。夏侯勝、張禹皆二十一篇，王駿二十篇。齊二十二篇，多《問王》、《知道》，有説，二十九篇。無傳。古二十一篇，兩《子張》，出孔子屋壁，無傳無説。此即何氏敍文所言三家也。古《論語》有孔安國訓二十一卷，見《家語》後序、《論語集解》，《漢志》不載者，班氏本於《七略》，此劉歆之誤也。三家外，《漢志》有燕傳説三卷，燕與齊、魯字一例，蓋失其本經，僅存傳説也。又王充《論衡》曰：「武帝發取孔子壁中古文，得二十一篇，並齊、魯、河間九篇共三十篇。今時稱《論語》二十篇，失齊、魯、河間九篇。」見《正説》篇。據此，是魯、齊、古、燕外，又有《河間論語》。充時惟《魯論》頗行，故《齊論》增多之二篇及河間七篇皆佚。

三家諸儒之異

漢初《論語》齊、魯專行，自張禹以夏侯氏之《魯論》爲本，又采取《齊論》之善者從之，包氏、周氏爲之訓解，於是齊之説合於魯。如「冕衣裳」、「見冕者」等句，《釋文》謂魯作「絻」，古作「弁」。然則今書「冕」字，即張之采取於齊，而後人從之者已。自鄭康成以包、周所注之《張論》爲本，而以孔、馬所注之《古論》正之，於是古之説亦合於魯。蓋讀正者五十事，今見於《釋文》者二十六，皆是以古正魯，惟「冕」字改從「弁」，此則正齊之事較然可考者。舊謂鄭以齊、古正魯，非是。張氏取正於齊，鄭氏取正於古耳。今書如《不知命》一章「已而已而」二句、「車中不内顧」一句及「傳不習乎」、「五十以學易」、「下如授」、「鄉人儺」、「君賜生」、「仍舊貫」等二十餘事，皆鄭之采取於古而後人從之者也。曹魏之世，陳羣、王肅、周生烈、何晏並匯衆説各爲注解，而周、齊之際鄭學獨行，李唐時乃專用何氏《集解》。如「先生饌」、「詠而饋」、「問主」、「絶粻」、「直弓」、「謗人」、「封内」、「佅張」之類，何皆易之如今本，此即何之異於鄭者也。然開元變隸古爲隸楷，後唐變石刻爲板行，端拱中邢昺作《義疏》，南渡後朱子作《集注》，雖皆本宗何氏，而文字義説多有改易，如「患不知也」、「我三人行」、「予有亂十人」、「朝服立于阼」、「不弛其親」、「出内之吝」，此皆何書之校正於唐初者也。《漢書·敍傳》注、李善《文選注》引「子樂」下俱有「曰」字，何書以「孝乎惟孝」、「雖疏食菜羹瓜」爲句，而「爲力」、「取材」、「三歸」、「草創」與朱子之説亦殊，此何書之改易於兩宋者也。故今書之篇次仍是《魯論》而章句文字實參取齊、古及諸儒之説。

孟子

尊孟

兩漢之世尊孟子者始於文帝，其後則司馬子長、揚子雲、趙邠卿，皆於《孟子》書卓有所見。文帝立傳記博士，《論語》、《孝經》、

《爾雅》、《孟子》同列於學。武帝時雖罷之，而諸經通義猶得引以明事，謂之博文。然則《孟子》之頒於學宫，不自趙宋始也。太史公爲孟子作傳，數與孔子並稱，以荀子、騶子之屬附之。揚子《法言》曰：「古者楊、墨塞路，孟子辭而闢之，廓如也。」又曰：「孟子勇於義而果於德，不以貧富、貴賤、死生動其心。」趙邠卿以孟子爲命世亞聖之大才，此可謂知孟子者矣。然七篇之書，義醇而辭不盡正，不善讀者或阿其所好，而見理反以不真；或故爲攻擊，而轉失孟子之義。惟趙氏《題辭》於《孟子》書獨得旨趣，故曰：「其書長於譬喻，辭不迫切而意以獨至。其説《詩》曰：『不以文害辭，不以辭害志，以意逆志，爲得之矣。』斯言殆欲使人深求其意，以解其文，不但施於説《詩》也。」邠卿此言，其見識之超越真切，獨有千古。讀《孟子》書者，必當奉此言爲準的，方見得孟子救世之心。

古書惟紀年與孟子合

考訂古人之書及其事，必仍取書與人之同時者證之，其言始確。司馬温公疑《孟子》者也，然《資治通鑑》一書於齊人伐燕之事寧移易齊君之年以從《孟子》，不從《史記》；於梁惠改元之事，寧據荀勗、和嶠之説，從《竹書紀年》，亦不從《史記》。蓋孟子身自著書，垂於後世，《紀年》即魏襄王史臣所記録者，戰國之事皆所目擊。史遷當漢武之世，去孟子已二百年，其時《竹書》未出，《年表》、《世家》、《列傳》所言戰國事止據《短長》、《國事》等書，傳聞之與親見其孰爲可信，此不待智者始能辨矣。然則考戰國之事者惟當取信於《孟子》。證《孟子》書中之言與事，惟當取信於孟子同時人之書。鄒、慎諸子書或不傳，傳或不録，皆無可徵。兩晉以降，惟《戰國策》及《竹書紀年》與七篇相爲表裏，但《國策》非出一手，人各異詞，且篇無年月，競尚游辭，難以取審。《紀年》自五代以來，雖頗殘缺，而李唐以前諸書稱引者猶可推循。淇嘗校輯此書，九年成帙，頗復舊觀。周敬王以上事與經傳多符，元王以後與《孟子》書尤爲曶合。蓋魏史與孟子同時，事皆親見，故言之若合符節。然則考訂《孟子》書者，惟當取證於《竹書》，而參以高誘所注《戰國策札》可也。

孝經

古今文

《尚書》、《孝經》古今文皆聚訟不已，余謂《尚書》不可不辨，因增多之數倍於今文，使僞者亂之，其貽誤不止於學術。《孝經》可以不辨，因增多者止一章，於齊家治國之道尚有埤益，其餘止文辭之詳略，章句之異同，於實義無所增損也。《漢志》載今文十八章，長孫氏、江氏、后氏、翼氏各有說一卷，其經文皆同。古文孔氏一篇，止有經無說，下引劉向云「《庶人章》分爲二，《曾子敢問章》爲三，又多一章，凡二十二章」，又云「諸家說不安處，古文字讀皆異」。蓋劉氏、班氏皆以古文爲愈也。其所多者，不標章名。《隋書·經籍志》始云：「劉向以顏芝本校古文，除其繁惑，以十八章爲定。」又云：「長孫氏有《閨門》一章，其餘經文大較相似。」此則《隋志》之誤也。按《漢書·藝文志》本之劉歆，劉歆《七略》本之劉向。《漢志》明引劉向之言古文凡二十二章，今文四家經文皆同，是長孫氏未嘗多《閨門》一章，劉向亦未嘗并古文爲十八章也。蓋孔氏止傳經文，竝無傳說。故許冲《上説文表》云：「古文《孝經》者，孝昭帝時，魯國三老所獻，建武時，議郎衛宏所校，皆口傳，官無其説。」是兩漢時，祕閣所藏止有古文經二十二章，無所謂孔氏傳，明矣。謂孔氏有《孝經傳》三篇者，自王肅《家語》後序始。宋荀昶作《集注》，始稱引之，而劉之《七略》、阮之《七録》皆弗之載。《隋志》乃又云「《孔氏傳》一卷」，然則古文二十二章無可疑，可疑者孔氏之傳耳。古文之多者，是否即《閨門》一章不可知，可知者其二十一章與今文皆同，惟字讀之詳略互有差異耳。司馬貞因孔傳而竝疑經文，劉知幾因經文而竝信孔傳，均之失也。唐明皇《制旨》用今文，司馬温公《指解》用古文，皆不失教孝之義。朱子删古文二百二十三字，吴幼清删古文二百四十六字，不今不古，與劉陶之《中文尚書》同。余謂古書流傳經千百載，轉鈔覆寫，難免乖訛，誠有真知確證，取而訂之可也，而竟删之，不如仍舊貫之善。

爾雅

十九篇是周公所定

《漢志》《孝經》類有《爾雅》三卷，二十篇。因是小學之始，故附於《孝經》。漢儒各注，見《七録》、《隋志》、《經典釋文》者，有卷數，無篇數。郭氏所注止十九篇，與《漢志》之數不符。《説文》引《爾雅》云「鷈，薄也」。王肅《周官注》引《爾雅》云：「侯中者，謂之鵠。鵠中者，謂之正。正方二尺。正中者謂之槷，槷方六寸。」《史記集解》引《爾雅》云：「四尺謂之仞，倍仞謂之尋。」今此文皆見《小爾雅》，豈古時《小爾雅》一篇亦附於《爾雅》竝行，故《漢志》云「二十篇」，諸家引之，即竝稱爲《爾雅》歟？漢文帝時，《爾雅》已立博士，故武帝時犍爲舍人爲之注解，終軍亦以鼮鼠受賜。❶張揖、葛洪俱謂《爾雅》作於周公，後人足之。揚子雲、鄭康成謂是孔子門徒所記，以解釋六藝者。二説不同。按古禮，子生六年，教之數與方名。數即十等之數。方者，版也。名，即字也，所謂「百名以上，書於策；不及百名，書於方」，即《周官》保氏六書之教也。小學之教既立於周公，則《爾雅》之作亦始於周公，此無可疑者。但初止一篇，其目十九，游、夏之徒更增益之，分爲三卷。尸佼、孔鮒又復廣之，至漢初叔孫通定禮，乃取《尸子》之説，散入各篇，又以孔鮒一篇附於其後，此《爾雅》二十篇所由稱也。

竹書紀年義證自序

淇幼讀《孟子》書，至「西喪地于秦，南辱于楚」，疑《集註》與《史記》不合。商子名垣。曰：「朱子從《竹書紀年》，《史記》誤以惠之後元爲襄王世也。」取《通鑑考異》示之。由是余始知《紀年》，購得之而苦無善本。稍後，讀「齊人伐燕」，疑《史記》尤甚。商子曰：「此事千餘年未有定論。司馬公《資治通鑑》、吕東萊《大事記》、國朝閻百詩《札記》皆移易年歲，牽合無足據，姑闕之可也。」既退，心常耿耿，謂安有古人事而載籍中竟無可考驗者。既長，讀司馬貞《史記索隱》引《紀年》有

❶ 自「尋」至「受賜」七十二字，原脱，今據《介庵經説》卷一〇補。

云：❶「梁惠王後元十三年，齊威王封田嬰于薛。十月，齊城薛。十五年，齊威王薨。」乃狂喜曰：「得之矣。威於是年薨，則宣于明年立，下距伐燕僅七年，此其爲宣王，復何疑乎？」取向所購吴琯、何允中諸本閱之，皆不載。由是「齊人伐燕」之疑釋，而苦《紀年》之無善本抑又甚。考《紀年》原書十三卷，始黄帝，終今王周宣王，後用晉、魏之年紀事，其見于荀勗、和嶠、杜預、郭璞及宋、魏、隋、唐人著述者無異辭，非如今之二卷，終紀周年也。《宋史》載《竹書》三卷，《太平御覽》引之已有幽王八年、隱王二年等文，然則今之所傳，其宋本之殘缺者歟？然《史記集解》引三代歷年之數，隋、唐《曆志》引帝堯元年丙子、周武王十一年庚寅，與今本顧不異，是此二卷者，雖殘缺而五子六甲猶是《竹書》之舊，特東周以後事多脱誤耳。更後讀嘉禾徐圃臣《天元曆理》，其言三正者甚詳，辨歷代歲差之説、交食之限者亦甚悉，而其證則取於《紀年》。余潛心兩歲餘，即以其法推之，乃帝堯以來甲子朔食無不符驗。由是，余之信《紀年》也愈篤。苦《紀年》之無善本，而欲爲之釐訂也亦愈誠。辛酉仲秋後，取載籍中凡稱引《紀年》者匯而録之，以校世之傳本，正其訛，補其缺。周宣王後，仍紀晉、魏之年。考訂者凡三百餘事，依世分次，釐爲六卷。又爲《辨誤》一卷，《考證》一卷，《唐虞以來及戰國年表》一卷，周末之事乃燦然略備。閲五年，書成，以之推驗古事，凡書在秦火以前者，無不符合。于是更作《義證》四十卷，《天象》、《地形圖》各一卷，《系譜》二卷。凡正

❶「貞」，原作「禎」，今據《新唐書·藝文志》改。

經史之疑義、舊説之違誤者，又五百餘事。由是觀之，《紀年》豈非信史哉？其所紀甲子事實有關于人世者甚重，有益于學術者甚宏，蓋不惟于《孟子》書有合已也，而即以合于《孟子》論《紀年》，亦豈非信史哉？嘉慶十五年冬，通州雷學淇述。

附録

先生昆季八人皆登科舉，承家學。父宗彝先生，當道光初，詔臣民嚴冠服之辨，因著《古今服緯》一書，申古義，抑奢侈。年已高，口授諸子，學濤、學汾編之，而屬先生爲之注釋，數年始成。父年九十，世比之伏生傳經云。錢泰吉《曝書雜記》、《順天府志》。

先生自言讀書四十餘年，著述一遵古經，傳箋注疏取舍多殊，非敢訾議前賢，期於事理之合云爾。《九經集解自序》。

李越縵曰：「先生治《竹書紀年》精確在陳逢衡諸家之上。」《越縵堂日記》。

以上直隸。

清儒學案卷一百九十五終

清儒學案卷一百九十六

天津徐世昌

諸儒學案二

王先生爾膂

王爾膂，字襄哉，號止庵，一號泡齋，掖縣人。諸生。自幼開敏，篤學好古，卓爾不羣，老師宿儒咸驚歎，以爲不可及。於書無所不讀，尤邃於經史。經宗漢學，嘗云：「鄭夾漈謂『漢人窮經而經亡』，此言大非。漢儒有家法，七十子之微言大義賴漢以存。窮經而經亡，當在魏晉以後。蓋荀、虞之《易》亂於王輔嗣，衛、馬之《書》亡於僞孔氏，賈、服之《春秋》淆於杜元凱，其幸存者毛、鄭之《詩》，何氏之《公羊》，鄭氏之三禮耳。窮經當以毛、何、鄭爲主，而參以六朝、唐、宋、元、明諸儒，擇其善而折衷焉，庶乎可矣。」其讀史也以正史爲主，而旁證以外史。如前、後《漢》外，有荀悦、袁宏兩《漢紀》；《三國志》外，有蕭常《續後漢書》、謝陛《季漢書》；《晉書》外，有崔鴻《十六國春秋》、《南北史》；《宋》、《齊》、《梁》、《陳》、《隋》諸書外，有許嵩《建康實録》；《新唐書》外，有劉昫《舊唐書》、范祖禹《唐鑑》；《五代史》外，有尹洙《五代春秋》，范坰、林禹《吴越備史》，勾龍慶《錦里耆舊傳》，馬令、陸游《南唐書》；《宋史》外，北宋有王偁《東都事略》，曾鞏《隆平集》，南宋有李心傳《三朝北盟彙編》，葉紹翁《四朝聞見録》，徐夢莘《建炎以來朝野雜記》；《元史》

外，有蘇天爵《名臣事略》。凡此諸史，皆當參互考訂，以知其得失。其持論可謂博而篤矣。著有《止庵詩》、《泡齋集》。參《山左詩鈔小傳》、《漢學師承記》。

牛先生運震

牛運震，字階平，號真谷，滋陽人。雍正癸丑進士，薦試博學鴻詞，以文逾格報罷，選授甘肅秦安縣知縣，惠農通商，以經術飾吏治。設隴川書院，與諸生講習，縣人由是向學。兼攝徽縣，又攝兩當。調平番，輯和番夏，鎮撫兵民，甚著威惠，上官稱其能。既罷官，留主皋蘭書院教學，得士心。及歸里，閉門治經，日與鄉先生講論文義，搜考金石。嘗出主講晉陽、河東兩書院，晉、豫當道皆推重焉。著有《周易解》九卷，《詩志》八卷，《春秋傳》十二卷，《論語隨筆》十九卷，《孟子論文》七卷，《史記評注》十二卷，《讀史糾繆》十五卷，《空山堂文集》十二卷，《詩集》六卷。郃陽褚千峯峻嘗搜求金石之文，據所親見手自鉤勒，鐫於棗板，先生各系以説，其假借通用之字亦略訓釋，又增以巴里坤新生《裴岑紀功碑》，改名《金石圖》。乾隆二十三年卒，年五十三。參孫星衍撰墓表、《四庫全書總目》。

文集

豳雅豳頌辨

按《周禮·籥章》：「擊土鼓，吹《豳詩》，以逆暑、迎寒；祈年於田祖，歈《豳雅》，以樂田畯；祭蜡，則歈《豳頌》，以息老物。」鄭康成註：「《豳詩》，《豳風·七月》也。《七月》言寒暑之事，迎氣歌其類也。《豳雅》，亦《七月》也。《七月》又有『于耜』、『舉趾』、『饁彼南畝』之事，是亦歌其類也。謂之雅者，以其言男女之正。《豳頌》，亦《七月》也。《七月》又有『穫稻』、『作酒』，『躋彼公堂，稱彼兕觥，萬壽無疆』之事，是亦歌其類也。謂之頌者，以其言歲終人功之成。」康成箋《豳詩》分「殆及公子同歸」以上二章爲《豳風》，「爲此春酒，以介眉壽」以上四章爲《豳雅》，「稱彼兕觥，萬壽無疆」以上爲《豳頌》。蓋以其道情思者爲風，以其正禮節者爲雅，以其樂成功者爲頌。孔穎達疏之曰：「述其政教之始，則爲《豳風》；述其政教之中，則爲《豳雅》，述其政教之成，則爲《豳頌》。故一篇中備有風雅頌也。」今以其詩攷之，《豳詩》言寒暑之事，吹之以逆暑迎寒，誠曰可矣。「于耜」、「舉趾」，不類祈年之文，何爲吹之以迓田祖？彼牽男耕婦饁以爲男女之正而雅之似矣，第詩之言男女以正者莫如二《南》，又未見其爲雅也。道情思者爲風，正禮節者爲雅，樂成功者爲頌，其説又似矣，《白華》、《采緑》可謂道情思之至者，而胡不爲風？《采蘩》、《采蘋》可謂正禮節之大者，而胡不爲雅？《南山》、《甫田》並有「報以介福」之文，《棫樸》、《行葦》皆有「以介景福」之説，可謂樂成功矣而胡不爲頌？且一篇之中首尾相應，本不可以割裂，乃剟取其一節而偏用之，恐無是理。況鄭氏註《周禮》，則以《七月》首章有風、有雅，而以穫稻、作酒、躋堂、稱觥皆歸之頌。註《豳詩》，則又以首二章爲風，「爲此春酒，以介眉壽」以上爲雅，「稱彼兕觥，萬壽無疆」以上爲頌。均之《豳詩》，猶是康成，而《詩箋》、《禮注》自相戈矛如此，則其説固有牽合傅會而不可通者矣。或疑《楚茨》、《信南山》、《甫田》、《大田》四篇爲《豳雅》，蓋以其有擊鼓以迓田祖之文也。《思文》、《噫嘻》、《豐年》、《載芟》、《良耜》等篇爲《豳頌》，蓋以其爲秋冬報賽田事之樂歌也。朱子《詩傳》引之，而以爲未知是否。夫豳，國也，《風》有國而《雅》、《頌》不得有國，《雅》則周《雅》，《頌》則《周頌》，而胡爲摘取數詩而列之豳邪？「琴瑟擊鼓，以迓田祖」，似乎與「祈年于田祖」者相近；「秋冬報賽」似乎與「祭蜡息老物」者相通，然《大田》、《甫田》多稱曾孫，《噫嘻》直言成王，類係周興以後之詩，未見其爲本舊俗、陳先公而有明文以證其爲豳者。況《雅》、《頌》之中，凡爲農事作者頗多，何不一一冠以豳號邪？且《豳詩》祇有一篇，而《豳雅》、《豳頌》連章累篇，尤屬不倫，其不可爲典據也審矣。然則《豳雅》、《豳頌》如之何而得其解之近似邪？曰：吾讀《周禮·籥章》，其意可覩也。《籥章》言「歛豳雅」而不言「歌豳雅」，言「歛豳頌」而不言「歌豳頌」，此以音節言而不以體格言也。徒歌曰歌，比竹曰吹，歌則文意、體格屬焉，吹則以調不以體。風、雅、頌之有體也，此有定者也。風、雅、頌之有調也，此無定者也。有定，則風不可以爲雅，雅不可以爲頌；無定，則風可爲雅，亦可爲頌。一詩而備三體，此其不可通者也。一詩而備三調，此其可通者也。如《大戴記·投壺》篇所謂雅詩可歌者八篇，《鹿鳴》、《貍首》、《鵲巢》、《采蘩》、《采蘋》、《伐檀》、《白駒》、《騶虞》。《鵲巢》以下六篇皆風也，而謂之雅。漢杜夔傳曰舊雅有四，曰：《鹿鳴》、《文王》、《伐檀》、《騶虞》。其二篇皆風也。然則風可爲雅矣而《豳》不可爲雅邪？《豳》可爲雅而獨不可爲頌邪？且《緜蠻》、《黍離》其體相近而一則爲風，一則爲雅者，其調異也。故以《七月》全篇隨事而變其音節，或以爲風，或以爲雅，或以爲頌，此其於理有可據而於文有可徵。且如晉唐之《西洲曲》、《清平調》，詞句不同而音節同。近世之《西廂記》，而有南曲、北曲之異，詞句同而音節不同。笙詩鼓節不關文字，移宮換調，別有妙理。然則《豳雅》、《豳頌》之説其爲《豳風》變調無疑也。風有風之音，雅有雅之音，頌有頌之音，《豳詩》一篇而三調具備，故《籥章》擊土鼓而吹之，樂田畯宜雅則吹雅，息老物宜頌則吹頌，皆以本風俗之湻厚，寫王業之艱難，吟咏情性以興神物，動盪音節以感庶類，此以見王澤之深遠，不容盡泯，而詩章、樂調相輔而行，而可以彰世教、垂萬古者也。

九夏辨

《周禮・鐘師》「奏《九夏》」，謂「《王夏》、《肆夏》、《昭夏》、《納夏》、《章夏》、《齊夏》、《族夏》、《祴夏》、《驁夏》」。此《九夏》之目也。韋昭注云：「《肆夏》，一名《樊》。《昭夏》，一名《遏》。《納夏》，一名《渠》。」吕叔玉謂《時邁》、《執競》、《思文》即《肆夏》、《樊遏》、《渠》，乃《九夏》之三也。」朱子拘於杜子春之註，謂尸出入奏《肆夏》，而《時邁》爲巡守之詩；牲出入奏《昭夏》，而《執競》爲祭三王之詩；四方賓來奏《納夏》，而《思文》爲郊祭之詩。文義兩不相符，疑非《周禮》「《九夏》」之三。豈知古之樂歌用不一致，文不必其專屬，義無取乎悉當。且如《鵲巢》本女子之詩，鄉飲酒用之，於文何取乎？《騶虞》本射獵之詩，而《樂記》云「右射騶虞」，又以爲射節，於義何取乎？《鹿鳴》下三篇，燕享用之，鄉飲酒亦用之，《學記》云「《宵雅》肄三，官其始也」，是入學亦用之。凡此謂有專屬之文、兼舉之義乎？又《春秋傳》「穆子如晉，金奏《肆夏》之三，不拜。穆子謂：《肆夏》，天子享元侯也」，則又非如杜氏所云。又「賓入大門而奏《肆夏》」，則又非如巡守之説也。蓋樂歌之用不必一轍，故《時邁》爲巡守之詩，《周禮》尸出入奏之名曰《肆夏》；《執競》爲廟祭之詩，《周禮》於牲出入奏之名曰《昭夏》；《思文》，郊祭之詩，《周禮》於賓至奏之名曰《納夏》，固自並行不悖爾。又《周禮》周公所制，朱子惑於「自彼成、康」之文，謂《執競》爲成、康以後之詩，非《昭夏》之謂。夫周至成、康，始奄有四方歟？毛氏萇曰：「成康，成大功而安康之。」於義殊妥。且焉有子孫祀其祖宗而稱爲彼也者？則《執競》爲《昭夏》無疑矣。《集註》言「或曰《時邁》有『肆於時夏』之文爲《肆夏》，而《昭》、《納》俱無明文可證」，遂因《昭》、《納》並疑《肆夏》焉，不知古者詩章一入宮懸，名號各自不同，非必拘於本章文辭也。《於鑠》一篇，「酌」無明文，何以名《酌》？「文王既勤止」，「賚」無明文，而何以名《賚》？《祭統》云「舞莫重於《武宿夜》」，是又因其夜勞將帥以取名也。况《時邁》有「肆夏」之文而「樊」無明文，何以又名《樊》也？故《肆夏》並非因本文而命名，《昭》、《納》不得以無明文而致疑。此《時邁》以下三篇確爲《九夏》之三，所謂《肆》與《昭》與《納》也。當以吕説、韋説爲允。

馬先生國翰

馬國翰，字竹吾，歷城人。道光壬辰進士，由陝西洛川縣知縣官至隴州知州，以丁憂歸。咸豐七年卒，年六十四。先生家貧好學，自爲秀才時，每見異書，手自鈔録。及官縣令，廉俸所入悉以購書，所積至五萬七千餘卷。簿書之暇，殫心搜討，不遺餘力。嘗以唐以前書今遺佚者十之八九，近世學者每以不見古籍爲憾，乃舉周秦以來以迄唐代諸儒撰述，其名氏、篇第列於史志及他書可考者，廣引博徵，自羣經注疏、音義，旁及史傳、類書，片辭隻字，罔弗搜輯，分經、史、諸子爲三編，每書各作《序録》，冠於篇首，共得五百八十餘種，爲卷六百有奇，統名曰《玉函山房輯佚書》，刻以行世，津逮後學，良多裨益。其自著則有《目耕帖》：《易經》六卷，《書經》六卷，《詩經》十卷，《周禮》九卷，皆編輯經訓時所札記者。又著有《紅藕花軒泉品》及《詩文集》。參《玉函山房輯佚書》匡源序。

目耕帖

易

《春秋左傳》孔穎達正義引伏羲十言之教曰：「乾坤震巽坎離艮兑消息。」案：漢孟喜《易》專論消息，虞翻宗之，此蓋孟、虞所述。又《易緯乾坤鑿度》引庖犧氏曰：「上山增艮，定風對信，立雷作威，火水成濟。」此蓋古《三墳》、《八索》中語，漢人得而述之。梅鷟《古易考原自序》有儒一生問於鷟曰：「伏羲之作《易》，有畫無文，信乎？」鷟應之曰：「景差《大招》曰：『伏羲《駕辯》兮。』王逸注云：『《駕辯》，伏羲書名。』伏羲既有書名《駕辯》，安得謂其無文哉？」

《連山》、《歸藏》書皆不傳。朱元昇《三易備考》説《連山》云：「《連山》二篇，自復至乾爲陽儀，自姤至坤爲陰儀。其策萬有一千五百二十。」又云：「長分消翕者，《連山易》，至精、至變、至神之理寓焉。乾與坤對，乾之長即坤之消，乾之分即坤之翕，坤之長即乾之消，坤之分即乾之翕。兑與艮對，離與坎對，震與巽對，餘五十六卦兩兩相對。長分消翕，悉準八卦。」説《歸藏》云：「《歸藏易》以六甲配六十四卦，所藏者五行之氣，所用者五行之象也。」❶又云：「《歸藏易》首坤尾剥。」又云：「《歸藏》二篇，自甲子至癸巳爲先甲，自甲午至癸亥爲後甲。其策萬有八百。」又云：「六十四卦，藏者十有六，用者四十有八。乾爲六十四卦之父，坤爲六十四卦之母，坤統藏卦，乾統用卦，坤乾所以首六十四卦也。有藏斯有用，純坤又所以首純乾。」陸佃云：「《連山》始於艮，故曰《連山》。」又云：「《連山易》，長安人家有之，其卦皆縱。」徐善《四易》：「《歸藏》卦序：坤、震、坎、艮、兑、離、巽、乾。」朱、徐之徒蓋及見原書，故言之詳明如此。今購求不可，得閒嘗就諸書所引各輯爲卷，刊之。《連山》遺爻如《姤》初六「龍化于蚍，或潛于窪，兹孽之牙」，《中孚》初八「一人知女，尚可以去」，《歸藏》遺爻如「瞿有瞿有，觚宵粱爲酒，尊于兩壺，兩羭飲之，三日然後穌。❷士有澤，我取其魚」、「鼎有黄耳，利取魺鯉」、「有凫鴛鴦，有鳫鷫鷞」、「君子戒車，小人戒徒」，皆古雅可誦也。

韓滮《澗泉日記》引晁子止云：「《易》上下篇，不言德而言象，蓋德不可見而象可驗，是以不言乾坤而言天地，不言咸恒而言夫婦也。上篇始終於天道，下篇始終於人事，故上篇始於天地，終以坎離；下篇始於夫婦，終於未濟也。」案：此説本之龔原，不如張汝明《易索》以卦之體用言，蕭景元《易考原》以卦之正偏言，尤爲精覈。張云：「乾、坤、坎、

❶「象」，原作「家」，今據清文淵閣《四庫全書》本《三易備遺》卷六改。

❷「穌」上，原衍「有」字，今據清光緒十年楚南湘遠堂刊本《目耕帖》卷一删。

離曰『天行』、『地勢』、『水洊至』、『明兩作』，象在上，何也？四卦者覆而无變，體卦也，故其象自體而起用。震、艮、巽、兑曰『洊雷』、『兼山』、『隨風』、『麗澤』，象皆在下，何也？四卦者覆而相變，用卦也，故其象攝用而歸體。然則乾坤坎離爲上經之始終，其明體乎？震艮巽兑運行乎下經之中，其達用乎？」蕭云：「乾坤坎離，四正卦也，當居上經。震巽艮兑，四偏卦也，當居下經。八卦既分，餘卦以次附焉。此兩經所以分之綱領也。每卦各具上下二經，每卦之體各十有六，總爲一百二十八體，而成六十四卦，皆自八卦本體中分出而生者也。坎、離之分，體在上經爲主，在下經爲客；震、兑之分，體在下經爲主，在上經爲客。」

俞汝玉《周易集説》：「或疑上經卦三十，下經卦三十四，多寡不均，殊不知卦有對體，有覆體。何謂覆體？屯倒轉爲蒙、需倒轉爲訟之類是也。何謂對體？乾、坤、坎、離、頤、大過、中孚、小過，相對而不可覆者是也。餘皆一卦倒轉爲兩卦，故上經卦三十，約之則十八。下經卦三十四，約之亦十八。謂之不均，可乎？卦分内外二體，凡六十四陽六十四陰，約爲三十六，則上經純陽卦六，純陰卦四；下經純陽卦四，純陰卦六，陰陽相重，上下經皆八，不亦均乎？上經陽爻八十六，陰爻九十四，約爲十八，則五十二陽，五十六陰，共一百八；下經陽爻一百六，陰爻九十八，約爲十八，則五十六陽，五十二陰，共一百八。其均如此。」案：此本先天之學而發明卦數得自然之理，亦可取也。

《漢書·藝文志》：「《易經》十二篇，施、孟、梁丘三家。」顔師古曰：「上、下經、《十翼》，故十二篇。」此古初本也。自費直以

《彖》、《象》、《文言》雜入卦中，鄭玄、王弼因復更變，古經遂紊。宋王洙古本上、下經只載爻辭外，分卦辭一，彖辭二，《大象》三，《小象》四，《文言》五，《繫辭上》六，《繫辭下》七，《説卦》八，《序卦》九，《雜卦》十。吕大防古經並列卦爻，分《上彖》、《下彖》、《上象》、《下象》、《繫辭上》、《繫辭下》、《文言》、《説卦》、《序卦》、《雜卦》，各爲一篇，總十有二篇。晁説之《古周易》卦爻一，《彖》二，《象》三，《文言》四，《繫辭》五，《説卦》六，《序卦》七，《雜卦》八。吴仁傑《古周易》上、下經後，《彖傳》一，《象傳》二，《繫辭上傳》三，《繫辭下傳》四，《文言》五，《説卦上》六，《説卦中》七，《説卦下》八，《序卦》九，《雜卦》十。以卦名及初上九六二用之文，歸之《繫辭傳》。以今《繫辭上》爲《説卦上》，《繫辭下》爲《説卦中》，今《説卦傳》爲《説卦下》，尤多變亂。周燔《九江易傳》上經乾傳一，泰傳二，噬嗑傳三；下經咸傳四，夬傳五，豐傳六，《繫辭上》七，《繫辭下》八。自「天地定位」以下爲《説卦》九，《序卦》、《雜卦》不另爲卷，故凡九卷，改更次第，亦號《古易》，於諸家爲無用。吕祖謙因晁氏本，定著十二篇，與吕微仲《古易》合，惟《十翼》並加「傳」字。朱子《本義》用其本，今《本義》經文次第與王弼本同，由程子《易傳》本用王弼。董楷作《周易傳義附録》割裂《本義》以附《程傳》後，遂沿行，浸失朱子之意。沈爚有《復古易》十二篇，以東萊《訂正古易》刊正今世行本，大有功於古學。

書

《書正義》：「《尚書璿璣鈐》云：『書者，如也。』則書者，寫其言如其意，情得展舒也。又劉熙《釋名》：『書者，庶也，以記庶物。又爲著，言事得彰著。』」翰案：《禮記・經解》以「疏通知遠」稱《書》，則書者，疏也。亦當補此義。

漢太常蓼侯孔臧《與弟侍中安國書》「今學唯聞《尚書》二十八篇，取象二十八宿」，而《史記》云：「秦焚書，伏生壁藏之。漢定，伏生求其書，得二十九篇，以教。」《儒林傳》亦云：「二十九篇。」案：馬融云：「《太誓》後得。」鄭玄《書論》亦云：「民間得《太誓》。」劉向《別録》：「武帝末，民有得《太誓》於壁内者，獻之。與博士，使讀説之，數月皆起傳以教人。」則《太誓》非伏生所傳。司馬遷在武帝世見《太誓》出而得入於伏生《書》内，故統云「二十九篇」也。《後漢書》：「建安十四年，黄門侍郎房宏等説：宣帝本始元年，河内女子有壞老屋，得古文《太誓》三篇。」王充《論衡》又云：「掘地所得。」或爾時重得之。曰「古文三篇」，自與今文一篇者不同也。歐陽、夏侯傳伏生今文學，歐陽分今文《太誓》爲三，故三十一，夏侯仍二十九。至杜林、衛宏、賈逵及馬、鄭雖傳古文，亦用歐陽之本，又分出《盤庚》二、《康王之誥》一，爲三十四篇。孔壁增多之《書》十六，内《九共》出八爲二十四，此漢代古今文之真本也。晉世晚出之《書》去今文《太誓》，別撰《泰誓》三篇，又分《舜典》、《益稷》爲三十三，故僞孔序云「增多伏生二十五篇」也。以鄭氏所述勘之，同爲五十八篇，真《書》乃三十四與二十四合爲五十八，僞《書》則三十三與二十五合五十八，篇數雖合，而實不合也。其分卷亦同四十六。真《書》三十四篇，《盤庚》三篇同卷，《太誓》三篇同卷，《顧命》、《康王之誥》二篇同卷，實二十九卷。二十四篇内《九共》九篇同卷，實十六卷，共四十五卷。桓譚《新論》

「古文《尚書》，舊有四十五卷，爲五十八篇」是也。《漢・藝文志》云「四十六卷」者，兼《序》言之。而僞《書》仍除《序》爲四十六，此卷數似合而實不合也。

《尚書大傳》首題《虞夏書》，許慎《說文解字》多引《虞書》，而於「五品不遜」引《唐書》，許從賈逵受古文學，《說文自序》稱《書》孔氏，是真古文《尚書》作《唐虞書》也。

詩

《詩緯含神霧》：「詩者，持也。在於敦厚之教，自持其心；諷刺之道，可以扶持者也。」劉熙《釋名》：「詩，之也，志之所之也。」鄭康成《禮記注》：「詩者，承也，政善則下民承而讚咏之，政惡則諷刺之。」案：劉說爲最初之義。古文「詩」作「訨」。「㞢」，古文「之」字也。故子夏《序》云：「詩者，志之所之也。在心爲志，發言爲詩。」《釋名》之訓本於此。

《史記・孔子世家》：「古者《詩》三千餘篇，及至孔子，去其重，取可施於禮義，上采契、后稷，中述殷、周之盛，至幽、厲之缺，始於衽席，故曰《關雎》之亂以爲《風》始，《鹿鳴》爲《小雅》始，《文王》爲《大雅》始，《清廟》爲《頌》始。三百五篇，孔子皆弦歌之，以求合《韶》、《武》、《雅》、《頌》之音。禮樂自此可得而述，以備王道，成六藝。」孔子刪《詩》之說創始於此，歷代儒生莫不承用。唐孔穎達疑其說，故作《正義》以爲經傳所引諸詩見存者多，亡失者少，不容孔子十去其九。歐陽修《詩本義》通一說云：「刪《詩》云者，非止全篇刪去也，或篇刪其章，或章刪其句，或句刪其字。如『唐棣之華，偏其反而。豈不爾思，室是遠而』，此《小雅・唐棣》之詩也，夫子謂其以室爲遠，害於兄弟之義，故篇刪其章也。『衣錦尚絅，文之著也』，此《鄘風・君子偕老》之詩也，夫子謂其盡飾之過，流而不返，故章刪其句也。『誰能秉國成，不自爲政，卒勞百姓』，此《小雅・節南山》之詩也，夫子以『能』之一字爲意之害，故句刪其字也。」周子醇因其説而申之，云：「孔子刪《詩》，有全篇刪者，《驪駒》是也；有刪兩句者，『月離于畢，俾滂沱矣。月離于箕，風揚沙矣』是也；有刪一句者，『素以爲絢兮』是也。」鄭樵《詩辨妄》：「上下千餘年，《詩》纔三百五篇，有更十君而取一篇者，皆商、周人所作。夫子併得之於魯太師，編而録之，非有意於刪也。刪《詩》之説，漢儒倡之。」朱子曰：「人言夫子刪《詩》，看來只是采得許多詩，夫子不曾刪去，只是刊定而已。」葉適《水心集》：「周詩及諸侯用爲樂章，今載於《左氏傳》者，皆史官先所采定。就有逸者，殊少矣。疑不待孔子而後刪十取一也。又《論語》稱《詩》三百，本謂古人已具之《詩》，不應指其自刪者言之。」蘇天爵《讀詩疑問》亦謂：❶「當季札之聘魯，請觀周樂，於時夫子未刪《詩》也。自《雅》、《頌》之外，其十五《國風》盡歌之。今三百篇及魯人所存無加損也。其謂夫子刪《詩》，其可信乎？」黄湻耀作《詩劄》直斷之云：「孔子有正樂之功，而無刪《詩》之事。」朱氏《經義考》取其説申明之，曰：「子所雅言，一則曰《詩》三百，再則曰誦《詩》三百，未必定屬刪後之言。況多至三千，樂師、矇叟安能遍爲諷誦？竊疑當日掌之大師，班之侯服者，亦止於三百餘篇而已。」又引歐陽之説，以爲不然：《詩》云「唐棣之華，偏其反而。豈不爾思，室是遠而」，

❶「詩」，原脱，今據《目耕帖》卷一三補。

惟其詩孔子未嘗删，故爲弟子雅言之也。《詩》云「衣錦尚絅，文之著也」，惟其詩孔子未嘗删，故子思子舉而述之也。《詩》云「誰能秉國成」，今本無「能」字，猶夫「殷鑒不遠，在于夏后之世」，今本無「于」字，非孔子去之也，流傳既久，偶脱去爾。昔者子夏親受《詩》於孔子矣，其稱《詩》曰「巧笑倩兮，美目盻兮，素以爲絢兮」，惟其句孔子亦未嘗删，故子夏所受之詩存其辭以相質，而孔子亟許其「可與言《詩》」，初未嘗以素絢之語有害於義而斥之也。又以詩之逸，一由於秦火之後，竹帛無存而口誦者偶遺亡也；一由作者章句長短不齊，而後世爲章句之學者必比而齊之，於句之從出者去之故也；一由樂師、矇叟止記其音節而亡其辭，議論明確。趙氏翼《陔餘叢考》亦主此説，以爲古《詩》本無三千，今以《國語》、《左傳》二書所引之詩校之，《國語》引《詩》凡三十一條，惟衛彪傒引武王《飫歌》及公子重耳賦《河水》二條，是逸《詩》，而《河水》一詩，韋昭注又以爲「河」當作「沔」，即「沔彼流水」，取「朝宗於海」之義也。然則《國語》所引逸《詩》僅一條，而三十條皆删存之《詩》。是逸《詩》僅删存《詩》三十之一也。《左傳》引《詩》共二百十七條，其間有丘明自引以證，其議論者猶曰丘明在孔子後，或據删定之《詩》爲本也。然丘明所述仍有逸《詩》，則非專守删後之本也。至如列國公卿所引及宴享所賦，皆在孔子未删以前也。今乃考左丘明自引及述孔子之言所引者共四十八條，而逸《詩》不過三條，其餘列國公卿自引《詩》共一百一條，而逸《詩》不過五條。又列國宴享歌詩贈答七十條，而逸《詩》不過五條。是逸《詩》僅删存二十之一也。若使古《詩》有三千餘，則所引逸《詩》宜多删存之《詩》十倍，豈古《詩》則十倍於删存《詩》，而所引逸《詩》反不及删存《詩》二三十分之一。以此而推，知古《詩》三千之説不足憑矣。翰案：《墨子》書稱「誦《詩》三百，歌《詩》三百，舞《詩》三百」，墨子在史遷前，所引周制當得其實。蓋古《詩》合誦、歌、舞三者，共九百篇。夫子所定三百五篇，只是誦《詩》。他不見三百篇者，或在歌《詩》、舞《詩》中。夫子正樂，亦必有所從事，後樂亡而《詩》亦逸耳。

禮

孔穎達《禮記正義》：「案《舜典》云『類于上帝』，則吉禮也。『百姓如喪考妣』，則凶禮也。『羣后四朝』，則賓禮也。『舜征有苗』，則軍禮也。『嬪于虞』，則嘉禮也。是舜時五禮具備。直云『典朕三禮』者，據事天地與人爲三禮，其實事天地唯吉禮也，其餘四禮並人事兼之也。案：《論語》云『殷因於夏禮』、『周因於殷禮』，《禮記》總陳虞、夏、商、周，則是虞、夏、商、周各有當代之禮，則夏、商亦有五禮。鄭康成注《大宗伯》，唯云唐虞有三禮，至周分爲五禮，不言夏、商者，但書篇散亡，夏、商之禮絶滅，無文以言，故據周禮有文者而言耳。」王應麟《困學紀聞》：「《夏時》、《坤乾》，可以見夏、殷之禮。《易象》、《春秋》可以見周禮。此三代損益之大綱。」

《禮記正義》：「其《周禮》見於經籍，其名異者見有七處。案：《孝經説》云『經禮三百』，一也；《禮器》云『經禮三百』，二也；《中庸》云『禮儀三百』，三也；《春秋説》云『禮經三百』，四也；《禮説》云『有正經三百』，五也；《周官》，外題謂《周禮》，六也。

《漢書·藝文志》云『《周官經》六篇』，七也。七者皆云『三百』，故知俱是《周官》。《周官》三百六十，舉其大數而云三百也。其《儀禮》之别亦有七處而有五名：一則《孝經説》、《春秋》及《中庸》並云『威儀三千』，二則《禮器》云『曲禮三千』，三則《禮説》云『動儀三千』，四則謂爲《儀禮》，五則《漢書·藝文志》謂《儀禮》爲古《禮經》。凡此七處五名，稱謂並承『三百』之下，故知即《儀禮》也。所以三千者，其履行《周官》五禮之别，其事委曲，條數繁廣，故有三千也，非謂篇有三千，但事之殊别有三千條耳。或一篇一卷，則有數條之事。今行於世者，唯十七篇而已。故《漢書·藝文志》云『漢初，高唐生傳《禮》十七篇』是也。至武帝時，河間獻王得古《禮》五十六篇，獻王獻之。又《六藝論》云：『後得孔子壁中古文《禮》凡五十六篇，其十七篇與高堂生所傳同，而字多異。其十七篇外，則逸《禮》也。』又引云：『《周官》壁中所得六篇。』《漢書》説：河間獻王開獻書之路，得《周官》有五篇，失其《冬官》一篇，乃購以千金，不得，取《考工記》以補其闕。《漢書》云『得五篇』，《六藝論》云『得其六篇』，其文不同，未知孰是。其《禮記》之作，出自孔氏，但正義殘闕，❶無復能明，故范武子不識殽烝，趙鞅及魯君謂儀爲禮。至孔子没後，七十子之徒共撰所聞，以爲此記。或録舊禮之義，或録變禮所由，或兼記體履，或雜序得失，故編而録之，以爲記也。《中庸》是子思伋所作。《緇衣》是公孫尼子所撰。鄭康成云：『《月令》，吕不韋所脩。』盧植云：『《王制》，爲漢文時博士所録。』其餘衆篇皆如此例，但

❶「義」，據《禮記正義》當作「禮」。

未能盡知所記之人也。」案：孔氏説《周禮》據《漢書》言「得六篇」，鄭言「得其五篇」，不同者，《漢書》渾《考工記》於中，未分明言之，鄭則詳述其事耳。至《戴記》之源流，徐堅《初學記》云：「漢宣帝時，東海后蒼善説禮，於曲臺殿撰《禮》一百八十篇，號曰《后氏曲臺記》，傳於梁國戴德及德從子聖。德乃删《后氏記》爲八十五篇，名《大戴禮》。聖又删《大戴禮》爲四十六篇，名《小戴禮》。其後馬融又加《月令》、《明堂》、《樂記》三篇，凡四十九篇，則今之《禮記》也。」案：陸氏《釋文》「戴德删古《禮》二百十四篇」，❶即《隋志》所謂劉向考校經籍得河間獻王所得仲尼弟子及後學者所記一百三十一篇，又《明堂陰陽記》三十三篇，《孔子三朝記》七篇，《王氏史氏記》二十一篇，《樂記》二十三篇，凡五種，非删《后氏記》；又《漢志》《曲臺后蒼》只有九篇，無一百八十篇，皆與《初學記》不合。故鄭氏《通志》、馬氏《文獻通考》俱從《隋志》，但徐堅撰《初學記》成於唐玄宗之時，在《隋志》、《釋文》後，不應乖異如此。蓋七十子所記一百三十一篇，《明堂陰陽記》三十三篇，《孔子三朝記》七篇，凡一百七十一篇，加后氏自撰記九篇，適符一百八十之數。《隋志》不言《曲臺》，略也。然則《戴記》之源，亦是六種。《隋志》不數《曲臺》，故言五種矣。

鄭樵《通志·藝文略》：「漢曰《周官》，江左曰《周官禮》，唐曰《周禮》，推本而言，《周官》則是。」《困學紀聞》：「《漢志》謂之《周官經》。《序録》云：『劉歆建立《周官經》，以爲《周禮》。』意者《周禮》之名，昉於此乎？然《後漢書》云：『鄭衆傳《周官經》，後

❶「十四」，據宋刊本《經典釋文》當作「四」。

馬融作《周官傳》，授鄭玄，玄作《周官注》。』猶未以《周禮》名也。」閻氏若璩箋：「《河間獻王傳》亦云《周官》。又按：康成序云：『世祖以來，通人達士鄭氏父子、衛宏、賈逵、馬季長皆作《周禮解詁》。』《周禮》之名已見於此。賈公彦曰：『以設位言之，謂之《周官》；以制作言之，謂之《周禮》。』」

李覯《周官論》：「昔劉子駿、鄭康成皆以《周禮》爲周公致太平之迹，而臨孝存謂爲末世之書，作十難七論以排之，何休以爲六國陰謀。竊觀六典之文，其用心至悉，非古聰明睿智孰能及此。其曰『周公致太平』者，信矣。」朱子曰：「《周官》徧布精密，乃周公運用天理熟爛之書。」程子曰：「《周禮》不全是周公書，亦有漢儒投入者。」《黄氏日抄》：「夾漈鄭氏嘗謂：『《周禮》一書，詳周之制度，而不及道化；嚴於職守，闊略人主之身。後來求其説而不得，或謂文王治岐之制，或謂成周理財之書，或謂戰國陰謀之書，或謂漢儒傅會之説。至孫處又獨爲之説，曰：《周禮》之作，周公居攝之後書成，歸豐而實未嘗行。惟其未行，故建都之制不與《召誥》、《洛誥》合，封國之制不與《武成》、《孟子》合，設官之制不與《周官》合，九畿之制不與《禹貢》合。凡此皆預爲之而未嘗行也。」《困學紀聞》：「九峯蔡氏云：『周公方條治事之官而未及師保之職，《冬官》則闕，首末未備，周公未成之書也。』」閻氏若璩非之云：「按古者三公多兼官，惟六卿是實職，《周禮》蓋載其實職者也。其中有三公云何，三孤云何，皆六卿職之所及，亦莫或遺。蔡氏説頗傅會。」翰案：孫説《周官》不與《書》及《孟子》合。《禹貢》、《夏書》，周監其制度而修之，隨時有所損益，故九州不能盡與之合也。《召誥》、《洛誥》紀事之書，與《周官》定爲經制者自有詳略，然「得卜則經營」，即匠人營國之法也，「自服于土中」即《大司徒》土圭之法也，未見所謂不合者。《孟子》言班禄之制百里、七十里、五十里，其言限制；《周官》合附庸閒田，詳其封土，似異而實同也。至於《武成》、《周官》之書，晉時始出，豈可膠執以議古經乎？

以上山東。

清儒學案卷一百九十六終

清儒學案卷一百九十七

天津徐世昌

諸儒學案三

姜先生兆錫

姜兆錫，字上均，丹陽人。康熙庚午舉人，選授湖北蒲圻縣知縣，以病辭。乾隆元年，因鄂相國爾泰薦充三禮館纂修官。先生采輯羣書，折衷衆説，寅入申出，以勤博稱。侍郎嘗與方侍郎苞論《周官》書，語多不合。侍郎據《書》「望於山川」，釋四望爲山川之祭。先生則謂：「《大司樂》四望與山川異樂，《典瑞》四望與山川異玉，當從鄭説。」侍郎又以《春人·序官》「奄二人」，恐不給六宫之用，意周室后夫人節儉，躬率嬪御任舂揄之事；先生則謂：「《司厲》『女子入於舂槀』，係罪人，不可限以數，寧寡毋多。本職奄與女、奚止九人者，約舉之詞耳。王后以陰禮婦職統嬪御，安得自任舂揄？」凡若此例，日有數端。侍郎亦無以難之也。書成後，優敍回籍。十年卒，年八十，從祀鄉賢祠。先生説經鏗鏗，殫精著述，所撰書有《書經蔡傳參義》六卷，《周禮輯義》十二卷，《儀禮經傳内編》二十三卷、《外編》五卷，《禮記章義》十卷，《春秋公穀彙義》十二卷，《胡傳參義》十二卷，《孝經本義》一卷，《爾雅參義》六卷，自題曰《九經補注》，謂補朱子所未注也。其《禮記章義》謂：「漢儒掇拾成章，往往誤斷誤連，當分章以明義。」凡所指謬，多有考證，較陳氏澔《集説》爲密。其《公穀彙義》謂：「二傳主於發義，與《左傳》主於記事者不同，然有混其文以害義者，有泥其文以害義者，並有竄其文而事與義俱害者，因彙編二傳異同之處，别白其是非，而《左氏》發例釋經之文附見焉。」於三家褒貶之例，無所偏主，足資參考。又有《周易本義述蘊》四卷，《周易蘊義圖考》二卷，《詩蘊》四卷，《大戴禮删翼》四卷，《春秋事義慎考》十四卷，《家語正義》十卷，《孔叢子正義》五卷，《方音集》六卷，及《周禮類考》、《羣經本末考》、《汲冢周書删異》、《列女傳訂義》、《新序訂義》、《説苑訂義》、《朱子楚辭參義》、《志學齋永言》、《春風亭倡和詩》、《寅清樓文集》。參史傳、《四庫全書總目》、吉夢熊撰《鄉賢録序》、《學案小識》。

周禮輯義自序

右《周禮》六官者，周先聖文公營洛以後制治之遺蹟也。周自先公古公邑於岐周，嗣文王遷豐，武王遷鎬，皆不出其百里之内，而時於一切制度亦有未遑者。至武王崩，成王幼，文公相之，乃始治洛爲都，以控羣服，朝諸侯，世謂之成周，而制作亦因以起焉。經首所謂「辨方正位，體國經野」之法，及《大司徒》所載考日景以求土中，而爲天地所合，四時所交，與夫風雨會而陰陽和者，蓋指諸此。此周之建邦宅土與其制禮作樂，所以相爲終始之實也。然此書今闕《冬官》而餘官亦多有闕，説者以爲廢亡於秦火；或以爲司禄之屬，强侯去其籍；或於小司馬之屬，又以爲事貴神密而祕之。其論蓋有不定者。獨九峯蔡氏謂：「《周禮》本末未備，周公未成之書也。故其間法制有未施行，而與諸書亦多異焉。」此雖各條未必盡然，而大義通貫，宜未有過之者也。書以禮名而備紀六典者，偏言之則邦禮與邦治、邦教之類雖分列爲一職，而專言之凡六典皆禮也。歐陽子曰：「三代而上，治出於一，而禮達於天下。三代而下，治出於二，而禮爲虛名。」禮者，載道之器，而所以制治之實也。後世離禮與治爲二，於是以儀文若讖緯之屬而謂之禮，以名法之末若功利之術而謂之爲治。嗟夫！道法貫而禮成，心迹歧而禮晦。不明乎道而言禮，而聖人之心法治法胥乖矣，自東漢迄於北宋之著義立法者是也。

附周禮本末考三則

唐賈公彦《周禮興廢敍》曰：周初制禮，禮教興行。後至幽王，禮義紛亂。故晉侯、趙簡子見儀皆謂之禮，孟僖子又不識其儀也。至於孔子更修而定之，時已不具。孔子卒後，復更散亂。故《藝文志》云：「仲尼既没而微言絶，七十二弟子喪而大義乖。」又云：「周衰，諸侯將踰法度，滅去其籍，至秦大壞。」此也。漢初，高堂生傳十七篇，高堂生以下傳魯徐生、瑕丘蕭奮、東海孟卿及后蒼、戴聖，鄭謂之五傳弟子，所傳十七篇即《儀禮》也。《周禮》孝武之時始出，祕而不傳，故馬融《周官傳》云：「秦用商君之法，與《周官》相反。始皇禁挾書，特惡之。孝武始除挾書律，開獻書之路。既出於山巖屋壁，復入於祕府，五家莫得見。」又云：「劉向子歆校理祕書，始得列敍，著於《録》、《略》。衆儒共排爲非，唯歆年幼獨識，末年乃益知其周公致太平之迹。弟子緱氏杜子春永平初年且七十，❶能通其讀。鄭衆、賈逵往受業焉。」皆謂此也。鄭玄敍云：「世祖以來，大中大夫鄭少贛、子大司農仲師、議郎衛次仲、侍中賈景伯、南郡大夫馬季長皆作《周禮解詁》，斯可謂雅達廣攬者也。然猶有參錯，同事相違。」然則《周禮》起於劉歆，而成於鄭玄附麗之。武帝以《周官》爲末世瀆亂不驗之書，故林孝存作十論七難以排之，而何休亦以爲六國陰謀之書，唯鄭玄知《周禮》乃周公致太平之迹，故能答林碩之論難，使義得條通也。

宋莆陽鄭樵漁仲《三禮總辨》曰：「《禮》有三：曰《禮記》、曰《周禮》、曰《儀禮》。《周禮》、《儀禮》乃周人之禮，而所謂《禮記》者，特其傳註耳。漢興，《禮經》焚燒獨甚，唯魯高堂生所傳《儀禮》一十七篇與夫后倉《曲臺雜記》數萬言而已。而《周禮》一書，至武帝時河間獻王得之女子李氏，獻於武帝，藏之祕府。漢世諸儒傳授，皆以《曲臺雜記》，故二戴《禮》在宣帝時立於學官。《周禮》、《儀禮》世雖傳其書，未有名家者。至鄭康成，然後二註之訓釋始具，至孔穎達、賈公彥而後三經疏始備焉。」

元臨川吴澂幼清《周禮敍》曰：「《周官》六篇，其《冬官》一篇闕。《漢·藝文志》序列於禮官，後人名曰《周禮》。文帝嘗召至魏文侯時老樂工，因得《春官·大司樂》之章。景帝時，河間獻王好古，購得《周官》五篇，武帝

❶「七」，據《周禮注疏》當作「九」。

求遺書，得之，藏於祕府。哀帝時，劉歆挍祕書，始著於《録》、《略》，以《考工》補《冬官》。漢末馬融傳鄭玄，玄爲之注。宋張子、程子皆尊信之。朱子謂：『此經周公所作，但當時行之恐未能盡，後聖雖復損益可也，至若肆爲排觝則陋耳。』《冬官》雖闕，今仍存其目，而《考工記》别爲一卷附之經。」

公穀彙義自序

左《公羊》、《穀梁》二傳附以《左氏傳》，而爲之彙義者，所以尊經也。考《左氏傳》主紀事，二傳主發義。先儒蓋謂「《左氏》爲史學而失之誣，二傳爲經學而失之鑿」，論既嚴以慎矣，而唐以來乃升諸傳爲經，而與于十三經之列，是明經而不免亂經也。胡文定嘗本《程傳》以推經之藴，而朱子復參《胡傳》以探經之真，故程、胡、朱子之論合而後聖經存，所以存其是也。杜預嘗注《左氏傳》以釋經之事而忘其誣，何休、范寧復注《公羊》、《穀梁》二傳以釋經之義而忘其鑿，故杜預、范寧、何休之論紛，而後諸傳存而聖經亂，所以駁其非也。駁其非，乃以存其是也。然則諸傳之當駁其非以存是者何也？其文也，其事也，皆其義定之也。夫《左》之失誣，其事、文與義則不待言矣。且以二傳言之，如月當書日之文，間有逸文也，而誤爲異例則支。月有書時之文，乃指首時也，而臆爲異義則紊。此皆混其文爲害而義隨之也。如或書之，或書于，但衍縮文而亦强爲之義解；或書多，或書忌，豈筆削義而並謬爲之發明？此皆泥其文爲害而義隨之也。如赤歸曹而連郭，偃納燕而牽陽；且唐爲陽，又增爲陽生；朱爲東，又幻爲東國。此又皆竄其文爲害而事隨之，義亦隨之也。凡此皆義隨文與事害，而害義猶小耳。又如公子翬、公子招而謂豫貶于前，公子臧、公叔術而謂延賞于後，義非隨文害而害義殊非小。至如祭仲黨奸謀，蔑國君而美之曰行權；叔術背王命，奸國母而推之曰賢行；汔于嬰齊以弟繼兄，衛輒以子拒父，凡此之類，又何可勝言乎？此又皆事與義胥害而害義彌大也。然則二傳一無取乎？曰：如所謂正終以正始、貴道不貴惠之屬，固卓乎道義之權衡，聖哲之軌範也。要其擇之者固宜審矣，故曰：駁其非，乃以存其是也。

蔣先生廷錫

蔣廷錫，字揚孫，號西谷，一號南沙，常熟人。父伊，字渭公，康熙癸丑進士，由庶吉士改御史，官至河南提學道。甫釋褐，即具疏上所著《玉衡》、《臣鑒》二録。《玉衡》者，言君道。《臣鑒》者，言臣道。采唐虞及元明事蹟，以備法戒、昭勸懲，爲卷二十有四。得旨留覽。先生少優學行，由舉人供奉内廷。康熙壬辰，以會試下第，特命一體殿試，賜進士，選庶吉士。明年，未散館即授編修，累遷禮部侍郎。疏言：「國家振興文教，廣黌序以居業，設廩膳以給養，沿習既久，視爲具文。生員經年未嘗一至學宮，平居無親師博習之教，則放蕩習成，匪僻行作。請敕學臣通飭府州縣衛教官，凡所管生員務立程課，令其時至學宮，面加考校，相與講究經史，以檢束身心，勉修學行。學臣於歲科考時，即以一學之文章優劣定此學教職賢否，則教者勉爲嚴師，學者亦奮興矣。又《會典》載順治九年定鄉設社學之制，以冒濫停止，請敕督撫令所屬州縣，凡大鄉堡立社學，擇生員學優行端者充社師，量給廩餼。鄉民子弟年十二以上、二十以下有志學爲文者聽入，則黨庠術序之法大備。」事下部議，從之。歷官至文華殿大學士，加太子太傅，賜一等輕車都尉世職。雍正十年卒，年六十四，謚文肅。乾隆元年入祀鄉賢祠。先生儤直内廷時，親承聖祖訓示，於《尚書》地理悉心考究，成《尚書地理今釋》一卷。其中訂定諸儒之説者，如《堯典》「宅嵎夷」，則據《後漢書》定爲朝鮮，正薛季宣、于欽之誤；「宅西」，則據黄度《尚書説》不限以一地，正徐廣《史記注》之誤；「釐降嬀汭」，則據孔安國傳、陸德明《釋文》之説，正《水經注》嬀汭二水之誤；《舜典》「恒山」，則據渾源曲陽之道里，正《漢志》上曲陽之誤；「滎波既豬」，則據傅寅之説，正孔傳滎波分二水之誤。又訂定蔡沈《集傳》之説者，如《禹貢》「治梁及岐」，則據曾旼之説，辨其非吕梁、狐岐；「九河既道」，則據《經典釋文》辨簡、潔非一河；「灉沮會同」，則據《元和郡縣志》、《元豐九域志》辨此沮水非泲沮；「浮于濟漯」，則據《漢書・地理志》、陳師凱《書傳旁通》辨其不知漯水所在；「濰淄既道」，則據《水經注》辨淄水不東入濟；「浮于淮泗」，則據《史記・河渠書》辨禹時泗水上源不自泲通河；「三江既入」，則據鄭玄之説辨其誤從庾闡《吴都賦注》；「和夷底績」，則據《水經注》、時瀾《書説》辨嚴道以西無夷道；「盤庚于今五遷」，則據《史記索隱》辨邢即音耿，祖乙並未兩遷；以及三危有二，嶓冢亦有二；熊耳有二而實一；雍、梁二州兼得岷山；荆、梁二州各有沱、潛，南亳、西亳皆湯所都。均考訂精核，足證往古之譌，釋後儒之惑。至於崑崙河源之説，則於《内府輿圖》考見實據，尤非前代經師輾轉耳食者比矣。兼工詩，善畫花卉。著有《青桐軒集》。參史傳、《四庫全書總目》、《先正事略》。

浦先生起龍

浦起龍，字二田，金匱人。雍正庚戌進士，官蘇州府教授。因老假歸。嘗以唐劉知幾《史通》一書爲考辨史體而作，抉摘精嚴。其注釋者舊有郭延年、王維儉二家。至乾隆初，又有黃叔琳注本，補郭、王之所闕。然遞相增損，互有短長，乃別爲撰述。謂：「趣乖者法宜訓正，疵積者道在刊譌。」因例總二科，科分十別，成《史通通釋》二十卷。迭經修改，時歷八年，其於劉書《疑古》、《惑經》諸篇雖多回護，兼有好改原文之處，而全書引據詳明，足稱該洽，爲史評中之善本焉。又著有《讀杜心解》二十六卷，《古文眉詮》七十九卷，《釀蜜集》四卷。參《四庫全書總目》、《史通通釋序例》。

史通通釋自序

乾隆十有三年戊辰，三山傖父年七十，客將以其生之日爲言以壽。傖父謝曰：「壽孰如史？壽人以言，孰如壽言於史？」先是己未，代匱蘇郡校，坐春風亭，抽架上書，得《史通》，循覽麤過，旋舍去。乙丑歸老，諸知舊來起居，傖父方手裒亂帙，咸笑以謂書生習氣，老殢故紙猶昔耶？傖父唯唯。則有蔡子敦復質所校字西江郭孔延評本，驟對如略識面，已益創通大致云。傖父曰：稽古之途二，經學、史學備矣。六經之名始見《莊》、《列》書。史名尤古，見於《書》、《論語》。自漢止立經博士，而史不置師。向、歆《七略》不著類。至唐千年，人爲體例，論罕適歸，而史之失咙。彭城劉子玄知幾氏作，奮筆爲書，原原委委，俾涉學家分塍參觀，得所爲通行之宗，改廢之部，館撰、山傳之殊制，記今、修往之殊時，與夫合分、全偏、連斷之宜，良穢、簡蕪、核直、夸浮之辨，顜若畫井壃，陳緜蕝，豈非一大快歟！矧夫衡史匹經，比肩馬、鄭，而非蟲篆琱刻之纖纖者歟！顧其書矜體沓名，斥飾崇質，跡創而孤，其設防或褊以苛，甚者佹辭巇古以召鬨，臆評興而衷質蔽，莫能直也。郭本其尤已。

進問春風亭本。曰：是出大梁王損仲，糞除諸評，世稱佳本。然其蔽善匿，蒙焉何豁？譌焉何正？脱焉何貫？未見其能別徹也。且劉氏世職史而文沿齊、梁，距今又千年，所進退羣册已太半亡闕，所建立標指又苦駢枝長語，迷瞀主客，此其可以履豨故智塞事乎？吾嗤夫弋名治古而宿習之據於中者四焉：剽也，膠也，漫與也，冥行也。躡亡闕之蹤，導駢枝之竅，而逆之以中，據之封畛，以求無蔽，其與幾何？

傖父曰：不空己於所入者，不洞彼於所出，亦適乎通者之衢而已。用是疏而匯之，一言之安，一事之會，周顧而旁質，豐取而矜擇，迎之以隙開，俟之以懸遇，持之以不止，濡首送日，以勩吾神而忘吾年。會年六十九，丁卯之歲除，脱然不自知其稾之集。明年，重自刊補。有以北平新本至者，互正又如干條。盡九月，寫再周，命曰「史通通釋」，無負彼名云爾。

通釋舉例

訓正者，兼舉其義與辭而是正之也。義

從文生，辭由古出。俗學之弊，大抵二端。憑臆自用者，揣義而不徵辭，弊且流爲束書不觀，是謂蔑古。炫博貪奇者，役辭而不問義，弊又滋乎靈臺日汩，是謂褻天。兹用疏義以會辭，考辭以赴義，則訓之爲也。訓正之科，其別六。

一曰釋。篇者，節之積也，節清而篇乃定焉。歷繙評本，觀乎《外篇》條別，胸欠主張；驗其通體支離，篇乖步伐者矣。故爲之釋以清之。釋之爲用，析節而疏其義，是賓是主，是影是神，前後相銜，中邊交灌，兹爲從事之所先，即其命名之所自。間有省去不用，唯於短説爲然。自昔漢唐經疏通例，墨闌標眼，於釋字仿用之。

二曰按。按亦釋也。標仍墨闌，體同跋尾。既釋以辨之，復按以會之，指趣所鍾，歸宿有地矣。況《史通》之爲書也，羣史牢籠，全書吐納，畛塗遼闊，節目棼繁，則必以見遠之明者察焉，則將有無礙之辯者通焉。此段識解於何置頓，亦惟篇按，職此淹該。是知按之所届，尤爲驅牡之廣衢，非等隻難之近局也。又其例比釋加徧，釋有從省，按無缺施。惟下帙四、五處，有以一按攝三條、二條者。

三曰證釋。謂取證古書，用釋今義也。語云：「求之物本，必於其始；取其所通，必於所宅。」故凡有徵引，事必事祖，辭必辭根，而其所標識，則又書皆舉名，篇皆舉目。如《左傳》則某公某年，《漢書》則某紀某傳之類。蓋採録多從節縮，而原文可任搜核也。他若舊注已得者，明書何本。或無書可質者，直注未詳。不攘，不欺，與世共見。

四曰證按。凡前件證釋，多有就證加按者，痛刮不根之病及漫與之習也。如《尚書注》有王肅，其人也本係三國王朗之子，舊援後魏同名之人。如《左傳》家缺徐賈一注也，位在干、蕭二史之間，檢出「徐廣」，字形之誤。更有全證皆屬設辯者，如《書志》篇之「東觀曰記」，《採撰》篇之「沈烱罵書」，一失之俗傳，一失之原本，則一當革其繆，一當繩其愆。凡此諸流，皆須顯説也。證釋之條千有二百，加按之處五百有奇，任舉陳言，都成説部。

五曰夾釋。釋非節界，夾入行間，是夾釋也。凡涉晦澀之義，用一兩言達之；或遇疑似之辭，用直截語指之，皆是也。有此，可以便觀書者之索解，可以杜好辯者之歧猜。

六曰雜按。雜按之施，施於原注。原注者，劉自注也。或刊失其初，須爲揣定；或置非其所，合與推移。且有注混文、文混注者，於《史官》篇「詔曰修撰」，《暗惑》篇「曹公多詐」見之，并有注非注、文非文者，於《史官》篇「自歷行事」，《雜説》篇「蘇代所言」見之。相厥攸居，還渠定判，此雜按之所由設也。不繫諸正書，故稱雜焉。

刊譌者，譌非一端而已，或流傳，或竄易，或原本差池。所致之塗既雜，於是有繆出，有倒施，有脱遺、羨衍，所叢之類緐興，刺眼而葉落連翩，膠牙而泉流濇咽。文傳侮食，怪《曲水序》之猶疏；日思誤書，歎小屋人之不作。夷考諸家，刊得者十一，待刊者十九焉。刊譌之科，其別四。

一曰字之失。是書之失，在字者蓋亦多矣。「烏孤」而轉「烏孫」，「文丁」而轉「文王」，「處道」而轉「承祚」，「涉漢」而轉「沙漠」，失則繆。「文省」而曰「省文」，「朔方」而曰「方朔」，「武宣」而曰「宣武」，「昌平」而曰「平昌」，失則倒。「昭後略」漏「昭」字，「言學者」漏「言」字，「楚漢列國」漏「國」字，「《微子》篇序」漏「序」字，失則脱。「名班祚土」，「班」下衍「爵」字，「以其類逆」，「逆」下衍「者」字，「虚美相酬，馬遷乘傳」「美」下、「傳」下並衍「以」字，失則羨。繆、倒、脱、羨，凡有四端，故概曰失也。總二百二十有奇者，刊之數也。其刊去者，仍注見之，不没舊本，冀覽之者辨之也。且作聰明，改頭面，得罪古人，莫此爲甚，本所深惡，而豈蹈之？下三條皆倣此。

二曰句之違。違亦概詞也。句之違亦四端，凡二十處，而《點煩》之誤在除，加丹粉間者不與焉。稍舉似之：以句繆言，則有若去萬留千，録遠略近，慒事類而反篇情者。以句倒言，則有若藉權濟物，居京兆府，乖文義而没語趣者。以句脱言，則有若述南齊之史，結《申左》之科，缺至一全片而遺忘半面者。以句羨言，則有若犀革裹之條，嗤沈約之段，衍至不可讀，而反棄佳本者。凡此又非一兩字之間，審聲形之比。靜繹全文，廣參羣籍，甚至浹時稽序，而後其真始出。持此耗磨晚節，俟之甘苦中人。

三曰節之淆。節之淆者，《内篇》少，《外篇》多，通幅分條之殊其體故也。其在《内篇》，《六家》之總首既截，則總尾亦宜截。《書志》後論不應以「或問」截，《編次》終篇不應以「尋夫」截。其在《外篇》，離合斷連，歧迕交失者，《史官》篇三，《正史》篇三，《惑經》篇一，《雜説》上中下篇十有五。技經肯綮，每至族而難爲；官止神行，唯彼節之有間。今皆騞然矣。至若《點煩》摘史，隔鈔而合片，當以方空格界之。又若卷末《忤時》一牘，而兩端可以序跋例離之。斯皆隨方制宜，非欲矜己立異。

四曰簡之錯。篇節字句，並有錯簡。篇之錯，卷九内之《敍傳》者是。節之錯，《曲筆》中之「夫史」十行者是。字句之錯，《雜説》下之「李陵書」者是。篇不得而移，節句可得而準也。或遂刊定，或爲證明，具著卷中。〇凡所盡心，略如前款。間嘗總諸科，別而榷之，理不言而同然，唯去非以趨於是；言愜心者貴當，必無憾然後即安。是書也，謂劉氏《史通》可，謂浦氏家言亦可。

徐先生鼎

徐鼎，字峙東，一字實夫，號雪橋，吴縣人。乾隆中優貢生。穎敏好學，早歲即聲溢里鄗。曹文恪秀先督學江蘇，每試輒列第一。薩誠恪載撫吴時，延課其子，甚加敬禮。生平於《毛詩》致力最久，嘗取《詩》中鳥獸蟲魚草木諸品，圖其形狀，博採諸家注釋，詳列於下，復加按語以證明之，成《毛詩名物圖説》九卷，頗有裨於《詩》學。善畫山水。著有《靄雲館詩文集》。參《墨香居畫識》、《蘇州府志》。

毛詩名物圖説自序

古者龍馬負圖，虙犧則之，以畫八卦，圖之所繇昉也。以故六經莫不有圖。而仰觀天文，俯察地理，下及飛潛動植，百千萬狀，靡不具舉者，莫《詩》若矣。《大學》曰：「致知在格物。」《論語》曰：「多識鳥獸草木之名。」有物迺有名，有象迺知物。有以名名之，即可以象像之。詩人比興，類取其義。如《關雎》之淑女，《鹿鳴》之嘉賓，《常棣》之兄弟，蔦蘿之親戚，《螽斯》之子孫，《嘉魚》之燕樂，不辨其象，何由定名；不審其名，何由知義。若株守一隅之見，東嚮而望，❶不見西墻，當前者失之，而欲求詩人類取之旨，❷罣矣，更何暇究星辰嶽瀆、禮樂車旅之大者哉？唐文宗命程修己倣晉衛協定本，重圖物象；復命詞臣作《草木蟲魚圖》，卒不行世，罔所考據。先後詁訓家雅俗各殊，弗多遺漏，即失支離，又安足怪？先君子以經書遺子，易簀命之，曰：顧爾曹作通儒足矣。時年幼，謹佩之弗忘。長昦敬庵研窮《易》理，多所闡明，裒然成集矣。余丁束髮時，兄授目《毛詩》三百篇，輒遇耳目聞見之物，忻然有所得，迺欲博考名物，蒐羅典籍，往來書肆，不憚煩，不揆檮昧，編而輯之，閱二十年矣，尤恐於格致多識之説未精詳也。凡鈞叟、邨農、樵夫、獵户，下至輿臺、皁隸，有所聞，必加試驗，而後圖寫，即分註釋於下。異同者一之，窒礙者通之，煩碎者削之，謬訛者正之，穿鑿傅會者汰之，止於於物辨其名，於名求其義，得詩人類取其義之旨而後安。比年來，家居教授，從游者衆，賴諸子相與贊成。❸時余在中丞幕府，忝居講席，與同人論《詩》義，出示斯編，則見卷首有歸愚沈師手題「《名物》一書，❹傳世之學」數語。即首肯曰：「先生何不付諸棃棗，以公同好？」嗣又爲坊間請梓，因分爲九卷，標之曰《名物圖説》。其他禮樂、冠裳、車旅諸圖，後續梓行。先之鳥獸蟲魚草木者，猶《詩》之始《國風》而終《雅》、

---

❶「見東嚮而望」五字，原作空格，今據清乾隆三十六年刻本《毛詩名物圖説》補。

❷「人類取之旨」五字，原作空格，今據《毛詩名物圖説》補。

❸「賴諸子相與」五字，原作空格，今據《毛詩名物圖説》補。

❹「名物」二字，原作空格，今據《毛詩名物圖説》補。

《頌》也歟？但聞見單淺，詎無挂漏，願質諸博物君子，爰以五百九十八言弁諸簡首。

發凡

一、《詩》之爲教，自興觀羣怨、君父外，而終之以「多識鳥獸草木之名」，顧不辨名，胡知是義；不見物，胡知是名。圖、說二者相爲經緯。古人左圖右書，良有以也。茲編所輯，寘圖於上，分列注釋於下。

一、集中有一物重出者，不復圖說。有同物異名者，如《葛覃》、《黃鳥》、《東山》言倉庚，《周南·螽斯》、《七月》言斯螽，無圖而有說，即附其後。有同名異物者，如《鵲巢》之鳩爲鴶鵴，《氓》之鳩爲鶻鵃；《將仲子》之杞爲杞柳，「南山有杞」、「在彼杞棘」爲梓杞，「集于苞杞」、「言采其杞」、「隰有杞桋」爲枸檵，與《澤陂》之蒲爲蒲草，入草類；「不流束蒲」爲蒲柳，入木類，各分圖說。

一、物狀難辨者，繪圖以別之；名號難識者，薈說以參之。爰據《山經》暨唐、宋《本草》。有或未備，考州郡縣志，諏之土人，凡期信今傳後云。

一、齊、魯、韓《詩》既亡，《毛傳》孤行，自漢唐諸子分道揚鑣，泊乎紫陽會稡羣言，茲編博引經傳子史外，有闡明經義者，悉捃拾其辭。他若讖緯諸書，槩寘不録。

一、貉不踰汶，鸜鵒不踰濟，狐不渡江，而南橘不越江而北，地氣使然也。先儒生長其間，各陳方土之言，不少異同之說。余釐考作詩之地，衷之土音，正其譌闕，其疑用愚按以備參考。❶

❶「愚按」二字，原作空格，今據《毛詩名物圖説》補。

一、昌黎有云：「句讀之不知，惑之不解。」茲編必詳列某書某氏，俾讀者知所淵源，用大字表章之。❶ 若說中更引某書某氏，仍依小註聯貫之，則部分班列，便於觀覽成誦。

一、典册浩汗，古今體異，字蹟相沿，不無謬譌。如舄三寫而爲烏，虎三寫而爲帝，故詳加挍讎，以期畫一。

徐先生承慶

徐承慶，字夢祥，號謝山，元和人。乾隆丙午舉人，以大挑知縣分發山西，補孟縣，還平定州，署汾州府，引疾歸。覃精小學，著《段氏說文解字注匡繆》八卷。蓋段氏先作《說文解字讀》，密行細字，每册寸許，凡四十册。及老，恐不及期，乃删繁舉要，成書求速，轉多漏略。先生此書分十五類，以匡救之，辭達理舉，尤勝鈕氏樹玉之書，皆力求其是，非故爲吹求者。參宋翔鳳撰傳、繆荃孫《段玉裁傳附傳》。

說文解字注匡謬

一曰便辭巧說，破壞形體。

𠔁　从重八，下删「八，别也，亦聲」五字。注云：「此即今之兆字也。《廣韻》『兆，治小切』，引《說文》『分也』，此可證孫愐以前**𠔁**即兆矣。又云：『𠧞，灼龜坼也，出《文字指歸》。』《文字指歸》者，曹憲所作。此可證孫愐以前《卜部》無兆、𠧞字矣。顧野王《玉篇·八部》有𠔁，兵列切。《卜部》之後出《兆

❶「大字」二字，原作空格，今據《毛詩名物圖說》補。

部》，又云『𠧞同兆』，此可證顧氏始不謂兆即兆矣。虞翻説《尚書》『分北三苗』云『北，古別字也』，不知其所本，要與重八之𠔁無涉。豈希馮始牽合而歧誤與？治《説文》者乃於《卜部》增『𠧞』爲小篆，『兆』爲古文；於『𠔁』下增之云『八，別也，亦聲，兵列切』，以證其非兆字，而《説文》之面目全非矣。𠔁从重八者，分之甚也。引緯説重八之意，上別下別，則二八矣。」《卜部》「兆」下注云：「《廣韻》云『𠧞出《文字指歸》』。蓋古本《説文·卜部》無𠧞、兆字。《八部》兆字即龜兆字。今《卜部》兆中多一筆，以殊於𠔁，非也。《玉篇》《卜部》之外別爲《兆部》。假令顧氏所據《説文》早同今本，何爲作此紛更乎？是必《説文》無兆，而增此一部顯然。蓋由虞翻讀《尚書》『分北』爲𠔁，云『古別字』，由是信者讀《八部》之𠔁爲兵列切，又增竄『八亦聲』於説解中，而《説文》乃無『龜兆』字矣。《説文》無『龜兆』字，梁顧氏作《玉篇》乃增《兆部》於《卜部》之後。隋曹憲作《文字指歸》，乃又收『𠧞』爲『龜兆』字，而改竄《説文》者乃於《卜部》增『𠧞』爲篆文，『兆』爲古文，又恐其形之溷於《八部》也，乃加增一筆以殊之。紕繆之由，歷歷可見。又《集韻》、《類篇》皆引《説文》『𠧞』古省或作『𠔁』。臣光曰：『按𠔁，兵列切，重八也。𠧞，古當作兆。』是則勉强區分，自司馬公始。徐鉉、徐鍇、丁度等皆作『𠔁』，司馬公所襲者，夏竦輩之書也。」

按：許書引《孝經説》曰「故上下有別」，則上文應有「八，別也，亦聲」五字。段氏删之，而以引《孝經緯》爲釋「重八」之意，「上別下別，則二八矣」，説本牽强；云「上別下別」，亦甚不辭。虞翻讀《尚書》「分北三苗」，云「古別字」。按《説文》「北，𠓜也」，別與𠓜義相近，且其字从𠔁，何云「與重八之𠔁無涉」？分訓別，𠔁訓分，知別同𠔁無疑。《玉篇》「兆，事先見也，形也」，不訓爲分，然尚可云顧氏在許後，解義不合於古。如見於經者曰「億兆」、曰「兆域」，豈得解億兆爲億分、兆域爲分域乎？則龜兆字作兆，無足怪矣。《玉篇》部分多本《說文》，而併部十有一字，另出部首者十三字，父、云、喿、冘、處、磬、索、書、牀、弋、單、丈皆《說文》所有，何獨「兆」字必爲《說文》所無，而云「增此一部曉然」，其十二字顧氏何爲作此紛更也？「兆，治小切」，引《說文》「分也」，此《廣韻》誤以𠔁爲兆，非孫愐以前𠔁即兆也。云「𠧞出《文字指歸》」者，《廣韻》未檢《說文》，并未檢《玉篇》。《玉篇》止於另立《兆部》，非孫愐以前《說文·卜部》無兆、𠧞字也。鐘鼎文作兆，則非改竄《說文》者加增一筆。段氏注𠔁字云：「顧野王始不謂𠔁即兆。」注兆字又云：「勉强區分，自司馬公始。」前後異辭。竊意溫公所見《說文》𠧞古省作𠔁者，必係誤脫一筆，是以云然。《繫傳》「𠧞」篆下鍇云「𠧞，兆有如此者，指事」，「八」篆下鍇曰「數之八，兩兩相偶背之，是別也」，「𠓜」篆下鍇曰「𠔁，重八也」，鉉曰「𠔁，兵列切。篆文分別字也」。是大、小徐俱不謂𠔁即兆。段氏并誣二徐，原書具在，不能掩衆人之目也。執《廣韻》所引自謂得間，抹倒一切字書，支離詰詘，以伸其說。凡偏旁从兆者，如珧、咷、趒、爟、逃、跳、誂、鞉、蕘、眺、𦐂、朓、桃、旐、脁、窕、佻、覜、頫、洮、鮡、挑、姚、絩、垗、銚、㕙皆改从𠔁。又乖下作从卝兆，删「𠔁，古文別」四字，云「此淺人所妄增」，憑肊武斷，悍然不顧，而《説文》之面目全非矣。

㚔　改作㚔，从大从𢆉。　注云：「各本作『从羊』。《五經文字》曰：『《説文》从大从𢆉，𢆉音干。今依漢石經作幸。』又曰：『執者，《説文》執者。經典相承，凡報之類同。』是則張氏所據《説文》與今本迥異，今隸用石經體，且改《説文》此部皆作『幸』，非也。今皆正。」

按：㚔从羊不从𢆉，篆籀無作㚔者。即以執字言之，《石鼓文》「執而弗射」及鐘鼎文所録《盄和鐘》、《齊侯鎛鐘》、《齊侯鐘》、《南宫中鼎》、《敔敨》皆从㚔，非隸體也。蓋篆作㚔，隸作幸，明白易見，不必自生葛藤。張參不通六書，於《説文》之學疏，所言不爲典要。段氏喜新尚異，見他書異説，必改本書。此改羊爲𢆉，全部偏旁以及書中鞫、蓺、藝、擇、釋、達、𨔟、𧬈、譯、睪、鞫、斁、摯、鷙、殬、暬、釋、𥷚、❶竆、竆、𢃗、襗、褺、匎、嶧、鷙、鷙、縶、驛、慹、澤、䨲、摯、擇、摯、撻、䖘、繹、墊、鐸皆改从𢆉，不成字。

二曰肊決專輒，詭更正文。

改丅作二，重文作丅，云：「篆文下。」删𠄟篆。　注云：「有物在一之下也。古文『下』本如此，如帝字从古文下，是也。後人改二爲丅，謂之古文，則不得不改丅爲𠄟，謂之小篆文矣。」

按：丄字丨下一，丅字一下丨，「視而可識，察而見意，所謂指事也」。故《説文》丄丅字爲正，𠄞𠄟爲重文。二，古文上；二，古文下，僅見於解義。正如𣎵爲古文

❶「𥷚」，原作「鞫」，今據《續修四庫全書》本《説文解字注匡謬》卷一改。

旅，尚爲古文貴，矣爲古文矢，解義言之，不列於篆，必改爲正文，非也。古文不止一體，許書所載有重至三字、四字者，則丄二同稱古文，不足爲怪。惟丄二同字，故帝、旁字正文从二者皆屬於下。《盄和鐘》「其在上帝」作「丄」，在李斯之前，可知《說文》丄云「古文上」不誤，非後人所改。反丄爲丅，則下亦不當改作二矣。帝下曰「古文諸上字皆从一，篆文皆从二」，二古文上字，是篆依古文从二。古文帝、旁、示、辰諸字皆省上爲一也。段氏古文旁下注云「李斯改一爲二，則爲小篆」，其說與帝下解合，而於丄爲二之意自相牴牾。亦自知其隔閡難通，乃曰「古文以一爲二，六書之假借」，不知「假借者本無其字，依聲託事」，以一爲二，於義無當，蓋遁辭也。如段所改，必古文諸字从二，篆文从丄，臆造其字而後可通。許「敘篆文，合以古籀」，古籀之字中豐而首尾皆銳，篆則豐銳停勻。叔重采録古籀，而以小篆法書之，既定一字爲正文，兼取其異者爲重文，凡有合於六書者備載之，非有先舉小篆，後言古文之例，無所爲變例也。且開卷第二部即出變例，著書之恉當不其然。段氏創爲此說，它部言篆文者必輾轉傅會，以爲即上字之例。至誼不可通，則曰淺人所改，以辯慧濟其偏執，非實事求是之意。

帬　改「繞領也」。注云：「此篆之解，各本改爲『下裳也』，無義。又移其次於常下帔上，今皆更正。」

按：諸書言帔帬者不一，《說文》帔篆云「弘農謂帬帔也」，帬篆云「下裳也」。《急就篇注》：「帬，下裳也。一名帔，一名襬。」以帔、帬爲一物。《廣韻·文部》：

「帬，《説文》曰『下裳也』，《釋名》曰『連接裾幅也』。」是《説文》「下裳」字非後人改。又《玉篇》：「帔，在肩背也。」《釋名》：「帔，披也，披之肩背不及下也。」以帔在上，帬在下，爲二物。而《玉篇》裠下云「裳也」。帬與裠同，以裳釋帬，與《説文》不異。今段氏據《方言》「繞衿謂之帬」，《廣雅》「繞領，帔帬也」，遂改《説文》之訓，謂：「繞領者，圍繞於領。今男子、婦人披肩，其遺意。」此率讀《方言》，創爲肊説，不可從也。衿、領字雖古通用，然《方言》「繞領謂之帬」，非以帬爲領。郭注云：「俗人呼接下，江東通言下裳。」又上文「袒飾謂之直衿」，注云「婦人初嫁所著上衣直衿也」，則所謂繞衿者，連接直衿，圍繞下幅，與《説文》、《釋名》初無異解，非覆於肩上之領。《爾雅》「衿謂之交」，言衣交領，非即帬也。凡衱、裾、衿、衿、帔、帬之解，不加詳審，往往誤會。

三曰依他書改本書。

讖　驗也。下增「有徵驗之書，河洛所出書曰讖。」　注云：「十二字，依李善《鵩鳥》、《魏都》二賦注補。」

按：《魏都賦》注云：「《説文》曰：『讖，驗也。』河洛所出書曰讖。」《鵩鳥賦》注多「有徵驗之書」五字。是此十二字，乃李善申言之，非《説文》，故其詞繁簡不同。

增「个」篆，云：「箇，或作『个』，半竹也。」注云：「各本無，見於《六書故》所引唐本。」

按：《六書故》云：「个，亦作『箇』。《説文》唐本曰：『箇，竹枚也。今或作个，半竹也。』鼂説之曰：『《大射儀》「搢三个，挾一个」者，矢也。亦可易爲介乎？』説之據籀文，亦有个字。」戴侗書盡變《説文》之例，周伯琦多采其説以訾議《説文》。吾丘衍《學古篇》謂其多杜撰字，切中其病。所引唐本增添諸字多本晁説之，殊未足據。謂爲箇之或體，而又異其解，且云今或作某，許書亦無此體例也。《禮記·大學》篇「一个臣」，《尚書》作「介」；《月令》「左右介」，皆非「个」字。《大射儀》三个、一个，當作「箇」，是以注云「猶枚也」。傳寫者以俗字易之耳。段氏又言：「支下云『从手持半竹』，即个爲半竹之證。」夫不曰「从手从个」而曰「从手持半竹」，則《説文》無「个」字，明顯易知，何段氏之憒憒也。

改「笑」篆，云：「喜也，从竹从犬。」注云：「徐鼎臣説孫愐《唐韻》引《説文》『笑，❶喜也，从竹从犬』。蓋《唐韻》每字勒《説文》篆體。此字之从竹从犬，孫親見其然，是以唐人無不从犬作者。《干禄字書》云：『咲通，笑正。』《五經文字》作『笑，喜也，从竹下犬』。《玉篇·竹部》亦作『笑』，《廣韻》因《唐韻》之舊亦作『笑』。」

按：此字爲鉉增十九文之一。鉉云：「此字本闕。《唐韻》引《説文》云『喜也，从竹从大』而不述其義。今俗皆从犬」，則《唐韻》不从犬。鉉依李陽冰从竹从夭。攷《女部》「妖，一曰女子笑皃」，似从夭是也。《漢書》多作「咲」，或作「关」。惟《篇》、《韻》及《五經文字》从犬，《干禄字書》以「笑」爲正字，祇宜存其異體。

改「豕」古文「𧰨」作「𧰲」。注云：「各本篆體譌謬，今依宋本、舊本更正。」

❶「唐」，原作「廣」，今據《説文解字注匡謬》卷三及清嘉慶二十年經韻樓刻本《説文解字注》改。

按：此宋本誤也。竟是古文豕，則亥、豕一字無所謂譌矣。按《説文》一書，徐鉉固云「錯亂遺脱不可盡究」，後儒欲加訂定，使爲完書，志則大矣，然去古日遠，稽攷尤難。是正文字，必審知其誤而改之。如本書譌舛，義不可通，而他書所引較然明白者，始可據以勘定，不得因援引異文，遽斷爲《説文》之誤也。《玉篇》、《類篇》大約皆宗許氏。《廣韻》本於《唐韻》，所引《説文》可信者多。《古文四聲韻》、《集韻》、《佩觿》、《汗簡》各自成書。《韻會》雖主小徐，亦多定以臆見。戴侗、周伯琦説多杜撰，每與《説文》乖違。張參、唐玄度不通六書，陸元朗時誤以《字林》爲《説文》，《正義》書非一手，詞有異同。李善、李賢注釋本書，隨文徵引，字或更易。《一切經音義》往往約舉其詞，又或於所引之下別舉他説，時復申以己意。皆不容并視爲本文。他如《埶文類聚》、《初學記》、《太平御覽》、《事類賦注》諸書所采，亦有增省之字。至於單詞孤證，尤不宜據改正文。宋刻及鈔本轉寫豈必無譌，《龍龕手鑑》繆於形聲，更不足道。好學深思之士，當慎其所從，潛心以核之，未可輕議竄易也。段氏喜新尚異，遇有不同，鋭意刊改，實事求是者當不其然。

今檢厥全書，韙其是而矯其非。如「丨」作「下上通也」，「趍」下改「久」爲「夂」，「鬻」下改「糜」爲「縻」，「僭」下改「儗也」，依《玉篇》。「士」解作「从一十」，「讀」下改「人」爲「民」，「⿱日言」下作「大呼自冤也」，「籥」下改「理」爲「治」，「蚵」下「蚈蚗」改「蚵蚗」，依《廣韻》。「圛」下改「《商書》曰」，依《玉篇》、《廣韻》。「瞯」下改「眂」爲

「眄」，「瘨」下作「一曰腹張」，「䚆」解改「䜺省聲」，「煉」下改「冶」爲「治」，「耿」下改「烓省聲」，「无」下作「通於元者」，「瓻」下「磋」作「瑳」，「蠠」下作「鉄也」，依宋本。「蘜」下改「以秋華」，依宋本及《韻會》。「藪」下「圃田」作「甫田」，依宋本、李燾本《五音韻譜》。「郘」下引《詩》曰「有郘家室」，删「即」字，依宋本及《九經字樣》。「壿」下作「士舞也」，「菉」下改「椴茱實裹如裘」，「菽」篆改「葑」，「㝊」篆改从台，依《爾雅釋文》。「旭」下作「讀若好」，「碬」篆改作「碫」，「㥏」下作「《詩》曰：以謹惽㥏」，依《詩釋文》。「榱」篆改作「㯅」，依《尚書釋文》，「藺」下「芙蓉」改「扶渠」，依《一切經音義》。「詾」解改「訟也」，依《六書故》引唐本。「鄛」下「棗陽」改「棘陽」，依《後漢書・宦者傳》注。「糒」下作「乾飯也」，依《後漢書注》、❶《文選注》、玄應書。「爓」作「火爓也」，據《蜀都賦注》。「虯」改「龍無角者」，依《甘泉賦注》。「郡」下作「《春秋傳》曰：上大夫受縣，下大夫受郡」，依《水經注》。「鄗」改「郈陽亭」，「潩」篆改「濦」，「嫣」下作「因以爲氏」，據《集韻》、《類篇》。「湛」下作「豫州浸」，依《地理志》、《集韻》。「藋」改「堇也」，依《集韻》、《類篇》、李仁甫本。「叡」作「叉卑也」，卑依宋本。「鄒」下作「古邾婁國」，《韻會》所據。「袿」篆偏旁改从爪，依《四聲韻》。凡所更正，咸爲確當。其有乖戾，隨事辨之。至字句不同，或解義迥殊，而原文非不可通者，即其義較長，亦當仍舊文，而於注存其異，不得用

❶「書」，原脱，今據《説文解字注匡謬》卷三補。

彼改此。其餘一二字偶異，無關訓詁者，據改亦覺多事，盡可從删。作注自有體裁，未有舍本書而以他書爲主者也。具列所改，不復逐條駁論。

四曰以他書亂本書。

介 改「从人从八」，删「人各有介」四字。注云：「依《韻會》所引。」

按：段注畫篆引此「人各有介」，蓋忘其依《韻會》删改，益見删改之非。

五曰以意説爲得理。

榖 一曰：「榖瞀也。」 注云：「各本删『榖』字，今補。此三字一句。」

按：篆文，形也；説解，義也，以義釋形，非有二字及三字句、四字句之例。果複舉字爲淺人所删，此人既從事六書，乃删「參」字而以爲商星，删「離」字而以爲黄倉庚，删「巂」字而以爲周燕，不通一至於此。昔聞諸錢少詹事大昕云：「許氏因文解義，或當疊正文者，即承上篆文連讀。如『昧爽，旦明也』、『肸響，布也』、『湫隘，下也』、『腜嘉，善肉也』、『逢燧，候表也』、『詁訓，故言也』、『顡癡，不聰明也』、『參商，星也』、『離黄，倉庚也』、『巂周，燕也』，皆承篆文爲句。諸山水名云山在某郡、水出某郡者，皆當連上篆讀。《艸部》薣、蘆、蘇諸字但云『艸也』，亦承上爲句，謂薣即薣艸，蘆即蘆艸耳，非艸之通偁也。芺、葵、蒩、蒙、薇、蓶諸字但云『菜也』，亦承上讀，謂芺即芺菜，葵即葵菜也。今本《説文》『莧』字下云『莧菜也』，此校書者所添，非許意也。古人著書簡而有法，當尋其義例所在，不可輕下雌黄。《人部》『偓』字下云：『偓佺，仙人也』。『佺』字下云：『佺也。』亦承上讀。宋槧本不疊『偓』，汲古閣本初印猶仍其舊，而毛斧季輒增入『偓』字，雖於義未乖，而古書之真面目失矣。《人部》『倸』字下云『倸，左右兩視』，此亦承上篆文，倸倸，猶瞿瞿也。又《叀部》『叀』下云『專，小謹也』，專當爲『叀』，亦承上篆文而疊其字，『叀叀，小謹也』，亦作『嫥嫥』，見《女部》。淺人改作『專』，而語不可通。《廣韻・一東》『涷』字下引《說文》『水出發鳩山，入於河』。《九魚》『瀘』下云『水出北地，直路西，東入洛』，是陸法言諸人已不審許氏讀法。」其言確當不易，與段氏正相反。好學深思之士從此而推其例，則凡當承篆讀者可準諸「昧爽」等字矣。凡衍一字者，可準諸「莧菜」之字，悟爲校書者所添矣。其不連上篆讀而疊字並非衍文者，亦從可知矣。段氏自以意說，創爲篆下複寫隸字之說，自謂窺見許書體例，矜獨得之祕，遇字增改，憑肊武斷，而不知其說之不可通。且既以複字爲後人所刪，而「靈」下「靈巫」又以未刪複字而改去之，似此矛盾，不知段氏將何以文飾也？又如「迮」下云「迮迮，起也」，「芮」下云「芮芮，艸生皃」，「蔽」下云「蔽蔽，小艸也」，「斟」下云「斟斟，❶盛也」，以及「猩」下「猩猩，犬吠聲」，「蛩」下「蛩蛩，❷獸也」，「蚑」下「蚑蚑，戲笑貌」，「歔」下「歔歔，氣出皃」之類，果複字未刪，連篆文止有三字，抑篆下複寫及疊字有四，而後人刪其一，未知段氏如何肊決也。今就所改并注逐字臚列，以見全非許書之舊，亦乖許氏之恉。

六曰擅改古書，以成曲說。

「規，有法度也」，「有」上增「規巨」二字。注

❶「斟斟」，原作「斟斟」，今據《說文解字注》改。

❷「蛩下」二字，原脱，今據《說文解字注匡謬》卷五補。

云：「各本無，今補。於此説『規矩』二字之義，故《工部》『巨』下但云『規巨也』，此許全書之通例也。《囟部》『𣬉』下曰『𣬉齎，人齎也』，『齎』下曰『毗齎也』，正同。」

按：段氏自立一例，謂窺見許書之例，凡同部聯緜字盡改以就己説，乃於隔部者亦竄易其字。「𣬉齎」亦段據玄應書增入，而引以爲證，竟似許書本有之字。由是以推，則鴡鴞、寫窅、逡隧之類可改者多而未之及。

七曰創爲異説，誣罔視聽。

顨　注云：「今《周易》『巺卦』作『巺』。許於『巺』下云『具也』，不云『卦名』，謂『顨』爲《易》卦名之字。蓋二字皆訓『具也』，其義同，其音同。伏羲、文王作『顨』，❶孔子則作『巽』、『𢁉』，而小篆乃作『巺』矣。顨爲卦名，巺爲卦德，孔子但言健、順、動、止、巺、陷、麗、説，皆卦德也。其言『重巺以申命』，『巺以行權』、『震，動也；巺，入也』、『巺爲雞』、『巺爲股』、『巺爲木、爲風、爲長女』，皆當舉卦名而不作『顨』，但云『巺以德爲名』者，於伏羲、文王爲古今字也。是可以知字有古今字之理矣。許於此特言之者，存《周易》最初之古文也。此説本之江氏聲。愚又謂：許所見《易》惟此『爲木、爲風、爲長女』之字作『顨』，猶今《易・襍卦傳》之『姤』作『遘』也。」

按：許言此《易》顨卦之字，其象爲長女、爲風者，非謂爲長女一節作顨，而全部《易》文皆作巺。伏羲、文王、孔子異字未知本自何書，卦德、卦名殊其字體，則自乾坤而下，凡因而重之之卦，其卦德、卦名何以統爲一字？師心自用，妄生穿鑿，其謬甚

❶「顨」，原作「[illegible]」，今據《説文解字注匡謬》卷七改。

矣！惠氏棟曰：「《易》顨卦改作『巽』，乃王弼之妄。」江氏聲乃其傳業弟子，學有家法，必不肯倍師而爲此言。昔曾見其《説文筆記》十餘册，乃未成之書。晚年專治《尚書》，未暇他有著述。時段方鋭意爲《説文注》，因盡以貽之。書中絶無伏羲、文王作「顨」，孔子作「巽」之説。江徵君學問不逮段若膺之博涉，而篤信謹守，實事求是則過之，志學者所當歸慕也。段氏《尚書撰異》譏其是古非今，又斥其似是而非，繼復云「名爲重小學，而大爲小學之妖魔障礙；名爲尊《説文》，而非所以尊《説文》」，隱其姓名，亦指江君也。於此又誣以未曾有之言，其居心殊不可問。許《敍》云「稱《易》孟氏」，則孟氏《易》作「顨」可知。《説文》無「姤」字，《易釋文》云：「薛云古文作『遘』，鄭同。」唐開成石經《襍卦傳》作「遘」。蓋王輔嗣改就俗體，石經獨《襍卦傳》未改，此古字之僅存者。乃謂許所見《易》惟爲木爲風爲長女之字作「顨」，猶《襍卦傳》之「姤」作「遘」，是不信《説文》，并不信古經，惟其意所欲，説豈不悖哉？

媢，一曰：梅目相視也。注云：「梅，當作『怒』。梅目，或『眏目』之誤。又按：『梅』當作『侮』，《史記》『目笑之』。」

按：《禮記·玉藻》「視容瞿瞿梅梅」，鄭注：「不審皃也。」則「梅」字不誤。反覆致疑而三易其説，何也？

八曰敢爲高論，輕侮道術。

哭　注云：「許書言省聲，多有可疑者。取一偏旁不載全字，指爲某字之省。若家之爲豭省，哭之从獄省，皆不可信。獄固从㹜而取㹜之半，然則何不取𤢕、獨、倏、猶之省乎？竊謂从犬之字如狡、獪、狂、默、猝、猥、狦、狠、獷、狀、獳、狎、狃、犯、猜、猛、犺、㹤、狟、戾、獨、狩、臭、獘、獻、類、猶卅字，皆从犬而移以言人，安見非哭本謂犬嗥而移以言人也？凡造字之本意有不可得者，如秃之从禾；用字之本義亦有不可知者，如家之从豕，哭之从犬。愚以爲家入《豕部》从豕宀，哭入《犬部》从犬吅，皆會意，而移以言人，庶可正省聲之勉强皮傅乎？《哭部》當厠《犬部》之後。」

按：《説文》乃解字之書，非許叔重所造之字也。前人所以垂後，而後人説之，不當以造字之意不可得，用字之義不可知，而疑許并咎許也。字不外乎六書，哭字於指事、象形、會意、轉注、叚借五者無可言，固當以形聲言之矣。《吅部》之後，繼以《哭部》，「吅，驚嘑也」、「哭，哀聲也」，字以類從，於犬無所取義，故不入《犬部》，亦不在《犬部》之後，所謂「分别部居，不相雜厠」也。如果當入《犬部》，許必不舍从吅犬之直捷易見，而紆曲其説，必欲附會从犬之義，則穿鑿而不可通矣。凡省聲之字或專取其聲，或取其聲而義亦相近，哭云哀聲，㱿、獨、倏、狢毫不相涉。取獄省聲者，繫於圜土，情主乎哀，義各别而意有相因，豈容肆口呰毁，以爲勉强皮傅。至云「从犬之狡獪等卅字皆移以言人，安見哭非本謂犬嗥而移以言人」，則荒唐尤甚。字之爲用廣矣，非止一義，如狡、獪等字或言人，或言物，或言事，視所用以見義，非以施之於犬者移以言之也。犬嗥而移爲人哭，悖孰甚焉！段注「告」字曰「牛與人口非一體」，而於「家」字、「哭」字皆欲移畜以言人，許叔重何動輒得咎若此？忽云當入《犬部》从犬吅，忽云《哭部》當厠《犬部》後，意不主一，語無倫次，徒爲有識者所嗤耳。剛愎不遜，自許太過，吾爲段氏惜之。

九曰似是而非。

弌，古文一。　注云：「此書法後王，尊漢制，以小篆爲質，而兼録古文、籀文，所謂『今敍篆文，合以古籀』也。小篆之於古籀，或仍之，或省改之，仍者十之八九，省改十之一二而已。仍則小篆皆古籀也，故不更出古籀。省改則小篆非古籀也，故更出之。一二三之古文明矣，何以更出弌、弍、弎也？蓋所謂『即古文而加異』者，當謂之古文奇字。」

按：古籀之文，中豐而首尾皆鋭，篆則豐鋭停勻，叔重采録古籀而以小篆法書之，既定一字爲正文，兼取其異者爲重文。錢少詹事大昕曰：「標出古文、籀文者，乃古、籀之别體，非古文祇此數字。如書中重文往往云篆文或作某，而正文固已作篆體矣，豈篆文亦祇此數字耶？作字之始，先簡而後繁，必先有一二三，然後有从弋之弌弍弎，而叔重乃注古文於弌弍弎之下，以是知許所言古文者，古文之别字，非弌古於一也。後人不學，妄指《説文》爲秦篆，别求所爲古文，而古文之亡滋甚矣。」其言明確可信。許書正文之外，凡有合於六書者備載之，皆别體也。是以重文古籀或多至三四字。孫氏星衍云：「言古籀者，明本字篆文。言篆者，本字即古籀文。」與段説同，亦未見及此。段氏既持此論，而獨不能謂一二三之非古文，乃曰弌弍弎當爲古文奇字。此曲説，亦遁辭也。全書所載古文多矣，能辨析某某爲古文、某某爲古文奇字乎？抑惟此弌弍弎爲奇字乎？太史籀著《大篆》十五篇，即新莽時六書所云「二曰奇」也，𠔁、叱、仝、无，《説文》皆曰「奇字」。「𥃲」下云「一曰𥃲，即奇字𥃲」，其不言者未可肊斷。

疑 从子止匕，矢聲。 注云：「此六字有誤，匕、矢皆在十五部，非聲，❶疑、止皆在一部，止可爲疑聲。《匕部》有『㞷，未定也』，當作『从子㞷省，止聲』，以子㞷會意。」

按：段以脂與之必不可通，故曰非聲。段於音韻最爲精審，惟此説未免固滯。其《六書音韻表》以之、咍、止、海、志、代、職、德爲一部，脂、微、齊、皆、灰、旨、尾、薺、駭、賄、至、未、霽、祭、泰、怪、夬、隊、廢、術、物、迄、月、没、曷、末、黠、鎋、薛爲一部，支、佳、紙、蟹、寘、卦、陌、麥、昔、錫爲一部。謂三百篇外，凡羣經有韻之文及《楚騷》、諸子、秦漢六朝詞章所用，皆分别謹嚴，不相淆混。舉《詩・相鼠》、《魚麗》之二章、三章證爲一韻連用，而人不辨爲分用，故於許書諧聲字多所竄改。即仍其舊，亦必於注辯之。細考秦漢以前用韻，未盡如所説也。支、脂、之同用之文，何可勝舉。即三百篇言之，《召南・江有汜》首章汜、以、悔，六止與十四賄韻，《邶風・旄丘》四章尾、子、耳，七尾與六止韻。《靜女》三章荑、異、美、貽，十二齊、七志、七之通爲一韻。《衛風・碩人》頎、衣、子、妻、妹、姨、私，八微、六止、十二齊、十八隊、六脂通爲一韻。《鄭風・褰裳》二章洧、士，五旨與六止韻。《風雨》三章晦、已、喜，十八隊與六止韻。《子衿》次章佩、

❶「字」，原作「書」；「非」上，原衍「部」字，今據《説文解字注匡謬》卷九及《説文解字注》改删。

思、來，十八隊、七之、十六咍韻。《齊風・盧令》次章鋂、偲，十五灰與十六咍韻。《秦風・渭陽》次章思、佩，七之與十八隊韻。《曹風・鳲鳩》次章梅、絲、騏，十五灰與七之韻。《采薇》六章依、霏、遲、飢、悲、哀，八微、六脂、十六咍韻。《小弁》四章嘒、淠、屆、寐，十二霽、十三祭、十六怪與六止韻。《小旻》二章哀、違、依、底，十六咍、八微、五旨通爲一韻。《蓼莪》三章恥、久、恃、至，六止、六至韻。《四月》八章桋、哀，六脂與十六咍韻。《楚茨》五章備、戒、位、止、起、尸、歸、遲、私，六至、十六怪、六止、六脂、八微通爲一韻。《甫田》三章止、子、喜、否，六止與五旨韻。《大田》首章戒、事，十六怪與七志韻。《車舝》首章舝、逝、渴、括、喜，十五轄、十三祭、十二曷、十三末、六止通爲一韻。《賓之初筵》五章否、史、恥，五旨與六止韻。《文王》二章已、子、世，六止十三祭通爲一韻。《緜》三章飴、龜、時、茲，七之與六脂韻。《生民》六章秠、芑、祀，五旨與六止韻。《行葦》首章葦、履、體、泥、弟、爾、几，七尾與五旨、十一薺、四紙韻。《既醉》五章時、子、匱、類，六止與六至通爲一韻。《假樂》四章紀、友、士、子、位、塈，六至與六止通爲一韻。《版》六章篪、圭、攜、益、易、辟，五支、十二齊、五寘、二十二昔通爲一韻。段氏《音韻表》以支、寘、昔列十六部，齊列十五部，至分用説又偁圭、攜爲弟十六部，記憶之誤也。《抑》十章子、否、之、事、耳、知，六止、五旨、七之、七志、五支通爲一韻。《崧高》八章德、直、國、碩、伯，二十五德、二十四職、二十二昔、二十陌韻。《瞻卬》三章鴟、階、誨、寺，六脂、十四皆、十八隊、七志通爲一韻，五章刺、富、忌、類、瘁，五寘與七志、六至韻。《噫嘻》私、里，六脂與六止韻。《潛》鮪、鯉，五旨與六止韻。《駉》次章駓、騏、伾、期、才，六脂與七之、十六咍韻。又《周易》彖辭「傾否，先否後喜」、「噬乾胏，得金矢」、「鼎顛趾，利出否」，俱旨與止韻。「舍爾靈龜，觀我朵頤」，六脂與七之韻。《遯・象傳》灾、志、憊、事、否、志、疑，十六咍、七志、十六怪、五旨、七之通爲一韻。《繫辭上傳》三章位、卦、辭、介、悔、大、易、之，六至、十五卦、七之、十六怪、十八隊、十四泰、五寘通爲一韻。八章「小人之事也」、「君子之器也」，七志與六至韻。是皆支、脂、之通用之確證。亭林顧氏所分之部是已。拘泥毖通，則動多窒礙，無事自擾，殊可不必也。《匕部》「𠤕」下云：「从匕矣聲。矣，古矢字。」此「从子止匕矢聲」六字，當是「从子止矣聲」五字，轉寫譌析矣爲二字耳，不如段氏所説也。觀鉉本引鍇曰：「止不通也。矣，古矢字。反匕之。幼子多惑也。」可見《説文》原本作矣聲無疑。

敍五曰：「轉注，建類一首，同意相受，考老是也。」 注云：「轉注猶言互訓也。注者，灌也，數字展轉互相爲訓，如諸水相爲灌注，交輸互受也。轉注者，所以用指事、象形、形聲、會意四種文字者也。數字同意，則用此字可，用彼字亦可。漢以後釋經謂之注，出於此，謂引其義，使有所歸，如水之有所注也。建類一首，謂分立其義之類而一其首，如《爾雅・釋詁》第一條説始是也。同意相受，謂無慮諸字意恉略同，義可互受，相灌注而歸於一首，如初、哉、首、基、肇、祖、元、胎、俶、落、權輿，其於義或近或遠，皆可互相訓釋，而同謂之始是也。獨言考、老者，其顯明親切者也。《老部》曰：『老者，考也。考者，老也。』以考注老，以老注考，是之謂轉注。蓋老之形从毛匕屬會意，考之形从老丂聲屬形聲，而其義訓則爲轉注。全書内用此例不可枚數，但類見於同部者易知，分見於異部者易忽，學者宜通合觀之。」

按：此戴氏震説，段本諸師也。戴氏之學爲當世所推重，而此則未敢以爲然。《爾雅》取義同之字而歸於一，非一首也。如所説可云建類爲一，而不可云一首，可以釋「同意」，而不可以釋「同意相受」。轉注者，言其字非指解説造字之始，無所憑依，指事、象形、形聲、會意而又轉相浥注以爲字。五者之外，又依於義與聲，叚此以施於彼爲叚借，故曰「字者孳也」，言孳乳而寖多也。若謂轉注，所以用指事、象形、形聲、會意四種文字，以四種爲體，轉注與叚借爲用，非古人偁六書之義。異字同義，互相訓釋，此後人訓詁，非前人之造字。字必有其義，轉注取一字之義而滋數字，非即互訓。江徵君《六書説》曰：「轉注者，轉其意也。蓋合兩字以成一意者爲會意，取一義以槩數字者爲轉注。會意言會合其義，轉注則由是而轉焉，如挹彼注茲之注。考老之字，立老字以爲部首，所謂『建類一首』。考與老同意，故受老字而从老省。考字之外，如耆、耋、壽、耇之類，凡與老同意者，皆从老省而屬老，是取一字之意以槩數字，所謂『同意相受』。叔重但言考者，舉一以例其餘耳。」其言明通曶達，自昔言轉注者衆説紛紜，惟此最爲得旨。孫淵如星衍爲江君立傳，言其説轉注之義，與戴東原不附和苟同，蓋極偁之。異部字互訓非轉注，斷斷然也。大與朱氏珪亦采江說。

十曰不知闕疑。

𨗳　人所登，从辵备录，闕。　注云：「此八字疑有脱誤，當作『从辵从略省从录，人所登也。故从辵』十四字，今本淺人所亂耳。『人所登』，蒙高解『从辵』之意也。略者，土地可經略也。录者，土地如刻木录录然。　蓋从三字會意。」

按：解云「闕」，聞疑載疑，無由理而董之也。必欲得其義而以肊斷之，所定十四字果可謂之古本乎？以今本爲淺人所亂，何以尤而效之，强作解事？其説支離詰屈。許敘云「以其所知爲祕妙，究洞聖人之微恉」，段氏未免蹈此陋習。

十一曰信所不當信。

隸　注云：「《九經字樣》云：『隸字故从又持米從柰聲，又象人手。經典相承作「隸」已久，不可改正。』玄應書曰：『字从米𣪠聲，𣪠从又从祟，音之絹切。』考楊君《石門頌》、《王純碑》作『𥿋』，與《字樣》合。《魯峻碑》作『𥿋』，與玄應合。二人所謂，蓋謂《説文》，而右旁皆作『柰』，玄應説近是。」

按：唐玄度不通六書，不可爲典要。玄應不專宗《説文》，《石門頌》等碑皆隸書，不足證篆體。

十二曰疑所不必疑。

尚，古文「貴」字。　注云：「古文『貴』不見於《貝部》，恐有遺奪。」

按：古文字不列於篆而見説解，許有此例，非遺奪。

十三曰自相矛盾。

鸞，亦神靈之精也。　改「亦」爲「赤」。　注云：「赤，各本作『亦』，誤。今依《埶文類聚》、《埤雅》、《集韻》、《類篇》、《韻會》正。」

按：「瓊」字解改「赤」爲「亦」，引「鸞」下「亦神靈」之「亦」字證《說文》有言「亦」者。而「鸞」下注又以「亦」爲誤，是以改去之誤字作證也。前後乖異而不自知。「診」下「亦」並未依李賢增「亦」字。

十四曰檢閱麤疏。

訹 注云：「各本篆文作『訹』，非也。从即禮切之𠂔，則不得云𣎵聲，云蒲撥切矣。𣎵，普活切，隸變作市。《廣韻》：『迊，北末切，急走也。』『跡，蒲撥切，行皃。』䟦上同。』此三字實一字，二音實一音也。許書言刺癶，癶與迊音義同，自下文遻譌爲迊，因改此迊爲迖，而以蒲撥、北末分隸之，其誤久矣。」

按：《繫傳》前頓之遻誤作迊，而此篆則不誤也，何未之見？

十五曰乖於體例。

一 注云：「古音弟十二部，凡言一部、二部以至十七部者，謂古韻也。玉裁作《六書音均表》識古韻凡十七部，故既用徐鉉切音矣，而又某字志之曰古音弟幾部。又恐學者未見音韻之書，不知其所謂，乃於後附《六書音均表》五篇。」

按：段氏審於音韻，中年作《六書音均表》，極爲精核。不若注《說文解字》時，老將至而耄及之也。然書出段氏之手，創爲十七部之説，自倉頡造字至唐虞三代秦漢以及許叔重，下逮徐鉉輩，皆非所逆知也。注古書而襍以己書，大非體例。徐鍇《繫傳》云：「通論備矣。」乃同爲解《說文》之書，詳於彼而略於此，故爲此言，非如段氏强古人以就己之繩墨。鄭康成注三禮、箋《毛詩》皆完書，未嘗以所著他書攔入，亦不云某作某書，附刊以行也。自漢迄明，俱無此體，自視過高，遂有此蔽。

張先生宗泰

張宗泰，字登封，號筠巖，江蘇甘泉人。乾隆己酉選拔貢生，朝考用知縣，以父年高請就教職，選授天長縣教諭。訓士以敦品績學爲先，修葺黌序，籌備樂舞，一一皆實力奉行。遇有水旱偏災，奉委查驗，務使實惠及民，無苛無濫。雖鄰封亦皆親歷，不假手於胥吏。巡撫朱文正珪知其勤恪，欲保升知縣，先生力辭。丁父憂，年已逾六十，喪葬悉依禮法。服闋，在籍候選。道光元年，鄉人擬公舉孝廉方正，復力辭。再選合肥縣教諭，職事修舉，與官天長時無異。引疾歸，十二年卒，年八十三。著有《周官禮經注正誤》一卷，《爾雅注疏本正誤》五卷，《孟子七篇諸國年表》二卷，《竹書紀年校補》二卷，《質疑删存》三卷，《天長縣志稾》十卷，又有《舊唐書疏證》、《新舊唐書合鈔》、《春秋左氏傳讀本正誤》、《乙部攷日長編》、《新唐書天文志疏正》、《二十二史日食徵》、《冬夏兩至攷》、《宋遼金元朔閏攷》各若干卷。參薛壽撰家傳。

質疑删存

羲和見征非由日食考

推日食古無其法，始見魏楊偉所上《景初曆》。其漢初《三統曆》祇有推月食法及五星行度。其日食則自漢以前皆見食而後知之，故《漢書》於日食往往云「京師不見，某邑以聞」。又熹平二年下注引「四年正月朔，蔡邕上書云：『日體微傷，羣臣赤幘赴宫門之中，無救，乃各罷歸。』」而《禮》載孔子送葬，遇日食而止柩，就道左；諸侯見天子，日食，居廢朝之一，皆是也。若史官能預測之，何不別擇一日以行事乎？且不知食日者之爲月，故《禮記》祇云「適見於天」。又《周詩·十月之交》云「日有食之」，嗣是《春秋》沿而書之，俱是見日之食而爲之辭，故《漢志》以日食入《五行志》不入《天文志》。且孔子亦云「安知其不見星也」，非若後世可據月行而定其食之分數爲史官之職。又《昭十七年》傳云「祝用幣，史用詞」，史之職第與祝等。作僞古文《尚書》者出，魏晉間人因見《昭十七年》「四月日食」之下太史引《夏書》云云，遂附會羲和之征爲由日食，考其時在行《景初曆》之後，其人似稍知曆法，以房爲秋月日所在之宿，故於「辰弗集於房」之上增「季秋月朔」，造《胤征》一篇，不知《書序》止云「羲和湎淫，廢時亂日，胤往征之」。《史·本紀》同而多「在中康時」數字，然則羲和見征在中康時，《史》或可據，而細繹時日云者，日當指甲乙之日，朔閏有誤，則日不在時，故曰廢、曰亂。舜巡狩時，「協時月正日」，則時日爲有天下者之大事。又啟之戰甘，亦云「有扈氏怠棄三正」，或羿之專政實有改時日之事，如後世或改用丑正、子正者。中康得以爲辭，而《書序》著之。是日非七政中之日也。若是日食，何與於時？且即使罪在不知日食，何至六師移之？況係一史官之失，何爲云「玉石俱焚」乎？此又自貢其僞者矣。

臧文仲考

達乃臧哀伯之名，見《桓公二年》傳，而林堯叟於《莊十一年》傳「臧孫達曰」下注云：「即臧文仲。」故惠定宇謂「達」爲「辰」之誤。然按杜注於本年傳上「臧文仲曰」注「臧文仲，魯大夫」，而「臧孫辰，魯大夫」乃見《莊二十八年》經注。假令《十一年》傳即作「臧孫辰」，不應至二十八年始有注。以襄八年鄭侵蔡，子産無文德而有武功之論見怒子國推之，則春秋時，大夫之子雖未嗣位，父子同朝者甚多，無嫌先爲文仲之言，後爲哀伯之言，祖孫同論，如陳文子之於桓子，則「達」非「辰」字之誤。杜之無注，以哀伯名達之已見於前也。且文仲卒於文十年，計自莊二十八年至文十年，中間莊公仍有四年，又閔二，僖三十三，再加文公十年，是文仲以卿見經後歷四十九年，而又逆數至莊十一年，則總凡六十六年。春秋時，當國久者莫如鄭子産，子産自襄十年爲卿，卒於昭二十年，不過三十三年，而見怒子國時在襄八年。即自此年順計之，而至昭二十年，亦祇共四十四年耳。考臧氏世系，僖伯卒於隱五年，而哀伯之卒傳無可考，伯氏缾無謚，自緣未嗣位之故。則哀伯之後，即接文仲，自隱五年至莊十一年不過三十五年，則哀伯猶在無疑。況宣叔雖自宣十八年始見，而嗣位必在文十年。考其卒於成四年，在位亦不過三十年，但使文仲卒年八十，則莊十一年不過年十三四。設止年七十，則未必早慧如斯。且莊二十八年以後，傳多載文仲之事與言，而自莊十一至二十八中間，傳文所引爲申繻、（十四年。）曹劌、（三十三年。）御孫（三十四年。）之言，絶無文仲一事一言，是所疑轉不在「達」字之誤矣。

孔子生考

襄三十一年杜注：「仲尼以二十二年生，於是十歲。」此與《史記·孔子世家》「魯襄公二十二年，孔子生」同，然《左傳》止續經於哀十六年四月，書「孔丘卒」，而孔子之生則二傳備之。《穀梁傳》「襄二十一年庚子孔子」，❶無月，而是年經盡十月，不別書月，則生在十月可知。《公羊傳》「襄二十一年十有一月庚子，孔子生」，年與《穀梁》同，而特書十一月，此是各書所聞而可據者惟日之庚子。考襄公二十一年經「十月庚辰朔」，三傳同，是十月二十一日庚子，十一月不得有庚子。按二傳在《史記》前，似非無據。而金仁山定以襄二十一年九月、十月連月日食，❷爲非生聖人之年，更謂八月二十七日已交九月朔氣，故《公羊》作「十一月」，《穀梁》作「十月」，皆是臆爲附會。至授時有一定之法，惟今西法有閏日而無閏月。月之初一，皆起節氣，然尚有太陰年、太陽年之分，未聞三代之時，即以節氣定月也。則十有一月自爲《公羊》之誤，而二傳皆曰「庚子」，後人尚得據之以推其月。至杜氏襄三十一年注及哀十六年注雖均主襄二十二年，而昭七年傳注云：「僖子卒時，孔子年三十五。」按僖子卒在昭二十四年，則上距襄二十一年正合三十五之數。是杜又未嘗不以孔子爲生於襄二十一年，與賈、服諸説同，而《正義》轉據前注，謂爲三十四之誤。由此推之，恐前後傳注俱當作「二十一」，其所云「十歲，年七十三」者，恐皆係後人據上注改之。而孔子之生斷當爲襄二十一年十月庚子。周時十月建酉，當爲今八月二十一日無疑。若《穀梁》注以爲己卯，今本譌爲乙卯。與他説以爲己酉日者不同。大抵自秦以前，歲之甲子多出後人推算，姑

❶「孔子」下，據《穀梁傳》當脱「生」字。

❷「十月」，原作「十日」，今據清光緒《聚學軒叢書》本《質疑删存》卷上改。

從闕疑可也。

封禪書齊桓涉流沙辯

《封禪書》述齊桓公曰：「寡人北伐山戎，過孤竹；西伐大夏，涉流沙，束馬懸車，上卑耳之山；南伐至召陵，登熊耳，以望江漢。」《齊世家》同。《管子·封禪》篇闕，今本乃據《史記》文補者。按：大夏有二：一即太原，在春秋時爲晉地。若流沙，則在《禹貢》雍州域外，即伐晉亦不得越境而涉之，況僖九年會於葵丘，宰孔曰：「齊侯不務德而勤遠略，故北伐山戎，南伐楚，西爲此會也。東略之不知，西則否矣。」杜預《釋例》：「宋地陳留外黃縣東有葵丘。」是宰孔所謂西者，尚在今河南歸德府境。《春秋大事表》「考城縣」下「宋葵丘在縣治東」。則桓公征伐會盟所及俱未至晉，故獻公聞宰孔之言而歸，惟是年冬，齊侯以里克殺奚齊、卓子討晉亂，及高梁而還。杜注：「高梁，晉地，在平陽縣西南。」平陽，今山西平陽府臨汾縣也。是時晉都絳，遠在晉陽之東南。而況流沙？一即《史·大宛列傳》月氏所繫而臣之者，其地在今西域之西。而流沙自古以居延澤當之，在今甘肅之北。一西一北，雖在域外，而道亦歧出。且大夏之名，至張騫使月氏方知其地。而卑耳之山，《史記索隱》云在河東大陽，大陽今山西蒲州府平陸縣西北，去流沙數千里，不待涉之始至。大抵一時夸大之詞，不可爲據。又或出後世附會，不定桓公當日實有此語。今按：《齊語》末「一戰帥服三十一國」以下云云，多與《史》文相類，疑《史》即本此，而其中亦有「西服汖沙、西吳」句，西吳即虞也。《釋例》：「河東大陽縣東北吳城是。」是仍即今平陸縣地。《河渠書》「於是天子已用事萬里沙」，《正義》引《括地志》云：「萬里沙，在華州接縣東北二十里也。」然此亦誤。

《孝武帝本紀》：「天子既出無名，乃禱萬里沙。」應劭曰：「萬里沙，神祠也，在東萊曲城。」孟康曰：「沙徑三百餘里。」《紀》文此下接「過祠泰山，遂至瓠子」，而《河渠書》云「發卒數萬人塞瓠子決，於是天子已用事萬里沙」，則二「萬里沙」實一地。禱萬里沙，乃過泰山，則其沙在東萊可知。即使如《括地志》所云其沙亦在冀河之西，與卑耳山、西吴地理先後不合。太史公不加考證而收之，亦好奇之過也。惟《漢書·郊祀志》「西伐，束馬縣車，上卑耳之山」，無「大夏涉流沙」五字，班書較遷史爲謹嚴。

黄帝無與神農氏後戰説

分阪泉、涿鹿之戰爲二，自《史記·五帝本紀》始，而其《律書》則云「黄帝有涿鹿之戰，以定火災」，文穎注：「神農子孫暴虐，黄帝伐之，故以定火災。」當是據火災之文言之，故不以涿鹿之戰屬蚩尤，然亦未確。説見下。又似以二戰爲一。又《左氏傳·僖二十五年》「遇黄帝戰於阪泉之兆」，卜偃本未言阪泉是與何人戰。杜注：「黄帝與神農之後姜氏戰於阪泉之野，勝之。」亦是本《五帝本紀》而言。然是時晉文興勤王之師，非與王戰，以太叔當蚩尤或可。杜不云榆罔，而云「神農之後姜氏」，似有分寸。今據《史記》各家注、《水經注》所引阪泉在涿鹿東一里，《集解》引服虔曰：「阪泉，地名。」皇甫謐曰：「在上谷。」張晏曰：「涿鹿在上谷。」《正義》引《括地志》云：「阪泉，今名黄帝泉，在嬀州懷戎縣東五里，至涿鹿東北與涿水合。」《晉太康地里志》曰：「涿鹿城東一里有阪泉，上有皇帝祠。」《水經注》引《魏土地記》曰：「下洛城東南六十里有涿鹿城，城東一里有阪泉，泉上有黄帝祠。」按上谷，秦置郡，兩漢因之，今直隸宣化府境，是《班志》上谷郡下縣十五，其十一曰涿鹿。《後志》上谷郡下八城，其七曰涿鹿，即今直隸之保安州，涿鹿山在州西南九十里。唐嬀州，今直隸延慶州。是懷來縣即唐之懷戎縣。下洛縣，今爲萬全縣，萬全縣在宣化府城西。不應一帝一侯兩大戰之地相去不遠。又按殺蚩尤之地，或以爲凶黎之谷，皇甫謐。或以爲在中冀名絶轡之野。《逸周書》。

而戰炎帝處，阪泉之外無聞焉。《水經注》之於阪泉又曰：「泉水東北流，與蚩尤泉會，水出蚩尤城。《魏土地記》曰：『涿鹿城東六里有蚩尤城，泉水淵而不流，霖雨則併流，注於阪泉，亂流入於涿水。』」是不特阪泉在涿鹿，而涿鹿更有蚩尤城、蚩尤泉。《明一統志》保安州東南四十里有軒轅城，又名古城。按：《世本》云「涿鹿在彭城」，《史記·匈奴列傳》：「孝文皇帝十四年，匈奴十四萬騎遂至彭陽。」《正義》曰：「彭城在嬀州。」而《後志》「涿鹿」下引《世本》彭誤作鼓。此「古」字，又「鼓」音之訛。《路史注》引之，以爲徐州之彭城，欠考。其引《魏土地記》亦誤下洛城爲濟城。此黃帝、蚩尤戰於涿鹿，他書可證者也。《逸周書·史記解》云：「昔阪泉氏用兵無已，徙居至於獨鹿，諸侯畔之，阪泉以亡。」夫云「諸侯畔之」，則是爲天子之辭。《路史》以阪泉氏爲蚩尤，恐猶望文爲義。其《嘗麥解》又云：「蚩尤乃逐帝，爭於涿鹿之河。」按：河，或阿字之譌。以二篇之言而證之，獨鹿當即涿鹿。獨、涿音同，獨、濁形近。魏文帝受禪，名山陽公所居爲濁鹿城，或本於此。晁氏以爲西戎地名，無據。一云徙居，一云逐帝，俱在於此。《啟筮》曰：「蚩尤伐空桑。」疑榆罔自空桑爲蚩尤所逐，而徙於涿鹿。阪泉既在涿鹿東一里，則徙涿鹿即徙阪泉也。《逸周書》之阪泉氏，當即指神農之後，特蚩尤疑亦有炎帝之號。今直隸延慶州之北有赤城縣，《地志》云「古蚩尤所居之地」，赤爲火色，蚩尤所居爲赤城，而《律書》又有「戰涿鹿以定火災」之說，或蚩尤逐帝之後，未更其運，不必如羅泌《路史》、劉氏《外紀》以蚩尤爲姜姓，亦炎帝之後云云。大率自《史記》後，故書雅記亦多知黃帝無與神農氏後戰之事，但未有明據，不能匯衆說而折衷之。黃帝之承火運，自緣神農之後德衰，軒轅又能誅蚩尤，諸侯遂去神農氏而尊軒轅氏，非禪讓，《嘗麥解》祇云「赤帝大慴，乃説於黄帝，執蚩尤，殺之於中冀」，未及黄帝所以得爲天子之由。亦非征誅。倘果如《五帝本紀》云「三戰而後得志」，則是黄帝先湯武而革命也，何《易・象傳》不以黄帝當革卦，而《繫辭》轉與堯舜同稱爲「垂衣裳而天下治」乎？「三戰而後得志」，或與蚩尤戰有其事，屬之炎帝，非也。據《史記》不如據《易》與《左傳》以存疑。即《逸周書》，非果孔子所刪之餘，要亦在司馬氏之前。司馬氏刪衆説而爲一家之言，不知蚩尤與神農之後戰亦在涿鹿，蚩尤與榆罔前後俱稱炎帝，而黄帝實禽殺蚩尤，因涿鹿別有地名阪泉，遂分以屬之，亦宜。讀書最忌穿鑿，然有書可據，會而通之，正不必以仍前人之誤爲定論。

孟子七篇諸國年表

説

《孟子列傳》謂「孟子游事齊宣王，宣王不能用，適梁」。《古史》謂孟子先事齊宣王，後乃見梁惠王、襄王、齊湣王。據《史記》，則孟子先游齊，後游梁。據《古史》，則孟子前後兩至齊。近人江慎修則謂孟子實先至梁，而後至齊。觀其本書可見去梁在襄王初立之年，適齊當在其後。至周赧王元年，齊有伐燕之事，《通鑑》謂在宣王十九年者是也。此據《通鑑》以宣王立於周顯王三十七年，後《史記》十年。若從《史記》，則在湣王十年矣。今按：三説《古史》近是。但考孟子去梁之後適齊當有二，合計實三至齊。一在未至梁時。考《竹書紀年》齊以惠成王後十三年封田嬰於薛。實周顯王四十六年，較《史・年表》前二年。《戰國策》載有靖郭君城薛事，疑滕文公所問齊將築薛即此時，而孟子稱文公爲君，與「爲國」章稱之爲子者不同，是已在文公即位踰年之後。定公之薨當在此前二年。《孟子》二篇下記孟子爲卿於齊，出弔於滕，應是自鄒游齊，適當定公既薨。「天子七月而葬，同軌畢至。諸侯五月，同盟至。」孟子於定公薨後，未五月以前尚在鄒，故然友得奉文公命，往問孟子。後至齊，適與五月之期相值。此所爲以齊卿出弔歟？季氏本以出弔爲文公之喪，謂非大國之君，無使貴卿及介往弔之禮。此重文公之賢而隆其數，亦孟子欲親往以盡存歿始終之大禮也。季氏此言，蓋以文公之謚見於孟子，必文公卒在孟子前，故云爾。然亦無明據。緣是役以王驩爲輔行，終事未嘗與言。或反齊後，因與之不合而去。此初至齊，當即《史記》、《古史》所指爲在適梁之前者也。一在去梁以後，當齊宣王二十五年。《通鑑》以此年爲宣王十五年。按威王在位三十六年，《通鑑》因伐燕之事不合，故以宣王前十年增入威王之世作四十六年，而下移宣王十年於湣王前十年，與《史》同作十九年，特威、湣二王之年增損不同。季氏本曰：「宣王之世，上損十年。」本出臆見。呂氏《大事記》於宣王初年從《史記》，卒年從《通鑑》，通爲二十九年，庶幾近之。據此説，則與《史》馬陵之戰繫之於宣王者正同，故此年得爲宣王二十五年。暨宣王末年，孟子因母卒，自齊葬於魯，中間在齊當有四五年，較前次爲久，則書中齊事之多當在此數年中。一在湣王既立之後。當孟子既葬母於魯，復反於齊，適燕人因宣王取燕而不置君，立太子平爲王。故「沈同問燕可伐」、「陳賈爲王解慙」，次於「充虞路問」章之下，而通篇俱稱齊王。以湣王之卒在孟子後，無謚可稱故也。黄東發曰：「稱宣王者，《孟子》作於宣王已没之後，故以謚稱。止稱王者，作《孟子》時，湣王尚在，未有謚可稱。」此與《古史》後見湣王之説合。然未見湣王之先，孟子久在齊，特因葬母歸魯，此有本書可據。《大事記》於赧王元年，即宣王二十九年。即記孟軻致爲臣而歸，雖主宣王伐燕以求合《孟子》，而其實太子平之立在湣王即位以後，若非燕人别立君，《孟子》書何以云「燕人畔也」？是致爲臣定在湣王時。今得黄氏之説通之，説詳上。則伐燕一事於《國策》、《荀子》、《史記》俱合，而事湣王之説有徵矣。迨至出晝而王不之追，孟子遂終不復至齊云。

清儒學案卷一百九十七終

清儒學案卷一百九十八

天津徐世昌

諸儒學案四

王先生芑孫

王芑孫，字念豐，號鐵夫，一號惕甫，長洲人。乾隆戊申召試舉人，由國子監典簿出爲華亭縣教諭，尋以病假歸。嘉慶二十二年卒，年六十三。先生幼有異禀，年十二三即能操觚爲文。客京師時，館董文恭誥家六年，中間又往來於梁文定國治、王文端杰、劉文清墉、彭文勤元瑞諸公之門，每代爲削草。其後充官學教習，復與館閣之士遊，故雖未挂朝籍，而朝廷有大典禮文章之事，未嘗不操筆，竊與其間。身短而瘠，性簡傲，一介不苟取，遇公卿若平輩，不屑從諛。或病其狂，實狷也。工詩古文，兼善書法。嘗與法梧門、何蘭士、張船山、楊蓉裳諸名流琴歌酒賦，爲南北時望所推。所著有《四書通故》若干卷，《碑版文廣例》十卷，《讀賦卮言》一卷，《編年詩稿》二十卷，續一卷。《惕甫未定稿》二十六卷，《續稿》一卷，《詩外集》一卷，《文外集》四卷。參史傳、《先正事略》。

論語通故自序

國家著令以四書造士，《論語》用朱子《集註》，而邢氏、皇氏兩家之學頒在學官，録之《四庫》。蓋將博天下於鴻通之路，非局之一説也。顧《集註》今世以授學童爲訓課，而邢氏、皇氏之書或不皆讀，讀之者又務尊漢以絀宋，竊以爲皆非也。自古説《論語》未有過於朱子者，朱子以前諸家其義皆不敵朱子之精，朱子以後諸家其言又不如朱子之簡。凡宋以前，義訓有宜存而不可廢者，《集註》固已采入，偶或棄遺，在朱子亦自有説。要所異同，實無幾耳。往余忝在學職，輒以兼通古訓刻責士流，士多苦之，咸謂邢氏、皇氏其辭繁密，涉月彌年，瀏覽勿竟，不得已，心爲捷法，取邢氏、皇氏二家之與朱子異同，及其旁引曲證，溢於《集註》之外者，録置上方，而其下悉仍朱註，不移其次，謂之《論語通故》，一開卷而漢宋諸説列然竝具，不待更端，盈尺之籍縮歸片楮，一晝之讀功抵兼旬，中人以下，靡歎望洋矣。會筆録方始，旋更多故，作輟未就。及是杜門巷處，乃克終之，寫付家塾，作幼子嘉禄日課，區區晼晚舐犢之私，傳業而已，無足問世。然芸生稟賦不同，敏鈍斯判。中人以下，肄業及之，或亦听然有樂乎是耶？

孟子通故自序

《論語通故》既成，次及《孟子》，而遲之又久者，以《孟子》舊註在今惟趙氏一家，入《正義》孤行於世，而邵武士人之疏繁悶不可讀。宋以前解《孟子》，其佚見於他説者，即廣其例蒐之，終不足與《論語》妃。輟筆者數年，比得闕里孔氏繙刊宋趙氏《章指》一書，爰就其見删於朱子者葺焉。朱子存《論語》舊註無二三，獨於《孟子》録趙註十七八，所懸殊者無幾。故茲編所列止於是也。方今士無賢愚，人人皆騖爲漢學，每得一漢説，輒據以攻朱。而余自讀漢説，益以見朱子酌義之精，裁制之密，此可意得神會而不容以口辯者也。按《隋書》鄭玄、劉熙註各七卷，世久無傳，近雖有掇拾劉註者，寥寥殘瀋，多與趙同，無關出入。即孫宣公序《音義》，所稱陸善經註者，亦復微絶，而趙氏原書章別其指者，雖僅存於《正義》，又多被删併滅没，藉孔氏繙刊，獲覩完本，而孫氏《音義》中參引舊説，頗存陸註，故擇取宜附者附之。其疏文之小有發明者，亦不以邵武士人而廢也。抑世有兩闕憾，一《孟子正義》，一宋元史。二百年來，通儒碩士莫不願奮筆其間，或志之而未及爲，或爲之而未及竟，或竟之而旋失其稿，類有物焉以敗之。往在京師，餘姚邵學士晉涵作《孟子正義》，未及半而殁。豈一書之出，固需時會？悠悠函寓，來者無窮，宜有繼起而成之者，輒因序此，并及之云。

大學通故自序

自四書之説興，《大學》、《中庸》二篇與《論語》、《孟子》俱爲科律，階以進身。余既作《孟子通故》，因及《大學》。朱子解《論語》、《孟子》所異同在註，而《大學》之異則在經文。苟非竝列經文，其異同之指不可見。故變例以經文大書，用鄭註分疏其下，孔疏煩碎，今删取尤要者著之，其無所引伸而徒爲冗長者弗録。凡欲以簡省便初學爾。

《大學》一篇，流傳千百載，何必果無錯簡。第就古本隨文讀之，義亦無害。朱子移其章次，别加編定，有不可通則爲之補傳，匪啻自作一書，致啟後人攻訐。近代諸儒或兩不從而别爲之説，意在彌縫，更滋瑕釁，姑弗暇論。在今學者所宜知，獨古本與今本耳。竊謂今本，四書中之《大學》也；古本，六經中之《大學》也。四書中《大學》，自爲程朱一家言。其義理，程朱一家之義理也。程朱義理之學實有畢世莫殫者。六經中《大學》，則先儒循誦襲傳之一篇也，其所訓釋略與他事等。今本《大學》窮本反始，或童而習之，皓首不知其解。古本《大學》則中人以下三日之課耳。余爲《通故》，不綴一辭，聊俾童蒙易爲披檢。欲溯古者，循其上而觀之。欲沿今者，循其下而觀之。何去何從，孰得孰失，知其解者固不容聲矣。

中庸通故自序

朱子於《中庸》所分章第，與鄭迥別，欲存鄭説亦不得不并列經文，故今兹《通故》之作，與《大學》同例。義理之學至程朱極矣，《中庸》其尤粹者。元明用其書取士，士之有立於世，未始不煇然也。用之久，而庸衆駑散者出乎其間，或專固而不通於古，或譾陋而弗達于時，其甚者槃辟雅拜以取厭憎，而濂洛關閩之説爲世所不樂聞。自近數十年，一二聰明英杰奮然追尋鄭、許、賈、孔之説，旁稽湮墜，蒐獵殘賸，而漢學遂盛行于世。然自漢學説興，天下士大夫文章氣節，與夫風澤芳臭之間，概可覩矣。宋儒之學必内諟其身心而外嚴於義利。余少時所見耆艾年先，雖不皆醇儒，猶拘文牽義而勿之敢肆。中歲所接高名之士，著書滿家，而夷考其行，往往嚮者拘牽之士所弗屑爲。晚歲閒居，究觀終始，不過由塾師弇鄙，不以古訓授學童，使聰明英杰者得傲以所不知而張其説。其實漢説具存，鄭、孔所傳如是而已，曾何足以自旌乎？今所謂漢學不出東漢，東漢之世崇尚七典，謂之内學。及其末造，亂亦由之。鄭雖魁儒，生乎其際，末繇自異。以漢之内學與宋之理學相提並論而審其是非，擇其流弊之輕重，學者宜何處焉？余作《通故》，將爲學者道古，而與講漢學者異指。後當有論其世而知之者夫。

碑版文廣例自序

元潘昂霄《金石例》、明王止仲《墓銘舉例》，其論皆主韓、歐。秀水朱氏嘗欲臚舉鄱陽洪氏《隸釋》、《隸續》所述漢碑版，以補潘氏、王氏兩家之闕而未及也。吾今不自揣量，輒又旁推秀水之言，上追秦漢，下訖宋元明，作《碑版文廣例》若干卷。潘氏目其書曰金石，概辭也。王氏目其書曰墓銘，專辭也。吾今於潘氏、王氏所已舉不更舉，其所未舉一一舉之。潘氏、王氏專舉韓、歐，吾一不舉韓、歐，要之，以文章正統與韓、歐也。夫文章之用鴻矣，碑版爲大，一器而工聚焉者也。碑版莫盛於韓、歐，韓以前非無作者，凡其可法，韓、歐則既取而法之矣；其不可法，韓、歐亦既削而去之矣。韓以後非無作者，能以韓、歐之例例秦漢，例元明，無往不失矣。得失之數明，而後承學治古文者有所入。此吾《廣例》之説也。雖然，傳家以例説《春秋》，而《春秋》晦；文家以例求文章，而文章隘。或原也，或委也，吾與潘氏、王氏持鍤荷畚，臨滔滔者以遏其流，非導其原也。世有持原而往者，吾書與潘氏、王氏之書俄空焉。快哉乎！其達於文也。

陳先生懋齡

陳懋齡，字勉甫，上元人。乾隆壬子副

貢生，官安徽青陽縣教諭。博聞强記，學曆於里中謝廷逸，得梅氏之傳。嘗以經書中之關於天算者，一爲《尚書・堯典》曆象日月星辰，二爲《堯典》中星，三爲《夏小正》星象，四爲歲差恒星行圖，五爲冬夏致日，六爲渾儀，七爲閏月定時，八爲《周禮》地中，九爲《職方》封國，十爲《禮記・王制》，十一爲《魯論》千乘，十二爲北辰、北極，十三爲史表，十四爲推步定法，十五爲夏仲康五載季秋月朔日蝕，十六爲商太甲元祀十二月乙丑距三祀十有二月朔日，十七爲《周書・武成》年月，十八爲《詩・十月之交》辛卯朔日蝕，十九爲《春秋》魯隱公三年辛酉二月己巳日食，皆爲之詳加推算，系以圖説，成《經書算學天文攷》一卷。其言悉有據依，而又明白易曉，足輔疏家之略。他所著又有《春秋朔閏交食攷》、《六朝地里攷》。參史傳、《經書算學天文攷》宋慶宗序。

經書算學天文攷自序

唐人試士有明算科，《五經算術》限以年。今考其書，亦頗易究耳。夫算法至今日始愈密而愈精，然不外《堯典》中星、《周禮》致日等項爲測算之根。漢儒掇拾於煨燼之餘，營造渾天，只因夫子有「北辰居其所」之一句，至《孟子》言「千歲日至可坐而致」，其自羲、和俶擾，周幽薄蝕，可攷而知。《五經算術》于此等處略不議及，何耶？就中惟《職方》封國，《王制》開方，《魯論》乘馬，詳哉言之。然《職方》鄭注迂誕，《王制》步畝乖違，《魯論》千乘畸零難合，讀其書卒難了然于心口。今依恒星東行，詳攷歲差，以弧三角視法圖寫渾儀，依郭守敬授時法通攷《詩》、

《書》，及于魯隱，著爲史表，使學者可依法推步，雖不敢謂求詳于古，於西算亦萬分之一也。

吴先生卓信

吴卓信，字立峰，號頊儒，昭文人。諸生。少孤，母顧氏授以經子諸書，爲之講解。及長，篤嗜載籍，有田百畝，盡以買書。尤好典章、經制之學，欲追杜、鄭、馬、王而起。再與鄉試，不售，益厭棄舉業。客淮徐間最久，歷游齊、魯、燕、趙。又嘗一至秦中，覽其山川邊塞、古今形勢，盡拓漢唐金石以歸。晚年貧困，鬻所蓄書以食。道光三年卒，年六十餘。所著書有《喪禮經傳約》一卷，《漢書地理志補注》一百三卷，已刊行。又有《釋親廣義》二十五卷，《漢三輔考》二十四卷，《三國志補志》六卷，《補表》六卷，《澹成居文鈔》四卷，《讀詩餘論》、《儀禮劄記》，多散佚不傳。參史傳、《漢書地理志補注附識》。

喪禮經傳約

恩、禮、節、權，喪之四制也。飯腥苴熟、天望地藏，雖天子不能異，而聖人爲之區其隆殺者，緣生以事死，稱情而立文也。未死廢牀，求生氣也。屬纊於面，候絶氣也。死於寢，當其病時，已在寢也。疏云：「天子諸侯謂之路寢，卿大夫士謂之適室。」遷於南牖，正尸也。憮用斂衾，去死衣也。主人雞斯，《禮記》作「笄纚」，陳註云：「笄，骨笄。纚，韜髮之繒。主人去冠，惟留笄纚。」易衣，《檀弓》：「始死，羔裘玄冠者易之。」「親始死，雞斯，徒跣，扱上衽，二手承衾而哭」，《問喪》文也。「始死，羔裘玄冠者易之」，《檀弓》文也。鄭氏以雞斯即笄纚，而陳祥道以爲無據，且援《檀弓》文謂：「始死有易冠，無去冠，至小斂乃投冠而括髮。蓋人子於始喪，其幸生之心未已，故未忍去飾。及小斂則已矣，然後括髮而袒。」愚按：《雜記》：「小斂環絰，公、大夫、士一也。」註云：「士素委貌，大夫以上素爵弁而加此絰焉。」則小斂之前明有冠矣。而鄭註《儀禮》無此冠，則亦有可疑者。然《問喪》所稱當作何説，陳氏固不能言也。徒跣，陳註云：「無屨而空跣以號。」二手承衾而哭。初去冠，未括髮也。婦去笄而纚，未髽也。髽音查。去纚露髻曰髽。哭而復。復者，鄭云：「天子夏采，小僕之屬。諸侯用小臣，士則以史爲之。」朝服升自東榮中屋，履危，北面三號，而招以衣，望反諸幽也。楔齒，楔音屑。拄齒用角柶。爲將含，恐急閉也。綴足，拘足用燕几。爲將屨，恐辟戾也。餘閣之奠，疏云：「閣，架凳之屬。人老及病，飲食不離側，死而以其餘奠之。」口澤存也。始設帷堂，鬼尚幽也。由是命赴告哀，序哭位，男東婦西，或坐或立，殊尊卑也。大夫以上分別坐立，士則皆坐。受弔受襚，有君命則主人迎送拜，非是不送迎。卿大夫以下。爲銘各以其物，王用大常，大夫士用雜帛，未命用緇。長短殊，其辭一，男書名，女書姓。爲死者之不可別識也。置之竹杠，未爲重也。重，以木刊鑿之，長三尺。爲重訖，則移置於重；卒塗，置於殯；臨葬，置於茵，因以入壙。掘坎於階間少西，將棄渜濯也。渜音緣，沐浴餘水。爲垼音役，土竈。於西牆東鄉，將煮潘水也。淅米水煮之，用以浴。陳襲事於房中，各有稱，單、複具謂之稱。天子十二，公九，侯七，大夫五，士三。將以襲尸也。既而御者入浴，小臣抗衾，或稷或粱，君沐粱，大夫稷，士粱。皆和鬱酒，所謂「釁尸以鬯」也。沐浴蚤揃，蚤讀爪，揃同翦。象生時也。既浴而飯，實米惟盈，含玉、珠、貝，天子玉，諸侯珠，大夫、士貝。不忍虛其口也。鑿巾以飯，大夫以上則然也。大夫以上使賓含，恐賓憎穢其尸，故設巾掩尸而當口鑿穿之，令含得入。士則親爲之。遷尸而襲，遷於牀。掩瑱塞耳。設幎，掩目。

履綦結跗，結履於足。搢紳而用率帶，率音律。不加緘功之帶。異於生也。公襲朝服，士襲祭服。設幄，玄纁。設決，韋爲之。連其手也。束髮用組，死不冠也。設冒韜尸，君錦冒，大夫玄冒，士緇冒，冒上仍幠斂衾。猶未斂也。造納也。冰寒尸，士則瓦盤用水，士卑也。襲亦有奠，仍餘閣之奠也。戴德《喪服變除》云：「斬齊三年之喪，尸既襲服，主人白布深衣十五升，素章甫冠。白麻屨，無絇。婦白布深衣，素總，白布屨。」愚按：此條本經及本經記俱無明文，《曲臺記》、《喪服》等篇亦不載，況未去笄纚而冠，則與無服何異，恐不足據。勉齋輯《士喪禮》採之，故存之註中。於是作重以依神焉，懸銘而置之中庭，終夜設燎，則始死之日也。厥明，陳衣於房，先陳絞所以束衣。衾，夷衾。祭服次，爵弁服、皮弁服。散衣次，袍繭之屬。皆十有九稱，象天地之終數也。庶襚陳而不盡用，畢用己服而後用襚也。君則并不用襚。親戚之襚不以陳，所陳者止君大夫襚。衣不務多也。遷尸服上，祭服不倒，重祭服也。斂者六人，人別而數不別也。君，大胥斂；大夫，衆胥斂；士，朋友斂，皆六人。主人馮尸，哭踊無算。志懣氣盛，踊以洩之也。去笄纚而著素冠，視斂之變服也。斂訖，投冠，主人袒，括髮，散帶垂；婦人髽，絞帶，去飾之甚也。衆主人免而以布，殺於適也。括髮者，去雞斯而紒，即《喪服小記》云：「斬衰括髮以麻也。」髽亦去雞斯而紒，詳見後。又《雜記》「小斂環絰，大夫、士一也」，疏云：「環絰，一股而纏也。親始死，孝子去冠。至小斂，不可無飾，故著素冠，而又嫌與平日同，故去雞斯。」再考《喪服小記》「括髮」疏云：「將小斂，去笄纚，著素冠，視斂訖，投冠而去。」按此數條，則戴氏所云「既襲而冠」必不然矣。陳祥道曰：「婦人之髽，猶男子之括髮與免也，故括髮以麻則髽以麻，括髮以布則髽以布。髽以麻則斬衰，髽以布則齊衰。」又曰：「未成服之髽無笄，既成服之髽有笄。」然則啟殯之髽雖在成服之後，蓋亦無笄，以對男子之袒而免也。於是徹帷，尸已飾也。奉尸侇同移。於堂，斂在户内也。戶在室西。幠用衾，衣多不可冒也。斂衾於是不用。降而拜賓，踊而襲絰，即位之變服也。拜賓者，賓入致襚，主人拜稽顙是也。《喪大記》「襲帶絰踊」疏云：「拜賓時袒，拜訖，襲衣，加腰帶首絰，復位乃踊也。」《士喪禮》先踊後襲絰，諸侯先襲絰後踊。母喪則免，詳見後。殺於父也。按疏爲母小斂後括髮，與父同。至尸出堂，子拜賓之時，猶不異。惟爲父則括髮，以至大斂。若母喪，則襲絰帶時已著布免。奠於東方，特用牲體。按朝夕奠無體牲，小斂、大斂朔望薦新、祖奠、遣奠皆設體牲，謂之殷奠。天子用牢，士特豚。殷奠之始也，餘閣之奠於是徹。拾踴代哭，拾，更也。代，遞也。節哀也。弔者襲裘而至，或絶踴而拜，方踴即止。或成踴而拜，緣弔者之爵也。於是而襚，則大斂之襚也。中庭有燎，猶初日也。厥明，第三日。陳衣，大斂之衣。君百稱，大夫五十稱，士三十稱，衣備也。布紟單被。二衾，貴賤一也。君襚不倒，猶祭服也。大夫以下。六玉斂尸，於其貴者加之也。遷尸哭踴，卒斂，徹帷，猶小斂也。弁絰即位，將大斂之變服也。《喪大記》云：「君將大斂，子弁絰即位。」疏曰：「此弁絰是未成服。若成服，則著喪冠矣。」大夫、士皆然。袒括散帶，爲父。或免以布，爲母。婦人髽，自小斂以來，未之或改也。上士舉尸，君斂也。君至視斂，大夫獨也。士賜大斂，特恩也。大斂於阼，別戶內也。小斂在戶內。奠而設席，彌神之也。大斂以前之奠無席。遂掘肂，音異，埋棺之坎。棺入不哭，陳殯具也。天子棺四重，水牛、兕牛革二物爲一重，杝二重，屬三重，大棺四重。尚深邃也。上公三重，去牛革。侯伯子男再重，去兕革。大夫一重，去杝。士不重，去屬。昭其等也。皆用裏棺，貼以繒也。繒色：君朱緑，大夫玄緑，士玄。棺必有束縮二横，直束二行，横束三行，皆用皮。古者棺不用釘也。衽束皆三而用漆者，君之棺蓋也。疏云：「衽，小要也。謂燕尾合棺縫處，其形兩廣，❶中央小，先鑿棺旁作坎形，而以小要連之，令固棺。漆即漆其衽合縫處。」衽束皆二而用漆、不用漆者，大夫、士之別也。從阼階奉尸於棺，棺在肂中也。北面視肂，哭踴無算，名斂亦名殯也。三日而殯，此據大夫、士而言也。《曲禮》「生與來日，死與往日」，註云：「與，猶數也。生數來日，謂成服杖之三日，以死之明日數也。死數往日，謂殯之三日，以死之日數也。此士禮貶於大夫者。若大夫以上，則皆以來日數。」愚按：此大夫與士又微有別。大夫實須第四日而殯也，至成服杖，則第五日矣。考《士喪禮》曰「死日而襲，厥明小斂，又厥明大斂而殯」，則死三日，而又云「三日成服杖」者，是既殯之明日，正所謂「生數來日」者也。又按：《喪大記》云「士二日而殯」，註云：「此二日與死日亦得三日。」又「三日之朝，主人杖」註云：「此既殯之明日，全三日也。」合此數條，其義乃顯。天子七日，諸侯五日，以兩而加也。殯以輴車，畫轅爲龍，叢木象椁，覆以刺繡，天子之禮也。輴不畫龍，設幬設撥，可撥引輴車，即紼也。諸侯之禮也。大夫以幬，士殯見衽。疏云：「攢中挾小，裁取容棺，掘肂而見其小要，於上塗之而已。」幕人供帟，音亦。上必特賜以承塵也。殯於客位，即遠也。移銘於肂，表柩也。既殯說髦，說同脱。兒時翦髮爲鬌，至是説之。按疏云「凡說髦，尊卑皆三日」，《喪大記》云「小斂訖，主人説髦」。蓋士之殯，君之小斂，皆三日也。生事之道終也。賓出拜送，殯奠畢也。既殯，君往必具殷奠，榮君至也。見馬首不哭，敬君也。拜送不拜迎，避君答己也。明日，拜謝。棺中之賜，不拜也。賻以幣，則拜謝。三日，此殯之明日，實四日也。以生數來日，故曰三日。受杖，《問喪》曰：「爲父苴杖，竹也；爲母削杖，桐也。」又曰：「父在不敢杖。」冠六升，斬。或七升，齊。衰三升，斬、齊同。履外納帶散垂，始成服也。疏云：「未成服以前，男子免，爲父則括髮，婦人髽。既成服以後，男子冠，

❶「兩」下，《禮記注疏》卷八有「頭」字。

婦人笄。」又按：黄勉齋《喪服圖式》：男子斬冠用六升布，齊冠七升，其制與今之喪冠同。斬、齊衰布皆三升，前有衰，後有負版，左右有辟領。斬裳不緝，齊裳緝，❶婦人總，斬用布六升，齊七升，束其本，末出紒後，所垂者長六寸。斬以箭笄篠竹爲之，齊以惡笄榛爲之。婦人於男子括髮時，已用麻髽矣。今既成服，男子著冠，婦人祇是露紒之髽，而著布總、箭笄。至啟殯，則復用麻髽。若賓客弔，男子著免時則加有髽。苴杖、削杖，擔主也。尊其爲主。非主衆子。而杖，扶病也。於是始粥，君命也。斬衰倚廬、齊衰堊室，皆中門外，殯在寢也。苫枕塊，在室廬也。哭晝夜無時，廬中思慕也。未殯以前，無時之哭一。既殯以後，無時之哭二。朝夕哭，不帷，孝子欲見殯肂也。出則施扂，音合。仍帷也。徹奠而踴，徹大斂之奠。將爲朝夕之奠也。朝奠日出，夕奠逮日，皆於奥，始不於尸所也。奠以衣服，大斂之餘也。月朔有奠，月半有奠，薦新有奠，燕養饋羞湯沐之饌如他日，事死如事生也。冢人營兆，主人免如字。經而往於兆南，卒筮而後經，爲求吉不純凶，筮宅之變服也。越旬井槨，并搆之殯門外。備葬具也。松柏雜木，槨材也。反位而哭，哭槨也。獻材、明器之材。獻素、形法定爲素。獻成，治畢爲成。獻明器也。略而不盡，貌而不工，輿藏而馬反，告不用也。主人徧視，如哭槨也。既止也。朝哭，置楚焞，卜葬日也。既夕哭，請啟期，啟殯之期。先葬之二日也。註云：「此下士禮，上士則先三日。」夙興，先葬之一日也。設盥陳鼎，陳朝祖之奠也。朝祖者，象生時將出必告祖也。設夷牀於兩階，祖廟之階。將遷柩於此也。設燭，爲未旦也。男子免，婦人髽，散帶垂，爲啟殯而變服也。自此至卒哭，其服同也。疏云：「註引《喪服小記》云『男子免，婦人髽』，

❶「緝」，原脱，今據清光緒十二年思補樓重校本《清經世文編》卷六二補。

而不言男子括髮者，欲見啟殯之後，雖斬衰亦免而無括髮。」又云：「啟後，主人仍服免。後至卒哭，其服同。以反哭時，無變服之文也。」商祝執功布，拂柩也。聲三，存神也。啟三，告神也。命哭，前不哭也。由是商祝降，夏祝升，取銘置諸重，不復置肂也。哭踴無算，殯乃啟也。幠用夷衾，即前陳之二衾也。遂朝於祖，由寢而適廟也。重先，奠從，燭從，柩從，燭從，行序也。乘人引柩，專道而行，上下一也。二綍紼也。無碑，以木鑿空，引繩下棺。士殺也。正柩於兩楹間，用夷牀，朝祖之正義也。奠設必巾之，禦風塵也。質明滅燭，即夙興之質明也。蜃車蜃路，薦柩車也。祥車曠左，薦魂車也。道車載襚，稿車載笠，備雨具。皆遣車也。天子遣車九，士三，總謂之魂車。廞音欽，陳也。馬夾牽，以駕車也。既奠乃廞，恐污廟也。請祖期，曰日側，若將遲之，孝子之心也。束棺於車，所謂載也。既載飾棺，使人勿惡也。柳翣加衣，飾所聚也。帷荒者何？即柳衣也。邊帳曰帷，君獨畫龍也。上蓋曰荒，亦曰鼈甲，大夫以上加文章，士則布而素也。火三列，黻三列，畫火、黻之形於荒也。齊五采，謂鼈甲上當中央，圓形如蓋，君以五采繒飾之，而著以絜也。五貝，錦也。連貝爲五行，交絡齊上也。素錦褚，又於鼈甲下用帛爲屋，以象宮室也。荒與帷相離，紐而連之者，纁紐也。織竹爲籠，衣以青衣，掛於柳上。荒邊如承霤者，池也。畫雉於繒，懸於池下如幡者，振容也。池在上，振容在下，懸於上下之間，躍而拂池者，銅魚也。在路障車，入壙障柩，畫以黼黻雲氣，而形似扇者，翣也。以木爲之，天子八，諸侯六，大夫四，士二。翣之兩角皆有玉者，戴圭也。《明堂位》謂之「璧翣」。其不戴圭而帶綏者，大夫、士也。纁戴者何？穿纁帛於紐，以繫柳骨也。纁披者何？貫結於戴，披於帷外，人旁牽之，以備傾虧也。在棺曰紼，見繩體也。在道曰引，見用力也。天子六紼，下此殺也。執紼千人，半之者諸侯也。執紼三百人，大夫之異於士也。送葬必執紼，所以助也。乃陳明器，在重北也。如牀而縮三横五，將以加之壙上者，折也。陳之折北，將以禦土掩壙，而横三縮三者，抗木也。加於抗木，用以禦塵者，抗席也。加於抗席，用以藉棺而禦溼者，茵也。用以裹奠而盛黍稷者，苞與筲也。用以實醯醢而盛醴酒者，罋與甒也。用器、祭器、士無祭器。樂器、役器、燕器，無不陳者，兼用夏、殷之禮也。既朝廟，又祖奠，將御柩而行也。於是讀誄，累其行而讀之，將作謚也。賵以車馬，贈以玩好，賻以貨財，知死知生也。賻則賓坐委之，明主人志不在物也。若無器則梧受之，謂對面相逢而受也。書賵於方，書遣於策，俟將行而讀之也。厥明，謂葬日。此時猶在廟中。遣奠用馬牲，殊常奠也。貍同理。祭器於廟階，無尸之奠終於此也。分其牲體，以祭五祀，告往不復反也。既遣而包其餘，猶大饗之歸賓俎也。讀賵，告死者也。以下行柩之事。遂師以幄帟先，先張神座於窆間也。祝執功布，卻行柩前，詔執披者，知所低昂也。導以方相，拂凶邪也。夾以御僕，使持翣也。從以虎賁，衛魂車也。歌《虞殯》以行，挽歌之始也。至於邦門，公贈止於垣，道也。餘則否也。以下葬之事。至於壙，戈擊壙之四隅，毆方良也。方良即罔兩。脱載除飾，將入壙也。闉塞壙。以匽互，蚌蛤之屬。禦壙溼也。壙中施槨，井而搆也。輴車、國車，輴，君葬車。國，大夫、士葬車。明器之屬，由羨道入，上有負土爲隧，上無負土爲羡。壙口狹也。茵先入，加於軼軸，即國車。用藉棺也。用紼去碑，負引而下，君、大夫之窆也。士無碑。毋譁而以鼓對，負引者，應鼓聲徐徐而下。止不哭也。執斧以涖，助窆也。恐有用斧處。藏器於旁，覆以帷荒，謂之加見者，見帷荒不見柩也。藏苞筲於旁，又在帷荒外也。由是加折、加席、加抗木焉，窆事畢也。賓出，拜送會葬者也。實土三徧，助葬者也。若堂、若坊、若斧、若覆夏屋，封之制也。冢人爲尸，墓新成，祭后土也。正墓位，丘封前後。蹕墓域，止行人。守墓禁，皆窆後之事也。反哭皆冠，及郊而後免，遠葬者之變服也。《雜記》云：「非從柩與反哭，無免於堩。」按此則葬及反哭皆著免。又《喪服小記》云：「遠葬者，比反哭皆冠，及郊而後免。」疏云：「既葬在遠野，郊之外不可無飾，故至葬訖，臨欲反時，乃皆著冠。至郊而後去冠著免。」按此則近葬者皆免而不冠矣。二條皆與經合。至崔氏《變除》云「葬之時，君素弁葛絰，大夫素弁環絰，士素委貌環絰」，此説雖本《檀弓》「弁絰葛而葬」句，要不敢信爲必然。卒窆而歸不驅，所謂「反如疑」也。反哭拾踴，闔門而就次，仍居廬或堊室也。無柩者不帷，鬼神已在室也。朝夕哭不奠，是日以虞易奠也。虞三日，此據士而言也。諸侯七，大夫五，則天子當九虞也。虞用柔日，即葬日也。於是設尸，前無尸也。尸別男女，非喪不別也。特豕饋食，始變吉也。素几葦席，虞乃几也。若君則始死即具几席。虞而沐浴，始飾也。主人何服？如葬服也。疏云：「葬服者，丈夫髽，散帶垂也。如虞與葬同，❶三虞皆同。至卒哭後，即服其故服。故服，成服之服也。」按此則自啟殯服免之後至此，竝無變服，而《檀弓》及《喪服圖》亦難爲據矣。倚杖乃入，虞杖不入室也。迎尸獻尸，主潔也。而爲哀薦之事也。虞亦謂之祫事，稱曰哀子哀孫。北面酳主酳尸。酢，尸酢主。從吉禮也。獻祝、獻佐食，時已升

❶「如」，《清經世文編》卷六二及《儀禮疏》卷四二作「始」，是。

堂，仍服杖也。三獻之從，❶祝告利成，尸乃謖起也。也。改設饌於西北隅，是陽厭也。虞而埋重，始立主也。號主曰帝，措之廟，立之主，曰帝。同天神也。虞主用桑，練乃埋也。虞主本經無文，今據《公羊傳》。又衛次仲云：「凡主皆用栗。」又崔靈恩云：「大夫士無主，以幣帛祔。」此與時俗以白綾書姓氏者相似，恐非三代之制。《左氏傳》謂「祔而作主」，與《公羊》不合，杜氏因有「卒哭除之」之説，尤屬臆論。愚按：本經止於《士虞禮》，虞以下無文，今取散見於傳記者裒集成文以補之。於是卒哭，卒無時之哭也。未殯前，既殯後，未卒哭前，無時之哭三，至是始卒，然猶朝夕各一哭。薦用少牢，謂之成事，與虞同日而異祭也。上大夫之虞也，少牢；卒哭，大牢。下大夫之虞也，犆特；卒哭，少牢。《雜記》云：「士三月而葬，是日也卒哭。」按先儒俱以三虞卒哭同爲一事，但考疏云「卒哭者，虞畢後之祭名」，況其牢又別，明與虞不同。卒哭而諱，生事畢而死事始也。古者生不諱，卒哭以前猶生事之，至是乃諱。於是受葛。説同脱。經帶於廟門，疏云：「殯宫，亦謂之廟。」始去麻也。要絰易葛，絞帶易布，爲受服之始。婦不説帶，惟變首絰，男重首，女重帶也。受以疏屨，不外納也。沐浴櫛搔，彌自飾也。柱楣竪柱施梁。翦屏，除户旁草。居廬之節也。疏食水飲，寢有席，寢食之節也。朝一哭，夕一哭，哭泣之節也。明日，祔廟，各以其班。祭畢，即還主於殯宫也。此祔廟，是奉主至廟，祭告於祖父。祭訖，仍奉還寢。與後世升祔之祔不同。大夫祔於士，士不祔於大夫，擇王父行之爲士者祔之。士賤也。男子祔於王父則配，女子祔於王母則不配，不敢援尊也。祔杖不升堂，哀益衰，敬彌多也。虞祔而後退，朋友之誼也。十三月而小祥，期乃練也。練祭不旅酬，喪事從略也。練而服縓冠，易功衰，再受服也。練衣黄裏縓緣，正服仍不變也。

❶「從」，《清經世文編》卷六二作「後」，是。

乃再作主，用栗主，埋桑主也。栗主經有文。壞廟、易檐、改塗，將遷主於廟也。遷而復反於寢，必三年喪畢而後遷也。「虞之明日，祔」，註云：「祔已，主復於寢，練而遷廟。」又《穀梁傳》「作主、壞廟」，疏云：「作主在十三月，壞廟在三年喪終，而傳連言之者，此主終入廟，入廟即易檐，以事相繼，故連言之，非謂作主、壞廟同時也。」二說殊不同。今按：張子云：「祔與遷自是兩事，祔者奉新死者之主，而告以將遷於廟也。既告，則復新死者之主於寢，而祖亦未遷。比至於練，乃遷其祖入他廟或夾室，而遷新主於廟。」此與鄭註合。又按：程子云：「君薨三年喪畢，吉禘，然後祔。因其祫祧主藏於夾室，新主遂自殯宮入於廟。《國語》言『日祭』、『月享』，禮中豈有日祭之禮，正謂三年中不徹几筵，故有日祭。至於祔廟，須是三年終乃可祔也。」程子所謂祔，乃後世升祔之祔，非虞祔之祔也。此與《穀梁疏》合，其義尤長。今未見其的然，故兩存之。二十五月而大祥，再期乃除服也。男子除乎首，女子除乎帶，除服必先重也。受服先其輕者，除服先其重者。朝服縞冠，祥之祭服也。素縞麻衣，祥之正服也。素屨散屨，易疏屨也。既祥復寢，復於殯宮。不再寢於中門外也。斷杖棄之於隱，無使褻也。大祥之祭無無算爵，猶不備禮也。中間也。月禫，二十七月也。徙月樂，二十八月也。祥、禫之月，先儒不同。王肅以二十五月爲大祥，其月即爲禫，二十六月而樂作。康成則以二十五月爲大祥，二十七月而禫，二十八月而樂作。又王難鄭云：「若以二十七月爲禫，則歲暮遭喪，出入四年矣。」今按：喪制皆以月計，未聞以年數差別。如王說，則期喪不得踰年制服乎？所謂「期喪十五月而禫」者，又何解也？循孝子之心，自當從鄭。禫而牀，不在殯宮也。禫而纖，無所不佩也。祥而外無哭者，禫而內無哭者，樂作故也。玄衣黃裳，禫之祭服也。朝服綅冠，禫之正服也。由是吉祭，四時常祭。則玄端朝服也。既吉祭，然後玄端而居也。同月吉祭，禫後同月後，❶正當吉祭時。即復寢內寢。而從御也。顧炎武曰：「『禫而

❶「後」，《清經世文編》卷六二作「内」。

從御」、『吉祭而復寢』，互言之也。鄭註已明，而孔氏乃以吉祭爲四時之祭，謂禫後須時祭訖，乃復寢，非也。禫即吉祭也，豈有未復寢而先御婦人者乎？」今按：王肅本《三年問》「二十五月而畢」及《檀弓》「祥而縞，是月禫，徙月樂」兩段，康成本《服問》「中月而禫」，而兼用《檀弓》「徙月樂」之説，康成是也。孔疏亦據《檀弓》「徙月」意，初非臆説，故本文俱從鄭、孔，而附載顧氏之説如此。禫不當祭，不值吉祭。踰月祭，乃復平常也。《春秋》謂之「吉禘」，爲其爲三年之祭也。亦名「祫祭」，爲其祫而祧主也。於是遷主入廟，定昭穆之班也。括髮司馬氏《書儀》曰：「先用麻繩撮髻，又以布爲頭帤。」之節凡三：小斂也，奉尸侇堂也，大斂也。爲母則免。外此有括髮者，則奔喪也。聞喪而不得奔也，除喪而歸，之墓哭也。皆爲父三日，爲母一日，其餘免以終事。免藍田吕氏曰：「以布爲卷幘，以約四垂短髮，而露其髻，《冠禮》謂之『缺頂』。冠者必先用此缺頂，而後加冠。古者有罪免冠而缺頂獨存，因謂之免。以其與冕音相亂，故改音問。」之節凡六：衆子爲父小斂也，嫡子爲母大斂也，啟殯、柩行、虞與卒哭也。外此有免者，則諸侯弔在葬後也，雖葬主人，仍服免。奔喪爲母入門後也，童子當室也，五世正服也，朋友在他邦也。髽制同免，但男女異名。之節凡三：小斂也，啟殯也，奔喪也。無席之奠三：餘閣也，襲也，小斂也。尸前之奠四：連上三者，而益以大斂也。無尸之奠六：連上四者，而益以祖奠、遣奠也。朝夕朔望薦新，亦無尸也。墓新成而有奠，冢人爲尸，則立尸之始也。喪祭之尸別男女，吉祭則不別也。自虞而後不名奠而名祭，漸自吉也。爲君服斬衰，義也。父殁而後伸母之喪，家無二尊也。父卒而爲祖服斬衰，適也。父卒祖卒而後爲祖母三年，猶父殁而伸母喪也。爲長子斬衰，正體傳重也。體而不正，庶子爲後。正而不體，嫡孫爲後。傳重非正體，庶孫爲後。正體非傳重，嫡孫有廢疾不立。皆不服斬也。庶子不爲長子三年，不繼祖也。於本宗降一等服者，爲人後也。十五月而禫，期喪也。天子諸侯絶旁期，伯叔之類。正期則不絶。大夫降旁期，尊同則不降也。兄弟之子服期，引而近也。嫂叔之無服，推而遠也。姑姊妹之薄也，彼益有厚之者也。小功可以冠子、取婦，不廢人道也。小功不税，同脱，追服也。曾子譏之，則小功以上皆税也。喪無七月之服，唯中殤然也。長殤九月。殤服無受，未成人也。三月之服無受，葬即除也。庶子爲母爲妻皆葬而除者，厭於尊也。四世而緦，服之窮也。五世祖免，殺同姓也。朋友服麻，哭寢門外，爲同道也。在他邦則袒免，爲之主也。久不葬而主喪者不除，異常也。報急也。葬者服虞，❶必三月而卒哭，與常葬者同也。輕者包，重者特，斬衰之喪既卒哭而遭齊衰之喪也。男子輕要，得著齊衰之帶，而兼包斬衰之帶。婦人輕首，得著齊衰首絰，而兼包斬衰之絰。故云「輕者包」。男子重首，特留斬衰首絰；婦人重要，特留斬衰要絰，故云「重者特」。麻葛重，重麻重葛。既練而遭大功之喪也。臣有大喪，不呼其門，經也。❷金革之事無辟，權也。禿不髽，傴不袒，跛不踊，老病不止酒肉，不刻生以附死，人情之實，天下之通義也。

附録

合河康基田陳臬江蘇，器先生才，屬意邑令，拔置第一，補諸生，年三十餘矣。《漢書地理志補注附識》。

先生手定文四十篇，凡涉泛應者悉删

❶ 「服」，《禮記注疏》卷三三作「報」，是。
❷ 「經」，原作「絰」，今據《清經世文編》卷六二改。

去，邑人陳揆爲刻之，甫竟而陳亦卒，集乃不傳。史傳、《漢書地理補注附識》。

李申耆曰：「《漢書地理志補注》搜輯該博，大致備矣。因以訂證訛舛，補其缺略，爲檢稽者所藉手，利益甚大。」李兆洛《漢書地理志補注識》。

包孟開曰：「李申耆得《漢書地理志補注》時年已垂七十，又病甚，不能親勘。謝世後，所録副爲潘芸閣購得，余因假至白門，付梓氏，以廣其傳。」包慎言《漢書地理志補注序》。

李先生林松

李林松，字心庵，上海人。嘉慶丙辰進士，官户部主事。研究經學，嘗以元和惠氏棟所撰《易義述》一書僅至革卦而止，其自鼎以下至未濟十五卦及《序卦》、《雜卦》二傳俱未卒業，因就原書之例，取漢人《易》義爲之增訂，成《周易述補》五卷。而於惠氏原書復爲之考定十三則，其經文有改從古字間涉誤改者，並據段氏玉裁《説文解字注》加以是正云。《皇清經解續編》。

周易述補

讀易述劄記

問：卦變之説，漢儒謂之之卦，諸家所説各殊，願聞其審。曰：虞仲翔説《易》，專取旁通與之卦。旁通者，乾與坤、坎與離、艮與兑、震與巽交相變也。之卦則以兩爻交易而得一卦。乾坤者，諸卦之宗。復、臨、泰、大壯、夬陽息卦，遘、遯、否、觀、剥陰消卦，皆自乾坤來，而諸卦又生於消息卦。三陰三陽之卦，自泰來者九：恒初、四易也，井初、五易也，蠱初、上易也，豐二、四易也，既濟二、五易也，賁二、上易也，歸妹三、四易也，節三、五易也，損三、上易也；自否來者九：益初、四易也，噬嗑初、五易也，隨初、上易也，渙二、四易也，未濟二、五易也，困二、上易也，漸三、四易也，旅三、五易也，咸三、上易也。二陰二陽之卦，自臨來者四，升初、三易也，解初、四易也，明夷二、三易也，震二、四易也；自遯來者四：无妄初、三易也，家人初、四易也，訟二、三易也，巽二、四易也；自大壯來者四：大畜上、四易也，睽上、三易也；需五、四易也；兑五、三易也；自觀來者四，萃上、四易也；蹇上、三易也；晉五、四易也；艮五、三易也。臨二之五爲屯，觀上之初亦爲屯，臨初之上爲蒙，觀五之二亦爲蒙，故不從自臨、觀來之例，於屯曰「坎二之初」，於蒙曰「艮三之二」也。遯二之五爲鼎，大壯上之初亦爲鼎；遯初之上爲革，大壯五之二亦爲革，於例不當從遯、大壯來，而仲翔於鼎曰「大壯上之初」，於革曰「遯上之初」，失其義矣。愚謂：鼎蓋離二之初，革蓋兑三之二也。臨初之五爲坎，觀上之二亦爲坎；遯初之五爲離，大壯上之二亦爲離；臨二之上爲頤，觀五之初亦爲頤；遯二之上爲大過，大壯五之初亦爲大過。此四卦亦不得從臨、觀、遯、大壯來之例。中孚、小過二卦則非臨、觀、遯、大壯所能變，且頤、大過、中孚、小過與坎、離、乾、坤皆反復不衰之卦，故別自爲例。於頤曰「晉四之初」，於大過曰「訟三之上」，於中孚曰「訟四之初」，於小過曰「晉三之上」，而仲翔於大過仍取大壯五之初，於頤兼取臨二之上，又於坎云「觀上之二」，於離云「遯初之五」，皆自紊其例也。一陰一陽之卦，仲翔説《易》未及之，今依其例，理而董之，則復初之二爲師，初之三爲嗛；

剥上之五爲比，上之四爲豫；遘初之二爲同人，初之三爲履；夬上之五爲大有，上之四爲小畜，每卦當生二卦也。而仲翔於嗛云「剥上之三」，蔡景君説。於豫云「復初之四」，於比云「師二之五」，此别取兩象易爲義。其注大畜云「萃五之二成臨」，於豐云「噬嗑上之三」，於旅云「賁初之四」，亦兩象易也。睽本大壯上之三，而仲翔注《繫辭》「蓋取諸睽」，又云「无妄五之二」，亦自紊其例也。

問：鄭康成以爻辰説《易》，今其書不傳，惟見於《詩》《禮正義》所引。如比之初六，辰在未，上直東井；坎六四，辰在丑，上直斗及天弁；中孚六四，辰在丑，上直天淵；困九二云「初六，辰在未，上直天廚」，皆援天文以取象，可引申其説否？曰：鄭氏爻辰之例，初九在子，《頤》初云「舍爾靈龜」，子爲天黿，龜者，黿屬也。《同人》初云「同人于門」，《隨》初云「出門交有功」，《節》初云「不出户庭」，子上直危，危爲蓋屋，故有門户之象。《節》九二「不出門庭」，二亦據初，故云「門」也。《明夷》初云「三日不食」，子爲玄枵，虚中也，故有不食之象。九二辰在寅，《泰》二云「用馮河」，寅上直天漢，雲漢，天河也。九三辰在辰，《大壯》三云「羸其角」，上直角也。九五辰在申，《萃》五云「大人虎變」，申上直參，參爲白虎也。上九辰在戌，《睽》上云「見豕負塗」，戌上直奎，奎爲封豕也。初六辰在未，《小過》初云「飛鳥以凶」，未爲鶉首也。六三辰在亥，上直營室，營室爲清廟，《萃》、《涣》之彖辭皆云「王假有廟」，謂六三也。六四辰在丑，《大畜》四云「童牛」，丑上直牽牛也。上六辰在巳，《小過》上云「飛鳥離之」，巳爲鶉尾也，小過六爻唯初、上有飛鳥之象，此其義也。《解》上云「公用射隼」，已上值翼，翼爲羽翮，有隼象也。以上皆錢氏用鄭義推得者。此皆可以爻辰求之者也。

互卦亦非一例，如屯三變體坎，此以二至四、三至五各互一小成卦也。蒙二體師，此以初至五、二至上五爻各互一重卦也。泰三至上體復，此以三至上、初之四四爻各互一重卦也。大過、夬、遘體乾，頤、剥、復體坤，此以中四爻互一重卦也。蒙二伏巽，豫四曰「大有」，此又以互卦兼旁通爲説者也。既濟中互未濟，未濟中互既濟，又兩卦之交相爲體者也。

兩象易，虞注始見於「蓋取」後三節，於大壯云「无妄，兩象易也」，於大過云「中孚，上下易象也」，於夬云「履，上下象易也」。十三卦唯此三「蓋取」言易之，故以兩象易見義。張皐聞所云：「《易》含萬象，非可執一論也。」錢氏竹汀演爲圖，八純卦上下兩象相同者不列，屯與解也，蒙與蹇也，需與訟也，師與比也，小畜與遘也，履與夬也，泰與否也，同人與大有也，嗛與剥也，豫與復也，隨與歸妹也，蠱與漸也，臨與萃也，觀與升也，噬嗑與豐也，賁與旅也，无妄與大壯也，大畜與遯也，頤與小過也，大過與中孚也，咸與損也，恒與益也，家人與鼎也，晉與明夷也，睽與革也，困與節也，井與涣也。

錢氏《養新録》云：「八卦皆兩兩相對，相對之例或取交變，乾坤、坎離、震巽、艮兑是也。乾變爲坤，坎變爲離，震變爲巽，艮變爲兑，虞氏六十四卦旁通之例本此。或取反復，震艮、巽兑是也。今人謂之反對。『乾坤、坎離，反復不衰』，故反復只有四卦。《説卦傳》多以雷風、山澤相對，陰陽奇耦之定位也。八卦重爲六十四，雖有《序卦》一篇列其先後之次，要亦以相對爲義。乾、坤父母卦，爲上下經之首；坎、離得乾坤之中爻，故居上經之終。既濟、未濟即坎、離，故居下經之終。頤、大過、中孚、小過與乾、坤、坎、離同爲反復不衰之卦，故各自爲對，列於既、未濟之前。此八卦皆以旁通爲對者也。其餘五十六卦皆取反復，震、艮、巽、兑八純卦亦取反復之例，與《説卦》不同。《説卦》言天道，《彖》《象》明人事也。」

錢氏《六十四卦旁通圖》：乾天坤地、屯水雷鼎火風、蒙山水革澤火、需水天晉火地、訟天水明夷地水、師地水同人天火、比水地大有火天、小畜風天豫雷地、履天澤嗛地山、泰地天否天地、隨澤雷蠱山風、臨地澤遯天山、觀風地大壯雷天、噬嗑火雷井水風、賁山火困澤水、剥山地夬澤天、復地雷遘天風、无妄天雷升地風、大畜山天萃澤地、頤山雷大過澤風、坎水離火、咸澤山損山澤、恒雷風益風雷、家人風火解雷水、睽火澤蹇水山、震雷巽風、艮山兑澤、漸風山歸妹雷澤、豐雷火涣風水、旅火山節水澤、中孚風澤小過雷山、既濟水火未濟火水。乾、坤、坎、離、頤、大過、中孚、小過爲反復不衰卦。泰、否、既濟、未濟，反復兼兩象易、兼旁通。隨、蠱、漸、歸妹，反復兼旁通。

顧氏《日知録》云：「《序卦》、《襍卦》皆旁通之説，先儒疑以爲非夫子之言。然《否》之『大往小來』承《泰》之『小往大來』也，《解》之『利西南』承《蹇》之『利西南，不利東北』也，是卦辭已有相受之義也。《益》之六二即損之六五也，皆曰『十朋之龜』；《遘》之九四即《夬》之九三也，皆曰『臀无膚』；《未濟》之九四即《既濟》之九三也，皆曰『伐鬼方』，是爻辭已有反對之義也。必謂六十四卦皆然，非《易》書之本意，或者夫子嘗言之而門人廣之，如《春秋》哀十四年『西狩獲麟』以後續經之作耳。」

迮先生鶴壽

迮鶴壽，字蘭宫，號青厓，吴江人。道光丙戌進士，選池州府教授。父朗，乾隆己酉舉人，鳳陽府訓導，以文章名。先生少承父教，精研古義，每事必究其根原。嘗謂：「五際之説出於《齊詩》，四始之説亦出《齊詩》。言五際必兼四始，以配陰陽五行。」因取二《雅》之篇第值歲之多，要以天數二十有五、地數三十而倍之，爲百有十，以爲大數，生數五、成數十以爲小數，而得其進退除算之例，著《齊詩翼氏學》四卷。又謂：「《禹貢》主於則壤成賦，故南交、朔方諸地凡在九州徼外者皆在所略，間有西傾、弱水之類，隨刊所及而附記之，非九州之正域也。夏、殷、周九州經界雖不得知，然古人畫州分界無不因乎山川之大勢，故杜氏《通典》即據唐時之輿地以定《禹貢》之土疆。今仿三條四列之法，每州分紀之，援今證古，以當三代地理志目録，爲《孟子正經界疏證》六卷。」又謂：「封建之法有穀土三等地，有廛里九等地，有溝洫三等地，有采邑三等地，有山林六等地，有山澤邑居地。《孟子》與《周禮》，一舉其土地，一舉其封疆，非有二制。井田始於公劉，夏、殷之田不以井授，武王亦祇行於圻内，非盡天下而井之。或五十，或七十，或百畝，若今江南之行田，改移甚便。」爲《孟子班爵禄疏證》十六卷。又以劉昭《續漢志注》所引《帝王世紀》有堯時墾田若干頃，民口若干人，因推衍三代土田、户口之數，至三萬餘言。又論劉歆《三統曆》稱：「成王元年正月己巳朔，此命伯禽『俾侯於魯』之歲也。」先是，周公攝政五年，孟統二十九章首，積月六千五百八十，無閏餘；積日十九萬四千三百十三，大餘三十三，小餘七，故推至此年爲正月己巳朔。金仁山移侯魯於攝政之元年，則正月乃庚辰朔矣。其精心探索類如此。參史傳、潘眉撰壙志銘、《孟子正經界疏證·凡例》。

齊詩翼氏學

四始五際名義

五際之説出於《齊詩》，則四始之説亦出於《齊詩》。五際必兼四始言之。蓋四始爲之綱，五際爲之紀也。《詩緯含神霧》曰：「詩者，天地之心，君德之祖，百福之宗，萬物之户也。集微揆著，上統元皇，下序四始，羅列五際。」《詩緯推度災》曰：「建四始、五際而八節通，卯酉之際爲改政，午亥之際爲革命。」四始者，《詩緯汎歷樞》曰：「《大明》在亥，水始也。《四牡》在寅，木始也。《嘉魚》在巳，火始也。《鴻雁》在申，金始也。」五際者，《齊詩内傳》曰：「卯、酉、午、戌、亥也。陰陽終始，際會之歲，於此則有變改之政也。」《汎歷樞》曰：「卯，《天保》也。酉，《祈父》也。午，《采芑》也。亥，《大明》也。」翼氏曰：「竊學《齊詩》，聞五際之要，《十月之交》篇。戌即《十月之交》是也。」四始皆陽，木、火、金、水分布於四方，故爲四始也。土獨無始者，土爲五行之君，周流於四者之間，循環無端也。五際始終皆陽，中間皆陰，自亥至寅漸入陽剛。亥爲陽水，以一陽起羣陰之中，君子所以經綸草昧，開國承家，故亥爲一際也。自寅至酉正在光明，卯爲陰木，午爲陰火，酉爲陰金，其象暗昧，國家於此當有變改之政，故卯、午、酉各爲一際也。自酉至戌，漸入陰柔，戌爲陽土，以一陽陷羣陰之内，國家於此必有災異之應，故戌爲一際也。四始起於亥，天一生水也。五際止於戌，天五生土也。

詩篇專用二雅解

十五《國風》，諸侯之風也；三《頌》，宗廟之樂也；唯二《雅》皆述王者之命運政教。四始五際專以陰陽之終始際會，推度國家之吉凶休咎，故止用二《雅》。亥，《大明》也。寅，《四牡》也。巳，《嘉魚》也。申，《鴻雁》也。四始四部皆《雅詩》也。卯，《天保》也。酉，《祈父》也。午，《采芑》也。亥，《大明》也。戌，《十月之交》也。五際五部亦《雅詩》也。然則詩篇專用二《雅》，不用《風》與《頌》明矣。

齊詩篇弟説

《齊詩》篇名與毛氏異者，若《齊風·還》之篇名《營》是也。章數與毛氏異者，若《小雅·都人士》之篇無「狐裘黄黄」章是也。句數與毛氏異者，若《周頌·般》之篇有「於繹思」句是也。❶ 至其詩篇之次弟，則與毛氏略同。鄭康成謂：「《十月之交》、《雨無正》、《小旻》、《小宛》四篇刺厲王詩，漢興之初，師移其弟。」孔穎達謂：「漢世毛學不行，齊、魯、韓三家不知笙詩六篇亡失，謂唯有三百五篇。」今案：鄭、孔之説非也。嘗以四始五際之部分核之，若移《十月之交》四篇於《六月》之前，則《采芑》不得爲午際，而《十月之交》不得爲戌際矣。若無笙詩六篇，則二《雅》止百有五篇，亦不滿天地之倍數百有十矣。

❶「般」，據其下引文及《毛詩》當作「賚」。

四始五際分部例

以《雅》詩之篇弟配陰陽五行之終始際會，有大數，有小數，有進數，有本數，有退數，有奇數，如法覈之即得。

凡部内滿大數百有十篇，即除之。

寅、卯、巳、午、申、酉六部是也。四始五際配陰陽，陰陽莫大乎天地，天數二十有五，地數三十，凡天地之數五十有五，倍之得百有十。《大雅》三十一篇，《小雅》八十篇，四始五際從《大明》起，除《文王》一篇，自《大明》至《何草不黄》凡百有十篇，此詩篇一大終之數，合天地之倍數者也。故每部滿此數即除之，以下再除小數。

凡部内滿小數五篇、十篇，即除之。

寅、卯、巳、申四部是也。四始五際配五行，五行以土爲君，土之生數五，成數十，寅部除大數外，自《鹿鳴》至《伐木》凡五篇，卯部除大數外，自《伐木》至《由庚》凡十篇，此詩篇一小終之數，合土之生數、成數者也。故每部滿此數又除之，以下乃爲别部。

凡陽乘陽，則進一數。

亥部是也。亥部自《大明》至《召旻》凡三十篇，以二五二十除之，尚多《鹿鳴》一篇。亥爲陽水，寅爲陽木，以陽乘陽，故進一數。戌部不在此例。

《詩緯》辰部除小數五篇外，尚多《由庚》一篇，亦用此例。蓋辰爲陽土，巳爲陽火，以陽乘陽，與亥部同也。

或謂《小雅》以《四牡》爲始，除《鹿鳴》一篇，猶之《大雅》以《大明》爲始，除《文王》一篇。亥部本止三十篇，《鹿鳴》一篇不在部内，此説非也。亥部與寅部一例相承，非如戌部居五際之終，不復與亥部相交接，可以隨數而止。

凡陽乘陰，則如本數。寅、巳、申三部是也。其大數皆百有十篇，其小數或五篇，或十篇，則起於陰陽相間之故。

凡陰乘陽，則退一數。午、酉二部是也。午部小數當有五篇，今自《六月》至《吉日》止有四篇。午爲陰火，申爲陽金，以陰乘陽，故退一數。酉部小數當有十篇，今自《鶴鳴》至《正月》止有九篇，酉爲陰金，戌爲陽土，以陰乘陽，故亦退一數。卯部不在此例。

自子至巳，向左爲陽。自午至亥，向右爲陰。卯爲陰木，巳爲陽火，卯部亦是以陰乘陽，當退一數，而適如本數者，以卯居陽位故也。

凡部内無大數，以小數奇數除之。亥、戌二部是也。亥部自《大明》至《鹿鳴》止三十一篇，不滿大數。蓋《大明》居《大雅》之首，《四牡》居《小雅》之首，此二《雅》之綱領。亥部至《鹿鳴》已入《小雅》部分，而《四牡》爲《小雅》之綱，自應别爲一部，故以《大明》五篇、《皇矣》十篇、《洞酌》五篇、《抑》十篇次弟除之，而《鹿鳴》一篇爲進數也。戌部自《十月之交》至《何草不黄》止四十二篇，不滿大數，而《雅詩》之篇弟已終，故以《十月之交》五篇、《巧言》十篇、《鼓鐘》五篇、《瞻彼洛矣》十篇、《角弓》五篇次弟除之，而《隰桑》七篇爲奇數也。

凡小數皆五篇、十篇，陰陽相間，今自《隰桑》以下止有七篇，不滿十數，故以此爲奇數，而陰陽之際會於是窮焉。或謂以全詩三百十一篇入八部内，其大數以三百十篇除之，亦可覈算。此説非也。四始五際之詩篇，見於《詩緯》者止有二《雅》，不及《風》與《頌》。即謂三百十篇取全詩之數，亦於陰陽際會之義無涉。又二《雅》之詩值歲積四千有八十年爲一大周，若以全詩值歲，必待萬有二千餘年而始一大周，亦太遼遠矣。

詩篇大數解

四始、五際出於陰陽，原於天地。天數二十有五，地數三十，凡天地之數五十有五，倍之爲百有十。寅卯巳午申酉六部，《詩》篇之大數如之。亥部三十一篇，不滿大數者，天德不可爲首也。戌部四十二篇，不滿大數者，地道無成也。其餘六部，則皆百有十篇，不用正數五十有五而用倍數百有十者，統小數之全數也。八部之小數，以成數言之，四始七十篇，五際五十篇，并之得百二十。以實數言之，四始六十七篇，五際四十九篇，并之得百十六，皆與大數不合。然四始、五際出於陰陽，則當以陰陽言之，四始之小數三陽而五陰，合之成五十有五；五際之小數五陽而三陰，合之亦五十有五。通八部之小數，凡百有十，故六部之大數各百有十，而二《雅》詩篇自《大明》起至《何草不黄》止，亦百有十，此非數之出於自然者與？

詩篇小數解

四始、五際出於陰陽，原於五行。五行以土爲君，天五生土，地十成之，故土之生數五，成數十。八部《詩》篇之小數，凡五篇者，皆陽數也；凡十篇者，皆陰數也。亥部《鹿鳴》一篇不在算内，午部《六月》四篇作陽數算，酉部《鶴鳴》九篇、戌部《隰桑》七篇作陰數算。凡四始得五篇者二，得十篇者六，是二陽而六陰也。凡五際得五篇者六，得十篇者二，是六陽而二陰也。此以成數言也。若論其實數，四始止六十七篇，以六十除之，其餘七篇，七陽數也。五際止四十九篇，以四十五除之，其餘四篇，四陰數也。然則四始之小數實三陽而五陰，三陽十五也，倍之三十也；五陰五十也，半之二十五也。合之成五十有五。五際之小數實五陽而三陰，五陽二十五也，三陰三十也，合之亦五十有五。通四始、五際之小數計之，凡百有十，正與《詩》篇之大數相應也。

五際異詞

或謂《詩》有五際，指君臣、父子、兄弟、夫婦、朋友也。今案：五際皆以戹會言之。君臣之戹有如《菀柳》，父子之戹有如《小弁》，兄弟之戹有如《常棣》，夫婦之戹有如《白華》，朋友之戹有如《谷風》。而翼氏及《詩緯》所引《詩》篇皆不及此。或又謂：亥爲陽水，與子爲陰水相際；卯爲陰木，與寅爲陽木相際；午爲陰火，與巳爲陽火相際；酉爲陰金，與申爲陽金相際；戌爲陽土，與辰爲陰土相際。故謂之五際。今案：五際專指陰陽興謝，不論方位聯綴。若以方位言之，亥子居北方，水與水相際也。寅卯居東方，木與木相際也。巳午居南方，火與火相際也。申酉居西方，金與金相際也。若辰戌丑未間於四隅，陽土與陰土並不相際，則止有四際也。若謂四正以流行者爲際，四隅以對待者爲際，戌居西北，與辰居東南相對者爲一際，彼丑居東北與未居西南相對者獨非一際乎？則是有六際矣。故五際之説，斷以《齊詩内傳》爲正。至於四始、五際《詩》篇雖止見於《詩緯》，然「哀、平之世《齊詩》未亡，《大明》在亥」云云，當即造《詩緯》者竊聞翼、匡、師、伏舊説而襲用之，然則《齊詩》正賴以傳，未可以其出自緯書而略之也。

詩緯有佚句辨

鄭康成《六藝論》引《詩緯汎歷樞》曰：「午亥之際爲革命，卯酉之際爲改政，辰在天門，出入候聽。卯，《天保》也。酉，《祈父》也。午，《采芑》也。亥，《大明》也。」此下佚一句。然則亥爲革命，一際也。亥又爲天門，出入候聽，二際也。「亥又」二字乃「辰」字之訛。辰弟三，卯弟二，文互易者，鄭氏順便言之。卯爲陰陽交際，三際也。午爲陽謝陰興，四際也。酉爲陰盛陽微，五際也。今案：《詩緯》上言午、亥、卯、酉、辰爲五際，下舉《天保》、《祈父》、《采芑》、《大明》四篇以釋卯酉午亥，必更有「辰某篇也」一句。故鄭氏解之曰：「然則亥爲革命，一際也；辰爲天門，出入候聽，二際也。」自傳寫者佚去「辰某篇也」一句，後人見卯、酉、午、亥止有四詩，獨不及辰，因改云「亥又爲天門，出入候聽」，曆家有歲星跳辰之法，服虔所謂「龍度天門」也。歲星爲龍，辰爲天門，《詩緯》「辰在天門」之語，蓋取諸此。今改云「亥爲天門」，何所取義乎？亥本一際，安得分爲二際？且《六藝論》上文明引《汎歷樞》云「辰在天門」，而下文忽云「亥爲天門」，亦不應如是之矛盾也。

改戌際爲辰際解

卯、酉、午、戌、亥爲五際，此《齊詩内傳》之説也。而《詩緯汎歷樞》云「午亥之際爲革命，卯酉之際爲改政，辰在天門，出入候聽」，則是改戌際爲辰際矣。其所以得改者，亥爲陽水，卯爲陰木，午爲陰火，酉爲陰金，衆論所同，不能改易。獨土行，翼氏以丑爲陽，辰爲陰，《詩緯》以丑爲陰，辰爲陽。丑爲陰土，不得爲際；辰爲陽土，處於戌前，於是改戌際爲辰際，以自異於《齊詩》焉。哀帝時，尚在戌際，夏賀良等謂漢曆中衰，當更受命，宜急改元易號，乃僞造諸緯以濟其反道惑衆之私。其所以必改者，戌際《十月之交》諸詩皆敍災變，不如辰際《南陔》諸詩詠歌太平，可以援引爲符瑞，乃取「辰爲天門」一語附會之，而以卯酉午亥辰爲五際，與《齊詩》名同而實異矣。

孟子疏證

夏九州經界疏證

《堯典》言「舜肇十有二州」：冀、沇、青、徐、揚、荆、豫、梁、雍見于《禹貢》，其餘三州不可得聞。馬融、鄭玄、王肅咸謂舜以青州越海而分齊爲營州；冀州南北太遠，分衛爲并州；燕以北爲幽州。此徒見《爾雅·釋地》有幽、營，《周禮·職方》有幽、并，遂取以補十二州之名，非他有所據也。《墨子·兼愛》篇：「禹治天下，西爲西河、漁竇，以泄渠孫皇之水。北爲防、原、派，注后之邸、虖池之竇，灑爲底柱，鑿爲龍門，以利燕、代、胡貉與西河之民。」西河在雍州東，底柱在冀州南，此治雍、冀二州也。又云：「東方漏之陸防、孟諸之澤，灑爲九澮，以楗東土之水，以利冀州之民。」孟諸，明都也，在豫州東。九澮，九河也，在沇州西。東土謂之青州，中土謂之冀州。此治豫、沇、青三州也。又云：「南爲江、漢、淮、汝，東流之，注五湖之處，以利荆、楚、於、越南夷之民。」江、漢發源于梁，經流于荆。淮在徐、揚之間。汝自豫而入揚，五湖在揚。此治梁、荆、徐、揚四州也。漁竇，疑即夏陽之龍門山。陸防，疑即距鹿之大陸澤。此猶易見者也。其疑而莫定者，《説文解字》「派水起雁門葰人戍夫山，東北入海」，意即所謂「派注」與？《漢書·地理志》「金城郡臨羌縣」「涅水所出，東至允吾入河」，意即所謂孫皇之水與？《北山經》「敦與之山，泜水出于其陰，而東流注于彭水」，意即所謂「后之邸」與？夫《墨子》所述只九十九言，而讀之者疑義有五。其何以定夏九州之經界乎？然古人畫州分界，無不因乎山川之大埶，則《禹貢》之山水澤地俱在，可約而得之。豫州居中，其餘八州鄰于四裔，沇、青、徐之東，以渤海、潦水、東海爲界；揚、荆、梁之南，以南海、衡陽、瀘水爲界；梁、雍之西，以岷山、黑水爲界；雍、冀之北，以豬野、雁門爲界。近代言《禹貢》者，必東極朝鮮，南踰嶺嶠，西跨蔥臺，北抵沙漠，荒遠無憑，豈夏王則壤成賦之恉哉？

殷九州經界疏證

太史公作《夏本紀》録《禹貢》全文，及至作《殷本紀》則于九州之分合無一言及之，豈商家之圖籍罕有存焉者邪？然即其敍事所及，因以知王畿有七焉。曰南薄，曰西薄，曰陬，曰相，曰邢，曰河南，曰河北。侯國有十一焉：曰葛，曰周，曰九，曰鄂，曰崇，曰飢，曰微，曰箕，曰有莘，曰昆吾，曰三㚇。地名有十二焉：曰鳴條，曰泰卷，曰桐宮，曰傅險，曰北里，曰沙丘，曰羑里，曰洛西，曰盟津，曰牧野，曰有娀之虚，曰河渭之間。水道有四焉：曰江，曰泲，曰河，曰淮。《爾雅·釋地》所載九州冀、豫、雍、荆、揚、沇、徐、幽、營，太史公不采入《本紀》，則未嘗以爲殷制也。李巡、孫炎、郭璞諸家見《禹貢》有青、梁無幽、營，《周禮》有幽、并無徐、營，而遂斷以爲殷制，此亦或然或不然之事矣。然而世易千年，人經數聖，必欲舍《爾雅》以求殷制，其他更何所據？今試取《史記》以釋《爾雅》，猶可得殷九州之大略焉。《本紀》言東爲江，北爲泲，西爲河，南爲淮。江之合漢在荆，故漢南曰荆州也。江之入海在揚，故江南曰揚州也。泲之汶在徐，故泲東曰徐州，而泲西則沇，泲南則營州也。河入塞在幽州之西，而淮爲徐州之水，渭與洛爲雍州之水也。《本紀》又言湯居南薄，從先王居西薄，盤庚遷河南，皆在豫州；仲丁遷隞，在沇州；河亶甲居相，祖乙遷邢，武乙徙河北，皆在冀州。若夫葛伯、有莘國于豫，西伯、崇侯國于雍，三㚇國于沇，九侯、鄂侯、飢氏、微子、箕子、昆吾國于冀。鳴條之奔，徐地也；桐宮之放，豫地也；泰卷之歸，沙丘之戲，沇地也；敗有娀，築傅險，舞北里，拘羑里，會盟津，誓牧野，冀地也。武乙獵河渭之間，文王獻洛西之地，雍地也。然則商家之圖籍雖亡，而以《釋地》之九州爲之經，《殷本紀》之王畿、侯國、地名、水道爲之緯，星羅而碁布之，亦可以了如指掌矣。

周九州經界疏證

余讀鄭氏《詩譜》，竊怪其譜邶、鄘、衛

也，胡弗云其封域在《職方》冀州河内之地，北踰漳水，東及沇州、河東之境？其譜檜、鄭也，胡弗云檜在《職方》豫州滎、雒之間？宣王封母弟友于鄭，在華山以西北，其子武公國于新鄭，在圃田以西，滎水以南，乃猶取證于《禹貢》之山水澤地，何其疏于地理若此。及觀班氏《地理志》，于揚州曰會稽山在山陰，具區澤在吳，北江在毗陵，中江出蕪湖，南江在吳；于荆州曰衡山在湘南，雲夢澤在華容，江水出湔氐道，漢水在武都，潁水出陽城；于豫州曰太華山在華陰，圃田澤在中牟，狼湯渠首受泲，東南至陳入潁，雒水出上雒，而東南、正南、河南之三州畢舉矣。于青州曰盟諸澤在睢陽，淮水出平氏，泗水出卞，沂水出蓋，術水出東莞；于沇州曰岱山在博，大野澤在鉅壄，河水至章武入海，沇水至琅槐入海，雷澤在成陽；于雍州曰吳山在汧，弦蒲藪在汧，涇水出涇陽，芮水出汧，渭水出首陽，洛水出歸德，而正東、河東、正西之三州畢舉矣。于幽州曰無慮縣在遼東，奚養澤在長廣，淄水出萊蕪，時水出博昌；于冀州曰霍太山在彘，清漳出沾，汾出汾陽，濁漳出長子；于并州曰恒山在上曲陽，昭餘祁在鄔，虖沱河出鹵城，滱水出靈丘，淶水出廣昌，易水出故安，而東北、河内、正北之三州畢舉矣。其有不備者：五湖聯于具區，湛水歸乎淮浦，波分自雒，溠流及漢，沂水可以該沂山，雷澤可以該雍水，太華可以該陽紆，此班氏之省文也。河、泲又爲幽州川，在千乘、勃海、漁陽之東，漢時已淪于海，故班氏亦不之及，非蒙上沇州文也。班氏自謂：「先王之迹既遠，地名又數改易，是以采獲舊聞，考迹《詩》、《書》，推表山川，以綴《禹貢》、《周官》、《春秋》，下及戰國。」信哉斯言！賢于鄭氏《詩譜》多矣。

班爵禄總例上

周室封建，武、周始之，成、康繼之。東遷以後，間一行之。其立國之大小，《周官》、《孟子》相去懸絶，信《周官》者以《孟子》爲傳聞，信《孟子》者以《周官》爲晚出。調停其間者又謂《周官》爲益封，《孟子》爲初制；《周官》爲賦法，《孟子》爲軍制；《周官》里數以周遭言，《孟子》里數以徑遂言，淫失枝柱，不可窮詰。唯陳祥道、葉夢得諸人謂《孟子》專舉穀土，《周官》兼包山川附庸，其説近是。或駁之曰：諸公封疆方五百里爲方百里者二十五，豈穀土僅居其一，而山川附庸乃二十四倍之乎？如或之説，蓋亦弗思之甚矣。《孟子》明言諸侯之地方百里，不百里不足以守宗廟之典籍。若百里爲封疆之數，除山澤邑居百分之三十六，其餘以上中下三等地通率之，二而當一，僅存三千二百井，公田之税僅有三千二百夫，何以供職貢、官禄與夫朝覲、會同、祭祀、賓客、喪紀、軍旅諸費乎？《孟子》又言千乘之國、百乘之家，若百里爲封疆之數，其民僅有二萬八千八百家，豈能出千乘，而又何以容百乘之家乎？然則《孟子》言穀土，《周官》言封疆，信矣。惜長樂、石林諸人未能縷析條分，以致後人之翻駁。然《周官》與《孟子》異同之故，經典注疏確有明徵，今羅列羣書，會而通之。穀土、山川、附庸，宋儒所已言者也，廛里、溝洫、采邑、山林，宋儒所未言者也。首爲《總例》一卷，以明穀土、廛里諸條，核算開除，各有成例。雖卷中所言不必皆《周官》、《孟子》之本旨，然解經之法，期於發揮通曉，儻謂《孟子》僅聞其略，後人安得其詳，則非所敢知。

班爵禄總例下

周制五官之數具於《周官》，《冬官》雖亡，近儒據五官之數五分取一計之，由是王朝之官大備，獨侯國之官其數無聞。論者謂諸侯三卿、五大夫、二十七上士、八十一中士、八十一下士，見于《王制》。夫以一國之大而大夫僅有五人，上中下士僅有百八十九人，其何以經國家、序民人乎？諸侯大夫不止五人，《曾子問》疏已明言之。《王制》一篇，漢文帝令博士諸生作之，安可以之當周制乎？然則侯國之官如之何？曰有佐卿之官，有分職之官。《太宰》稱「施典於邦國，設其參」，則卿三人也；「傅其五」，則佐卿之大夫五人也。王朝六卿之下置佐卿之大夫三十六人，侯國三卿之下置佐卿之大夫五人，其數僅居王官七分之一也。侯國佐卿之官居王官七分之一，則侯國分職之官亦居王官七分之一，次國、小國以次而減。此侯國之官，其數不難推而知之者也。《周官》鄉遂、山澤之官但有員數而無全數，然王畿侯國各有鄉遂、郊野，問其土地之廣狹，即可知其設官之多少。天下之山林、川澤悉載于《山經》、《水經》，核其山水之數目，即可知其分職之多寡。至於都鄙之官載在太宰之職者，又可隨其采邑之大小而差次之。外此，又有典邑之官，亦皆有數可推。然則王朝侯國之官何難一一舉其全數，以定班禄之經乎？今取設官制禄諸法，復爲《總例》一卷，使覽者便於稽考。或又疑兵出于農，侯國之穀土止百里、七十里、五十里，其民不能具三軍、二軍、一軍，故以出賦諸例終之。

周室封建疏證上

封建莫盛于成周。《呂覽·觀世》篇曰：「周封四百餘國。」《漢書·諸侯王表》曰：「昔周封國八百，同姓五十有餘。」《後漢書》章帝詔曰：「周之爵封千有八百，同姓居半。」大抵武王封建，其略有五：曰兄弟，曰同姓，曰先代苗裔，曰周室昏姻，曰功臣謀士。兄弟之封十五國，管、蔡、郕、霍、不數魯。衛、毛、聃、郜、雍、曹、滕、畢、原、酆、郇。夫文昭十六國，富辰言之，而何以成鱄云「兄弟之國者十五人」？蓋周公封魯，留相王室，至成王八年伯禽始就封，則是兄弟之國者止十五人矣。同姓之封四十國：吴、閻、虞、安陽、東虢、西虢、岑、邗、晉、應、韓、荀、魯、凡、蔣、邢、茅、胙、祭、北燕、巴、芮、榮、魏、逢、密、隗、丹、焦、胡、宮、戠、馮、極、息、隨、滑、耿、頓、沈。若并兄弟十五國計之，凡姬姓五十五國，乃《荀子·儒效》篇云「周公立七十一國，姬姓獨居五十三人」者，周公攝政之年，管叔既誅，唐叔未封故耳。姬姓之外更有十八國，武王所封先代苗裔，任、宿、顓臾、焦、州、薊、祁、莒、鄫、郲、鑄、唐、杜、虞、越、黎、梅、朝鮮，其數適合。周之發祥始于姜嫄，後亦代有賢妃。姜嫄之家，周初不存。其餘南燕、齊、許、申、呂、摯、疇、莘、杞、鄫、紀、陳、薛與周室爲昏姻者十三國，皆受封于武王。太公望封齊，雖在昏姻之內，實爲功臣之首。《史記·周本紀》曰：「武王封功臣謀士，師尚父爲首封。」《帝王世紀》曰：「夏四月乙卯，祀于周廟，將率之士皆封諸侯國四百人。」夫受封至四百人之多，此必兼食采者在內。嘗以《尚書》、《春秋》求之，有名可舉者三十國，有數可推者三百七十國。《呂覽・慎大覽》曰：「武王勝殷，三日之内與謀之士封爲諸侯，諸大夫賞以書社。」蓋謂此也。今據武王所封四百八十五國，太公望兩見，故止此數。分爲五篇，紀其都邑及其世系，無者缺之，亦足以見成周封建之大略矣。

周室封建疏證下

昔成王營洛，天下諸侯進受命于周公，而退見文、武之尸者千七百七十三國。及孔子修《春秋》，使子夏等十四人求周史記，得百二十國寶書。夫周初諸侯皆五家二代舊封，而其子若孫之流衍于後世者，或有大勳勞，從本國分封；或本封已絶，中隔數世，而末裔復得續封，《春秋》所載居其半焉。今以先代舊封爲一篇，巴、潞、孤竹、萊、向、厲、鄀、謝、祝、偪、秦、趙、徐、穀、黄、郥、葛、譚、江、郯、東不羹、西不羹、沈、姒、蓐、黄、英、六、蓼、舒、貳、軫、絞、州、皖、程、牟、董、舟人、鄔、路、偪陽、鄅、夷、鄀、楚、房、冀、遂、郥、鄒、彤、褒、蕩社、❶鄧、鄭、權、宋、陽、共，凡六十國。同姓支庶分封爲一篇，南虢、小虢、北虢、郭、蔡、魏、賈、唐、曲沃、韓、西鄭、東鄭、南鄭、揚、西周、中山、東周、密，凡十八國。異姓支庶分封爲一篇，密、須句、鄣、鄘、邳、梁、趙、鍾離、舒蓼、舒庸、舒鳩、舒龍、舒鮑、舒龔、郳、莒、根牟、宗、麇、夔、越、濮、羅、胡、盧、田齊、西翟、坎、戴、蕭，凡三十國。外此，則有巢、肅慎、賨、郰、鄘、東、商、蓋、暴、鄢、蔽、補、依、歷、華、蓋蓼、餘丘、陽、弦、道、柏、項、介、崇、鄟、州來、駕、邿、鍾吾、桐三十國，未詳其本末，故别爲一篇，附于後。其他不必敍録者有三：一曰馘俘之國，《周書・

❶「社」，原作「杜」，今據清鈔本《孟子疏證》卷四改。

世俘解》稱武王征，「憝國九十有九，服國六百五十有二」；《作雒解》稱周公「征熊盈族十有七國」，蓋蒲姑、商奄之屬，周初即已殄滅矣。二曰邊裔之國。先王居夷狄于四裔，平王之末漸入中夏，姜戎、茅戎、赤狄、白狄種類繁多，此皆自爲部落，非出先王所封。三曰私建之國。春秋以前，熊渠已自立其長子康爲句亶王，中子紅爲鄂王，少子執疵爲越章王。至于戰國，靖郭、平原分封相繼，《紀年》稱魏惠成王如衛，命子南爲侯，夫惠成王一諸侯耳，而乃命他人爲侯乎哉？凡此之類，以其無關封建，故從略也。

班爵五等疏證

天子者，爵稱也，故班爵自天子始。其次公、侯、伯、子、男，諸侯之籍雖亡，以《尚書》、《毛詩》、《春秋》徵之，其爵大半可考。《書》載有爵之國十有七，于《牧誓》見庸伯、蜀侯焉，于《金縢》見蔡侯、霍侯焉，于《康誥》見衛侯焉，于《召誥》見燕伯焉，于《君奭》見虢公焉，于《立政》見蘇子焉，于《顧命》見芮伯、彤伯、毛伯、齊侯焉，于《呂刑》見呂侯焉，于《文侯之命》見晉侯焉，于《費誓》見魯侯、徐子焉，于《秦誓》見秦伯焉。微子、箕子，殷之舊爵。周公、召伯，采地之爵。《詩》載有爵之國二十有八，《振鷺》，杞、宋來助祭也；《有客》，微子見祖廟也；二國皆公也。《式微》勸黎侯，《淇奧》美衛武，《碩人》稱邢侯，《揚水》戍甫國，《雞鳴》戒齊哀，《蟋蟀》諷晉僖，《宛丘》刺陳幽，《下泉》思郇伯，《常棣》閔蔡叔，《韓奕》賦韓侯，《駉》頌魯僖，十一國皆侯也。僖王時，曲沃武公請命爲侯，作《無衣》。樊侯，采地之爵。《緇衣》美鄭武也，《駟驖》美秦襄也，《蜉蝣》刺曹昭也，《板》凡伯作也，《桑柔》芮伯作也，《崧高》送申伯也，城韓則命燕伯，省徐則命程伯，八國皆伯也。《羔裘》刺檜君也，《何人斯》蘇成公作也，《大東》譚大夫作也，《采芑》征荆，《常武》平徐，《閟宫》懲舒，六國皆子也。許穆夫人賦《載馳》，許男也。春秋百二十國，公則虞、西虢、州、杞、宋五國，侯則蔡、霍、魯、衛、滕、晉、荀、邢、息、隨、唐、齊、紀、薛、蓼、陳、黎、鄧十八國，伯則吴、郕、毛、曹、原、凡、祭、北燕、芮、滑、耿、賈、鄭、任、申、南燕、秦、穀、葛、梁、房、庸、巢二十三國，子則郜、巴、頓、沈、須句、潞、萊、賴、鄀、莒、徐、黄、鄅、譚、郯、鍾離、舒、舒鳩、温、偪陽、鄟、邾、小邾、楚、宗、麇、夔、羅、遂、胡、鄫、越、弦、柏、項、鍾吾三十六國，男則宿、許二國。此則春秋時見存者。晉侯，曲沃武公也。今據三經所載，旁采傳記以附益之，凡得有爵之國百有十八。楊士勛曰：「周公之制爵有五等，所以擬其黜陟。春秋進邾、郳而降滕、薛、杞，明黜陟也。」羣書所記列侯之爵有不同者，别見《黜陟表》。

班爵六等疏證

《司空》之篇亡，而王朝之官制缺；職名之録亡，而侯國之官制缺。于是俞廷椿、王與之輩欲割《獸人》、《獻人》、《載師》、《閭師》諸職以補《冬官》，而杜佑專據《王制》謂周諸侯千七百七十三國，其官六萬一千有三十二人，皆非班爵實證也。古人解經有比例之法，沈氏《周官禄田考》取五官見存之數以例《冬官》，深得此意。今用其法推之，《周官》三公、孤皆六卿兼職，自六卿以下，除鄉遂、采邑、山澤之官，爲大夫者百四十五人，上士二百九十五人，中士八百八十六人，下士千六百九十三人，而王朝之官數備矣。比例之法既可以推王朝，即可以推侯國。常據《太宰》「設參傅伍」之文，以推侯國之大夫、士，自三卿以下，除鄉遂、采邑之官，爲大夫者二十一人，上士四十五人，中士百三十三人，下士二百五十四人。次國、小國其數遞減，而侯國之官數備矣。或謂官數可推，官名終不可得而聞。曰：是不然。匠師見于《地官》，嗇夫見于《覲禮》，陶正見于《春秋傳》，斯非《冬官》之大夫、士乎？《酒誥》稱「圻父薄違，❶農夫若保，宏父定辟」，斯非侯國之卿乎？《春秋傳》稱鄭有開卜大夫，衛有掌樂大夫，晉有公族大夫、三軍大夫、七輿大夫，斯非侯國之大夫乎？《論語》曰「柳下惠爲士師」，則侯國之上士也。《曹風》曰「彼侯人兮，何戈與祋」，則侯國之中士也。左史倚相曰「衛武公在輿有旅賁之規，倚几有誦訓之諫」，則侯國之下士也。其他見于周《秩官》、齊《管子》諸書者又有關尹、門尹、火師、水師、大司田、大司理之屬，然則百姓千品、萬官億醜，其名未著于《周官》者，不猶可旁徵諸傳記乎？府史胥徒，有禄無爵，而爲卿大夫士所使令，故亦推究其數，以綴于末。

東西二都疏證

《周書·作雒解》曰：「周公作大邑於土中，制郊甸方六百里，因西土爲方千里。」《漢書·地理志》曰：「雒邑與宗周通封畿，東西長而南北短，短長相覆爲千里。」顔師古曰：「宗周方八百里，爲方百里者六十四。雒邑方六百里，爲方百里者三十六。」此專就穀土、溝洫、山澤、邑居言之。若兼名山、大川，不止于此。嘗據羣書以推東西二都之分界

❶「違」，原作「達」，今據《尚書注疏》改。

與其封域。《水經·河水》注曰：「陝縣故城，周、召分伯以此爲東西之别。」《括地志》曰：「陝原在陝縣西南二十五里。」分陝，從原爲界，東西二都之分當亦如此。洛邑在東都西偏，自陝原而東有殽山，爲東都之西境。據穆王里甫田之路，知中牟爲東境。據史伯稱「當成周者，南有申、吕」，知南陽以北爲南境。據武王欲築宫于五行之山，知太行爲北境。其名山則有伊闕、轘轅、陽城、太室，其大川則有泲、洛、河、潁。地方東西六百八十七里，南北六百九十八里。鎬京在西都東偏，自陝原而西有桃林，爲西都之東境。據叔鄭封于毛泉，知藉水爲西境。據穆王築祗宫于南鄭，知漢中爲南境。據《通典》謂「慶州安化縣，周之先不窋所居」，知郁郅爲北境。華、嶽、荆、岐、終南諸山亘其中，涇、渭、滋、滻、洪、河諸川環其際，地方東西千一百八十四里，南北千二百六十二里，此周初之制也。其後平王以岐西之地與秦；桓王以蘇忿生之田與鄭；惠王與虢公酒泉，與鄭伯武公之略；襄王與晉侯陽樊、温、原、攢茅之田；虢、檜亡而鄭人野留矣；申、吕滅而楚人封畛于汝矣；彭戲伐杜鄭縣而秦人卜子孫飲馬于河矣。二都之封域歲侵月削，至于戰國，僅有漢之七縣：河南、雒陽、穀城、平陰、偃師、鞏、緱氏，向之所謂「規方千里」者，止存百分之一而已。

王朝侯國官禄疏證

《周官》之設官也，有在朝廷者，有在鄉遂郊野者，有在山林川澤者，有在采邑者。朝廷之官，其禄公家給之。采邑之官，其禄私家給之。獨鄉遂郊野之官爲數繁多，歐陽修所以有官多田少，禄將不給之疑。至山林川澤之官無數可稽，則其食禄之多寡更無由知之。曰：是不然。鄉遂郊野之官，其禄不取于公田。前儒謂鄉大夫，六卿兼之，自州長至比長，自遂大夫至里宰，皆鄉遂之民，其爵雖爲大夫、士，其禄則受田于鄉遂郊野。比長即上農夫，閭胥、族師則農夫中德行才能足以表師一閭一族者，異其秩而增受田，使合子弟傭閒民耕之，以代其禄，黨正、州長皆然，非若朝廷之官食民賦税者也。九州之山林川澤入于版圖者，二百九十八山林麓約取三分之一，九百二十六水澤數約居三分之一，❶其官當有中士四百有八人，下士六千二百三十四人，其禄亦不取于公田，以山澤之税給山澤之官。古者名山大澤不以盼，天子使吏治之，而入其貢賦，是以九州之山鎮澤藪各在職方，不隸諸侯之籍。夫子作《春秋》，楚丘不繫衛，緣陵不繫杞，沙鹿不繫晉，虎牢不繫鄭，所以别天子之守地也。周季諸侯始擅不盼之利，齊斡山海，楚藩雲夢，宋障孟諸，晉守郇瑕之地、桃林之塞，蓋虞衡之政令廢弛耳。夫鄉遂、郊野、山林、川澤之官其禄既不取于公田，而采邑之官又各取于私家。采地所入則是王朝所收公田之税，唯以供朝廷之官，復何虞其不給耶？侯國唯無山林、川澤之官，其他皆與王朝同。

釋王畿廛里九等地

《地官·載師》「以廛里任國中之地，以場圃任園地，以宅田、士田、賈田任近郊之地，以官田、牛田、賞田、牧田任遠郊之地」，先、後鄭之説不同，當各采其長。廛

❶「數」，據下文「山鎮澤藪」，疑當作「藪」。

里，城市中空地可以種植者。先鄭。場圃在郭外，所以樹果蔬。宅田，致仕者之家所受。後鄭。士田，士大夫之子所耕。先鄭。賈田，賈人之家所受。後鄭。官田，公家所耕。賞田，賞賜所頒。先鄭。牛田、牧田，畜牧之家所受。後鄭。《載師》：「園廛二十而一，近郊十一，遠郊二十而三，甸稍縣都皆無過十二，惟其漆林之征二十而五。」方氏苞曰：「十一者，三代之中正也。園廛、漆林二句爲《周官》本文。近郊以下三句，乃莽、歆所竄。」今案：園廛利薄，故其税輕。漆林利厚，故其税重。漆林少于園廛，合二者而通率之，仍爲十一而已，故廛里九等，税概以十一計之。

釋治洫治澮之夫

《地官·小司徒》注所稱旁加治洫、治澮之夫，此專據一同以明井田之法，非謂凡有出税之夫必盡加之也。後人以爲溝洫既成，歲爲脩治而已，安有别除其夫以治之？且出税者反少，治洫、治澮者反多乎？今案：洫澮所以資灌溉、備旱潦，若無人專治之，爲害于農不少。至于地有九等，天下不皆可井，即在可井之地，大約整方十里者多，整方百里者少，故出税之夫旁加治洫之夫，此列國所同。若治澮之夫，則惟王畿有之。就一同而論，治洫、治澮者固多于出税者。合天下而論，又未見其多也。或謂以地之形勢言之，王畿之都鄙未必皆整方百里，何以悉除其治澮之夫？侯國之都鄙亦未必無整方百里者，何以獨無治澮之夫？曰：古者建國皆以整方起算，不問地之形勢。王畿方千里，分郊、甸、稍、縣、畺爲五節，每節皆滿百里，適容整方一同，故有治澮之夫。侯國方五百里以下，亦分郊、甸、稍、縣、畺爲五節，每節皆不滿百里，不能容整方一同，則安得有治澮之夫乎？

釋侯國鄉遂

秦氏《五禮通考》謂：「公遠郊五十里，侯伯三十里，子男十里，三鄉二鄉一鄉在焉，三軍、二軍、一軍出焉。」此真不通之論。三鄉三萬七千五百家，諸公遠郊五十里，合四面計之方百里，凡九萬夫。除山澤、邑居三萬二千四百夫，其餘以上中下地三等地通率之，二而當一，僅得二萬八千八百家，即不置廛里之家，亦不能滿三鄉之數。一鄉萬二千五百家，諸男遠郊十里，合四面計之，方二十里，凡三千六百夫，除山澤、邑居千二百九十六夫，其餘皆爲上地，不用通率，僅得二千三百有四家，即不置廛里之家，亦無以容一鄉之衆。然則侯國之鄉遂不得援王畿之在郊、在甸以爲例。王畿郊地四同，故六鄉在郊內；甸地十二同，故六遂在甸內。至于侯國郊甸狹小，則郊甸之家不得不散布于郊甸之外。所以然者，畿內六鄉，公國三鄉，比畿內居半；男國一鄉，比畿內居六分之一；畿內郊地四同，公國郊地一同，比畿內僅四分之一；男國郊地四成，比畿內僅百分之一。鄉遂之差次與邦國之差次各爲一例故也。

釋侯國官禄

古者賦禄以田，若不以田，乃給以粟。《晉語》大國之卿一旅之田，上大夫一卒之田，其説與《孟子》合。《孟子》稱大國之卿四大夫禄，食三十二夫，公田之不易者三十二夫，并私田則三十二井二百八十八夫也。加通率則六十四井五百七十六夫也。五百人爲旅，舉其成數，非所謂一旅之田乎？《孟子》稱大夫之禄倍上士，食八夫，公田之不易者八夫，并私田則八井七十二夫也，加通率則十六井百四十四夫也。百人爲卒，舉其成數，非所謂一卒之田乎？由此言之，次國之卿食二十四夫，并私田通率爲四百三十二夫。小國之卿食十六夫，并私田通率爲二百八十八夫。趙武以絳縣人爲縣師，與之田。襄三十。諸侯之縣師，其爵爲中士，食二夫，并私田通率爲三十六夫。至于上士、下士，無不可并私田通率計之，然案視年出税之法，知下士與府史胥徒通食一夫，其禄當以石計，似但給以粟，而非與以田也。

釋侯國出賦

何晏《論語注》馬融曰：「千乘之賦，其地千成，方三百十六里有奇。惟公侯之封，乃能容之。」如馬融説，則大國千乘皆計地出之，不知軍制有三鄉出車之法，有闔境出賦之法。三鄉七十五家出甲士三人、步卒七十二人爲一乘，其車則公家給之。丘甸、采邑二百八十八家出甲士三人、步卒七十二人爲一乘，其車則民間具之。大國千乘，合三鄉丘甸、采邑之賦在内，三鄉出三萬七千五百人爲三軍，三遂爲副卒。《春秋傳》曰：「成國不過半天子之軍。」襄十四。三軍五百乘，此常征之數也。至于合境出賦，則令丘甸、采邑之家出甲士千五百人、步卒三萬六千人、革車五百乘。《坊記》曰：「制國不過千乘。」雖合三鄉丘甸、采邑所出不止于千乘，而以千乘爲限，此盡發之數也。然則計地所出者，僅五百乘耳。若出千乘，則并三軍所備之五百乘，凡千五百乘矣。故馬融説以爲算法則可，以爲實制則否。《閟宫》疏「公車千乘」，「有七萬五千人，與公徒三萬數不合者，事不同也。天子六軍出自六鄉，《地官·小司徒》『凡起徒役，無過家一人』，家出一人，鄉爲一軍，此出軍之常也。諸侯三軍出自三鄉，『公徒三萬』自謂鄉之所出，非彼千乘之衆也。『公車千乘』自謂計地出兵，非彼三軍之事也。侯國出三軍，若前敵不服，用兵未已，則盡境内皆使從軍，復有計地出軍之法。鄉之出軍爲常，故家出一人；計地出軍則非常，故成出一軍，優之也」。今案：孔穎達分三鄉出軍、計地出軍爲二則是，其謂公徒在千乘外則非。蓋公徒三萬七千五百人，備五百乘，其餘計地所出又得五百乘，合之爲千乘，則公徒亦在千乘中矣。

附録

先生通籍時年已五十四，官教授十年，猶閉户著書，矻矻不倦。史傳。

潘壽生曰：「嘉慶壬申，君客蘆墟吴氏，余過訪之。言及漢説《詩》者四家，惟《齊詩》之四始五際已爲絶學。君曰：『否，否。古人著書，其術即在書中，特後人不悟耳。』」潘眉撰壙志銘。

清儒學案卷一百九十八終

清儒學案卷一百九十九

天津徐世昌

諸儒學案五

朱先生大韶

朱大韶，字仲鈞，號虞卿，華亭人。嘉慶己卯舉人，官懷遠縣教諭，以憂歸。道光二十四年復選授江寧縣教諭，未履任，卒，年五十四。治經宗高郵王氏，以形聲、訓詁、引申、假借通古人所闕，尤熟精三禮。凡大小典禮，古今傳譌者爲之反覆辨證，不苟同，不苟異，務要於至確。所著《春秋傳禮徵》十卷，取《春秋》之言禮者，合三傳、經史、《通典》及先儒之説，融會而貫通之。朱贊善珔最推重其書焉。參張鈞衡撰《春秋傳禮徵跋》。

春秋傳禮徵

隱　公

《元年》：「秋七月，使宰咺來歸惠公仲子之賵。」《左氏》曰：「緩，且子氏未薨，故名。贈死不及尸，弔生不及哀，豫凶事，非禮也。」《公羊》曰：「仲子者何？桓公之母。何以不稱夫人？桓未君也。桓未君，則諸侯曷爲來賵？隱爲桓立，故以桓母之喪告於諸侯。然則何言爾？成公意也。何以不言及仲子？仲子微也。」《穀梁》曰：「母以子氏，仲子者，惠公之母，孝公之妾也。禮，賵人之母則可，賵人之妾則不可。」《二年》：「夫人子氏薨。」《公羊》曰：「夫人者，隱公之母，何以不書葬？成公意也。」《穀梁》曰：「夫人者，隱公之妻也。卒而不書葬，夫人之義從公者也。」《五年》：「九月，考仲子之宫。」《公羊》曰：「桓未君，則曷爲祭仲子？隱爲桓立，故爲桓祭其母也。」《穀梁》曰：「禮，庶子爲君，爲其母築宫，使公子主其祭，於子祭，於孫止。隱孫而修之，非隱也。」《僖八年》：「秋七月，禘於大廟，用致夫人。」《穀梁》曰：「言夫人必以氏姓，言夫人而不以氏姓，非夫人也，立妾之辭也，非正也。夫人之，我可以不夫人之乎？夫人卒葬之，我可以不卒葬之乎？」《文九年》：「秦人來歸僖公、成風之禭。」《公羊》曰：「其言僖公、成風何？兼之。兼之，非禮也。曷爲不言及成風？成風尊也。」《穀梁》曰：「秦人弗夫人也，即外之弗夫人而見正焉。」《定十五年》：「秋七月壬申，姒氏卒。九月辛巳，葬定姒。」《左氏》曰：「不稱夫人，不赴且不祔。葬定姒不稱小君，不成喪也。」《公羊》曰：「姒氏者，哀未君也。」《穀梁》曰：「妾辭也。」

徵曰：説仲子者三傳不同，近儒惠士奇《春秋説》曰：「《春秋》，正名之書也。母以子貴，妾不得體君，故於宰咺及秦人之來賵襚也，書曰『惠公仲子』、『僖公成風』，母以氏，其名正矣。禮，賵人之母則可，賵人之妾不可。《穀梁》正論，雖聖人復起不能易也。」大韶謹按：穀梁師以仲子爲惠公母，律以僖公成風，誠得其實。其説則協諸義而未協《喪服》。「齊衰不杖期」章「公妾、大夫之妾爲其子」條，傳曰：「何以期也？妾不得體君，爲其子得遂也。」「妾爲女君」條，傳曰：「何以期也？妾之事女君，與婦之事舅姑等。」禮之别適庶如此。至庶子爲君，不得以適庶稱。《異義》曰：「《公羊》説：妾子爲君，母得稱夫人，故上堂稱妾，屈於適；下堂稱夫人，尊行國家。子不得爵父，妾子爲君，得爵命其母，以妾在奉授於尊者，有所因緣故也。《穀梁》説：僖公以妾母成風爲夫人，是子而爵母，以妾爲妻，非禮也。古《春秋左氏》説：成風尊得立爲夫人，母以子貴，禮也。謹按：從《公羊》、《左氏》説。」許君義折衷至當，所謂適庶者本父而言，庶子爲君，適母在，但得別之爲所生母而已，安得云「以妾爲妻」？庶子不得尊其母爲夫人，是武王不得追王大王、王季、文王，其義非也。《喪服》「緦麻三月」章「庶子爲父後者爲其母」，鄭注：「君卒，庶子爲母大功。此不爲後者。大夫卒，庶子爲母三年。士雖在，庶子爲母皆如衆人。」此因適子卒，父命庶子爲後者也。公子爲其母本練冠麻衣，此因爲後而服緦麻。蓋天子、諸侯、大夫承社稷、宗廟之重，故公子、大夫之子以厭降。「齊衰期」章「父在爲母」條，傳曰：「何以期？屈也。至尊在，不敢服其私尊也。」《記》曰：「公子爲其母練冠麻衣縓緣。」傳曰：「何以不在五服之中也？君之所不服，子亦不敢服也。」蓋夫爲妻期，故子亦從而期。諸侯絶旁期，於妾無服，故公子於五服之外，權爲此制，所以不奪其恩也。凡此皆因父之尊而屈其私尊，厭於父，不聞厭於母，故父卒，無論適母、所生母，皆得申。晉范宣答問曰：「適母雖貴，然厭降之制，母所不及。婦人無專制之事，豈得引父爲比，屈降支子？」按：范説是也。母不厭子，故「疏衰三年」章「父卒則爲母」條下即列「繼母如母」、「慈母如母」二條。夫慈母亦妾母也，因父命爲母子，尚爲之疏衰三年，豈有生我之恩反不三年乎？《喪服》「緦麻」章「庶子爲父後者爲其母」，疏曰：「向來經傳所云者，據大夫、士之庶子承後法。若天子、諸侯庶子承後，爲其母所服云何？按：《曾子問》：『古者天子練冠以燕居。』注：『庶子爲其母無服。』按：《服問》：『君之母非夫人，則羣臣無服，惟近臣及僕、駿乘從服，❶惟君所服服也。』注：『妾，先君所不服也。禮，庶子爲後爲其母緦，言惟君所服，申君也。《春秋》之義有以小君服之者，時若小君在，則益不可。』據彼二文而言，《曾子問》所云，據小君在，則練冠，五服外。《服問》所云，據小君殁後，其庶子得申，故注云『申君』。」按：母無厭子之禮，賈分適母之存、殁，非也。《昭十一年》「葬我小君齊歸」，《左傳》曰「有三年之喪而無一日之戚」，譏其不哀，不譏其三年，是爲所生母與適母同。知經云「父卒則爲母」，母字兼生母與適母言矣。庶子爲君，得爲所生母三年，是成其母爲夫人，故敬嬴、齊歸、定姒襄公夫人。皆書夫人、書小君，不稱者惟哀母定姒。據禮，踰年始稱君，定姒卒在定年之末，哀未成君，不得遽尊爲夫人，故書卒、書葬而略其稱。知母在子年，無論適庶，俱稱夫人。天王之賵仲子也，以惠公爲君而賵之也。仲子卒在春秋前，年月無攷。《文四年》「夫人風氏薨」，《六年》「春，王使榮叔歸含且賵。三月，葬我小君成風，王使召伯來會葬」。《禮》：「祖父卒而後爲祖母後者三年。成風，文公生祖母，服疏衰三年。」公必以祖母之喪赴於天王，故王使含賵，使會葬，安得謂「賵人之妾」？又安得謂「夫人卒葬之，我可以不卒葬之乎」？禮，邦君之妻稱諸異邦曰「寡小君」，邦人稱之曰「君夫人」，異邦人稱之亦曰「君夫人」。秦人之歸襚也必稱「夫人」，然而書法有所不得施。禮無二適，書「來歸夫人成風之襚」，其如哀姜何？婦人三從，夫死從子，但書「成風」，不知爲何君之母，故書曰

❶「駿」，《禮記注疏》卷五七作「驂」。

「僖公成風」，以母繫子，此即母以子貴之義，安得謂「外之弗夫人」？《襄四年》「定姒薨，不殯於廟，無櫬，不虞。匠慶謂季文子曰：『子爲正卿，而小君之喪不成。君長，誰受其咎？』」定姒，襄生母也，稱曰小君，是定姒生時固已正其名曰夫人矣，季氏不君君，更何有於幼君之母？故曰《穀梁》說於義未協也。至《公羊》謂隱以桓母之喪告於諸侯。按《僖二十二年》傳何注曰：「凡母在子年，無適庶，皆繫子。不在子年，適母繫夫，庶母繫子。」此《春秋》達例也。哀二十三年《左傳》：「宋景曹卒。」曹者，郳女，爲宋景公夫人。景公卒，當繫元公。元公生存未謚，故繫於景曰景曹。桓既未君，赴辭宜何稱？不得曰「寡君之母」，又詎得曰「寡君弟之母」？惠既薨，繫妾於夫曰「惠公仲子」，是自亂其例。《春秋》書及者，所以殊尊卑。成風尊不可言「及」，則仲子微，正當書「及」，以殊於惠公，何以不書「及」？前後傳自相違戾。又以子氏爲隱母。按《元年》傳曰：「仲子何以不稱夫人？桓未君也。」桓未君，不稱夫人。子氏得稱夫人，是隱已正其母爲夫人矣。既正其母爲夫人，何以不書葬？進退無據。然則子氏薨，何以書？隱夫人也。隱既稱公，則當書夫人薨。不殯於廟，不赴於諸侯，不祔於皇姑，則不書葬，亦《穀梁》說得其實。《左氏》以《春秋》兩書仲子，一書子氏，爲一人，故先經發傳，曰：「仲子生而有文在其手，曰爲魯夫人。故仲子歸於我，生桓公，而惠公薨。」禮，諸侯一取九女，以姪娣從。夫人卒，貴妾攝女君。惠公元妃孟子，孟子卒，以聲子繼室可也。再取仲子爲夫人，非禮也。子氏卒在二年，歸賵在元年，乃創爲豫凶事之說。末世即未盡合禮，以送死之物豫及生人，雖誖亂不至此。《左氏》不即人情矣。

秦氏蕙田《五禮通攷》曰：「《穀梁傳》『於子祭，於孫止』，此即《喪服小記》『不世祭』之義。蓋適子指父妾之無子者言，非指有子而又爲君者言。《穀梁》誤引耳。」大韶謹按：《雜記》曰：「主妾之喪，則自祔至於練祥，皆使其子主之。其殯祭不於正室。」此即妾母不世祭之義。《喪服》「疏衰三年」章「慈母如母」傳曰：「妾之無子者，妾之子無母者，父命妾曰：女以爲子。命子曰：女以爲母。若是，則生養之終其身如母，死則喪之三年如母。」父命爲母子，則生養之，始喪之祭之，❶於孫則止。孫謂妾子之子。此即妾母不世祭之義，止非絶不祭也。禮，妾祔於妾祖姑，止則仍同食於妾祖姑而已，與庶子爲君全不相涉。禮無二適，國君之母非適不得配食先君，故別爲之築宮以祭。東晉武帝詔追崇鄭大妃，禮官議曰：「《春秋》之議，母以子貴，故仲子、成風咸稱夫人，經云『考仲子之宫』，明不配食。且漢文、昭二后並繫子號，宜遠準《春秋》考宫之義，近撫二漢不配之典，尊號既正，宜改築新廟。顯崇尊稱，則罔極之情申；別建寢廟，則嚴禰之道著；繫子爲稱，兼明貴之所由。一舉而三義以允。」按：禮官議是也。漢韋玄成等議毁郡國廟曰：「古者制禮，別尊卑貴賤。國君之母非適不得配食，死則薦於寢，身殁而已。孝文大后、孝昭大后寢祠園如故。」云「身殁而已」，即不世祭也。曰「孝文大后、孝昭大后」，以母繫子，猶是惠公仲子、僖公成風之例。云「寢祠園如故」，是不毁也。庶子爲

❶「始」，民國《適園叢書》本《春秋傳禮徵》卷一同，清《皇清經解續編》本《實事求是齋經義》卷二作「死則」。

君，安得援慈母妾母之例？秦氏正之，其識卓矣。至謂適子爲父妾之無子者，則又不然。禮，妾無子不立後，同食於妾祖姑。公子於庶母無服，豈有適子受父之重而祭父妾之無子者乎？《小記》正義曰：「妾母，謂妾子自爲其母。」何嘗言適子？至《公羊》説隱爲桓祭其母。按：《雜記》曰：「婦祔於其夫所祔之妃。」注：「夫所祔之妃，於婦則祖姑。」隱爲桓立，正仲子爲夫人，則當祔於皇姑，其祭也當配食於惠公，豈有別爲築宮之禮？其失固不待辯而自明。

《左傳正義》曰：「《周禮》：小宰，中大夫二人。宰夫，下大夫四人。《宰夫職》曰：『凡邦之弔事，掌其戒令與其器幣財用。』❶既掌弔事，或即充使，此蓋宰夫也。」《桓四年》「天王使宰渠伯糾來聘」，《正義》曰：「傳云『父在故書名』，則於法當書字，但中下大夫皆書字，故注直言王官之宰，不指小宰、宰夫。」顧氏棟高《大事表》曰：「王人見於經者惟宰書名。《正義》引『《穀梁傳》「天子之宰通乎四海」』，其意謂宰者六官之長，官名通乎四海者，謂大宰耳，其屬不應得通』。而宰咺、渠糾必非長官，而亦稱宰者，自宰夫以上皆得通也。」

徵曰：冢宰之屬有「上士八人、中士十有六人，旅下士三十有二人」。襄二十六年《左傳》曰：「晉士起將歸時，事於宰旅。」宰旅即下士。《春秋》凡王之下士書王人，中士繫名，上士加字。宰咺、宰渠伯糾皆宰官之屬，非宰夫也。渠，氏；糾，名；伯糾，名且字。辨見本條。

《公羊》曰：「賵者何？喪事有賵。賵

❶「財」，原作「則」，今據《春秋傳禮徵》卷一及《左傳正義》改。

者，蓋以馬，以乘馬束帛。車馬曰賵，貨財曰賻，衣服曰襚。」注：「以馬者，士不備四也。《禮·既夕》『公賵玄纁束帛、兩馬』是也。乘馬者，謂大夫以上備四也。禮，大夫以上至天子皆乘四馬，所以通四方也。天子馬曰龍，高七尺以上。諸侯曰馬，高六尺以上。卿大夫曰駒，高五尺以上。束帛謂玄三纁二，玄三法天，纁二法地，因取足以供事。」《穀梁》曰：「乘馬曰賵，衣服曰襚，貝玉曰含，錢財曰賻。」

徵曰：《異義》曰：「《易》孟、京，《春秋》公羊説：天子駕六。《毛詩》説：天子至大夫同駕四，士駕二。謹按：《禮·王度記》曰：『天子駕六，諸侯與卿同駕四，大夫駕三，士駕二，庶人駕一。』與《易》、《春秋》同。」鄭駮曰：「《周禮·校人》『掌王馬之政，凡頒良馬而養乘之。乘馬，一師四圉』。四馬爲乘，此一圉者養一馬，而一師監之也。《尚書·顧命》『諸侯入應門，皆布乘黄朱』，言獻四黄馬朱鬣也。《易經》『時乘六龍』者，謂陰陽六爻上下耳，豈故爲禮制？《王度記》云『今天子駕六』者，自是漢法，與古異。大夫駕三，於經無以言之。」謹按：《覲禮》「侯氏以束帛乘馬儐使者，使者降，以左驂出」，注：「騑馬曰驂。」是驂即騑也，鄭《詩》明言「兩驂雁行」。《説文》以「驂」字從參，故云「駕三馬」，亦古有其説耳。自當從鄭駮。《毛詩·干旄》正義曰：「馬以引重，左右當鈞，一轅車以兩馬爲服，旁以一馬驂之，則偏而不調，非人情也。」按孔申鄭義是也。《詩》云「素絲五之」、「素絲六之」，但言「執轡如組」，可以五，可以六耳，非以爲制度也。《左傳·哀十七年》「兩牡衷甸」，《二十七年》「設乘車兩馬」，《書大傳》「命民得飾乘車駢馬」，此駕二也。《詩》皆言乘，是駕四也。又昭六年《左傳》楚公子棄疾見鄭伯，以其乘馬八匹，見子皮以馬六匹，見子産以馬四匹，見子大叔以馬二匹，此降殺以兩之法。《覲禮》「匹馬卓上，九馬隨之」，見天子以十馬，則見諸侯用八馬，非以駕車也。《采菽》詩云「載驂載駟」，蓋自其服外兩驂而言則曰驂，并兩服則爲駟，非以驂爲三馬，如《説文》説也。古乘車、兵車、田車皆一轅，兩服夾之，惟牛車雙轅。言庶人駕一，亦非法。《士喪》下篇注「兩馬，古制也」，與何同。《列子·湯問》篇「六轡不亂，而二十四蹏所投無差」，《荀子·修身》篇「伯牙鼓琴，而六馬仰秣」，此見於諸子者，經典固無之。《雜記》「諸侯相襚以後路」，又曰「上介賵，陳乘黄、大路於中庭」，是賵亦用車。《士喪》下篇曰：「知死者贈，知生者賻。」

僖公

《二十八年》「五月癸丑，公會晉侯、齊侯、宋公、蔡侯、鄭伯、衛子、莒子，盟于踐土」，《穀梁》曰：「諱會天王也。」「公朝于王所」，《公羊》曰「曷爲不言如京師？天子在是也。天子在是，則曷爲不言天子在是？不與致天子也。」《穀梁》曰：「朝不言所，言所者非其所也。」「冬，公會晉侯、齊侯、《穀梁》無齊侯。宋公、蔡侯、鄭伯、陳子、莒子、邾人、秦人于温。」「天王狩于河陽。」「壬申，公朝于王所。」《左氏》曰：「是會也，晉侯召王，以諸侯見，且使王狩。仲尼曰：『以臣召君，不可以訓，故書曰「天王狩于河陽」，言非其地也。』」《公羊》曰：「狩不書，此何以書？不與其致天子也。」《穀梁》曰：「全天王之行也。爲若將狩而遇諸侯之朝也，爲天王諱也。朝于廟，禮也。于外，非禮也。會諸侯言温，小諸侯。温，河北地，以河陽言之，大天子也。」

徵曰：讀《春秋》者於此可攷會同之禮。《大宗伯》：「時見曰會，殷見曰同。」會同即巡守禮。據天子巡行邦國曰巡守，據天子至方岳覲諸侯則曰會同。《尚書》：「肆類于上帝，禋于六宗，望于山川，徧于羣神。既月乃日，覲四岳羣牧，班瑞于羣后。」《覲禮》：「諸侯覲于天子，爲宮方三百步，四門，壇十有二尋，深四尺，加方明于其上。方明者，木也。設六色：東方青，南方赤，西方白，北方黑，上玄，下黃。設六玉：上圭下璧，南方璋，西方琥，北方璜，東方圭。上介皆奉其君之旂，置于宮，上左。公侯伯子男皆就其旂而立，四傳擯。」《司儀職》：「將合諸侯，則令爲壇三成，宮旁一門。」此天子巡守方岳而覲羣后之禮也。《司盟職》：「掌盟載之灋。凡邦國有疑會同，則掌其盟約之載及其禮儀，北面詔明神。既盟則貳之。」此因會同而盟諸侯。傳曰「有事而會，不協而盟」是也。惠氏《禮説》曰：「虞禋六宗而覲四岳羣牧，周祀方明而覲公侯伯子男，臨之以上帝，涖之以羣神，非盟而何？方明者，六宗也。其神卑於上帝，尊於山川。尊而宗之，故曰六宗。」按以方明爲六宗，其説至確。孫氏星衍《尚書疏》亦宗其説。春秋時，王不巡行，而近畿之地，鑾輅猶或至焉。故王巡虢守，虢公爲王宮於玤宮，❶即《覲禮》三百步之宮，謂壇壝宮也。《左氏》紀其事曰：「甲午，至於衡雍，作王宮於踐土。」王巡踐土，晉作王宮，與王巡虢守，虢作王宮同。王子虎盟諸侯於王庭，要言曰：「皆獎

❶「玤」，原作「蚌」，今據《實事求是齋經義》卷二及《左傳正義》改。

王室，無相害也。有渝此盟，明神殛之。」《司盟》所云「詔明神」也。《定四年》傳召陵之盟，祝鮀述載書云「王若曰：晉重、魯申、衛武、蔡甲午、鄭捷、齊潘、宋王臣、莒期」，《司盟》所云「既盟，則貳之」也。周重宗盟，故姬姓列前。《春秋》序國大小，故先晉、齊。衛稱子，猶鄭子儀之稱鄭子。子儀在位十四年，而《莊十四年》傳云「傳瑕殺鄭子」，以其位未定也。温與河陽本周邑，王與鄭人蘇忿生之田中有温、盟二邑。《大事表》曰：「今懷慶府孟縣西南三十里，有古河陽城。武王會諸侯於孟津，即此地。按盟、孟本以同聲通用。❶後歸晉。」是諸侯會於温者，聞王將狩河陽，而會以覲王也。狩有二義：蒐狩謂之狩，巡守亦謂之狩。《車攻》詩序云：「宣王復古也，修車馬，備器械，因田獵而選車徒焉。」其詩曰：「赤芾金舄，會同有繹。」定四年《左傳》：「取于相土之東都，以會王之東蒐。」《天官・掌次職》：「諸侯朝覲會同，則張大次、小次；師田則張幕。」鄭注謂：「諸侯從王而師田者。」又何疑於河陽之狩而言非其地乎？天子以四海爲家，王所在曰王所。《覲禮》曰：「伯父，女順命于王所。」《攷工・梓人》祭侯辭曰：「毋或若女不寧侯，不屬於王所。」《史記・衛將軍傳》：「遣詣行在所。」注：「蔡邕曰：天子自謂所居曰行在所。雖在京師，行所至耳。」因巡守而公朝，即古朝於方岳之禮。《左氏》乃曰「以臣召君」，引孔子之言以實之。按《左》於「趙盾弑其君夷獋」、於「陳殺其大夫洩冶」下兩引「孔子曰」，此非闕里之微言，或傳聞之失實也。《左》於文元年傳云：「晉襄公既祥，使告於諸侯而

❶「同」，原作「回」，今據《實事求是齋經義》卷二改。

伐衛。及南陽，先且居曰：『請君朝王。』晉侯朝王於温。」不朝京師而朝于温，又得謂之召王乎？《公》、《穀》未見《周官》之法，故爲之説曰「諱會天王也」，曰「非其所也」，均於《禮》違。何注乃云：「時晉文公年老，恐功不成，上白天子，曰：『諸侯不可卒致，願王居踐土。』下謂諸侯，曰：『天子在是，不可不朝。』」按《晉世家》獻公即位，重耳年二十一，奔狄年四十三，反國年六十二，是何年老之説也。按昭十三年《左傳》叔向曰「我先君文公生十七年，亡十九年」，❶以晉人説晉事，當得其實。《晉語》僖負羈亦云「晉公子生十七年而亡」，❷是文公反國年三十有六，卒時不過四十有二，安得謂之老？莊二十八年《左傳》：「晉獻公取於賈，無子，烝於齊姜，生秦穆夫人及大子申生。又取二女於戎，大戎狐姬生重耳、獻公。」烝父妾在武公卒後，據叔向云「生十七年」，則文公之生當在獻之五年，其奔狄當在獻之二十二年。據《十二諸侯年表》。如《世家》所述，則獻公生重耳在武公十九年，《年表》武公在位三十九年。反前於申生二十餘年，其誣不已甚乎？鄭注《大宗伯》云：「時見者，言無常期。諸侯有不順服者，王將有征伐之事，則既朝覲，爲壇於國外，合諸侯而命事。《春秋傳》曰『有事而會，不協而盟』是也。殷猶衆也。十二歲，王如不巡守，則殷同，六服盡朝。朝禮既畢，王亦爲壇，合諸侯而命政。所命之政，如王巡守。殷見，四方四時分來，歲終則徧。」《大行人》注同。昭十三年《左傳》：「明王之制，使諸侯歲聘以

❶「九」，原作「七」，今據《實事求是齋經義》卷二改。

❷「生」，原作「年」，今據《春秋傳禮徵》卷一及《實事求是齋經義》卷二改。

志業，間朝以講禮，再朝而會以示威，再會而盟以顯昭明。」《正義》曰：「《大宗伯》曰『時見曰會，殷見曰同』，不云年限。時見曰會，何必不是再朝而會？殷見曰同，何必不是再會而盟？」謹按：《左氏》所説，皆諸侯自相朝聘之法，與《周官》之法無與。以《周官》全經攷之，諸職所云會同，皆巡守之制。《地官・鄉師》：「大會同，正治其徒役與其輂輦。」《牛人》：「凡會同，共其兵車之牛，與其牽徬，以載公任器。」《司市》：「凡會同，市師帥賈師而往，治其市政。」《稍人》：「若有會同之事，則以縣師之灋作其同徒輂輦，帥而以至，治其政令。」《廩人》：「凡邦有會同之事，則治其糧與其食。」《夏官・司弓矢》：「凡會同，頒其弓弩。」《戎右》：「會同，充革車，盟則以玉敦辟盟。」惟巡行方岳，故有兵車、輂輦、糧食之備。《王制》説巡守之禮云「命市納賈」，故「市師帥賈師而往」。若僅在國外，則近郊三十里，遠郊五十里，一日至，一日會，一日歸，委人自有郊里之委積，何須治其糧與其食？《春官・大祝》：「大會同，造于禰，宜于社。過大山川，則用事焉。」《攷工記・玉人》則云：「大璋、中璋，❶邊璋七寸，天子以巡守，宗祝以前馬。」《夏官・校人》：「將有事于四海山川，則飾黃駒。」注：「王巡守，過大山川，則有殺駒以祈沈之禮。」此其證矣。《職方氏》：「王將巡守，則戒于四方，曰：各修乃守，攷乃職事，無敢不敬戒，國有大刑。」又曰：「王殷國亦如之。」殷國，即殷同。天子十二年一巡守，因巡守而見諸侯，故曰「時見」。至方岳，諸侯各朝於方岳，故

❶「中璋」下，據《周禮注疏》當脱「九寸」二字。

曰「殷見」。《大宗伯》「十有二歲，❶王巡守殷國」，《掌客》「王巡守殷國」，皆因巡守而殷見，注乃云「王不巡守，乃殷國」，似未協。《覲禮》於「饗禮乃歸」下更端言之，曰「諸侯覲於天子」，此因覲於京師而兼載覲諸侯於方岳之禮。末云「祭天燔柴」，即《堯典》「至於岱宗，柴」；「祭山丘陵，升。祭川，沈」，即《堯典》「望秩于山川」。若諸侯四時來朝，將幣三享皆於廟，無爲壇於國外之禮，亦無祀方明之禮。

文公

《二年》：「秋八月丁卯，大事于大廟，躋僖公。」《左氏》曰：「逆祀也。」《公羊》曰：「其逆祀奈何？先禰而後祖也。」《穀梁》曰：「先親而後祖也，逆祀也。」杜注曰：「僖是閔兄，不得爲父子。嘗爲臣，位應在下，今在閔上，故曰『逆祀』。」《正義》曰：「禮，父子異昭穆，兄弟昭穆同。僖、閔不得爲父子，同爲穆耳。逆者，二公位次逆，非昭穆亂也。《魯語》：『將躋僖公，宗有司曰：非昭穆也。』若兄弟相代即爲昭穆，假令兄弟四人皆立爲君，則祖父之廟即已從毀，知其禮必不然。」何注曰：「春秋惠公與莊公當同南面西上，隱、桓與閔、僖亦當同北面西上，繼閔者在下。文公緣僖公於閔公爲庶兄，置僖公於閔公上，失先後之義，故譏之。傳曰『後祖』者，僖公以臣繼閔，猶以子繼父，故閔公於文公亦稱祖也。自先君言之，隱、桓及閔、僖各當爲兄弟，顧有貴賤耳。自繼代言之，有父子、君臣之道，此恩義順逆各有所施。」范注：「禰僖公，祖莊公。」

❶「宗伯」，據《周禮注疏》當作「行人」。

徵曰：毛氏奇齡曰：「凡先入禰廟，即於新君爲之父；而繼入祖廟，則於新君爲之祖。是以就世次言，閔、僖本兄弟；就廟次，則閔、僖爲君臣、爲父子。在文公，則僖爲禰而閔爲祖，僖不得躋閔，廟次之不得同世次，有斷然者。何休爲兄弟不分昭穆，惠南向則隱、桓皆北向，莊南向則閔、僖皆北向，非也。南向、北向就合食言之，合食之次即東西分宮，無二次也。休但以合食論，不知於廟位有大戾者。」孔氏《公羊通義》曰：「僖之先閔，不直以臣越君，乃以子越父，以穆越昭，以禰越祖。文公當禰僖而祖閔，俗儒惑於禰必爲父、祖必爲王父，甚不知禮意。祖、禰皆廟名，爲人後者後其廟。禰事之，非必父謂之也。祖事之，非必王父謂之也。」又曰：「凡新主必納禰宮，不以倫序而異。若周之初，孝王嗣懿王，懿之叔父也，然祀懿王於禰。假令兄弟同昭穆，則孝王當與共王同位，而以臣躋懿上，即逆祀矣。其後桓王嗣平王，平之孫也，然祀平必於禰，而太子洩父不序於七廟。徐邈云：『兄弟六人爲君，自爲昭穆。』則後世祀不及祖、禰，此妄之甚者。兄弟六人相代，亦六世祀祖禰。即如其言，六人各自爲昭穆，是爲十三廟。又其最後一君自上繼其父，則五世終無後也。」大韶謹桉：昭穆者，子孫世序之名，不可通之於廟，又不可通之於廟主。《祭統》記曰：「夫祭有昭穆，昭穆者，所以別父子、遠近、長幼、親疏之序而無亂也。是故『有事於太廟』，則羣昭羣穆咸在而不失其倫焉。」又曰：「凡賜爵，昭爲一，穆爲一，昭與昭齒，穆與穆齒。此之謂長幼有序。」所謂齒者，謂於世次之中各自爲序，非謂弟三世之昭得與弟一世之昭相齒也。惟爲子孫世次之名，故《左傳》云「太王之昭」、「王季之穆」、「文之昭也」、「武之穆也」。昭穆與宗法相繫，昭穆分，雖祖遷於上，宗易於下，而子孫之所自出秩然不紊。故《小宗伯》「辨廟祧之昭穆」，《小史》「奠繫世，辨昭穆」，《魯語》「夫宗廟之有昭穆也，以次世之長幼而等胄之親疏也」，又曰「工史書世，宗祝書昭穆」，皆指子孫世敘而言。若廟之稱則曰考廟，曰王考廟，曰皇考廟，曰顯考廟，曰祖考廟，不聞稱昭廟、穆廟。《聘禮》：「賜饔，唯羹飪。筮一尸，❶若昭若穆。」此昭穆皆謂其禰。若，或也。此使者於世次爲昭，則其禰爲穆；於次爲穆，則其禰爲昭，故曰「或昭或穆」。鄭注：「父在，祭祖；父殁，祭禰。」則以昭穆爲祖禰，非也。古者世卿，父在，子安得爲卿而出聘鄰國乎？《王制》云「三昭三穆」，亦指其世次而言。《雜記》曰：「士不祔於大夫，祔於大夫之昆弟，無昆弟則從其昭穆。」又曰：「妾祔於妾祖姑，無妾祖姑則亦從其昭穆之妾。」所云昭穆，亦謂其世次也。孫居昭行，則其祖亦昭行；孫居穆行，則其祖亦穆行，非廟也。否則大夫三廟，安得有高祖之廟而祔？而朱子説廟制云：「昭常爲昭，穆常爲穆。昭者祔，則穆者不遷；穆者遷，則昭者不動。」桉：如朱子説，可通於廟位之左右，不可通於合食之南北。天子七廟，當武王時，后稷爲始祖，東鄉；高圉、祖紺、王季南鄉西上，亞圉、大王、文王北鄉西上。至武王入廟，高圉祧，自當以亞圉南鄉，以次遞移，乃於世及之序正。若拘於廟之昭穆，則武王當與祖紺、王季南鄉，而文王返北鄉，不幾於逆祀乎？且何以處三廟之制？大夫祀禰、祖、曾，不及高祖。其制當皇

❶「尸」，原作「史」，今據《儀禮·聘禮》改。

考廟居中，祖考廟、考廟列左右，至弟四世之主入廟時，曾祖當祧，則居左者入曾祖廟，而居右者當移左。此廟制昭穆一定之説，不可通也。惟其爲子孫世序之名，故南鄉者可稱昭，北鄉者可稱穆，即有如孝王以叔父繼兄子，孝王時奉懿王爲禰廟，孝王崩，懿王子夷王復立，當奉孝王爲禰廟，而夷王爲祖廟，❶其合食於大廟，則康、穆、懿三王南鄉，昭、共、孝三王北鄉。孔氏謂祖禰皆廟名，後者後其廟，其義郅通。禮，新主入，必於禰廟。故襄十三年《左傳》云：「惟是春秋窀穸之事，所以從先君於禰廟者。」杜云「從先君，代爲禰」是也。以上祖曾高以次遞遷，此一定之序。天子、諸侯承大統，非如大夫、士必以支子後大宗，故以兄繼弟可，以叔父繼兄子亦可，以孫繼祖亦可。以叔繼兄子，奉兄子爲禰廟，又何疑於僖之禰閔與文之祖閔乎？推之兄弟四人相及，如殷之陽甲、盤庚、小辛、小乙四王，齊之孝、昭、懿、惠四公，皆兄弟也。小乙子武丁立，則禰小乙，祖小辛，曾盤庚，高陽甲。陽甲以上入於祧廟，此不易之常。萬氏斯大創爲同堂異室之説，以兄弟相及者同廟，則有如商、齊四人相及，將一廟而有四主，非禮所云「廟無二主」也。《哀三年》書「桓宮、僖宮災」，如兄弟同昭穆者同廟，隱固兄也，當稱隱宮，不當舍隱而言桓，知隱與桓、閔與僖同廟之説，何注亦未足據。蓋昭穆者，子孫世次之常。祖禰者，親廟相承之統。父子不可易，祖禰不可越。非世次而繼統者，稱曰嗣王某、嗣侯某，不得稱孝王某、孝侯某，正其名也。唐宣宗，穆宗弟，而敬、文、武三宗之叔父也，禮院奏於穆、敬、

❶「夷王」，據文義當作「懿王」。

文、武四室稱嗣皇帝，於禮合。所謂「爲人後者，後其廟也」。明乎此，而繼統之義嚴，而倫序之名正。《魯語》所云「非昭穆也」，即非世次也。三傳義同，學者失之。

又按：此禮專論天子、諸侯，不得通之大夫、士。《成十五年》「仲嬰齊卒」，《公羊》曰：「仲嬰齊者何？公孫嬰齊也。公孫嬰齊則曷爲謂之仲嬰齊？爲兄後也。爲人後者爲之子，則其稱仲何？孫以王父字爲氏也。然則嬰齊孰後？後歸父也。」何注：「弟無後兄之義，爲亂昭穆之序，失父子之親。故不言仲孫，明不與子爲父孫。」孔氏《通義》曰：「禮，大夫世則有族。魯人立歸父之後，使世其位，故命之氏。氏姓自廟別者也。嬰齊既後歸父，則當祀歸父於禰，祀仲遂於祖，故得比孫以王父字爲氏之法。何氏乃訾其亂昭穆之序，《禮》不有『爲殤後者』乎？『爲祖母後者』乎？『爲祖庶母後者』乎？豈皆以父母稱之乎？」按：説仲嬰齊者多異義。萬氏斯大曰：「春秋同時有二嬰齊，一爲仲遂，一爲叔肸子。法皆當書『公孫嬰齊卒』，然不知何者爲仲氏嬰齊，何者爲叔氏嬰齊。冠之以氏曰仲嬰齊、叔氏嬰齊，則從其恒稱，然後兩公孫嬰齊不至無別。」毛氏奇齡曰：「歸父自有子，即子家羈。季孫曰『子家氏未有後』，則嬰齊未嘗爲歸父後，必待子家羈爲卿而後後之。是嬰齊未嘗以歸父爲父，歸父未嘗以嬰齊爲子甚明。」徐氏乾學曰：「《穀梁傳》『與人之子守其父之殯』，注云：『人之子，謂歸父子。』是歸父自有子。昭公時，有子家羈，注：『莊公玄孫。』見昭五年傳注。子家，歸父字；歸父，莊公孫；羈以王父字爲氏，故爲玄孫。是歸父自有孫，不必以弟嬰齊爲後。然則嬰齊孰後？後仲遂耳。書『仲嬰齊』者，以父字爲氏也。」大韶謹桉：此三説者，各有所據。孔氏申《公羊》義，於禮不協。《喪服》斬衰章「爲人後者」傳曰：「受重者，必以尊服服之。」齊衰不杖期章「爲人後者爲其父母期報」傳曰：「爲人後者孰後？後大宗也。曷爲後大宗？大宗者，尊之統也。」又曰：「大宗者，收族者也，不可以絶。故族人以支子後大宗也。適子不得後大宗。」古者世卿，其仕者惟宗子一人，無後，不但其先祀絶，并宗法亦散而無紀，故必爲之立後。非若後世無子即立也。天子、諸侯盡臣其諸父昆弟，臣子一義，故繼統者不論世序。大夫僅收族，故以族之支子後之。必以支子者，小宗適子各自爲宗，以適子爲後，則是奪其宗也，故適子不得後大宗。此立後之義也。無子而立後，後此死者也。有罪出奔而立後，後其先祀也。故臧紇曰「苟守先祀，無廢二勳」，二勳者，宣叔、文仲也。歸父出奔，安得爲歸父立後？知《公羊》説失之矣。至孔引《喪服小記》三語尤於經悖。記曰「爲殤後者，以其服服之」，《正義》曰：「爲殤後者，謂宗子爲殤而死，族人爲後大宗，而不得後此殤者爲子，以其父無殤道，故以兄弟之服服此殤。」以上《正義》。殤無爲人父之道，爲後者以大宗不可絶，故云爲殤後，非爲殤者子。《曾子問》：「宗子爲殤而死，庶子弗爲後也。」注：「族人以其倫代之。」《正義》：「以其倫代之者，各以其服服之。」義與此同。服以兄弟服，明不與殤者爲子。此即弟不後兄之證。記又曰「祖父卒而後爲祖母後者三年」，此論適孫承重，故《正義》曰：「適孫無父而爲祖後，祖父已卒，又遭祖母喪，故云爲祖母後。」大韶謂爲祖母後者三年，猶曰祖父卒而後爲祖母三年。蓋祖父在，即適孫承重，爲祖母亦齊衰期。祖父卒，乃三年。此與《喪服》「疏衰三年」章「父卒則爲母」例同，與此事有何關涉而蔓引乎？記又曰：「爲慈母後者，爲庶母可也，爲祖庶母可也。」大韶桉：爲慈母後者，即《喪服》「疏衰三年」章「慈母如母」，傳曰「妾之無子者，妾子之無母者，父命之爲母子，死則喪之三年如母」是也。此是父命，不得概之於庶母，更不得例之於祖庶母。妾無子不得立後，故父命妾之無子者曰「女以爲子」，命妾子之無母者曰「女以爲母」，若是，則生養之，終其身如母，死則喪之三年如母。必待父命，乃得爲母子，故傳申之曰「貴父之命也」。至「小功」章「君之子爲庶母慈己者」傳曰：「爲庶母何以小功也？以慈己加也。」蓋士爲庶母緦，大夫以上於庶母無服，此言「以慈己加」，則服緦者加至小功。同一慈己者，一爲之疏衰三年，一爲之小功，則命與不命之别也。故鄭注「疏衰」章曰：「不命爲母子，則亦服庶母慈己之服。」是庶母之慈己者小功，不慈己則緦。以慈母之例推之於庶母，已與經違。況以己之妾子爲己之妾母後，是大亂倫敘。此記人之失，不可爲典要。孔又曰「不以父母稱之」，桉《喪服·傳》明言「爲人後者爲之子」，不父母稱之而何稱？總之，大夫、士與天子、諸侯異。僖可以後閔，嬰齊不得後歸父。《公羊》云：「魯人徐傷歸父之無後也，於是使嬰齊後之。」據宣十八年《左傳》曰：「公孫歸父欲去三桓而張公室，與公謀而聘於晉，欲使晉人去之。冬，公薨。季文子言於朝曰：『使我殺適立庶，以失大援者，仲也夫！』臧宣叔怒曰：『當其時，不能治也，後之人何罪？子欲去之，許請去之。』遂逐東門氏。」是季孫怨歸父之將去三桓，無辭以罪，託於遂之殺子赤耳。於歸父有深讐，於仲遂則黨惡，不得謂傷歸父。以時勢論之，嬰齊後仲遂，不後歸父，較然明著。不然，《左傳》何得云「子家氏未有後」？定元年傳。蓋羈者，歸父子。徐以子家羈爲歸父孫，據《穀梁》「與人之子」一語耳。究之，其子何名，無文以證，則以羈爲歸父子者是。子以父字爲氏，羈氏子家，猶彌牟氏子南耳。隨父奔齊，後還魯，事昭公，未爲卿，以有嬰齊後仲氏也。故意如曰：「子家氏未有後，吾欲與之從政。」《公羊》則云：「宣公死，成公幼，臧宣叔者相也。君死不哭，聚諸大夫而問焉，曰：『昔者叔仲惠伯之事，孰爲之？』諸大夫皆雜然曰：『仲氏也。』於是遣歸父之家，然後哭君。魯人徐傷歸父之無後也，於是使嬰齊後之也。」《公羊》無歸父欲去三桓一節，故以逐歸父爲臧宣叔事。然內大夫出奔而立後者，如逐叔孫僑如而立其弟豹，成十六年。逐臧孫紇而立其弟爲，襄二十三年。未嘗以豹後僑如，以爲後紇，何獨嬰齊必爲歸父後？即魯人惡襄仲而傷歸父，則召歸父於齊可也，否則歸父自有子，何必嬰齊？此《公羊》傳聞之失。知此而弟無後兄之義明，大夫不得同於天子、諸侯之禮亦明。又桉：春秋時，廟制有不得以禮律者。《哀三年》「桓宮、僖宮災」，《公羊》曰：「此皆毀廟也，其言災何？復立也。曷言不言其復立？❶《春秋》見者，不復見也。」杜預注《左氏》曰：「桓、僖親盡而廟未毀。」大韶桉：廟制一定，諸侯立國，即建五廟，以次遞遷。桓、僖親未盡時，即此四親之廟。親盡，則還其主入太廟夾室。《穀梁》所云「改塗」、「易檐」者，以新主將入禰廟，因而新之耳。無易一主、毀一廟

❶ 上「言」字，據《春秋公羊傳注疏》當作「爲」。

之禮，何云「復立」？何云「未毁」？江氏《羣經補義》曰：「諸侯五廟，遷廟之次不越乎五。若兄弟相及，則祧遷不得爲常制。禮有以通其窮，兄弟而相及者，當别立廟。高曾親未盡者，廟不遷。既盡，則兄弟同昭穆者兩廟並祧。魯桓、僖皆兄弟相及，宜别立廟，以待他年之祧遷。廟雖增，而昭穆世次未嘗踰乎數。桓之廟，莊公所以『丹楹刻桷』也。僖之廟，其即閟宫與？僖以兄繼弟，當别立廟，故於生時因作路寢。漢文帝生而立顧成廟，亦此類也。此兄弟别立之禮。然廟雖當立，而祧遷仍當依世次之常。計隱、桓之祧當在成公時，其時季孫行父爲政，以桓爲三家所自出也，則祧隱而不祧桓、閔，僖之祧當在昭公時，其時季孫宿爲政，以僖賜田邑有德於季氏者也，則祧閔而不祧僖，所以猶存於定、哀間。其始因兄弟繼立，權宜立廟，不意末流至此。他國亦有兄弟相及者，魯襄公六年當齊靈公時，傳曰『齊侯滅萊，獻萊宗器於襄公』，襄至靈有八君，如五廟之數，當遷已久。考其實，襄與桓兄弟爲一世，孝、昭、懿、惠皆兄弟爲一世，頃爲一世，靈公禰頃祖惠，而桓公其曾祖，僖公其高祖，襄與桓曾祖行，宜襄廟之未毁。以此知兄弟繼世者别立一廟，而靈公時，齊當有九廟也。」桉：江此説亦屬肊測。《昭二十二年》「單子、劉子以王猛入於王城」，傳曰：「盟百官於平宫。」❶《定七年》傳：「王入於王城，朝於莊公。」平至景歷十二王，莊至敬歷十一王，自平以後無兄弟相及者，平、莊又何以不祧？此後世之末失，不足以證禮，以孔氏《通義》説爲正。

❶「官」，據《左傳正義》當作「士」。

宣　公

《十五年》：「初税畝。」《左氏》曰：「非禮也。穀出不過藉。」注：「履其餘畝，復十收其一。」《公羊》曰：「履畝而税也。古者什一而藉。」注：「時宣公無恩信於民，民不肯盡力於公田，故履踐桉行，擇其善畝穀最好者取之。井田之法：一夫一婦受田百畝，所謂十而税也。❶廬舍二畝半，凡爲田一頃十二畝半。八家而九頃，共爲一井，故曰井田。」《穀梁》曰：「古者十一，藉而不税。初税畝，非正也。古者三百步爲里，名曰井田。井田者，九百畝，公田居一。私田稼不善，則非吏；公田稼不善，則非民。初税畝者，譏公之去公田而履畝十取一也，❷以公之與民爲已悉矣。古者公田爲居，井竈葱韭盡取焉。」徐邈曰：「除公田之外，又税取私田之十一也。」

徵曰：《春秋》書「初税畝」者，譏始去公田也，三傳義同。《孟子》説井田之制曰：「方里而井，井九百畝，其中爲公田，八家皆私百畝，同養公田。」而《食貨志》曰：「井方一里，是爲九夫八家共之，各受私田百畮，公田十畮。是爲八百八十畮，餘二十畮以爲廬舍。此謂平土可以爲灋者也。若山林、藪澤、原陵、淳鹵之地，各以肥磽多少爲差。」又曰：「周室既衰，繇役横作，政令不信，上下相詐，公田不治，故魯宣公初税畮，《春秋》譏焉。」《甫田》正義駁曰：「言井九百畝，其中爲公田，則中央百畝共爲公田，不得家取十

❶「十」下，《實事求是齋經義》卷二有「一」字。
❷「譏」，《實事求是齋經義》卷二及《春秋穀梁傳注疏》作「非」。

畝。言八家皆私百畝，則百畝皆屬公矣，何得復以二十畝爲廬舍？言同養公田，是八家共理公事，何得家分十畝自治之？若家取十畝各自治之，安得爲同養？若二十畝爲廬舍，則家別二畝半亦入私矣，家別私有百二畝半，何得爲八家皆私百畝？」《孟子》又曰：「請野九一而助，國中什一使自賦。」鄭注《匠人》據之，云：「通其率，以什一爲正。」《甫田》正義申曰：「言什一者，據通率而言。周制有貢、有助，助者九夫而税一夫之田，貢者什一而貢一夫之穀。通之二十夫而税二夫。國中言什一，乃云『使自賦』，是什一之中使自賦之，明非什一中爲賦。故鄭云『通其率，以什一爲正』。若爲什中賦一，不得與九一通率爲什一也。」謹桉：九一者，九中税一也。如班説公田僅八十畝，八家各受田一百十畝，是十一中税一，《正義》駁之是也。至申鄭義，以九合十一爲二十夫，似非。九一爲九中之一，則十一爲十中之一，非以十一爲數而税其一也。萬氏斯大曰：「據趙注《孟子》，周人耕百畝者，『徹取十二畝以爲賦』。❶《小司徒》云『九夫爲井』，是周人并九百畝，分之九夫，中以十畝爲公田，君取其十而不收餘畝之税。」桉：萬説非也。《司馬法》「畝百爲夫」，九夫以地言，非以人言。《甫田》箋云：「井税一夫，其田百畝。」明以百畝統爲公田。孟子明言八家，安得云分之九夫？然則助法九中税一，貢法十中税一，助法重於貢法，魯去公田，是輕其賦矣，非也。周法貢助兼行，而貢法必多於助法，何則？田之可井者必平疇沃壤，班云「平土可以爲法者」是也。若山林藪澤，不能截然方

❶ 「二」，《孟子注疏》卷五無。

整，則以貢法通之。襄二十五年《左傳》：「楚蔿掩書土田：度山林，鳩藪澤，辨京陵，表淳鹵，數疆潦，規偃豬，町原防，牧隰皋，井衍沃。」賈注：❶「山林九度而當一井，藪澤八鳩而當一井，京陵七辨而當一井，淳鹵六表而當一井，疆潦五數而當一井，偃豬四規而當一井，原防三町而當一井，隰皋二牧而當一井，衍沃畝百爲井，九夫爲井。」《小司徒》授田之法有不易、一易、再易三等者，舉其中。傳言九等者，該其數。是井田必衍沃之地，故九中税一。若不可井者，則併其畸零以授，不能拘一夫之數，視受田之多寡，使自賦其十中之一。此貢、助所以並行也。然而《大田》詩曰「雨我公田，遂及我私」，言下急上也。見《漢書·蕭望之傳》。《鹽鐵論·取下》篇曰：「君篤愛，臣盡力，上下交讓，而天下和。『浚發爾私』，上讓下也。『遂及我私』，先公職也。」古之時，上以仁撫下，下以義事上，故先公而後私。《穀梁》曰：「公田稼不善，則非民。」責民之不急上也。至後世如班所云「上下相詐」，民有私而忘公，於是并公田而去之，與貢法之自賦者同十一而税，而助法亡，《春秋》所以書「初税畝」，杜預、徐邈並云「於公田之外又税十一」，説非是。

王先生宗涑

王宗涑，字倬甫，嘉定人。諸生。究心經學，嘗以古時車制向無圖説，自戴氏震作《攷工記圖》後，程氏瑶田、阮文達元相繼撰述，精益求精，然攷證不同，得失互見，因取《輪人》、《輿人》、《輈人》、《車人》四職之文，

❶「賈」，原作「要」，今據《春秋傳禮徵》卷六改。

於鄭司農及各家舊説其未能詳盡者，則爲之攷；有涉舛誤者，則爲之辨，成《攷工記攷辨》八卷，以期實事求是焉。《皇清經解續編》。

攷工記攷辨自序

乘車之圖，漢代多刻於碑石，初未有説也。其圖而兼説者，惟宋聶氏之《三禮圖》爾，然皆略具車之形狀，未有將輻、轂、輪、輿、輈、衡、軸、轐一一分而圖之而説之者。有之，自近儒東原戴吉士之《攷工記圖説》始。厥後，易疇程徵君、伯元阮相國繼有譔述，竝祖吉士，精益求精，而不必盡同也。及攷之於記，得失互見。因玩《輪》、《輿》、《輈》、《車》四職之文，兼綜鄭、戴、程、阮之説，佐以經典，别成《攷辨》八卷，務期實事求是，以存古制於放失之餘。故凡徵引諸家，是者存之，誤者訂之，亦猶戴之不盡同於鄭，程之不盡同於鄭、戴，阮之不盡同於鄭、戴、程也。豈好與前賢駮難哉？

朱先生緒曾

朱緒曾，字述之，號燮亭，上元人。道光壬午舉人，以大挑知縣，分發浙江，補孝豐，歷署武義、秀水、嘉興等縣。二十九年大水，朝廷頒内帑給振，先生宣揚德意，紳民樂輸，於是有野蠶成繭之瑞。轉台州府同知，晋知府。未第時，與陳宗彝、金鼇往還最密，每日晡同游書肆，日有所得，互相攷訂，不少倦。生平著述甚富，有《論語義證》，《爾雅集釋》，《續棠陰比事》，皆經亂散失。其刊行者，《開有益齋經説》五卷，《讀書志》五卷、《續》一卷，《梅里詩輯》，《朱氏家集》。又有《中論注》，《曹子建集考異》，《續宋文鑑》，《金陵舊聞》，《金陵詩匯》，《昌國典詠》，《北山集》。參《江寧府志》、《棠陰比事自記》。

開有益齋經説

于今五邦

《盤庚》「不常厥邑，于今五邦」，疏引鄭康成注云：「湯自商徙亳，數商、亳、囂、相、耿爲五。」《釋文》引馬季長注五邦謂商丘、亳、囂、相、耿，與鄭同。王肅好與鄭異，獨此五邦無異説。證以《書序》，知漢、魏諸儒所見同也。東晉僞孔傳不數商丘，云：「湯遷亳，仲丁遷囂，河亶甲居相，祖乙居耿，我往居亳，凡五徙國都。」孔冲遠爲僞孔作疏，曲爲之説，以駁馬、鄭，然馬、鄭之注轉賴《釋文》、《正義》以傳。《盤庚》三篇，其首篇疏言將欲遷居而治於亳之殷治，是亳不能充五遷之數。疏亦不能曲爲之諱。蔡傳謂「下文『今不承於古』，以文勢考之，則盤庚前當自有五遷」，其駁孔傳甚確。此僞孔傳之不可從，一也。蔡傳既駁僞孔，惜不能遵馬、鄭舊説，又誤據《史記》祖乙遷邢，或祖乙兩遷，蓋不知邢即耿之異文。如果祖乙兩遷，則史當云「祖乙遷於邢，復遷於耿」，或云「遷於耿，又遷於邢」，何以僅有遷邢之文，不復云耿？司馬貞《索隱》曰：「邢音耿。近代本亦作『耿』，今河東皮氏縣有耿鄉。」張守節《正義》引《括地志》：「絳州龍門縣東南十二里耿城，故耿國。」《太平御覽》八十三引《史記》正作「祖乙遷於耿」，即小司馬所見之本。杜佑《通典》曰：「祖乙遷邢。」丁度《集韻》上聲《三十九耿》收「邢」字，云「地名，通作耿」，《十五青》亦收「耿」字，云：「耿，明白也。

《楚辭》『吾所陳之耿著』。」此耿、邢相通之證。羅泌《路史·國名紀》亦謂耿即邢，駁《史記》先耿後邢。《史記》並無先耿後邢之文。邵康節《皇極經世》始云「祖乙圮耿徙邢」，鄭樵《通志·三王紀》踵其謬，金履祥《通鑑前編》遂云「祖乙元祀圮於相，徙都於耿，九祀圮於耿，徙都於邢」，又與《竹書》不盡合。此史公所不言，仁山何從得之？近世顧祖禹《方輿紀要》又云：「耿爲山西河津縣，邢爲直隸邢臺縣。」《水經》「汾水西逕耿鄉城北」，酈注曰：「盤庚遷耿。」此盤庚乃祖乙之譌。至「濁漳水逕鉅鹿」，不云「祖乙遷邢」。《元和郡縣志》亦無「祖乙遷邢」語。此蔡傳分耿與邢爲二，不可從者，二也。元鄒季友《蔡傳音釋》不從遷邢之説，引程伯圭云「五遷謂西亳、南亳、囂、相、耿」，舍商丘而言西亳、南亳，又爲皇甫士安所惑。《書序》「湯始居亳，從先王居」，康成注：「亳，今河南偃師縣有湯亭。」《漢書·地理志》：「河南郡偃師縣有尸鄉，殷湯所都。」《續漢志》劉昭注引《皇覽》曰：「有湯祠。」又曰：「尸鄉在縣西三十里，所謂殷者，亳之别也。」皇甫謐始創爲三亳，云：「穀熟爲南亳，即湯都。蒙爲北亳，即景亳，湯所受命。偃師爲西亳，即《盤庚》所徙。」不知《立政》「三亳版尹」，康成謂：「湯舊都之民服文王者分爲三邑，其長居險，故言『版尹』。」蓋東成皋，南轘轅，西降谷。」成湯、盤庚時，安得有西亳、南亳、北亳之分？且蔡傳以僞孔數盤庚遷亳爲非，謂盤庚前自有五遷，鄒氏反取《世紀》盤庚西亳加於湯都南亳之上，更爲先後倒置。此鄒季友《音釋》之不可從，三也。羅泌《路史》據《竹書紀年》云：「祖乙二年，圮於耿，自耿遷於庇，歷祖辛、開甲、祖丁皆居庇；及南庚二年，遷于奄，歷陽甲；而盤庚自奄遷于北蒙，曰殷。所謂五邦，合囂、相、耿、庇、奄。」顧炎武亦用其説。然庇地古無所考。徐文靖《統箋》謂「邢與庇當是一地」，引《世紀》「紂自朝歌北築沙丘臺」，在鉅鹿東北，《括地志》在邢州平鄉，無一言及庇。文靖以爲《史記》「祖乙遷邢」當即庇。商時未有邢國，周公子靖淵始封邢，但謂商時謂之庇，殊爲武斷。《元和郡縣志》：「邢州，古邢侯之國。邢侯爲紂三公，以忠諫被誅。」《史記》自是鄂侯，徐廣云：「一作邘，音于。」李吉甫訛邘爲邢，亦無商時庇國之語。南庚遷奄，亦無他證。《書序》：「成王既踐奄，將遷其君於蒲姑。」《左傳》祝鮀曰：「因商奄之民，命以伯禽。」《郡國志》：「魯國即奄國。」經史言魯者，但云「少皞都于曲阜」，從無南庚都奄之語。且囂、相、耿俱見《書序》，庇、奄則《汲冢》之孤文，猶之舜囚堯、太甲殺伊尹爲經史家所不道。此羅泌之不可從，四也。

夫康成五邦以商爲首，馬融云「商丘」，《世本》「契居蕃，昭明居砥石，閼伯居商丘」，《荀子·成相》篇「昭明居於砥石，遷於商丘」，《襄九年》傳「閼伯居商丘，相土因之，故商主大火」，杜預注：「辰，大火，爲宋星。商丘在宋地。」《釋例》云：「宋、商、商丘三名一地，在梁國睢陽縣。」是馬曰商丘，鄭曰商，無異地。《括地志》：「宋州城，古閼伯之墟，即商丘。」《太平寰宇記》：「虹之西北有故相城，即相土居。」若衛成公自楚丘遷於帝丘，夢康叔曰：「相奪予祀。」杜注：「相居帝丘。」「今濮陽。由顓頊所居，故曰帝丘。」此夏后仲康之子帝相與閼伯之子相土，顯爲兩人。宋商丘主火，衛帝丘屬水，玄枵之次，一曰顓頊之虚，顯然兩地。酈道元《瓠子河》始誤以顓頊、閼伯、相土、昆吾、衛成公五同居。王伯厚《通鑑地理通釋》

謂出於《帝王世紀》之謬。孔疏不用商丘者，謂「湯既遷亳，始建王業。此言先王遷都，不當遠數居亳之前」。誠如斯言，則湯當以亳爲有天下之號，不當以商爲有天下之號，有是理乎？至謂湯必不自商丘遷亳，此泥於《書序》「自契至成湯八遷」之文。王鳴盛《尚書後案》云：「時代既遠，八遷可考者惟四，安見相土遷商丘之後，不又遷他處，其後又復遷商丘，而湯承之耶？」此以知馬、鄭之不可易也。

在武丁孫子

頌先祖必及其孫子，言孫子之能繼功德，正歸美祖宗之義。武丁之後有祖庚、祖甲，皆賢王也。《商頌·玄鳥》篇：「在武丁孫子，武丁孫子，武王靡不勝。」鄭箋謂：「武丁孫子有武功王德。」其説精確不易。毛但訓武丁爲高宗，王肅好與鄭異，遂謂武丁之爲人孫子。孔冲遠惑於王肅，誤以爲述毛，謂武丁善爲人孫子，其説迂曲難通。呂東萊《讀詩記》、朱紫陽《詩集傳》、魏了翁《毛詩要義》皆從鄭説，謂武丁之孫子是也。曾子固譏鄭箋之失，謂武王即成湯，前後俱美成湯。陳啟源《毛詩稽古編》云：「成湯功業上文述之已詳，此詩本祀高宗，不應無一語稱揚武丁，則子固之譏鄭非矣。」難鄭者莫若嚴粲《詩緝》，其辨曰：「武丁後世無顯王，況孫子祀其先王，不應自誇其武德。」嚴氏何不考之甚乎？周公作《無逸》，高宗之後即稱祖甲，云「不義惟王，舊爲小人，作其即位，爰知小人之依，能保惠于庶民，不敢侮鰥寡，肆祖甲之享國三十有三年」，周公之稱祖甲如此，豈得謂武丁後世無顯王乎？嚴氏解《詩》何不讀《無逸》之篇乎？豈周公之言不足信乎？據《書》之《無逸》知武王之後有顯王，則鄭箋之不可駁，一也。《史記》：「帝武丁崩，帝祖庚立。祖己嘉武丁之以祥雉爲德，立其廟爲高宗，遂作《高宗肜日》及《訓》。帝祖庚崩，帝祖甲立，是爲帝甲。」《玄鳥》「祀高宗」，武丁崩，始合祭於契之廟。迨祖己專立高宗之廟，則非獨祫祭於太祖、禘於羣廟而已。據此知《玄鳥》之詩必作於祖庚、祖甲之時。武丁之孫子即指祖庚、祖甲。鄭明言高宗興湯之功，法度明，乃嚴氏疑祀高宗者自誇其武德，謬矣！則鄭箋之不可駁，二也。《無逸》祖甲，康成以爲武丁子帝甲。有兄祖庚賢，武丁欲廢兄立帝，❶祖甲以爲不義，逃於人間，故云「久爲小人」。康成此注必本古説，乃王肅從而亂之，以祖甲爲太甲，非特世次顛倒，且太甲稱太宗，未聞稱祖。太甲在位十二年，亦非三十三年。王肅妄造此語，晚出僞《書》孔傳因之附會，與肅解《詩》不以武丁孫子有武功王德同出一喙。據此知王肅有心異鄭，游談無根。則鄭箋之不可駁，三也。且武丁之孫子，其武功王德更有可考者。《竹書紀年》：「祖庚元年丙午，王即位，居殷，作高宗之《訓》。祖甲元年，王即位居殷，十二年征西戎。冬，王返自西戎。十三年，西戎來賓，命邠侯祖紺。」《史記》誣以淫亂，殷道復衰，不若《竹書》之得實。據此知武丁之伐荆、楚，與祖甲之征西戎，其武功王德同爲顯赫，豈得謂武丁後無顯王，併無武功王德乎？則鄭箋之不可駁，四也。或曰祖庚、祖甲皆賢君矣，然皆武丁之子，非武丁之孫。帝甲之子廩辛，廩辛之弟庚丁，無所表見，《詩》何不云「武丁之子」，而云「武丁孫子」乎？抑知《詩》有明言某之子孫，如「后稷

❶「帝」，《尚書注疏・無逸》作「弟」。

之孫」、「周公之孫」、「莊公之子」者是；有泛言子孫，如「宜爾子孫」、「子孫保之」、「子孫千億」、「子孫繩繩」者是。至概言「孫子」，乃約舉之詞，猶《皇矣》曰「施于孫子」，《既醉》曰「從以孫子」，皆歸美祖宗之義耳。且《大雅·文王》「侯文王孫子」、「文王孫子，本支百世」，鄭箋云：「其子孫適爲天子，庶爲諸侯，皆百世。」《大雅》「侯文王孫子」、「文王孫子」與《商頌》「在武丁孫子」、「武丁孫子」語句正同。使如王肅之説，將謂文王爲人之孫子乎？使如孔申王肅之説，將謂文王善爲人之孫子乎？則鄭箋之不可駮，五也。若夫《那》「祀成湯」，三言「湯孫」，鄭箋謂烈祖爲湯，湯孫爲太甲，確不可易。毛傳「湯孫奏格」、「湯孫之將」俱無訓，獨於此「湯孫」訓「湯爲人之子孫」，不釋於初見，而釋於再見。疏謂「舉中以明上下」，解經從無此例，疑爲王肅竄入之語。王肅以經三「湯孫」俱云「湯爲人之子孫」，以爲終篇述湯生存之事，與《詩序》「祀成湯」義大相乖剌。且《烈祖》「祀中宗」，云「湯孫之將」，《殷武》「祀高宗」，云「湯孫之緒」，肅又將何解乎？孔疏不駮王肅釋《那》詩「湯孫」之謬，轉援以武丁爲人孫子之證，是非可謂倒置。據此知「湯孫」爲湯之孫，即「武丁孫子」爲武丁之孫子。則鄭箋之不可駮，六也。至於「武王載旆」，毛以爲湯，鄭箋云「有武功王德」，亦指湯言，非有異義。湯曰「吾甚武」，武丁亦稱「殷武」，何武丁之孫子獨不可言武乎？高郵王氏謂：武丁、武王上下倒易，當作「在武王孫子。武王孫子武丁靡不勝」，非不言之成理，惜無左證。且謂毛傳已據誤本，其不誤之本，於三家《詩》亦無所徵。近人作《詩毛氏傳疏》，又謂：「『武丁孫子』猶『孫子武丁』，倒文就韻。」其説近陋。然則解《詩》者遵高密之正軌，不必揚王肅之頹波也。

月令五藏分配五行

五藏分配五行有二義，古《尚書》説脾木、肺火、心土、肝金、腎水，今《尚書》説肝木、心火、脾土、肺金、腎水。叔重《五經異議》主古《尚書》，其作《説文》則兼存今説。高誘注《吕覽》、《淮南》，則先主今，後附古。鄭君《駁異議》，則專釋《月令》，據牲之五藏所在當四時之位。若五行所生主五藏，則肝木、心火、脾土、肺金、腎水。夏侯、歐陽之説，用醫治之書，行實爲驗」，故其所配是也。叔重《五經異義》據《禮記・月令》謂五時自相得，鄭君駁之曰：「此文異事乖，未察其本意。《月令》五祭皆言先，無言後者。凡言先，有後之辭。春祀户，其祭也先脾後腎。夏祀竈，其祭也先肺後心肝。季夏祀中霤，其祭也先心後肺。秋祀門，其祭也先肝後心肺。冬祀行，其祭也先腎後脾。凡此之義，以四時之位、五藏之上下次之耳。冬位在後而腎在下，夏位在前而肺在上，春位小前故祭先脾，秋位小卻故祭先肝，肝、腎、脾俱在鬲下，肺、心俱在鬲上，祭者必三，故有先後焉。此義不與行氣同也。」隋蕭吉《五行大義》所引較《禮疏》爲詳備。今《注疏》本：「腎脾在鬲下，肺心肝在鬲上。」按：《八十一問》云：「五藏俱等，心、肺獨在鬲上何？對曰：心主氣，肺主血，血行脈中，氣行脈外，相隨上下，故曰營衛。故令心、肺在鬲上。」據此知蕭吉所引「心肺在鬲上」，是肝無「鬲上」之文，較孔疏以心肺與肝俱在鬲上爲勝耳。鄭君又云：「今醫病之法，以肝爲木，心爲火，脾爲土，肺爲金，腎爲水，則有瘳也。」

若反其術，不死爲劇。」考《周禮·醫師》「以五氣、五聲、五色眡其死生」，鄭君云：「五氣，五藏所出氣也。肺氣熱，心氣次之，肝氣涼，脾氣温，腎氣寒。」賈公彦云：「此五藏寒熱等，據《月令》成文而説。及其醫方之術，心屬南方，肝屬東方，肺屬西方，脾屬中央，腎屬北方。」又有胃、膀胱、大腸、小腸，以益五藏爲九藏，所謂「參之以九藏之動」。《素問》：「肝者，魂之所居，陰中之小陽，故通春氣。心者，生之本神之所處，爲陽中之大陽，故通夏氣。脾者，倉廩之本，名曰興化，能化糟粕，轉味出入，至陰之類，故通土氣。肺者，氣之本，魄之所處，陽中之少陰，故通秋氣。腎者，主蟄，封藏之本，精之所處，陰中之太陰，故通冬氣。」皇甫謐《甲乙經》云：「肝爲牡藏，其色青，其時春，其日甲乙。心爲牡藏，其色赤，其時夏，其日丙丁。脾爲牝藏，其色黄，其時季夏，其日戊己。肺爲牝藏，其色白，其時秋，其日庚辛。腎爲牝藏，其色黑，其時冬，其日壬癸。」所謂「醫治之書用行實爲驗」，此鄭君之左證。翼奉云：「肝性静，甲乙主之。心性躁，丙辛主之。脾性力，戊癸主之。肺性堅，乙庚主之。腎性敬，丁壬主之。」則又不獨醫術爲然也。至若叔重用古《尚書》説，非獨古《尚書》也。揚子雲《太玄經·太玄數第十一》：「三八爲木，爲春，藏脾；四九爲金，爲秋，藏肝；二七爲火，爲夏，藏肺；一六爲水，爲冬，藏腎；五五爲土，爲四維，藏心。」晉范望注：「脾藏色青，故在木。肝色黄，金之精者亦黄，故金藏黄肝。肺之爲言敷，象火敷揚，故火在肺。腎色黑，心在中央，故藏於土。」子雲深於象數，準《易》以作《太玄》。此許君之所本。至其作《説文》，「心」字下「土藏也，博士説以爲火藏」，舉此爲例，則肺當云「火藏也，博士説以爲金藏」，脾下當云「木藏也，博士説以爲土藏」，肝下當云「金藏也，博士説以爲木藏」。今本《説文》有脱字，「肺，火藏」誤作「金」。玄應《一切經音義》引作「火藏」，段氏注補正之，是也。叔重於「心」字不廢火藏之説，所云博士，即歐陽、夏侯《尚書》也。高誘《吕氏春秋注》「祭先脾」曰：「脾屬土，陳俎豆，脾在前。春木勝土，先食所勝也。一説脾屬木，自用其藏也。」「夏祭先肺」曰：「肺，金也。祭祀之肉先進肺，用其勝也。一説肺火自用其藏也。」「秋祭先肝」曰：「肝，木也，祭祀之肉用其勝也，故先進肝。一説肝，金也，自用其藏也。」「冬祭先腎」曰：「腎屬水，自用其藏也。」「中央土，祭先心」曰：「祭祀之肉先進心，心，火也，用所勝也。一説心土自用其藏也。」注《淮南子・時則訓》略同。高氏前説用歐陽、夏侯，後説與古文《尚書》同。考《白虎通・情性》云：「肝，木之精，東方者陽也。肝象木，色青。肺，金之精，西方金，肺象金，色白。心，火之精，南方心，象火，色赤。腎，水之精，北方水，故腎色黑。脾，土之精，脾象土，色黄。」又《五祀》篇云：「春祀户，祭所以特先脾者何？脾者，土也。春木王，煞土，故以所勝祭之也。冬腎，六月心，非所勝也，以祭何？以爲土位在中央，至尊，故祭以心。心者，藏之尊者。水最卑，不得食其所勝。」據此高誘前説證以班固而愈明，均可以補康成之注。後説則用古《尚書》「自用其藏」，即叔重所云「五時自相得也」。《白虎通》言肝仁、肺義、心禮、腎智、脾信，鄭君《中庸注》木神仁，金神義、火神禮、水神信、土神智，俱本《孝經援神契》、《春秋元命苞》。若毛公《傳》説及京房以土爲信、水爲智，其說不同耳。《漢・藝文志》：「《五行》三十一篇，六百五十二卷。」今存者無一焉。惟隋蕭吉《五行大義》五卷，《日本佚存叢書》尚有傳本。第十四《論雜配》，分爲六段，四者《論配藏府》，最爲詳覈。康成《駁五經異義》此條全文，亦賴以傳。引《管子》、《醫書》、《越記》、《河圖》、《樂緯》、道家《太式》，而不取揚子《太玄經》，則蕭吉以鄭義爲長。然高誘《淮南》《吕覽》注足以輔鄭，亦解經者所必考也。

毋出九門

《月令》：「季春田獵，罝罘、羅罔、畢翳、餧獸之藥，毋出九門。」鄭康成注：「九門者，路門、應門、雉門、庫門、臯門、城門、近郊門、遠郊門、關門。」《吕氏春秋・季春紀》高誘注則云：「天子城門十二，東方三門，王氣所在，尚生氣，明餧獸之藥所不得出，嫌餘三方九門得出，故戒之。」《淮南子・時則訓》高誘注亦同。然高氏所云九門，特康成所云城門耳。天子城十二門，《月令》但云九門，高氏遂去東方三門定爲九門，亦望文生義。元吴澄《禮記纂言》不從康成之注，小變高氏之說，云：「東西南北各三門則十二門，而云九門者，南門王之正門，平日此等之物皆不敢由其門而出，不待此日始禁。其餘九門則得出，但此日禁爾。」案：何休《公羊傳》注：「天子周城，諸侯軒城者，缺南面以受過，謂三面有臺，南方無臺耳。」此諸侯之制。若南門爲正門，禁罝罘等物，經無明文。然則高氏、吴氏各執其說，平日不得出者爲東方三門耶？爲南方三門耶？皆還就九門之數，故其說牴牾而不合耳。若東爲發生，南爲正陽，《月令》但云毋出六門可矣，何必曰九門乎？《考工記・匠人》「營國方九里，旁三門」，鄭康成注：「天子十二門，通十二子。」賈公彦疏謂：「甲乙丙丁之屬十日爲母，❶子丑寅卯等十二辰爲子。」王城面各三門，以通十二子，是天子十二門。」康成注之最詳，不以此注《月令》者，十二門不可言九門也。故以此十二門當九門之一，統謂之曰城門。康成九門由近及遠，始曰路門、應門、雉門、庫門、皋門者，《閽人》「掌守王宮之中門之禁」，鄭司農曰：「王有五門：外曰皋門，二曰雉門，三曰庫門，四曰應門，五曰路門，一曰畢門。」後鄭云：「雉門，三門也。」或疑路門至皋門皆宮室所在，非田獵之地。孔冲遠云：「門内雖是宮室所在，亦有林苑及空閒之處，況禁令之施，必由近以及遠，故不得遺此五門。」《閽人》云：「喪服凶器不入宮，潛服賊器不入宮，奇服怪民不入宮。」彼禁其入，此禁其出也。繼言城門、近郊門、遠郊門、關門者，《司門》「掌授管鍵，以啟閉國門，幾出入不物者，正其貨賄。凡財物犯禁者舉之」。此城門之證。《載師》：「任近郊之地，任遠郊之地。」杜子春謂：「五十里爲近郊，百里爲遠郊。」《士師》：「正歲帥其屬而憲禁令于國及郊野。」康成注：「去國百里爲郊，郊外謂之野。」《鄉士》：「掌國中。」鄭司農云：「謂國中至百里郊也。」《遂士》：「掌四郊。」鄭司農云：「謂百里至三百里。」《鄉老》注：「鄭司農云『百里内謂六鄉，外爲六遂。』」《遂人》注：「六遂之地自遠郊以達于畿中。」鄭司農云：『遂謂王國百里外。』」《白虎通》：「近郊五十里，遠郊百里。」《書序》「《費誓》東郊不開」，孔疏謂：「諸侯之制於郊有門，恐其侵

❶「日」，原作「月」，今據《周禮注疏》改。

逼魯境，故東郊之門不開。」言諸侯則天子郊亦有門可知，言近郊則遠郊亦有門可知。此近郊門、遠郊門之證。《司關》康成注：「關，界上之門。」賈公彦云：「王畿千里，王城在中，面有五百里，界首面置三關，則亦十二關，故云關界上門。」《司關》：「掌國貨之節，以聯門市。國凶札，則無關門之征猶幾。」康成注：「謂自外來者，司關通之國門，國門通之司市。自内出者，司市通之國門，國門通之關門。」又「門關用符節」注：「司門、司關。」《太宰》「關市之賦」，賈疏：「王畿四面皆有關門。」《曲禮》：「入竟而問禁。」孔疏：「竟，界首。」此關門之證。《士師》之職「掌國之五禁：一曰宫禁，三曰國禁，四曰田野禁。」康成九門實兼宫、國、野三禁義，意周市非止禁城門也。若城門之外有郊門，更有可證者，郊門即郭門也。《量人》「營國城郭」，《掌固》「掌修城郭」，《春秋》隱七年、宣九年、定六年皆書「城中城」，説者以爲内城，是内城之外又有郭。《左傳》隱五年「伐宋，入其郛」，僖十二年「諸侯城楚丘之郛」，定八年「攻廩丘之郛」，《周書·作雒》「郛方七十里」，《説文》「郛，郭也」。城外有郭，郭必有門。《説苑》：「孔子入齊郭門，知作《韶》樂。」即郊外有門之證。郭，古作𩫏。𩫏，《説文》：「度也。民所度居。从◎，象城𩫏之重，兩亭相對。」《漢典略》「十二城門，門一亭」，此城内亭。若城外之亭相對，知郭亦有十二亭，是亦十二門。鄉遂皆有地域，近郊如此，遠郊可知。據《司關》「界首面置三關，亦十二門」，則天子城門近郊門、遠郊門、關門皆十二門可知，豈得謂城門外無門乎？况山虞、林衡、迹人，皆遂人、遂大夫、遂師之屬，鳥獸萃止，豈郭門外六遂之地門獨無禁乎？《詩·兔罝》「施于中逵」，《爾雅》「九達謂之逵」，《左傳》隱十二年「及大逵」，桓十四年「焚東門，及九逵」，莊二十八年「入自純門，及逵市」，宣十二年「入自皇門，至于逵路」，皆城中之道。此城中平日有罝之證。又云「施于中林」，《爾雅》「邑外謂之郊，郊外謂之野，野外謂之牧，牧外謂之林」，此郊外有罝之證也。若如高誘、吴澄之説，豈罝罘、羅罔等物皆在城門内之物，禁其不得出城而已。如近郊有此物，可聽其出遠郊乎？遠郊有此物，可聽其出關門乎？此其説不可通者也。《月令》又云：「命國難，九門磔攘，以畢春氣。」此九門亦必依康成所釋。《禮》：「季春出疫于郊，以攘春氣。」《方相氏》「帥百隸索室毆疫以逐之」，若用三方九門之解，將東三門無儺乎？抑南三門無儺乎？更爲經典所不載矣。故曰：康成《月令》九門之注，非《吕覽》、《淮南》高誘注所能及也。

清儒學案卷一百九十九終

清儒學案卷二百

天津徐世昌

諸儒學案六

朱先生右曾

朱右曾，字尊魯，嘉定人。道光戊戌進士，改庶吉士，授編修，出爲安徽徽州府知府，以憂歸。服闋，補貴州鎮遠府，調遵義府。值楊鳳倡亂，先生堅守五閱月，以失屬邑斥罷。及圍解，復官，尋卒。先生覃思著述，精於訓詁、輿地之學。以《逸周書》孔晁注疏略，乃集諸家之說，爲《周書集訓校釋》十卷，不曰《逸周書》，亦不曰《汲冢書》，復《漢志》之舊題也。又以《竹書紀年》亡于北宋，不知何時何人依託爲之，錯雜難言，乃廣搜故籍，得三百五十四條，爲《汲冢紀年存真》二卷，附《周年表》一卷。又著《詩地理徵》七卷。陳南園爲《毛詩傳疏》，於其精當處引用頗多。《春秋左傳地理徵》二十卷，據杜氏《地名譜》而進退之，著國邑山川名一千二百八十一，闕者二百二十六，考其封域，詳其兼并，而繫以漢及今之郡縣。輯《服氏解誼》三十卷，兼取劉歆、賈逵、鄭眾之說。又有《後漢書郡國志校補》、《穆行堂隨筆》、《春暉軒古文吟草》。參史傳、《嘉定朱氏遺書》。

周書集訓校釋序

《周書》稱「逸」，昉《說文》；繫之《汲

家》，自《隋書・經籍志》。《隋志》之失，先儒辨之，不逸而逸，無以別于逸《尚書》，故宜復《漢志》之舊題也。其書存者五十九篇，并序爲六十篇，較《漢志》篇數亡其十有一焉。注之者，晉五經博士孔鼂，每篇題云某某解弟幾，此鼂所目也。舊但云某某弟幾。蔡邕《明堂月令論》曰「《周書》七十一篇，而《月令》弟五十三」可證也。唐初，孔氏注本亡其二十五篇，師古據之以注《漢志》，故云「今其存者四十五篇」。師古之後，又亡其三，故今孔注祇有四十二篇也。然晉、唐之世，書有二本，孔氏解《克殷》「荷素質之旗于王前」云「一作『以前于王』」，解《大武》「三擯厥親」云「擯，一作『損』」。李善注《文選》「丘中」云「《周書》丘，一作苑」。劉知幾《史通》云「《周書》七十一章，上自文、武，下終靈、景」，不言有所闕佚，與師古説殊。《唐書・藝文志》：「《汲冢周書》十卷，孔鼂注《周書》八卷。」二本並列，尤明徵也。其合四十二篇之注于七十一篇之本，而亡其十一篇者，未知何代，要在唐以後矣。

嗟乎！自周至今殆三千載，苟獲碎金殘石于瓦礫之中，尚寶之如拱璧。《山海經》之謬悠，穆王游行之荒唐，僞《紀年》之杜撰，尚有孯覃綴緝之者，況上翼六經，下籠諸子，宏深質古，若是書者乎？《漢志》儒家有《周政》六篇，《周法》九篇，道家有《周訓》十四篇，皆不傳，傳者唯此。儒者顧不甚愛惜，任其脱爛，或又從而牴排之。甚矣！其專己而蔑古也。

愚觀此書雖未必果出文、武、周、吕之手，要亦非戰國、秦、漢人所能僞託。何者？莊生有言，聖人之法，「以參爲驗，以稽爲決，一二三四是也」。周室之初，箕子陳疇，《周官》分職，皆以數紀，大致與此書相似。其證一也。《克殷》篇所敍非親見者不能，《高誓》、《度邑》、《皇門》、《芮良夫》諸篇大似今文《尚書》，非僞古文所能彷彿。其證二也。偁引是書者，荀息、引《武稱》「美女破舌，美男破老」，見《戰國策》「田軫爲陳軫」章。❶狼瞫、引《大匡》「勇則害上，不登于明堂」，見《左氏》文二年傳。魏絳，引《程典》「居安思危」，見《左氏》襄十一年傳。皆在孔子前。其證三也。夫《酆保》爲保國之謀，《武稱》著用兵之難，《常訓》之言怪，《文酌》、《文傳》之言政，俱不悖于孔、孟，而説者或誚爲陰謀，或譏其傎戾。嗚呼！豈知是書者哉？抑又考之《春秋傳》曰：「辛有之二子董之晉，於是乎有董史。」辛有當周平王時，周史辛甲之裔，世職載筆，或其子適晉，以周之典籍往，未可知也。觀《太子晉》篇末云「師曠歸，未及三年，告死者至」，亦似晉史之辭。六國以後，書始廣播。墨翟、蘇秦、蔡澤、呂不韋、韓非、蒙恬、蕭何之倫，蘇秦引《和寤》「緜緜不絶」四句，《韓非》引《寤儆》「無虎傅翼」四句，餘詳逸文。以及伏生、大小戴、太史公時時節取此書，意其時學者誦習，亞于六藝，故劉歆、班固列之六藝《書》九家中，未嘗以孔子删定之餘，夷之諸子、雜家之例。姜士昌曰：「丘明以博物君子，臣素王，以垂不朽，誦法素王者不能舍《左氏》，故諸家訓詁犂然甚具。《周書》辭特深奧，流俗畏難好易，不復孳覈。」愚嘗味乎其言，覃思久之。夫孔注疏略，且多譌闕。餘姚盧文弨集諸家校訂，間有所釋，但恨其未備。嗣又得高郵王氏念孫、海寧洪氏頤煊之書，校定正文，及其義訓。乃不揣鄙陋，集諸家之説，仍是删違，申以己意。一攷定正文，如《文酌》「樹惠不瘱」，瘱譌爲瘱；《糴匡》「企

❶「田軫」，據《戰國策》當作「田莘」。

不滿鋻」，企當爲金之類。一正其訓詁，如《大匡》「展盡不伊」，孔注曰「伊，惟也」，本《儀禮·士冠禮》注，今譌爲「推」；《武稱》「遂其咎之」，遂當本《說文》訓亡；《大匡》「無播蔬」之「播」當本《楚辭注》訓棄之類。一詳其名物，如《王會》之臺，即《司儀》之壇；矛爲刺兵，非句兵之戟；《作雒》畫旅即旅樹，《器服》一篇皆明器之類。凡所訓解，悉本前儒，而以校訂音釋附焉。爰名之曰《集訓校釋》。屬稾於道光丁酉，又經陽湖同年丁侍讀嘉葆、太倉陸孝廉麟書、同里葛廣文其仁商榷，輒復隨手更定，蓋再易稾矣。今夏案牘餘閒，念心力之頗耗，感良朋之匡正，付之梓人，譬《左氏傳》亦欲待服、杜諸儒出而論定云。

汲冢紀年存真序

秦政燔書，三代事跡泯焉。越五百歲，古文《紀年》出於汲縣冢中，而三代事跡復約略可覩。學者錮於所習，以與《太史公書》及漢世經師傳説乖牾，遂不復覃尋，徒資異論。越六百餘歲，而是書復亡。亡于北宋，説詳後。不知何年何人捃拾殘文，依附《史記》，規倣紫陽《綱目》，爲今本之《紀年》，鼠璞溷淆，真贋錯雜，不有别白，安知真古文之可信與今本之非是哉？

最其大凡，今本之可疑者十有二，真古文之可信者十有六，請揚榷陳之。《晉書·束晳傳》言《紀年》十三篇，《隋書·經籍志》《紀年》十二卷，新、舊《唐書·藝文志》並云《紀年》十四卷，今本祇二卷，篇目可疑，一也。《束皙傳》言「《紀年》紀夏以來至周幽王爲犬戎所滅，以晉事接之，三家分，仍述魏事」，杜預亦云「特紀晉國，起自殤叔，以至曲沃莊伯」。莊伯之十一年十一月，魯隱公之元年正月也。今本自黄帝元年至隱王十六年，大半依據《史記・年表》，體例可疑，二也。古文全用夏正，杜預之言可據。今本平王五十一年「春三月己巳，日有食之」，桓王二十三年「三月乙未，王陟」，全襲《春秋》，可疑三也。《史記正義》引《紀年》云「自盤庚徙殷至紂之滅二百七十三年，更不徙都」，今本則云「武乙三年，自殷遷于河北。十五年，自河北遷于沬」，不知盤庚之徙已居河北，妄襲《史記》，又杜撰遷沬之文，可疑四也。《史記集解》引《紀年》云「夏用歲四百七十一年」，今本附注云「起壬子，終壬戌」，若然，則四百三十一年矣，可疑五也。自來簡册俱不詳周公薨于何年，今本于成王二十一年「周文公薨于豐」，而前此成王十三年書「夏六月，魯大禘于周公廟」，豈有周公尚存而魯已立廟乎？可疑六也。《書序》云「周公既没，命君陳分正東郊」，今本「成王十年，周文公出居于豐。十一年，王命周平公治東都」，顯非事實，可疑七也。宋鼂氏、陳氏書目皆無此書，而《宋志》有《竹書》三卷，是亡而復輯之證。可疑八也。凡《史記》注所引「田侯剡立」、「齊桓公弑其君母」、「梁惠成王會齊威王于平阿」、「齊宣王八年，殺其王后」、「秦惠王薨，秦内亂，殺其太后及公子雍、公子壯」，《水經注》所引「鄭築長城自亥谷以南」、「鄴師敗邯鄲師于平陽」，諸如此類，確是《紀年》古文，而今本俱軼，可疑九也。《紀年》本不講書法，故王季、文王亦加王號，魯隱、邾莊皆舉謚法，今本改王季爲周公季歷，改文王爲西伯，改許文公爲許男，改平王爲宜臼，可疑十也。《水經注》引「晉烈公三年，楚人伐我南鄙」、「晉烈公十二年，王命韓景子、趙烈子及我師伐齊」，我者，晉也；「梁惠成王元年，趙成侯偃、韓懿侯若伐我葵，二年齊田壽帥師伐我，圍觀」，我者，魏也。今本用周王紀年，則我皆爲周，文義俱失，可疑十一也。《梁書·沈約傳》不言注《竹書紀年》，隋、唐《志》亦無《紀年》沈約注，今本採取《宋書·符瑞志》而託爲休文之注，可疑十二也。前後四條，洪頤煊説同。

至于真古文之可信，又可得而言焉。黄帝至禹爲世三十，則知譜牒所紀闕漏甚多，而舜妻祖姑，契、稷爲堯親弟，舉可旁通，一撤其鄣，一也。禹都陽城，足證《孟子》「避舜之子」，二也。太康、羿、桀俱居斟鄩，即雒汭之鄩口，去雒邑不遠，足證《周書·度邑》「因有夏之居」，三也。鳴條在陳留，湯伐桀，桀自斟鄩東出禦敵，故戰于鳴條，足證《書序》，四也。商世五遷，囂、相、耿、庇、奄，前不數亳，後不連殷，故云「不常厥邑，于今五邦」，五也。周武王十一年伐殷禽受，故《尚書·泰誓》序言「惟十有一年」，足破僞古文十有三年之謬，六也。武王陟年五十四，與《周書·度邑》言「自發之未生至于今六十年」者合，上距克殷祇閱六歲，故《中庸》云「武王末受命」，足闢漢儒文王十五生武王，武王八十二生成王之謬説，七也。共伯于王位，故《左傳》云「諸侯釋位以間王政」，若周、召攝政，不得云諸侯，八也。攜王爲王子余臣，以其庶孽，故云「奸命」。若伯服，則幽王既立爲天子，不得言奸命，九也。《莊子》言「越人三弑其君，田成子十二世而有齊國」，稽之《史記》，殊形參錯；證之真古文，若合符節，十也。梁惠王改元稱王，故孟子至梁稱之曰王，十一也。惠王六年，徙都大梁，故十八年桂陵之戰，田忌欲直走大梁，十二也。惠王後元十一年，楚敗我襄陵，故惠王告孟子曰「南辱於楚」，如《史記》則惠王初無南辱之事，十三也。齊威王三十六年薨，當梁惠王後元十五年，而後齊宣王立，《孟子》之書先梁後齊本爲實録，《史記》之誤不辨自明，十四也。燕子之之亂在齊宣王七年，足證《史記》、《荀子》以伐齊爲湣王及《通鑑》增年之謬，十五也。《孟子》言由周而來七百有餘歲，依《三統曆》，則孟子去齊之歲上距克殷之年已八百餘載矣。若依真古文推較，確是七百有餘，十六也。裨經益史，彰彰若此。惜乎全書之亡軼，而怪向來學者之是丹非素，習焉不察也！

僕少讀《孟子》，致疑于伐燕之事，及觀《通鑑》增年求合，又病其鑿空，乃取《史記索隱》所引《紀年》之文排比類次，而後涣然冰釋。曰此非《孟子》之誤，乃史遷之誤，而唐宋以來儒者讀書之鹵莽也。于是廣摎故册，掇拾叢殘，録爲一帙，注其所出，攷其異同，坿以蕪説，名之曰《汲冢紀年存真》，志古之君子或亦有取乎是，而教其所不逮乎？

周年表序

自汲冢古文亡，而夏商之年不可攷矣。周之年共和以後説者多依《史記》，共和以前率祖劉歆曆譜，未有據《紀年》者。夫《紀年》魏史所作，未經秦火，學者顧不信而信馬遷、劉歆，何邪？其在今日散軼之餘，貫洽爲難。欲知真《紀年》之可信，不得不借證于他書，而亥豕之譌非鉤稽之，亦莫能見。如幽王以前之年，司馬貞引《竹書》云二百五十七年，今以《魯世家》推之，則爲二百七十五歲，知今本《索隱》傳刻譌也。何以言之？《國語》言「武王伐紂，歲在鶉火」，又晉公子重耳以魯僖公五年出奔狄，董因曰「君之行，歲在大火」，攷魯僖公五年上距周幽王元年凡一百二十七歲，合幽王之前二百七十五歲，總得四百有二年，除歲星積次一百四十五。二不盡一百十二，以歲周十二除之不盡四，自午至卯，適合也。又文王薨後十一年而克殷，下至景王二十一年孔子生，凡五百一十八歲，故《孟子》曰「由文王至于孔子五百有餘歲」，若依《索隱》減去十八年，不得言有餘也。以此兩證，知真古文定作二百七十五年矣。至春秋已後，太史公《年表》、《世家》往往自相乖迕，乃如田恒之十二世而有齊，越之三弑其君，魏文侯、武侯之年，惠王之改元稱王，齊威、宣二王之前卻十餘載，不有《竹書》，孰補其闕而正其失？愚故既集《竹書》爲《古文存真》，又别爲《周年表》。

徐先生鼒

徐鼒，字彝舟，號亦才，六合人。道光乙巳進士，改庶吉士，授檢討，擢御史，出爲福建福寧府知府，調補延平。同治元年卒，年五十三。先生負經濟才，道光中有請開礦助餉者，因著《務本論》二卷，《凡礬辨》九篇，《條法》十四篇，極言足國之要，多廣前人所未備。咸豐三年，粤匪犯江寧，以京員留籍辦理防堵事宜，與六合令温壯勇紹原募壯士數千人爲團練。賊三犯東溝，輒敗之，堅守五年，賊不得逞。時有「紙糊揚州，鐵鑄六合」之稱。既守福寧，濱海之區，盜艘出没，乃募勇嚴緝，凡巨匪皆一一就擒。暇則振興文化，葺近聖書院，購儲經史，以教士子。生平博通經史，在詞館時，嘗取明季福、唐、桂三王及臺灣鄭氏事爲《小腆紀年附攷》二十卷，《小腆紀傳》六十五卷。其書博採稗官諸家之説，實事求是，而竊取《春秋綱目》之義，歷五載乃成。又著《讀書雜識》十四卷，考據詳明，有裨經傳。他所著有《周易舊注》、《禮記彙解》、《月令舊解異同》、《四書廣義》、《説文引經考》、《明史藝文志補遺》、《度支輯略》、《延平春秋》、《老子校勘記》、《淮南子校勘記》、《楚辭校勘記》等書及《未灰齋文集》八卷、《外集》一卷。

參史傳、《未灰齋文集》。

文集

金縢我之弗辟句當從孔傳説

《金縢》云：「我之弗辟，我無以告我先王。」孔傳云：「辟，法也。告太公、召公，言我不以法三叔，❶則我無以成周道，告我先王。」馬、鄭作「避」，謂「避居東都」。按：孔傳是也。夫是時，武王新崩，成王方幼，勝國之餘燼猶存，懿親之流言復起，此誠危急存亡之秋也。周公慨念先王之業，不避猜嫌，討除凶醜，以靖國家，此所謂聖人之權也。而如康成之説，曰「避居東都」，成王多殺公之屬黨，公作《鴟鴞》之詩救其屬臣，請勿奪其官位、土地」。夫公之屬黨果何如人

❶「法」，《尚書》孔傳此字重文。

哉？成王所殺之，奪其官位、土地者誰哉？公既避居於外，不操國家尺寸之柄，成王又殺其黨屬，則周公方自保首領之不暇，而何能作詩救其屬臣哉？且成王亦何畏於公而未敢誚公也哉？彼武庚、管、蔡乘此朝廷空虚，上下危疑之際，安肯不肆鴟張，坐守巢穴，以待天誅也。《周書·作雒解》曰「降辟三叔，王子禄父北奔，管叔經而卒，囚蔡叔於郭陵」，斯固辟之之説也。然則《鴟鴞》之詩何爲作也？蓋公當帥師東征之時，戴震主之威，雖罪人伏誅，而王心未悟，故取子毁室之喻，言之至深痛焉。迨天鑒其衷，風雷示警，則固公之誠能格天，而此三年中太公、召公維持調護之功爲不少也。《君奭》之篇所以告召公者多痛定思痛之言，故纏綿悱惻之不自已也。《左傳》曰「周公爲太宰」，《書序》曰「召公爲保，周公爲師，相成王爲左右」，無居攝之言。《戴記》踐阼之言，蓋新莽時劉歆輩之所羼入。夫二叔既誅，成王已届十五生子之年，而公猶居攝改元，此非篡而何哉？《説文》曰「辟，治也」，《鴟鴞》之傳曰「寧亡二子，不可以毁我周室」，蓋皆無辟居東都之言，故吾於王肅之言深有取也。蔡沈溺於鄭説，復苦「罪人斯得」之言之不可通也，取孔傳以足之，抑所謂一孔之儒者歟？

詩父母孔邇當從漢人舊義説

《詩·汝墳》序云：「《汝墳》，化道行也。文王之化行乎汝墳之國，婦人能閔其君子，猶勉之以正也。」箋云：「辟此勤勞之處，或時得罪，父母甚近，當念之以免於害，不能爲疏遠者計也。」《後漢書》：「周磐誦《詩》至《汝墳》之卒章，慨然而歎。」注引《韓詩》薛君章句曰：「魴魚勞則尾赤，君子勞苦則顏色變。以王室政教如烈火矣，猶觸冒而仕者，以父母甚迫近飢寒之憂，爲此禄仕。」蓋文王率諸侯以事紂，故《汝墳》之大夫猶有王事賢勞，不得養其父母之歎。毛、鄭以免父母於害爲義，韓以禄養父母爲義。蓋皆賢夫婦情至義盡之詞，百世之下有餘痛焉。朱子《集傳》乃云：「父母指文王也。文王之德如父母，望之甚近，可以忘勞。」夫文王之德雖深遠，豈有可望而忘勞之理？夫婦相勉，不爲利害切身之計，而爲虚懸慰藉之詞，此必非人情。且此大夫行役事也，《集傳》不云「大夫妻」而云「婦人喜其君子行役」，則與《杕杜》之「我心傷悲」、《伯兮》之「甘心首疾」義無少別。彼庶人之妻胡亦乃心王室如此乎？其不然乎？

春秋書子同生説

《桓六年》經書「子同生」，《公羊》以爲久無適子，喜國有正，《左氏》謂十二公惟子同適夫人之長子，備禮故書。向疑其義不然。莊公二年至六年經書「夫人姜氏會齊侯」者三、「享齊侯」者一，「如齊師」者一，書姦者屢焉。《春秋》之例内大惡諱，君夫人禽獸之行，大惡也，胡弗諱？夫《春秋》之諱不書者，聖人有不忍書者也。《春秋》之書不諱者，聖人有不敢諱者也。《齊風·猗嗟》章之序曰「人以齊侯之子子焉」，《穀梁傳》曰「時曰，同乎人也」，蓋齊魯之間臣民疑惑，流言錯繆，有以吕秦牛晉之事疑莊公者，聖人懼是説行，則我周公、魯公之祀忽焉斬也。詳稽舊史，《桓三年》「秋九月，齊侯送姜氏於讙，夫人始至自齊」，《六年》「九月丁卯，「子同生」，此三年中無夫人會齊侯事，則子同爲桓公子，確乎不惑矣。故書「子同生」，而又慮後人疑魯史於夫人會齊侯之事不盡書也，故五年之中五書之，頻煩不諱，則子同生以前之三年無是事，而子同之爲桓公子，益確乎可不惑矣。琳第之言不踰閾，豈故以牆茨不可道之醜播之後世哉？《穀梁》曰「疑故志之」，蓋深得聖人之微意也。惜乎范寧、楊士勛之不能發其微也。

古韻東冬鍾江與陽唐通説

顧亭林曰：「四江古與一東、二冬、三鍾通爲一韻，南北朝猶然，唐以下始雜入陽韻。」亭林之説爲吴棫、周德清之混淆江、陽者言之，亦嚴於辨古音之至意。然東、冬之通於陽、唐者，秦漢人書班班可攷，實不自唐始矣。顧亭林、江慎修執一己之見，謂此方音，非字之正音也。夫當時本無韻書，韻即其地之方音耳。古人文章無不用音叶者，蓋其文猶有古音樂之意，均平之調，適之以便於口之諷誦，耳之聽受，所謂「音韻天成」也。古人有一行，無不本於禮；有一言，無不本於樂。《記》曰「行而履之，禮也。言而樂之，樂也」，此之謂矣。今人讀書，但當就古人之書以求古人之音，不必改今音以從古音，如《韻補》、《集傳》之鑿空而談；亦不必執今音以定古音，而爲廿一部、廿部、十七部之墨守聚訟也。

潘先生維城

潘維城，字閬如，吴縣人。初從同里夏文燾游，繼受業於李四香鋭，爲潛研再傳弟子，得聞經師緒論。謂《論語》爲何晏所亂，而何氏所采孔安國注多與《説文》不合，知其爲僞。惟鄭康成兼通古今文，集諸儒之大成，迺絀去孔、何，蒐輯鄭注，又采漢魏古義及近儒之説，放阮文達《經郛》之意，爲《論語古注集箋》十卷，又爲《論語考》一卷附之。嘗著《魯詩述故》、《羣經索隱》、《説文索隱》、《壽花廬偶録草》各二卷。《述故》已軼，餘未寫定。又嘗以《左氏傳》杜氏多竊古注爲己説，而自爲説則多謬，亦欲纂輯諸家説作箋，命子錫爵爲之，未成。參史傳、潘錫爵《論語古注集箋跋》。

論語考

《論語》注解傳述諸家，皇、邢二家於序疏言之詳矣，而宋王應麟《漢藝文志考證》云：「《論語》古二十一篇。出孔子壁中，兩《子張》。如淳曰：「分《堯曰》後『子張問何如可以從政』已下爲篇名，曰《從政》。」《家語·後序》云：『孔安國爲古文《論語訓》二十一篇。』何晏序云：『古《論》唯博士孔安國爲之訓解，而世不傳。』《新論》云：『文異者四百餘字。』《正義》曰：『孔子舊宅壁中得古文經傳。即謂《論語》、《孝經》爲傳也。古文者，科斗書，蒼頡本體，周所用，以今所不識，故名古文。』《春秋正義》引『哀公問主於宰我』，案古《論語》及孔、鄭皆以爲社主，張、包、周等並爲廟主。《釋文》云：『「不知命，無以爲君子也」，《魯論》無此章，今從古。』《説文》引『狐貈之厚』、『紶衣長短右袂』、『色孛如也』、『文質份份』、『不使勝食既』、『朝服袉紳』、『弙善射』、『小人窮斯嚂』、『讄曰禱爾于上下神祇』、『友諞佞』、『以杖荷莜』、『有荷臾而過孔氏之門』、『奡湯舟』，皆古文也。」又引《論語》「跢予之足」。「齊二十二篇。多《問王》、《知道》。晁氏公武曰：『《齊論》有《問王》、《知道》兩篇，詳其名是必論内聖之道、外王之業，未必非夫子之最致意者。』」「不知何說，而張禹獨遺之。禹身不知王鳳之邪正，其不知此固宜然。勢位足以軒輊一世，使斯文遂喪，惜哉！何晏序云：『鄭玄就《魯論》篇章考之《齊》、《古》，爲之注。』維城案：鄭注但云「從《古》」，《齊論》未及也。艾軒林氏曰：『康成溺於章句，其竄定未必審也。許氏《說文》有所謂逸《論語》，是康成之說未行，而《論語》散逸，已有不傳者。』《說文》逸《論語》曰：「玉粲之瑟兮，其瑮猛也，如玉之瑩。」又曰：「璵、璠，魯之寶玉也。孔子曰：『美哉璵璠！遠而望之，奐若也；近而眎之，瑟若也。一則理勝，二則孚勝。』」《初學記》亦謂逸《論語》之文。愚謂《問玉》疑即《問王》也，篆文相似。維城案：辭氣不似《論語》，恐非《齊論》。《季氏》篇，洪氏曰：『或以爲《齊論》。』《正義》曰：『《齊論》者，齊人所傳。』」「魯二十篇。《釋文》曰：『鄭校周之本，以齊、古讀正凡五十事。《皇覽》引魯讀六事。』《正義》曰：『《魯論》者，魯人所傳，即今所行篇次是也。』石經《論語》載盍、毛、包、周有無不同之說，其文有增損者，其字亦有假借及用古者，有字異而訓不遠，若『置其杖』、『賈之哉』者。後漢傳有遵五进四之文。《祝睦碑》云：『鄉黨逡逡。』《劉修碑》云：『鄉黨遜遜如也。』《古今人表》卑湛、尾生高、尾生晦、厥黨童子、祝佗、革子成、茀肹。」《廣韻》引「子西彼哉」彼義切，《集韻》引「掙爾，捨瑟而作」。「魯安昌侯《說》二十一篇。何晏序云：『張禹本受《魯論》，兼講齊說，善者從之，號曰《張侯論》，爲世所貴。』」「本傳：禹爲成帝師，以上好《論語》，難數對己問經，爲《論語章句》，獻之。鄭玄以《張侯論》爲本，參考《齊》、《古》而爲之注。」伯厚長於考證，故其説多足補二家所未備。而國朝諸家之説又有出其外者，今彙録之。

按：以下所引臧琳、馮景、惠棟、錢大昕、錢坫、李惇、吴麦雲、姜炳璋八家之説，文多不具録。

陳先生壽熊

陳壽熊，字獻青，號子松，吴江人。諸生。少孤，能自樹立。作座右箴言「入孝出弟之方，居敬窮理之旨」，朝夕觀翫以自警。讀書好深湛之思。與里人沈曰富同受業於姚氏椿之門，又與平湖顧廣譽友。益治經學，於《易》尤深。謂虞氏變既濟之説，得《易》微旨。殫精研思，闡發其義。家貧，授經吴淞間，誘掖如不及，人漸尊嚮之。咸豐十年，粤匪陷吴江，先生糾鄉兵擊賊，賊大至，家人被害，身亦受創，遂憤不欲生，絶粒五日而卒，年四十九。先生學宗程、朱，闇然自修，不務表暴。常言：「數十年檢攝此心，自今日始能不妄用。」又言：「死生之際，視之淡然。」所著有《讀易漢學私記》二卷，又有《周易集義》、《周易正義舉正》、《周易本義箋》、《讀易啟蒙》、《明堂圖考》、《冬官補亡》、《考工記拾遺》、《詩説》、《參同契注》、《静遠堂詩文集》，多未刊行。參史傳、《吴縣續志》。

讀易漢學私記

卷一：孟氏《卦氣圖》以坎、離、震、兑爲四正卦，餘六十卦卦主六日七分。内辟卦十二謂之消息卦，乾盈爲息，坤虚爲消，其實乾坤十二畫也。《繫辭》云：「乾之策二百一十有六，坤之策百四十有四，凡三百有六十，當期之日。」夫以二卦之策當一期之數，則知二卦之爻周一歲之用矣。四卦主四時，爻主二十四氣；十二卦主十二辰，爻主七十二候；六十卦主六日七分，爻主三百六十五日四分日之一。辟卦爲君，雜卦爲臣，四正爲方伯。

按：六十四卦皆乾、坤之交易，而十二卦皆乾、坤之消息。又陽息爲息，陽消爲消，消息皆主於乾。故《繫辭》以乾坤之策當期，卦氣即以六十四卦之爻直歲，六十四卦一乾坤也。《説卦》以乾爲君，卦氣即以乾坤消息爲辟。乾坤消息，一乾君也。十二卦爲二氣之消息，屬天，故象君。四正卦爲四時之方位，屬地，故象方伯。不計四隅卦者，獨用四正，則餘六十卦之爻乃正得三百六十。蓋以每卦六日，當三百六十日之大數；復各餘七分，以盡五日四分日之一之零數也。惠氏説殊未明備。《易緯·乾鑿度》曰：「乾陽也，坤陰也，並時而交錯行。乾貞於十一月子，左行，陽時六；坤貞於六月未，右行，陰時六，以奉順成其歲。歲終，次從於屯蒙。屯蒙主歲，屯爲陽，貞於十二月丑，其爻左行，以間時而治六辰；蒙爲陰，貞於正月寅，其爻右行，亦間時而治六辰。歲終，則從其次卦。」次卦爲需、訟。此言主歲卦也。《參同契》曰：「屯以子申，蒙用寅戌。」餘六十卦各自有日，謂需、訟以下也。又曰：「朔旦屯直事，至暮蒙當受。❶晝夜各一卦，用之依次序。」晝夜各一卦，六十卦止得一百八十日。春夏據內體，秋冬當外用，一卦內外分之，周一歲之數也。當時本有各卦主歲之圖，

❶「蒙」，原脱，今據清光緒《聚學軒叢書》本《讀易漢學私記》及《周易參同契》補。

而屯、蒙不貞丑、寅，故康成云「屯蒙之貞，違經失義」是也。乾、坤以下兩卦主一歲，後人不知，造爲反對，非古法也。

按：卦氣每卦直六日七分，月得五卦。主歲卦每爻直一月，歲得兩卦。本屬兩事，而主歲卦屯貞丑月、蒙貞寅月之類，則與卦氣合。惠氏引以爲證是也，然已當分疏矣。至《參同契》之旦屯暮蒙，又是以一歲兩卦之法用之一日之中，且旦屯暮蒙，則屯蒙亦不貞於丑寅兩時，即「屯以子申，蒙用寅戌」，亦謂屯内卦起庚子，外卦起戊申；蒙内卦起戊寅，外卦起丙戌，即内體外用之説，是納甲法與屯丑、蒙寅無干。且卦氣六十卦去坎、離、震、兑，《參同契》六十卦去乾、坤、坎、離，法又各異，不宜引之，以滋惑亂。至晝夜各一卦，六十卦止直三十日，依《契》言「春夏據内體，秋冬當外用」，以内外卦分之，亦止得六十日，今乃言「六十卦得一百八十日，分之周一歲之數」，尤誤之甚者也。「春夏」二句，《參同契》之本文。「屯蒙之貞」二句，即《乾鑿度注》，乃不顯言，殊饃餬。而屯蒙不貞丑寅之非，可不贅引。若上下經以反對爲序，自古云然。「剥窮上反下，故受之以復」，《序卦》已自言之。今執主歲卦之一説，以爲後人所造，不已傎耶？

卷三：《蹇·象》曰：「蹇，利西南，往得中也。不利東北，其道窮也。」仲翔曰：「坤，西南卦。坎爲月，月生西南，故『利西南』。『往得中』，謂『西南得朋』也。艮，東北之卦，月消於艮，喪乙滅癸，故『不利東北』。『其道窮也』，則『東北喪朋』矣。」《説卦》云：「艮，東北之卦也，萬物之所成終而所成始也。」仲翔曰：「萬物成始乾甲，成終坤癸。艮東北，是甲、癸之間，故『萬物之所成終而所成始』者也。」按：仲翔之意，謂艮本東北之卦，而消於丙，當在南方。乾十五日也，坤三十日也，艮在中，距乾坤皆八日，故甲東癸北，故云「艮東北，甲癸之間」。《蹇·彖》又云：「蹇之時用大矣哉！」仲翔曰：「謂坎月生西南，庚丁。而終東北，甲癸。震象出庚，兑象見丁，乾象盈甲，巽象退辛，艮象消丙，坤象窮乙，喪乙滅癸，終則復始，故用大矣。」

按：虞注「坤西南卦」句下本有「五在坤中」四字，今漏之，則句無歸宿。又坤西南卦，是月三日出庚、八日見丁之位。艮東北，是滅藏於癸之位。艮言其方，非兼其象，故曰「月消於艮」，非即謂「艮象消丙」也。喪乙滅癸，故「不利東北」。「喪乙」是帶言之，亦非以乙癸爲東北。惠氏以艮象消丙說月消於艮，又以乙不可謂東北，故引「艮東北，甲癸之間」爲說，不知艮可以象月消，而坤不可以象月生，癸爲坤藏之位，而甲則乾盈之方，消丙既不合東北，盈甲亦難言不利。舍艮當甲癸之本位不言，乃取下弦之丙，距望甲晦癸皆八日，以相傅合，迂而難通，殆無踰此。

卷四：《抱朴子》曰：「案《玉策》及《開名經》皆以五音六屬知人年命之所在，子午屬庚，原注震初爻庚子、庚午。丑未屬辛，巽初爻辛丑、辛未。寅申屬戊，坎初爻戊寅、戊申。卯酉屬己，離初爻己卯、己酉。辰戌屬丙，艮初爻丙辰、丙戌。巳亥屬丁。」兑初爻丁巳、丁亥。《禮記·月令》正義引《易林》云：今《易》無之。「《林》震主庚子午，巽主辛丑未，坎主戊寅申，離主己卯酉，艮主丙辰戌，兑主丁巳亥。」案：《玉策記》、《開名經》皆周秦時書。京氏之說本之焦氏，焦氏又得之周秦以來先師之所傳，不始於漢也。

按：此卷考京《易》也。京氏得之焦

延壽，固已至疑。《正義》所引《易林》即焦氏《易林》。又以《玉策記》、《開名經》爲周秦時書，遂以爲焦氏所師承，則殊不實。古凡薈萃易占之書皆曰林，著録於史志者不一，安得一遇《易林》即求之焦氏乎？《玉策記》、《開名經》今無其書，惟見《抱朴子》，而《抱朴子》亦不言爲周秦時書，且「子午屬庚」等即今納音之法，考《淮南·天文訓》以六十甲子配五音十二律，其術樸疏，殆猶近古。今納音法與之絶異，安得指爲先師所傳乎？

《隨·象》曰：「隨，剛來而下柔，動而説。隨，大亨貞，无咎。」荀爽曰：「隨者，震之歸魂。震歸從巽，故大通。」震三世，下體成巽，至歸魂始復本體。《蠱·象》曰：「蠱，元亨而天下治也。」荀爽曰：「蠱者，巽也。巽歸合震，巽三世至游魂皆巽也。❶故元亨也。」

按：八純皆飛本卦，伏對卦。自一世至五世迭飛他卦，而本卦反伏，至游魂又伏。五世所飛之卦及變至歸魂，下體仍飛本卦，伏對卦，故慈明言「震歸從巽，巽歸合震」，以伏巽説亨通之義。即所謂旁通者也。所以獨於此兩卦言之者，餘六宫變至歸魂，本卦復歸而對卦不見，惟隨下體震而仍互得巽，蠱下體巽而仍互得震，其相從相合之象尤顯見耳。惠氏假三世卦爲説，未得其指。

卷五：翼奉上封事云：「北方之情，好也，好行貪狼，申子主之。東方之情，怒也，怒行陰賊，亥卯主之。貪狼必待陰賊而後動，陰賊必待貪狼而後用，二陰並行，是以王

❶ 下「巽」字，據清乾隆《經訓堂叢書》本《易漢學》卷四，當作「震」。

者忌子卯也。《禮經》避之，《春秋》諱焉。張晏曰：「子刑卯，卯刑子，相刑之日，故以爲忌。」南方之情，惡也，惡行廉貞，寅午主之。西方之情，喜也，喜行寬大，巳酉主之，二陽並行，是以王者吉午酉也。《詩》曰『吉日庚午』。上方之情，樂也，樂行姦邪，辰未主之。孟康曰：「辰窮水也，未窮木也。翼氏《風角》曰：『木落歸本，水流歸末。』故木利在亥，水利在辰。盛衰各得其所，故樂也。」下方之情，哀也，哀行公正，戌丑主之。「戌窮火也。丑窮金也。翼氏《風角》曰：『金剛火強，各歸其鄉。』故火刑於午，金刑於酉。酉、午，金火之盛也。盛時而受刑，至窮無所歸，故哀也。」辰未屬陰，戌丑屬陽，萬物各以其類。」

按：此注中「木利在亥」、「水利在辰」兩「利」字，皆當作「刑」。蓋支之有刑，以三合加方位而得之。水爲木本，木落歸本，故以亥、卯、未合木，加亥、子、丑水方，而亥刑亥、子刑卯、丑刑未。木爲水末，水流歸末，故以申、子、辰合水，加寅、卯、辰水方，而寅刑申、卯刑子、辰刑辰。金剛火強，各歸其鄉，故以寅、午、戌合火，加巳、午、未火方，而巳刑寅、午刑午、未刑戌；以巳、酉、丑合金，加申、酉、戌金方，而申刑巳、酉刑酉、戌刑丑。詳隋蕭吉《五行大義》，雖亦本翼氏說，而與此封事所陳不盡相比附。注者不能兼通術數，以彼注此，說已稍曲。校書者復以「木刑在亥，水刑在辰」下言「盛衰各得其所，故樂」，妄意下言樂，上宜言利，遂改刑爲利，其失愈遠，而京氏《易傳》則又未有以支辰之刑爲言者，所言龍德虎刑，非此刑。即此封事亦無一言及於《易》，乃惠氏徒以其申、子、亥、卯等與京《易》以三合言者相類，因引爲證，皆不知其爲說之不同，而謬合之者也。二「刑」

字，所見《漢書注》皆誤爲「利」，惟錢氏大昕《養新録》云「當爲刑」。

《洞林》曰：「義興郡丞叔寶得傷寒疾，積日危困，令卦，得遯之姤。其《林》曰：卦象出墓氣家囚，艮爲乾墓，世主丑，故卜時五月，申金在囚。變身見絶鬼潛游。身在丙午夏，入辛亥，在五月。爻墓克刑鬼煞俱，壬戌爲鬼墓，而初六爲戌刑，刑在占，故言「克刑」。五月白虎在卯，與月煞并也。卜病得此歸嵩丘。誰能救之坤上牛，以下爻見丑爲牛，亥爲子，能扶身，克鬼之厭，虎煞上，令伏不動。若依子色吉之尤。」巽主辛丑，丑爲白虎金色，鬼復徵以和，❶解鬼及虎煞皆相制也。❷ 案：丙午，世也。注云「身在丙午夏」，是以世爲身也。辛亥，子也，丙午變從之，變以扶身，可以伏鬼。

按：遯，乾宮金，下艮，艮在丑，金之墓。故云「卦象出墓」。注言「艮爲乾墓」，得之。至兼姤世爻辛丑説，則非是。變卦不論世丑，又下所謂爻墓，未可雜乎此而言之也。春時占木王金囚，故云「氣象囚」。注言「五月申金在囚」，亦非。五月火王則金死，不止於囚。且乾宮卦本屬金，亦不必舉九五申爻言也。「身在丙午，夏入辛亥」，「夏」字誤，當作「變」。六二丙午，火爲卦身，火絶於亥，所謂「變身見絶」。午火，金之鬼，故云「鬼潛游」。注於「辛亥」下不言「火絶」，又不解「鬼」字，而復言「在五月」，亦脱誤。惠氏不悟「夏」當爲「變」，而云「身在丙午夏」，疏矣。金墓，丑卦之墓。爻火墓，戌身之墓。爻變卦初六丑刑，在上九戌，戌身墓，亦即鬼墓，故有墓有刑，又與鬼俱。注意是。其云「白

❶「鬼」，《易漢學》卷五無此字。
❷「解」，原作「鮮」，今據《易漢學》卷五改。

虎在卯，與月煞并」，「卯」當從下注作「丑」，以卦無卯爻，且丑又五月煞也。《林》但言煞而注兼言虎者，虎亦是煞，然以金囚在春言之，則三月月煞在寅午戌，當爲三月占而午戌爲煞，戌亦與刑墓俱也。坤牛謂丑子，色謂金，爲丑土之子。蓋以白牛禳而救之。注雖晦，意亦近是。惟言亥爲子能扶身克鬼，則以金爲身，與上言卦身者混，而鬼在卦身，不當取克，又不當合乾金之白，而假白虎爲説。惠氏因之，亦未分明。

《洞林》曰：「揚州從事愼曜伯婦病，其兄周座武令吾作卦，得蹇，身在戌土，與坎鬼并。卦中當有從東北田家市黑狗，畜之，以代人任患。」《御覽》九百六。郭《洞林》又以世爲身。詳本書。案：蹇，兑宫陰也，世在四。戌土謂九五，戊戌土。此世在四者，以五爲身，與干寶異。坎鬼者，六二，丙午火，兑之鬼吏，又互坎，故云「與坎鬼并」。云「東北田家市黑狗，畜之，以代人任患」者，艮東北之卦，蹇從觀來，觀坤爲田，二爲家，觀巽爲近市，坤爲黑，艮爲狗，故云「東北田家市黑狗」。身在戌土，戌亦狗也，故云「畜之，以代人任患」。景純之説，猶是漢學。

按：蹇字與蒙相似，乃蒙之訛。蒙卦離宫陰，世在六四，戌爻，故云「身在戌土」，亦以世爲身也。六四下乘坎水，上承子水鬼爻，故云「與坎鬼并」。當艮體爲東北，戌與艮皆屬土爲田，又艮爲黔，喙爲狗，戌亦狗，故云「從北田家市黑狗」。惠氏所説殊曲。又干氏以木爻爲震身，絶非《洞林》所説。惠氏於此條云「此世在四者，以五爲身，與干寶異」，而於上條不言，一似以世爲身，即與干同者，尤不可解。

雖干謂蒙世八月，比世七月，與京《易》起月例皆用世爻，然京、干皆無卦身之目，惟今占書以世卦陽世取子爻、陰世取午爻爲身，餘皆倣此。無者取伏爻、伏卦。又無，是無卦身，主事無端緒。蓋因京、干《易》、郭《林》而變者，惠氏即不察京、干未嘗以世爲身，復不察今術非郭氏之舊，而遂漫言其異同，苟非引繩披根，亦誰能知其説哉？

卷六：爻辰所值二十八宿圖後，棟案：康成注《月令》云「正月宿直尾、箕，八月宿直昴、畢，六月宿直鬼，又云：「宿直東井。」九月宿直奎，十月宿直營室。」又云：「昴宿直房心，二月。申宿直參、伐。」七月。又注季冬云：「此月之中，日歷虚、危。」《參同契》曰：「青龍處房六兮，春花震東卯；白虎在昴七兮，秋芒兑西酉。朱雀在張二兮，離南午。」又云「含元虚危，播精於子」，皆與圖合。

按：前所引鄭注止是二十八宿分直十二辰，與爻無與。若此等皆泛引之，《天文志》可全録者多矣，然猶曰「以鄭注證鄭注」也。至後所引《參同契》，則既非鄭説，且以列宿直八卦與爻辰，雖同言天象而各自爲説，決不當闌入，以滋惑亂。自此圖説行世，如張氏惠言《周易虞氏義》、平湖孫氏堂《漢魏二十一家易注》皆采用之，而丹徒戴氏棠作《鄭氏爻辰補》至混消息於爻辰，大抵樂爲附會，而不覺其名義之舛耳。又「離南午」上本有「正陽」兩字，惠氏亦據訛本未校正也。

以上江蘇。

趙先生紹祖

趙紹祖，字繩伯，號琴士，涇縣人。九歲

能文，弱冠以經解受知朱學使筠，補諸生。朱奇其才，授以《説文》，屢薦鄉闈，不售。由是專力於經史百家及碑版書畫之屬，罔不鉤考，抉擇惟精。性孝友，處鄉里恂恂然。終身樸學，手一編，窮日夜不輟。當事重其爲人，皆禮敬之，曾未一私謁。兩署滁州訓導，一署廣德州訓導，僅數月而士林慕嚮。道光元年，舉孝廉方正。時陶文毅澍爲安徽布政使，特舉先生。又延修《安徽通志》，詳整有體。繼主秀山、翠螺兩書院，殷勤教誘，先行後文。十三年卒，年八十有二。先生之學無不窺究，而尤深於史。最著者，一曰《通鑑注商》十八卷，參研抉發，至六百餘條，視顧氏炎武《日知録》所列及陳氏景雲之《舉正》不啻倍蓰。一曰《新舊唐書互證》二十卷，於劉昫、歐、宋之書無所偏徇。然其間摘《新書》者十之八九，蓋《新書》考證頗疏，同時吴縝已有糾繆之作，但縝挾私憾，有意吹索，而先生則平心以救其失，初不存門户之見於胸中。又篤好碑版，謂可補史傳之遺，成《金石文正續鈔》共十卷，《金石跋》六卷。他著有《建元考》二卷，《校補竹書紀年》二卷，《校補王氏詩考》二卷，《涇川金石記》二卷，《涇事》二卷，《讀書偶記》八卷，《消暑録》一卷，《古墨齋筆記》六卷，《觀書記》八卷，《書畫記》一卷，《琴士詩鈔》十卷，《文鈔》六卷。在志局日，又輯有《安徽人物志》八卷，《金石録》八卷。參史傳、陶澍撰墓志、朱琦撰傳。

倪先生文蔚

倪文蔚，字豹岑，望江人。咸豐壬子進士，改庶吉士，散館以主事用，籤分刑部。會河南巡撫嚴樹森以勦辦捻匪駐師陳州，辟充襄辦營務，旋率剛鋭、驍果等營馳援項城等處，力解城圍。同治初，嚴中丞調撫湖北，復奏調帶兵赴鄂。捻匪平定，超補郎中，尋授湖北荆州府知府，官至河南巡撫。值鄭州河決，奔馳工次，次第修築，力持保守舊占之策，卒底於成。光緒十六年卒。先生爲諸生時，頗研究經學，而於地理尤詳加考訂。所著《禹貢説》，王益吾祭酒嘗刻入《皇清經解續編》中云。參史傳。

禹貢説

彭蠡

《禹貢》彭蠡，自漢以來皆言在彭澤縣西，即今之鄱陽湖，古今不敢異議，而於導漾「東匯」、導江「東迤北會」之文紛紜聚訟，遂成疑獄。余竊謂大禹主名山川，非其疏導所經者，必不見於記載。經文於彭蠡曰「既豬」，又曰「匯澤」，既者已事之辭，對未成而言。若彭蠡果係鄱湖，固合今江西及徽州諸郡之流，豬以爲澤，初不待江、漢之匯而後成也。説者必欲以彭蠡爲南江，故愈解而愈不可通。《蔡傳》有曰：「彭蠡既在大江之南，於經則宜曰南匯，不應曰『東匯』。於導江則宜曰南會於匯，不應曰『北會於匯』。匯既在南，於經則宜曰北爲北江，不應曰『東爲北江』。今廬江之北有所謂巢湖者，每歲大江泛溢，水淤入湖。至大江水落，湖水方洩，隨江以東，爲合『東匯』『北會』之文。」其説甚善。然不敢遽指爲彭蠡也。近世桐城姚氏乃析彭蠡與匯爲二，謂：「世皆以『會於匯』爲彭蠡，而實非是。今江合彭蠡過湖口乃東北流，是會於匯而後北，非『北會於匯』也。然則匯在石城分南江之後，蕪湖分中江之先，其巢湖也與？」姚氏亦主鄱湖爲彭蠡，雖於「北會於匯」句可通，仍與「東匯」之文不合。余攷《史記·封禪書》「上巡南郡，至江陵而東，登禮灊之天柱山，浮江，自尋陽出樅陽，過彭蠡」云云，太史公記本朝掌故，聞見必真。漢尋陽在江北，樅陽在今安慶東境，北去巢湖僅百里。夫曰「自尋陽出樅陽」，則北岸必有分江，如今武穴之内湖可至安慶。使彭蠡爲鄱湖，豈既出樅陽，復上溯五六百里而過彭蠡耶？姚氏篤信《地志》，知會、匯必非彭蠡，不知彭蠡即爲巢湖。蔡氏謂巢湖水小，鄱湖水大，不應録小而遺大。不知巢湖方四百里，納今合肥、舒城、廬江、巢四縣之水而注之江，不得謂之小水。況禹於揚州上游未經致力，凡大川不見於經者不獨一鄱湖也。經文本自簡當，所言東者蓋江、漢至揚州之域合流東注。東匯、東迤之東，指南條大勢而言也。爲中、爲北之東，指既會彭蠡而言也。兩節互文見義，不必分屬江、漢，了無可疑。武帝過彭蠡，北至琅邪並海上，是彭蠡界在揚、徐之交。陽鳥南翔，必先止於此，故繼之曰「陽鳥攸居」。主《史記》之説，不惟導漾、導江確不可易，即九江之在尋陽亦可想像得之矣。

雲夢

《禹貢》一書，凡川澤之可名者無不見於經，而洞庭爲一州巨浸，獨不之及，宋儒遂以九江當之。近世説經之家亦多不以爲然，究不言洞庭在禹時爲何名。余謂九江自九江，洞庭特《禹貢》之雲耳。經曰「雲土夢作乂」，亦曰「雲夢土作乂」。《周禮·職方》「荆州藪澤曰雲夢」，《爾雅》十澤，「楚有雲夢」，《子虚賦》稱雲夢方八九百里，《史記索隱》云「雲、夢本二澤，人以其相近，或合稱雲夢」。竊謂上古之世，荆州僻在荒服，地勢卑下，雲、夢二澤跨江南北。今之瀕江州縣，禹時悉爲澤國。雲夢合稱，本無不可。然亦自有辨。《左傳》定四年「楚子涉睢濟江，入於雲中」，睢即沮水，在今當陽縣境。涉沮濟江始入雲，是雲在江南明甚。《宣四年》「䢵夫人生子文，棄於夢中」，䢵在今安陸縣境，必與夢相近，是夢在江北明甚。《漢志》言南郡華容雲夢澤在南，郭璞言巴丘湖是江南之夢，華容、巴丘皆近洞庭，其曰「雲夢在南」者，渾舉雲夢也。其曰江南之夢者，對江北之夢也。山川大勢，北高南下，江水出峽，自枝江別出爲沱，經流首注雲中。《路史》謂雲夢在枝江以此。及至於澧，而湘、沅諸水又復匯之雲中，豬水獨多，故經文先雲後夢，夢已作乂，雲始有土，可見禹時雲夢尚未通渠漢水。夢在江北，地勢本高，別無漫溢之患，耕作自早。杜預曰枝江縣有雲夢城，江夏安陸縣東南有雲夢城，華容縣東南亦有雲夢城，則所謂方八九百里者，並非夸詞，決無湮廢成陸之理。若今之雲夢全在漢東，已與跨江南北之言不合，安得不以《禹貢》雲夢爲九江乎？經書九江於「江漢朝宗」之後，知漢既入江，舉江可以賅漢也。書沱、潛於九江之後，知經流順軌，支流無自阻遏也。沱自江出，近於雲；潛自漢出，近於夢。書雲、夢於沱、潛之後，知雲、夢判然二澤也。九江殷，然後沱、潛導；沱、潛導，然後「雲土夢作乂」。經文何等明晰，更無事翻解舊説矣。

三江

《禹貢》三江，衆説糾紛，久無定論。閻百詩謂當從《蔡傳》三江在震澤下，極詆孔氏江自彭蠡分爲三，共入震澤之謬。余謂孔固爲失，蔡亦未爲得也。江、漢本自西來，導江、導漾所言東者，皆對乎西而言。至漢水南入於江，合爲一川，則江又爲南條諸水總名。《漢・地理志》蕪湖縣「中江出其西南，東至陽羨入海」，吴縣「南江在其南，東入海」，毗陵縣「北江在其北，東入海」。《禹貢》三江如此。近世桐城姚氏、儀徵阮氏皆主是説，惟不知南江出自中江，而以石城縣分江水爲南江之始，仍於經意未愜。阮氏引《説文》「江水東至會稽山陰爲浙江」，謂：「浙江乃岷江正流，由今之池州寧國會太湖，至餘姚以入海也。其曰『東迆』者，至吴江石門出仁和，折而東行也。『北會於匯』者，會於震澤也。」姚氏曰：「東迆者，自石城迆爲南江也。北會於匯者，會於巢湖也。」阮氏解「東迆」，姚氏解「北會」，甚善。然皆泥於鄱湖爲彭蠡之説，故於會、匯各有所見。余攷石城今屬池州，分江水在池州西七十里，疑即今之殷家匯，至池口出，江或分或合，吐納於州渚之間。凡南岸夾江皆可謂之分江，不可謂之南江。況池、寧之交，層岡疊嶂，磯石出没，地勢最險，或謂南江迆行山隘中，故道湮失，尤不足信。蓋地勢高下，古今不甚相懸。揚州南境諸山，上接五嶺，東緣海嶠，北盡虞沙。金陵以東脈絡蟠互，岷江貫輸其中，洪水之時，混爲一壑，經流雖深，不足殺其懷襄之勢。爾時宣歙西北諸水如清弋江、水陽江意必併入中江，宣洩不及，至吴越分而爲二，始有南江。經不言南江者，以南江出自中江，源近脈短，施工不多。且三江皆由揚州入海，但舉中、北而南可知已。「既入」云者，幸其已成之詞。是中江、南江雖非山隘，必較北江淺狹，非疏鑿不爲功。迨水土既平，吳越號爲繁盛，南江扞以海塘，中江堵以五堰，震澤自循松江入海，獨北江一水爲萬古不廢之流，滄桑屢變，舊迹俱湮，後人疑所未見，各以臆度，莫得主名。余亦竊取《地志》，惟以分江水爲南江之始，不敢謂然。其餘從孔傳者多言在上，從《蔡傳》者多言在下，遠或溯之荆梁，近或涉於旁郡，三江則是，而解《禹貢》則非，是又不必深辨矣。

九江

《漢・地理志》尋陽注：「《禹貢》九江在南，皆東合爲大江。」九江郡注：「江自廬江尋陽分爲九。」郭璞《江賦》：「流九派乎尋陽。」太史公曰「余登廬山，觀禹所疏九江」，則又得之目驗者也。自來言九江者無以異，惟《晉太康地記》引劉歆言九江爲湖漢九水，然敷淺原在廬山，湖漢、尋陽皆與廬山近，謂湖漢爲九江，猶似有據。至宋初，胡氏旦悉翻舊説，移之洞庭，未免臆斷。而晁氏以道、曾氏彦和從之，得朱子一辨，遂爲定論。胡氏《錐指》最稱博覈，亦不敢違。桐城姚氏鼐著《九江説》，明指其失有五，可謂朱子諍臣矣。考秦九江郡在今安慶黄州地，經書九江於「江漢朝宗」之後，蓋江漢合流，爲衆山所束，偪迫不得逞，至黄州、安慶之交，漭蕩數百里，洲渚縱横，旁流四溢，帆檣上下，出此入彼，歧復有歧，至今可驗。故九河曰「播」，而九江曰「殷」。「播」者，尚須假以人力。殷者，本有此江，以地勢言則解爲中，以水勢言則解爲盛耳。江都汪氏中曰：「九爲數之終。古人數之極多者，皆約之以九。九河、九江不必實指其名，斯無鑿空之論矣。」余嘗自龍坪至黄梅，過所謂蔡山者，平地一邱，旁無附麗，高不過數丈。詢之土人，水大則在江心，去岸十餘里，相傳爲産龜處。褚先生稱「盧江常歲時生龜，長尺二寸，二十枚輸之太卜官」，與《禹貢》「九江納錫大龜」正合。秦九江郡，漢昭、宣間改爲廬江，是以九江屬尋陽。《水經》乃謂九江在長沙下雋，夫秦滅楚置九江郡，復立長沙郡，設洞庭爲九江，則長沙居洞庭之濱，當名曰九江，何必遠求之數百里以下哉？

敷淺原東陵

《漢・地理志》歷陵「傅陽山，傅陽川在南，古文以爲敷淺原」，即今之廬山。姚郎中謂歷陵係歷陽之訛，敷淺原當在今之和州、六合間。余謂不然。衡山北出一支，左障長江，右阻湖漢，脈絡至廬山而止。「過九江，至於敷淺原」，爲導山言也。方氏《通雅》亦云：「《禹貢》表山，豈高山如廬而不表之耶？古敷作華，如華不注山，以此稱之。《唐韻》『淺，流疾皃』，不作淺深解。廬山瀑多，其爲敷淺原乎？」姚氏移敷淺原於歷陽，別無所據。若云自衡山來，由九江南過江北，則敷淺原爲江北之地，抑知對渡固爲過，經行亦爲過，何所見爲過至江北耶？東陵本無定名，漢初廬江郡在江南，姚氏以今池州諸山當之，謂江自黄州而下，水勢北行，故其西山曰西陵，江夏郡西陵縣是也。其東山曰東陵，廬江郡東陵鄉是也。此説極合導江「至於東陵」，繼以「東迆，北會於匯」，是東陵之地必在彭蠡以上、大江之南。知彭蠡爲今巢湖，即知東陵爲今池州山。過此，則中江、北江分道入海，無庸置辨矣。阮文達引范史《郡國志》廣陵有東陵亭，謂東陵當起於今廬州之舒城，盡於今揚州之江都。解廣陵爲東陵，又不若姚氏之精當，且與經意不悖也。

以上安徽。

龔先生元玠

龔元玠，字鳴玉，號畏齋，南昌人。乾隆元年，以諸生舉博學鴻詞；後巡撫阿思哈復以經學薦，俱報罷。甲戌成進士，官貴州銅仁縣知縣。地多山，易藏奸宄。邑城亦年久荒敗，乃爲建卡，使守門兵棲止。值風雨，不得他適，防守遂嚴。學宫久圮，復倡修之。緣事降調，改撫州府教授。再以承審失實，罷職歸。先生少貧，好讀書，未嘗從師學。嘗取歐陽文忠公限字讀九經法，畢誦《注疏》。自是博通羣籍，歷碌貫串，不僅爲一家言。所著《十三經客難》，凡《易》二卷，《書》四卷，《詩》四卷，三禮十三卷，《春秋》二十四卷，四書七卷，《爾雅》一卷，皆自攄心得；其《孝經》一卷，稿佚不傳。又留心河務，窮竟源委。鄉試時，考官孫文定嘉淦見其《治河策》，深爲激賞。嘗乘小舟赴黄河海口，測量去路，成《黄淮安瀾先資編》二卷。性至孝，年五十遭父母喪，不茹酒肉，不入内室，鄉人無少長稱龔先生。卒年八十二。又著有《畏齋文集》四卷。參史傳。

王先生謨

王謨，字仁圃，金谿人。乾隆戊戌進士，授知縣。乞就教職，選建昌府教授，以實學訓士，生徒景附。後以病告歸，卒年七十六。先生天才俊逸，精力過人。弱冠賦江右風土，下筆千言。自少疾俗學，好爲博覽。晚歲獨抱遺經，泊然榮利之外。嘗輯漢魏羣儒著述之已佚者，分經史子集四部，片議單詞無不甄録，爲《漢魏遺書鈔》五百餘種，用力至深。其《經翼》一門，一百八種，先爲刊布，世共寶之。讀書有心得，輒爲劄記，仿《困學紀聞》例類别區分，爲《汝麋玉屑》二十卷。嘉興錢氏儀吉稱其「研覈同異，文萬旨千，無一語沿襲前人，無一義不求至是，洵足開牖後學」。生平論撰甚富，於諸經皆有詮釋。著有《韓詩拾遺》十六卷、《逸詩詮》三卷、《夏小正傳箋》四卷、《孟子古事案》四卷、《補孟子釋文》七卷及《三易通占》、《尚書雜説》、《左傳異辭》、《論語管窺》、《爾雅後釋》、《史記世家補》、《古今人表問》、《漢唐地理書》、《家語廣注》、《讀書引》等凡數十卷，又《汝麋詩鈔》八卷、《文鈔》十二卷。參史傳。

龍先生文彬

龍文彬，字筠圃，永新人。同治乙丑進士，改吏部主事。光緒元年，以校《穆宗實録》，加四品銜。六年乞假歸，主講友教、經訓、鷺洲、章山、秀水、聯珠、蓮洲各書院，成就甚衆。其説經貫綜漢宋之間，論學以誠敬爲宗旨。言朱、陸、羅、王異同之故，皆有條理。鑒明季講學家標榜之習，殫精儒先語録，身體力行，不立講會。嘗謂：「以聖人之道自淑，貴實踐而不尚浮談；以聖人之道交修，貴直諒而不矜門户。」又謂：「養氣工夫在於積理，積理既深，則時見我躬闕失，自不暇攻人之非。」病革時，召其子曰：「數十年讀書養氣，乃得此心洒洒落落，榮辱毀譽無動於心。而今而後，吾知免夫。」十九年卒，年七十三。著有《周易繹説》四卷、《明會要》八十卷、《明紀事樂府》三百首、《永懷堂詩文鈔》十卷。參史傳。

以上江西。

清儒學案卷二百終

清儒學案卷二百一

天津徐世昌

諸儒學案七

韓先生孔當

韓孔當，字仁父，號遺韓，餘姚人。沈求如先生國模弟子也。其學以致知爲宗，求友改過爲輔。久之自得，兀然忘言，正己率人，狂愚俱革。教學者援上蔡「透得名利關是小歇脚處」及敬軒舉孟子告景春大丈夫之説，使人有壁立萬仞氣象，如濯江漢而暴秋陽。康熙八年，主姚江書院事。十年卒，年七十三。自沈、史兩先生没，書院輟講竟十年，先生挽其墜緒，舊人新進翕然咸來問學，弟子至七十餘人。持論較師説亦頗闊，恪遵濂洛，兼綜羣儒，以名教經世，指勗學者。每臨講席，默對良久，乃始發語，聞者咸内怍，至於沾汗，退而相語曰：「比從韓先生來，不覺自失。」其教人感切如此。早歲學於禪，知禪之害，曰：「佛氏與聖人異，大端在君父上。」又曰：「佛氏意主了生死，陽明子所謂自私自利也。聖人天地萬物一體，學者無自狹小。」其居貧長約，敝衣齏粥，終身不改，無向人稱貸事。痛近世吉凶不遵古禮，延僧道，盛宴會鼓樂，風俗既敝，財力亦空。曰：「志聖人之學，須從立身處家始。不節用，則取與進退，造次妄投，何處尚有學問？」因出陸梭山《居家四則》，命各書一通，曰：「能做此，亦自足用，不必出見紛華而悦也。」又曰：「否泰剥復，乃天行消息。知《易》者，惟仁山、白雲。」病亟，謂門人曰：「吾於文成宗旨覺有新得，然檢點形迹，終無受用，小子識之。」參史傳、邵廷采《姚江書院傳》。

邵先生元長

邵元長，字長孺，餘姚人。沈求如先生弟子。爲人言行無枝葉，意象豁如。嘗稱：「古之學者爲己，今無此實心，雖云談道，實長浮競，終身長自暴墮，可惜也。」值外氏風沸，與仁父先生力扶正學，消邪説，諸狂誕者皆避色去，陽明子之道復明。歎曰：「先儒之學爲此鬼怪輩害事。」進門人，較量志行，商榷取與，曰：「此外更無學，久而益熟，自有異境。須虚心廣見，師古聖賢人，不可安於近今淺薄，在能者自取之。」康熙十三年卒，年七十二。參邵廷采《姚江書院傳》。

俞先生長民

俞長民，字吾之，餘姚人。沈求如先生弟子。姚江書院之立，延先生司文課，月旦講會發難，常數千言。沈、史兩先生没，諸高第弟子張客卿、蘇玄度、邵以貫等相繼逝，書院中微，而釋氏臨濟宗大盛，高明者輒往濟宗門下，爭詈道學，而仇視儒者。同人或不能自守，議論往往出入釋氏，惟韓仁父、邵長孺屹然爲儒宗，囂競潛息，遂復書院之舊。仁父殁，先生承之嗣，舉月會，以文章號召，門士多歸者。每語：「今之霖間，昔之河汾也。諸生有能爲董、薛、房、魏其人乎？爲萬世開太平，此沈先生志矣。」嘗序刻《陽明王子全集》行世，年八十餘卒。參邵廷采《姚江書院傳》。

史先生標

史標，字顯臣，餘姚人。沈求如先生弟子。求如紹陽明之學，高明醇篤，涣然冰化。天童密雲欲羅致之，求如不肯，曰：「吾是儒者户庭，特與師爲方外交，必欲引之入釋，是信道終未弘耳。」密雲亦不敢强，乃歸。與管霞標、名宗聖。史子虚、名孝咸。子復、名孝復。三先生建姚江書院于半霖，從游者至六七十人。其教以求仁當下、直證良知爲宗。惟山陰王朝式金如、同縣張廷賓客卿深契其旨，而先生英才妙思，于同門中年最少，請益之下神明頓悟。沈先生顧而喟曰：「知吾學者，此子也。」順治丙戌後，侍沈先生退居石浪，又嘗入雪竇妙高峯坐溪流中，觀雲起月高，三年不出，學益邃。沈、史諸先生既没，嗣主書院者韓子仁父、俞子吾。之後，二子相繼逝，舊人淪散。于是同里邵念魯及先生門人合同志連名奏箋，請先生主書院，先生奮然曰：「誠吾責也。」自爲諸生數十年，以經義舉業指授學者，多所開誘，因文而進之于道，至是就正者翕然。康熙二十九年庚午，以足疾卧小樓，三年，門人羣就榻前來問，津津提告，神氣愈劻。臨革，問何言，曰：「此事何處安排耶？譬操舟入海，但將柁把定，不顧波濤洶湧也。」安坐而逝，年七十八，時癸酉十一月也。參邵廷采撰傳。

邵先生曾可

邵曾可，字子唯，號魯公，餘姚人。史拙修先生孝咸弟子也。在娠七月而孤，終身孺慕，有曾子養志之節。迨除母喪，没齒素食，饔飧纔具，而惠于三黨。昏喪無告者無不假也，不責其償。下至傭夫莊户，並感其義。少時頗愛書畫，一日讀《孟子》至「伯夷，聖之清者也」，忽有悟，悉棄去，壹志於學。姚江書院初立，里人頗迂笑之，先生毅然曰：「不如是，便虚度此生。」徑往從學。月旦院會，請業者各持成見，殆同紛訟。先生獨正襟斂容，如不能言。退而書所答問，近思精擇，期於動息有合。諸先生喟然曰：「今英才滿前，如魯公之孝友端厚、五倫無闕者，未見其多比也。」於是皆愧服焉。初以主敬爲學，後乃專守良知，曰：「吾今而知知之不可以已，如日月有明，容光必照。不爾，日用跬步，鮮不貿貿者矣。」教二子讀儒書，近高賢，持身渾樸，毋馳思經濟。冢孫方幼，讀授以陽明《客座私祝》、康節詩句及朱子《家禮》，語之以必學爲聖人。道行於家，交游信之。順治十六年十一月卒，年五十一。先生居平不見喜怒之色，不服闇，不登危，稱道不亂，好禮不變，善善惡惡，同其清汙。門無雜賓，鄉黨矜式。與仁父先生交篤，勤受規諍。拙修先生病，旦走十餘里，叩牀下省疾，不食而返。如是月餘，因亦困病。同儕推爲篤行。嘗坐卧北樓，多貯明儒敬軒、康齋、白沙、陽明諸書，手鉤玄要，爲後生開説，提撕本原。及院會請益，力闡師傳，無或謬缺。其後修《姚江書院志略》，皆出先生遺笥所留云。參史傳、邵廷采《姚江書院傳》。

俞先生汝言

俞汝言，字石吉，秀水人。明諸生。研經好學，嘗以《春秋》一書自宋孫復以來，務以攻擊三傳相高，求駕乎先儒之上，而穿鑿煩碎之弊生。自元延祐以後，務以尊崇《胡傳》爲主，求利於科舉之途，而牽就附合之弊亦甚。明張岐然嘗作《五傳平文》以糾其謬，然去取未能盡允。因撰《春秋平義》十二卷，多引舊文，深得經意，正不以横生新解爲長。其自序謂：「傳經之失不在於淺而在於深，《春秋》爲甚。」可謂片言居要矣。又著《春秋四傳糾正》一卷，摘引三傳及胡氏安國之失，隨事辨正，區爲六類，立義正大，持論簡明，雖篇帙無幾，而言言皆治《春秋》之藥石也。康熙十八年卒，年六十六。先生兼精史學，尤熟於明代典故，嘗撰有《宰相列卿年表》。其詩古文曰《漸川集》。參《四庫總目提要》、《學案小識》。

春秋平義自序

傳經之失不在淺而在於深，《春秋》爲甚，以其筆削出自聖人，必有不可測識之旨，然後可以撥亂世，反之正。左氏以事求之，叢記雜陳，容飾盛而神理不居。公、穀、胡氏諸儒以意測之，探微索隱，謹毛髮之細，而其大體所在，愈求而愈遠，要其故，不過二端：曰《春秋》，天子之事也，聖人之刑書也。以爲天子之事，可以進退百辟。以爲刑書，而名稱日月，無往非刀鋸斧鉞之用，而聖人之意愈隱。汝言汎濫其中者有年，初涉之而茫然，再親之而華文瓌辯可喜可愕而不忍釋。數四讀之，而得其指歸，聖人之筆削合乎人情，宜乎時勢，未嘗有矜奇異衆之舉，而時措咸宜，無不協乎正直剛柔之德。向之可喜可愕者，皆與聖人遠焉者也。於是徧訪諸家著述，輯成《春秋平義》一十二卷，其言皆出於儒先，不入臆測一語。使其言足録，不以其人而棄之。言之不足録，亦不以其人而存之，務得其平而已。夫知聖人之不遠於人，而人亦不遠人以求道，而學術一矣，而天下平矣，寧獨《春秋》也哉。

春秋四傳糾正自序

六經之不明，諸儒亂之也。自王輔嗣以老、莊言《易》，而六經有道家矣。鄭康成以讖緯言《禮》，而六經有數術家矣。公、穀、胡氏以名稱褒貶言《春秋》，而六經有名家、法家矣。彼其初未始不欲探聖人之精藴，而智識弇淺，强求深遠，習見郡國之府寺，而以爲宮闕之巍峩不過如是；不知輔相之道，而以行師折獄之才智經邦國也，淺求之而爽其度，深求之而愈失其大體。至有宋大儒程、朱輩出，而後正其紕繆。《易傳》、《本義》成而輔嗣卷舌，❶《儀禮經傳通解》定而康成束手。夫《春秋》，左氏親見聖人，公、穀傳諸高第弟子，而偏駁者半焉。康侯品高學博，文章能暢所欲言，方以爲程氏之正傳，而疵纇不少，新安朱子心知之而不敢端言其過，其説時時見於弟子講論之餘，而後人又不能推明其義，徒使附會穿鑿，刑名法術之言出于一代大儒而不覺，是可異也。汝言不揣，纂集諸家自爲一書，先之以四傳，糾正爲六端以該之：一曰尊聖而忘其僭，二曰執理而近于迂，三曰尚異而鄰于鑿，四曰億測而涉于誣，五曰稱美而失情實，六曰摘瑕而傷鍥刻。六者之弊去，而後可以讀《春秋》矣。顧愚陋荒落，何敢效鍼石於前賢，聊以志願學之自，略見其大指而已。

❶「傳本義成」四字，原爲空格，今據影印文淵閣《四庫全書》本《經義考》卷二〇八補。

徐先生庭垣

徐庭垣，字□□，秀水人。嘗官江西新昌縣縣丞。自宋以來，説《春秋》者尊聖人而不知所以尊，遂以貶黜天王，改易正朔，舉天下干名犯義之事皆誣爲孔子之特筆，而不知已亂名教之大防。先生因著《春秋管窺》十二卷。其自序曰：「世但知推尊聖人而不知孔子當日固一魯大夫也，於周天子則其大君，於魯公則其本國之君，於列國諸侯則俱周天子所封建，與魯君並尊者也。身爲人臣作私書以賞罰王侯君公，此犯上作亂之爲，而謂聖人肯爲之乎？如謂所誅絶者，非在位之王公，豈先王先公遂可得而誅之乎？昌言無忌，禍之招也。縱曰深藏其書，不輕示人，然聖人者不欺屋漏，明知犯上干禁，而故作之，又深匿之，以圖幸免，亦必無之事矣。舉世襲先儒之論而不究其非，藉有妄人，亦曰我欲法《春秋》也，亦削天子之號，黜當代公卿，其將何詞以遏之云云。」其持論極爲正大。又自述注釋之例，曰：「以《左傳》之事實質經，以經之異同辨例，於《公羊》、《穀梁》二傳及諸儒論釋其合于義例，先後無悖者，不復置議。如其曲説偏斷，理有窒礙，則據經文先後以駁正之云云。」其立義亦極明坦。其中如桓不書王之類，間亦偶沿舊説，然其大旨醇正，多得經意，與焦氏袁熹之《春秋闕如編》可以並傳矣。參《四庫總目提要》、《學案小識》。

姚先生之駰

姚之駰，字魯斯，錢塘人。康熙辛丑進士，改庶吉士，授編修，官至陝西道監察御史。爲諸生時，值丁亥歲聖祖南巡，以所著《類林新詠》進呈，蒙留乙覽。生平博雅好古，尤長於史學。嘗蒐輯《後漢書》之不傳於今者八家，凡《東觀漢記》八卷，謝承《後漢書》四卷，薛瑩《後漢書》，張璠《後漢記》，華嶠《後漢書》，謝沈《後漢書》，袁山松《後漢書》各一卷，司馬彪《續漢書》四卷，共得二十一卷，名曰《後漢書補逸》，捃拾詳細，用力頗勤。又嘗摘取元明諸書，分門隸載，爲《元明事類鈔》四十卷。元時故實載於説部者最少，先生此書誌疆域則引劉郁《西使記》以證拓境之遠，誌任官則引《經世大典》以證銓法之密，又如引《詩會小傳》以誌馬祖常之耿直，引《名臣言行録》以誌霍肅公之公正，皆足補志傳所未備。至《記宮殿》一門，雜取《元掖廷記》、元人詩集，搜羅甚博，更可與《析津志》諸書相參云。參史傳、《四庫全書提要》、《杭州府志》。

後漢書補逸序

《春秋》，魯史也。一經宣尼之筆削，而魯史逸焉，等於芻狗。自後司馬遷作《史記》，憑空結撰，絕無依傍，而班固因之成《漢書》，然不聞太初以前盡逸子長之書也。後漢史書自當時人主命詞臣撰記，後其踵作者爲記爲書，凡十餘家，蓋人人自擬遷、固矣。范蔚宗《書》最晚出，不過集諸家之成，以傾液而漱芳耳。故當時雅重《東觀記》，與遷、固二書，稱爲三史。而外此謝、華諸書無一逸者，裴松之注《三國志》亦多引之，不專奉宣城也。自唐章懷太子招文學之士同注《漢書》，于儀鳳初年上之，有詔付祕書省。自是而諸書稍稍泯矣。故五代及初唐人其類事釋書尚多援引諸家者，至六臣注《文選》其引范《書》已什之七八。迨宋淳化中，吴淑進《注一字賦表》枚舉謝承《後漢書》、張璠《漢記》、《續漢書》，以爲皆彼時所遺逸者，意其時惟《東觀記》僅存耳。後景祐初年，余靖、王洙奉詔校范《書》，序其源委，臚列《東觀》以下七種，僅載卷帙之多寡，而於章懷之注竟不能取諸書相參對，則諸書之逸而不存，已如逝水飄風矣。夫范《書》簡而明，疎而不陋，《史通》固亟稱之，然持論之間，不無倒置，議竇武、何進之誅宦寺爲違天理，責張騫、班勇之使西域爲遺佛書，抑謝夸吾、李郃于《方術》，枉董宣于《酷吏》，崇蔡琰于《列女》，而且志軼《藝文》，贊爲贅語，流觀逸史，未必從同也。蔚宗《與甥姪書》以爲「體大而思精，諸序論贊筆勢放縱，實天下之奇作」。善乎文中子之言曰：「古之史也辨道，今之史也耀文。」范其耀文者乎？且即以文論，而創造者難工，潤色者易好。集衆文而潤之，范亦不得專美於後也。夫百末旨酒非不美也，乃飲醇而忘蘅杜之馨；狐裘之價千金也，而不知其成自衆腋。此亦失先河後海之義矣。

今以蔚宗所定爲正史，而謝、華諸書等諸芻狗，是以《春秋》尊范《書》，吾未之敢信也。或曰：古書之逸者多矣，即如史官所記，東漢以來，其不傳者何限？將按籍而補之，恐有塞破世界之憂。是又不然。夫他書可逸，惟史當補。近史文煩或可逸，古史文約尤當補。今試以謝、華諸史與范校，其闕者半，其同者半。其闕者可以傳一朝之文獻，其同者且可以參其是非，較其優絀，于史學庶乎其小補也。爰是檢閱羣書，鈔蕞成帙，考覈同異，間以臆斷，合爲八種二十一卷，遂使八百餘年已湮之籍，一旦復裒然傳世，日月潛曜，麗天復光；江河滔滔，歸自潮汐，豈非撰著家一快事哉！第鯫生固陋，其疎略之過未能善補，尚俟博雅君子重補其闕云爾。

姜先生炳璋

姜炳璋，字石貞，號白巖，象山人。乾隆甲戌進士，官陝西石泉縣知縣。少博通經史，爲諸生時，督學雷副憲鋐按郡，試以兩漢總論，先生援筆抒二千餘言，浙東、西徧傳誦焉。其説經篤實近裏，恪守先儒，語必有據。嘗著《詩序補義》二十四卷，以《詩序》首句爲國史所傳，如蘇氏轍之例。但蘇氏於首句下申明之語竟删除不論，先生則存其原文，於首句中離一字書之，而一一訂其疏舛，例又小殊。蓋參用朱子《詩序辨説》之義，以貫通兩家也。其綱領有云：「有詩人之意，有編《詩》之意。如《雄雉》爲婦人思君子，《凱風》爲七子自責，是詩人之意也。《雄雉》爲刺宣公，《凱風》爲美孝子，是編《詩》之意也。朱子順文立義，大抵以詩人之意爲是詩之旨。國史明乎得失之迹，則以編《詩》之意爲一篇之要。」尤可謂解結之論。又著《讀左補義》五十卷，破説《春秋》者屈經從例之弊，謂「《春秋》無例，《左傳》所言之例皆史氏之舊文」，援據典博，參考亦頗融貫。又著有《尊鄉集》。參史傳、《四庫總目提要》、《學案小識》。

讀左補義自序

《春秋》因魯史以示義，而發明《春秋》之義者，則自《左氏傳》始。左氏，聖人之徒也，身爲國史，親見策書，因博採列國之記載，薈萃爲傳，以發明《春秋》之大義，使聖人之引而不發者，昭然於簡策間，班氏所謂「論本事而作傳，明夫子不以空言説經也」。然則即事爲經者，聖人之義也；論本事而爲傳者，左氏發明聖經之義也，皆不欲空言説經也。後之學者以實事爲空言，譁然於一字之褒貶，曰此《春秋》之例也。始求於《左氏》而義不可通，繼求之《公》、《穀》二家而不可通者愈甚，則又自爲一例，故《釋例》之書不下數十家，例愈繁而義愈非，用此例以誅人，又用此例以賞人，朱子所謂「大類後世舞文弄法之吏之所爲」，而非大中至正之道也。抑知《春秋》無例，《左氏》亦無例。

或曰《左氏》言例詳矣，杜征南因分爲正例、變例，而謂之無例，可乎？曰：傳之例皆史氏之舊例，非《左氏》自定之例也。傳曰「來告則書」，又曰「滅不告敗，勝不告克，不書於策」，豈作《春秋》時告於夫子乎？曰「辟不敏者」，豈夫子作《春秋》而辟不敏乎？傳明言例之受於史官矣，蓋史官之例有五：有舊典禮經，至春秋而猶有存者，例也，即義也。有東遷後列國相沿之例，則名存而實亡也。有魯史自相傳受之例，則得失參半也。有霸國更定之例，則勢利爲進退也。有魯君臣私意自定之例，則詳略無定理也。其例本於史氏，其義不可深求，而杜氏謂凡例皆周公之禮經，變例皆聖人之新意，則謬也。

或又曰：左氏奚不直指聖人之義？曰：不敢也。《春秋》本朝之史，宗國之書，聖人但記其事，以明王法，未聞顯斥當時之君相而誅之，猶且自聽於知我、罪我，而謂左氏敢乎哉？或又曰：史氏之例既未可以義求，左氏何弗去之？曰：若盡去之，則學者直以爲聖人手定之例，而其誤轉甚。隱、桓以來，兵加於魯者，君大夫將皆稱人，至文十五年稱齊侯，襄十七年稱齊高厚；小國之君忽伯忽子，會盟之序忽升忽降，秦、鄭、曹、郕皆伯爵而或書大夫，或不書大夫，蓋史不一人，則文非一手；事非一朝，則史非一例。諸稱書不書、先書故書、不言不稱書曰之類，及書爵、書人、書國、書名、書族去族之屬，是非或謬於聖人，曾聖人手定之例而有此，而卒不一爲之刊正者，存其文也，紀其實也，著其失也。《左氏》臚列史氏之例而瑕瑜各不相掩，使學者深思得之，夫然後不得混於聖經之義，乃所以發明聖經之義歟？嗚呼！《春秋》非聖人不能作之，非左氏不能述之。作之者即事而爲經，述之者論本事而爲傳，事舉而義存焉，豈徒以其文而已哉？後之躁心嘗者嗜其文而不求其義，而好學深思之士又爲例所蒙，并其事而疑之，毋乃與傳經者之心相剌謬乎？因成《讀左補義》五十卷，且志其大畧，弁諸卷端，俟識者正焉。

孫先生之騄

孫之騄，字子駿，號晴川，仁和人。貢生，雍正中，官慶元縣教諭。性耿介，博學好古，尤專於經。時《尚書大傳》宋本未出，元和惠徵君棟修《明堂大道録》，❶僅從他書輾轉援引之。先生蒐采補綴，成《尚書大傳》三卷，《補遺》一卷，殘章斷句，頗賴以存。又以沈約所注《竹書紀年》未爲詳備，因摭諸書别爲之注，成《考定竹書紀年》十三卷，其中如「商均暴天下」之類，辨别誣妄；《路史》「帝

❶「堂」，原作「道」，今據本書《惠棟學案》改。

杼遷老王」之類，考訂謬誤，皆屬精確。官教諭時，年逾六旬，與諸生立條約，告以五經源流，誘掖備至。又以前人經説彼此均有不同，復各立篇題，薈萃諸家成説，而以己意參考之，爲《松源經説》四卷。松源蓋慶元古地名也。他所著有《二申野録》八卷，《南漳子》二卷，《晴川蟹録》四卷，《後録》四卷，《枝語》二卷，《樊紹述集注》二卷，《玉川集詩集注》五卷，《松源集》。參史傳、《四庫全書提要》。

松源經説

告諸生五經源流記

孔子曰：「六藝於治一也。《禮》以節人，《樂》以發和，《書》以道事，《詩》以達意，《易》以神化，《春秋》以道義。」古者謂之六學，王教之典籍，至治之成法也。至秦焚書，《樂經》亡，以《易》、《書》、《詩》、《春秋》、《禮記》爲五經，上以之試士，士以之應上，胥由此焉，豈徒以華藻繡其鞶帨，工帖括，取青紫虖？抑將正其誼，明其道，有守有爲，令國家收實用邪？夫笙簧《五典》，金玉《三墳》，經術以經世也。我聖朝文教覃敷，養育英才，所以待士者甚厚，訓士者甚嚴，所期望於士者至深切矣。士子將何以仰報萬一虖？五經之籍具在，讀之不能舉其辭，如弗讀也。能舉其辭矣，而昧於義，猶弗讀也。舉其辭，明其義矣，不能體之心，見之行，背實嚮聲，飾華褰末，腐儒之句讀而已，雖多亦奚以爲？孔子曰：「我欲託之空言，不如見之行事之深切著明也。」慶處浙之邊隅，負山阻險，文學之士罕至，諸生以《詩》、《易》爲專門，習《春秋》者才數人，《書》、《禮》兩經概乎未有聞也。僕竊以暇日，先集五經始末爲諸生告焉，此固教誦讀之始事云爾。

夫《十翼》之書，實居六藝之首。自天一地二以往，雖巧曆不能鉤其玄；在蓍七掛八之中，雖老師不能窺其奧。以蘇文忠之宏材碩學，自謂於數未之曉；以邵康節之高見遠識，或言於理非所長，而況卜占之流，安免荄茲之説虖？然六藝之文，五常之道，相須而備，而《易》爲之原。「《易》不可見，則乾坤或幾乎息矣」，言與天地爲終始也。今攝其源流，陳其梗概，有可爲諸生述者。易者，易也，言變易也，又言不易也。《帝王世紀》曰：「庖犧氏作八卦，神農重之爲六十四卦，黄帝引而伸之，分爲二易。至夏后氏因炎帝曰《連山》，殷人因黄帝曰《歸藏》。文王廣六十四卦，著九六之文，謂之《周易》。」桓譚曰：「《連山》八萬言，《歸藏》四千三百言。」未詳所據。《漢書》曰：「文王重易六爻，作上下篇。孔子爲《彖》、《象》、《繫辭》、《文言》、《序卦》之屬十篇。故曰：《易》道深矣。人更三聖，代歷三古。」初，自魯商瞿子木受《易》孔子，以授魯橋庇子庸，子庸授江東馯臂子弓，子弓授周醜子家，子家授孫虞子乘，子乘授齊田何。及秦禁學，《易》爲筮卜之書，獨不禁，故傳授者不絶。漢興，田何徙杜陵，授王同、周王孫、丁寬、服生四人，皆著《易傳》數篇。同授淄川楊何、齊即墨成、廣川孟但、魯周霸、莒衡胡、臨淄主父偃，皆以《易》至大官。要言《易》者本之田何。丁寬復從周王孫授《周氏古義傳》，寬作《易説》三萬言，訓故舉大誼而已。今章句是也。寬授同郡碭田王孫，碭者，梁郡之縣，音唐。王孫授施讎、孟喜、梁丘賀，繇是《易》有施、孟、梁丘之學。張禹、彭宣之學本於施家，而施、孟之學多言陰陽、災變之説。梁丘之學又本於京房卜技之流。故曰「九師興而《易》道微」。晁補之曰：《易》自商瞿至孟喜授受甚明。房受之喜，而瞿牧、白生皆以爲非。至劉向校書，考《易》説，以爲諸易家皆祖田何，楊叔、丁將軍大誼略同，唯京房爲異。焦延壽獨得隱士之説，託之孟氏，不相與同。費直長於卦筮，亡章句，徒以《彖》、《象》、《繫辭》、《文言》解説上下經。高相治《易》與費同，其學亦亡章句，專説陰陽災異。高、費皆未立於學官。又東漢鄭重、魏王弼竝注《易》。施、孟諸家自漢及魏，並得立，而傳者甚眾。至西晉，梁丘、施、高三氏亡，二氏有書無師，而鄭玄、王弼則費氏之學。此《易》之源流也。

《書》者，言書其時事也。上世帝王之遺書有《三墳》、《五典》、訓謨誓命，孔子删而序之，斷自唐虞以下，訖於周，凡百篇。以其上古之書，故曰《尚書》。遭秦滅學，並亡。孝文時，求能治《尚書》者，天下亡有，乃聞伏生能治，欲召之。是時伏生年九十餘，老不能行，於是乃詔太常使掌故朝錯往受之。秦時焚書，伏生壁藏之，其後大兵起，流亡，漢定，伏生求其書，亡數十篇，獨得二十九篇，即以教于齊魯之間，學者繇是頗能言《尚書》，山東大師無不涉《尚書》以教矣。伏生教濟南張生及歐陽生，而魯之夏侯勝、夏侯建、齊之兒寬、歐陽歙皆出於張生，由是《尚書》有歐陽氏、大小夏侯氏之學。伏生爲《尚書傳》四十一篇，歐陽、大小夏侯傳其學，各有能名，是曰今文《尚書》。其後魯共王壞孔子故宅，于壁中得古文《尚書》，悉以書還孔氏。武帝迺詔孔安國定其書，作傳義五十八篇。蓋《尚書》滋多於是矣。遭巫蠱事，不行。至東晉汝南梅頤奏上，其書始立於學官。此則古文《尚書》矣。歐陽世昌曰：上古之書，允爲歷代之寶。教疎通而知遠，詞詁屈以聱牙，述典謨誥誓之文，載堯、舜、禹、湯、文、武之道。粵自秦坑之燼，荐遭汲冢之蕪。伏生九十，口誦艱深；張霸百篇，言多淺陋。攷《泰誓》而浸僞，嗟《酒誥》以俄空。魯共王升孔子之堂，河内女壞高畘之室。蓋伏生本二十八篇，益以河内女一篇。古文今文而蠭起，大道常以瓜分。科斗既訛，《旅獒》莫辯。仲舒三策，猶信白魚赤烏之祥；劉向《五行》，徒言黑蜺黄鼠之異。必在舉宏綱而撮機要，用能揚鴻烈而振徽章。毋效秦近君説數萬言於《堯典》，當知孟軻氏取二三策於《武成》。此《尚書》之源流也。

「《詩》言志，歌永言。」《詩》有四始，六義之文，可以美教化，移風俗，先王之澤也。昔孔子删《詩》，上取商，下取魯，凡三百十一篇。至秦滅學，亡六篇，今在者三百五篇。初，孔子以《詩》授卜商，商爲之序，以授魯人曾申，曾申授魏人李克，李克授魯人孟仲子，孟仲子授根牟子，根牟子授趙人荀卿，荀卿授漢人魯國毛亨，作《詁訓傳》，以授趙國毛萇，時人謂亨爲大毛公，萇爲小毛公，以二公所傳，故名其《詩》曰《毛傳》。《正義》曰：「東漢鄭玄取毛公詁訓所不盡及異同者，續之爲注解，謂之箋。箋，薦也，言薦成毛意。」《漢書·儒林傳》：漢興，言《詩》於魯則申培公，培受《詩》於浮丘伯，申公卒而瑕丘江公盡能傳之。大江公授韋賢，由是《魯詩》有韋氏學。於《齊》則轅固生，而王式之《魯》、匡衡之《齊》，要之，各有所本也。韓嬰，燕人也，孝文時爲博士，景帝時至常山太傅。嬰推詩人之意而作《内外傳》數萬言，其語頗與《齊》、《魯》間殊，然歸一也。淮南賁生受之。燕、趙間言《詩》者由韓氏。韓生亦以《易》授人，推《易》意而爲之傳。燕、趙間好《詩》，故其《易》微，惟韓氏自傳之。孝宣時，涿郡韓生其後也，以《易》徵，待詔殿中，曰：「所受《易》，即先太傅所傳也。嘗受《韓詩》，不如韓氏《易》深，故專傳之。」司隸校尉蓋寬饒本受《易》於孟喜，見涿韓生説《易》而好之，即更從受焉。毛公，趙人也，治《詩》爲河間獻王博士，授同國貫長卿，長卿授解延年，延年授徐敖，敖授陳俠，由是言《毛詩》者本之徐敖。《經典序》：「河間大毛公爲《詩故訓傳》。」一云魯人，失其名。徐整曰：「子夏授高行子。」即《詩序》及《孟子》所謂高子也。陳繼儒曰：「三百刪而秦火繼之，又重以項羽咸陽之三月，而博士之藏書悉燼矣。三百篇獨無恙乎？即無恙而錯簡散帙，能如仲尼之舊否？此一疑也。鄭玄受《毛詩》於馬融，融作傳，鄭作箋，毛氏之學孤行，而齊、魯、韓三家都廢。《隋·經籍志》：「《齊詩》魏代已亡，《魯詩》亡於西晉，《韓詩》雖存，無傳之者。」又一疑也。《鄭》、《衛》漫矣，仲尼登之簡編，無乃非放鄭之旨與？又一疑也。説者曰：《鄭》、《衛》諸詩，聖人留之以著禍亂之所自始，然春秋列國獻酬酭酢之間，鄭伯有不賦《鶉奔》乎？子齹不賦《蔓草》乎？子太叔不賦《褰裳》乎？子游不賦《風雨》、子旗不賦《同車》、子柳不賦《蘀兮》乎？則似又不得以淫聲目《詩》也。又一疑也。《雅》奏庭，《頌》奏廟，《風》奏之房中，其否否者，《風》、《雅》之變也。吴季子觀樂而《邶》、《鄘》、《衛》、《鄭》皆在焉，則既比之聲歌矣。又一疑也。一《豳詩》也，今以爲《風》，而康成割一二章爲《風》，三四五章與六章之半爲《雅》，又割六章之半及七與八章爲《頌》，其説蓋祖於《周禮》之《豳雅》、《豳頌》而設也。一《豳詩》如此，而他可知已。

又一疑也。《詩》之《小序》，梁昭明指爲子夏，范蔚宗指爲衛宏得之九江謝曼卿，則《小序》者漢儒之《詩》，而非子夏所傳於仲尼之《詩》，又一疑也。紫陽子説《詩》是矣，第論《易》則二五爻必歸之君臣，論《詩》則《國風》半歸之男女，然乎？又一疑也。」《荀子》曰：「善爲《詩》者不説。」《孟子》曰：「説《詩》者，不以文害辭，不以辭害志也。」

諸學者多言《禮》，而魯高堂生爲最先。《禮》固定自孔子時，而其經不具。及至秦焚書，書散亡益多，於今獨有《士禮》，高堂生能言之，而魯徐生善爲容，言但能盤辟爲禮容，不知經也。天下郡國有容史，皆詣魯學之。傳子至孫，徐襄、徐延及徐氏弟子公户滿意、桓生、單次皆嘗爲漢禮官大夫，而瑕丘蕭奮以《禮》爲淮陽太守。言禮爲容者，由徐氏焉。其後后蒼最明其業，説《禮》數萬言，號曰《后氏曲臺禮》，而大、小戴繼之。鄭樵曰：「漢初，河間獻王得仲尼弟子及後學者所記一百三十篇獻之。時劉向所校經籍因第而記之，又得《明堂位》、《陰陽記》、《孔子三朝記》、《王史氏記》、《樂記》凡五種，合三百十四篇，戴德删其繁重，合而記之，爲八十五篇，謂之《大戴記》，而戴聖又删《大戴記》之書爲四十六篇，謂之《小戴記》。其後諸儒又加《月令》、《明堂位》、《樂記》三篇，凡四十九篇，則今之《禮記》也。《禮記》有馬融、鄭玄二家注，馬注今亡，唯鄭注行於世。」按《禮記》本孔子門徒共撰所聞，後通儒各有損益。子思乃作《中庸》，公孫尼子作《緇衣》，漢文時博士作《王制》，其餘皆如此例，則《禮》之大略也。至《周禮》、《儀禮》，並周公所作。《周禮》遭秦滅學，藏於山巖屋壁，漢武帝時有季氏獲之，以上河間獻王，獨闕《冬官》一篇，購之千金不得，乃以《考工記》補之，遂奏入於祕府。時儒以爲非是，不行。至劉歆獨識其書，始奏立學官。鄭眾傳《周官經》，馬融作《周官傳》，授鄭玄，玄爲之注。《儀禮》當周衰戰國之世，其書並亡，至漢高堂生所傳十七篇，惟士禮存焉，後世推士禮以達天子之禮而行之。馬融、鄭玄、王肅並爲之注，今所傳篇目自《士冠禮》至《少牢饋食》、《有司徹》凡十七篇。

《春秋》者，魯史記之名也。孔子將修《春秋》，使子夏等十四人求周史記，得百二十國書。又魯君資孔子之周，因老聃觀書於柱下。於是《春秋》成。書有褒貶，不可以書見，口授弟子。左丘明恐弟子各安其意，以失其真，故論夫子所言而作傳，今《左氏傳》是也。初，孔子授《春秋》於卜商，商又授之弟子公羊高、穀梁赤，又各爲之傳，則今《公》、《穀》二傳也。三傳自漢以來遞相掊擊，迄無定論。胡母生治《公羊春秋》，與董仲舒同業，齊之言《春秋》者宗事之，公孫弘亦頗受焉，而董仲舒爲江都相，言《春秋》於趙則董仲舒。江公受《詩》於魯申公，而以《穀梁》名。胡母生見推於仲舒，而以《公羊》名，而榮廣與皓星公之《穀梁》，嚴彭祖與顔安樂之《公羊》亦各有所受云。公孫弘治《春秋》不如董仲舒，而弘希世用事，位至公卿。言《左氏》者北平侯張蒼、梁太傅賈誼、京兆尹張敞、太中大夫劉公子，皆修《春秋左氏傳》，賈誼爲《左氏傳訓故》，其書不傳。其後因傳以廢經，因疏以廢傳，如啖助、趙匡者，且謂別有左氏，非丘明，而《左氏》幾絀。夫左氏躬覽載籍，凡諸國卿佐家傳并夢卜、縱横家書總爲三十卷，囊括二百四十二年事蹟，其中所載賦《詩》者三十一，引《書》據義者三十九，論《易》者十有五，三代制度名分等殺纖悉委曲，歷歷如譜牒，其文最爲古雅，習《春秋》者胡可廢也？《春秋》，夫子之文辭，筆則筆，削則削，游、夏之徒乃不能措一辭。然潛心玩之，有可述而志者。如《春秋》桓四年、七年無秋冬，定十四年無冬，桓十七年書「夏五」而闕其月，莊二十二年書「夏五月」而闕其事，僖二十八年書壬申而不繫之月，桓十年書「五月」而不繫之夏，昭十二年書「十二月」而不繫之冬，郭公、仲孫忌與凡日食而不繫朔與日者，皆史闕文之義也。公如京師，非禮也；晉楚可以言如，京師不可以言如，於是朝覲之禮廢矣。《荀子》曰：「《春秋》善胥命。」程子、胡文定皆善之。王伯厚曰：「此霸者之始，其末也齊、魏會于徐州以相王，霜凝冰堅，其來漸矣。」三書「蒐」於昭公之時，兵權在大夫；再書「蒐」于定公之時，兵權在陪臣。禮樂自天子出，而獻六羽焉；非天子不制度，而稅畝焉。故皆書曰「初」。《春秋》以道名分，正王法，故孟子謂天子之事，邵子謂盡性之書。魯秉禮之國，大夫而旅泰山、以雍徹，僭天子矣。陪臣而竊寶弓、祀先公，僭諸侯矣。韓退之曰：「《春秋》謹嚴。」二字盡之。

《漢書》贊曰：「自武帝立五經博士，開弟子員，設科射策，勸以官禄，訖于元始，百有餘年，傳業者寖盛，支葉蕃滋，一經説至百餘萬言，大師眾至千餘人，蓋利禄之路然也。」吁嘻！詎不盛與。而説者迺言「秦燔經而經存，漢窮經而經亡」，吾不信也。今諸生幸際右文之代，生明備之後，誦三禮，明虖君臣父子之道，定郊廟吉凶之制；誦《春秋》、《尚書》，能精五行、九疇之别，斷褒貶會盟之節；誦《詩》及《易》，辯政教雅頌之始，極變化生生之至。元元本本，學者如斯，不舍晝夜，則進通經術，爲有守有爲之士。聖天子在上，可以出而仕矣。

程先生川

程川，字鄘渠，號春雲，錢塘人。雍正中拔貢生，乾隆元年薦試博學鴻詞，後官縣丞。先生志行端慤，詞華敏贍，下筆千言立就。爲諸生時，肄業敷文書院。嘗取《朱子語録》之説五經者，州分部居，各以類從，成《朱子五經語類》八十卷，凡《易》四十卷，《書》九卷，《詩》七卷，《春秋》三卷，《禮》二十一卷，於每經皆以總論居前，論舊説得失者次之，其餘則以經文爲序，並各著某人所録於下，且注其年月及朱子是時年若干歲於首條，條分縷析，至爲明白。雖其間記録於前後偶異其説者未爲一一辨明，然比類而觀，互相勘校，其得失亦粲然具見矣。三禮之後，綴以《大戴禮記》，以宋時嘗併《大戴記》於十三經末，稱十四經。且其文與三禮多相出入，足爲參考之資，連類録之，固不得疑其泛濫也。所著詩曰《運木集》。參《四庫總目提要》、《鶴徵後録》、《學案小識》。

文鈔

按程先生未著文集，茲據《詞科掌録》録入此篇。

豳風七月篇説

《詩大序》云：「一國之事繫一人之本，謂之風。」則《豳風·七月》篇者，一國之風也，其體全乎風也宜矣。故蘇氏轍曰：「以非天下之政，得爲風，不得爲雅。」自鄭氏誤解《周禮·籥章》所謂「祈年於田祖，則吹《豳雅》；蜡祭息老物，則吹《豳頌》」，而孔氏安國竟分首章爲《風》，六章爲《雅》，卒章爲《頌》。鄭氏至於以四章半爲《豳雅》，三章半爲《豳頌》，以爲一詩而兼三體。然而春晝逆暑，秋夜迎寒，擊土鼓，吹《豳詩》，《集傳》以爲《七月》之詩，不聞别之有所謂《雅》與《頌》也。且《七月》之詩，周公陳王業之艱難，上述公劉、后稷之化，遠歷夏、商千有餘年之久，使成王知故國衣食之原。故《孔叢子》紀夫子讀《詩》曰：「於《七月》見豳公所以造周也。」然其詩雖出于朝廷士大夫之手，而鄭氏《詩譜》猶謂之曰「《風》之變」，孔氏穎達亦謂之曰「《豳》之變風」，安得遽以《雅》、《頌》目之？蓋《雅》、《頌》之音爲清廟明堂之什，朱絃疏越，一唱三歎，饒有遺音，而《七月》一篇，其曲寫民間求桑納稼之勤，爲裳授衣之情，烹葵剥棗之勞，春酒介眉之樂，躋堂稱壽之義，所以言農桑衣食之本甚備，皆小民意中事耳，安在其爲《雅》爲《頌》也？且朱子云：「樂因《詩》而作，《詩》不爲樂而作。」故《詩》以體而分，體不因人而别，寧必以周公所作即爲《雅》、《頌》之音乎？是以夫子列《豳風》於十五《國風》之末，居於《風》、《雅》之間。范氏祖禹以爲：《風》之所爲終，而《雅》之所爲始，於是終之以《曹》，次之以《豳》，反之於周公。言周之所以盛，望有爲東周者耳。故不先於二《南》，不以周公先文王也；不合於《王風》，不以周公合衰周也。不然，《雅》、《頌》也，而夫子列之於《風》，必不若是之謬也。説者又引《篤公劉》一篇，以爲同述豳公爲諸侯之政，而召公所獻者已列之於《雅》，則周公所陳者不應專列之爲《風》。然而金氏履祥不云乎：「《公劉》以備燕饗之樂，故列於《雅》。《七月》以爲矇工之誦，故自爲《風》。」此其判然大著者也。於是有爲調停之説者，則葉氏適之言。葉氏之言曰：「《豳》兼有風、雅之制，以爲《風》，則其辭作於朝廷，繫於政事；以爲《雅》，則又紀風土焉，故列之於《風》、《雅》之間。」而嚴氏粲則曰：「雜乎《風》之體者，爲《雅》之小。」由斯以言，則葉説乃依違之論，尤不足據矣。且《公劉》之詩，何嘗不言風土，而專次之於《雅》，則《風》、《雅》之别自有其判然者，而欲以《風》混《雅》，其可得乎？於是求其説而不得而支其辭，以爲解者有三焉。王氏安石之説曰：「《豳》之詩自有《雅》、《頌》，今皆亡矣。」夫《笙詩》雖亡，尚存其目，今不見其目而臆謂有之，其説虚而無據。又説者曰：「《豳詩》吹之，其調可以爲風，可以爲雅，可以爲頌，則體不定乎詩，調可變乎律。」何《詩》不可吹也，安必在乎《豳》？又説者曰：《楚茨》、《大田》、《甫田》是《豳》之《雅》，《噫嘻》、《載芟》、《豐年》諸篇是《豳》之《頌》，謂其言田事如《七月》也。夫其事如《七月》而欲引以實《周禮·籥章》之雅頌，則其爲鑿也益甚矣。雖朱子之《答潘氏恭叔》，未嘗不許其説，以甚鄭氏一詩三體之誤；而《答吴氏彦章》則曰鄭氏不達《周禮·籥章》之義，生此鑿説；《答楊氏道夫》則曰「先儒因此説而謂《風》中自有《雅》、自有《頌》，雖程子亦謂然，似都壞了《詩》之六義」，此其尤深切著明者也。或者又引此爲周不改月之證，然公劉正當夏時，謹守侯度，自應遵用夏時，周公追詠其事，安得廢夏時而用周正？惟是劉氏瑾曰：「凡《詩》中月數皆以寅月起數，不特此詩爲然，故朱子以爲改月，則與《孟子》、《春秋》合；以爲不改月，則與《詩》、《書》合。」以爲兩邊皆有證據，而亦不欲以《七月》

之篇定爲不改月之明證也。且《七月》之首章於「二之日」曰「卒歲」，於五章「十月」而曰「改歲」，考之《夏書》有「怠棄三正」之語，則吕氏伯恭以爲三正並用，殆或然歟。總之，《詩》以言志而已，《七月》之篇，豳民之志也，而周公代言之，雖公爲成王而作，乃言外之志也，則蘇氏轍以爲：豳公之詩乃一國之風，周公之詩乃一人之事，其專謂之風也固宜。

曹先生庭棟

曹庭棟，字楷人，號六圃，晚號慈山居士，嘉善人。廩貢生。少嗜學，工詩。中年後，絶意進取。乾隆元年，舉孝廉方正，不就。潛心著述者幾五十年，所坐木榻穿而復補。學宗程朱，其説經類能薈萃羣言，有所折衷。所著有《易準》四卷，首《河圖》，次《洛書》，次《大衍圖》，次《蓍法》，蓋專爲圖學而作；《孝經通釋》十卷，力主古文，而以今文附載於下，凡所徵引唐五家，宋十七家，元四家，明二十六家，國朝十家，旁證諸説者又十有二家，採摭頗備；《逸語》十卷；《昏禮通考》二十四卷；《琴學内篇》一卷，《外篇》一卷；《老老恒言》五卷；《永宇溪莊識略正續》七卷；《産鶴亭詩集》十一卷，俱刊行。未刊者《幽人面目譜》三卷，《火珠林遺意》四卷，《蓍測》六卷，《隸通》二卷，《草書體勢會通》二卷，《格致略》若干卷，《古逸詩》二卷，《雜文稾》四卷。嘗以《宋詩鈔》漏略尚多，且刊刻未竟，往往有録無書，因搜採遺佚，爲《宋百家詩存》二十卷，序而刊之，論者稱其書足補吴之振之闕。又嘗與弟庭樞分纂《經義異同辨》，未成。乾隆五十年卒，年八十七。參史傳、《四庫全書提要》、《學案小識》。

易準例説

天地之道在陰陽，陰陽之象在奇耦。原夫奇耦所由立，有數焉爲之紀，所以極陰陽之變，而成《易》之神。故言《易》者，必言《河圖》、《洛書》，良以《圖》、《書》爲天地之數之原，《傳》謂「《易》與天地準」，準此也。顧羲皇世遠，指授無憑。言《圖》、《書》者固多，而以《易》按之，《圖》已非其《圖》，《書》已非其《書》，於是疑之者曰《圖》、《書》乃後人僞託，即信之者且曰《圖》、《書》自爲《圖》、《書》，何與於《易》？歧《圖》、《書》與《易》而不求其合，宜乎大衍之數無明徵，揲蓍之法多沿誤。蓋自尼山傳《易》以來，解者失其意旨之所在，抑又久矣。

庭棟少時有志於《易》，即留意於《圖》、《書》，冥搜博討，訖無指歸。今年逾週甲，幸而天牖其衷，得識河呈洛負之真，爰爲反覆玩索，觀其會通，更參蓍法，以達諸用，説似創而實因，《圖》似新而實故，列爲四卷，各以類從。第一卷明《河圖》。《圖》出希夷，與世所謂「《圖》者中，位則異」。第二卷明《洛書》。《書》有本象，與世所謂「《書》者實，數則虛」。竭其一得，闡抉務該，間有前人所已言者，亦摭而並録。第三卷明《大衍圖》。《大衍》有十圖，皆爲《洛書》。傳之者既罕，言之者絶少，則抒獨見，以發揮之。第四卷明蓍法。蓍法所由來，見之《易傳》，而疏解舛誤，又不辭研辯，求得掛一歸奇之旨，凡以求合於《圖》、《書》之數而已。若夫卷分篇，篇又分條，因其一節有兼各義，非區綱別目，不足以致其詳。至復推類旁通，及於支干五行，《圖》、《書》中有此數，皆《易》中具此義者也。故是書之作，明《圖》、《書》，即以明《易》。蓋天地之數，《圖》、《書》備之，《易》從而變化之，究其實用，歸於蓍法，所以定吉凶、成亹亹。苟因之而即數觀理，修齊平治之學不於是乎畢寓也哉？

蓍測例説

《易傳》曰：「幽贊於神明而生蓍。」又曰：「陰陽不測之謂神。」後之人揲蓍求卦，所以測之也，然第執爻象之辭，占其吉凶悔吝，所謂「神而明之」者安在乎？原夫「以言者尚其辭，以動者尚其變，以制器者尚其象，以卜筮者尚其占」，若揲蓍所尚在占，會通於象而取決於變與辭，固合四者而一之者也。余嘗著《易準》，於卷末辯正蓍法，至於占法未敢妄置一語，誠以《易》無方體，不得設一成例以相索耳。既而細繹《傳》文，而知《傳》之示人以占法者，亦詳而有要矣。《傳》不云乎：「聖人設卦觀象，繫辭焉而明吉凶。」然則象也者，辭所由繫，即吉凶所由明，其有關於占爲最重。惟是象繫定辭，占無定事，故象隨事立，就一卦一爻之中各有無定之象，旨微義博，遂覺從之而末由。竊爲掇拾叢説，分析其條目，薈萃其義類，管蠡所及，詎能詳盡。然使蓍者循是而觀其變，玩其辭，或有所依附以得其占，亦引伸觸類之一法也。要而論之，莫非經所已備及傳所已言，不過推廣發明，一一援爲蓍者之用。輯録麤畢，名之曰《蓍測》。神而明之，則仍存乎其人矣。乃於卷末更考《左》、《國》及史傳所載占驗，擇其有當於蓍占者，附録以備參觀。至蓍法已詳《易準》，不復贅云。

孝經通釋例説

古文《孝經》二十二章，與《尚書》、《論語》同出孔壁，孔氏安國讀而訓傳其義者。今文《孝經》十八章，顔芝所藏，出自芝子貞，鄭氏康成爲之傳，唐明皇朝題其章名，如「開宗明義」之類是也。二本章第不侔，因彼此分合而異，古文所多者「閨門」一章耳。至字句互有增損，亦非懸絶。自唐以十八章之今文爲定，而二十二章之古文幾廢。然以孔氏之經出孔氏之壁，古文之信而有徵明甚。茲悋遵古文，其與今文章第及字句有異者，悉註於本章本節下。後儒分經别傳，删節原文，更易章次，亦摭其説以備考。若夫歷代註家或從古文，或從今文，不過沿習其名，案之全經實義，初無古今文之異，特註者各出己見，其説因之而别。猶夫觀天者，此窺其一角，彼識其一隅，然而無非天也。故統古今文註而兼采之，不爲分析，其顯背於理及膚淺衍説者則從删。或前人已言而後人複出者，亦從削。乃復申以鄙説，不扶同，不矯異，并不是非前人。要之，寧闕疑，無臆斷，因文繹義，並俟讀者之論定。顧自漢迄隋，註家原本俱亡，其零章斷句於宋邢氏昺疏中見之。考唐開元時，明皇集六家以作註，元氏行冲博采諸家以作疏，邢氏所引即本元氏所采，其中明著姓氏者，六家外又有十家，故茲所輯録，斷自唐始，而唐以前之説略備於中焉。由唐以來，註家完本猶有存者。他如語録，如雜著，凡有及於此經，悉爲摭入。唐得五家，宋得十七家，元得四家，明得二十有六家，其中又有雜引漢以來諸説，得十有二家。更博訪當代學士大夫之著述，擇而采之，得十家，合前共九十家，而鄙説次其後，析爲十卷。卷末另附《總論》一卷，詳考古今文之始末及談經者之辯證。凡以明經文之可信與古文之當遵，題曰《孝經通釋》。

逸語例説

孔子之言見於《論語》及《周易》、《禮記》、《春秋》三傳、《孝經》、《孟子》已皆尊之爲經，頒諸學校，天下萬世共覩矣。他如周、秦、兩漢以迄晉、宋、齊、梁，其間諸子百家之書尚多記述，第傳聞異辭，純駁互見，固不可概信爲真，亦豈得盡疑其僞，是在後之學者爲之審擇以昌明聖道也。宋元以來，有采羣書而纂集者，如戴良《論語外書》，楊簡《先聖大訓》，薛據《孔子集語》，孔傳《闕里祖庭記》，又《東家雜記》，馬廷鸞《洙泗遺編》，蔡復賞《孔聖全書》，徐元徵《孔庭纂要》，鍾韶《論語逸編》，凡此之類，往往雜采成編，不加審擇，則其所以纂集之意，揆之昌明聖道之旨，得毋未協與？

庭棟學識荒陋，敢云聞道。特慮羣書沿襲，疑信相參，用是殫心潛體，削誣正誤，以傳其信。夫去聖已遥，微言莫質，亦信夫理有可信而已。若及門諸子之言，間亦附入，合而輯之，次爲二十篇。大抵專於紀言，略於紀事。故凡敍述繁冗，無關誦法者，摘録訓辭，約文見義。其例皆竊取《論語》而其文則爲諸經之所逸，因名曰《逸語》。至於篇以類分，自修己及乎治人，與夫所以爲窮理格物之助者，悉具其梗概，使讀者循節求之，諸經而外，更覩聖人垂訓之詳，於學術人心不無小裨，畔道之譏儻獲免夫。

漢儒釋經，專事訓詁，宋儒則精研義理，

二者當未可偏廢。庭棟輯《逸語》既成書，復宗朱子《論語集註》之意，訓詁、義理兼蒐，以詳註之。先儒語録有可參證者，并引據焉。每二篇合爲一卷，凡十卷。自揣所見膚淺，豈足以盡探藴奧？訂其闕失，是所望於後之君子。

搜集聖言，俱見諸隋唐以前之書，於每章之末各註書名，明其所自出也。其中有全書散佚，僅摭一二者；有兩書相類，專據一書者，并列書目，詳其篇卷，令讀者有所徵考焉。

昏禮通考例説

昏與喪爲人道之始終，皆禮之大者，而言禮家往往詳於喪而略於昏，故喪禮有專書，而昏禮獨闕焉。庭棟年來園居，杜門參訂三禮，因於諸經中有關昏禮者，❶摘采其文，節引疏解，備録現行定制，并蒐史傳及羣言雜説以廣之。自天子至於庶人，遞詳昏禮始末，推及變禮、雜儀，分條類聚，薈萃爲編，四閲歲，三易稾，而卒業，題曰《昏禮通考》。凡以表章聖經，宣揚國制，而於稽古之中，益懍從今之義。謹以現行定制，集爲一卷，冠於首，上以昭天家大昏之重，俾薄海内外咸仰隆儀；下之使世俗嫁娶知守成規，不敢僭替。禮所不及，法以維之，律令並著於篇。定制而外，采諸往籍，另爲二十四卷，别其條目，則有六十，引經文以爲據者十居其九。他如《家語》、《大戴記》雖不列於學官，而所載無非往聖昔賢之明訓，采録其文，例得與諸經並列焉。若歷代之儀節不同，諸家之議

❶「關」，原作「觀」，今據清乾隆刻本《昏禮通考》改。

論各異，鉅細弗遺，雅俗畢舉，皆以資言禮者之考鑒。至如異俗禮，如高麗、倭國之類，雖明載史傳，無與齊民之要，概不參入。其中有以鄙言按其下者，或釋文義，或審是非，或參同異，要以酌古準今，期於無弊，非敢獨出己見，擅加論斷也。嘗見崑山徐氏有《讀禮通考》一書，乃專輯喪禮者，與余所輯昏禮體例別而取裁同，顧其積卷盈尺，茲則僅及其十之三四，得毋喪禮本詳而昏禮本略之故與？補其遺而正其誤，尚俟夫博聞好禮之君子。

琴學例説

樂必備八音，而八音中絲爲君，絲之中又以琴爲君，良以琴之用具十二宫之還轉，一器而全樂之理該焉。故爲君子所常御，定律之法在是，涵養德性亦在是。三代而降，古樂散亡，器則猶存，而紀傳所載説琴者固多，求其能得聲律自然之應與夫徽弦製作之原者，竟不一覯，是何也？論律者空言其理而不能施於用，以指法授受者能施於用而不復究其理，於是往往相左。其没古聖人造器協律之精意，蓋亦久矣。

庭棟少時，嘗學操縵，麤識清濁。迨後尋繹律書，歷考漢唐來論者糾紛，卒無定法。惟西山蔡氏能探其本，著爲《新書》，而亦未施於用。爰不揣聾聵，憑器審音，竊撰《琴學》凡二十有二篇，爲《内篇》。以律合琴，即以琴證律，而知正律之外，必有變律；還宫五聲，必取半律，實出於琴聲清濁之自然，而與蔡氏《新書》有互相發明者。若夫以十分定半律，以九寸爲虚數，則與蔡氏之説微有不符焉。至於取應必兼三節，定徽俱出均分，制弦則巨細同歸，律位則寸分各具，似此之類，固爲《新書》所未備，亦漢唐以來諸儒所未論及者也。又《外篇》有四，薈萃古今琴説，妄以己意按其是非，非敢譏議前人。蓋不如是，無以明其理之必然與其用之變化。方今學士大夫幸生盛世，正宜調聲均律，以應庥和。琴雖一器，具十二宫之還轉，足以涵養德性，爲君子所常御者，其所係尤切而要也。以庭棟之管窺蠡測，縱不獲遠追古樂之遺，而於古聖人造器協律之精意，庶幾闡發其萬一。誠使憑器以求，因其自然之聲，合乎一定之律，則得其理而兼得其用，所謂今樂猶古樂，不可舉一琴以概其全也哉？

盛先生百二

盛百二，字秦川，秀水人。乾隆丙子舉人，官山東淄川縣知縣，爲政靜而不擾，簡而有要，聽訟不多言而人自服。嘗查覈歷城、濟陽災户，了了無遺，雖能吏莫之及。然素無宦情，在官一年，以憂去，遂不仕。少讀書穎悟，凡句股、律吕、河渠之學靡不研究，而於天文致力尤勤。嘗謂：「羲和之法遭秦火而不傳，六天沸騰，莫知所從。自太初以後，踵事增修者七十餘家。至此時，《御製律曆淵源》之書出，如披雲見日，使千古術士詭祕之説至今日而無遁其形。始知大經大法已略具於《虞書》數語之内，雖有古今中外之殊，而其理莫能外也。」因著《尚書釋天》六卷，於《堯典》、《舜典》、《胤征》、《洪範》諸篇，凡有關曆象者，逐條考訂，博採諸書而詳疏之。其大要以西法爲宗，凡五易稿乃成。晚居齊、魯間，主講山棗、藁城書院十數年，多所成就。他所著有《問水漫録》四卷，《增訂教稼書》二卷，《柚堂筆談》四卷，《柚堂續筆談》三卷，《觀録》四卷，《柚堂文存》四卷，《皆山閣吟稾》四卷。參史傳、《疇人傳》。

文集

任城書院學海樓釋奠先賢任子記

尚書姚公莅河之三年，始移任城書院於西郊草橋之北，而兵備使陸公實左右之，知州藍使君實經營之。規模式廓迥異舊觀，其中有學海樓，上奉先賢任子栗主，釋奠在焉。任子爲七十子之一，載於《家語》及《史記》，而生平無所見，惟任氏譜云「有《詩傳》、《禮緯考》及《逸語》三篇，生魯襄公二十八年，少孔子六歲」。其弟子有東門子高、蒯伯儀」，皆他書所無，當表出之者。夫任城近聖人之居，先賢遺蹟往往而有，如曾子、仲子、高子、樊子、鄭子是也，何獨任子？然諸賢或以流寓，或子孫徙家，因而立祠。若任子，固任國之族，以國爲氏者。任城以任國而名，諸賢之於任城，豈可與任子比乎？按鄭夾漈《姓氏略》任氏有三宗：其一黃帝之後封於薛爲任氏，蓋即《國語》所謂「二十五子得姓十四人」之一也。其後奚仲封於薛，又曰「黃帝之孫顓頊少子陽封於任」。又任爲風姓之國，太昊之後，主泲之祀。今泲州即其地，子孫亦皆以爲氏焉。而今《任氏譜系》獨推本於薛。康熙初，知州陳灴作《任子祠記》兼用之，語涉兩歧。鄭孝廉與僑特表風姓之説，而亦未有所決也。余則斷以任子爲任城之任，風姓之後無疑者。蓋春秋二百四十年之間，惟女子稱姓，男子無稱姓者，昔人論之詳矣。任子果爲薛國之後，應爲薛姓，不稱任矣。且惟其爲任國之任，是以唐追封曰任城伯，而宋之賜田廟户亦並在任城。又譜云：「任子居桃鄉，卒於此。」按兩《漢書》志桃鄉亦曰桃聚，前漢爲侯國，屬泰山郡；後漢屬任城。《龐萌傳》桃鄉在任城北六十里，此其鑿鑿可據者。宋時因鄭康成謂任子爲楚人，改封當陽侯，後人遂附會任子曾徙當陽，而不知非也。蓋春秋之末，越與魯鄰。及楚滅越，皆爲楚地，故莊子居濮，陶朱居定陶，皆以爲楚人。譜又云：「桃鄉之西有大阜，界於楚，又名楚丘。」又云：「楚以上卿禮聘，不就。」迹其生平，未嘗舍桑梓而他適也。或曰然則顓頊少子封於任，獨不得有後乎？曰《唐書·世系表》於薛氏云「出自任姓，黄帝孫顓頊少子陽封任」，於任氏云「自黄帝少子禺陽封任，因以爲姓」，其説不同，而下至奚仲皆云「十二世」，則兩宗雖二而實一，自爲矛盾。既知古無男子稱姓之例，亦可勿論矣。且任城固爲任，而廣平有任邑，但言封任而不著其地，安知非廣平之任乎？任、宿、須句、顓臾，風姓也，實司太皡有濟之祀，見於《左氏春秋》。夫譜系之紊久矣，自當以《左氏》爲斷，而就任城以言任，又自當以風姓爲是也。曰譜又云「薛定侯封仲子於桃鄉」，其説非歟？曰薛故城在滕縣南四十里，去任城東南二百里矣。桃鄉又在任城之北六十里，則去薛益遠，安能以封仲子？夫近代之人猶傳聞異辭，況秦漢以前乎？苟非經史，何足爲據？

書院之初成也，余來掌教事，諸生荷當事諸公表章先賢及作人之雅化，共立石以誌不忘，而以文石之詞來請。任子本有祠在汶泗坊，舊記有不慊於心者，故爲稽其本末，以質後之君子。

汪先生輝祖

汪輝祖，字煥曾，號龍莊，蕭山人。少孤，繼母王、生母徐教之成立。嘗入州縣掌書記，習刑名家言。乾隆乙未成進士，選授湖南寧遠縣知縣，境多流丐，率强横不法。下車後，即掩捕其尤，而驅餘黨出境。又邑人多積逋而好訟，時當徵賦，因先期曉諭，與紳民約，每旬以七日聽訟，二日校賦，一日手辦詳稿。若遵期完課，則少費校賦之精力，即多留聽訟之工夫。衆感其誠，不逾月而賦額足。治事廉平，尤善決獄。兩署道州，又兼署新田縣，皆有惠政。後以足疾請告，會大吏已疏請調補善化，疑其規避，遂劾罷歸里。嘉慶元年舉孝廉方正，固辭免。十二年卒，年七十有八。少尚志節，老而愈厲。先後佐幕三十餘年，惟以守身之義懔懔自防，終其身罔敢隕越。尤邃史學，於姓名、氏族考訂最詳。所著有《元史本證》五十卷，《史姓韻編》六十四卷，《二十四史同姓名録》一百六十卷，《九史同姓名略》七十二卷，《三史同名録》三十九卷，《二十四史希姓録》四卷，《讀史掌録》十二卷，《過眼雜録》四卷，《越女表微録》七卷，《善俗書》一卷，《詒穀燕談》三卷，《雙節堂庸訓》六卷，《學治臆説》四卷，《佐治藥言》二卷，《病榻夢痕録》二卷，《夢痕録餘》一卷，文二卷，詩六卷。參史傳、阮元撰傳、《病榻夢痕録》。

史姓韻編自序

讀史而記姓名末已，抑亦何可易言也。載籍極博，史特四部之一，二十一史之在史部，太倉稊米耳。然其勳德彪炳，熟在人口，代不過十數人，數十餘人，佗有莫能舉其姓名者矣。少時從友人假讀《史記》、兩《漢書》，廑廑焉粗涉其大端。既而衣食奔走，兼攻舉子文，不暇卒業諸史。年四十又八，始得内版二十一史及《舊唐書》、《明史》通二十三種。五六年來，佐吏餘功，以讀史自課。顧目力短澀，日不能盡百葉，又善忘，掩卷如未過眼，每憶一事，輒輾轉檢閱，曠時不少。計欲摘二十三史中紀載之人，分姓彙録，依韻編次，以資尋覽，碌碌未遑也。因就列傳之標名者，先事排纂，則鮑君以文先我爲之。第其書史各爲衺，體例未定，且前明監本間與内版微有參差，遂乞作稾本，合二十三史爲一編，詳加考較，闕者補之，複者删之，一人而見二史、三史者分行注之，同姓名者書其官籍別之；帝后不繫於姓，明所尊也。故十六國、十國仍以姓編之。男女宜有別也，故公主、列女各以類編而不以姓分，惟秦良玉獨編於姓，遵史例也。野王二老、瞿硎先生之類姓不可考者，別爲佚姓一條。皀旗張名佚而姓不可編，亦附焉。釋老同異端也，道士有姓而沙門之姓不著，故以釋氏類之。從史注則句讀如勾，賁讀作肥；從俗呼則繆音若妙，富切方遇，《史記·留侯》、《老子》諸篇，則各標本姓，而注曰目作某某，用歸畫一。凡期有七月，手録甫竣。邵編修二雲以新葺《舊五代史》鈔本見寄，復次第增補之，爲卷六十有四，而題其端曰《史姓韻編》。

客有送難者曰：魏自孝文帝始改姓爲元，而子於魏之宗室概從元氏；周世宗，柴氏子也，子於世宗諸子姓俱從郭，毋乃失實？遼金元三史標名而不著姓者，子各依本史分韻彙編，謂其姓之不可詳也，似矣，顧其中有編於姓者亦複出焉，而又不盡複出也，不幾自淆其例歟？余應之曰：然抑有説焉。魏之改姓雖始孝文，而宗室諸傳俱無復稱拓跋者，自不必分改姓以前從其初姓矣。柴守禮爲世宗本生父，世宗即位，禮以元舅，是世宗仍父太祖也，其子能不承祖姓乎？《遼》、《金》、《元》三史音義多誤，聖天子命儒臣翻譯改正，伏讀《通鑑綱目續編》改本，惟遼之耶律、蕭，金之完顔並仍其舊，其蒲察、斜卯、紇石烈、温迪罕諸部，移剌、唐括、夾谷、粘割諸姓及元之國姓奇渥温，無不譯改。方今敕纂《三史語解》未奉頒發，新改之名無由周悉，是用仍依舊名彙編，專爲一卷，恭候欽定書行，祇遵改正。且是書爲讀史者便檢閱也，凡名之一望而知爲非姓者，如金之烏春、桓赧、麻産、石家奴，元之安童、桑哥、全普庵撒里、畢也速可立之類，較然不必入姓編矣。若唐兀氏之余闕與漢人姓名何異？遼之奚和朔奴、奚回離保，元之來阿八赤、楊賽因不花、張萬家奴、劉哈剌八都魯之類，姓不須譯而名須譯改，故《姓編》與《彙編》皆兩收之。至耶律、蕭、完顔三姓之人名雖多，須譯改而姓自一定，斯則無庸複出，義固各有取也。獨余於是有未能慊於心者，編録之時，遇其人勳節燦著，傳目雖不標名，亦必附載於篇。《儒林》、《黨錮》、《孝友傳》序之所録者，概不敢遺，雖非爲傳中人詳世系，而賢臣名將或并其先人後裔牽連及之。若外戚，若權姦，往往亦附所自出，竊於是寓勸懲之意焉。顧時方有《九史同姓名》之録，唐以後採録稍詳，而《南北史》以前諸多漏佚，竟全史而益之，行有完書，庶幾俟諸異日乎？

九史同姓名略自序

九史者，新舊兩《唐書》、新舊兩《五代史》、《宋》、《金》、《遼》、《元》四史暨《欽定明史》也。往歲丁酉，始得讀《舊唐書》，其所敍姓名間與《新唐書》詳略不同，隨讀隨録，用備參考。嗣讀《舊五代史》鈔本亦如之。循是而讀《宋》、《唐》各史，無不摘寫，已而閱歷代説部多有採録同姓名者，寥寥不過數人、數十人而止。余寅《同姓名録》號稱博雅，既正史外，旁及他書，而史所紀載轉闕焉不詳。竊不自揣，欲盡讀《史記》至《南》、《北史》，通録成書，猝猝謁選人，未遑卒業。爰就九史所摘姓名之同者，先爲彙録，置之行篋。丁未備官寧遠，退食餘閒，取而訂之，得姓若干，得名若干，凡同姓名者二萬九千有奇，姓依《韻府》，名依《字典》。恭遇聖祖仁皇帝、世宗憲皇帝廟諱、皇上御名，仍各歸《字典》本部；遵書欽定字様，而添注「敬避廟諱」、「敬避御名」四字，以别於本名元、本名允、本名宏者，既昭誠敬，無礙參稽。手繕成册，區爲七十二卷，名之曰《九史同姓名略》。嗟乎！是直點鬼簿耳，性命之學無裨纖毫。然自佐幕迄於服官，常與史俱，往復流覽，獲益不尠。且姓名同矣，而貞邪異迹，其實不同，論世知人，惟其實，不惟其名，未始非以古爲鑑之資也。豈惟賢於博弈已哉？《遼》、《金》、《元》三史元本音義多舛，方今聖天子勑纂《三史語解》，如耶律，如蕭，如完顔，各從其姓，同名之人一例收録，俟《語解》頒行，欽遵更正。他如海里、和尚、撻不也、伯顔、脱脱、孛羅帖木兒之類，姓未能詳，皆從佚焉。庚戌仲秋，《史姓韻編》鏤版既竣，兒子繼培請雕是書，余姑諾之。會奉符權知道州事，無暇覆校。繼培乞稾本重訂，删複補遺，付剞劂氏。其間複者、遺者知正不少，大雅君子原其略也，而是正之，幸莫大焉！夫九史之中，同姓名者已如是其夥，由《史記》以至《南》《北史》十五史所同及十五史之同於九史者，又不知凡幾。今方以足疾乞休，倘天假餘年，得於歸林之後，徧校二十四史，詳加釐定，克成完書，以遂初心，則是書其嚆矢也。嗟乎！余年六十有二矣，炳燭餘光，其可必乎？抑不可必乎？是爲序。

三史同名録自序

録同姓名者，辨其似也。至《遼》、《金》、《元》三史，則不能復以姓統名，蓋遼、金諸部各有本姓，史文或繫或不繫；元之蒙古、色目例不繫姓，故惟以名之同者録之，此變例也。余録廿四史同姓名，漢姓差備，既卒業，取三史中以國語命名者，重爲編輯，遼、金則以名爲綱，而以異姓者分列之；元則以蒙古、色目及遼、金部族爲主，而以漢姓者附存之。色目雖有漢姓，實則俱以名行，與蒙古同。漢人、南人間有不繫姓者，亦仍史文録之，不書附字。首字以韻相次，次字以部相從，訂其異同，各爲次第，復旁攷《五代》、《宋》、《明》諸史，以資參證。草稾初就，末疾未瘳，子繼培續加删補。凡音近字別，轉輾相同者，輒移韻部，附於初見條後。其名之互異及姓之或繫或不繫者，悉考著之。體例加詳，增益幾倍。録《遼史同名》五卷，《金史同名》十卷，《元史同名》二十卷。異史同名各止一人及一史已有同名而他史別出一人者，爲《總録》二卷。《五代史》、《宋史》、《明史》人名之合於三史者爲《附録》二卷，統三十有九卷。於是三史同名約略可覩矣。夫古者綴名以姓，別姓以氏，而曾參、毛遂同時而易淆，士燮、杜喬異代而相襲，況乎族以名行，人不姓繫，而又取於官、於地、於事、於物、於姓氏，國俗相沿，語必疊字；對音繙譯，文難數通，以視漢字、漢語者廣隘難易相懸萬萬，襲蹈故常，漸難別白，勢使然也。昔遼人稱乙幸父爲窮迭剌，金人稱昭祖爲勇石魯，歡都父爲賢石魯，又以泰州繫婆盧火，草火、板子別二訛可，大、中、小區三婁室。元時亦有脱脱、康里脱脱之殊，意欲便於觀聽，然其餘同於數人者觸處多有，安能盡區以別之？且其不易別者，非僅數人，又安能盡易其稱，使觀聽者一無疑惑耶？當時既難辨晳，後世益鮮攷據，於是賢否混淆，彼我合并，如《康里脱脱傳》之入脱虎脱事，脱虎脱，亦稱脱脱。泰寧王買奴之繫以宣靖王元泰定帝時諸王有兩買奴。之類，史臣且不能無誤，而欲讀史者展卷瞭如，抑又安能？此則論世知人，不容不早別者也。曩歲曾繕初稾，就正嘉定錢竹汀宫詹，多蒙教益。輝祖老病健亡，見聞尠益，繼培又淺學薄植，未能博采羣書，審定疑似，雖屢加校覈，其間誤分誤合，終必未免，特以崦嵫餘景，稍寄精神，不忍棄置，用付剞劂，質諸大雅，庶幾訂譌證缺，有以徵信於來哲。若夫譯音無定，舊史多舛，館臣奉詔釐正，一洗沿襲之陋。輝祖僻處草茅，末由仰見，録内人名，仍以武英殿舊刊爲據。後之君子，讀定本而別有成書，是編真當覆瓿置之矣。

元史本證自序

予録三史同名，閲《元史》數周，病其事

跡舛闕，音讀歧異，思欲略爲釐正，而學識淺薄，衰病侵尋，不能博攷羣書，旁搜逸事，爲之糾謬拾遺。因於課讀之餘，勘以原書，疏諸别紙，自丙辰創筆，迄於庚申，流覽無間，剌取浸多，遂彙爲一編，區以三類：一曰證誤。一事異詞，同文疊見，較言得失，定所適從，其字書爲刊寫脱壞者弗録焉。二曰證遺。散見滋多，宜書轉略，拾其要義，補於當篇，其條目非史文故有者弗録焉。如《藝文志》、《國語解》之類。三曰證名。證無定言，聲多數變，輯以便覽，藉可類求，其漢語之彼此訛舛者弗録焉。凡斯數端，或舉先以明後，或引後以定前，無證見則弗與指摘，非本有則不及推詳。爰取陳第《毛詩古音攷》之例，名之曰《本證》。曩者《三史同名録》草稾初成，子繼培復爲增補，因將證名一門並令校録，有及證誤、證遺，亦録之。時賢訂《元史》者，錢宮詹《攷異》最稱精博，戊午暮秋始得披讀。凡以本書互證，爲鄙見所未及者，悉采案詞，分隸各卷，不辭誚于竊取，幸免恥于攘善。自維桑榆景迫，梨棗功艱，强記日疏，求正益切。去夏《同名録》竣工，隨取是編，重加排比，付諸剞劂，非敢規前人之過，衒其所長；庶逮聞大雅之言，補吾所短。若夫假以餘年，益所新得，此則區區之志所不能自必者也。

雙節堂庸訓自序

《雙節堂庸訓》者，龍莊居士教其子孫之所作也。中人以上不待教而成，降而下之，非教不可。居士有五男子，才不逮中人，孫之長者麤解字義，其次亦知識漸開。居士扃户養痾，日讀《顏氏家訓》、《袁氏世範》，與兒輩講求持身涉世之方，或揭其理，或證以事，凡先世嘉言懿行及生平師友淵源，時時樂爲稱道，口授手書，久而成袠，删其與顏、袁二書詞恉複沓者，爲綱六，爲目二百十九，釐爲六卷。首述先，誌祖德也，先考妣事具行述者不贅。次律己，無忝所生，有志焉未逮也。次治家，約舉大端而已。家世相承，兼資母範，故論女行稍詳。次應世，寡尤、寡悔，非可倖幾也。次蕃後，保世滋大，其在斯乎？以師友終之，成我之恩，輔仁之誼，永矢勿諼矣。友之存者，兒輩耳熟能詳，不煩録敍。且凜凜乎有《谷風》陰雨之憂焉。居士自少而壯而老，循軌就範，庸庸無奇行也。庸德庸言之外，概非所知，故名之曰《庸訓》。冠以「雙節堂」者，獲免於大戾，稟二母訓也。諸所爲訓，簡質無文，皆從數十年體認爲法爲戒，欲令世世子孫婦穉可以通曉。自念身爲庸人，不敢苛子孫蘄至聖賢，而參以顏、袁二書各條，則學爲聖賢之理，未嘗不備。夫人無中立，不志於聖賢，其勢必流於不肖，可不慎歟？嗟乎！教者，祖、父之分。率教者，子孫之責。苟疑訓詞爲庸，而别求新異之説以自託，將有離經畔道，重貽身世之患者，是則居士之所大懼也。

清儒學案卷二百一終

清儒學案卷二百二

天津徐世昌

諸儒學案八

崔先生應榴

崔應榴，字秋谷，海鹽人。增生。自少穎悟，甫成童，即補博士弟子員，累試輒高等。生平究心經史子集，老而彌篤。嘉慶初，爲嘉興知府伊湯安分纂郡志，詳簡合度，世稱善本。所著《吾亦廬稿》四卷，説經鏗鏗，爲儀徵阮文達元所激賞。又著有《殷水遺聞》、《横山紀略》、《歲時藻玉》、《廣孝編》、《廣慈編》等書及《詩文集》。參《海鹽縣志》。

吾亦廬稿

《易》爻第一位言「初」，第六位當言「終」；第六位言「上」，第一位當言「下」，所以文不同者，孔疏引莊氏曰：「下言初，則上有末義，故《大過·象》云『棟橈，本末弱也』，是上有末義也。六言『上』，則初當言『下』，故《乾》小象云『潛龍勿用，陽在下也』，則初有下義也。」

《坤》上六：「陰疑於陽，必戰，爲其嫌於無陽也，故稱龍焉。」按：無陽何以稱龍，説似難通。李氏《集解》作「爲其兼於陽也，故稱龍焉」，引《九家易》曰：「陰陽合居，故曰兼陽。謂上六坤行至亥，下有伏乾。陽者變化，以喻龍焉。」

《比卦》「原筮，元永貞」，「原」字歷觀先儒之説，未有作「再」字解者。干寶曰：「原，卜也。」蜀才作「究」字解，孔疏作「窮」字解，窮與究義均。《程傳》亦只作推原解。惟朱子《本義》作「再」字解，似用《周禮》「原蠶」爲再熟蠶之義，然《周禮·太卜》「掌三兆，一曰原兆」，注謂「拆裂如原田」，未嘗有再字解也。

《泰卦·大象》曰：「后以財成天地之道。」虞翻曰：「后，君也。陰升乾位，坤女主，故稱后。坤富稱財。守位以人，聚人以財，故曰『成天地之道』。」愚案：女主之説不可爲訓。夏氏稱后，豈亦女主乎？又財亦非富之謂。康成曰：「財，節也。」荀爽本作「裁」。《漢書》凡「裁」字皆作「財」，蓋古字通用。朱子財與裁同，蓋本荀義，亦與鄭氏之旨有合。

「平章百姓」，孔傳曰：「百姓，百官也。」康成曰：「百姓，羣臣之父子兄弟。」作如此解，方與下文「黎民」不複。蔡氏通指「百姓」、「黎民」爲民，而以畿内、天下分疏之，甚無義理。又「百姓如喪考妣」，亦指百官言。下「遏密八音」，乃指黎民。蓋臣分親，故「如喪考妣」；民分疏，故「三年遏密八音」而已，足伸其哀矣。楊升庵主此説，顧亭林是之，朱長孺《尚書埤傳》亦從古注。

「王朝步自周」，孔傳謂步即行，然自周至商，自周至豐，無步行之理。字書「輦行曰步」，謂「以人行車，故以二夫行車爲形」，但古車無用人，惟輜車、重車有之。《周禮·鄉師》《縣師》軍旅會同，作其輂輦，馬駕以載輜重爲輂，❶人挽以載任器爲輦。鄭注：「《司

❶「輂」，原作「輦」，今據《清經解》本《吾亦廬稿》卷一改。

馬法》曰：夏后氏謂輦曰余車，殷曰胡奴車，周曰輜輦。輦：一斧，一斤，一鑿，一梩，一鋤。周輦加二版二築。夏二十人而輦，殷十八人而輦，周十五人而輦。」是輦載器而不載人。《巾車》「王后五路，輦車組輓」，此特用於宮中者。步輦起於後世，豈宜在周世乎？然觀《左傳》「使婦人輦以如宮」，「公叔文子老矣，輦而如公」，則用人挽車亦未可定也。

劉興伯昌詩論《洪範》「七稽疑」脱字云：「乃命卜筮，曰雨、曰霽、曰蒙、曰驛、曰克、曰貞、曰悔，凡七。卜五占用，二衍忒」，讀者皆以「占用二」作一句。《史記·宋世家》載箕子之對，謂「卜五占之用，二衍貣」。鄭氏注曰：「卜五占之用，謂雨、霽、圛、霧、克也。二衍貣，謂貞、悔也。兆卜之名七，龜用五，《易》用二。」然則卜五，古者用之。衍貣，則非占也。《尚書》省去「之」字，合以「占用」爲一句，「二衍忒」爲一句，則義理明矣。按此説有據，可從。

《書經》中以「肆」字冠句者，如「肆類于上帝」、「肆嗣王丕承厥緒」、「肆徂厥敬勞」、「肆往姦宄、殺人、歷人，宥」、「肆亦見厥君事，戕敗人，宥」、「肆惟王其疾敬德」，不可枚舉。朱子以爲皆承上起下之詞。蔡注或訓爲遂，或訓爲故，皆本孔傳及《爾雅》，與承上起下之義合。惟于《梓材》「肆王惟德用」，訓肆爲今，陳氏櫟譏之。其實蔡注亦本《爾雅》，未可非也，但攷此句，孔傳以「王惟德用」爲句，而以「肆」字屬上句，與蔡注不同。謂能遠拓其疆壤，則于先生之道遂大。以大訓肆，于理亦通。

鄭氏《邶鄘衛譜》：「紂城而北謂之邶，南謂之鄘，東謂之衛。康叔封於衛，爲之長，後世子孫稍并彼二國，混而名之。七世至頃侯，當周夷王時，衛國政衰，變風始作。作者各有所傷，從其國本而異之，爲《邶》、《鄘》、《衛》之詩焉。」夫邶、鄘地既入衛，其詩皆衛事，而猶繫其故國之名，意似難曉，或是邶、鄘之音異於衛，故分繫之。然莊姜、共姜通作自衛宫，安見一爲邶音，一爲鄘音？如云作之邶、鄘者謂之《邶》、《鄘》，作之衛者謂之《衛》，則漕邑鄘地，而《邶》曰「土國城漕」；泉水衛地，而《邶》曰「毖彼泉水」。或謂繫《邶》、繫《鄘》，是太史書法，如《春秋》書陳災之意。或謂是樂部名。周初列國不一，採詩者各判其國詩授之樂官，國有興廢，而樂部之名仍在，故不廢邶、鄘也。數説均未見的。《日知録》：「《邶鄘衛》，總名也，不當分某篇爲《邶》，某篇爲《鄘》，某篇爲《衛》。漢儒以此詩之簡獨多，故分三名，而各冠之，非夫子之舊。《左傳》季札觀樂，爲之歌《邶鄘衛》，不析言之也。北宫文子引《衛詩》曰『威儀棣棣，不可選也』，在今《邶詩》，不曰《邶》而曰《衛》，是知累言之爲《邶鄘衛》，專言之則曰《衛》也。」

「平王徙居東都王城，王室之尊與諸侯無異，其詩不能復雅，故貶之，謂之王國之變風」，此鄭氏《詩譜》之説也。范寧《穀梁傳序》：「孔子就太師而正《雅》、《頌》，因魯史以修《春秋》，列《黍離》於《國風》，齊王德於邦君，所以明其不能復雅，政化不足以被羣后也。」然《左傳》季札觀樂，已爲之歌《王》。孔子哀公十一年始自衛反魯正樂，安得云「降《王》於《國風》乎」？且《春秋》爲尊王之作，而《詩》何以獨儕《王》於列國？其説謬甚。然則《王》當是周初太師之本名，非孔子所得而降之也。

詩人所稱之父母，其指不一，疏所謂「已

尊之，又親之也」。婦之於夫，有稱爲父母者。《日月》之詩曰：「父兮母兮，畜我不卒。」莊姜呼莊公爲父母也。《杕杜》之詩曰：「王事靡盬，憂我父母。」指其戍役之君子爲父母也。《沔水》之詩曰：「莫肯念亂，誰無父母。」傳曰：「京師者，諸侯之父母也。」《正月》之詩曰：「父母生我，胡俾我瘉。」傳曰：「父母，謂文、武也。」

「睍睆黄鳥」，毛傳：「好貌。」鄭箋：「睍睆，以興顔色説也。」其字從目，不得作鳥聲解。舊云：「黄鳥好視，善窺人，故詩人以睍睆稱之。」陸疏：「黄鳥，幽州人謂之黄鸝。」《集韻》、《廣韻》俱作「鸎」，以兩目出鳥上爲名，正所謂「睍睆出目」者。《集傳》以爲鳥聲清和圓轉，似少據。又案：「綿蠻黄鳥」，毛傳：「綿蠻，小鳥貌。」《文選》王融《曲水詩序》注引《薛君章句》云：「綿蠻，文貌。」作鳥聲解亦非。

「家伯維宰」，今本「維」作「冢」，字之譌也。《正義》曰：「鄭司農《宰夫》注云『《詩》曰家伯維宰』，謂此宰夫也。王肅以此爲小宰。鄭以爲冢宰者，以小宰不得單稱宰，故知是冢宰也。」觀此可知本是「維」字，後譌爲「冢」也。

《小弁》「惟桑與梓，必恭敬止」，考上下文並無鄉里之説。張衡《南都賦》：「永世克孝，懷桑梓焉。真人南巡，覩舊里焉。」後人沿之，遂以桑梓爲故里之稱。案：范寧《穀梁傳》「古者公田爲居」注：「損其廬舍，家作一園，以種五菜，外種楸桑，以備養生送死。」《舊五代史》：「王建立曰：桑以養生，梓以送死。」此桑梓必恭之義也。

《大田》「興雨祁祁」，《呂氏春秋・務本》篇引作「興雲祁祁」，《漢書・食貨志》亦作

「興雲」，桓寬《鹽鐵論》、《後漢書·左雄傳》皆作「興雨」。《顔氏家訓》以「興雨」爲是，孔疏亦以「興雲」爲誤。《困學紀聞》「雨欲徐徐則入土。」愚案：《韓奕》之詩曰「祁祁如雲」，以《詩》證《詩》，「興雲」是也。

《楚語》：「莊王問教太子法於申叔時，對曰：『教之以《春秋》。』」《晉語》：「羊舌肸習於《春秋》。」《管子·權數》篇：「《春秋》者，所以記成敗也。」是齊、晉、楚皆有《春秋》。《墨子·明鬼》篇有「周之《春秋》」、「燕之《春秋》」、「宋之《春秋》」、「齊之《春秋》」。又云：「吾見百國《春秋》。」《戰國·燕策》蘇代曰：「今臣逃而紛齊趙，始可著於《春秋》。」樂毅曰：「賢明之君功立而不廢，故著於《春秋》。」顧氏《日知録》曰：「周、燕、宋、齊之史未必皆《春秋》也，云《春秋》者，因魯史之名名之也。」《韓非子·備内》篇引《桃左春秋》，此不知何國之史。《周禮·秋官·冥氏》鄭司農曰：「冥，讀爲《冥氏春秋》之冥。」賈公彦釋曰：「《冥氏春秋》者，冥氏作，《春秋》，書名。若《晏子》、《呂氏春秋》之類。」唐劉允濟采魯哀公後十二世，接戰國爲《魯後春秋》。戰國時有《虞氏春秋》，漢陸賈有《楚漢春秋》，趙君山有《吴越春秋》，後世之書以「春秋」名者尤衆。

《左傳》「五侯九伯」杜注：「五等諸侯、九州之伯。」語殊欠明。案：天下九州，州設一牧，以侯爲之，九州九牧，亦可稱九侯。一牧之下設二伯，以伯爲之，九州得十八伯。太公在周爲二伯之職，此分天下爲左右曰二伯之伯。得征天下之半，當言四侯半。九伯舉成數言五侯也。詳見《左傳疏》、《詩·旄丘》疏，蓋本鄭康成之説，後儒以無經據駁之，非也。蓋楚以涉地爲問，故管子以先君太公征伐所得及對之。穆陵、無棣，當依《史記索隱》「今淮南有故穆陵門，是楚之境；無棣在遼西孤竹」之説爲正，正見齊之伐楚乃修舊職，足以塞楚使之口也。杜注以穆陵、無棣爲皆齊竟，説本服虔，究未是。

《左傳》「楚二廣」杜注：「楚乘車名，以其親兵分左右二部，故曰二廣。蓋十五乘爲一廣。《司馬法》：『百人爲卒，二十五人爲兩，車十五乘爲大偏。』今廣十五乘，亦用舊偏法，復以二十五人爲承副。」《補正》：「邵氏曰：『楚人易古偏法爲廣，廣有百人，故曰一卒。一卒之外，又有二十五人爲承副，其數如偏法之有兩也。』」朱申曰：「百人爲卒，以今廣法論之，每車一乘有一百人。周制車十五乘爲大偏，二十五人爲兩。楚以五十人爲兩。以舊偏法論之，卒百人之外，又有此五十人之兩也。蓋楚一車兼周兩車人數，周一車七十五人，楚一車百五十人。」此説見《唐太宗李靖問對》。

《左傳》：「呂相絶秦，戮力同心。」戮即勠，併力爲勠，音劉，《字林》音遼。《國語》「勠力一心」，賈逵曰：「併力也。」陸機《文賦》「非余力之所勠」，注：「勠，并也。」

十一年「作三軍」杜注：「魯本無中軍，惟上、下二軍，皆屬于公。有事，三卿更率以征伐。季氏欲專人民，故假立中軍，因以改作。」范寧《穀梁傳》注：「魯有二軍，今增置中軍。」愚案：杜、范皆謂魯本二軍，非也。《周禮》「大國三軍」，《魯頌》「公車千乘」、「公徒三萬」，則魯實三軍。此時之作，乃廢公家之三軍，以成三家之私耳。

士文伯曰：「高其閈閎。」杜注：「閎，門也。」案：《爾雅》閎有二：「衖門謂之閎」，郭注引《左傳》曰「盟諸僖閎」，「閎，衖頭門」；「所以止扉，謂之閎」，郭注引《左傳》曰「高其閈閎」，

「閎，長杙，即門橜也」。元凱注未明晰。

「褚師聲子韤而登席」杜注：「古者臣見君，必解韤。」此非謂凡見君之禮皆然。燕飲時君脱屨，臣必解韤。《記》曰「燕則有跣」，跣，解韤也。禮飲不過三爵，油油而退，即坐而取屨。燕飲必盡歡，歡則必解韤也。古幅、舄、屨、韤各有其制，芾在股下，而過于膝，一名爲蔽膝，故曰「赤芾在股」，言在膝之上、股之間邪？幅在膝而邪纏之，以至于足，言在膝下也。韤在脛之下，足之上，護脛幅而藉足履者，故一名絉。《釋名》曰：「韤者，末也，在足之末也。」一名絉，絉足者也。其制淺而窄，一如履然，止可弢足。韤，筏也。履曰舟，韤曰筏，其形同也。跣義有三：脱屨則猶有韤也，解韤則猶幅也，徒跣則幅亦去之矣。案此釋幅、舄諸制最爲明晰。

禮之祭有追享、朝享。追享者，祭遷廟之主，《祭法》所謂「壇墠，有禱焉祭之」者。朝享者，《祭法》所謂「月祭」，謂天子告朔于明堂，因即朝享；諸侯告朔于太廟，因即朝享。詳見賈疏。

喪中自未葬以前，飲食直奠置于神前，故謂之奠。康成所謂「喪所薦饋曰奠」也。始死有奠，小斂有奠，此二奠皆于地，未有席。至大斂奠，乃有席。殯後則有朝夕奠，其奠無論尊卑，皆脯醢、酒而已，無牲體。有朔月奠，大夫以上兼有月半奠，有薦新奠。天子七月而葬，將葬，當朝六廟後，乃朝祖廟，則有遷奠、祖奠。遷奠者，朝廟之時，下棺于廟之兩楹間，棺西設宿奠，至明徹去宿奠，乃設朝廟之奠，所謂「遷奠」也。祖奠者，既朝而出，乃設祖奠也。二奠皆有牲體。厥明將去，爲大遣奠，其牲非直有牛，兼有馬。既葬，乃廢奠而虞祭。凡奠皆未有尸，康成所謂「未葬以前，無尸飲食」是也。至虞祭，始立尸。喪之有奠，今世尚存其名，故爲攷其略如此。

六變、八變、九變，先儒之説不一。劉公是曰：「《雲門》之樂，六變而終。《咸池》之樂，八變而終。《箾韶》之樂，九變而終。」其説最有理。

鄉飲有四：鄉大夫賓賢能，一也。黨正正齒位，二也；州長習射于州序，三也；鄉大夫飲國中賢者，四也。此禮爲賓賢能，《戴記·鄉飲酒義》爲正齒位，鄭氏蓋據記中「六十者坐，五十者立侍」故云然。吕氏謂：「《儀禮》之禮即《戴記》之義，二而一者也。《儀禮》著其禮，《戴記》詳其義，其《儀禮》有未備，則義文補之，首尾脈絡本自貫通。」萬氏《儀禮商》取其説。

「醫不三世，不服其藥。」吕氏曰：「醫三世，治人多，用物熟，功已試而無疑，然後服之。此謹疾之道。」然以父子孫相繼爲三世，迂甚矣！三世者，上古三世之書也。一曰黄帝《針灸》，二曰神農《本草》，三曰素女《脈訣》。爲醫者能通于三世之書，可以卻疾保年，其藥可服，説見孔疏。

《月令》「同度、量、鈞、衡、石」，《注疏》度、量、鈞、衡、石爲五物，而以同字總之，與《虞書》「同律、度、量、衡」文法同。案：《小爾雅·廣衡》云：「斤十謂之衡，衡有半謂之秤，秤二謂之鈞，鈞四謂之石。」《周禮·㮚氏》注、《孟》疏俱云「三十斤爲鈞」。惟單穆公引《夏書》曰「關石龢均」，則字本作「均」，故韋昭訓爲調均，乃陳氏釋「鈞」字爲平其輕重之差，失之矣。

「顧車馬，衣輕裘」，監本「衣」下有「輕」字，唐石經無「輕」字，後人旁增。案：皇侃

《論語義疏》言：「朋友有通財，車馬、衣裘共乘服而無所憾恨也。」張載《論語說》云：「仲由樂善，故車馬、衣裘與賢友共敝。」《北齊書・唐邕傳》：「顯祖嘗解所服裘賜邕，云：朕意在車馬、衣裘與卿共敝。」皆宋以前人「衣」字不讀去聲，無「輕」字之證。

「原思爲之宰」，《集解》：「包曰：孔子爲魯司寇，以原憲爲家邑宰。」韋昭《晉語》「官宰食加」注：「官宰，家臣也。加，大夫之家田也。《論語》曰『原憲爲家邑宰』。」據此，則原思爲之宰，乃爲夫子之家邑宰也。《集註》宜添「家邑」二字。

「直躬」，孔云：「直身而行。」《釋文》：「直躬，鄭本作『弓』，云『直人名弓』。」與孔氏異解。《吕氏春秋・當務》篇：「楚有直躬者，其父竊羊而謁之上。將誅之，直躬者請代，告吏曰：『父竊羊而謁之，不亦信乎？父誅而代之，不亦孝乎？』荆王乃不誅也。孔子聞之曰：『異哉！直躬之信。一父而載取名焉。』故直躬之信，不如無信。」《莊子・盜跖》篇「直躬證父」，《韓非子・五蠹》篇「楚有直躬，其父竊羊而謁之吏」，《淮南子・氾論訓》「直躬，其父攘羊而子證之」，高注：「直人躬，楚之葉縣人也。」皆以爲人名，故鄭氏據之。

《爾雅》，《漢志》二十篇，今惟十九篇。晴江翟氏曰：「《祭名》與《講武》、《旌旂》三章俱非天類，而繫于《釋天》；邢氏强爲之說，義殊不了。古《爾雅》當更有《釋禮》一篇，與《釋樂》相隨。此三章乃釋禮文之殘缺、失次者耳。」按此說甚爲有理，可取。

黄先生模

黄模，字相圃，錢塘人。嘉慶初歲貢生。

少工詩，與同里吴錫麒有李、杜之目。生平淡於榮利，親喪後不復應舉。覃思經術，一意著述。嘗以《大戴禮》中《夏小正》一篇古來注解者甚多，因薈萃諸家舊説，融會貫串，成《夏小正分箋》四卷及《異義》四卷，凡各家詮釋彼此互異者，復就己意加以按語，攷定是非，時稱精覈。又有《三家詩補考》、《國語補韋》、《竹書詳證》、《蜀書箋略》、《武林先雅》及《壽德堂詩》八卷。子士珣，字薌泉，亦歲貢生。客遊四方，留心當代故實。歸居城北，仿厲徵君鶚《東城雜記》例，爲《北隅掌録》二卷。又館同里汪中書遠孫家，校訂《咸淳臨安志》一百卷，世稱善本。又佐吴制府振棫續編《杭郡詩輯》。時之撰述家欲有所考訂，必待士珣相與商榷云。參史傳、《杭州府志》。

夏小正分箋

鞠則見

鞠者何也？星名也。

金注曰：「鞠星未詳。以天文考之，其時晨見于東者，惟危室耳。」

模案：鞠即危也。《漢・地理志》汧縣「芮水出西北，東入涇。《詩》『芮阸』，雍州川」，師古曰：「阸，讀與鞠同。《大雅・公劉》之詩『止旅乃密，芮鞠之即』，《韓詩》作『芮阸』，言公劉止其軍旅，欲使安靜，乃就芮阸之間耳。」然則古「危」字必作「阸」，故《小正》直以阸爲鞠也。

綏多士女

模案：《士冠禮》「筮日不筮月」疏云：「《夏小正》『二月綏多士女』，冠子娶妻時也。既有常月，故不筮。」《郊特牲》曰：「無大夫冠禮，而有其昏禮。諸侯之有冠禮，夏之末造也。天子之元子，士也。」據此，士冠禮正始于夏，此節似宜昏、冠並言。

參則見

模案：井、鬼，鶉首也。柳，鶉火也。鬼四度，柳十五度。曆法率一氣差三度，九日差一刻，謂日在輿鬼者，節氣也。謂日在柳星者，中氣也。天地際處曰濁。云「參體始見，其肩股猶在濁中」者，據傳以伐爲參而言，伐者，參之體也。

參也者，伐星也，故盡其辭也。

模案：伐三星在參兩股間，俗呼爲白虎之尾。蓋參以觜爲首，伐爲尾。正月昏中，首北尾南。五月朝覿，首前尾後。傳舉「伐」言之，則全體見矣，故曰「盡其辭」。

時有養日

模案：養日，即夏日至也。天體北高南下，七政皆斜轉左旋，日南至，則辰出申入，行天之度少，故晝短；日北至，則寅出戌入，行天之度多，故晝長。凡節氣有入於前月者，中氣不出本月，早則在月頭，晚則在月尾耳。夏至，中氣也，故傳曰「或在本，或在末也」。

唐蜩鳴

唐蜩者，匽也。

模案：《爾雅正義》：螗爲蜩之類也。《詩》「如蜩如螗」，毛傳「蜩，蟬也。螗，蝘也」。《方言》：「蟬，宋、衛之間謂之螗蜩。」螗，又名蝘。《詩疏》引舍人云：「三輔以西爲蜩，梁、宋以東謂蜩爲蝘。」

秀藋葦

未秀則不爲藋葦，秀然後爲藋葦，故先言

「秀」。

模案：《詩義》曰：❶「此二草，初生爲菼者，長大爲薍，成則名爲萑。初生爲葭者，長大爲蘆，成則名爲葦。」葦秀，蘆花也。萑秀，荻花也。《春秋·文公十六年》「毁泉臺」，《公羊傳》曰：「未成爲郎臺，既成爲泉臺。」此傳文法同。

初昏，織女正東鄉鄉音向。

模案：織女在河西，牽牛在河東。娵訾之口，室、壁也，在牽牛東。降婁，奎婁也，又在壁東。皆可向也。至近莫如牽牛矣。《天官星占》曰：「牽牛不與織女相值者，陰陽不和。」《爾雅》曰：「何鼓謂之牽牛。」《史記》作「河鼓」。《正義》云「自昔相傳，牽牛、織女七月七日相見，即此」，非斗牛之牛也。正東向者，正於東，所向亦東也。言「正」復言「向」者，蓋以此星形如品字，一大星爲首，兩小星爲足，有向背之勢焉。織女所向亦無定，惟南斗昏中，銀河左界，則見其登漸臺，臨輦道，一水盈盈，適與牽牛相對，故曰「初昏，織女正東向」。《東都賦》言「昆明池左牽牛而右織女，似雲漢之無涯」，《燕歌行》云「星漢西流夜未央，牽牛織女遥相望」，又古詩云「東飛伯勞西飛燕，黄姑織女時相見」，黄姑即河鼓，皆舉兩星對言之，則其所向可知矣。

玄校

玄也者，黑也。校也者，若緑色然。緑，傳本作「緣」。婦人未嫁者衣之。

模案：《士冠禮》陳服於房，有玄端服。《士喪禮》陳襲事於房，則云「褖衣」。蓋冠時玄端，衣裳別；襲時玄端，連衣裳，

❶「詩義」，據下引文，疑當作「詩正義」。

與婦人褖衣同。故雖男子之玄端亦名褖衣。觀《雜記》子羔襲用褖衣、纁袡，曾子譏襲婦服。蓋有吉凶男女之辨焉，故曰玄雖近黑，與褖有殊。使若褖色然，則惟婦女衣之，而非士夫之所宜服矣。此亦在所當校者也。

丹鳥羞白鳥

模案：《古今注》：「螢，一名丹良，一名丹鳥。」劉彦和《物色》篇曰：「陽氣萌而玄駒步，陰律凝而丹鳥羞。微蟲猶或入感，四時之動物深矣。」劉與皇氏皆梁時人。

辰則伏

辰也者，星也。伏也者，入而不見也。

模案：猶是心也，中曰大火。伏與繫言「辰」者，蓋一伏一繫之間，方紀内火、出火之政。使皆曰「大火」，則稱名易淆。此變文所由起與？大火曰「辰」，燕曰「玄鳥」，變文有相配者，此可以觀書法焉。

辰繫于日

模案：在與繫義異，在者居其所，繫者連而及也。八月日在心，故心伏而不見。九月日在尾末之時，則相距十八度外，故朝覿。究之相距不甚遠，故心升而日亦隨升，如彼此牽連然，故曰「繫」也。《唐書·日度議》曰：「《國語》稱『辰角見而雨畢，天根見而水涸，本見而草木節解，駟見而隕霜，火見而清風戒寒』，韋昭以爲夏后之令，周人所因。推夏后之初，秋分後五日，日在氐十三度，龍角盡見。又先寒露三日，天根朝覿；後寒露十日，日在尾八度而本見，又五日而駟見，故隕霜。霜降六日，日在尾末，火星初見，營室昏中。故《時儆》曰『營室之中，土功其始。

火之初見，期於司里』。」據此則所謂「辰繫於日」者，即九月中氣後所見之星火也。

織女正北鄉則旦

模案：是月南門晨見，鶉尾方中，織女初升于東，厥體未正，迨正北向，而昊天曰旦矣，故曰「則旦」。「則」，言乎其速也。前八月「參中則旦」，其旦遲。此「織女正北向則旦」，其旦速。昏旦者，明動晦休之節也。仲秋穡事伊始，欲其與雞俱興，故示民以大辰。十月女功已勤于夜，而晨氣方寒，則俟黎明可也，故以織女正北向爲候。同一書旦而時有不同矣。正北向亦非是正子午，蓋偏在東方，言乎其向則正矣。織女北向，則河漢西流。楊升庵謂《小正》舊注有「河漢東西，滌洗寒衣」之諺，當在此。因悟《小東》詩所詠非七月之織女，❶乃十月之織女也。夫天孫待旦而雲漢飛霜，公子宵征而葛屨是履，其寥戾寒涼之況，非初秋之景色，斷可識矣。

日冬至

模案：分至啟閉謂之八節，始于少昊，重于春秋。此經惟正月書「啟蟄」，十有一月書「日冬至」。冬至在子月，❷故知《小正》是夏時也。向汨于傳，今特表出之。

鳴弋

模案：《晏子春秋》：「嬰相齊景公時，食脱粟之飯，炙三弋五卵，苔菜而已。」《禽經》曰：「朱弋不攫肉，朱鷺不吞鯉。」弋、鳶古字通。又曰：「暮鳩鳴則小雨，朝鳶鳴則大風。」鳶，鴟也，飛而翔，善鈔盜，俗呼鵝老鷹。其鳴也，行則風，坐則雨。

❶「小東」，疑當作「大東」。
❷「子」，原作「于」，今據《清經解續編》本《夏小正分箋》四改。

納蒜菻

卵菻也者,本如卵者也。

模案:《山海經》「鼓鐙之山有榮草,其葉如柳,其本如雞卵」,則大矣。《管子·五行篇》目芡實爲卵菱,以其小而圓也。鄭夾漈《通志》曰:「小蒜,一名薍子。」薍、卵音同,其臭比大蒜尤薰辛,《爾雅》「蒚山蒜」即此。

隕麋角

模案:《史記》、《淮南》並説「冬至麋角解」,《時訓》在冬至第二候。《小正》則冬至前後並言「隕角」,察物尤詳。攷《月令》七十二候,雁凡四見,而于仲秋曰「鴻雁來」,季秋曰「鴻雁來賓」,連月言「來」,不嫌其複,其亦昉《小正》重書「麋角」之例乎?夫麋角之隕,驗陽生也。一陽之動也微,至隕非一隕而産氣著明,今而後喜可知矣。故《小正》重言之,傳亦重解之也。

夏小正異義

農率均田

模案:《月令》:「孟春,王命田舍東郊,皆修封疆,審端徑術。」鄭注引此經爲證。陸氏釋曰:「率,所類反,謂田正。」孔疏:「農率,田畯也。均田,審端徑遂也。」農率之號未之前聞。考《國語》「方春墾土,命農師徇之」,師似帥,帥、率通,是農率當是農師,而均田則宜先于徇耕也。均者,正疆界。徇者,省勤惰也。

往耰黍禪

模案:宋从關改「黍」爲「柔」,丁从諸疑「黍」爲「麥」,異義也。至耰有已種、未種之分,禪有力盡、事畢之辨,亦各不同,而徐巨源改「禪」爲「墠」，淩體元分禪另爲一事，其説尤殊。

菜芑

模案：即今之白菜。陸氏《詩疏》曰：「芑似苦菜，莖青白色，摘其葉有白汁出，脆可生食，亦可蒸爲茹。」朱子曰：「即今苦蕒菜。」又《禮記》引「豐水有芑」，鄭注「芑，枸檵也」。

昆小蟲抵蚳

模案：《方言》曰：「抵，會也。」昆，如「昆命元龜」之「昆」，《釋言》曰「後也」。經意謂入春來，雉已响矣，雞已乎矣，羔已乳矣，羽者嫗伏，毛者孕鬻，然後小蟲亦會合而卵育焉。故不僅曰「小蟲抵蚳」，而曰「昆小蟲」也，與《書》記「仲春鳥獸孳尾」意同。

主火出火

模案：方望溪《周官析疑》曰：「《戴記》：『季春出火爲焚也。』《左傳》：『火未出而作火，以鑄刑器。』先儒據此遂謂季春出火以陶冶，季秋内之。其實不然。夏月土潤溽暑，以燒石則粉解，以陶器則燥裂。伐薪爲炭，陶成百物，皆宜于冬春。且冰以火出而畢賦，所以解鬱蒸，救時疾也。而又布火以助盛陽，于天時、人事俱不相應。蓋季春始燠，野則出火于窒，家則出火于室而不用，❶季秋始肅，然後内而用之耳。」其解春出、秋内，與《後漢·禮儀志》合。

萎楊

楊則苑而後記之。

❶「室」，原作「窒」，今據《清經解續編》本《夏小正異義》一及清康熙雍正乾隆遞修本《周官析疑》卷二八改。

模案：「委楊」當是「椲楊」，與「𦍩羊」文連，互譌也。《易緯》：「立春，條風至，楊柳椲。」鄭注：「椲，讀如柘楊梯，狀如女桑秀然也。」楊、柳同類，《小正》先記柳，後記楊，故曰「楊則苑而後記之」。

取荼

荼也者，以爲君薦，句。蔣也。

模案：諸家釋荼凡四：苦菜也，茅秀也，荼荓也，竹筤也。竹筤惟孫氏伯淵一家言。以爲苦菜者，自仁山金氏始，而來氏、諸氏、季氏、顧氏因之。以爲茅秀者，自亭林顧氏始，而張氏、黄氏因之。以爲荼荓者，自仁寶郎氏始，而徐氏、任氏因之。然皆于「薦蔣」二字未確。其疑「薦蔣」爲負茲者，始于上均姜氏，而于「取荼」又無發明，皆不録，録其于經傳可通者。于苦菜用梁氏説，于茅秀用孔氏説。究之，謂蔣爲菰米，而菰時尚未生實；謂荼爲茅秀，而茅必待秋始花；至荼荓、薦蔣迄無明證矣。今更取薦蔣之説繹之。《廣雅》曰：「薦、篛，席也。」薦，草薦；篛，篾簟，二物未聞著荼。後鄭注《周禮·掌荼》引「茵著」以明其用。「茵著用荼」，實士葬禮所以藉棺也，以此證「爲君薦蔣」，無論豫凶事非禮，即當此炎夏取荼以著竹席，則可以著草薦，必非所宜，而猶曰「吾以爲君」。爲君云爾，非所云也。況茅固未秀，雖君有命，亦惡乎取之？若據荼爲苦菜，下文「秀幽」方記苦菜，不應重複如是。余故復取《漢志》立解，而士珣嘗申荼荓之説以進，曰：「《爾雅》『檟，苦荼』，《釋文》荼，真加反，可作飲。故傳曰『爲君薦漿』，薦，進也。蔣，漿之譌，如《玉篇》『蕣蔣』，《爾雅》作『寒漿』可證。《周禮》有漿人，主造漿者。古者漿爲五飲之一。今之荼，古之荼也。今采荼多在春夏之交，于此四月取而進之君以爲漿，則取荼也者，其即今之采茶矣。郭景純曰：『荼，一名荈，蜀人名之苦荼。』陸德明曰：『蜀人以作茗飲。』大禹，蜀人，故《小正》以荼爲茶與？」余案：魏了翁之言曰：「荼之始，其字爲荼。顏、陸諸人雖已轉入茶音，未嘗輒改文字。若《爾雅》、若《本草》猶从草从余，徐鼎臣訓荼猶曰『即今之茶也』。惟陸羽、盧仝以後，則遂易荼爲茶，其字从艹从人从木。蘇文忠謂『周詩記苦荼，❶茗飲出近世』，其義亦既著明，然終無有命荼爲茶者。蓋傳注例謂荼爲茅秀、爲苦菜，予雖言之，誰實信之？」詳見《鶴山集·邛州先茶記》。則荼之爲茶，宋人早有定論矣。因併存之。又案：《荆楚歲時記》引犍爲舍人曰：「杏花如荼，可耕白沙。」荼與沙叶，可見荼本音荼，非自顏、陸始。荼花白，故曰玉茗。杏花始紅終白，二花之序荼先而杏後，杏花而如荼之白也，時已煥矣，故白沙輕土亦可耕焉。古人比物連類，必取形似，豈有杏花比茅穗者？然則《詩》云「有女如荼」，亦必比之玉茗，而乃昭其美也。傳注果不足盡信也。

種黍菽糜

心中，種黍、菽、糜時也。

模案：《考靈曜》曰：「主夏者心星，昏中可以種黍。」又《大傳》曰：「主夏者火，昏中可以種黍。」皆心中種黍之證。

灌荼

❶「詩」，原作「時」，今據宋開慶刻本《鶴山先生大全文集》卷四八改。

灌，聚也。荼，萑葦之秀，爲蔣楮之也。萑未秀爲菼，葦未秀爲蘆。

模案：傳以此荼屬之萑、葦者，別于四月之荼也。四月取荼爲君也，禮自上始也。七月灌荼同民也，所欲與之聚之也。蓋荼不同而文亦異矣。緜裝衣曰褚，即本《漢書》顏師古注。《六書故》曰：「顏説非。褚以貯衣，衣之精粗異褚。上褚上物也。」此説良是。《左傳》「將寘諸褚中以出」，《莊子》「褚小不可以褱大」，並訓褚爲衣槖。

玄校

模案：據傳則經文但舉二色亦不辭，且絞近青，夏所造，玄又夏所尚也。《王制》言「夏后氏收而祭，燕衣而養老」，燕衣色玄。《玉藻》言君子玄綃衣、絞衣，兹何獨舉所尚者爲婦人女子之服乎？徐解太僻，姜注未確。任謂校即學校，似矣。但云「用玄于校」，豈誤用玄牡邪？入學惟舍菜耳。傅氏謂《大戴禮》「玄」作「立」，則是「立校」矣。今詳《小正》「二月，萬用入學」，國學也。「八月玄校」，鄉校也。玄校者，玄其校，如《春秋》「丹桓宫楹」。周尚赤，故丹之；夏尚黑，故玄之。《書傳》説：「新穀已入，餘子皆入學，距冬至四十五日，始出學。」蓋是時農功將畢，鄉學將開，故于八月塗修，以待髦士之鼓篋，亦著爲教令，以爲歲修之常期也。《孟子》「夏曰校」，其殆本此爲説與？

丹鳥羞白鳥

模案：丹鳥、白鳥，鄭、孔闕疑，參稽載籍，竊謂皆鴻雁也。《左傳》稱少昊氏以鳥名官，鳳鳥氏，司曆者也，其四佐曰：青鳥司啟，玄鳥司分，丹鳥司閉，伯趙司至。

杜注謂：「丹鳥，鷩雉也。此鳥以立秋來，立冬去，入水爲蜃。」似誤。《小正》「雉入淮」在十月，而「震呴」在正月，則立春已來矣。一誤也。《月令》、《時訓》雉雊在季冬，則立冬亦不去。二誤也。入水爲蜃者，《訓》、《令》皆泛言雉，《小正》專言玄雉，杜以爲鷩雉，未見所據。三誤也。且郯子于四佐之後，方敍五鳩。五鳩之後，方及五雉。若丹鳥是鷩雉，宜居五雉之班，何得羼入四佐？則丹鳥非鷩雉明甚。蓋丹鳥即陽鳥，亦名朱鳥。《法言》曰：「能往能來者，朱鳥之謂與？」陸左丞曰：「雁，一名朱鳥。」記曰「燕、雁代飛」，❶燕，玄鳥也，春來秋去；雁，朱鳥也，春去秋來，故曰「代飛」。而漢時歌赤雁，後世亦名紫雁。曰陽、曰朱、曰赤、曰紫，皆于丹爲切，則丹鳥非即陽鳥乎？《詩》云「白鳥翯翯」，疏疑爲鷺，然孟子見梁王特引以證沼中之鴻雁。陸氏疏曰：「鴻鵠，純白，似鶴而大，其小鴻如鳧。色白者，今人直謂之鴻。」《左傳》稱「曹伯陽好田弋，鄙人公孫彊獲白雁，獻之」，《國策》稱「梁君出獵，獲白雁」，是白鳥亦雁也。羞者何？《爾雅》曰「進也」，《説文》曰「進獻也」。禮，賀娶婦者曰「聞吾子有客使某羞」，《左傳》「羞鱉焉小」，❷有寅賓之義焉。《月令》于仲秋、季秋連書「鴻雁」，而以先至者爲主，後至者爲賓，丹鳥其先至者乎？白鳥其後至者乎？《爾雅翼》曰：「今北方有白雁，似鴻而小，色白，秋深乃來，來則霜降，河北謂之霜信。」然則丹鳥先來，水多菰米，

❶「記」，引文實出自《淮南子》。

❷「左傳」，當是「國語」之訛。

遷延而賓白鳥，有似乎羞，故曰羞。《管子・地員》曰「雁膳黑實」，菰米是也。惟其羞之，是以膳之。自是而來賓者衆矣，故九月書曰「遰鴻雁」。《小正》于司分者來曰燕，去曰玄鳥；于司閉者來曰丹鳥、白鳥，去曰雁，其亦有書法存乎其間與？且丹鳥氏，司閉者也。閉者，立秋、立冬也。秋來春去，則有司存。若雉者，十月入淮矣，閉藏之政方行，而所司告謝，不幾疑紀官之始即廢官乎？何政令之爲也？明乎命官之義，即可以悟《小正》之文矣。

鹿人從

模案：此節自宋人提經分傳，皆以「鹿人從」三字爲經文。考《穆傳》有「鹿人」，《左傳》曰「衡鹿」，《晉語》曰「麓」，韋注：「麓，主苑囿之官。」從者，如《詩》云「從兩肩」、「從兩牡」與？然不言「獵」而曰「從」，所未詳也。又案：傅氏曰：「《大戴禮》作『鹿人，鹿人從者，從羣也』。」若然，則經文止「鹿人」二字，益不可解。丁小雅謂：「『從羣也』，『羣』字當作『君』。」亦屬破字立解。傳文訛誤，無從訂正。今兼采諸説，以備參考焉。

遰鴻雁

模案：遰有絡驛不絶之義。此時鴻雁自北而南，或先或後，見其進，未見其止，故不曰「南鄉」而曰「遰」也。《月令》「仲秋鴻雁來」，「季秋鴻雁來賓」。《明義》曰：「來賓，遰也。遰者，留也。」《易》漸卦六爻皆取象于鴻，初漸干，二漸磐，三四五六則「于陸」、「于木」、「于陵」、「于逵」，漸進而不已，即所謂「遰」也。《詩》亦有之，「鴻飛遵渚」矣，則曰「于女信處」；「鴻飛遵陸」矣，則曰「于女信宿」。「信宿」、「信處」者，淹留也。然則遰之時義富矣哉！

辰繫于日

模案：「八月辰則伏」、「九月辰則見」，乃曰「繫于日」者，主日而言也。考《小正》記星之昏旦伏見，若參若昴，皆以測日行所在，而不言日至。九月辰繫，始以日言之。蓋鳥、火、虛、昴，唐虞已昭敬授，而昏中易得，旦氣難求，故于大辰朝覿之時，復參羲氏寅賓之法，而日度益加詳矣。《唐書》推夏時秋分後五日，日在氐十三度，則以所餘二度加亢九度，辰角距日半次弱，未得盡見。據徐圃臣攷是月日在尾，則加以心五、房五、氐十五、亢九，辰角在日三十度前，可以盡月。三十度爲一辰，辰見而日將升，故曰「辰繫于日」也。

陳筋革

陳筋革者，省兵甲也。

模案：此承王狩而言。經曰「陳筋革」，傳謂「省兵甲」者，言其可作器物。金説最明。孔注以筋革爲弓函，宜在未狩之前。徐解則爲《攷工》之常法也，亦通。

納民算

盧抱經曰：「納卵蒜，一作『納民算』。」

模案：此似取《周禮》「獻民數」之義。《正字通》：「算，古作祘。《逸周書》曰『士分明之祘』，❶均分以祘之也。讀若算，蘇貫切。」

虞人入梁

虞人，官也。梁者，主設罡罶者也。

模案：《毛詩·魚麗》傳曰：「古者不風、不暴、不行火，草木不折、不芟，斧斤不入山林。豺祭獸，然後殺。獺祭魚，然後

❶「明」，《説文解字》引作「民」。

漁。鷹隼擊，然後罻羅設。是以天子不合圍，諸侯不掩羣，大夫不麛不卵，士不隱塞，庶人不數罟，罟必四寸，然後入澤梁。故山不童，澤不竭，鳥獸魚鼈皆得其所。」然《正義》曰：「此皆似有成文，但典籍散亡，不知其出耳。」今考其事，咸在《小正》。如一曰「行火」，即「王夫出火」也。二曰「草木折芟」，即「剥棗」「栗零」也。三曰「豺祭獸」，四曰「獺祭魚」，皆《小正》成文。五曰「鷹隼擊」，即「鷹始摯」也。《周禮》四時皆田，《小正》惟十一月「王狩」，豈非「豺祭獸，然後殺」乎？然則此「虞人入梁」在十二月，漁必待獺祭可知。耕先祭耒，漁先入梁。畢氏謂入讀如内。信因此悟孟子告梁君之言，實與毛傳相表裏，而隱栝《小正》之大綱，誠哉王道之始也！

袁先生鈞

袁鈞，字秉國，一字陶軒，號西盧，鄞縣人。拔貢生，嘉慶元年舉孝廉方正。早歲喪父，執經於秀水鄭贊善虎文，五載學成。既補諸生，爲學使阮文達元所激賞，招致幕中。後主講稽山書院，人共式之。生平於康成一家之學研究最深，嘗搜集《鄭氏佚書》二十三種，重加編訂，世稱善本。尤留意四明掌故，隨見即録，輯有《四明書畫記》，《四明文徵》，《四明獻徵》，《四明詩彙》，《四明近體樂府》諸書。工詩古文詞，著有《琉璃居稿》六卷，《瞻袞堂集》十一卷。

參《鄞縣志》、《兩浙輶軒續録》。

杜先生煦

杜煦，字春暉，號尺莊，浙江山陰人。嘉慶丁卯舉人。博極經史，而志在輔翊聖賢，於陽明、蕺山之學融會洞澈，而務躬行實踐，以合於程、朱。刻《王子詩帖》、《劉子全書》，改建王門沈忠愍祠，刊劉門《祁忠惠集》。訪甲申殉國周文忠墓石於萬山中，爲之封樹。鳌正卧龍山詩巢祔位。獲前賢遺蹟，多爲摹勒，以公諸世。平生以名教自任，一言一動皆可經法。雖疾病著述不輟。道光三十年卒，年七十一。弟丙杰，字鷹卿，廩貢生，候選訓導，與兄齊名。嘗輯《會稽掇英集拾遺》二十卷，著有《劄記》一卷，《知聖教齋書目提要》八卷。參宗稷辰撰墓志銘。

方先生觀旭

方觀旭，字升齋，錢塘人。嘉慶辛未進士，改庶吉士，散館授廣西武緣縣知縣。爲諸生時，嘗肄業詁經精舍，爲阮文達元所契重。於諸經皆有研究，而《論語》一書致力尤勤。著有《論語偶記》，曾刻入《皇清經解》云。參《杭州府志》。

論語偶記

禘自既灌而往者吾不欲觀之矣

禘，《爾雅》云「大祭也」，而禘之爲祭非一。三年喪畢之吉祭，大其事則曰禘；宗廟五年殷祭，大於常祭，則亦爲禘；南郊配天之祭，又大於殷祭，則亦爲禘；虞夏禘黄帝、殷周禘嚳，又大於南郊，則亦爲禘，而時祭之夏禘爲夏、殷禮，不與焉。《王制》「夏曰禘」注云：「此蓋夏、殷之祭名，周則改之，『夏曰礿』。」《論語》：「禘自既灌而往者，吾不欲觀之矣。」是言宗廟殷祭也，與《禮・喪服小記》及《大傳》所云「禮，不王不禘，王者禘其祖之所自出，以其祖配之」，爲南郊祭感生之帝者别。《小記》注云：「始祖感天神靈而生，祭天以其祖配之。」《大傳》注云：「大祭其先祖所由生，謂郊祀天也。」祭感生之帝，始祖配食；宗廟殷祭，始祖之上更無自出之帝，二者確然有辨。王子雍認「禮，不王不禘」之文爲宗廟五年殷祭，後儒承其謬説，遂解《論語》之禘爲魯祭文王於周公之廟，而以周公配之，指爲非禮，謬矣。春秋時，諸侯以出王爲祖，若宋祖帝乙，鄭祖厲王，是其明證。魯爲文昭，自以文王爲太祖，其廟爲周廟，見於襄十二年《左傳》。禘在太廟，不必屈文王於周公之廟，以周公配食。《大傳》云「諸侯及其太祖」，亦不得謂非禮。既文王爲始祖，亦更不祭文王所自出之帝。至「魯人將有事於上帝，必先有事於頖宫」，是南郊祀后稷以配天，與此又全不相涉。其王肅指宗廟殷祭爲「禘其祖之所自出，以其祖配之」之謬，請證之《周頌・雝》詩，云「文武維后」，《韓内傳》謂「禘，取毁廟之主皆升，合食於太廟」，明周立文、武二祧，其所藏子孫遷主升於太廟合食。若使有文、武自出之帝，祭於文、武之廟，而文、武配之，則不得云「維后」。又證之鄭君《禘祫志》云：「太王、王季以上遷主祭於后稷之廟，其坐位與祫祭同。」明周祭后稷廟，太王、王季以上遷主合食於此。后稷東向獨尊，不聞后稷更配所出之帝也。王肅之義甚不可用。此經孔注云：「禘祫之禮爲序昭穆，故毁廟之主及羣廟之主皆合食於太廟。既灌之後，列尊卑、序昭穆，而魯逆祀，躋僖公，故不欲觀之。」解甚直截，無魯禘本爲非禮之義。《集注》葄於王肅。近時毛西河、閻百詩所著經學書尚泥《集注》，未及辯正諸侯自有禘祭之禮。至毛氏謂魯祭出王，原得用天子禮樂；閻氏復欲以王季或太王定爲魯始祖文王所自出之帝，妄謬至何日止哉？又毛氏譏孔注謂諸侯五廟，閔、僖逆祀，越文、宣、成、襄、昭五公，久已在祧壇之列。殊不思毁廟之主升食太廟，則雖在祧壇合食時逆祀依然。即陽虎順祀先公，僅定八年一舉，此外不然可知。更不思哀三年《春秋》書「桓宫、僖宫災」，於時僖廟尚未毁哉？古注蓋無可議。

自行束脩以上

《集注》云「十脡爲束」，本之邢疏。案：《檀弓》、《少儀》、《穀梁傳》所云「束脩」，但言賜人、問人，不言爲贄。脯脩則是婦人相見之物，男贄無之，嘗以爲疑。及見鄭注云「謂年十五以上」，恍悟邢疏之謬。蓋古人稱束脩有指束身脩行言者，《列女傳》秋胡婦云「束髮脩身」，《鹽鐵論》桑弘羊曰「臣結髮束脩，得宿衛」，《後漢·延篤傳》曰「且吾自束脩以來」，《馬援》、《杜詩》二傳又並以束脩爲年十五，俱是鄭注佐證。《書傳》云「十五入小學」，殆行束脩時矣。鄭注見《延篤傳》注。

大宰

孔注曰：「大宰，官名。或吴或宋，未可知也。」鄭注以爲是吴大宰，蓋以夫子雖兩居宋，但一則年十九，娶於亓官氏之女，時子貢猶未生。《弟子傳》子貢少孔子三十六歲。一則年五十六，去衛後，過曹，適宋，於時有桓魋拔樹之難，宜無冢卿向子貢私論夫子之聖。惟吴大宰則《左氏傳》哀七年「公會吴於鄫」時與子貢語，十二年「公會吴於橐皋」時與子貢語，其秋「公會衛侯、宋皇瑗於鄖」時又與子貢語，故定爲吴大宰。毛氏《論語稽求篇》、閻氏《四書釋地》亦並不從孔注「或宋」之説。惟是二君之論復又相異。毛從鄭注大宰屬吴，閻以爲尤不若屬陳，以《檀弓》有陳大宰嚭爲證。竊以爲「夫子聖者與」之問，則近吴人語。《史記·孔子世家》吴客聞夫子「防風氏骨節專車」及「僬僥氏三尺」之語，於是曰：「善哉！聖人。」是前此固有以夫子之多能爲聖者，亦吴人也。此可由語氣之同，悟大宰之爲吴大宰也。

不時不食

鄭注：「不時，非朝、夕、日中時。一日之中三時食。」按《左傳》卜楚丘云「食日爲二」，是一日之中食有常時也。閻没、女寬云「或賜二人酒，不夕食」，謂不及待夕之時而食也。《禮·内則》云「孺子食無時」，則成人以上食必有時也。《詩·蝃蝀》傳云：「從旦至食時爲終朝。」《孟子》云：「朝不食，夕不食。」《淮南子》云：「臨於曾泉，是謂蚤食。次於桑野，是謂晏食。」並是食時之證。

又案：鄭以朝、夕、日中爲三時，亦大略言之。其實貴賤猶有分别。天子食則四時，諸侯三時，大夫以下惟朝、夕二時。四時者，《白虎通》云：「王者平旦食，晝食，晡食，暮食。」三時食，《玉藻》云：「諸侯朝服以食，特牲，三俎，祭肺；夕深衣，祭牢肉。」注：「天子言『日中』，諸侯言『夕』。天子言『餕』，諸侯言『祭牢肉』，互相挾。」則特牲、三俎在朝時，日中又餕之。二時者，《内則》云：「由命士以上，味爽而朝，慈以旨甘。❶日入而夕，慈以旨甘。」又云：「父母在，朝夕恒食，子婦佐餕。」是也。

《論語稽求篇》謂：「食時如『春多酸，夏多苦，秋多辛，冬多鹹』類，又如『食齊視春時，羹齊視夏時，醬齊視秋時，飲齊視冬時』類，又如『春宜羔豚膳膏薌，夏宜腒鱐膳膏臊，秋宜犢麛膳膏腥，冬宜鮮羽膳膏羶』，又如『膾，春用葱，秋用芥；豚，春用韭，秋用蓼』類。」愚更即其説而益以《獸人》「冬獻狼，夏獻麋」，《鼈人》「春獻鼈蜃，秋獻龜魚」，亦是食之時者。《仲尼燕居》篇「味得其時」鄭注：「蓋云四時有所多及獻所宜也。」反是，其即不時之食歟？

鄉人飲酒

鄉人飲酒，案《禮·鄉飲酒義》正義謂：「凡有四事：一則三年賓賢能，二則鄉大夫飲國中賢者，三則州長習射飲酒，四則黨正蜡祭飲酒。」此《論語》鄉人飲酒，當何屬乎？蓋黨正蜡祭飲酒也。所以知然者，此經云「杖者出，斯出矣」，是主於敬老。《周官禮·黨正職》云：「國索鬼神而祭祀，則以禮屬民，而飲酒於序，以正齒位。」《鄉飲酒義》第五節云：「六十者坐，五十者立侍，以聽政役，所以明尊長也。六十者三豆，七十者四豆，八十者五豆，九十者六豆，所以明養老也。」注以黨正正齒位之禮解之，與此經「有杖者」同是敬老之事，故知此鄉人飲酒爲黨正蜡祭飲酒也。若鄉大夫飲國中賢者，與州長習射飲酒，無關養老。其賓賢能之鄉飲酒，則以鄉學之士將升者、賢者爲賓，其次爲

❶「慈」，原作「辭」，今據《禮記·内則》改。

介，其次爲衆賓，皆是年少者爲之，不得有杖者也。禮，六十杖於鄉。夫子與鄉人飲酒而出後杖者，則時爲立侍之衆賓可知。所謂「仲尼與於蜡賓」也。黨中飲酒亦稱鄉者，黨，鄉之細，與州長以禮會民而射於州序之飲同得爲鄉飲酒。康成云：「謂之鄉者，州、黨，鄉之屬也。」又有别解云「或則鄉之所居州黨，鄉大夫親爲主人焉」，是也。蜡祭飲酒，初雖正齒位，及其禮末，皆以醉爲度。《雜記》云：「子貢觀於蜡，曰：一國之人皆若狂。」是既醉而出之時，不復有先後之次。此夫子「杖者出，斯出矣」，所以爲異於人。

衛公子荆

子謂子産不加「鄭」字，晏平仲不加「齊」字，《論語》中類如此，獨公子荆與公孫朝則冠以「衛」字，何也？蓋於時魯哀公之子亦爲公子荆，《左傳》「公子荆之母嬖」是。楚子西之子武城尹亦爲公孫朝，《左傳》「楚公孫朝帥師滅陳」是。記者欲别於此二人，故特顯之曰衛公子荆、衛公孫朝。

蕭牆

鄭注云：「蕭之言肅也。牆謂屏也。君臣相見之禮，至屏而加敬焉，是之謂蕭牆。」案：説經誠不可略名物制度，必如康成顯牆爲屏，而後「季孫之憂」句乃得確解。俗下講章云：「季孫之憂，不在顓臾之遠，而在蕭牆至近之處，可無戒哉！」以蕭牆之内爲季氏之家，不知《禮》「天子外屏，諸侯内屏，卿大夫以簾，士以帷」，則蕭牆惟人君有耳。卿大夫以下，但得設帷薄。管仲僭禮旅樹，《禮記》不言自管仲始，可見管仲之後，諸國卿大夫無有效之僭者。季氏之家安得有此？夫子言季孫之憂在蕭牆之内，愚竊謂斯時哀公欲去三桓，季氏實爲隱憂。又以出甲、墮都之後，雖有費邑，難爲臧紇之邾、孫林父之戚可藉以逆命。君臣既已有隙，一旦難作，即效意如之譎，謂因於費而無可逞，又畏顓臾世爲魯臣，與魯犄角以逼己，惟有謀伐顓臾，克之，則如武子之取卞，以爲己有，而益其彊；不克則魯師實已勞憊於外，勢不能使有司討己，以干戈憂在内者攻彊，乃田常伐吴之故智，此後所爲正不可知，所謂内變將作者是也。然則蕭牆之内何人？魯哀公耳。不敢斥君，故婉言之。若曰季孫非憂顓臾而伐顓臾，實憂魯君疑己而將爲不臣，所以伐顓臾耳。此夫子誅奸人之心，而抑其邪逆之謀也。

天下有道則庶人不議

以上經「天下有道，則禮樂征伐自天子出」，下經「天下有道，則政不在大夫」之語推之，此經即是一例。語庶人者又在大夫下，若陪臣者亦是也。議者，圖議國政。倘云私議君上之得失，則「庶人傳語」正是先王之制，王者斟酌焉而事行不悖，豈得謂非有道？蓋庶人有凡民、有府史胥徒之屬，凡民可以傳語，府史胥徒不當與謀國政，況有道之時，野無遺賢，俊傑在位，王公論道經邦，自不下資於庶人之微。《春秋傳》衛定姜曰：「舍大臣而與小臣謀，一罪也。」鄭子國曰：「國有大命，而有正卿。童子言焉，將爲戮矣。」子貢曰：「君子有遠慮，小人何知？」並言古之正法。若曹劌論戰事，足見魯卿大夫之已鄙；重人告伯宗，足見晉卿大夫之無學。陽虎有言而魯國亂，鄙人論政而曹國亡，俱是無道之時，庶人之議得聞於世者也。

宮牆

聞之丁希曾先生曰：「此宮牆，宮字是《爾疋》『大山宮小山』之『宮』，謂圍繞之。」觀旭案：《禮記》曰：「君爲廬宮之。」又曰：「儒有一畝之宮。」康成云：「宮爲牆垣也。」是其切證。《左傳》：「曹人或夢眾君子立於社宮。」社非喪國不屋，則無宮室，而《禮》云「君南鄉於北墉下」，則有牆垣，是社宮亦爲牆。古者以牆爲宮，故築牆曰宮之矣。

史記孔子世家弟子列傳正誤

司馬遷爲孔子作《世家》，爲弟子作《列傳》，可謂尊聖矣。然其事跡未合者亦多，如《世家》云：「孔子年十七，孟釐子病且死。」案：《春秋經》仲孫貜卒在昭公二十四年，是時孔子年三十四。《史記》因昭公七年《左傳》「孟僖子病，不能相禮」與「及其將死也」之文而誤會云「繇大司寇行攝相事」。案《韓詩外傳》「孔子爲魯司寇，命之曰：宋公之子弗父何孫孔丘，命爾爲司寇」，不見「大」字。諸侯三卿兼六卿之職，大司空兼大司寇，昭公四年《左傳》杜洩曰「孟孫爲司空」，安得有孔子爲大司寇？且古者不以相名官，《史記》因定公十年《左傳》「公會齊侯於祝其，孔丘相」之文，而謬説「誅亂政者少正卯」，聖人恐無此事。使從者爲甯武子臣，甯氏蓋滅已久。「牢曰子云」，爲大宰而發，不爲達巷黨人。吴、楚稱子，即《禮》稱「南蠻，雖大曰子」，非《春秋》特加貶黜。《弟子傳》顔子少孔子三十歲，考子淵年三十一，厄陳、蔡之年孔子已六十三，則不止少三十歲。季孫問曰：「子路可謂大臣歟？」據《論語》本云「季子然」，孔安國注「子然，季氏子弟」，則不得爲季孫。衛君出公方出，子羔何以呼爲出公？《左傳》：「大子焉用孔悝？雖殺之，必或繼之。」子路豈是請殺孔叔？闕止字子我，遭田常之亂而死，非聖門之子我。吴、晉爭先，欲擊晉人，而卒先吴人，非晉人擊敗吴師。越滅吴，夫差自縊在魯哀公二十。及二十二年，去伐齊會晉之歲甚遠，不得以爲一時。相吴者，太宰嚭，吴亡，歸越，魯哀公二十四年如越，季孫猶使因大宰嚭而納賂，不得謂「越戮其相」。子張學干禄，易爲「問干禄」，未允。「有子似夫子」，增作「狀似孔子」，非是。費，季孫邑，「子路使子羔爲費、郈宰」，則謬增「郈」字。公伯僚，季氏之黨，故愬子路於季孫，列之弟子，蓋彊符七十七人之數。史遷博學多聞，此其偶有疎謬，未加深考者也。

文鈔見《詁經精舍文集》。

孔子適周考

孔子適周，《史記·世家》未顯爲何年，《水經注》以爲孔子年十七適周。按《世家》載適周事，本次於孔子年十七之後，則《水經注》實與相合。孔子年十七時，爲魯昭公七年，是年夏四月，《春秋》書「日食」。《禮·曾子問》篇孔子曰：「昔者吾從老聃助葬於巷黨，及堩，日有食之。」時事相合。閻氏百詩據《索隱》謂孟釐子卒，南宫敬叔始事孔子。實敬叔言於魯君，而得適周，則爲昭公之二十四年。竊以此説未是。考《春秋》昭公二十四年經書「春王二月丙戌，仲孫貜卒。夏五月乙未朔，日有食之」。二月丙戌、五月乙未，相距甫六十九日，豈有敬叔身遭大故，甫及踰月，親喪未葬，即請從師遠遊者乎？

論語大德小德解

《論語》：「大德不踰閑，小德出入可也。」孔注曰：「小德則不能不踰法，故曰出入可。」然則可者，乃不責其備之辭。所云大德、小德是皆有德之人，大小者，優劣之謂也。《孟子》曰「小德役大德」，可以爲證。但從古注，未見子夏之語必有弊也。

曾點鼓瑟解

《四書釋地》謂：「古人琴瑟之用，皆與歌竝奏。有自鼓而自歌者，孔子取瑟而歌，趙武靈王夢見處女鼓瑟而歌是也；有一人鼓瑟，一人歌者，漢文帝使慎夫人鼓瑟，上自倚瑟而歌是也；有二人鼓瑟，二人歌者，《鄉飲酒》工四人二瑟是也，無徒瑟者。以此斷曾點仍有口歌。」按此論似矣而未確。《檀弓》云：「孔子既祥五日，彈琴而不成聲。十日，而成，笙歌。」《喪服四制》云：「祥之日，鼓素琴。」而《檀弓》：「魯人有朝祥暮歌者，子路笑之。」是琴有不與歌竝奏者矣。《爾雅·釋樂》云：「徒鼓瑟謂之步。」注：「謂獨作之。」《史記·藺相如傳》：「趙王鼓瑟，秦御史前書曰：某年某月日，秦王與趙王會酒，令趙王鼓瑟。」使奏瑟必歌，秦方求侮，趙豈肯没其歌而不書？是瑟有不與歌竝奏者矣。大抵古人之用琴瑟，有與歌相倚者，亦有獨作者，安見曾點之鼓瑟必有口歌歟？惟是《少儀》云「侍坐弗使，不執琴瑟」，則點之侍坐鼓瑟，必由夫子使之。又《曲禮》云「侍坐於君子，君子問更端，則起而對」，則記點之「作」，而前此三子竝應作而後對可知。

問吴志虞翻傳諭鄭馬違失數事當否

馬、鄭解經最爲精審，惜鄭注自《毛詩》、三禮而外，今無全書。然散見他處者，往往如吉光片羽，彌可寶貴。乃《吴志》注獨載虞翻論鄭、馬解《尚書》違失凡數事，如《顧命》「上宗奉同瑁」鄭注「同，酒栝」，翻駁曰：「康王執瑁，古曰似同，從誤作同，鄭不覺定。」推翻之意，殆以經文當作「上宗奉瑁」，「同」字爲後人誤增。是以怪鄭氏不能覺定，從而訓爲酒栝。今按：《顧命》篇同字見七，見王用同以祭，太保則别有一同，用以醋、用以祭及嚌，拜則「以同授宗人」。夫祭者，以酒灌地也。太宰秉璋以醋者，❶則《禮》所云「太宗執璋瓚亞祼」是也。嚌者，《説文》云「嘗也」，則太宰之嚌是嘗酒也。同之爲用，皆以奉酒，謂非酒栝，可乎？若如翻意，則經中「同」字均屬瑁字之誤，而瑁爲鎮圭，可用以祭酒及亞祼乎？且用圭可嘗酒乎？天子執瑁以朝諸侯，而太保亦有瑁乎？執圭正所以禮神，何以拜則反以瑁授宗人也？翻又舉馬融訓註以爲同者大同天下，今經益「金」就作「銅」字，詁訓言天子副璽，雖皆不得，猶愈于鄭。按馬云「大同天下」，乃釋「同」字之義，原不指「同」爲何物，安知其非指酒栝，而必加金旁作銅，訓釋爲璽乎？天子有璽，實起秦制。《周禮》「貨賄用璽節」，《左傳》「季武子取卞，使公冶問璽書，追而與之」，是周時之璽，貨賄用之，大夫有之，並不以爲天子傳國之寶，而反取天子副璽之説爲愈于鄭，尤所謂讀書不知論世者也。又如「王乃洮頮水」，鄭所定本作「濯頮」。翻駁曰：「成王疾困，凴几洮

❶「宰」，《尚書·顧命》作「保」。

頮爲濯，以爲澣衣成事。洮字虛，更作『濯』，以從其非。」又曰：「天子頮面謂之澣衣，甚違不知蓋闕之義。」翻意蓋謂洮頮爲頮面，與「濯」字有別，故怪鄭君作「濯」。今按：洮與濯聲相近，自得通假。又鄭注《周禮・守祧職》云：「故書祧爲濯。」濯既爲古「洮」字，是作「濯」正從古文。鄭既以洮爲濯，又以濯爲澣衣者，謂王服澣濯之衣耳。蓋王宮中禮服深衣，固可澣濯者也。今當顧命大禮，本宜冕服，因疾病止服深衣，而被以冕服，亦猶《論語》所云「加朝服拖紳」也。若然，則鄭氏經本當「王乃洮」爲句，「頮水」爲句。馬氏曰「頮，頮面也」。謂服澣衣、頮面之後，而相以冕服被其身。虞氏又謂「洮字虛」者，蓋洮止有濯義，即以爲濯字，亦無衣字，故云「洮字虛」也。以此難鄭，亦非無說。但鄭氏案據本經「相被冕服」之文，而爲此語，是同以經證經者也。又《堯典》「宅昧谷」，翻以古大篆「卯」字讀當爲「柳」，古柳、卯同字，因怪鄭氏反以爲昧。按史遷從安國問故，其作《五帝紀》正作「昧谷」，此真古文也。賈逵傳古文《尚書》，鄭君所注係用逵本，則作「昧谷」實是古文。《書正義》引夏侯等書作「柳谷」，又伏生《書傳》云「秋祀柳穀」，則作「柳」者乃今文也。考昧與柳本同部字，鄭注《書大傳》以柳爲齊人語，明伏生口授《尚書》以齊人方言讀昧爲柳，故今文與古文異也。翻不深考，反譏鄭氏耶？又「分北三苗」，翻以爲北，古別字，復怪鄭君訓北猶別。按二人相背爲北，古文作八；重八爲別，古文作𠔁。《説文・八部》云：「𠔁，別也。」又《丫部》云：「𠔁，古文別。」許君學于賈逵，其説應即本古文《尚書》。鄭亦從逵，則賈逵、鄭君奏定之本，當從古文作「分𠔁三苗」。鄭恐後人不知𠔁爲古別字，故注云「𠔁猶別也」，與《說文》「𠔁，別也」正同，有何可怪？翻乃云「北，古別字」，則誤𠔁字爲北，反以北當古之別字，何其不考六書歟？虞翻《易》學尚出孟氏，故所言消息頗有可採。至於《尚書》，獨無師承，是以所論鄭、馬違失，先自謬誤，無一當理。《吳志》注尚存其說，今舉而辨之，以見窮經者始可與論史也。

葉先生維庚

葉維庚，字兩垞，秀水人。嘉慶甲戌進士，改庶吉士，散館授知縣。初任江西新喻，後歷調江蘇寶應、江陰。道光八年，擢泰州知州，未赴任卒，年五十六。在寶應時，植高家堰隄工爲風所破，❶黃水挾淮而下，民居蕩析。先生以請帑不及，即捐貲備乾餱蘆席。自乘舟按視，隨宜給發，全活無算。生平肆力史學，遇有疑義，逢人輒問。所著《紀元通攷》十二卷，凡古今正閏各主以及僭僞與外國諸年號皆釐而輯之，經以年表，緯以編韻，辨前後之異同，證古今之得失，於紀元之書最爲詳備焉。又著有《三國志地理考》、《鍾秀山房詩文集》。參史傳、《紀元通攷》陶澍序。

紀元通攷自序

自有熊氏黃帝始造甲子，歷金天、高陽、高辛、唐、虞、夏、商、周、秦至漢高、惠、文、景二千五百五十七年，皆歷歷有年次可稽，而未有所爲年號者。有之，自漢武帝建元元年辛丑始。自是厥後，正統之朝與僭號之國罔

❶「植」，疑爲「值」之誤。

不紀元。或一帝而數更，或一歲而屢改，或南北之正朔傑池，或前後之紀元勦襲，棼紜煩複，即淹博之士亦病其難稽。雖然，黄初二月，張策辨古鼎之銘；乾德四年，竇儀識蜀王之鏡。誦其書，不知其世，可乎？客牕暇日，爰輯《紀元通攷》，釐爲十二卷，亦未必非讀史者之小補云爾。

例言

一、薛應旂《甲子會紀》及于明代，我朝列聖順天應人，撫有萬國，聖祖、高宗享國至六十餘年，自三代以來未之有也。敬謹書之，以紀其盛。

一、依韻類編，通考紀元之號，以便檢閲。本朝正朔，寰海同文，普天共曉，於卷首統系謹書之，以見天命之攸歸，而類編中不敢次列。

一、朱子《綱目》，晉、隋之間一百七十年，唐、宋之間五十三年，皆不得謂之正統，然欲著歷代相傳之次序，則不得不取南宋、南齊、南梁、南陳、後梁、後唐、後晉、後漢、後周之年號，故三國之繼統從朱子，前後五代之繼統從温公，非歧之也。

一、海内一統之世，年號歸一，無所用表。惟割據分裂之時，彼此紀年差殊，難于檢對。故取三國、十六國、南北朝、唐末十國、宋遼金元數百年系之以表，其僭竊之號爲時不久，無關考據；外藩之號多荒忽不可憑，無從定其時代，故概不入表。

一、年表，年經國緯，皆以中朝正朔冠之，庶開卷曉然。

一、凡史書異辭如始初、初始、中元、建武中元之類，仍兩存之，博異聞也。

一、年號相同，摘録但著其紀元之甲子

與年數之修短，其僭竊之號係於何代，已見《類編》，不贅。

一、一年兩號、三號，考止就漢、晉、前五代、唐、後五代、宋、元、明相承之統著明之，其三國、十六國、十國等略見年表，不重列。

一、古今紀年之書不下數十家，如《古今年號録》、《古今類聚年號圖》、《嘉號録》、《稽古録》、《紀年録》、《通鑑目録》、《歷代紀要録》、《紀年世運録》、《年號曆》、《正閏位曆》、《歷代紀年》、《歷代年號·元類》、《玉海·改元類》、《歷代紀元賦》、《紀元通譜》、《甲子會紀》、《甲子編年》以及《紀元彙考》、《紀元表》、《紀元譜》、《改元考》、《紀元敍韻》、《歷代建元考》等書，或日月簡略，或正僞紛糅，或一年數號之未明，或前後相同之未著，語焉不詳，未能使觀者開卷了然。是編縷析條分，體例稍爲詳盡。然胡身之有言曰：「他人之誤我知之，我之誤我不能自知之。」區區之心，所望大雅正謬耳。

一、温公言：「閲《通鑑》者未盡一卷，已欠伸思臥。能讀之終篇，惟王益柔一人耳。」甚矣！讀書之難也。庚學識淺陋，未獲博覽，漏略之譏，知所不免。

一、所編首紀正統，尊帝緒也。次列分霸，別正閏也。次及僭竊外藩，廣稽核也。次及道經、襍記、無稽之語及擬議不用史書異同諸號，備疎漏也。次爲年表，分霸之時各自爲元，使歸一也。次以編韻，便檢閲也。次著前後之相同，著一歲之屢更，晰雜糅也。次綴集古人論説，以考見得失，稽古論世之學，盛衰治亂之原，或亦有取焉。

清儒學案卷二百二終

清儒學案卷二百三

天津徐世昌

諸儒學案九

陳先生熙晉

陳熙晉，原名津，字析木，號西橋，義烏人。優貢生，以官學教習議敘知縣，分發貴州，歷知開泰、龍里、普定等縣事，擢仁懷廳同知，發伏摘奸，民感其德。及去，龍里、仁懷均爲立生祠祀之。後官湖北宜昌府知府，值境内大水，修繕城郭，以工代賑，畢力撫綏，守宜十餘年，循績卓著。咸豐初，以親老乞養歸，未幾卒。先生邃於學，積書數萬卷，訂疑糾謬，務窮竟源委。每語及經史、三《通》、歷朝會要，衮衮若成誦。嘗謂：杜元凱爲《左傳集解》其蔽有三，劉光伯規之而書久佚，因刺取經史百家及近儒著述，臚列而備論之，凡杜非而劉是者申之，杜是而劉非者釋之，杜、劉兩説義俱未安，則證諸羣言，斷以己意，成《春秋規過考信》九卷。又以《隋書·經籍志》載光伯《左氏述義》四十卷而不及《規過》，《舊唐書·經籍志》載《述義》三十七卷，較《隋志》少三卷，疑《規過》即在《述義》中。孔穎達《左傳正義》於規杜一百七十三事外，又得一百四十三事，蓋皆《述義》之文，乃參究得失，成《春秋左氏傳述義拾遺》八卷。他所著有《古文孝經述義疏證》五卷，《帝王世紀》二卷，《貴州風土記》三十二卷，《黔中水道記》四卷，《仁懷廳志》二十卷，《宋大夫集箋注》三卷，《駱臨海集箋注》十卷，《日損齋筆記》一卷，《文集》八卷，《征帆集》四卷。參史傳。

春秋規過考信自序

劉光伯《春秋規過》，新、舊《唐志》著録三卷，孔冲遠稱規杜氏之失凡一百五十餘條，今從《正義》中悉心搜採，乃得一百七十三事，輒依經傳排次，仍爲三卷，文或不具，義之缺佚者鮮矣，不可謂非完書也。夫漢以來，言《左氏》者十數家，皆雜取《公》、《穀》以釋《左氏》，至晉而《左氏》盛行，二傳寖微，是杜氏之有功於《左氏》也。典午後，服虔、杜預二注俱立國學。至隋，而杜氏盛行，服義寖微，是劉氏之有功於杜氏也。然杜氏有功亦有過，以劉氏所規言之，致過之由其蔽有三：

六藝者，學問之樞轄。《爾雅》者，訓詁之權輿。杜氏鋭于立言，疏于稽古，擁武庫而有餘，擅顓門而不足，是以釋「元」、「正」昧始長之義，釋「大逵」違九達之義。以先三遺民謂有殷王餘俗，不知孔子未正樂以前，《小雅》無正雅，《大雅》無變雅也；以盛德所同謂《頌》有《殷》、《魯》，不知季札觀樂之時，但據《周頌》，無《殷》、《魯》也；鮑國歸費，不引《聘禮》「主國待卿，❶饔餼五牢」，而謂牢禮如其命數；使宰請安，不引《燕禮》「使司正請安于賓」，而謂「齊侯使自安」，甚至緣飾經傳，附會短喪，晉人敗敵于箕，距晉文之喪不及九月，謂非背喪而不諱用兵；惠叔毀而猶請，距公孫敖之喪纔七月餘，謂已期年而不

❶「待」，《儀禮注疏》作「使」。

須帀月，沿誤無窮，階厲斯甚。其蔽一也。一閧之市，必立之平。一卷之書，必立之師。杜氏之解不詳所自，古字古言諸多散佚，家法師法尟所據依，駕空立義，往往有之。降婁旦中六月而以爲五月，西陸朝覿四月而以爲二月，此星曆之舛也。不羹一國，强別東西；郹氏二名，倒區先後；平陰乃齊邑，書圍何與于塹門？昔陽果肥都，僞羅何當云襲鼓？此地理之誤也。蚡冒非熊達之父，鄭簡豈良霄之兄？此世系之差也。訓如爲而，失縣磬之象；借音爲蔭，詭走險之意；大路木路而非金路，否則與「越席」不相偶矣；粟爲穗狀而非敬謹，否則與「旨酒」不相偶矣。此名物之謁也。「爲諡」下屬爲義，顯戾傳文；「裔焉」上屬爲辭，殊乖繇韻。趙衰「徑餒」，「徑」不當上屬；子革「從夕」，「從」本當下屬。此句讀之錯也。師心自用，習非勝是，其蔽二也。賈景伯以劉氏徵堯後，何邵公以獲麟驗漢瑞，冲遠詆其趨時媚世，曾不稍貸！杜氏祖父竝仕當塗，身爲司馬氏貴壻，廢芳弑髦，事涉不韙，但求固寵于當世，不恤厚誣乎古人。宋貶孔父，以稱名爲有罪；齊縱崔杼，以討賊爲伐喪；鄭祭仲實易君位，乃謂見誘，不稱行人；公子慭欲抑臣權，乃謂謀亂，還不復位；天王入周，而曰「子朝來告」，不顧奔楚之文；齊侯圍鄆而曰「鄆人自服」，務掩意如之惡。義本非義，例亦非例，其蔽三也。夫曲説勝則紛，紛則雜；臆説勝則窒，窒則戾；飾説勝則謬，謬則亂。此三者，注家之過，亦即疏家之過也。冲遠顧謂「習杜義而攻杜氏」爲「非其理」，豈不固哉？

丙午冬，郡齋多暇，治《左氏春秋》，撮鈔光伯規杜各條，鱗次櫛比，都爲一編，竝刺取經史百家及近儒著述與劉規相發明者，臚列而備論之，非曰聚訟，務求考信。其杜氏非而劉氏是者則爲之申，以見其説之可據也。若杜氏是而劉氏非者，則爲之釋，以見其不足難也。至杜、劉兩説義俱未安，則爲之證。證之羣言，斷以己意，以明所言之不敢出入於繩墨也。蓋劉説未合者不及十之二焉，可謂精而核矣，非學通南北，博極古今之大儒，其孰能與于斯？昔魏衛冀隆精服氏學，上書難杜氏《春秋》六十三事。❶賈思同駮冀隆乖者一十餘條，後姚文安、秦道靜復述思同意，劉休和又持冀隆説，竟未能裁正。❷周樂遜著《春秋序義》，通賈、服説，發杜氏違，辭理竝可觀。梁崔靈恩先習服解，不爲江東所行，乃改説杜義，每文句常申服以難杜，遂著《左氏條議》以明之。虞僧誕又精杜學，因作《申杜難服》，以答靈恩。陳王元規從沈文阿受業，通《春秋左氏》。自梁代諸儒皆以賈逵、服虔之義難駮杜預凡一百八十條，元規引證通析，無復凝滯。張冲撰《春秋義略》，異于杜氏七十餘事。隋以前，南北之難杜者不一，唐初奉敕删定時未盡佚也。今惟衛冀隆難杜數條見于《正義》中，餘無存者。獨光伯之規一事不遺，殆以疏家之體，尊注若經，非顯加排斥，則無由盡録歟？考冲遠之于劉義，不曰「妄解杜意」，則曰「不達杜旨」；不曰「與杜無別」，則曰「各自爲義」，其無可辨者，則以爲傳寫之誤。名護注家，實多舍注而用其説。且冲遠於《規過》外，間取劉説，每與杜異，竝不以爲非，俾光伯之書得以略

❶「上」，原作「尚」，今據清光緒《廣雅叢書》本《春秋規過攷信》及《魏書》卷七二改。

❷「正」，原作「止」，今據《魏書》卷七二改。

見梗概，是又孔氏之有功于劉氏也。異同兩端，是非千古，信信疑疑，折衷斯在。序其緣起，以俟好學深思之君子。

輯録春秋規過條例

《隋書·經籍志》載《春秋左氏述義》四十卷，東京太學博士劉炫撰。本傳復有《春秋攻昧》十卷，不及《規過》。據孔氏序稱「習杜義而攻杜氏」，疑《規過》當在《述義》中，非別爲一書也。劉昫《舊唐書·經籍志》載《述義》三十七卷，較《隋志》少三卷，多《規過》三卷，此其證也。疏中一規一駁，炳然分明，是編須具「規過」字者方録入，餘俱別載《述義拾遺》，以昭畫一。

劉氏之規，不傳其文，錯見於孔氏疏中，別白爲難。其體例大約先釋杜，稱杜言杜以發端，所規稱「炫謂」、「炫以爲」表明己意，殆與鄭康成之《駁五經異義》及《箴膏肓》、《發墨守》、《起廢疾》相仿。顓輯詮次，寒燠載更，雖聚碎金，實倖完璧。

裒輯古書，宜標所自。茲編皆録自《正義》，間于《釋文》見其義，竝未著姓名。十二公以年爲次，字句異同，排纂先後，讀者無難勘檢，今悉從略。

近世糾杜者，元趙氏汸有《春秋左傳補注》十卷，明邵氏寶有《左觿》一卷，陸氏粲有《左傳附注》五卷，傅氏遜有《左傳屬事》二十卷，國朝顧氏炎武有《左傳杜解補正》三卷，惠氏棟有《左傳補注》六卷，顧氏棟高有《春秋左傳杜注正譌表》一卷，姚氏鼐有《左傳補注》一卷，焦氏循有《春秋左傳補疏》一卷，馬氏宗璉有《春秋左傳補注》十卷。凡所徵引，皆主河間之説爲多，博稽衆家，藉求真是，于《春秋》之學不無小助云爾。

春秋左氏傳述義拾遺自序

杜元凱注《春秋》經傳曰《集解》，劉光伯疏杜氏《集解》曰《述義》。集解者，集諸家之解。第拘一家之解，不可謂之集。《述義》者，述一家之義，必通諸家之義始可謂之述。自《集解》行而漢儒之家法盡廢。今疏中劉、賈、鄭、服之説得以不絶者，光伯之力也。五經之有義疏，昉於宋、齊。案鄭康成《六藝論》云：「注《詩》宗毛爲主，其義若隱略，則更表明。如有不同，即下己意，使可識别也。」實爲疏家之祖。鄭箋毛而異毛，不害其宗毛。劉述杜而異杜，豈害其宗杜乎？孔氏於規杜一百七十三事，無一不以爲非，茲於所規之外，又得一百四十三事，異杜者三十事，駁正甚少，殆以唐初奉勅删定，著爲令典，黨伐同異，亦勢會使然歟？今參稽經籍，援據羣言，案其事理，辨其得失，釐爲八卷，題曰《拾遺》。竊謂集兩漢之大成者，康成也。集六朝之大成者，光伯也。康成於衆經並爲注解。光伯之自狀曰：「《周禮》、《禮記》、《毛詩》、《尚書》、《公羊》、《左傳》、《孝經》、《論語》，孔、鄭、王、何、服、杜等注，凡十三家，雖義有精粗，並堪講授。《周易》、《儀禮》、《穀梁》用功差少。」著録《隋志》本傳凡百四十餘卷。古來注家注經之多，未有過於康成者。疏家疏注之多，未有過於光伯者。唐初修《五經正義》，《易》雖有江南義疏十餘家，無足據者，故諸疏惟《易》最下。自《禮記》據皇侃外，《尚書》、《毛詩》、《春秋》皆據光伯本也。或曰《春秋序》但稱光伯不及士元，而《詩》、《書》之序並言二劉，似不盡屬光伯者。案士元本傳第言《五經述義》並行於世，不詳卷數，《志》亦未著其目。貞觀初，詔擢皇侃等子孫官，亦及炫而不及焯。意者士元之疏已併入光伯疏歟？《春秋述義》稍見崖略，其於《書》及《詩》亦有可窺測者焉。孔傳自宋以前無有指其僞者，後人皆以《書》不用鄭而用孔咎穎達。今攷穎達據炫，炫據焯，焯據費甝，自蕭梁已然矣。《皋陶謨》「思日贊贊襄哉」，二劉並以襄爲因；《武成》「皇天后土」，小劉以后土爲地；《吕刑》「刑罰世輕世重」，劉君以爲上刑適輕，下刑適重，皆以違傳意爲穎達所駁；其《祖乙》序「圮於耿」，以「圮於相，遷於耿」爲大不辭；《立政》三亳歸周在武王時，非文王時；《吕刑》九黎在少昊之末，非蚩尤，皆直攻孔傳之失，當亦劉說；《舜典》「在璿璣玉衡」，謂「江南宋元嘉年大史丞錢樂鑄銅作渾天儀，傳於齊梁，周平江陵，遷其器於長安，今在大史書矣」，此在隋未併陳之前，故云「江南」。若「鞭作官刑」、「宮辟疑赦」疏中兩稱「大隋」，比於「不去葛、龔」，尤屬顯然。《新唐書·曆志》引《書》「乃季秋月朔，辰弗集於房」載光伯說，檢《胤征》疏全用其文，他可知矣。《詩》之《述義》最爲殊絶，而三百五篇疏中都無一字。以《左氏》及《詩正義》證之，《襄二十四年》「無貳爾心」，用毛傳也；《昭二十六年》「賦《蓼蕭》」，❶用鄭箋也，與孔氏之依違毛、鄭者不同。《周南》疏引《左傳》「如魚赬尾，衡流而彷徉」，《小雅》疏引《左傳》「爲吴季札歌《小雅》《大雅》」，《大雅》疏引《左傳》「嘉栗旨酒」，所引服注均與《規杜》合，亦與孔氏之彼此歧異者不同。據孔氏之序但云

❶「昭」，據《左傳正義》當作「襄」。

削煩增簡，❶則全本之光伯矣。由此言之，孔氏《書》、《詩》、《春秋》諸疏皆勦襲光伯之成書以爲己功。向使南北分裂之際，微光伯爲之兼綜條貫，包羅古義，貞觀君臣即欲成《五經正義》，豈能炳爍今古乎？故光伯爲功經術，不在康成下。因《春秋》而備論之，世有研經之君子其不以斯言爲河漢夫。

林先生兆豐

林兆豐，字玉如，慈谿人。歲貢生。好學深思，潛心經術。所撰《隸經賸義》爲王祭酒先謙刻入《皇清經解續編》中。其《周公稱王説》，力扶鄭學，於王肅説譏其淺陋，持論甚正云。參潘衍桐《緝雅堂詩話》。

隸經賸義

孔壁古文説

惠、江諸先儒執《正義》成見，謂伏生《尚書》二十八篇，後得《大誓》一篇爲二十九篇。王尚書《述聞》乃斷伏生《尚書》二十九篇中有《大誓》而以百篇《書序》冠每篇之首，❷併不得以《書序》當二十九篇之一，羅列十二證，精塙不可易。獨嫌王《述聞》以民間後得《大誓》爲二劉傳聞之誤，則其失較惠、江尤甚。豐更作十五證以補之，曰：

伏生固傳今文《尚書》者也，❸《述聞》既

❶「云」，原作「去」，今據清光緒《廣雅叢書》本《春秋左氏傳述義拾遺》改。
❷「篇」，原作「編」，今據《清經解續編》本《隸經賸義》改。
❸「伏生」，原闕，今據《清經解續編》本《隸經賸義》補。

改惠、江舊説今文二十八篇無《大誓》爲二十九篇有《大誓》，何不復改惠、江舊説二十八篇無《大誓》作孔壁古文之篇數，則二劉所言「《大誓》後得」自是河内民間所得之古文，並非孔氏壁中所得之古文，而古文二十八篇先得於孔氏壁中，古文《大誓》一編或分作三篇，後得於河内民間。彼劉向《别録》及《漢·劉歆傳》等書語意本是了然，不得誣二劉爲傳聞之誤矣。夫伏生傳今文《尚書》，二劉則傳古文《尚書》者也。僞孔序《正義》：「《别録》曰：『武帝末，民有得《泰誓》書於壁内者，獻之，與博士使讀説之，數月皆起傳以教人。』」《漢書·劉歆傳》：「歆欲建立古文《尚書》，列于學官，移書太常博士責讓之，曰『《泰誓》後得，博士集而讀之』。」二劉并言「讀」者，明是以今文讀古文。若後得《大誓》是今文，博士不必以伏生今文《大誓》讀。若後得《大誓》是古文，而伏生今文無《大誓》，《尚書》今文家舍伏生以外，博士又别無今文之可讀，則伏生今文有《大誓》可知矣。其證一。

《史記·儒林傳》：「孔氏有古文《尚書》，安國以今文讀之。」若孔壁古文有《大誓》，而與後得古文《大誓》同，非特「後得」二字不可通，即以後得《大誓》爲重複之《書》，安國早已依伏生今文《大誓》讀之，亦奚待博士而始讀？若孔壁古文有《大誓》，而與後得古文《大誓》異，即與伏生今文《大誓》異，勢必以孔壁古文《大誓》厠在逸篇之中，今僞孔《序》正義有鄭用孔壁古文本所逸十六篇目録：《舜典》一，《汩作》二，《九共》九篇十一，《大禹謨》十二，《益稷》十三，《五子之歌》十四，《胤征》十五，《湯誥》十六，《咸有一德》十七，《典寶》十八，《伊訓》十九，《肆命》二十，

《原命》二十一，《武成》二十二，《旅獒》二十三，《冏命》二十四。以《九共》九篇共卷，除八篇，故爲十六，其中不見有《大誓》，則孔壁古文無《大誓》可知矣。其證二。

《論衡・正説》：「孝宣皇帝時，河内女子發老屋，得逸《尚書》一篇，奏之。」僞孔《序》正義：「《後漢史》房宏等説：宣帝本始元年，河内女子有壞老子屋，得古文《泰誓》三篇」，與《别録》「武帝末」年代不同者，《别録》就發屋言則在武帝末，《論衡》、《後漢史》就獻書言則在宣帝時，而房宏等説明言「古文《大誓》三篇」，由是知二劉所稱「民間後得《大誓》」指古文，不指今文，古文《堯典》等二十八篇先得於孔壁古文，《大誓》一篇或分爲三篇，後得於河内女子發老屋，而孔壁古文二十八篇無《大誓》，正可由是而推矣。其證三。

《釋文敍録》：「漢宣帝本始中，河内女子得《泰誓》一篇，漢世行之。」然《泰誓》年月不與序相應，據《史記・周本紀》、《御覽》百四十六引《尚書大傳》知河内古文《大誓》所載年月當作「九年四月」，與《書序》「維十有一年」絶不相應。《漢書・藝文志》載劉歆《三統曆》引《大誓》、《洪範》、《武成》三篇以推步年月，其所引《武成》乃孔壁古文之逸篇。《三統曆》既不信河内《大誓》年月，亦應引孔壁《大誓》逸篇，今止引《大誓》書序，不引逸篇者，顯見孔壁古文别無《大誓》逸篇之可引也。其證四。

僞孔《序》正義「馬融云『《泰誓》後得』」，鄭某《書論》亦云『民間得《大誓》』」，二劉、馬、鄭並傳古文學，亦並云民間後得《大誓》，豈皆傳聞之譌乎？《孟子・滕文公下》趙注：「今《尚書・泰誓》篇後得以充學。」兩漢古文家衆口一辭，則河内古文《大誓》未得以前，孔壁古文無《大誓》，不待辨而自明矣。其證五。

《左》襄三十一年傳「《大誓》云云」，杜注：「今《尚書·大誓》無此文，故諸儒疑之。」《正義》：「馬融《尚書傳序》云：『《大誓》後得，案其文似若淺陋。吾見書傳多矣，所引《大誓》而不在《大誓》者甚衆。』」王肅亦云：「《大誓》近非本經。」《釋文敘録》：「《大誓》一篇，馬、鄭、王肅諸儒皆疑之。」若古文《大誓》先得於孔壁，非後得於河内，則與《堯典》等二十八篇皆是可信之《書》，馬、鄭有何疑之可獻乎？其證六。

《論語·堯曰》曰「予小子履」云云，《集解》：「孔安國曰：『墨子引《湯誓》其辭若此。』」《國語·周語》「《湯誓》曰余一人」云云，韋注：「今《湯誓》無此言。」書傳引《大誓》而不在《大誓》中，殊無異於書傳引《湯誓》而不在《湯誓》中。今馬、鄭不疑《湯誓》，獨疑《大誓》者，正以古文《大誓》後得於河内，非先得於孔壁故也。其證七。

《禮記·緇衣》「尹吉曰」云云，鄭注：『吉』當爲『告』。《尹告》，伊尹之誥。《書序》以爲《咸有壹德》，今亡。」《堯典》正義約鄭注《咸有一德》而云「已逸」。錢宫詹改鄭注「今亡」爲「今逸」是矣。《坊記》「《大誓》曰」云云，鄭注「今《大誓》無此章」，則其篇散亡。《學記》「《兑命》曰」云云，鄭注：「《説命》三篇，今亡。」依鄭注《書序》例，《堯典》正義：鄭注「《仲虺之誥》、《大甲》、《説命》等見在而云亡，其《汩作》、《典寶》等一十三篇見亡而云已逸」。凡伏生今文所無而孔壁古文所有者則云「逸」，或并孔壁古文亦無者則云「亡」。今《禮記》鄭注《大誓》、《説命》不云「逸」而云「亡」者，《説命》爲孔壁古文所無，《大誓》亦爲孔壁古文所無也。其證八。

《孟子·滕文公下》「《大誓》曰」云云，趙注：「《大誓》，古《尚書》百二十篇之時《大誓》也。今之《尚書·大誓》後得以充學，故不與古《大誓》同。諸傳記引《大誓》皆古《大誓》。」僞孔《序》正義「鄭作《書論》，依《尚書緯》孔子定百二十篇」，即趙注所本。《漢書·藝文志》：「孔安國得其書，以考二十九篇，得多十六篇。」僞孔《序》正義「劉歆、賈逵、馬融並云十六篇逸」，今趙注云「諸傳記所引古《大誓》在孔壁古文百二十亡篇中」，即知孔壁古文之十六逸篇中無《大誓》矣。其證九。

《論衡·正説》：「或説《尚書》二十九篇者，法斗四七宿也。四七二十八宿，❶其一曰斗矣，故二十九。」《稿飫序》《釋文》：「馬、鄭之徒百篇之序，總爲一卷。」馬、鄭用孔壁古文，本序別爲卷，即《論衡》所云「二十九篇，其一曰斗」者，其餘二十八篇法四七二十八宿，而二十八宿隨斗杓所運，斗杓爲二十八宿之總綱，猶百篇《書序》爲《堯典》等二十八篇之總綱。孔壁古文二十九篇中既有《書序》一卷，則必無《大誓》一篇可知矣。其證十。

《論衡·正説》：「孝宣皇帝時，河内女子發老屋，得逸《尚書》一篇，奏之。宣帝下示博士，然後《尚書》益一篇，而二十九篇始定矣。」古文二十九篇，除《序》一卷，實止二十八篇。嗣後得河内《大誓》，而古文除《序》得二十九篇。今文除《序》亦得二十九篇，今、古文篇數始定。否則今文多《大誓》一

❶「宿」，陳校據《論衡·正説》改作「篇」。

篇，古文少《大誓》一篇，即不得言定也。其證十一。

伏生今文二十九篇而以《序》冠每篇之首，王《述聞》引證已詳。馬、鄭用孔壁古文本，不以《書序》冠篇首，而别自爲卷。《漢書·藝文志》「孔安國得其書，以考二十九篇，得多十六篇」，孔壁古文二十九篇，其一篇既是《書序》，較伏生今文少《大誓》一篇，而以二十九篇合十六篇爲四十五卷。今《藝文志》「《尚書》古文經四十六卷」，乃併河内古文《大誓》數之也。其證十二。

《釋文敍録》：「河内得《大誓》一篇，與伏生所誦合三十篇，馬、鄭所注並伏生所誦。」《釋文》宗僞孔，反以馬、鄭所用孔壁古文、河内古文本爲伏生所誦本，則《釋文》伏生所誦本篇數即孔壁古文合河内古文篇數。孔壁古文《堯典》等二十八篇合《書序》一卷爲二十九篇，再合河内《大誓》一篇爲三十篇。其證十三。

《孔叢子·連叢》：「孔臧《與弟書》曰：『臧聞《尚書》二十八篇，取象二十八宿，何圖乃有百篇耶？』」《漢書·劉歆傳》臣瓚曰：「當時學者謂《尚書》唯有二十八篇，不知本有百篇也。」《左》襄三十一年傳正義：「自秦焚《詩》、《書》，漢初求之，《尚書》唯得二十八篇，故孔臧與孔安國書云《尚書》二十八篇，前世以爲放二十八宿，都不知有百篇也。在後又得僞《泰誓》一篇，通爲二十九篇。」《正義》宗僞孔，而《孔叢》亦僞書，造僞者見《論衡》等書有四七二十八宿舊説，欲滅孔壁古文二十八篇之跡，而反以二十八篇爲漢初伏生今文，然益知孔壁古文二十八篇合《書序》爲二十九篇，再合河内《大誓》爲三十篇，與《釋文敍録》篇數適合矣。其證十四。

僞孔《序》正義：「鄭作《書論》，依《尚書緯》孔子定百二十篇，以百二篇爲《尚書》，以十八篇爲《中候》。」《後漢書·光武紀》、《詩·周頌·思文》正義、《儀禮·有司徹》義疏、《御覽》百四十六引《尚書中候》及前明孫瑴《古微書·尚書中候》輯本多與河内《大誓》同，而語句間有增損。鄭君《書論》以十八篇爲《中候》，或即取證於是，而後得河内古文《大誓》所以見疑於馬、鄭也。其證十五。然則孔壁古文二十八篇，合《書序》爲二十九篇，並無《大誓》一篇。列十五證觀之，固灼然無可疑者。王《述聞》特見不及此，謹補之。

周公稱王説

周公居攝七年，尊成王爲王，初非自稱爲王。周史則七年中稱周公爲王，七年後始稱成王爲王。其故由於周公自以爲攝政，周史乃以周公爲攝位。不就攝政、攝位以辨之，則周公與周史俱無自而原其意；不舉漢時攝政、攝位、居攝以例之，《書》、《禮》鄭注所申周公、周史之意益無自而攷其實。因爲説以明之。

謹案：蔡邕《獨斷》：「秦、漢以來，少帝即位，后代而攝政稱皇太后。」《後漢·皇后紀序》：「秦芈太后始攝政事，漢仍其謬，臨朝者六后。」漢承秦制，母后臨朝，依周公故事，稱攝政。《漢·王莽傳》：「莽改元曰居攝。」《翟義傳》：「王莽居攝，義曰新都侯攝天子位，依託周公輔成王之義。」王符《潛夫論·忠貴》：「莽爲宰衡，居攝假號。」新莽變秦漢舊制，以宰衡攝位，假託周公故事，改稱攝政爲居攝，其實則改攝政爲攝位。由是以推，渾言之，則曰居攝，如《御覽·四夷》六引《書大傳》「周公居攝六年，制禮作樂」，王充

《論衡·感類》「古文家以周公居攝」是也。析言之，則曰「攝政」、曰「攝位」，如《荀子·儒效》「天子不可以假攝爲」，《禮記·明堂位》正義「鄭《箴膏肓》云『周公歸政就臣位，乃死，隱公見死於君位』，又《發墨守》云『隱爲攝位，周公爲攝政，攝政與攝位異』」是也。然據《書·大誥》「王若曰」正義引鄭注：「王，周公也。周公居攝，命大事則權稱王。」《明堂位》「周公朝諸侯於明堂之位」鄭注：「周公攝王位。」及至《周禮·天官序》注乃以「惟王建國」指成王居雒邑言者，《大誥》、《明堂位》記周公事，非周公所手定，獨《周禮》爲周公所手定。《禮記·文王世子》「仲尼曰：周公攝政，踐阼而治」，孔子知周公微意，作《周禮》，致政成王，退就臣位，僅自居於攝政，較之魯隱公攝位，自是不同。鄭君《箴膏肓》、《發墨守》已申其說。再證以《漢·霍光傳》「上使畫周公負成王朝諸侯，以賜光」，王肅僞《家語·觀周》「明堂有周公相成王，抱之，負斧扆，南面以朝諸侯之圖」。《明堂位》鄭注：「以明堂之禮儀朝諸侯，不於宗廟，辟王也。」周公依明堂禮朝諸侯以辟王，其不自以爲攝位可知。《晉·輿服志》：「荷紫，以生紫爲袷囊，綴之服外，加於左肩。昔周公負成王制此衣。」《隋·禮儀志》：「荷紫，以紫生爲裌囊，綴之服外，加於左肩。周遷云『昔周公負成王制此衣』。」《論衡·書虛》：「説《尚書》者曰：周公居攝，帶天子之綬，戴天子之冠，負扆南面而朝諸侯。」周公雖用天子冕服朝諸侯，猶別製肩囊，以負成王，其自以爲終將致政退居臣位，又可知。此周公作《周禮》，首言「惟王建國」，鄭注所以指成王居雒邑言也。若《尚書·大誥》是周史之文，《明堂位》亦作記者根據周史所記《尚書》之文，率皆據事直書，未達周公微意。荀悦《申鑒・時事》：「古者左史記言，右史記動，動爲《春秋》，言爲《尚書》。」劉勰《文心雕龍・史傳》：「古者右史記事，左史記言。言經則《尚書》，事經則《春秋》。」魯史作《春秋》，以隱公庶兄攝位，隱公例得稱公。周史記《尚書》，以周公諸父攝位，周公亦例得稱王。審是，則周史稱周公爲王，自是策書通例。《荀子・儒效》「周公及武王」，及即《公羊》莊三十二年傳注「兄死弟繼曰及」之「及」。《禮記・檀弓》上鄭注：「周禮，適子死，立適孫爲後。適子死，立其弟，殷禮也。」《明堂位》正義：「《洛誥》『王肇稱殷禮』，鄭云：『猶用殷禮者，至成王即位，乃用周禮。』」周禮立適，成王爲武王適子，周公作周禮，自當以成王居王位。武王崩，周禮未制，猶用殷禮兄弟相及。周公爲武王母弟，周史記《尚書》亦當以周公攝王位。審是，則周史尊周公爲攝位，又是周因殷禮。且不惟《大誥》、《明堂位》有然，《尚書》逸篇尤有明文可據矣。《王莽傳》：「羣臣奏《書・逸嘉禾》篇曰：周公奉鬯，立於阼階，延登，贊曰：假王莅政。」《韓非子・難二》及《文選》任彦昇《百辟勸進今上牋》注引《尸子》並云：「周公旦假爲天子七年。」假天子即假王。《逸嘉禾》與《尸子》《韓非子》暗合，知非新莽羣臣所僞造。謂非周公權稱王也可乎？不惟周史臣記載有然，雖召公大賢猶不悦矣。《王莽傳》：「羣臣奏《書説》曰：周公發號施令，常稱王命。召公賢人，不知聖人之意，故不悦。」《列子・楊朱》：「周公攝天子之政，邵公不悦。」《書説》當是今文説，本於《列子》。召公不悦，在周公居攝時，與《書・君奭》序正義引鄭注用古文説在周公致政時稍異。知《書説》亦非新莽羣臣所僞造，謂非周公攝王位也可乎？不惟《列子》、《荀子》、《尸子》、《韓非子》有然，西漢諸儒備有是説矣。《韓詩外傳》三：「周公踐天子之位。」又七：「周公履天子之位。」《淮南·齊俗訓》：「周公攝天子之位。」又《氾論訓》：「周公履天子之籍。」《説苑·君道》：「周公踐天子之位。」又《尊賢》：「周公攝天子位七年。」周、秦、漢諸子沿周史舊文，雖于周公微意未及發明，而著書在新莽以前，已載周公居攝事，知新莽特假託爲之，非真僞造以欺人，兼之美惡不嫌同辭，新莽襲居攝之名，究不足以累周公，謂周公攝王位權稱王，鄭注用新莽僞制也，可乎？《周易·大有》集解引鄭注「周公攝政朝諸侯於明堂」，止言攝政，不言攝位。至《箴膏肓》、《發墨守》又據孔子之言爲折衷，周公攝政非攝位，實由鄭君論定而微意始顯。其注《明堂位》則云「攝王位」者，因《明堂位》篇中具有「周公踐天子之位」明文，彼篇首「周公朝諸侯於明堂之位」，非攝王位而何？注《大誥》則云「權稱王」者，因《大誥》有云「洪維我幼冲人」，周公稱成王爲冲人，又繼之云「予維小子」，與《金縢》云「予小子」，皆周公自稱爲小子。《大誥》爲周公自命，不得爲稱成王命。且《康誥》又有「王若曰：朕其弟」，設改爲稱成王命，則語氣尤屬窒礙。後世有徑改「朕其弟」爲「武王命」者，并孔子《書序》亦妄肆非議，詎知周史所記《尚書》篇次彷彿《春秋》之編年，先後不可以紊淆。孔子序《金縢》云「武王有疾」，序《大誥》云「武王崩，周公相成王」，依鄭注則《大誥》是周公居攝二年事，《康誥》、《酒誥》、《梓材》是周公居攝四年事，《召誥》是周公居攝五年事，《洛誥》是周公居攝七年事，《多士》是成王即位元年事。孔子序《多士》云「周公以王命誥其先」，《大誥》以下數篇不云「周公以王命誥」，彼《大誥》「王若曰」之「王」，非周公權稱王而何？此《明堂位》鄭注「攝王位」，《大誥》鄭注「權稱王」，乃順《明堂位》、《大誥》之文以釋義，不得與《周禮》「惟王建國」爲例也。僞《家語・觀周》「明堂有周公朝諸侯圖」注「世之博學者謂周公便履天子之位」，失之遠矣。《明堂位》正義引王肅《大誥》注以「王若曰」爲稱成王命，肅説淺陋，於羣經及子史諸書全未融貫，於周公作《周禮》微意又全未體會，何足與議鄭學耶？

禹貢三條四列説

《書・禹貢》正義：「《地理志》云『《禹貢》北條荊山在馮翊懷德縣南，南條荊山在南郡臨沮縣東北』，是舊有三條之説也。故馬融、王肅皆爲三條：導岍北條，西傾中條，嶓冢南條。鄭玄以爲四列：導岍爲陰列，西傾次陰列，嶓冢爲次陽列，岷山爲正陽列。鄭玄創爲此説。孔亦當爲三條也。」謹案：僞傳本無三條之説，《正義》以傳説類本王肅，意欲軒王以輊鄭，勢不得不强班、馬以就王，然班《志》無中條，鄭分班《志》南北二條爲導山四列，仍與班《志》合。黄庶《書説》引馬注乃是分導水爲三條，與蔡沈《書傳》、金履祥《表注》、❶陳櫟《纂疏》引王注分導山爲三條不合。《史記・夏本紀》索隱引王注亦作馬注，或是傳寫錯誤。又諸家見《正義》以馬融冠首，多作馬注，獨蔡、金、陳三家引作王注，當必別有依據。否則，黄庶《書説》何以又別出馬注導水三條耶？由是知《正義》之誤有不得不詳爲之辨者。《漢書・地理志》「左馮

❶「表注」之「注」，原作「志」，今據《隸經賸義》及下文改。

翊懷德」下云「《禹貢》北條荆山在南」，又「南郡臨沮」下云「《禹貢》南條荆山在東北」，鄭以班《志》北條荆山爲導岍陰列，「導岍及岐，至于荆山。」南條荆山爲嶓冢次陽列，「導嶓冢，至于荆山。」又分北條荆山之南爲西傾次陰列，分南條荆山之南爲岷山正陽列。鄭據經文「導岍、西傾、嶓冢、岷山」四節，自「導岍」至「入海」爲第一節，「西傾」至「陪尾」爲第二節，「導嶓冢」至「大别」爲第三節，「岷山」至「敷淺原」爲第四節。各有起訖，因分導山爲四列。班《志》據經文止有「導岍」、「導嶓冢」兩「導」字，西傾、岷山不見有「導」字，遂以「導岍」之荆山併下節「西傾」爲北條，因荆山與西傾節所稱太華相近，故北條以荆山標名。導嶓冢之荆山併下節岷山爲南條，因荆山與岷山節所稱九江相近，故南條亦以荆山標名。偏檢班《志》别無中條，案：《元和郡縣志》、《太平寰宇記》以《禹貢》雷首爲一名中條山，然經云「導岍及岐，至於荆山，壺口、雷首，至于太岳」，則雷首中條山與班《志》北條荆山同列，不得附會爲班《志》之佚。其實止分導山爲南、北二條。《正義》乃以班《志》南、北二條爲舊有三條，其誤一。黄庶《書説》引馬注三條，北條行河，中條行渭、洛、濟、淮，南條行江、漢，與鄭導山四列全不相涉。馬乃據班《志》約舉經文導山四節，併爲南、北二條，因仿班《志》例亦約舉經文導水九節併爲南、北、中三條，而經文導水九節中又有導弱水、導黑水二節，馬據弱水入流沙，黑水入南海，止及雍、梁界，較四瀆入海，衆水入四瀆入海，各自爲條，不得入三條，其實止約舉經文導河、導漾、導江、導沇、導淮、導渭、導洛七節，併爲導水南、北、中三條。《正義》乃以馬之導水三條爲即王之導山三條，其誤二。蔡沈《集傳》、金履祥《表注》、陳櫟《纂疏》並引王注三條導岍北條、西傾中條、嶓冢南條，又與馬導水三條全不相涉，王乃不知妄作，不顧經文導山明明有四節兩「導」字，而據班《志》南北二條增一西傾中條，又據鄭四列删一岷山正陽列，因仿馬導水三條無弱水、黑水例，亦以經文岷山一節不得入三條，止以導岍、西傾、導嶓冢三節爲導山南、北、中三條。其實馬之導水三條，非即王之導山三條，鄭之導山四列正即班《志》之導山南、北二條，《正義》乃故分鄭與班《志》爲二，而以鄭爲創作四列，又牽合班、馬與王爲一，而以僞傳爲當主班、馬、王之三條。其誤三。有此三誤，先儒特見不及此，謹條列《正義》三誤外，又互爲班、馬、鄭、王疏證，辨駁如右。

宗先生稷辰

宗稷辰，字滌甫，會稽人。道光辛巳舉人，官內閣中書，洊升御史，授山東運河道。同治六年，病卒於里中。平生講明性道，取《朱子語類》答鄭仲履語云：「致知乃本心之知。」又述朱子舊説謂：「致知乃致不慮而知之知。」以證陽明致良知之説與朱子本同，訂正錢氏《近思録》。涵泳四子書，身體力行，至老不倦。主講湖南羣玉、濂溪、虎溪諸書院，皆立講規，一本朱子白鹿洞遺法，時年三十也。晚歲里居，主講龍山、蕺山書院。嘗言朱子之學由閩而遞傳於浙，吾道之昌於越，自尹子證人之學始，至劉子而證人之學成，故尹猶大春也，劉猶大冬也。若紫陽則博文而道舒，姚江則守約而道斂，猶之夏發榮而秋落實焉。至於冬，而天地之性於是乎畢見，萬物之理於是乎備昭，學統之全與歲功等。於家塾題爲「四賢講堂」，躬親教授，學者宗之。箸有《四書體味録》二十卷，《躬

《恥齋文鈔》二十卷，《後編》四卷，《詩鈔》二十八卷。參史傳、《躬恥齋文鈔》。

案：《四書體味録》二十卷，先生著作目録曾列是書，未及梓行。先生歿後，其子挍求遺稾，僅存《論語》卷一，爲手寫定本，餘則碎箋斷楮，塗乙零丁。今所傳《四書體味録》殘稾、《大學僢序測蠡》殘稾，皆出於訂墜拾遺，或辨其似，或闕其疑，詮次成書，略知其概而已。

文鈔

深慮篇

古之聖人大抵皆善憂者也，故常先天下之憂而憂。在《書》曰思、曰謨、曰惟，在《易》曰惕、曰恐，在《禮》曰慮，《大學》言「安而后能慮，慮而后能得」。後之君相苟欲平治天下，舍慮將何從哉？孔子謂：「人無遠慮，必有近憂。」孟子謂：「孤臣孽子，其慮患深，是以能達。」又曰：「困於心，衡於慮，而後作。」蓋天下事其常易知，其變難知，非慮之深者不足以窮萬事萬物之變也。一代之興，莫不有所懲戒而爲之改更，乃所改更者始若邁前跡而見功，久之偏尚寖成，莫能轉移，以就世變，往往失在所懲之外，於是惜始計之未周，晚矣！累朝之相繼，莫不各有所炯照而爲之制防，乃所制防者初若過前人而甚察，久之旁落滋失，遂致積重而生世變，往往至於欲制而不能，於是悔始見之未密，抑又晚矣。是故仁勝則易弱，義勝則易暴；文勝則易僞，質勝則易陋；法勝則易怨，言勝則易爭；威勝則易驕，計勝則易刻。不惟是也，即尊親之間，骨肉之際，頒予之分，晉接之儀，恩澤之數，倚任之等，一有所過，而毫釐之謬不繩，微忽之失已伏。近或患作於數年之後，遠或禍成於數十年之間，皆由平時不爲深慮，浸尋至於此。甚矣！慮之關乎天下也豈不大哉？昔者周公相成王，朝夕納誨，以輔王德，老成之憂動關千百年，成王非不聖哲也，而公之慮之者，惟恐主術稍疏，則隱中於性情，而流失在家國。想其時一嚬笑必曰無戲，一動止必曰無逸，一措施必曰無偏頗。任仁君哲后無一事不合乎天理，而賢宰執必以大失德之事爲之儆戒而咨嗟，惟善慮也。然則人主一日不可不矢以小心，人臣一日不可少忘夫責難。若堂陛之前，聞都俞而不聞吁咈，有將順而無所匡救，是直導君以無憂矣，又何望其有深慮也耶？

沈幾篇

將欲通天下之務，非見幾不能照；將欲窮天下之理，非研幾不能神；將欲陳天下之善而閑天下之邪，非知幾皆不能決。然而幾有善有惡，有淺有深，惡者妄干於動念之初，淺者徒習爲警捷之技，舉不足與謀艱鉅也。太公坐磻溪之上，至於暮年未嘗輕有所表襮，一聞西伯之風而歸之，惟曰就養而已，以視飯牛自歎者，其氣象相去甚遠。蓋其智勇久練，鬱而爲沈幾，非一日矣。紀渻之養雞也，惠子之觀魚也，痀僂之承蜩也，伯樂之相馬也，莫不收眎聽、慎吐茹，其心若藏之九淵之底而不可探，其明若鑒乎秋毫之微而無不澈，非堅苦磨厲，歷經動忍之後，有以沈其識而燭其幾，曷克臻此？當陶唐氏之時，四凶在朝，洪水在野，有苗逆命，黎民阻飢。夫悉舉天下之至難者以待聖人，而嘉言盈廷，無足勝大任，惟時空山之中有舜焉，漠然方與木石處，其性天之内斂者至靜，而神明之葆聚者至充，一旦升之於廷，試之以五典之繁重、四門之衆盛而若優優乎不爲之動也，又投之於風雷之中而不動者自若也，於是付之以十二州之重，從容承令，恭己如無所爲，而元愷盡登，四凶立去，洪水率奠，苗民革心。堯之用之也，非用其能沈幾耶？是故朝廷之上，非沈幾則政令不肅；軍旅之事，非沈幾則籌策不精；進退人才之際，非沈幾則機緘不密；判決是非之地，非沈幾則斷制不嚴；扶危定傾、去邪鋤暴之時，非沈幾則幹濟不足。《易》曰：「默成，存乎德行。」周子謂：「誠動而幾通。」蓋惟湛然涵其至靜，而後能灼然運其至明。故儒者將練事，先練心也。心能練成宏毅，乃可以任重遠也。嘗觀乎古今所見之迹，試令靜躁二人同居一堂，必躁者臣而靜者君；共爲一事，必靜者成而躁者敗；共處一境，必靜者安而躁者危。無他，於其幾之沈不沈定之耳。由是推之，知體立而用無不行。凡其不適於用者，皆其不足乎體者也。世率訾主靜者爲有體而無用，亦思私智小數乍有所見，即皇遽不能忍者，一旦遇大事、決大疑、臨大敵，或反摇摇焉失所據依，其無體之用又何足深恃哉？

遠見篇

天下有以目視者，有以心視者。目視者，一離婁焉耳；倍其目以視，一史皇焉耳；倍其眸以視，一虞帝焉耳；而師曠闇然亡目之人，所見不下於三子，何則？三子者用目視有窮，師曠用心視無窮也。故察九淵之深者，或不能度萬里以外；悟羣動之迹者，或不能推百王之變；暢四門之觀者，或不能周十二州之遥也。今人見赤雲布天，咸曰旱將至；見玄螘遷垤，咸曰水將至。此凡有見者率知之，惟其近而易信也。夫瞻近知近者，常人之明爾；瞻遠知遠者，亦常人之明爾。雖所見洞一方、準四望，迥異乎常人，吾不謂之見遠焉。所貴乎有遠見者，涓滴之初汎，恖其久而成江河；塵埃之小壅，恖其久而成山岳；秒忽之隱虧，恖其久而累坻京；芽櫱之新茁，恖其久而滋叢莽；蠕蠉之潛動，恖其久而張爪牙，是即物而見者也。嚬笑之偶失，恖其久而致滔天；幾微之忽疏，恖其久而致擢髮；瞬息之差忒，恖其久而患百年；方寸之纖瑕，恖其久而疾一世；臭味之偏耆，恖其久而毒畢生，是即身而見者也。故當昌熾隆盛之日，歆羨盈衢，歌頌滿庭，羣爲竊窺側睨，相衒於耳目之前，而一二老成悄然深思，若爲異日重繫其憂，不以爲赫喧而以爲泰憮，惟淺夫陋甿之所未見，而斯人見之。迨其應響鑑影，神於靈蓍，使後之人追惟往哲之微詞至論，歎惜當時不得提熒聽之耳，警私蔽之心，使瞶瞶者復生其明，卒致遷變以至此也。而若一人一物之細故，其盈虛消息，知者自無不可知，在宇宙内亦識小耳矣，何足計其輕重哉？《板》之《雅》曰「爲猶不遠」，又曰「猶之不遠」，古君子諄諄於遠之一言深致意者，不重可思與！

續遠見篇

世之見近不見遠者，凶害悔吝皆隨之。惟開天明道之聖人，能見其遠而彰往察來，揆幾度務，衡之千萬里，縱之千萬年，莫不可以心目之間，灼知天人之表見之象，不至大哉！今夫大造之善運也，其輪軸至於周四維、環二極，而一躔度之所貫絡，一方隅之所照導，動而即應，感而遂通，斯所謂「無遠弗届」者，非耶？苟其陰陽有愆，菑眚將至，羣生萬類夢然罔知，而九天之上先示以異祥，而啟夫衆覺，使凡有目者無不悚然驚、慨然歎，以爲害之起於何許也，禍之成於何許也？嚴教之明，遂致人人咸能瞻口，豈不神哉？若夫占風於青蘋之末，觀象於靈蓍之杪，取應在倏忽，而觸機在影響，非不可以燭其幽、洞其微，而視至誠至明之聖，其遠而無所不測者，則弗能及已。昔有海外眩人，能以雲母、琉璃咫寸相薄射，驗平指遐，百不失一，其見非不遠也，然以聖人之道較之，則彼之所見者特微尠耳，曾何與乎天地之大原耶？故推遠見之意而賡論之。

去累篇

人苦不能無所累，累之於人大矣，雖有名德，具異材，往往明其鉅而忽其微，利其一而害其百，使千古覽史者惜其瑕玼至小而不早攻治，多損其正大之體，不獲底於純粹，未嘗不歎以彼其人何至發念之初有時而昧若此？況而愈下，自任者輕，則自累者重；自便於私者少切，則所防於累者多疏，固無怪也。古之用人也專而有常，而其成能也專而有定。有常故無所幸，有定故少所爭。爭與幸不縈於中，人各安其大分，而受其量之所當受，一求其稱而已矣。蓋無妄冀，無曲揣，無佹營，無竊獲，而人心葆於湻，人性還乎樸，夫安有所謂累者而待去哉？若後世進退、去取、榮辱、得喪皆茫乎不可豫測，惟隨其氣機以相引動，而理之常且定者舉無足憑，於是人人日見有或幸或爭之端而不以爲然者，亦不能靜而息焉。天下之性所以日昬，而心所以日汩，皆坐此累也。昔子思不以求容而累其大，子輿不以求直而累其高，子上不以逾節而累其志，其言不同，大抵以無累爲先。豈無聖而慚、賢而過、貞而厲者？纖芥之微，闇晦之際，著者不免於人譏，藏者難慊乎己見，砥而礪之，安有盡乎？故知累而能脱然去之，如蛇蟲之厭汙而輒蜕者，上也。知有累而常自怨艾，可以漸濯其汙者，次也。苟不知其爲累而狃於習，成於惡，恬然不自引疚，人以爲可羞，彼以爲得計，將沈没於累中而不出，斯率才智而爲下愚也已。人但憂爲下愚而懼有累心之事，則雖處多累之地可勉求無累也。夫累皆自心生，求無累者亦惟求之心耳，詎可不治心而徒治累也耶？

崇簡篇

古之明政教於天下者，以乾道運天下，必以坤道靜天下。《易・繫辭傳》曰：「坤以簡能。」又曰：「簡則易從，易從則有功。」蓋欲天下之久安長治，非行簡不爲功矣。昔唐虞治惟尚簡，夏忠、商質，皆因之。至周而法制典章浸以繁焉，然其洪綱巨目與百姓見者落落可數也。春秋時，强國謀兵刑，弱國謀絲粟，其上盛辭命，其下著經綸，蓋駸駸乎勢，日趨於煩矣。洙泗之間，聖若賢思救一時偏勝之敝，而復古帝王致治之要道，遂商簡之可否，雖少偏於簡，如子桑伯子亦覺其大有濟於濁世，而不以爲非，故及門狂、簡並稱，是孔子所以力矯夫習俗者也。顧其簡有務寬繟而任率略者，即孔子所謂太簡也。有務凝斂而昭省約者，即孔子所許内敬外簡也。戰國紀綱陵陁，秦始一切爲制坊之，違坤道之自然，而以密網繩天下，法極煩而天下之人已囂然其不靜。漢高帝作，去亡秦之煩苛，而闓合二帝三王之簡易，讀約法三章，倜乎遠矣。後儒多病漢以黄老爲治本，然黄帝文不漓質，簡而純者也；老氏儉不傷慈，簡而澹者也，其道元不爲天下害。漢君臣略用其疏節闊目，以乂安一朝，後之南面鄉明者，舍簡豈有他道哉？隋初懲六朝之失，刻意綜覈，有追證百年舊案之事。時老吏尚以抱案爲苦，劉炫所言「省官事而後可以望從容」，唯憂不簡也。唐高祖至長安，與民約法十二條，悉除隋世苛禁，天下既定，所修典律皆簡明有要，初政故與先漢庶幾。宋祖之詔，首言臨下以簡。明祖之訓，曰立法貴簡，當使人易曉。若條緒繁多，一事兩端，吏得因緣爲姦。由是而等百世之王，同千聖之揆，其治日必簡可知也。後世政刑之煩，多由條例之宂。濫觴始於北宋，而流失沿於累朝。晁行一事，夕增一例，積數百年，遂汗牛充棟而不勝計。上下其手者甚樂其遮蔽之便，而黠胥倚法以脅官，官輒倚法以制朝廷，吏治日趨於偷薄，人心日淪於詐僞，而顛倒是非，屈抑良弱，日不知其數千百端，職爲厲階，釀成亂釁，不簡之爲病似甚微，孰意其浸尋滋長乃至於此？此我列聖所以有歸併例文，銷除舊案之令，防閑煩擾，不啻再三。而各部臣無肯設誠致行，日聽其顛倒屈抑於猾吏之手而不知改，是深望主上乾綱獨攬，舉支離蒙雜之例文一掃空之，使廓然見刑清政簡之休也。息天下之亂道，無急於此矣。

裕本篇

千古以來之言利也，大抵皆不知利之人

爲之也。利大而見者小，利久而見者急，利廣而見者狹，是雖負計臣之號，開聚斂之門，而求富國，國愈貧；求富家，家愈索，不知利，莫其人若也。顧自來有利權者，惟小與急狹之是喜，而不知利者遂得竊竊焉動之。任不知利者以謀利，非惑之甚也哉！然則知利者誰乎？曰聖人也。聖人罕言利，亦惟聖人能明大利之本以利天下，而利可以不言。聖人以下，曾、孟大賢始揭微指，一則曰「以義爲利」，一則曰「仁義而已，何必曰利」，明乎此而知利在天地間，原不禁正人之擬議。彼畏利而諱言者，特小儒拘滯之見，而不足以探本也。歷觀史籍所載，言利之最著者，爲商鞅、鼂錯、桑弘羊，是皆取利而不顧本者也。鞅與弘羊務慘急，博小效，甚得人主意，然亂秦自鞅始，剥漢自弘羊始。錯之謀彊王室，其慘急同，至計及以爵爲市，苟且無大害，然而淆後世之仕路者實自錯始。是二子者未聞其利國，而并失其身，惟亡本也。管夷吾、劉晏、陳恕稍近乎本，故其法世多循之，然夷吾導君奢，晏算太盡，召衆忌，雖傑出異才，去道皆遠，惟恕言取利太深者不可行於朝廷，法宜上下交濟，君子韙之。王安石欲師周公，自以爲有本矣，法立而驚擾四方，卒無利而罷，雖後世猶有存其一二者，當時大不利於宋室，是安得謂知本乎？是故有周公、太公之才，孔、孟之道，而後可以言利。其爲利也公而不私，優游而不迫，密而不苛，信而不渝，正而不詭，一人利之，億兆人利之，天德王道之原，人情、物理之準，胥出乎此。五行於是乎調焉，百産於是乎充焉，九式於是乎裕焉，非知本之聖人，其孰能與於斯？後之言利視古日，巧私等於襲掩也，迫促甚於弦矢也，苛爭於釐豪也，渝極於朝夕也，詭過於巫史也，蓋有鞅、錯、弘羊所不料，管、劉、陳、王所不爲者，然其所獲坐是反絀，瑣瑣焉徒從事於小且急，急且狹，而天下之大利遂空。無他，亡本即亡利也。吾故曰：千古之言利，皆不知利之人爲之也。

完朴篇

昔大禹之王天下也，見五耦則式，過十室則下。一夫一士，豈有愈於聖神，而聖神反致其敬者？重其敦本、善俗，具天地自然之性，而不見傷於世習者也。當在皇初，悶悶涫涫，出作入息，一心純質，安靜簡素，人人皆抱其朴而智巧未宣，則此五耦、十室以外，莫不各全其天，雖神聖亦無庸表而異之。蓋至夏初，天下之朴已漸散矣，且夫天下之所謂巧人者，其技不過二端：一雕一飾而已。然梓匠輪輿，其法之良，尚以渾朴是尚，非若後世之鉤心鬭角爲也。若丹雘章施，文明啟矣，而衣之用繪，椽之用畫，仍於至文之中存其質焉。故朴之別義，亦通乎采。彼執藝之工師，但守其矩矱，以奏其斧斤，循其模範，以爲之塗寫，原其不爲淫巧之心，尚不深責其害朴也。若夫人之害朴者多矣，五鑿之所攻，九慝之所蠹，十姦十散之所戕，大抵不從風而靡，即隨波而流，破析其聰明，而鏤鉥其肝府，動口則發鋒刃焉，起念則生機械焉，上以是欺其下，下以是欺其上，上下相蒙，旁及同類，而太朴之質茶然盡矣。於此而有操履朴之論，思復朴之風，夫孰從而聽之？吾由是望惇龐純固之天民、篤實謹信之君子，守其盛德而不以容貌愚人，行其摯情而不以意氣用事，措其實功而不以名迹動衆，修其闇學而不以華美見才，渾渾乎其悃愊也，肅肅乎其器度也，安安乎其淡泊也，懇懇乎其矢惻怛也，粥粥乎不覺其有技能也，漠漠乎不見其有文章也，然而仔天下之重，投天下之艱，立天下之本，止天下之欲，非完其朴者不能任焉。故朴完而萬物莫能勝其剛，亦朴完而萬物莫能及其大。

求中篇

上古聖人契中於天，中古聖人明中於人，下古聖人求中於志。天爲氣之宗，而中爲理之宗，無在非氣，即無在非理，而最高者大空，最下者大窮。高而稍温者，剛風之所不撼，物之飛者戾焉；下而稍凝者，地心之所未墜，物之潛者依焉。錯出於四旁，而横稟其五行之偏氣者，利人、害人、益人、損人盡出於其間。於是有植者、走者、實者、華者、孳者、動者、專者、互者，皆氣也，皆理也，而其中不與也。中也者，陰陽齊，剛柔均，蘊五行之精，諧四時之平，大造常寶貴之，愛惜之，矜慎之，節嗇之，唯待生人而用者也。然而宇宙高下之間，得一元以爲之大極，宜人人皆至和至良，而往往多不齊，豈中之尚有類與？無乃析而散之之或有輕重、厚薄與？抑專而篤者得其粹，類而及者得其粗，屯而盛者施之涫，變而竭者殺之雜與？是故大極之中又有中焉，陰陽剛柔交相協，而後爲人之聖賢、俊傑。故中爲天之至，亦爲人之至。自堯、舜至於湯、文，皆與天合德合明，於大造生人之源咸灼知之，而以其中道覆冒天下，以其中德協和天下，風爲之調，火爲之燮，土爲之疏，水爲之導，是能預天工以運大氣者也。禮使之安，樂使之平，兵使之嚴，刑使之肅，是能治天性以御衆理者也。故其業曰「建中」，其體曰「執中」，其訓曰「教中」，而其所居則宅於无爲之中。誠欲效帝王之法天，豈有他哉？一求中而已矣。孔子生於春秋，無帝王之權，闡天道而示人以易從，乃有《中庸》之傳，而天下之本立。其教弟子曰：「中庸之爲德也，其至矣乎！民鮮久矣。」誠自慨乎！堯、舜、湯、文之已遠，而受中之民不得盡復其最初之心也，則惟有惓惓乎求之於志焉爾。忘毀譽、存直道，即尼山之調燮疏導也。正是非、去已甚，即麟筆之安平嚴肅也。孔子以後，曾子之言「絜矩」，子思、孟子之言「時中」，一中以外，何加焉？後世有聖人之才者，未嘗不思遇事求中，而一節之檢制，或未洽於百度；一日之操持，或未周於永世；一物之孚應，或未溥乎羣生。此外襲似中而非中出者，朝慰而夕惜焉，知道者歎其不務本也。履中之君子，將上以格心，下以翊化，中以保貞，可不畢心於中道哉！

養源篇

將有所灌輸於天下，而使得被於遠者如其近者焉，流於異日者如其同時焉，其志量恢恢乎無際矣，然而神聖之人不怖其無際而窮其有際，因其有際而更窮其際之所從來，則并窅然若不見其際焉。蓋其終大而不可窮，其始必小而不可窮也，所謂源也。河、漢之不涸也，東井之不枯也，源之出於天者固然已。若夫岷、嶓以上，泛觴所出，遂以成夫江；崑崙以上，衆竅所發，遂以成夫河，以及汝、漢、淮、泗、惡池、睢、漳、湘、沅、章、貢、淞、漸、震澤，支川萬千，莫不有源。而清淑之氣絪緼其間，流液於泱漭之區，久而無息，故恒不凋不枯，如天上之水。是故善養其源者，天地也。惟其然，而君子之養源不可以已矣。

夫源之出於天地者，灼然在人耳目間，

而天地之潛養之者，仰莫見其端，俛莫見其倪也。若天下有大源焉，存乎凡爲天下國家者之先。及其久而安焉，人莫覩而莫知焉。源大者千歲而不竭，源小者百年而漸消。微後聖人起，不能求前聖人之源之所在，而況能養之乎？養天下之源奈何？曰仁厚而已矣。仁故大而無不容，厚故均而無弗普。皇者洪之，帝者崇之，王者廓之，伯者託之，其下薄之，匪惟薄之，且自剥之。故有有源之天下，有無源之天下。有源可養也，無源者烏從而養之哉？彼小大之國，大都視此矣。至於家之視國甚尠也，而其家之所由興與家之所由大，亦不能無源。源之正者，要無出於仁厚。源深而養深者，家必茂而長。源淺而養深者，家亦積而昌。源淺而養又淺，家宜其落而傷。苟無數世之源，而無一日之養，是無惑乎其晁興而夕亡。蓋家國之源本雖殊，而馴致之天理同也。至於人之有身，身之有心，視家又少也。而其身心之所由生與身心之所由成，更不能無源。源之上者要不過乎仁厚。源涫而養之又涫，可賢也，可聖也。源未盡涫而養之使涫，可善人也，可君子也。源既不涫而養之復失其涫，則始正而終邪者有之，昨良而今佞者有之，初念是而轉念非者有之，一息存而一息亡者有之。鈞是人也，皆出於性，皆出於天，不得謂之無源，而稟氣受質之不齊。其源之所得者稍薄，後起之教所以啟其覺者，或難盡復其最初之良，而盡化其氣質之駁，則其身心之不能以自養往往然也。而或臧或否，幾龐然而難以辨也。夫天下國家之源，其得養失養也在數人，在數世，不當其任者雖欲養之而無由。若其身心非分外之責，源可自求，而養可自力，權在己也。而悠悠忽忽，自棄於小人之歸、禽獸之路，是誰貽之戚哉？吾故尤痛言之，以望世之養源者。

保塞篇

浩然一往而莫御者，其江海乎？使其奔流直下千里萬里，而無島嶼、磯石以遥相鎮遏，則其勢過涣矣，庸詎知島嶼、磯石非造化所以約束江海者耶？洚洞平，島嶼、磯石盡出，而江海始爲舟帆之所經、小物之所汎，所通者遠，賴有以塞之者，而恃以爲涯岸，狂濤怪颶中少得所止，然則塞之重於通彰彰矣。又嘗徵之平地，曠然曼然無如中原矣，而扶輿蟠鬱之氣必有時隆起以爲之岡阜，而勢乃一聚。若四海之内，大山深谷其氣所展拓，必有沃壤、美土藏乎其中，無所凝立於其外，則散漫而厥體不嚴，是以小塞則函小谷，大塞則函大谷，然則通之成於塞又彰彰矣。夫天下熙熙求便利者，莫不唯通之是騖，而凡有制防皆覺其爲障礙，莫不思踰越其藩籬，摧墮其垣屏也。日苟焉以求通，而天下事不可問矣，非善保其塞，曷能真致其通？《易》於室中知惕而遂大孚民情，義可推矣。古之聖人致禮樂之道而與天下塞，古之君子立中庸之極而以一身塞。身不保塞，中庸隳矣；國不保塞，禮樂空矣。國與身大小不同，而保其塞者無異也。殖之守之，務使厚之；積之足之，務使固之。保塞之功，所以安身立命者無出乎此矣。塞之於文也，从土亦从心，言心之有基者然也。《書》曰「剛而塞」，或曰「剛而實」，儻理之不充，而惟氣矜之隆，不足以爲基也。且塞之文於古猶𡨄也，𡨄聚羣工於宇下而有所畀，蓋取諸瑟也，故音同瑟，瑟義爲嗇、爲閑，與塞正同。𡨄義訓齊，有矜莊之意，與瑟之矜持亦同。即兩文以證之，而《淮南》所謂「外邪不入謂之塞」，皆可旁通矣。昔大禹以神明之德，周乎四海，而自修惟曰儉勤；周公功冠古今，而其致力於王室鼎盛之初，乃亟重夫「稼穡之艱難」。善塞者養晦以爲明，守困以爲亨，非天下之至精，孰能加於此哉？

齊本篇

古之爲道也，無所倣傚而成焉者也。後世言道，則必有所倣傚。夫倣傚者，不能不立之槷焉以相準，於是乎有本有末。擇一甚高者，自其本至於末，皆並立而無不肖，斯謂能稱其槷矣。然其爲槷過高，猝然舉之，猝然儗之，勢不能待積厚以成其高，乃姑出於齊末之一途。思耳目所先見者，惟末較易，吾將補其事於後，使本倒生以接末之所懸，則或庶幾假形其高於前者，終得踐其積高之實，雖其閒有斷續葺緝之迹，而以此視彼，實無高下。如是而幸成者，太初以來，固已鮮矣。即偶或有異遇，竟獲成於意計之表，而要不足以爲效槷者法。冀一旦之幸，而坐失其當務之本，識者深有憂焉。子輿子有言，「方寸之木可使高於岑樓」，岑樓非他，即吾所謂槷之甚高者也。木非不可以爲樓，方寸非不可以積至岑樓而上。當其持方寸以齊岑樓也，慕岑樓之高者未嘗不從其長而與之，以爲其志固將爲高也。望岑樓之高者，安得不窺其短而哀之，以爲其志固高於頃刻，而恐不得高於終日也。而其閒有惡隆樂汙者，即真有積小以爲高，欲起九層而累萬譏，尚將設難以沮之，多方以摧抑之，令其悔崇而就卑然後已，而況乎其所齊者僅末之杪乎？彼不俟其持之少倦，積之尚遲，談笑而置諸無足論之地，而其締構忽以隳矣。假令恃所陳之槷以擬高，則竟成其高，雖比以太山、華嶽可也。持寸木以齊太山、華嶽，其高均也，顧遂號於衆，曰吾將爲太山、華嶽，則兒童道路多知笑之，笑其不能爲太山、華嶽，猶之不能爲岑樓耳。此無論惡之者爲姍謗，即愛之者亦爲歎惜。崔嵬之象造於心而易消，空洞之形律以基而難固，無他，名爲危而實則微也。古者知本之君子未始不向高也，惟仰而向高，愈俯而責實，積之以漸，成之以久，在我者有以自立，而由本達末，不必有倣傚非常之意，而千載之至高者無以加焉。不必豫樹之槷，而其爲槷者自豫也，惟其爲本者自厚也。然則徒見道之至高而輕相倣傚者，可以鑒而返矣。

恭舊篇

天下之所不易致者其久乎？其自至於久者，聖人也。其可以久者，賢人也。久以神明者不可見，見其德與訓。久以威象者不可見，見其政與人。今使爲天下謀者，曰舊德吾崇之，舊訓吾行之，舊政吾循之，舊人吾重之，則奉先王之道至千百年不易，豈不甚善，而無如勢有所不能。從來通都大邑多世臣故家，其先或與祖宗共櫛沐於風雨之中，或受累代任使，藎忠竭勞，功在社稷，名在鍾鼎，當其没世，大則祀之功宗，小則祀之鄉社，賞延後嗣，恩澤未衰。乃久之而歷時稍遠，勳閥委於荆榛，遺裔困於草莽，後之君若臣，罕有追詢其風節者。欲强之式閭表里，封墓營祠，録及來礽，免淪鄙賤，豈可得哉？此慢於舊德者，勢也。若夫危言讜論，勗翊先朝，佐成典書，載之方策，其明若蓍鑑，其重若金石，厥後予聖予智，勢分日嚴，寡學淺夫輔導稱述者多務卑近，間思舉名言以進諷，陳古誼以格心，良恐觸犯忌諱，無復徵引。偶有一二正人，略爲入告，多病迂闊，謂昧時務，求其揚前謨、宣往議，抑又難之。此荒於舊訓者，亦勢也。至於已事遄往，聖人所以酌損益者也。政在故府，典册法書繫焉。修而舉之，治道可復。自晚近好作聰明，而矩矱浸棄。十世之成憲，數百年之至計，忽乎若皆厭聞，譬猶飄風之吹墜葉，持柄者傚尤踵繆，以爲其道在邇，舊章日聽其淪没，舊績日任其愆忘，勢遂薄舊政而不爲矣。至於守治法，當亟留治人與典刑並重者，非老成乎？其人不亡，叢脞可振；其人不出，空虚可憂。試與登其廟廊，見有黄髮厖眉，三五在列，遠近瞻仰，風采儼然，敵國外患皆憚之，曰是未可動也。奈何宿佐凋謝，遺賢遯荒，偶存衰殘，輒相輕狎，猝有疑難，變動莫由，詢之誰何？輕捷便利之徒日以進，守拙持重之人日以疏，舉家國事付於數少年，聽其汎舟洪流，而不知所届，勢至於無舊人，而天下更可危矣。是以古之哲王賢輔，不以舊德之幾湮而弗加禮也，勿以舊訓之難遵而弗深攷也，勿以舊政爲可廢而弗紹修也，勿以舊人爲可棄而弗殷訪也。三代之報功、貞教，惇典、乞言，其所以恭厥舊者，皆所以恭厥先也。《書》以孝恭並美，果克致其恭，非善推其孝也哉？

懷新篇

舊信可思耶？舊之善者可思，其不善者不足思。古於舊之文有二焉：其一似以萑覆臼，爲能守其陳資以養人也。其一文爲鵂，義爲鴟，或同鶹離。蓋鴞之老者不可留而留，是當除者也。故《易·象》於「《革》去故、《鼎》取新」焉。嘗觀晦蒙屯塞之境，草木蕃廡，洞壑鬱淫，上不見日月，下不見人迹，雖中藏太古之瑞，亦復沈霾幽隱，寶氣潛伏於此。有人焉操斧斤入林莽，砉然開其幽而通其蔽，遂使暉光忽新，俯仰爲之大寬，登陟爲之欣暢，豈非人心所久跂而深望哉？是以已治之新可樂也，未治之新可懷也。夫爲山澤啟草昧，此尋常耳目所共喜也。若乃生廣居之中，坐堂皇之上，萬事叢雜，投於其胸；羣瞻衆聽，八面環伺，而其人方且耽庸習故，嗜腐迎臭，錮閉靈智，以受塵墨，破竇壞徑之是尋，而光明反以爲羞，於是無規不隨，無迹不因，老謀深算，惛惛其德，言宣令出，謬謬踵襲，聞者倦聞，見者沮色，日復一日，交相蹙頞。噫！德之不新，流及於政，不尤爲天下之大惑歟？

今試爲之，掃官府之塵，濯鼎彝之垢，更琴瑟之徽，磨戈刃之鈍，相與振頹綱，扶傾維，蕩以清風，照以初旭，老物息而土鼓震，文明復而慶雲升，而《湯銘》、《周誥》之上新其君、下新其民者，皆於其時煌煌改觀焉。然後知舍其舊而新是圖，誠整齊一世之人所不得緩也。然而新其開物之務，尤貴新其取人之明。欲使疆埸之地旌旗一新，而不先簡將帥，勤訓練，雖新弗新也。欲使禮樂之場節和一新，而不先慎起居，擇輔導，雖新弗新也。欲使中外之間鼓舞一新，而不先肅法紀，明政教，雖新弗新也。是故新其心矣，斯能新其人；新其人，斯能新其物，而天下一是無不新矣。《大學》首自新以新庶民，知本之君子曷不鑒而懷諸？

大受篇

古昔之取人也以量，後世之取人也以材。量有所承，有所不承，有無所不承。其有所承、有所不承者，雖量猶器也。器之成與材之用，類也。君子不屑屑見材，亦不屑爲器，故能無所不承。擴其量至於無窮，乃覺萬事不足以稱曠，萬物不足以稱衆，萬理不足以稱博矣。量之大莫過乎天，澒澒焉噓吸六合，彌綸四維，司化工者悉所生以付之，而廓乎能容，不見其充塞之甚滿也。肖天者莫如水，洋洋焉涵納九地，灌注千川，開鴻荒者縱所有以流之，而歸乎若虚，不見其氾濩之或溢也。故《易·象》於天與水違行則爲《訟》，訟者必不相受；水順乎天而下行則爲《需》，需者，濡也，必樂爲受。訟窒其量，需寬其量，觀乎此而兩大之情可見，三才之性可推矣。若夫量之在人，有性成者，有德成者。根乎性，故與高厚相似，而其原至宏也。基於德，故非方隅可限，而其域至廣也。性可以任負荷，而不覺其有重遠之勞；德可以勝積累，而不至於有匱竭之患。古之人居卑理煩，而從容自得，小知中何嘗不具大受規模耶？疏綱闊目而資取彌裕，大受中何嘗不收小知忠益耶？故計功能則大受亦隘，論分位則大受亦淺，矜智數則大受亦薄，恃才略則大受亦粗。曠觀千古，唐虞之君佐皆大受而有餘，無以尚矣。伊周之量已無不承，而未能超乎其外，精至未神至也。體大而用未章，其孔、顔乎？然而其量已不可量矣。漢廷諸臣往往知謝小事，承大事，於大受若有合焉。是由秉五行之氣者偉，非性與學所爲也。惟諸葛庶乎近道。唐之房、杜，宋之李、韓，恢恢在漢以上矣。張、宋、吕、范不失爲大受，其氣象稍未及焉，良不可以勉而至者也。嗚呼！百世下能稱是者可多得哉？可多得哉？

平物篇

庭之槐有幺蟲懸絲，纖於秋毫，屈伸往復，以遂其性，微乎微無爭也。其懸於虛，螽飛而逆之，猶或脱；及將墜而絲不絶，收以上者十不一二矣。絲絶，蠕動地上，黄雀下啄，蒲盧卧咀，螻螘食其餘。彼收絲而爲繭爲蛾，則不得而窮之矣。夫槐之膏潤由根而葉而華而實，而餘氣爲幺蟲，鳥飫其實，螽餐其華，而化生復爲他物所食，等耳。然人往往憐動者，爲之不平；見靜者之付物，莫爲之憐也。故求物之得其平也甚難。夫物無大小，皆樂其生也，樂其生必資他物以爲生，大禽之侮小雛也，小禽之侮鰕魚也，逞其殺機以暢其生機，造化無如何也。昔人謂「物不得其平則鳴」，夫能鳴者非盡不平，不平而不能鳴，其情戚於鳴，天下其誰恤之哉？

《謙》之《大象》曰：「君子以裒多益寡，稱物平施。」惟物之情至不齊，物之遇亦至不齊，雖有唐虞之君、姒姬之臣，而積之六府者不能盡予之四海，貢之九牧者不能少安夫萬靈，將欲稱之而平之，又焉能？故謙者，嗛也。天地之心所欲補其憾而不得者也，聖人之心所欲去其病而不得者也。然則渾沌以後，物果無平時耶？但存此欲平之心，以示天地聖人之無可奈何，而物任或生或滅，已無嗛於天地聖人矣。且夫天下有至靈之物焉，天地貴之，聖人寶之，勢不得不詘蠢以育靈，用靈以制蠢。强且虐者殄之不能盡殄，弱且困者活之不能盡活。此天地之所尤憾，聖人之所尤病。古今來豈無一日得其平，而終覺其不足者，以無可平平庶物，以極所平平靈物，而物已不啻平焉耳。乃自靈物效蠢物，仁物效暴物，浸至偪牲畜爲豺獍，縱雁鶩如螽螟，冒熊羆以饕餮，導鷹鸇成鵂鶹，萬心相殘，萬喙相毒，一二不平之機倡於先，而無涯之不平隨於後，物日失其本，而物類浸窮，斯時之天地聖人得無痛乎？雖有不履生草之告，無以靖萬物之變；雖有不履生蟲之麟，無以化萬物之爭。嗚呼！使世憾天地，病聖人，而物理不可論已。

俟命篇

天可知乎？使天竟可知，則人將豫明他日之故而人事隳。天不可知乎？使天竟不可知，則人將徒徇目前之迹而天心晦。古之聖賢審其間常有命焉，而憬乎若有見，悚乎若有聞，望望乎若有所跂而恐不及焉，穆穆乎若有所迎而恐或過焉。生初有前命，自有覺而逆推之，凡性所安者皆命也，而未敢信也。平時有後命，自有爲而順徵之，凡道所止者即命也，而何敢億也。孔子説《易》曰「窮理盡性，以至於命」，而於進退之際則示之，死生之際則示之，當其用力於窮且盡，而未即至之時，命猶在天，未可促幾也。子思、孟子述其遺旨，於是有居易俟命、行法俟命之方焉，而天道乃大昭。夫天下亦有才智非常，知有命而不暇俟者矣。以彼馳驟縱橫，恣意攻取，越規偭矩，惟勢是乘，而有時亦收旦夕之功，博咫尺之利，此所謂不受命，非與？如在事變猝興，正道榛塞，或一不得已而爲之，再不得已而效之，其成也且稱天幸然矣。苟敗壞決裂則無所成，則局外之人皆將以違天圖倖譏之，而君子人者成則憂其害人心也，不成則憂其造世禍也。何也？古今有不俟命之事機，無不俟命之天理也。昔孔子志殷行道，未嘗不思變經爲權。然三都之計未遂，三家之積患卒不得而除；中牟之釁難乘，東周之屏依更不能復，則雖欲挽回造化而無由，然後想岐西之鳳鳴，訝《周南》之麟見，俟之既久，而命如之何，聖人亦惟修身以俟死已耳。此子思所以恪守祖訓於《中庸》，孟子所以終盡心於正經也。儒者内期立身，外期輔世，舍聖賢知天俟命之學又何求哉？

朱王致知本同考

世之病陽明子之學異於紫陽子者，自釋「致良知」始。蓋非獨習朱學者謂之異，即王門弟子服膺師説者未嘗能謂其不異也。余生六十年，始得於《通志堂經解》中朱門弟子所傳述朱子舊説，謂「致知乃致不慮而知之心之知」，又於《語類》中見答鄭仲履曰「致知乃本心之知」，快然曰：不慮而知非良知乎？本心之知非良知乎？以致知爲致良知，實自朱子啟之。蓋朱子以立教當從平實，而一言不慮，與慮而後得之經訓，恐背而馳焉，且與格物窮理之説自相扞格，遂改去初説而不行，然而無相異也。人之靈明無不根於性初。性初何所爲慮？有不慮之知，而後充之爲格物窮理之知，而成其定靜安慮，以完得止之知。朱子雖隱其初説，而不慮之知實致知之本源，所謂理者要不能過乎是，則致知中實含致良知之意可見矣。陽明子或先覽其文而有得歟？抑獨悟而暗與朱子初説爲神合歟？揭此注以示天下，而朱、王之學遂大通，不必執晚年之偶談爲定論，而可共信早年之先見爲明證也已。學者誠共喻兩賢致知之本同，而訝其爲創解獨斷者，夫亦可以息夫。

長沙重刻陽明先生文集序

惟天憂世之日失其性也，於是乎生大賢

以救之。大賢以救世自任，因其敝而正其偏，用不同而大本無二，則有若陽明王先生之繼朱子而起是已。自有明以來，講學宗朱者輒與陽明爲敵，衆口一辭，堅執不破。幸得深知如高景逸、劉蕺山，篤信如孫夏峯、湯孔伯，乃克觀其會通而定於一。嗟乎！亦知陽明子之學即朱子之學乎哉！朱子救泛濫辭章之錮弊，而納之於篤修精詣之中；陽明救墨守章句之末流，而歸之於反躬自得之所。因時施教，易地皆然，豈必以《晚年定論》曲證其同？學者全覽朱子所雅言，而兩賢之曠代同心，後先一揆，夫固可以瞭然指掌矣。世習知朱子之學，《大學》也；夫陽明子之學，亦《大學》也。陽明提致知爲宗，恐世之務外求知也，而特表之曰良知，良知非他，明德而已。致良知非他，明明德而已。朱子之言曰：「今之爲學須是求復其初，求全天之所以與我。」又以格物爲夢覺關，誠意爲人鬼關。又曰：「其體虛靈而不昧，其用鑒照而不遺。」觀此與《延平行狀》及自論爲善諸篇，見朱子格物之功原不偏在名物象數，而在本心之明，其説若無異出於陽明者。顧世習稱陽明異朱有數端：曰知行合一，曰未發即已發，曰即本體即功夫。然觀朱子論南軒之言「行至則知益明，知明則行益至」，謂：「道理固如此，學者功夫當並進。」訓楊仲思以「知行須一時並了」，得毋先開「合一」之説乎？且答廖子晦謂：「孔、孟教人多從發處説涵養，不徒在未發時。程子嘗言：『思於未發之前求中，即是已發。』」非已融未發、已發而一之乎？至於引《定性書》以有爲爲應迹，以明覺爲自然；答吴斗南云「心思之正，即爲天理，流行運用無非天理」，答汪尚書云「即體而用在其中，即顯而微不能外」，非已融本體、功夫而一之乎？由是而推之，陽明悟徹之本無一非朱子所已經，陽明《傳習》之文無一非朱子所素辨，因王門之徒不守師法，致以天泉一證動天下後世之驚疑，遂與朱子平時之力主楊、胡言性善者迥不相合，是學陽明者之過，豈可以是誣陽明，而妄爲攻拒哉？今天下學者溺章句久矣，名爲人人宗朱子，而終身不由其道，患等於畔朱。誠原兩先生救世之心以教人，學朱子者正當以陽明之警悚牖之使明，學陽明者尤當以朱子之精嚴約之使固，有兼資之益而無偏勝之憂，化町畦之私而宏進修之域，聖學自此明，大道自此公，名世之儒自此出，兩先生之遺憾不自此釋與？湖南宋學最盛，明時得陽明往來其間講習，多傳人，故重道之地也。道光乙酉歲，長沙宿儒柳君坦田與及門刻瀏陽陶君潯藿所訂《陽明文集》，稷辰聞之，喜道緒之復興，此邦士君子誠用其力，以致其良知，將由陽明而溯洛閩，由洛閩而溯洙泗，無難焉！其眘勿以朱子之異同爲感，而失兩先生所以救世之微意也。

書高逸仲說性後

吾友高子逸仲因讀《呻吟語》之言氣質之性而有疑焉，作《記疑》。復循流溯源，讀周、張、二程諸子之言性而有辯焉，作《雜記》、作《二程性理疏》。復前後自跋二通，與余論性書一通。凡三閱歲，始録成卷，而自題曰《説性》。其説以理欲判天人，以天人別性習，以氣質爲形下之粗，負性而生動便之習，故惡皆歸習，性獨主理。又有美惡、善惡之别，謂質止不美，習乃有不善。其融合先儒粹義而慎思明辨，可謂密且精矣。每一稟出必示余，自以執見懼偏，冀有所匡益。余雖不足以知性，重違其見質之虛懷，能不勉疏所見乎？

竊嘗思天地至純之氣，惟有一中，人得受之以生，而異於萬物。性者，中之靈。善者，中之體。從其稟受而言謂之命，從其發舒而言謂之情，從其鼓動而言謂之才，從其存主而言謂之心，從其明析而言謂之理，從其周流而言謂之道。惟大氣旋運，無心與魂魄相灌輸，其受中也有厚薄，而五行殺雜，不齊之氣紛然起而糅之，大本固同，其至純餘氣或逢其偏駁，此時人事未交，不得以爲習也。繼之之善稍不逮，而性不能渾然以成者，氣之病也。然則駁固氣也，純亦氣也，因其純而美之，乃得名爲性云爾。孟子之言性，從其同受之本純者推之。周子之言性，從其相錯之不齊者別之。明道之言性，從其純駁之際窮之。伊川之言性，從其純駁之元攝之。朱子集羣説之成，而以伊川爲準的。懼研微探遠，異説多歧，故人生以上不復説，而性專屬理，解「理不能有不善，氣不能盡善」，後儒乃截分理、氣而性遂二之。其實性但當訓中，理則性之見端，如肎綮然。氣兼純駁，理亦兼精疏，至於中而始至善，是故《易·繫》言窮理而後盡性。姚江形容心體曰「無善無惡」，實不過重提此中。蓋最先之覺本止如此，心體實性體也，非後覺之。已覺者往往不足以與此，則必從孝弟同然處疏導之，以漸明其本體之良，而爲補中方藥。其尊性與宋大儒脗合。若莊生、告子一切欲任其自然而無事於率修，自與孔、孟輔世之指殊矣。夫孔子因性之難言而罕言，知後世必致疑於性與氣而不肎輕斷，但渾而融之曰「相近」，相近者，受中之同與稟氣之異義蘊無不包也。若夫習與性相表裏，凡習皆根於性之氣，氣純則習易趨於正，氣駁則習易觸於邪，善者助性而性成，不善者任性而性戾，謂必罪習而原性，乃可勸善以懲非，則將以無知之知爲性，以有知之知爲習。性從不受過而習從不受功，恐卓識雖不可以移，而於情事或有未盡。《易》曰：「水流溼，火就燥。」水、火，性也。燥、溼，習也。理有相因，可以罕譬。此愚者所臆測而未敢以爲信者，幸足下更教之。慨自世俗之學鮮言向上一義，足下獨懃懃於此，日修月攷，多所闡明，非求勝於前人，實能辨其真是。吾鄉道緒，殆將復顯。誠由性理而力踐乎性功，是編其進道之梯矣？

書江惕庵讀朱階梯後

國朝初，蕺山之門弟子漸稀，浙以東存最著者一人曰黄太冲，浙以西存最醇者一人曰張考夫。太冲從劉學，以匡王學；考夫則自劉學而歸於朱學，學同而其所止不同。其時尚朱者又有應氏、吕氏。應氏之書傳不廣，吕氏之書傳廣矣，身後罹大戾而廢，其軼説多見當湖陸清獻之書。三子者，皆專朱學而不樂陸王者也。今世用力於張、陸之學者，前有錢塘戚氏仲蘭，頃得德清江君惕庵。戚君剛執，不恕於先儒之小異朱者；而惕庵獨持之以恕。昔朱子論聖門過苛，後人尚以爲過。若所學萬不及朱子，而徒與古人相讎，適以見門户之隘。惕庵之恕，是不以階梯絶人，而善於接引萬類，其意度遠矣。夫孔子主仁，孟子主義，周子主誠，程子主敬，聖賢各有得力之處，而理可以通大原。自朱、陸相非，王、羅相難，其徒黨互尋瑕隙而不已。及乎刁、魏、湯、陸，尚如水火而不能平。有一平情而論者，即以爲調停中立而距之，將率天下而爭也。亦思孔門弟子各具一體，而聖師無所不容，所以成其大。若必操同室之戈而擠之異教之域，聖師在天之靈爽當不以爲然。即曰衛朱，朱子必甚不願如是其齗齗也。蒙嘗謂世儒苟不能力行實踐，明道覺民，但於章句格致之間自附紫陽，雖其言涫正周密，安必見許於先哲，視陸、王之徒一二放佚者流弊等同。今惕庵重用而不偏於體，求實而不耀其名，循著見之迹而不拈微妙之指，於講學家科臼固已超然無所徇，而惟善之從，不畫畦畛，尤合乎天理之大公，聖人之無我。以是勸讀朱者，天下後世莫不樂就其階梯焉，真吾道之功臣，而豈徒朱門之功臣哉？

書莊子後

自堯舜出而道始崇，周公起而道始備，孔子作而道始明。言道者日精，而道之相承，數聖人未嘗少存立異之見於其間也。其時獨有柱下一叟，不受其範圍，爲廓而大之而使名實之説窮，更爲混而同之而形是非之途隘，雖聖人與之遇，不能拘係之也。然而其詞約，其德沖，天下往往樂從其所爲，而未即宏其教。迨周末，漆園氏因襲其學，心踶孔、顏而不能忘，又狃於其見而不肎爲之下，於是乎每發孔、顏之微，引而就其意之所近，儼然自居孔、顏之知己，而有以廣之，將使天下後世宗孔、顏者無以過乎其擬議。至推極其所心得，則又恢張乎方隅之表，汗漫無涯之鄉，謂與天爲徒，與古爲徒，視老氏保嗇之指若尚有不得而畛域之者。即其所爲《内篇》反復讀之，知其抱狂者之資，不得見裁於聖人，薄中庸而期廣大，厭質實而契清虚，遂放懷騁辭，上以發猶龍之所藴涵，而下以開西方化人之悟，中實抒鄒魯之大義於蘇、張之舌鋒。若而人者，信爲縱橫三教中一人，其功其過莫得而掩也，其才與詣又惡得而量之哉？脱天不生老、莊，則西方諸國雖有輕身家之俗，而其樸未散，特瞑瞑然短髮之民耳。以道德之説誘之，而其徒始有覺性。以縣解之説道之，而其徒始有語言。迨乎六朝三唐，士多棄其學以相慕效，乃成所謂十二藏經，大都不過繹《南華》之餘緒而已。故《南華》實梵學之祖也。嗚呼！豈非天哉！雖然，《南華》不悖聖人者十之二三，❶流極變窮，遂去堯、舜、周、孔之文，而一歸天地於虛寂，則莊氏初心所不忍爲矣。士之談道者可不慎之於始耶？

再書莊子後

聖道由老、莊而極其變，然則老、莊果爲天下害乎？是又不然。老氏之學以恬漠靜天下，西漢已明驗矣。莊氏亦尚恬漠，而其審勢度情，每曲中乎人人胸臆之所欲伸，而皆爲之善處，視老氏之渾渾焉徒與物相忘者，其用心殊不同。有聖人者節而取之，天下即至不齊，猶得用其意，以濟王道之窮。故得力於老者，可以理已平之天下，使之息爭。得力於莊者，可以理將亂之天下，使之弭釁。其言若託於至虛而無所庸，其言之理則有益於施措者甚博，是不得因其過而没其功也。夫天下之人各挾私以求自便，今古皆然矣。執政柄者一切以王道齊之，於是乎相酬以欺而不能止，相激成怨而不能平。苟知彼不肖之心起於吾心之刻覈，科條束縛當必廢然爲少弛

❶「之」，原爲空格，今據清咸豐元年越峴山館刻本《躬恥齋文鈔》改。

者，欲天下之不治不可得也。且其意豈背於聖人乎？堯、舜之治也，而臨下不過以簡，御衆不過以寬。孔子教人治道，亦曰「簡可臨民，寬則得衆」，惟典訓之詞渾而括，不若風勸之詞警而切耳。南華雖神雋，其所得於理者，莫能踰乎聖人函蓋之中，譬諸木焉，枝葉旁生，其暢茂條達亦足以庇其本根。後世有救時之責者，其慎毋局局於王道之畦畛，而薄老莊爲無用也，則庶乎其可矣。

附録

先生事親至孝。父官零陵知縣，殁於官，貧不能歸，授徒以奉母。一生以表揚忠孝，敦崇儒術爲心。在本籍，修葺會稽忠孝祠，補蕺山劉忠介祠配享神位。於任城，修復方正學祠，刊《遜志齋集》。於京師，建正氣閣，以祀越中忠義之士。請建葛壯節專祠，以其子以敦附祀。又訪求明臣沈忠愍墓，爲之封樹。修蕺山、沈忠愍新祠。所爲闡節烈，表孝友。紀事之文，碑碣之刻，皆足以傳。《公舉鄉賢事實册》。

先生官諫垣時，有《請學宮升哲疏》，又《保薦人才疏》，首舉左文襄，謂若使當一面，必不下於胡、羅。《躬恥齋奏議》。

先生講明理學，都人士舉重其言。順天府尹蔣琦齡疏陳時事，請崇正學，以倭文端與先生稱爲理學之儒，碩果僅存。朝鮮使臣有以性理進質者，得先生一言，以爲光寵。《公舉鄉賢事實册》。

方存之曰：「先生於四子書體味最深，自有獨得，足以羽翼傳注，開益學者。」《榆巢劄記跋》。

王止軒曰：「先生著《四書體味録》二十

卷，隨筆疏解，分章爬梳，既詳訓詁，復闡義蘊，引申辨析，反覆尋求，必歸於至當而後已。蓋於覃精覃思之際，寓明道宣教之懷，將以整飭人心，推究世用。間或好奇兼愛，推陳出新，亦足備攷證之資，爲問學之助。」《四書體味録殘稾跋》。

清儒學案卷二百三終

清儒學案卷二百四

天津徐世昌

諸儒學案十

邵先生懿辰

邵懿辰，字位西，仁和人。道光辛卯舉人，考取内閣中書，入直軍機處，洊升刑部員外郎。其爲學私淑安溪，不喜近世漢學家言。爲文章務先義理，師法望溪，不事縟色繁聲，以追時好。與湘鄉曾國藩、上元梅曾亮、臨桂朱琦游，博覽國故朝章。性戇直，大學士琦善以枉殺青海番事下獄，發十九事難之。大學士賽尚阿視師廣西，復上書樞臣祁寯藻，力言不可者七端。咸豐三年春，以江寧失守、山東省籌備防堵事宜，奉特旨發往東河，隨同河督福濟巡查沿河各口岸。踰年，坐防河無效罷歸。歸後家居養親，覃思經籍。其言曰：「宋儒幸生漢儒後，得因其已明之訓詁名物，以推見聖人之底蘊。若夫漢儒，如治璞者方攻切其外，固未暇覩精光之所在也。使賈、馬、鄭、王生於周、程、張、朱之世，其不相背馳也明矣。」故平生説經以大義爲主，而亦不廢攷證之功。於《禮》，據《禮運》謂《儀禮》十七篇乃孔子删定，竝無闕佚，其次序當依《大戴》以《冠》、《昏》、《喪》、《祭》、《射》、《鄉》、《朝聘》爲目，《禮運》「御」字乃「鄉」字之誤。於《樂》，據《論語》謂：「聲不可傳，其原在《詩》，其用在《禮》，非别有《樂經》也。」十一年冬，髮匪再陷杭州，駡賊死之，年五十二。同治四年，追復原官，予雲騎尉世職。所著《孝經通論》稾已散佚，存《尚書通義》二卷，《禮經通論》一卷，《李氏孝經注輯本》一卷，《尚書傳授同異攷》一卷，《忱行録》一卷，《四庫簡明目録標注》二十卷，《半巖廬文集》四卷。參史傳、曾國藩撰墓誌銘。

禮經通論

論禮十七篇當從大戴之次本無闕佚

漢初，魯高堂生傳《禮經》十七篇，五傳至戴德、戴聖，分爲大戴、小戴之學，皆不言其有闕也。言僅存十七篇者，後人據《漢·藝文志》及劉歆《七略》「因多逸《禮》三十九」而言耳。夫高堂、后蒼、二戴、慶普不以十七篇爲不全者，非專己而守殘也，彼有所取證，證之所附之記焉耳。《冠義》、《昏義》諸記本以釋經，爲《儀禮》之傳，先儒無異説。觀《昏義》曰：「夫《禮》始於《冠》，本於《昏》，重於《喪》、《祭》，尊於《朝》、《聘》，和於《鄉》、《射》。」故有《冠義》以釋《士冠》，有《昏義》以釋《昏禮》，有《問喪》以釋《士喪》，有《祭義》、《祭統》以釋《特牲》、《少牢》、《有司徹》，有《鄉飲酒義》以釋《鄉飲》，有《射義》以釋《鄉射》、《大射》，有《燕義》以釋《燕》、《食》，有《聘義》以釋《聘禮》，有《朝事》以釋《覲禮》，有《四制》以釋《喪服》，而無一篇之義出乎十七篇之外者。是《冠》、《昏》、《喪》、《祭》、《朝》、《聘》、《鄉》、《射》八者，約十七篇而言之也。更證之《禮運》，《禮運》凡兩舉八者以語子游，皆孔子之言也。特「射鄉」訛爲「射御」耳。一則曰「達於喪、祭、射、鄉、冠、昏、朝、聘」，再則曰「其行之以貨力、辭讓、飲食，冠、昏、喪、祭、射、鄉、朝、聘」。貨力、辭讓、飲食六者，禮之緯也，非貨財、强力不能舉其事，非文辭、揖讓不能達其情，非酒醴、牢羞不能隆其養。冠、昏、喪、祭、射、鄉、朝、聘八者，禮之經也，冠以明成人，昏以合男女，喪以仁父子，祭以嚴鬼神，鄉飲以洽鄉里，燕、射以成賓主，聘、食以睦邦交，朝覲以辨上下，天下之人盡於此矣，天下之事亦盡於此矣。而其證之尤爲明確而可指者，適合於《大戴》十七篇之次序。按《大戴》《士冠禮》一，《昏禮》二，《士相見禮》三，《士喪禮》四，《既夕》五，《士虞禮》六，《特牲饋食禮》七，《少牢饋食禮》八，《有司徹》九，《鄉飲酒禮》十，《鄉射禮》十一，《燕禮》十二，《大射儀》十三，《聘禮》十四，《公食大夫禮》十五，《覲禮》十六，《喪服》十七，是一、二、三篇《冠》、《昏》也，四、五、六、七、八、九篇《喪》、《祭》也，十、十一、十二、十三篇《射》、《鄉》也，十四、十五、十六篇《朝》、《聘》也，而《喪服》之通乎上下者附焉。《小戴》次序最爲雜亂，《冠》、《昏》、《相見》而後，繼以《鄉射》四篇，忽繼以《士虞》及《喪服》，又繼以《特牲》、《少牢》、《有司》，復繼以《士喪》、《既夕》，而後以《聘禮》、《公食》、《覲禮》終焉。今鄭、賈注疏所用劉向《别録》次序，則以《喪》、《祭》六篇居末，而《喪服》一篇移在《士喪》之前，似依吉凶人神爲次。蓋向見《記》云「吉凶異道，不得相干」，《荀子》云「吉事尚尊，喪事尚親」，遂以《冠》、《昏》、《射》、《鄉》、《朝》、《聘》十篇爲吉禮居先，而《喪》、《祭》七篇爲凶禮居後焉。較《小戴》稍有條理，而要不若《大戴》之次合乎《禮運》。疑自高堂生、后蒼以來，而聖門相傳篇序固已如此也。夫「經禮三百，曲禮三千」，《儀禮》，所謂經禮也，周公所制，本有三百之多。至孔子時，即禮文廢闕，必不止此十七篇，亦必不止如《漢志》所云五十六篇而已也。而孔子所爲定禮樂者，獨取此十七篇以爲教，配六藝而垂萬世，則正以《冠》、《昏》、《喪》、《祭》、《射》、《鄉》、《朝》、《聘》八者爲天下之達禮耳。故曰：「子所雅言，《詩》、《書》、執禮。」執之云者，言凡人所當執守也。安溪先生有四際八編之目：「曰四際八編者何？《冠》、《昏》也，《喪》、《祭》也，《鄉》、《射》也，《朝》、《聘》也。《易》曰：『有天地萬物，而後有男女夫婦；有男女夫婦，而後有父子；有父子，然後有上下君臣，而禮義有所錯也。』三代之學，皆所以明人倫也。有《冠》、《昏》而夫婦别矣，有《喪》、《祭》而父子親矣，有《鄉》、《射》而長幼序矣，有《朝》、《聘》而君臣嚴矣。夫婦别而後父子親，父子親而後長幼序，長幼序而後君臣嚴。由閨門而鄉黨，由鄉黨而邦國、朝廷，蓋不可以一日廢也。是故先王之制禮也，綱維五典，根極五性，通四時，合五行，本於陰陽，而順乎天命。有《冠》、《昏》而夫婦别，夫婦别然後智可求也；有《喪》、《祭》而父子親，父子親而後仁可守也；有《鄉》、《射》而長幼序，長幼序而後禮可行也；有《朝》、《聘》而君臣嚴，君臣嚴而後義可正也。先王之禮，哀樂之情無不中，慘舒之節無不得，故紀綱人道之始終，而天地和平，四靈畢至。學者，學此者也。灑掃應對而非粗也，盡性至命而非遠也。小學以始之，大學以終之，皆以明人倫也。」安溪之説，略本《小戴》之《經解》、《大戴》之《盛德》，而其編未成，引而未發，待後人疏通證明焉。懿辰初不習乎《禮經》，偶因讀《禮運》識御、鄉一字之誤，因據孔子之言，證以《經解》、《盛德》及十七篇《大戴》之次，有會於四際八編之説，竊自幸爲天牖其衷，是乃二千年儒先未發之覆也。昔朱子晚年志修《禮書》，爲《儀禮經傳通解》，略仿劉《録》、鄭注十七篇之次，取《戴記》各篇以附之，自分《家禮》、《鄉禮》、《學禮》、《邦國禮》、《王朝禮》五類，而《喪》《祭》二者以屬門人別編，附於末焉。然割裂經傳，創立子目，不能盡饜學者之心，而垂爲定論。莊子云「語道必於其序」，則其序之未能愜當，爲不合聖人定禮之本意也。今以《大戴》之次、安溪之説，合之《禮運》仲尼所撮舉之言，《昏義》孔門所特標之目，推於五性、五倫，無不合者，則《冠》、《昏》、《喪》、《祭》，家禮也；《射》、《鄉》，鄉禮也；《朝》、《聘》，邦國、王朝之禮也。而《士相見》則學禮亦寓焉。於朱子之例，亦無不合。自一身一家推而一鄉一國，以達於天下，小大、微著、近遠、卑高之序固當如此，而《冠》、《昏》、《喪》、《祭》則文中子所謂四禮也，併《鄉》、《相見》，則《王制》所謂六禮也，又合諸《鄉射》、《朝》、《聘》、《燕》、《食》，則《大戴·本命》篇所謂九禮也。《冠》、《昏》舉士而言，男子二十而冠，三十有室，固未爲大夫也。公冠及天子、諸侯昏禮非天下之達禮，故可不詳。《士喪》欲其總總之意與易寧戚焉。而《祭》則士大夫有田禄者所爲，禮不下庶人，士亦有無田不祭者。天子諸侯之内祭、外祭極繁，非可以下達也。《鄉》、《射》二禮則當世通行。《論語》載鄉人飲酒，《射義》載「孔子射於矍相之圃」，而《史記》言「孔子没後，諸儒習《鄉飲》、《大射禮》於孔子冢上」，漢代亦通行焉。《朝》、《聘》二者行之邦國、王朝，而士大夫爲擯、爲介，與有事焉，亦夫人所當知，而君臣之義所以達於天下也。至於諸侯相朝及宗、遇、會、同，文繁不一，亦視此以爲等殺耳。故君子所性仁義禮智根於心，由五常、五典發而爲五品、五教，固禮之根源至極也。而始於《冠》，本於《昏》，則男女有别而智端焉；由是重乎《喪》、《祭》，則父子有親而仁篤焉；和於《鄉》、《射》，則長幼有序而禮達焉；尊於《朝》、《聘》，則君臣有義而義行焉。又以智、仁、禮、義爲次者，《論語》屢言智仁，智仁合則天地成，貞下起元，故《冠》、《昏》皆爲成人之始，所以著代嗣親，萬物之所成終而成始也。然則《冠》、《昏》居北方而主冬，《喪》、《祭》居東方而主春，《鄉》、《射》居南方而主夏，《朝》、《聘》居西方而主秋，而今鄭注十七篇之目則似以《冠》、《昏》生育而爲春，《鄉》、《射》嘉會而爲夏，《朝》、《聘》肅斂而爲秋，《喪》、《祭》閉洫而爲冬，四時五行之序别有義，亦可通焉。而《冠》、《昏》、《喪》、《祭》四者析而言之，又未嘗不可分配四序也。《禮運》既以《冠》、《昏》、《喪》、《祭》、《射》、《鄉》、《朝》、《聘》爲禮之八經，又以父慈、子孝、兄良、弟悌、夫義、婦聽、長惠、幼順、君仁、臣忠爲人之十義，而不言其禮義之相屬也。《經解》、《盛德》則皆以《昏》統《冠》，以《鄉》統《射》，以昏姻之禮屬夫婦，以《喪》、《祭》之禮屬父子，以《鄉飲酒》之禮屬長幼，以《聘》、《覲》之禮屬君臣，而後義爲禮之本，禮爲義之實，其説大明。辟於其義，在擴而充之；禮以義起，在講而協之。君子義以爲質，禮以行之，於是天敍之典、天秩之禮合而爲一。四際八類，五倫十義，各相膠附而不可離，獨遺朋友之交者，《士相見》爲在下之朋友，《食》、《燕》爲在上之朋友。土非土不高，水非水不流，馬非馬不走，人非人不濟，禮尚往來，禮無不答，十七篇無不具賓主者，禮之於賓主有性焉，無賓主是無禮也。君子之所不可及，其惟人之所不見，而本在慎獨者，所以密其内心；君子之所爲無不可與天下人共見，而事在樂羣者，所以飭其外行。存誠主敬，積而成德行；威儀揖讓，化而成風俗。禮非一人行之，而必有相與行之者，所以朋友之交横貫乎達道之中，而師無當於五服，五服弗得不親也。《大傳》曰：「立權度量，攷文章，改正朔，易服色，殊徽號，異器械，别衣服，此其所得與民變革者也。其不可得變革者，則有矣，親親也，尊尊也，長長也，男女有别，此其不可得與民變革者也。」所謂可得變革者，《周官》是也。不可得變革者，《禮經》是也。《冠》、《昏》所以别男女也，《喪》、《祭》所以親親也，《射》、《鄉》所以長長也，《朝》、《聘》所以尊尊也，而《喪服》一篇兼親親、尊尊、長長、男女有别，賅上治、下治、旁治，并及族黨、異姓之親，而人治之大無不舉矣。故曰《禮經》「紀人倫而長於行」。十六篇以紀人倫也，《喪服》以經人倫也。要自一人之身修身齊家治國平天下，所謂禮之序者，必四際八類分播順摭，而後合焉。然徒觀十七篇，四際八類之間猶未能周密而詳盡也，必以分記、總記、分義、通義，如大、小《戴記》各篇埤附於其中，彌縫於其隙，而後義類浹洽，理道章明，本末精粗無乎不備。疑二戴本引記以解經也，後儒每患十七篇闕略而不全，二戴八十五篇雜亂而無序，誠取鄙説揆之，則本經十七篇固未嘗不完，而八十五篇各有所可附，亦不至淩雜而失統矣。

論孔子定禮樂

孔子贊《易》，修《春秋》，删《詩》、《書》，夫人而知之也，獨定禮樂，則茫然不得其確據。昔者先王之教《詩》、《書》、禮、樂四者而已，所謂教世子及教士分春秋冬夏四時者也。《詩》、《書》專乎誦習，禮樂兼乎服習，《詩》、《書》，文字之爲也；禮樂，器數之爲也，然《詩》、《書》積久而繁猥，不能不有待聖人之删；禮壞樂崩而淫樂慝禮生焉，不能不有待聖人之定。《易》本卜筮之書，《春秋》一國之史，韓宣子謂皆周禮，孔子晚年爲《十翼》以贊之，加筆削以修之，於是合爲六藝。然六經之道同歸，而禮樂之用爲急。《易》、《春秋》，意之也；《詩》、《書》，口之也；禮、樂，身之也。樂本無經，寓乎《詩》與禮之中，其體在《詩》，其用在禮。名六藝，實止五經，以持萬世而官天地，皆以聖人之心合天地之心，天地閉則經道滅，經不可見則天地幾乎息矣。故心與經互相明者也，經與世互相持者也。經禮三百而取十七篇何也？以爲標準也，亦救文從質之意也。禮本非一時一世而成，積久服習，漸次修整，而後臻於大備，旁皇周浹而曲得其次序，大體固周公爲之也。其愈久而增多，則非盡周公爲之也。夫形名器數久而無不敝者，惟道爲可久。道存乎形器之中，固如鬼神體物無所往而不在，多不爲增，少不爲減，全不溢而偏不遺也。故酌取此十七篇，特舉夫養生、送死、事鬼神之大端，達天道、順人情之大竇，與天下講信修睦，以固人肌膚之會，筋骸之束。四際立，八類具，而聖人之道固行乎形器之中矣。即使形器不存，而道亦存乎文字之中矣。且人之心量無窮，而記誦限於其氣質，約而易操，則著心尤固。是故《春秋》萬七千言，《易》二萬四千餘言，《書》二萬五千餘言，《詩》三萬九千餘言，十七篇之《禮經》五萬六千餘言，合十六萬餘言，勢不可以再多，多則不能常存而不滅也。故禮在當時，道器尚不相離，至於後世，文字在焉耳，然則獨其道存焉耳。有所以爲《冠》、《昏》、《喪》、《祭》、《射》、《鄉》、《朝》、《聘》，而道豈有遺焉者乎？而尚存乎？見少乎？此聖人定十七篇爲《禮經》之意也。若夫《周官》太宰、宗伯之所掌，太史、小史之所執、所讀，小行人之所籍，方策之多，可想而知，雖秉禮之宗國有不能備。司鐸火，子服景伯命出禮書；而哀公使孺子悲學《士喪禮》於孔子，則魯初無《士喪禮》；執羔、執雁尚不能知，則魯無《士相見禮》。孔子周流列國，就老聃、萇弘識大識小之徒而訪求焉者，但得其大者而已，勢不能傳而致之，盡以教及門之士。與其失之繁多而終歸於廢墜，不如擇其簡要而可垂諸永久也。此《禮經》在孔子時不止十七篇，亦不止五十六篇，而定爲十七篇，舉要推類而盡其餘者，非至當不易之理歟！

論樂本無經

樂本無經也，「《詩》言志，歌永言，聲依永，律和聲」，故曰：《詩》爲樂心，聲爲樂體。夫聲之鏗鏘鼓舞不可以言傳也，可以言傳則如制氏等之琴調、曲譜而已，石林葉氏以來言之悉矣。樂之原在《詩》三百篇之中，樂之用在《禮》十七篇之中，故曰「興於《詩》，立於《禮》，成於樂」。「子所雅言：《詩》、《書》、執禮」，不言樂也。夫大夫而聲樂皆具，非禮也。晉魏絳受賜，始備金石。宮縣、軒縣、判縣、特縣，各有等殺，而學者之學樂及舞必於其官。大樂正、小樂正、大胥、小胥、大師、籥師及丞分而教之，所謂「樂正司業」也。「父師司成」則論説其義理，而非樂工之所知也。君子安弦操縵，私家具琴瑟而已。習禮與樂必在鄉飲、射時焉，故曰「衰麻哭泣，所以節喪紀也；鐘鼓干戚，所以和安樂也；昏姻冠笄，所以别男女也；射鄉食饗，所以正交接也」。言冠、昏及喪皆不用樂。祭春無樂，獨射鄉食饗以正交接之時，乃用鐘鼓干戚以和安樂也。工歌《鹿鳴》之三，以賓興賢能之士，所謂「《宵雅》肄三，官其始也」。合鄉樂《周南》、《召南》，則所謂「《關雎》之亂，洋洋盈耳」。鄉樂、邦國樂當時通習，而《雅》、《頌》之用於朝廷宗廟者稀曠不習，故或至失所，而孔子反魯而正之，則《文王》之三、《清廟》之三等亦各識職而不相瀆亂矣。故欲知樂之大原，觀三百篇而可；欲知樂之大用，觀十七篇而可，而初非别有《樂經》也。竇公所爲獻其書，乃《周官·大司樂》章者，固不得與《禮經》比並，而漢代陽成子長之所爲，則更掇拾形器之粗迹，而不足以爲經矣。先儒惜《樂經》之亡，不知四術有樂，六經無樂，樂亡非經亡也。周秦間，六經、六藝之云，特自四術加以《易》、《春秋》而名之耳。又往往慨古樂之亡，而歎治道之不古。若夫禮樂百年而後興，禮俗刑然後樂，樂由治而興，非治由樂而得也。禮制亦然，其本在道而已矣。特三代盛時，人人服習之，禮樂助流教化，至神且速，乃文久而滅，節奏久而絶，僅存千百之一二於經典文字之中。然苟有開天明道之聖人出焉，則亦能制禮作樂，得其精義，而形器之粗迹自有以暗合於古人，不必相沿習也。故曰「五帝殊時，不相沿樂；三王異世，不相襲禮」，此又聖人定禮樂之微意也。

論孔子定禮十七篇亦本周公之意

《周官·大宗伯》舉吉、凶、賓、軍、嘉五禮，其目三十有六，後人以爲此《周禮》之全也，而不然也。大抵據王朝所施於邦國者，而諸侯、卿大夫、士之所守不及悉具其等差，亦揭其大綱而已，而敷五典、擾兆民，則詳於司徒、鄉、州、黨、族、閭、比之官，故《黨正職》云「凡其黨之祭祀、喪祭、昏冠、飲酒，教其禮事」，《州長職》云「春秋以禮會民而射於州序」，鄉大夫復以鄉射之禮五物詢衆庶，使民興賢興能而以禮禮賓之，故曰「以五禮防萬民之僞而教之中，以六樂防萬民之情而教之和」。而《春官》亦曰「以天產作陰德，以中禮防之；以地產作陽德，以和樂防之」。禮始諸飲食，又始於謹夫婦，順陰陽而防情僞，祭祀、喪紀、昏冠、飲食所以養生送死而事鬼神，親成男女、宗族、兄弟、故舊、朋友、賓客，乃天下之達禮也。惟朝聘以明君臣之義，其禮別屬於《秋官》，則「辨上下，定民志」，天澤所以履也，故曰「非禮無以辨君臣上下長幼之位也，無以別男女父子兄弟之親也」。蓋五禮之目三十有六，分其等差細目，而以九儀倍之，宜有三百之多。然而布列百司，具藏故府，若後世所謂禮書者，皆王朝邦國之禮，而民間所用無多，或不盡用，而官司之所掌，民有白首老死而不知不見者，非可概舉以教人也。天子諸侯之禮事雖重而所行者狹，大夫士庶之禮制雖殺而所行者廣，故保氏以教國子、鄉官以教萬民者，雖曰五禮，以視宗伯所掌必有詳略繁簡之分，亦猶德行道藝，《地官》、《春官》之所載不盡符同，意相通而類各別也。「古者入小學，履小節焉，習小藝焉；入大學，履大節焉，習大藝焉。」小節者，曲禮三千之要略。大節者，《經禮》三百之要略也。而豈能盡舉官司所弆之禮書，俾學士肆習而鄉民遵守哉？然則孔子所定十七篇，雖斷自聖心，傳爲世則，而大意疑亦本之鄉官以教萬民、保氏以教國子者，舉要以例其餘，損文而存其質，亦周公之志也。而或疑五禮之不備，或恨三百之不完，則不達於事勢情實之言也。

論十七篇中射禮即軍禮

崔靈恩《三禮義宗》曰：「《儀禮》者，周公所制。吉禮惟得臣禮三篇。凶禮四篇，《喪服》上自天子下至庶人，餘三篇皆臣禮。賓禮惟存三篇，軍禮亡失，嘉禮得七篇。」按孔子定十七篇，以吉、凶、賓、嘉當世通行之事，軍禮非所宜習，抑所謂「俎豆之事嘗聞，軍旅之事未學」者也。然《鄉射》、《大射》亦寓軍禮之意。男子有事四方，桑弧蓬矢，初生而有志焉。《易》曰：「弦木爲弧，剡木爲矢，弧矢之利，以威天下。」五兵莫長於弓矢也，故射、御列於六藝，而言《聘》、《射》之義者，以爲「勇敢强有力，天下無事則用之於禮義，天下有事則用之於戰勝」。澤宮選士，各射己鵠，「有文事必有武備也」，而遂以爲軍禮亡失，亦未識聖人定禮之意矣。

論定十七篇有從質救文之意

《易本命》曰：「夫易之生人，禽獸、萬物、昆蟲各有以生。」盧注：「謂易有太極，是生兩儀。禮本太一，轉爲陰陽。」《禮》、《易》之號雖殊，而會歸則一。此其本於性與天道，所由來尚矣。荀子以爲化性起僞者，非也。鄭樵謂：「人生而不能無室家之情，則冠、昏之禮萌其中；不能無交際之情，則鄉、射之禮萌其中；不能無追慕之情，則喪、祭之禮萌其中。情至而文生焉，後起者文繁，不若古始之情真也。」雖然，鄭氏亦一偏之論。《中庸》言：「仁者，人也，親親爲大；義者，宜也，尊賢爲大。親親之殺、尊賢之等，禮所生也。」而《曲禮》又曰：「道德仁義，非禮不成。」《禮器》又曰：「君子欲觀仁義之道，禮其本也。」蓋原乎禮所自起，禮非仁義不生；而據乎禮所由隆，則仁義非禮不成。由中以應乎外，制外以養其中，互相爲本焉。此有子所謂「禮之用，和爲貴，小大由之」者。禮生於仁義而有所不行，「知和而和，不以禮節之，亦不可行」者，仁義成於禮也。故孔子於十七篇悉載其元文，以示「吾從周」之意，而於三百篇斷取其切要，以示「從先進」之心。夫禮之來自太古者，未有文而先有質，不能不由質趨文，「柔來而文剛」也。而其習於後世者，質愈寡而文愈多，不能不由文返質，「分剛上而文柔」也。孔子筮《易》得《賁》，喟然而歎曰：「賁非正色也。白當正白，黑當正黑，質有餘者不受飾。」其意深而慮遠矣。或謂：郊社禘嘗、山川五祀以及兩君相見、大饗王事之類，屢與及門言之，安見非先固有之而後闕哉？然觀《大射儀》六千餘言，《少牢》、《有司》合七千餘言，則郊禘大饗之文多可知矣，而又非天下之達禮也。使天下後世徒知王禮之爲重，而忽於人生日用之常，又豈文王、周公之意哉？故省略其文於正經之内，而稍著其義於附記之中，亦猶舉祭先而祭神不著，舉通喪而旁喪不著，必事事而爲之備，則聖人之於人亦勞矣，而人之受教於聖人亦瀆矣。故曰：「舉一隅，不以三隅反，則不復也。」又曰：「道不簡則不行，不行則不樂。」且夫言義理則簡矣，言儀制則繁矣。簡而文，其行世也易；繁而質，其傳遠也難。此五萬餘言之經，益以十數萬言之記，而猶患其不習不明。今更增多，當益以幾何篇籍，不轉使後之人懷其文而迷其質哉？況所謂「禮以節人」者，四際八類，有本有文，如是而文質兩得其中，不失爲彬彬焉，郁郁焉，足以釋回增美，措正施行，而何必存乎見少歟？

論高堂生傳十七篇

鄭康成曰：「傳《禮》者十三家，惟高堂生及五傳弟子戴德、戴聖名世。」熊氏曰：「五傳弟子者，高堂生、蕭奮、孟卿、后蒼及戴德、戴聖爲五。」此所傳皆《儀禮》也。按：十三家當謂高堂生、蕭奮、孟卿、后蒼、閭丘卿、聞人通漢、戴德、戴聖、慶普、夏侯敬、徐良、橋仁、楊榮也。孟卿以《禮經》多，《春秋》繁雜，更使子喜受《易》，謂《禮》五萬餘言，而《易》止二萬餘言歟。高堂生，《後漢書》注「名隆」，與魏代高堂隆姓名皆同，恐有舛誤。《史記》注引謝承《書》，謂「秦世魯人高堂伯」，似其字爲伯也。高堂生生於秦世，當始皇焚滅儒書，而五萬餘言之古經賴以流傳，厥功偉矣。《史記正義》引阮孝緒《七録》謂「博士侍其生得十七篇」，侍其生不知何人，必在高堂生後，無他書可證也。聖門傳經之次，惟《易》自商瞿至漢田何，著在《史記》。餘若《毛詩》自子夏至毛公，貫長卿，《左氏春秋》自左丘明至張蒼、賈誼，《公羊》至胡母子都、董仲舒，《穀梁》至申公、江公，傳次皆明，而獨伏生之《書》、高堂生之《禮》不可知其上推何自，令有自孔門傳授之次，則十七篇之爲完書可藉證明。然五傳弟子皆不言其有闕，即康成作注及《六藝論》亦似以爲全經而不言有闕，則後人可無不全不備之憾矣。又他經多脱誤，《禮經》文句雅奥，在漢世最爲完全無誤，豈因飲、射之類世所通行，尚可循其儀節，以按其文義，而轉得無他錯繆歟？康成謂：「今《禮》行於世者，二戴之學也。」

蓋前漢立二戴、慶氏三家，而後漢博士無慶氏，獨董鈞及曹充、曹襃父子傳之，而襃傳《禮記》四十九篇，豈慶氏附記亦同小戴歟？晉賀循爲慶普後人，尤精禮傳，則慶氏之學至晉而未亡。《漢書》言后蒼最明，三家皆出后蒼，所著《曲臺記》九篇，因孝宣行大射於曲臺，而蒼爲之辭凡數萬言，今世無傳，而鄭樵等以《戴記》即《曲臺記》，誤也。大戴所著有《喪服變除》，小戴有《石渠論》四卷、《羣儒疑義》十二卷，見《通典》諸書所引，則二戴於《禮》並有發明，而後漢諸儒多爲小戴《記》作訓，或以爲德從兄子，或以爲其弟。《何武傳》言：「九江太守戴聖行治多不法，前刺史及武優容之。聖子賓客爲羣盜，武平心決之，得不坐。」所言不法無顯證，而爲羣盜者，其子之賓客也。鄭樵復詆以「身爲贓吏，子爲賊徒」，贓之一字近於誣妄。而明代遂據以罷其從祀，亦過矣。

論逸禮三十九篇不足信

劉歆曰：「魯共王得古文於壞壁之中，逸《禮》有三十九，《書》十六篇。天漢之後，孔安國獻之。」此劉歆之姦言也。《書》十六篇，余既博考而明辨之矣，《禮》三十九合十七篇爲五十六，班固述之《藝文志》曰「《禮》古經五十六卷」，桓譚述之《新論》曰「古秩《禮記》有五十六卷」。《藝文志》本歆之《七略》曰：「雖不能備，猶瘉后蒼等推《士禮》而致於天子之說。」又以爲漢興，高堂生傳《士禮》十七篇，其誤始於太史公。《史記·儒林傳》曰：「諸學者多言《禮》，而魯高堂生最本，禮固自孔子時，而其經不具。及至秦焚書，書散亡益多，於今獨有《士禮》，高堂生能言之。」太史公疏略，見其首篇爲《士禮》，概而言之，其實十七篇中未嘗無大夫以上之禮，而高堂生至后蒼未必自以爲所傳皆士禮也。惟後漢稱前書魯高堂生傳《禮》十七篇，不言《士禮》，獨爲不誤。歆頌言《毛詩》、《左傳》、逸《禮》、古文《書》之當立，至結黨求助，連名移書讓太常博士，末言無陷於文吏之議，以相刦制，而逸《禮》及《書》皆其作僞，宜名儒龔勝、師丹發奮而固拒也。平帝時，依藉莽勢，竟得立此四經，而光武悉廢之。歆之爲人宜君子所不道，而後世猶述其遺言，因其父而恕之，因其推明古學而護之也。然《毛詩》、《左傳》當歆世固已流行，特以佐其逸《書》、逸《禮》之爲僞，而自來無覺其詐而發其覆者。朱子曰：「古《禮》五十六篇，班固時其書尚在，鄭康成亦及見之，《注疏》中多援引。不知何時失之，甚可惜也！」王伯厚曰：「逸《禮》三十九，其篇名頗見於他書。若《天子巡狩禮》見《周官·内宰》注，《朝貢禮》見《聘禮》注，《烝嘗禮》見《射人》疏，《中霤禮》見《月令》注及《詩·泉水》疏，《王居明堂禮》見《月令》、《禮器》注，古《大明堂禮》見蔡邕論。又《奔喪》疏引逸《禮》，《王制》疏引逸《禮》，云「皆升合於太祖」。《文選注》引逸《禮》云「三皇禪云云，五帝禪亭亭」。《論衡》：「宣帝時，河内女子壞老屋，又得佚《禮》一篇，合五十七，斷珪碎璧，皆可寶也。」草廬吴氏曰：「三十九篇唐初猶存，諸儒曾不以爲意，遂至於亡，惜哉！」按先儒三千三百之語，惜古《禮》散亡，而因惜三十九篇逸《禮》之亡。因三十九篇之亡，遂視十七篇爲殘闕不完之書，而失聖人定禮之本意。宋明以來，直廢此經，不以設科取士，則皆劉歆之姦且妄有以淆其耳目而塞其聰明也。夫即後人所引《禘於太廟禮》、《王居明堂禮》、《烝嘗禮》、《中霤禮》、《天子巡狩禮》、《朝貢禮》及吴氏所輯《奔喪》、《投壺》、《遷廟》、《釁廟》、《公冠》之類厠於十七篇之間，不相比附而連合也。何也？皆非當世通行之禮，常與變不相入，偏與正不相襲也。况其逸文之存，如《太平御覽》引《巡狩禮》文辭不古，及「三皇禪云云，五帝禪亭亭」，既誕而不足信矣。而《月令》注及《皇覽》引《王居明堂禮》數條皆在《尚書大傳》第三卷《洪範五行傳》之中，吴氏不知其有全文，而僅引《禮注》合爲一篇，然觀其文意，實與伏生《五行傳》前後相協，必非古《王居明堂禮》，而伏生全引入於《大傳》也，則爲劉歆剽取《大傳》以爲《王居明堂禮》明矣。即此一端而其他可知，亦猶十六篇逸《書》即僞《武成》之剽《世俘解》，見其他皆作僞也。作僞徒勞，仍發露於千載以後，賴有此二書作證耳。然或以此五十六篇爲即河間獻王嘗輯禮樂古事多至五百餘篇，則意其真僞雜糅，或有得自淹中，而歆剽取以爲三十九篇者。要之，河間獻王所得《禮》及《禮記》止有五百餘篇及二百餘篇之説，並無五十六篇之説也。歆又謂：「傳問民間魯國桓公、趙國貫公、膠東庸生之遺學，與此同，抑而未施。」外内相應。庸生者謂古文《尚書》也，貫公者謂《毛詩》、《左氏春秋》也，桓公即孝文時善爲禮容徐公之弟子，謂其學即逸《禮》也。夫桓生與公户滿意、單次並爲徐氏弟子，在景、武之間，距歆世遠矣，而所善爲容，未必能爲經；即能爲經，未必知有逸經也。此亦歆之誣説也。故三十九篇，即《王居明堂禮》一篇斷知其僞，餘或有河間獻王之得自淹中者，真僞殆莫可定。就令非僞，亦孔子定十七篇時删棄之餘。康成不爲之注，與十六篇僞古文《書》同，大抵秃屑叢殘，無關理要。經者，聖人之心，即天地之心，豈有曾經聖手昭示萬古，而已出復失，卒歸湮没之理乎？故知三十九篇逸《禮》之亡不足惜，而後知十七篇非徒士禮，實聖人手定之經，益可貴而不可忽矣。

論禮運御字爲鄉字之誤

《禮運》「達之喪、祭、射、御、冠、昏、朝、聘」，又「冠、昏、喪、祭、射、御、朝、聘」，二「御」字皆「鄉」字形近而訛。《家語》「達之喪、祭、鄉、射、冠、昏、朝、聘」，正作「鄉」字。疏家以五射、五御解之，是六藝之二耳，豈與冠、昏、喪、祭、朝、聘爲類乎？《樂記》曰：「射、鄉、食、饗，所以正交接也。」《仲尼燕居》曰：「射、鄉之禮，所以仁鄉黨也。」此「射」、「鄉」二字連文之證也。而《昏義》曰「和於鄉、射」，《鄉飲酒義》曰「合諸鄉、射」，孔子曰「吾觀於鄉」，《儀禮》之記曰「鄉朝服，謀賓介」及《王制》以鄉爲六禮之一，皆指鄉飲酒而言也。知此一字之誤，而後通於《昏義》、《經解》、《盛德》、《本命》諸篇，四際八類之義特爲顯著。又《經解》「倍死忘生」，「生」字據《漢書》乃「先」字之誤，「背死」屬喪，「忘先」屬祭，先儒亦無言及而改正。知古書不少錯繆，即一字之失，而大義或因而蔽晦，所係殊非淺鮮也。

論禮運首段有錯簡

《禮運》一篇先儒每歎其言之精而不甚表章者，以不知首章有錯簡，而疑其發端近乎老氏之意也。今以「禹、湯、文、武、成王、周公，由此其選也。此六君子者，未有不謹於禮者也」二十六字移置，不必爲己」之下，❶「是故謀閉而不興」之上，則文順而意亦無病矣。就本篇有六證焉。先儒泥一「與」字，以「大道之行」屬大同，「三代之英」屬小康，不知「大道之行」概指其治功之盛，「三代之英」切指其治世之人，「與」字止一意無兩意，而下句「有志未逮」正謂徒想望焉而莫能躬逢其盛也。否則「有志未逮」當作何解？證一也。「今大道既隱」，以周爲今猶可，以夏、商爲今可乎？既曰「未逮」，又曰「今」，自相矛盾。證二也。「禮爲忠信之薄」，則子游宜舉大道爲問，而曰「如此乎禮之急也」，不承大同而偏重小康，則文義不屬。證三也。「講信修睦」後文三見，皆指聖人先王，而非遠古，果有重五帝、薄三王之意，後文何無一言相應乎？證四也。「五帝官天下，三王家天下」，本戰國時道家之説，而漢人重黄老者述之，實則五帝不皆與賢，堯、舜以前皆與子也。「天下爲公」，即後文所謂「以天下爲一家，中國爲一人」者。「不獨親其親、子其子」，謂「老吾老，以及人之老；幼吾幼，以及人之幼」。「老有所終」以下六句，皆人情之所欲，即「人情以爲田」，而大同即大順也。「天下爲家」，則指東遷以後，政教號令不行於天下，國異政而家殊俗，並無與子、與賢之意。「選賢與能」對「世及」而言，「世及」者若《春秋》譏世卿，雖有聖人，無自進身，異於周初建官惟賢，位事惟能耳。證五也。「我欲觀夏道」、「我欲觀殷道」、「我觀周道」，三「道」字正承大道而言，果大道既隱，又何觀焉？後文大柄、大端、大實即大道也。證六也。他篇又得二證。《仲尼燕居》云：「昔聖帝明王諸侯辨貴賤、長幼、遠近、

❶ 「二」，原作「三」，今據《清經解續編》本《禮經通論》改。

男女、外内莫敢相踰越，皆由此塗出也。」聖帝明王即此章六君子，由此塗出也。諸侯即此章禮義爲紀之大人，隱指桓、文霸主而言，亦由此塗出也。後儒每據孟、荀、董子羞稱五霸之言，見《祭義》、《表記》、《經解》、《王言》等篇中兼言王霸，輒謂非孔子之言，然孔子稱齊桓霸諸侯，一匡天下，到今受賜。霸者，伯也。伯者，長也。文王嘗爲西伯，周、召嘗爲二伯，令孔子輔魯行道，必不代周而王，亦不過如桓、文爲方伯，特異乎五霸之假仁假義耳，故以王、霸並言，輕重之意已見。必以絶口不道爲羞稱，孔子何以仁管仲？《下泉》何以思方伯乎？謂大道既隱，王命不行，猶賴有士大人能持禮義以爲紀，❶如葵丘五命，首誅不孝，責楚包茅，定王世子，殺魯哀姜，未嘗不正倫理，飭制度，然特以賢勇智以功爲己而已。故謀不能不用，兵不能不起，然其尊周、帖荆，封邢、復衛，未嘗不以著其義、考其信、型其仁、講其讓。諸侯之有過者擯而弗與盟會，尤無禮者執之滅之，討而殺之，俾在勢者失其勢，而衆人以殃其身，是故周室倚其扶弱以共守，小國恃夫盟主以自安，雖禮樂征伐自諸侯出，尚不失爲小康，與後文歎魯之意無相悖焉，爲其非全美而有不足，詞多轉折抑揚耳。《仲尼燕居》與《禮運》同出子游所記，故其文意相合如此。否則，「聖帝明王」之下綴以「諸侯」當作何解？又《大戴·五帝德》篇孔子答宰我之問黄帝曰：「禹、湯、文、武、成王、周公可勝觀耶？夫黄帝尚矣，汝何以爲？」觀此則夫子方且抑宰我之問，使求諸六君子，必不重五帝而薄三王，此又他書之可證也。二十六字錯簡

❶「人」，依文義疑當作「夫」。

移歸上節，於上下協韻，亦無不合。至其通篇論禮，極天蟠地，乃《禮經》十七篇之總括，如《易》之有《繫辭傳》，而「冠昏喪祭射鄉朝聘」八字賅貫全經，實爲聖人手定之確證。然必先明首章之有錯簡，知《禮運》爲一無瑕類之書，而後《大戴禮》經之次可得而據，而後四際八類之説可得而持也。經義明晦有時，或者《禮運》之翳消蔀徹，而十七篇之經及八十餘篇之記益將大白於天下後世歟？

論聖門子游傳禮

聖門子夏傳《詩》，子游傳《禮》，此學者之恒言也。公西華亦長於禮樂，然束帶立朝，願爲小相，特習於容儀而已矣。猶漢徐生善爲容，傳其業者爲禮官大夫、郡國官，與高堂氏之傳經不同也。而子游特受《禮運》精微之説，其徒又爲《檀弓》上下等篇，記行禮節目甚詳。《禮運》自稱「言偃」，則全篇皆子游所記孔子之言也。《禮器》、《郊特牲》本一篇，書以文多分之，摘篇首三字爲名。或以《郊特牲》專論祭者，非也。《注疏》已謂與上篇聯屬矣。皆子游門人所記，以釋《禮運》之意，何以知之？以引「不同」、「不豐」、「不殺」之語而知之。所稱「君子曰」即子游之言。觀子游曰「君子何歎」，稱其師爲君子，其例可見，又以别於孔子之言也。《禮器》名篇固摘篇首二字，亦本前篇禮義以爲器而釋之也。「禮時爲大」，時即運也，稱者，不同、不豐、不殺也。陰陽運命及倫常大體，上篇詳之。惟義之宜稱，未嘗晰指，故舉其凡而備陳之，要歸於「忠信，禮之本」，所以上達天道；「義理，禮之文」，所以下順人情。大同者，治之成也。不同者，禮之别也。荀子曰：「君子既得其養，又好其别。」禮以别異爲義，不豐所以貴本，不殺所以親用。外心萬殊而一本，内心一本而萬殊，歸於慎獨而已。故居人曰養，禮之仁也；各有宜稱，禮之義也；察物之致，禮之智也；致敬則誠，禮之信也。禮者，七情之檢制，十義之模範，五性之歸宿，而六藝之經緯蹊徑，萬事萬物之規矩、權衡、繩墨也。優優大哉！三千三百，待其人而後行，行之者禹、湯、文、武、成王、周公、孔子也。學之者，亦必如子路之忠信而後可。「孰謂由也而不知禮」，夫子之言。「忠信之人，可以學禮」，則子游之言也。《仲尼燕居》疑亦子游之所記，又疑《曲禮》、《玉藻》並子游之徒傳之也。《玉藻》與《曲禮》下篇文相承接，引孔子之言一，子游之言一，故知子游門人就古《曲禮》而附記之，猶《内則》全篇本古《禮經》。内「養老」章記曾子之言一段，乃曾氏門人所附益，其初必有標誌，如後世書籍之或爲細志，或低一字以相識别，而後乃混焉耳。孔子語公西華曰「禮儀三百，可勉能也。威儀三千，則難也」，孔子之意以善爲禮者不相，暫習禮文於廟堂之上，尚不爲難耳。若夫日用彝常動容周旋之細，與夫獨居燕處、作止語默之間，所謂「造次必於是」者，是乃曲禮三千之所散布曲寓，發而中節，是爲難也。惟子游不獨上通《禮運》大旨，深契禮義之精微，又旁及《曲禮》、《玉藻》之類，徧窺禮文之奥博，故孔子語之曰：「欲能則學，欲知則問，欲善則訊，欲給則豫，其於禮也，可謂博而能精矣。」先儒見《中庸》、《大學》，曾氏聖學之傳出於《禮記》，而《曾子問》考禮綦詳，遂疑《檀弓》所記曾子失而子游得之者，爲言氏之徒自譽其師，妄爲抑揚，而不足信。夫曾子質本朴魯，不學其貌，正與公西華相反，安知不推服子游之精博，而每就考訂乎？《曾子問》篇中子游之徒有庶子祭者數語，亦曾氏門人附記而稱之也。大抵二《戴記》中子游門人所爲約有九篇，曾子自著十篇外，又有《王言》等篇，子夏《喪服傳》外，有《大傳》、《閒居》等篇，宰我有《五帝德》等篇，子貢有《衛將軍文子》篇，子張有《問入官》篇，而《三朝記》諸與哀公問答不知何人所記，惟子游諸記皆爲《小戴》所取，故曾子、子思聖學之正傳，而子游則禮學之正傳也。子夏兼通五經，而子游則禮學之專門也。荀卿書以禮法爲宗，大小戴多所采取，而其言曰「仲尼、子游爲茲厚於後世」，以子游與仲尼並稱，疑其隆禮之學自子游而來也。然其後文又並舉仲尼、子弓，子弓不知誰氏，或謂傳《易》之馯臂子弓，則本作「子弘」，《漢書》在「橋庇子庸」之後，或謂冉雍字仲弓，則仲弓之學他無表見，意者檀弓魯人，善於爲禮，或即子游之門人，檀其氏而子弓其字歟？是不可得而考，而自荀卿、賈誼、高堂、二戴以來，子游之所傳亦遠矣。

論大小戴傳禮記

漢儒所得七十子後學者，所記百三十一篇，有古有今，有純有雜，有完有闕。大戴取八十五篇而删其四十六，小戴又於八十五之中取四十七篇而删其三十八，今《大戴》三十九篇，其篇目起三十九止八十一，中間又闕四十三、四十四、四十五、六十一四篇及八十二以後四篇，而《投壺》、《哀公問》與《小戴》略同。去古久遠，篇第數目偶有參差，不足深論。顧《朱子語類》二條互異，一謂《大戴》佳篇皆爲《小戴》采取，存者不逮。一謂《大戴》闕目本自不存，非由《小戴》取之。近人錢曉徵遂謂《大戴》八十五、《小戴》四十九合之適符《漢志》百三十一篇之數，而斥晉陳劭大、小戴互相删取之説爲無稽。戴東原又據《後漢·橋玄傳》七世祖仁著《禮記章句》四十九篇及疏引劉向《别録》《樂記》第十九，斥《隋志》《小戴》本四十六篇，馬融足以《月令》、《明堂位》、《樂記》三篇合四十九之説爲不足據。夫《小戴》本有《樂記》，誠然，然按《通典》實止四十七篇，馬融但益《月令》、《明堂位》二篇。檢《漢志》《明堂陰陽》本出百三十一篇之外，而曹褒傳慶氏記四十九篇，或季長因慶氏而足成之也。至二戴篇數合之誠巧符《漢志》，然豈文整而篇長，義精而理足者盡爲《小戴》所取，而《大戴》在前，反遺其美而録其次，棄其完而收其闕乎？必不然矣。況《大戴》十三卷之流傳至今者，篇目闕遺，固可覆按也。孔顨軒又據他書引《大戴禮》而不在記中者，謂唐本信有增多於今，而亡逸諸篇殆非《小戴》之所取。然所引諸文特蔡氏所爲《辨名記》，湻于髡等所爲《王度記》及用《逸周書·謚法解》以爲《號謚記》，用《爾雅·釋親》以爲《親屬記》，用《尚書大傳》以爲《三正記》，又《周官注》所引《王霸記》，《白虎通》所引《五帝記》、《曾子記》，《論衡》所引《瑞命記》，疑皆《大戴》所删四十六篇中語，而後人引之，亦漫以爲《大戴記》，《詩疏》所謂「文多假託」者也。今《小戴》四十九篇，九萬八千五百四十五字。《大戴》三十九篇，三萬七千八百六十三字，字數少三分之一，又多殘闕錯繆，宋人雖有十四經之目，以學者罕習，日益榛蕪，然其精義所存，視《王度》、《辨名》諸記究相懸絶，得孔氏《補注》而徑塗略闢矣。《小戴》則魏徵、元行沖等已有《類禮》，元吴氏《纂言》號有倫理，然皆不與經文應合，而篇中移改太多，固猶待後人之擬議也。

論漢初經記分而不分

《禮經》有記，猶《易》之有《十翼》，《春秋》之有三傳，雖各自有篇，實相比附。然則戴德之八十五、戴聖之四十七，疑其引記以釋經，文可附者略相比附，不可附者併歸通記、通論，而非必經、記別相傳授，離而二之，如鄭注之各自爲書也。夫十七篇固孔子所定，《大戴》之次尤有據依，不容移易攙雜。然細核之，經中固自有記，記中亦自有經。太史公曰：「《書傳》、《禮記》自孔氏。」十七篇其前則禮，其後則記，所謂《禮記》固即指《儀禮》，而非兼謂《戴記》也。《文王世子》所引「四輔及三公不必備，惟其人」，《學記》所引「蛾子時術之」、「凡學官先事，士先志」之類，皆古記也。周公制禮，而後名公卿賢儒就其禮而爲之記，附於篇末，或記變禮，或記未備之儀節，亦或記其意義，則未知其爲西周之人歟？東周之人歟？此所謂經中有記也。若夫記中有經，如《奔喪》、《投壺》、《遷廟》、《釁廟》、《公冠》，先儒固以爲古經之逸，而升與十七篇並列矣。然《内則》、《曲禮》、《玉藻》、《少儀》及《賈子·容經》、《管子·弟子職》似其全篇皆古《曲禮》遺經，《喪大記》、《喪服小記》、《雜記》與經後附記相類，《文王世子》、《保傅》中亦多古記，凡此皆古制之遺，以孔子所定爲限而引附於十七篇，則亦併謂之記。而《夏小正傳》中有經，其來最古。《武王踐阼》疑與《文王官人》並取《周書》，《祭法》取之《國語》，《月令》、《明堂》取之《明堂陰陽》，《帝繫》取之《世本》，《千乘》等七篇取《孔子三朝記》，《立事》等十篇取之《曾子》，《坊記》等四篇取之《子思子》，至若

《王制》成於孝文時博士，《勸學》、《三年問》、《禮三本》取之《荀子》，《禮察》、《保傅傳》取之《賈子》，則爲時最晚矣。大抵禮儀三百，十七篇實總其大綱；威儀三千，《曲禮》、《玉藻》、《内則》、《少儀》實取其要領。無八禮則十義虚懸，不能憑藉質幹，而使之著於實；無《曲禮》則經禮孤立，不能彌縫罅隙，而使之底於純。凡爲人子、人臣、人弟、人少及閨門、鄉黨、宗廟、朝廷、官府、學校之儀文品節略無不備，言度數者半，言義理者亦半，所以内治其身心，而外治家國天下者，尤切於日用倫常而不可闕，即《中庸》所謂「致曲」也。與十七篇有大小之殊，而無精粗之别；有詳略之異，而無深淺之分。孔門所謂「執禮」、「復禮」、「約禮」、「不學禮，無以立」者，必兼經、曲而言。疑此數篇之附經爲最早，而《奔喪》、《投壺》、《遷廟》、《釁廟》、《公冠》之類轉非切要而不可遺也。至《禮運》、《禮器》、《樂記》及《燕居》、《閒居》等篇乃通論禮意之精微，禮治之廣大，若《易》之有《十翼》。而《昏義》、《冠義》等每事别詳其義藴者，如《十翼》之有《彖》、《象》、《文言》也。其他去聖較遠，録附較遲，文多脱繆，義亦淺薄，剟而去之，則非存古之慎；比而同之，則妨切要之功。誠即末以探本，溯源而及流，就分記、總記、分義、總義之説爲權衡，而自加别擇焉，則於先後始終之序俱可知矣，而正不容臆爲割棄也。蓋《禮》之有記，本與他經注説不同。隨時隨人記其變節，多或成篇，少止數句，猶周公《爾雅》詁訓，後人多有增續，併合爲一，不可復分。至相傳舊記及孔門説禮之叉牙相抵，各有受之，欲學者擇善而從，實事求是，正古人闕疑並載之意，而非猶夫他書抵牾之爲病也。又後人每以《禮記》出自漢儒，朱子謂董生其最醇者，如《樂記》精言萬不能到，蓋多流傳自古之文。今按：二《戴》各篇以出自荀、賈二子者爲最近，而其文亦最卑。《賈子·保傅》乃引古記而爲之傳，《禮察》亦衍《經解》之文，入其《政事疏》中，添綴之痕顯而易見，取之者爲其前有古記，非直取《賈子》書也。舍此三數篇，則莫不奧衍閎深，其文非周人莫能爲，其理非聖門莫能到矣。

論記傳義問四例

《文王世子》、《學記》引記是記中有記也，《喪服傳》、《穀梁傳》、《韓詩外傳》引傳是傳中有傳也，古今先後之分耳。記者記其儀節，如《大記》、《小記》、《雜記》之類；傳者解其文義，如《大義》、《間傳》之類；義者釋其大意，如《昏義》、《冠義》、《鄉飲酒義》之類；問者反覆辨論，設或問而已答之，如《問喪》、《服問》之類。《荀子》引《聘禮志》二語，今見《聘禮》之記，則記即志也。蔡邕所引《大學志》，疑即此類。《聘禮·記》，已爲《荀子》所引。子夏《喪服傳》併記釋之，則記之由來久矣，如世子之記、青史氏之記皆是，而《學記》、《坊》《表記》空論其理爲變體也。《大傳》、《間傳》疑皆子夏所爲，《大傳》則《喪服》之通論，而《間傳》則附論其餘意，皆本孔子所爲《易傳》也。六義之外，《小戴》又有《祭義》，《大戴》有《朝事義》，十七篇之義略備矣。《喪》有《雜記》，傳多篇，死者人之卒事，非若冠、昏、鄉、射、朝、祭人爲之事，故喪不可以爲義也。《士相見》無記，亦無義，義已具於經矣。朱子取劉原父擬作《相見義》及《公食大夫義》，由輕視六義，故以劉義廁之，乃如以珉混玉。古義詳略互見，豈必如後人爲文之體，逐一比附乎？《荀子》曰：「禮樂法而不説。」記，其法也；義，其説也。依於法，游於説，則實可以準虛，而虛可以包實矣。夫禮之所尊尊其義，失其義，陳其數，祝史之事。故其數可陳，其義難知。學數有終，其義則不可須臾舍也。惟賢者能盡祭之義，不明其義，君人不全；不能其事，爲臣不全。今之祭者不首其義，故誣於祭也。蓋爲禮不本於義，則是非禮之禮；爲義而不講之以學，則是非義之義。此諸義所由作也，而後世義疏、正義之體本此矣。《文言》、《繫辭》多舉爻詞爲問，《問喪》稱或問者五，蓋意有不盡，加以駁詰，所爲辨説得其黨也，而後世或問之體視此矣。故記、傳、義、問四者爲説《禮》之通例。漢人説經，或曰故，曰通，曰微，曰章句，曰注，曰説義，曰詁訓，曰訓旨，曰解詁，曰箋，曰内傳、外傳，皆四者之支流餘裔也。

論三禮

《後漢書・儒林傳》：「鄭衆傳《周官經》，後馬融作《周官傳》，授鄭玄，玄作《周官注》。玄本習《小戴禮》，後以古經校之，取其義長者爲鄭氏學。又注《小戴》所傳《禮記》四十九篇，通爲三禮焉。」是後世所傳三禮之名，自鄭氏始也。《周官》本河間獻王所得，獨闕《冬官》，取《考工記》補之，獻於武帝。賈疏謂：「其書既出於山巖屋壁，復入祕府，五家之儒莫得見焉。」五家謂高堂、蕭、孟、后氏、二戴，則終前漢之世但有五經，無傳《周官》者，而二戴《禮記》亦併附《禮經》，無別爲傳授者。自鄭康成分注《儀禮》及《小戴記》，又注《周官》，合爲三禮，而《戴記》之本合於《禮經》者遂乖歧而不屬，《周官》之本別於《禮經》者遂混雜而不分矣。鄭氏釋經之功莫大於《禮》，❶而此誤分誤合之失亦爲不小也。故其注《禮》，每牽引《周官》，遇有不合，則諉爲夏、商之制，孔融謂多臆説。而其合爲三禮之由，則以誤解「經禮三百」爲《周官》，「曲禮三千」爲《儀禮》耳。六朝以來，莫不信用。薛瓚注《漢書》獨矯正其説，宋呂大臨、葉夢得因之，而朱子取之，於是《儀禮》與《周官》漸有不相膠附之機，而三禮之目可期訂正矣。夫《周官》大體本亦周公所作，特久而後出，疑有周代後王損益及爲後人所竄亂者，間亦可證《禮經》而合者少，❷而不合者多。蓋其書之體本諸司職掌，爲周家一代之制度，而不可以名禮。鄭氏特因三百六十屬偶合三百之數而牽合之也。且以《儀禮》爲曲禮，則「毋不敬」三語何所屬焉？自言二鄭同宗之大儒，讚成家世所訓，而其本師馬季長所傳略無稱引，不知何故。元行沖言馬融嘗注《小戴記》，則鄭三禮本於師説爲多。蓋自鄭衆、賈逵以經書記轉相證明，賈、馬以來已有合爲三禮之説。鄭氏學盛行，而後《周官》闌入於《禮》之中，《禮記》軼出乎經之外矣。唐人始定《禮記》爲五經，爲其文完禮富。宋遂廢《儀禮》不習，而《大戴記》更無過而問焉者。竊意將來所謂三禮，宜以《儀禮》、大小《戴記》分而爲三，仍合而爲一，而不宜復以《周官》溷之也。十三經中多七十子支流餘裔，獨《周官》在孔子之前，豈以大聖博學而不之見，果見矣，不一爲學者言之？所謂「吾觀於鄉」及「射不主皮，揖讓而升，下而飲」，《鄉黨》所載執圭、私覿諸儀節，多與《禮經》相合，而無一言及於《周官》者，

❶「鄭」，原作「戴」，今據《禮經通論》改。
❷「少」，原脱，今據《禮經通論》補。

惟《小戴・燕義》、《大戴・朝事》皆引《周官》,《逸周書》亦有《職方》之篇,可證《周官》非僞作。而孔子所謂「吾學周禮,今用之」,自指《冠》、《昏》、《喪》、《祭》諸禮而言,若《周官》之法度久廢,固非春秋時所習用也。況王朝之官制自別異於二代,何用不用而從不從哉?孔子不以教人者,豈不以《周官》所載皆可得與民變革之事,法守多而道揆少,不甚切於學者,而後王附益彌文,又非盡周公之舊歟?禮云禮云,別自有在,亦周公之典法未可以官而冒禮也。宋葉時作《禮經會元》,至以《禮經》之名專屬《周官》,而豈知其於《禮》無關,更於經無涉也哉?

論五禮

前漢諸儒不見《周官》之書,未有以五禮爲吉、凶、賓、軍、嘉者。《祭統》言:「禮有五經,莫重於祭。」注家以吉居五禮之首解之,似矣,而迄不知所爲五者謂何也。歷考荀卿、賈誼、韓嬰、董仲舒諸書及大、小《戴記》言及於禮,必錯舉冠、昏、喪、祭,或朝覲、飲射,旁及明堂、養老、軍旅、蒐狩,無合吉、凶、賓、軍、嘉而言之者。言吉與凶,謂居喪及免喪耳,無概以祭禮爲吉禮者。《皋陶謨》「天秩有禮,自我五禮有庸」,或指公侯伯子男,或指王、公、卿、大夫、士,或指天子、諸侯、大夫、士、庶人,要之五禮上承五典,似即指父子、兄弟、夫婦、君臣、朋友五品之人所行之節文儀則而言,分舉對待即《晏子》所謂十禮,而《禮運》所謂十義也。蓋五典言敍,自其流而不息、合同而化者言之。五禮言秩,自其高下散殊、相得有合者言之。故《易》曰:「觀其會通,以行其典禮。」知典禮非二物也。《舜典》「脩五禮」,亦即脩此五典之燦然有文者，謂之五禮。五禮之所用，車、旂、衣服、宫室、器械之類謂之五器，而五玉、三帛、二死、一生之摯幣，❶隨舉以明五器之一也。自句領儷皮起於太古，燔黍抔飲可事鬼神，巢窟相聚，豈無主伯亞旅之儕？君長相臨，亦有鞠跽擎拳之節。有五行則亦有五典，有四時則亦有四際，有八方則亦有八類，故吉、凶、賓、嘉即冠、昏、喪、祭、射、鄉、朝、聘，而軍則於倫常無屬也。曾子曰：「聖人立五禮以爲民望。」豈以《冠》、《昏》爲夫婦之禮，《喪》、《祭》爲父子之禮，《射》、《鄉》爲長幼之禮，《朝》、《聘》爲君臣之禮，而以《士相見》爲朋友之禮歟？若如《周官》五禮之目，則《喪》、《祭》分吉、凶二禮，《冠》、《昏》、《射》、《鄉》合爲嘉禮，《朝》、《覲》爲賓禮，而《相見》、《燕》、《食》不知於賓、嘉奚屬？且劉向不見《周官》，固以《射》、《鄉》諸禮同屬於吉禮矣，賓則《禮經》以《射》、《鄉》爲賓禮也。故吉、凶、賓、軍、嘉五者，特作《周官》者創此目以括王朝之禮，而非所語於天下之達禮也，不可以釋《皋謨》、《舜典》，亦不可以釋孔子之《禮經》。然則「禮有五經」，亦依乎五倫、五典而已矣。

論經解坊記言禮有四際之義

《經解》首引「孔子曰：入其國，其教可知也」以下，皆記人之言，讀者每以首章與後文不屬爲疑，觀《賈子》而後知之。《賈子》以仁、義、禮、智、信、和爲六行，而分屬六藝。蓋温柔敦厚而不愚，《詩》之仁也。疏通知遠而不誣，《書》之智也。廣博易良而不奢，《樂》之和也。絜靜精微而不賊，《易》之信

❶「二死一生」，據《尚書正義·舜典》，當作「二生一死」。

也。恭儉莊敬而不煩，《禮》之禮也。屬辭比事而不亂，《春秋》之義也。次章則謂天子所以治國而設教者，身先備六行而深於六藝，故曰「道仁聖禮義之序」。聖與智同，即《詩》、《書》、《禮》、《春秋》之四序，而仁於父子，智於夫婦，禮於長幼，義於君臣，已通下文四際之義。又曰「義與信、和與仁」，謂《春秋》與《易》、《樂》與《詩》各相爲類，而歸重於隆禮，則此篇固經禮之總序也。曰「以奉宗廟則敬，以入朝廷則貴賤有位，以處室家則父子親、兄弟和，以處鄉里則長幼有序」，已舉《禮經》大用，《冠》、《昏》、《喪》、《祭》、《射》、《鄉》、《朝》、《聘》之全而備言其效矣。男冠而昏，女笄而字，昏姻、冠笄一事也；飲有不射，射無不飲，故可言昏姻而略冠，言鄉飲酒而略射也。遂以四際分屬於四倫。曰：「朝覲之禮，所以明君臣之義也；聘問之禮，所以使諸侯相尊敬也；喪祭之禮，所以明臣子之恩也；鄉飲酒之禮，所以明長幼之序也；昏姻之禮，所以明男女之别也。故昏姻之禮廢，則夫婦之道苦而淫辟之罪多矣。鄉飲酒之禮廢，則長幼之序失而爭鬭之獄繁矣。喪祭之禮廢，則臣子之恩薄而倍死忘先者衆矣。聘覲之禮廢，則君臣之位失，諸侯之行惡，而倍畔侵陵之敗起矣。」言用禮先朝聘，見風化之行自上而下。言廢禮先昏姻，見小己之失，其流及上。差之毫釐者，始於大人之不説學，謂「禮非爲我輩設也」。繆以千里者，「弑君三十六，亡國五十二，諸侯奔走不得保其社稷者不可勝數。四夷交侵而中國不絶如綫」，猶千丈之隄潰於螘穴也。《大戴·禮察》篇略與此同，而安溪四際之説實本於此。淩次仲乃以冠爲父子之禮，夫冠固有父不在而自爲主者。昏冠親成男女，見於《周官》。昏姻、冠笄以别男女，見於《樂記》，而喪祭之屬父子，記屢言之，可但以冠、昏、飲、射、朝、聘分屬四倫，而别出喪、祭於其外哉？蓋父子主恩，君臣主敬，人之與人相制也，上下高卑之分位已然。長幼有序，男女有别，人之與人相接也，陰陽老少之配合已然。天地間一直一横之理，一本一統之義，不如是而不全，不如是而不貫，人所以異於禽獸者此也，聖人所以與天地參者此也。故設爲六經以分教之，更於《禮經》之中分四際八類以豫坊之。其欲也，坊之以命；其淫也，坊之以刑；其德之出入也，坊之以禮。是三代聖人與天地參以來所造、所因、所損益，而民共由之者也。乃舊坊也，非敝笱也。春秋時，以舊禮爲無用而去之，於是有鬬辨之獄，有淫亂之獄，甚至有弑獄，有不孝之獄。禮教不明而人將入於禽獸，故孔子懼而作《春秋》，除去天地之害謂之義。故曰：「《春秋》者，禮義之大宗。」然以爲「禮者禁於將然之前，而法者施於已然之後，法之所爲用者易見，而禮之所爲禁者難知」，故曰「安上治民，莫善於《禮》」也。雖然，讀十七篇者，但覺繁文縟節，齗齗如也，雖昌黎亦謂不可用於今，而豈知其絶惡於未萌，起教於微眇，可以免生人之亂患，而使天下無弑逆、不孝、淫佚、鬬爭之獄哉？

《坊記》之言意與此通，曰：「君子之道辟則坊與？坊民之所不足者也。大爲之坊，民猶踰之。故君子禮以坊德。禮者，因人之情而爲之節文，以爲民坊者也。」使民貧而好樂，富而好禮，觴酒豆肉，讓而受惡，而鬬辨之獄息矣，則鄉飲酒之禮明也。夫禮者所以章疑别微，以爲民坊者也。故貴賤有等，朝廷有位，示民有君臣之别，而弑獄不作矣，則聘覲之禮明也。教民追孝，示民不爭、不貳、不疑，以有上下，而不孝之獄罕矣，則喪祭之禮明也。夫禮坊民所淫，章民之别，使民無嫌，以爲民紀者也。教民無以色厚於德，而淫亂之獄絶矣，則昏姻之禮明也。出乎禮，入乎刑，《春秋》爲聖人之刑書，實聖人之禮書也，所以正三綱五倫，不外乎四際八類。故《坊記》凡三引《春秋》：一引《春秋》不書楚、越之王喪，以明君爲臣綱；次引《春秋》記晉喪，以明父爲子綱；末引《春秋》書「孟子卒」以明夫爲妻綱，而「制國不過千乘，都城不過百雉，家富不過百乘」，以明列國并吞，兩下相殺，近鬭爭而遠洽睦，亦《春秋》之所戒也。沈約以《坊記》、《表記》、《緇衣》、《中庸》皆子思之所作。《坊記》言截然各正之理，《禮》之用而《春秋》之義也。《表記》言「仁者天下之表」，乃《詩》、《樂》中和之極。《緇衣》又申言君與大臣爲民之表，端好惡，謹言行，而四方望以取正，即《書·洪範》皇極之義也。《中庸》則《易》所謂「龍德正中」者，「體用一原，顯微無間」，其義爲尤至焉。《中庸》説本二篇，自「哀公問政」分上下，「禮儀威儀，待人而行」，與《坊記》相首尾，而《表記》「禮以節之」，《緇衣》「齊之以禮」，皆本「《禮》以成仁」，故四篇入禮書，而爲《子思子》二十三篇之精粹也。然則《經解》定六經之名，言六經之用，而歸重於隆禮者，豈亦子思子之徒本《坊記》之意爲之，而賈子復從而述之歟？

論盛德本命亦言四際之義

《大戴·盛德》篇云：「凡不孝生於不仁愛，不仁愛生於喪、祭之禮不明，喪祭之禮所以教仁愛也。致愛故能致喪祭，死且思慕饋食，況於生而存乎？故喪祭之禮明，則民孝矣。故有不孝之獄，則飾喪祭之禮。凡弑上生於義不明，義者所以等貴賤，明尊卑。貴賤有序，民尊上敬長，而弑者未有也。朝聘之禮，所以明義也。故有弑獄，則飾朝聘之禮。凡鬭辨生於相侵陵，相侵陵生於長幼無序，鄉教以敬讓也。故有鬭辨之獄，則飾鄉飲酒之禮。凡淫亂生於男女無別，夫婦無義，昏禮所以別男女，明夫婦之義也。故有淫亂之獄，則飾昏禮。凡刑罰之源生於嗜慾好惡不節。禮，所以御民之嗜慾好惡以成德法也。刑，所以威不行德法者也。」《坊記》曰「禮以坊德，刑以坊淫」，即此意也。《盛德》篇言四禮，與《禮經》相應，亦與《經解》相應，未知孰爲先後，而意實相爲發明。仁義序別即四德也，不獨綱紀五倫，亦且根極五性。而其上又言「有天災則飾明堂，有姦邪竊盜歷法妄行之獄，則飾度量」，蓋協時月正日以順天，同律度量衡以應地，與四禮合爲六法。古書言理道度數多錯舉而互陳之，故其後文遂推諸六官，以爲冢宰成道則國治，司徒成德則國安，宗伯成仁則國和，司馬成聖則國平，司寇成義則國成，司空成禮則國定。《盛德》推其治而及六官，《經解》本其學而及六藝，皆以聖代智。聖字本有二義，無所不設之謂聖。賓主有事，俎豆有數，曰聖，所謂「知、仁、聖、義、中、和」，聖爲禮之大備，而可以聖代禮。「無所不通之謂聖」、「心之精神是曰聖」，所謂「道德仁聖禮義」，聖又爲智之至精，而可以聖代智。

彼《經解》所云「道仁聖禮義之序」者，即此春夏秋冬四官，而《本命》篇所謂「禮象五行，其義象四時」者也。既象五行，則爲五禮，而《本命》又以冠、昏、朝、聘、喪、祭、賓主、鄉飲酒、軍旅爲九禮者，似賓主兼燕禮、食禮、相見禮，軍旅則寓諸射禮，而上文言「八者維綱天地」，以發明聖人以合陰陽之數。維綱者，四正四隅，是謂八方，則固自四際分八類，與《禮運》相符。所以統舉三百三千禮文之變，而仍謂其義象夫四時也。與《周官・掌交》九禮之親不知同異，要以禮有賓主，貫乎八者維綱之中，猶之「播五行於四時」耳。機字盧訓作「危」，則原無木旁，機之爲言豈也。下句「其文」當作「其義」，曰「機，其文之變也，其義變也」，言「禮經三百，威儀三千」，若是變動而不居者，豈聖人好變其文哉？乃其義遷徙從宜，義先已變，文不得不從而變也。故禮象五行，似乎不變，而其義變而從時，則象四時之變化，「有恩有義，有節有權」也。大抵禮以順人心爲本，率性之謂道，天理之節文有隨時處中而不可執者，「井以辨義」而又必「巽以行權」也；禮以節民心爲用，節性惟日其邁，人事之儀則有一定之矩而不可踰者，「履以和行」而又必「謙以制禮」也。本其初，則協義以起禮，而天地爲官者，至變者也；要其成，則脩禮以達義，而小大共由者，不變者也。明乎其至變，三百三千，前聖之所以制爲禮也；明乎其不變，四際八類，後聖人之所以定爲經也。然則據乎《昏義》之目，合諸《禮運》之次，驗諸《經解》、《坊記》之所述，推諸《盛德》、《本命》之所云，而安溪四際八類之旨可昭晰而無疑，《大戴》十有七篇之序至確當而不易矣。

論儀禮之稱當復爲禮經

《本命》及《春秋緯》、《漢書・藝文志》並云「《禮經》三百，威儀三千」，《將軍文子》、《中庸》、《孝經緯》並云「禮儀三百，威儀三千」，《禮器》云「經禮三百，曲禮三千」，《禮緯》則云「有正經三百，動儀三千」。朱子謂：「《禮》篇諸説，《禮器》爲勝。」蓋《禮器》之言「經禮」，即《本命》之言《禮經》也。荀卿曰：「亡於《禮經》而順人心者，皆禮也。」《白虎通》引《儀禮》必曰《禮・士冠》經、曰《禮・昏》經、曰《禮・士喪》經，曰《禮・士虞》經，曰《禮・服傳》，初不目爲《儀禮》也。自東漢人崇重《周官》，乃改題《周官》爲《周禮》，復改題《禮經》爲《儀禮》，其意以《周官》當「《禮經》三百」，以《儀禮》當「威儀三千」，而西漢禮家以《禮》與記相爲經傳之意遂亡，幾若《周禮》爲經而《儀禮》爲其傳矣。宋張淳謂前人見十七篇中有禮有儀，合而題爲《儀禮》者，非也。彼奪其《禮經》之大名，而姑予以威儀之細目也。其初也，外奪於別出之《周官》，已屈而居其下；其繼也，内偪於自附之《禮記》，直駕而出其上。於是聖人手定之正經，投間置散，幾乎不能自立，欲進就三百，則壓於《周官》之僭稱《周禮》；退就三千，又礙於《禮記》之首稱《曲禮》矣。然後世用《周官》者未嘗不誤國事，何休以爲六國陰謀之書固未必然，而漢武以爲末世瀆亂不驗之書則未始不然也。末世瀆亂，謂爲後王所附益脩改，又推之諸經，而禮制官名多不相符驗耳。一盛於東漢，始援而入諸經；再盛於宇文，三盛於北宋，乃欲見諸行事。唐初定《五經正義》，既不敢復《儀禮》，又不敢任《周官》，兩置不用而升《禮記》與《易》、《春秋》、《詩》、《書》並列，爲《小戴》有《曲禮》、《内則》等古禮之遺，切於日用，世亦相與安之，而聖人定《禮》之意從此湮晦，以至於今矣。宋王氏學行，定《三經新義》，其時《禮經》既廢，《禮記》亦微，而五經中禮之統緒直爲《周官》

所獨篡，而世莫之能爭。朱子始特表章之，於是李如圭、敖繼公輩相與發明，而《儀禮》之稱未之改也。近人解《周官》者已知辨標題《周禮》之非，而特復其稱名之舊。獨《禮經》之誤稱《儀禮》，尚仍而不改革，必如《白虎通》定目爲《禮經》，而後可下統《戴記》而不失其尊，推遠《周官》而不嫌於溷矣。

尚書大意緣起

六經皆以載道，而道寓乎文，不自其文，何由推知其道？顧《易》、《春秋》、《周官》、《儀禮》皆聖人手作，本末具見，首尾完備，推文而見其義，猶不爲難。惟《詩》、《書》則作者非一，而《書》乃三代史官各紀其時之事與言，削繁存要，皆有義法寓其間，與詩人各自言其意者又有不同，故讀《尚書》而不明乎史法，微論道不可得而識察也，即事與言之真，亦必乖歧觸礙而不能以無失焉。昔朱子讀《易》而知《易》之本義在於卜筮，後儒疑之，不知凡《易》中義理、象數之類苟以卜筮觀之而皆可通，否則或偏於理，偏於數，而《易》之用反狹。此朱子所自幸以爲天牖其衷也。其作《詩傳》，則取程子涵泳諷誦之説，亦適得《詩》之本義。至《書》之本義在於史法，乃朱子所未嘗言，非其智不足以及也，未暇爲之作解，而究心不深，故其旨弗出焉耳。今觀孔、蔡之傳《書》，理非不舉，事與言非不析，而於義藴之廣狹、年世之離續，與夫篇章句字分合詳略之間，皆不克觀其會通，揭其奧祕，而所載之理與事與言，亦安在不因而蔽晦？苟一以史氏立言之義推之，則文義涣然，而蘊於其中者轉可紬繹省想而靡窮。此實《書》之本義，可俟方來之朱子而不惑者也。

《書》者，古之史也。《典》、《謨》尚矣，後世編年、紀傳之體皆出焉，可以史法求之者，於此尤多。下此則惟誓、誥、訓、命之四體，班固所謂「右史記言」之作，而朱子所謂「意必附於當日編年之史，而惜所附之今不得而見者」是也。雖亦出於史氏之紀載，而義主鋪陳，所可用史法以求者，惟擇言詳略間耳。故《典》、《謨》、《禹貢》之下，訖於《甘誓》，不惟可觀功德盛衰之會，即文之體制亦懸絶而不可同，學者於此不可不首察也。

按：先生遺書有《尚書傳授同異考》，以爲古文久列於經，非篤信好學，研究羣經如閻、惠諸儒，不得輕議古文。否則，無忌憚之小人將有偏主今文學，而槩以他經古文爲僞者，勢不至廢經不止。此先生所大懼也。先生學本安溪，《安溪語録》云：「問：孔安國《尚書序》，朱子嫌其不古，果不似漢人文耶？曰：不似西漢，亦不似魏晉間文字。西漢人於義理不甚曉暢透徹，其筆勢蒙繞見古處正多是他糊塗處。某卻不敢疑此序。三代以來，惟洙泗另是一體，雪白文章，條理分明，安國家法如此，焉知非其筆？」又云：「古文《尚書》道理精確處，聖人不能易。若漢儒能爲此，即謂之經可也。黄梨洲、毛奇齡輩掎摭一二可疑之端，輒肆談議，至虞廷十六字亦闢之。學者不深維義理，徒求之語言文字，以定真贋，所謂『信道不篤』也。」

文集

駮劉才甫息争

自一而二者，爲天地、爲陰陽。陰之能

承陽，❶則對健而爲順，健順不能相無也，而健之分數必使適於順焉，此天之心也。其不能承陽則反正而爲邪，正邪不可並有也，必使正者常存而邪慝不一作焉，亦天之心也。雖堯之世不能無四凶，四凶若鯀、若共工、驩兜，惡止其身而已。至於三苗，則延及於種類，故二《典》終於「分北三苗」，《禹謨》終於「苗格」，而《臯謨》、《益稷》終於舜、禹相與言苗頑之事。其事實相首尾，而爲史者各分著於篇末，可以見聖人之心矣。治雖隆，教雖盛，不能使天下盡君子、無一小人者，勢也。聖人之心，則必至天下盡君子，無一小人而後快。是故唐虞不廢播刑之官，而《春秋》爲刑書以誅亂臣賊子，《易・雜卦》終於「君子道長，小人道憂」，而《彖傳》明之曰「剛長乃終」。

今才甫説曰：「仲尼之門兼容並包，所以爲大。而孟韓、程朱之於楊墨、佛老、蘇陸，不免於好爭。」夫孔子之羣弟子，彼皆順吾之教而無所拂也，故但矯揉其性之偏而納之大中之道。其有不能至，而或流爲狂簡，或失則鄙，或失則野，蓋非孔子之所能主爾。然孔子嘗使季路仕季氏矣，雖墮都出甲，規欲去之而終不能，亦此類也。今夫楊墨、佛老皆有標異於吾儒，而各創爲道教之心，是以孟、韓區區不平而進與之辨。今既已辨之矣，而世俗尚有三教之目，是其爲辨亦烏可少邪？孟子受逃墨者，而昌黎爲文以覺浮屠，與孔子交原壤，可子桑伯子之意將毋同乎？若程之於蘇、朱之於陸，亦皆慮其學術之或貽害後世，欲及吾身而化之，使至於中道耳。其爲辨雖嚴切，而意則甚勤懇也。獨

❶「陰」，原脱，今據清光緒三十四年刻本《半巖廬遺文》補。

明王氏名爲宗陸，而實祖楊墨、佛老之故智，侮聖而蔑賢，此陸清獻公所以辭而闢之功爲獨大，而皆不得以爭言者也。」才甫又曰：「居高而臨下，無事乎爭。才均力敵，恐其不勝，而辨生焉固已。」然使僕隸傲庭户之下，或語侵其上，人坐堂上者，豈可漠然視之而不一禁哉？天地之義氣賦於人，爲是非之心，而其發也爲惡惡。如才甫說，將使學者模棱兩可，聽異端邪説恣行於世，待其自生自滅，而吾情不爲之少動，不幾人性有五而先缺其一邪？且夫上之有刑賞，器也；下之有好惡，道也。才甫使人息爭而并息其惡惡之良，有國家者亦將弛其威刑而不用邪？

書太史公自敘後

班氏父子譏太史公，論學術則崇黃老而薄五經，爲之説者謂特其父談云耳，而遷書之尊孔氏則可以謂至矣。然余讀《六家要指》之篇，而知談之言亦有爲而發也，遷録其文而首著之曰「太史公仕於建元、元封之間」，明此篇作於武帝世。建元、元封中距三十年，始頗嚮儒術，博求賢良文學。既而廣心浩大，弊中國以事四夷，巡游禱祠，事端之興若蝟毛。談意若曰武帝崇儒，宜度越往昔，而治效顧不如文、景尚黃老時。故曰「道家使人精神專一，動合無形，贍足萬物，指約而易操，事少而功多」，又曰「虚者道之常，因者君之綱，窾言不聽，奸乃不生」，凡是道家之常言而施之建元、元封間，則皆切時之藥石也。常求神仙、方術而形神騷動，故諷以先實其神，以謂養身之道在彼不在此。六家中舉墨氏爲詳，「土階茅茨」之云，與營建章、作通天臺適相反。曰「世異時移，事業不必同」，猶云「帝王各殊禮而異務」，並抑損之微言也。要曰「彊本節用」，則人給家足之道。言雖墨氏學，審行之，弘羊平準可不作，而德行亦可如堯舜矣。篇首稱「六家皆務爲治者」，末言「欲以治天下何由」，明此篇論治非論學也。談非不知儒之至者，不儕於六家，六家之儒謂博士弟子試太常，以文學禮義爲官者耳。觀遷所述曰「先人有言：周公卒五百歲而有孔子，孔子卒至於今五百歲有能紹明世，正《易傳》，繼《春秋》，本《詩》、《書》、《禮》、《樂》之際，意在於斯」，則談所以自期與期其子者，粹然一稟周孔，而不少雜黄老道德之説，居可知矣。夫賈生明申、商於文帝之世，而汲黯、鄭當時當武帝時言黄老，各矯其時君之失。建元、元封間，儒者推公孫弘、兒寬，弘曲學阿世，寬以和良承意，從容得久，而好直諫，數犯顔色者，乃惟善言黄老之汲黯。太史公傳武帝諸臣，終以《汲鄭》。《汲鄭》之後，次以《儒林》，亦即此意也夫。

儀宋堂記

事之後起者，其美出乎前而兼乎前之美。有虞氏上陶，夏后氏上匠，殷人尚梓，周人尚輿。夏后氏非不能爲陶，而匠非有虞之所及；周人非不能爲梓，而輿非殷人之所攻。富人蓄財三世，人不富其父而富其子，以其所有之積而多也。六經之傳遠矣，漢諸儒掇拾於逃藏煨燼之餘，矻矻而守之，爲之訓詁以通其意，歷千餘年而宋諸儒出，因是得以推見聖人之底蘊。是漢之訓詁宋人非不見也，而所爲推見聖人之底藴者，漢儒不得而見，乃宋儒之所獨得也。宋儒幸而生漢儒之後，得兼有其美。若夫漢儒之不逮宋，則固如治璞者方攻切其外，未暇覩精光之所在，而亦其不幸也。故使賈、馬、鄭、王而生周、程、張、朱之後，其能爲周、程、張、朱不可知，其服膺乎周、程、張、朱而不至背馳焉，亦已明矣。今自乾隆、嘉慶以來，六七十年之間，學者以博爲能，以復古爲高，矜名而失實，務勞精疲神，鉤考衆家箋疏之説，下至宮車制度、六書假借，碑碣盉鼎之銘識，而廣爲之證，凡傳注之出於宋儒者，槩棄不録，曰吾以崇漢而已，其徒相與號曰漢學。噫！此豈異夫立熟食火化之世，而追茹毛飲血之俗；挽碣石入海之河流，而反諸大伾、龍門以上哉？不惟罵譏吐棄於宋儒無毫髮之損，亦且推崇奬許於漢儒無涓埃之益，有如山椒海壖之雲氣，倏忽變幻於耳目之前，歸於飛消歇絶，泯滅無存而已矣，可勝歎哉！

余友桐城蘇厚子志篤而行恭，近有宋之君子，顧嘗鑒漢學之弊而思矯之，以儀宋名其堂，而索余文以爲之記。夫儀宋者，豈惟儀其言語狀貌而已耶？必將深求其心，宋儒之心，聖人之心也。聖人之心藏於經，厚子亦取經所云者反諸身，自力焉可已。苟或不然，而徒標是以爲名，則與夫以博爲能，以復古爲高，矜名而失實者，亦奚以遠過之哉？

儀宋堂後記

三代下，道義功利離而爲二，而猶幸道義得附功利而存，何也？自孔子雅言《詩》《書》《禮》，翼贊《周易》，因魯史成《春秋》，其後羣弟子相與撰次其言辭行蹟爲《論語》，而又各以意推衍爲《大學》、《中庸》、七篇之書，經火於秦，《論語》伏於屋壁，《大學》、《中庸》汩於《戴記》，而七篇夷於諸子，豈經書之藏顯固有時？何尊慕而信用之者少也？漢武帝始以英傑之才，崇嚮儒術，用孔子六經收召當世賢良俊茂之士，其後遂爲成格。而史遷讀功令，乃至廢書而歎。班固繼譏之，以謂儒道所由廣利禄之途然耳。明太祖既一海内，與其佐劉基以四子書章義試士，行之五百年不改，以至於今。議者又謂以排偶之文汩傳疏之體，束髮小生哆口執筆代聖人立言，爲侮聖傷道之大者。夫二君誠不能以道義躬先天下，不得已而爲此制，蓋亦阨於世變，而其爲效亦有以陰福天下後世，而人不知。且使秦、漢迄元、明至今二千餘年之久，田不井，學不興，聖君賢宰不間出，苟無孔子之六經與夫有宋程朱所考定四子之書在天壤之間，與飲食衣服常留而不敝，則夫乾坤幾何而不毁壞？人類幾何而不絶滅耶？徒以功令之所在，爵賞之所趨，故雖遐陬僻壤，婦人小子皆能知孔子之爲聖，程朱之爲賢，名言於其口，而允出於其心，猝不知其納於義理之域，是其爲效固已奢，而澤天下後世固已博矣。二君者，以功倡天下而道賴以專，以利誘天下而義賴以著，蓋於計非甚失者。向使漢不以經術進人，明不以制義試士，天下之士不見可欲，忽忘敝棄之久，雖聖賢精神與天地相憑依，必不至歸於泯滅無有，然亦安能家喻户曉，焯然如今之盛邪？不察此而尤之，亦徒好爲高論，而未達事實之過也。

余友蘇君厚子爲正誼明道之學，而棄科舉十年於兹矣，名其堂曰儀宋，屬余爲之記。蓋既以志其趨向，而亦以病夫世之穿鑿新異，名爲漢學者。夫漢學長於考訂，宋學長於義理，固不可畸爲輕重。然自明至今，所承皆宋學也。士大夫必用四書義進其身，程朱之傳注童而習之，既長而畔焉，何異蟲生於苗而還食其葉，其爲蠹學也大矣。余於兹未暇與辨，而具論古今學術之通乎世變者若此，俾夫學者知循今之法猶可恃以安，而無爲諱世取名，徒得罪聖人，而卒不得而變經常之制也。是爲記。

附　録

英吉利入寇臺灣，總兵達洪阿、兵備道姚瑩以守土干時忌，被逮入都。先生扼腕，與朝士數十人迓郭外。瑩録其姓氏，首湘鄉，次即先生。以爲如二子者，必以事功名節自樹立，非常人也。姚永概撰傳。

咸豐十年，賊陷杭州，以奉母先去獲免。母卒，既葬，賊再至。麾妻子出，與巡撫王有齡登埤固守。十一年，城陷，死之。湘鄉歎曰：「親在則出避，親殁則死之，賢者固如是其不苟哉！」同上。

先生所至輒購書，案頭置《四庫簡明目録》，見宋元舊刻本、叢書本、單行本、手鈔本，皆手記各書下，備校勘之資。同上。

曾湘鄉曰：「邵蕙西之談經，深思明辨。其言《詩序》係孟子與萬章之徒所作，《大序》與《小序》不當分而爲二，所以記次第，非所以明章旨也，猶《史》、《漢》、《法言》之有後序爾。其言奇而頗確。所著《禮經通論》淹貫精深，信不易及。」《曾文正公家書》、日記。

葉潤臣曰：「蕙西居京師，購書甚富，拳拳於板本、鈔法。名灃與之言曰：❶『彭文勤公嘗謂《讀書敏求記》染骨董家氣，我輩讀書當用力於其大者，未可蹈此蔽也。』後閲錢氏《曝書雜記》引鄭康成《戒子書》：『吾家舊貧，不爲父母昆弟所容。』康成大儒，不應出此語。考元刻《後漢書》康成本傳無『不』字，與唐史成節所撰《鄭公碑》合。今本作『不爲

❶「名」，原脱，今據清同治十年刻本《橋西雜記》補。

父母昆弟所容』，乃傳刻之誤。此校書之有功於先賢者。名灃始悔發言之陋。蓋讀書不多，未可輕生訾議耳。」《橋西雜記》。

戴醇士曰：「位西用西人歌白尼説著《圜天新説》，發明日靜地動之理。言日在天中，終古不動。地球旋轉回繞於日外，而爲晝夜寒暑，明白曉暢，雖極愚如熙，亦覺身之附地球而遊也。」《習苦齋書札》。

方存之曰：「先生節義高天下，文章經術直欲合韓歐、程朱而一之。此非宗誠一人之私言，實天下後世之公言也。顧以權勢卑微，又性行難與時合，無由展澄清之志。然而士生於世，無論窮達，要當以人心世道爲己任。雖無官守，無言責，時當韜晦，而獎勵後學，扶持正氣，以暗爲宇宙旋轉氣運，興起人心，此固天之所以任先生者也。」《柏堂遺書》。

伊先生樂堯

伊樂堯，字遇羹，錢塘人。咸豐辛亥舉人。學術宗尚與位西同。於六經仁義之旨，程子、朱子之書，漢唐儒先解經之説，與夫近世《爾雅》、《説文》之學，皆研精覃思，貫串融洽，用以抉摘羣經之疑，審訂先儒未定之説，每豁然而得其理解，確然而不可以易。所爲古文辭亦根據理要，樸茂淵懿，多散棄不自存。辛酉夏，讀《表記》、《坊記》、《緇衣》、《祭義》、《冠義》、《昏義》諸篇，反復究論，忽有所會，於是分析其章段，推闡其精微，奧旨宏綱，昭然若揭，未及成書，而寇難作，杭州再陷，數受賊刃，不屈。奉母避兵定南鄉施家園，絶食死。所著多散佚。其校定者有《周易程傳本義音訓》及《詩傳》《書傳音釋》、《五經補綱》諸書。又《孝經指解説注》、《孝經辨異》《指解補正》皆不傳。參史傳、方宗誠撰傳。

以上浙江。❶

清儒學案卷二百四終

❶「以上浙江」，原無，今據底本目録補。

清儒學案卷二百五

天津徐世昌

諸儒學案十一

胡先生承諾

胡承諾，字君信，號石莊，天門人。明崇禎丙子舉人，國變後轉徙兵間，隱居不出。順治十二年，部選縣職，稱疾未赴。康熙五年，檄徵入都。次年至京師，長跪選曹，自陳衰老，乞予長休，並獻詩。侍郎嚴正榘曰：「垂老只思還舊業，暮年所急匪輕肥。」得請歸，築石莊於西村，著書其中，成《繹志》十九卷，歷十有二年，易稾五次，乃爲定本。凡六十一篇，曰《志學》、曰《明道》、曰《立德》、曰《養心》、曰《修身》、曰《言行》、曰《成務》、曰《辨惑》、曰《聖王》、曰《聖學》、曰《至治》、曰《治本》、曰《任賢》、曰《去邪》、曰《大臣》、曰《名臣》、曰《諫諍》、曰《功載》、曰《吏治》、曰《選舉》、曰《朋黨》、曰《辨姦》、曰《教化》、曰《愛養》、曰《租庸》、曰《雜賦》、曰《導川》、曰《勅法》、曰《治盜》、曰《三禮》、曰《古制》、曰《建置》、曰《祲祥》、曰《兵略》、曰《軍政》、曰《武備》、曰《名將》、曰《興亡》、曰《凡事》、曰《立教》、曰《論友》、曰《人道》、曰《出處》、曰《取與》、曰《慎動》、曰《庸行》、曰《父兄》、曰《宗族》、曰《夫婦》、曰《祀先》、曰《奉身》、曰《養生》、曰《經學》、曰《史學》、曰《著述》、曰《文章》、曰《雜說》、曰《兼采》、曰《尚論》、曰《廣徵》、曰《自敍》，綜二十餘萬言。

又有《讀書説》六卷，凡百篇，爲《繹志》之餘。二書相表裏。詩集曰《青玉軒詩》，附《檄游草》，曰《菊佳軒詩》，曰《頤志堂詩》，都二十一卷。二十六年卒，年七十有五，祀鄉賢。先生於學無所不窺，深自韜晦。其所藴蓄，盡見於《繹志》。《繹志》者，繹所志也。凡聖賢帝王、名臣賢士與凡民之志業，莫不兼綜條貫。原本道德，切近人情，酌古宜今，爲有體有用之學。卒後遺書久晦，道光季年李氏兆洛始刊《繹志》於江南，《讀書説》始刊於湖北，詩集亦至清末始全出，閎深奥博，世推爲大家焉。參史傳、年譜、遺書諸序跋、《學案小識》。

繹志

明道篇

《易》曰：「一陰一陽之謂道。」《河圖》、《洛書》，錯綜陰陽者也，故論道者本焉。《書》之典禮、《詩》之治亂，亦道所聚也。陰陽五行之理，自一而兩，自兩而五，自五而萬，皆有生之者，有成之者。陽之所生，陰以成之；陰之所生，陽以成之。春夏所生之物，至秋冬而後成；秋冬所生之物，至春夏而後成。無一物不備四時之氣者，其不備者皆偏至之氣，非中和之氣，君子不資以養生，不象以立德也。故曰《易》之陰陽，道所從出也。五行有生之序，有行之序。《洪範》所云生之序也，《月令》所云行之序也。《洪範》之序，二氣交感而相生；《月令》之序，形質相續而爲生。五行皆天地所生，或同時並生，或先後殊時，皆未可知，但既生之後，循其天一地二之數，若有序焉。至於四時，則以司權爲先後，如《周禮》六卿以所職爲序，非官次有尊卑也，此自然秩序，非人造也。惟天道交合二氣而生，人事錯綜天道而成，故聖人制爲典禮，上下相臨而治，貴賤同等，不可治也。昭穆之位，祖孫可同；父子雖近，不可同也。天道即樂也，人事即禮也。樂非禮不節，禮非樂不和；人非天不因，天非人不治。第明五常爲人性而無五禮爲持循，如陰陽之氣流行天地間，無日月星辰之次舍，草木鳥獸之生長收藏，何以知爲春夏秋冬也？故曰：《書》之典禮，道所聚也。二五之精，動盪不息，參差不齊，值其正者，則日月光華，風雨時若，草木暢茂，鳥獸繁育，而降福穰穰矣。此時君相之澤，率而由之，無不寡過，即民間謡俗，亦可互相砥礪，得性情所安。值其偏者，則天文失度，地大震裂，月朓日食，晝晦宵光，霜降失節，不以其時，水泉沸騰，陵谷易處。普天之下，而一夫之微，至於蹙蹙靡騁，詩人之所刺，《春秋》之所譏，亦何世無之。道在天地間，不能自爲動静，一動一静，皆乘乎氣機者也。雖乘乎氣機，不似人與物皆隨氣機轉也。故曰：《詩》之治亂，道所聚也。

其在人也，仁義之心，倫常之事，人之所以相生相養者。既曰生之，何由戕之？既曰鞠之，何由棄之？故道在天下，不以易世而有存亡，不以易地而有加損，不欲奪人之生，靳人之養也。盡性者，盡倫常之事、仁義之心而無餘也。育德者，育仁義之心、倫常之事而不害也。泛而言道，似乎沖漠散殊，莫得其朕。以五常表其形質，以五官受其棲泊，則道固在人身，不獨在聖賢之身，且在吾身也。其在物也，形氣偏者亦可驗道之全，形氣微者亦可觀道之大。如布算之家百千萬億，或分或合，無不可會。有不會者，即是差錯。道亦如是，千塗萬轍，無不相合，有不合者，即非道也。因所合以察不合，則所察甚精；因不合以證所合，則所合不妄。至於物所當然，而後謂之道也。

其在聖人也，知其理之誠然，又知事之誠然，事有不可前知者，聖人之理何以共信於天下？乃聖人所謂理，要皆易世而後見諸行事者也。非聖人之理，無以觀道之全；非天下後世之事，無以觀聖人之備也。治世之道盛，聖人平易正直以濟其盛；衰世之道微，聖人恭儉退讓以扶其微；亂世之道悖，聖人批堅擣險以挽其悖。周公以穆穆迓世之平，以和懌先後導民之迷，故其爲書隆禮義，本性情，一代之治出焉，所謂平易正直以濟盛也。孔子居衰周之季，有聖人之德，不忍道之淪喪，脂車歷聘，揖讓人主之庭，所至之國莫不前席承教，而聖人以盛德之光暉映其間，所以扶道之微也。孔子於三桓，攝政三月，墮累世名都，出其藏甲，此事甚難，而聖人必爲之，所謂批堅擣險以挽其悖。聖人之道，所以常如天也。

其在後學也，反而求之，不外此身與心。此心常存，不失其正，而道之體立。此身之動，不違其則，而道之用行。不惟我自爲之，又能使人共爲之。施於人而無間，由乎人與道原無間也。相與行道，在人者猶在己也，在己者猶在人也。由乎所行之道，皆人己所共。反觀吾身，道之全體具焉。博觀天下，道之全體亦具焉。是以常存天地之間，古今之久也。子思、孟子以健順五行之理，附麗耳目口體之身，而以四德實之，又以所發四端實之。周子《太極》之圖無形而有理，理則實矣；既有理而有動靜，動靜又加實矣；既有動靜，即有五物，五物又加實矣；既有五物，即有萬物，萬物又加實矣。故求道者必以實求之。有生以後不可謂生非實也，則凡有實之事皆備此生中矣。貴賤有定位，得失有定體，君子不爽其定位而必求其定體。王者之政刑，四民之職業，强之而安，見異物不遷者，是即道也。遏横流者，不待秋冬之涸；感萬物者，不在騰説之名。夫弘道者，人也，人則衆有所萃也。故求道者不可不從實也。此道之大指也。

董子曰：「道之大原出於天。」故明道者不可不知天。天者，無私之至也；人者，嗜欲之尤也。嗜欲之尤不奉無私之理治之，則治亂未分而人物死生之幾未有已也。聖人之書自匹夫匹婦以及帝王卿相，無不稱天以臨之。靜而無事則曰「陟降厥士，日監在茲」；動而有爲則曰「上帝臨汝，勿二爾心」。有積德累仁而將興，則指天以堅之；在位之臣相與爲讒慝仇怨，則援天以懼之。袚除其心，無不敬畏；檢束其躬，無不嚴栗。敬畏嚴栗積上，惠愛豈弟之澤必流於下矣。敬畏嚴栗積下，親上死長之風必達於上矣。此聖人言天之旨也。故福善禍淫，其定理也。有時淫心忒行徧滿人世，而天若罔聞，非縱恣惡人也，爰究爰度，天亦有未定之時，然豈終不定者哉？一值其定，則善者存，不善者亡矣。小人好亂，稱引未定之天，不言已定之天。惟君子而後知天之有常，故慎行不遷，以法天之有常。常者，不變者也；變者，反常者也。變者常之變，而變豈常耶？變者日以變，而常豈變耶？常者，天地之正理，事雖變而合乎天地之正理，亦謂之常。怪者，天地之戾氣，事雖常而近乎天地之戾氣，亦謂之怪。凡言天者準乎此。

性者，天所命也，故有善無惡。然而有善人焉，即有不善人焉，獨舉善人言性，將此不善之人實繁有徒，寘於何所？孔子固言之矣。其相近者則性也，其相遠者皆習也。道存乎天地者也，人之一身流露披寫，可以無餘藴，而性爲根柢，發而爲幾，則端平正直之幾也；暢而爲事，則清明廣大之事也。日用之間，甫接倫常中人，即有敦厚悦懌之意；甫及義理中事，即有踴躍奮迅之意。不食非禮之食，不悦非禮之色，不以利欲汩其清，不以死生易其貞，不愧幽獨，不得罪天地，最初之念皆如是，轉念而背馳矣，轉念不可論理，必最初者乃可論理。苟論理必取最初，則塗之人與大聖、大賢最初皆一，所以云相近也。迨其有事於習，或數聖一堂，或數聖一家，而神明之胄亦有不肖子在其間，生而有聖瑞，長而克岐嶷，而凶德所鍾，不至殺身不已。凡周之士不顯亦世，而世禄之家鮮克由禮。夫豈無六七賢君之澤也，禮樂以文之，車書以同之，而丹穴之智、空桐之武、朐劇之辯、沃土之淫、瘠土之義，又各從其俗也。風雨之操，伐檀之志，衆所同好也，而赤芾充於朝，青蠅止於棘，又何其不相謀也？不特此也，縱横起而游説之風盛，然諸重而任俠之節高，章句繁而守文之志篤。中藏義憤，則危言折首；世嫉名流，則放達全生。此皆超世偉俗之士也。然而蹈於一偏者漸靡使然也。過此以往，又有縱而放焉者，有迫而激焉者。縱而放焉者迹衰世之餘風而不自檢束，迫而激焉者知不容於天下而果於自棄，此所謂相遠也。蓋性者天所命，習者人所爲。子思論性，第言天命，未嘗徵以人。孟子承之，所言皆天也，其於人中獨舉堯、舜，亦以全乎天者立論。湯、武以下曰身、曰反，以爲未能全乎天。以後儒不能直達天命，必欲實以人事。人有善惡，即生皇惑。程、朱從周子《圖》中得所云氣質者，反覆詮解，窮乎人之變，以盡其論。言此紛紛不齊，皆屬氣質，皆非天命，而天人之疑明矣。然不言修悖，必言氣質，所以明夫越椒、楊食我之流，或熊虎之狀，或豺狼之聲，自赤子時已然，有似乎受於天者，然非天之正氣，乃陰陽五行之戾氣，戾氣者似天而非天也，而貌乎天之疑亦明矣。蓋有所以處不肖，則賢者别矣。有所以著其異，則同者彰矣。故先儒論性，惟荀獨悖，其餘無全是，亦無全非。薛瑄謂朱子之後，性理已明，無庸更著書也。

命者，聖人所罕言，而爲君子者不可不知。死生、貴賤，人事也；仁義禮智，天德也。仁義禮智，天之所命，而死生、貴賤亦有天以伺乎其間。德備乎身，則富貴壽考皆隨德所在從之，故命亦在是；德不足於身而死生貴賤莫能自主，不得不聽命於天。是以人事、天德不同而同謂之命也。然死生貴賤亦有二義，吉凶壽夭，氣也；所以吉凶壽夭，理也。氣得理而覬覦息，如牧羊子夢爲王公，覺自知其妄也；理得氣而不墮虚空，如釋氏因果來生之説是虚空也。但理一而氣殊，一爲修短，一爲清濁，二者不能相兼，不可以修短定清濁，亦不可以清濁律修短。不得謂理之所在，氣即因之；亦不得因氣有不齊，疑理有不齊也。説《書》者以明德爲命，説《詩》者以天理爲命。人之於天也以道受命，於君也以言受命。以道受者謂之天命，天之曆數是也；以言受者謂之君命，君之策命是也。推而廣之，人君以利人爲命，聖賢以行道爲命，受氣者以氣之隆薄爲命，程形者以形之豐約爲命，顯仁者以昭著爲命，達幽者以隱遠爲命。命或在有生之前，或在有生之後，或在數世之前，或在數十世之後。凡權輿於內，徂落於外，莫非物之正命。此以合感，彼以離應，莫非物之定命。或水火相逮，雷風不相悖，而命行乎其間。即春或不華，冬或無冰，命亦不間於其際。或神志在先，徵兆在後，天人易位，而命始定。或父子百葉，同爲一體，死生代逝，而命猶存。蓋一物各爲一命，萬物合爲一命，分之不俟假借於彼，合之不俟綴緝於此，此言其理者也。龍逢、比干諫而死，范文子、叔孫昭子祈死而死，邾文公利民而身死，畢萬不死七十戰而死牖下，所謂盡其道而死也，皆正命也。里克弑二君而死，公子慶父、公子叔牙不利宗社而死，盆成括小有才足以殺身而死，其餘死貪死佞，若怪物毒蟲之不容於世者，皆所謂桎梏而死者也，非正命也。此一說也。顏子之夭，伯牛之疾，山川之崩沈，兵戈之攢簇，一食之頃，萬類同盡，是不可避者也。飛廉、惡來從君於惡，州吁阻兵而安忍，費無極讒人而自及，剛暴之人行而致死，縱欲之人動而徵病，皆可避而不避者也。不可避者命也，可以避而不避者非命也。此命之變也。又一說也。君子畏天命，非畏其無常也，畏其與人事相因也。無遠近高深而不應，無洪纖曲直而不當，吉凶、曲折無所逃者也。此君子抱反躬之心，欲自作元命者也。又一說也。此言其氣者也，然而皆有常焉，有變焉。常者無論矣，若慶封不死於齊而死於楚，申侯不死於楚而死於鄭，崔杼不死於弑而死於無家，當其免也人竊疑之，及其死也人且遲之，不知凶人者其所爲皆死法也，鬼神之所棄也，遲速委曲或爲天所位置，或亦事之適然，不可常理論也。更有大運昏濁，庶事拂經，豈惟人事修悖，頓喪所恃，即天道好惡，亦爽其則，如衰周之季，運數靡敝，從古所未有也。

當此之時，天地亦在剥落中，而況人事乎？孔孟所以不遇，原不可舉以論理也。要知事之變者，氣化流行而人與適值，在人不可理求，在天亦非有誤，寧當小有差忒輒生皇惑？君子處此，惟有委順恭己，以俟沴氣之告終。天道無息，終歸於有常也。若處昏濁之時，亟求所以死生貴賤之故，欲以下土之讙咋與造物者校量是非，何異乎遊沸鼎之中而創枯魚之泣耶？況乎聖賢之命與天相通者也？故生治世者命必達，生亂世者命必窮。小人之命與天相戾者也，生乎亂世偏有富貴過人者，至於天道反正，人莫不穀，彼獨罹罪，以此觀之，亦甚著焉。且吉凶之報天不能違，而悔吝之來不可不思，未成之幾尚可轉移，已完之器輒有損壞。如曰一作而不易，豈識微之論乎？君子獨見其義，義不可爲則不爲矣。雖若受制於命，而非命所制也，己則制之，使不得越於義。故君子不言命，只可言俟命。小人則不然，與之言義則不信，與之言命亦未必有所忌憚也。至於所入必窮，而後稍安於命，以此自安，亦或以此自制，而不狃於爲惡，尚可拯救十之五六，使不至殺身，則命之説大有益於小人，此天心之仁愛人也。性原於天，其體常明，非物誘所能蔽，其或蔽之，則以學掃除之。命通於性，其理常定，非吉凶所能侵，其或侵之，則以學持守之。故學者，性所由盡，命所由正也。人有蔽塞，求通則通矣，以其知學也。物無求通之志，故蔽塞自如，以其不知學也。然則爲學之功，非直通塞之關，又人物之別也。

立德篇

萬物得天地之理以爲性，得天地之氣以

成形，形無不具，即理無不具，可知也。理有其自然，有其當然，自然者，衆善所同出也；當然者，古今所共由也。知自然者無所强，則知當然者不可易。聖人教天下，因人物所當然，爲之品級，爲之節制，天下由而不悖，而謂之道。君子修身，因道體之自然，加以省察，加以克治，遏非幾之萌，獲固有之善，而謂之德。蓋率而由之之謂道，得其所有之謂德。道有榛蕪，有歧徑，有半塗，而惟德則擇之而精，守之而固，卓然自立不移。如適楚而至於楚，適越而至於越，適夏而至於夏，耕已穫矣，獵已饗矣，我固有之矣。故臧文仲曰「太上有立德」，而不言道，言立德而道在其中矣。山下出泉，未知終爲江河，終爲汙沱也，宜疏導焉，使不至壅閼；宜護惜焉，使不至洿濁，故《蒙》之《大象》曰「君子以果行育德」。果決所行之善，所以疏導也；養育所得之德，所以護惜也。既疏導之，又護惜之，然後山下之泉可漸進江海。既果行之，又養育之，然後君子之德可積小至高大矣。君子以玉比德，玉之生也，在深山之中，石璞之内，而不在市井之側，耳目之前也。人物精氣默運膚理之間，人不得而見者，乃生氣也。可見於膚理者，其死氣耳。山川井泉之氣，升爲雨露，人不得見也。故上彌乎空虛，遠被乎六合，一有可見之形，雖盛大如江河，要皆逝而不能返，變於盈而不能變盈者也。玉以不見爲寶，德以無聲與色爲至，非上士孰及此乎？

人生而靜，天之性也。觸情而動，性之失也。夫情之未動，渾然一性而已。情之既動，而不離乎性者，情之正也。性授於情，而後有益於天下。情依於性，而後無害於天下。世俗之人以放馳之心接無窮之變，中無主持，私欲横起，而驅之動之，途徑常輕熟，靜之關捩輒窒塞，其不可控勒，如奔車之下峻阪，所以動靜之幾不能自主，常失諸動者多也。聖人存理之功，常主於靜，非寂而守之也；常存敬畏之心，則可爲動之幾；遏欲之功，常在於動，然不待其動也，即其機而遏之，則不失靜之體。蓋動靜相生者，吉德也；動靜相違者，凶德也。若夫動靜之交，常持以靜，可止則止，不得已而後動焉，故雖動而靜如故也。君子修德爲務，私欲之發亦微矣。從其微者制之，似乎甚易。患乎隨發之，隨制之，其發、其制莫以爲難，遂不妨與爲不制，而授以可發之端矣。又患隨發之，隨制之，狃而不戒，以爲固然，度後此所發必倍於前，而制伏之難亦倍於前，即僅同乎向者制之之力，亦不勝其所發之勢矣。君子知不善之端，所以潛滋默長不可遏者，以其深藏於心，謂可閟匿也。一念初生，常若衆耳衆目伺乎其側，雖無他人之視聽，而反照内觀，瞭然不可誣，則非辟之幾無處可藏，克治之功自不容已。幾雖未動，所以制動者凝然難犯矣。又知耳目聞見一藏於心，不久必發爲行事，如藝種於地，日至必生，所生美惡必肖其種，故所居所游必納諸嘉言善行之中，不善之事不使易種於心，凡存於心者又粹然皆正矣。彼情欲之私，原非性所固有，又以持養之密，出而無所交，入而無所附，焉往而不爲仁義乎？然存理去欲又當兩路擒截，然後完備周密。平日致知所以存理，臨事克己所以去欲，向前一步存理之功，退後一步去欲之功，所以存之不可不堅，去之不可不力。若汎汎悠悠，聽其往來，方寸之間自然有渣滓宿留不去，久之日積而深，昏濁多、清明少矣。滿腔天理，一念間斷，夾雜猶或失諸，況以私欲結成一片，雖有天機呈露，只如披沙檢金，不可多得；石火電光，難於久繫。以此沈溺一世，聰明才智之士，鮮有一人出此陷阱者，不有愧於爲學之事乎？終日悲人，莫知自悲，尤可痛也。

入德之功，當使德而定體，而求入之。冲淡簡要温和，德之定體也。既有定體，其中條理節目，日見其臚列，而有所持循。「禮儀三百，威儀三千」，皆持循之具也。蓋履而蹈之，斯之謂禮；行而有之，斯之謂德。德猶精氣，禮猶體質，不得於行禮之外别爲有德之名，别有立德之事也。德者，古今實理也。三千、三百者，人生實行也。凡天之所賦，物之所受，莫非實理。春夏之氣敷豫而達於外，乃實理方出而傳於枝葉者。秋冬之氣絪緼而聚於内，乃實理各得而藏於根荄者。自有天地以來，至千萬年之久，草木之華實，鳥獸之形狀，相生相化，無不如一。以其無不實，是以無不一也。大衍之數五十，揲而數之，至于萬有一千五百二十，一縱一横，一往一復，散乎無方，會於一原，無不相合，一有不實即不合矣。事所當爲，亦人之實理也。實理所在，既得於己，又得於人，人我同得，故有得無喪，德斯名焉。苟不徵實，則一得一失，此得彼失，内外隱顯，常不免有二致。少壯衰老，有初鮮終，何以謂德哉？夫實者，理也。不實者，欲也。志乎實，則存理去欲之念皆實。志乎虚，則存理去欲之念皆虚。存理去欲實，則好善惡惡皆實。好善惡惡既實，則扶善抑惡之功必不用諸善惡既分之後，一念初動，蚤已扼其幾而制之。幾微之惡遂如火之銷膏，俄頃立盡；幾微之善更如嘉禾始生，必隤隴草，以附其根。《書》曰：「惟幾惟康。」《易》曰：「豶豕之牙。」此聖賢之實功也。履常而修德者，温恭之基也；見異而修德者，補過之門也。有漸次日進者，有敬畏日進者，有繼續日進者，有恐懼日進者，温公所云「制悍馬，斡磐石，若轉户樞而已」者，在乎立志與用功不僞不息，斯得之矣。

養心篇

心之在人視乎養，仁義道德養之，生意暢遂矣；勢利紛華養之，生意壅閼矣；權謀傾覆養之，生意枯槁矣。心不可有二事，亦不可無一事。有二事者心馳，無一事者心亦馳，養之莫如致一也。存諸心者，即所值之事，所以善其事。以身所值之事爲心所藏之事，即所以棲宿其心。心以道義爲棲宿，以非道非義爲震憺。有所棲宿，志氣清明，嗜欲退聽，義理所見自不流於偏倚。無所棲宿，孤危震撼，有如湣湯小物，引之而去，況貴賤之相形，死生之殊趣乎？所謂致一者，如身在居官，即以居官爲心，以簿書案牘爲心，所藏之事如此者必爲良吏；如身在軍行，即以軍行爲心，以斥堠、寓望、設伏、用間爲心，所藏之事如是者必爲克戰之將。欲盡心知性也，以仁義禮智爲心，以惻隱、羞惡、辭讓、是非爲心，所藏之事如此者，必爲聖賢之徒。彼忿懥、恐懼、好樂、憂患非不相接也，譬如主人處宫庭中，由來靚深嚴肅，客從而詬侮之，主人即不逐客，客豈可久據主人之庭哉？客去而靚深嚴肅如故矣。白刃當前目不見，流矢紘網彌澤行，不避機隧，勢迫於外，心迷其舍也。飲不與呶期而呶自至，晦淫之疾似蠱溺與笑之相因也，神亂於中，官失其職矣。惡卧而欲祛之，祛不已而卧轉亟；惡放而欲閉之，閉不已而放益馳。以道自强者，不如其無强者也。人莫悦禮食也，益之以饑渴，而棄禮若髦；人無不求逞於人也，加以晉楚之富，求逞益甚。中有故而肆，非禮勢所能御也。故養心者，一以貞之，恬以守之，清静以滌之，憬省以操之，絶其害者以固之。其道有六：一曰謹物交之始，二曰禁躁動之失，三曰不徇人而内馳，四曰不有我而外拒，五曰復於至静以還太極，六曰不事口耳以全真純。此養心之要也。其爲功也，使心爲主而百體從之，勿使百體爲主而心從之。自以爲四海之遠、古今之久，惟吾所向而莫能囿，然而足力止於百里，目視不過一方，聲音不聞百步之外，以其受氣者小，故致用亦小。心之宰物也，萬乘之尊不能奪，三軍之帥不能撓，治亂雖紛，操其矩度，可使歸於一揆；萬物雖廣，察其情狀，可使眸於一鑑；四海雖遠，一堂之上，不啻聞其聲、覩其形也，以其賦形者大，故執權亦大也。

君子爲心，嗜欲不留，智巧不萌，以此待物感之來；静時常清，動時常定，以此合皇極之中。心不自持，俾其流盪轉移，自然流向惡邊，不能流向善邊。一話一言，以至起居飲食，投間抵隙，無非戕賊其心者。戕害既久，心之質漸薄，惡之氣漸張，漸薄者力日微，漸張者黨日進。大惡不祥之事，皆率其天性爲之，不特出於私己而爲之也。此時逐情縱欲，固不免爲禽獸。即絶情去欲，亦何異乎土木？更有誤認情欲爲義理，强齊義理爲情欲者。如果實焉，徑寸之核可長百尺之幹，不幸鑽破其核，徑寸有隙，萌芽亦不生矣，況百尺乎？「出門如賓，使民如祭」，存心之旨也。人心之内空虚，不能絶物，有事以實之，則邪不能入，敬所以實其内也。孤理不可勝私，有象以輔之，則私莫能勝，見賓承祭，所以爲之象也。既充實焉，又輔翼焉。有檢之衷，投之無檢之地而知驚；無形之理，投於有形之事而益固矣。蓋心者，至貴之幾，而措之於勢利，措之於嗜欲，是謂爽其所措，如以明月之珠代摴蒲之石子也。心居人之中，其位甚正，而用諸偏黨，用諸反側，是謂失其所麗，如臨民者舍嚮明之處，親奥窔之隅也。故必措之甚尊，用之甚正。措之甚尊者，敬以直内也。用之甚正者，義以方外也。敬存於中，則能辨義，施之于用，亦有承藉。義嚴於外，則能生敬，返之於内，亦有栖泊。義所以行敬也，敬所以存義也。文王「雍雍在宫，肅肅在廟，不顯亦臨，無射亦保」，此無事而敬也。「無然畔援，無然歆羡」，「不識不知，順帝之則」，此有事而義也。心如堅城，窮通利害，其大敵也。大敵乘墉而弗克攻，内之守禦嚴也。私欲未淨，處窮通利害之交，如大敵攻圍於外，奸宄竊發於内，雖有高城深池，亦瓦解矣。私欲未淨，心未澄澈，敝敝焉日以學問爲事，見聞益廣，才智益優，適足增其雜亂，長其驕吝。又如乞師於人，而倚爲城守，客主之情不洽，獷戾之氣未調，防閑之智先竭於弭内亂，不暇禦外寇矣。君子養心，不使有孤立之理。曰禮、曰敬、曰恕，皆所以爲仁。禮以行之，遜以出之，信以成之，皆所以爲義。多爲之塗，以厚其勢；又躬行焉，以調御其生熟。如大敵攻圍於外，謀臣猛將盡其捍禦於内，何圍之不固，何寇之不北哉？

思者，心之職也，養心者不可不善其思。一室之思，可決一世之得失。不窺遠，見天下，必非營營之思，無關得失之數者也。在人之思可通物類之頑冥，一氣感而有情應，必非憧憧之思無當感應之理者也。蓋天之使也，人之官也，以其主乎人，故可爲聖賢，亦可爲愚不肖也。以其受指於天，故止可爲聖賢，必不爲愚不肖也。是以君子愼思也。

修身篇

《記》曰：「修身以道，修道以仁。」故修身之事莫先爲仁，仁者善之總名也。陽氣條達之謂仁，含蓄生意之謂仁，和柔純固之謂仁，厚重不遷之謂仁，備德首善之謂仁，蓋義理所聚也。義理周流，物我無間，故有得於仁者，其心與天地萬物同其無間，不獨喜怒哀樂無不相通。凡殺一獸、伐一木，必以時者，無間爲之也。又一身之中，前後左右，無不有自然之則，安而不遷，凡視聽言動不蹈非禮，窮通得喪不亂滑固，皆人心所安也。通於物而無間，行諸己而不遷，仁道在是，爲仁亦在是。故從來聖賢論仁，惰慢必虔，間絶必續，外弛必閑，内縱必毖，孤立者輔，雜揉者純，敬讓而寡過，凝重而可親，專一而無二，若此之類，皆不遷之指也。順事恕施，平情量人，去壅閼而遊大通，洗昏昧而歸瑩湛，不以義度人而以人望人，若此之類，皆無間之指也。人生無限不仁之事，皆由嗜欲太重。凡事私己匈奪朘削，無不可爲，而不能貫通。幾微不謹，其心常放，榮辱得喪，易於攻取，而所守不固。聖賢克治之功，必薄嗜欲，嗜欲薄而清明在躬，天地萬物無不流通矣。存養之功，必謹幾微，幾微謹而放心常存，震撼攻取無不堅定矣。流通者，無間也；堅定者，不遷也。無間者，仁之量也；不遷者，仁之守也。其他大賢以下，所行皆理也，而未忘乎私；居身瑩然矣，而心未與俱。大義已乖，小有善狀，不足入道；偶爾慕義，久復懷安，不可致遠。能去私矣，而用力自遣，不勝其憊，未至拔本塞源，遊於無礙，與夫切於救人而忘其身，迫於致身而昧其義，如此者皆不可謂仁。其或志行過高，誠信不足，致飾於外，以取令聞於世，役於其名；所信未篤，常談疑難，自防而懷憂阻，知用力矣，猶以一簣之功虧九仞之績，其質雖嘉，狃小成之器而不克竟其量，此其人皆不可與論爲仁也。

其次莫如守禮。禮也者，效於天地，故物莫之並也。六氣之和以爲使，五行之物以爲用，法象以爲紀，九有以爲量，立義以定志，舉往以示來，蓋衆美之所會，以成其爲士君子之德者也。高者抑之使下，聚者散之使通，涣者聯之使合，血氣待之而平，養生待之而安，才猷待之而廣，深山側陋之儒待之躋于朝廷，傾側擾攘之世待之歸於畫一，機巧趨利、攖搏啖食之人心待之安于無能。君子危疑震撼之時得此有所恃，愚氓不識不知之中賴此有所托，其有益于斯人也，如用物之有藉也。所以不鄰於卑賤，而措諸尊且貴也。《春秋傳》曰：「民受天地之中以生，所謂命也。是以有動作、禮儀、威儀之則，以定命也。能者養之以福，不能者敗以取禍。」蓋五常之德，無所偏倚，故謂之中。受之于天，故謂之命。命也者，人之所以生死也。五德者，非吉凶修短之謂，而實吉凶修短之所由來，故亦謂之命也。聖人恐人自棄其德，是爲自絶其命，故生者相愛，死者相恤，所以教仁；進退有宜，取予不苟，所以教義；聘享有典，飲射有法，所以教禮；明先王之道，察治亂之原，所以教智；不盟詛而嚴於鬼神，不質劑而孚於符契，所以教信。此五德者，發於行事，總爲禮義；見諸容貌，則爲威儀。明此指者，進退存亡不失其正，憂虞悔吝不犯其身，所以保全此生，使不夭傷，故曰「以定命也」。賢智之士，有位之人，服事《詩》《書》，勤行禮樂，其受於天者豐，則服於教者亦備，是以亢宗庇身，以及子孫，所謂「養之以福」也。其或愚賤之類，不習《詩》《書》，不諳禮節，但能安其分義，以盡其力，三農竭蹶畎畝，戎士服勤守禦，百工量力授餐，商賈守本規末，使非僻之心無由生，游惰之事無由作，亦能儉以足用，慎以全生，是亦「養之以福」也。教化不尊，風俗日壞，君子不知禮義爲美，而奮其私智，日相角逐；小人亦厭農桑恒業，而肆其頑嚚，以相啖食，聖道隱而不章，主威弛而不畏，經術替爲浮華，學問助其機巧，僚友指爲畏途，親戚滋其怨府，所謂《詩》《書》禮樂、威儀俯仰，無不斲削淪喪，以至於殆盡，而欲集衆多之社，敝無窮之壽，豈可得耶？所云「敗以取禍」也。天下之亂生於萬物不和，而不和之故由於不中，不中之故由於廢禮。廢禮於微而求中和于著，廢禮於積漸而求中和於一旦，廢禮於近而求中和於遠，廢禮於上而求中和於下，不可得也。事事循禮，則各盡其道，合乎衆所共由之道則中矣。中之所發，用之必和。一身之內，形與神無憾也。所性之中，仁與義無憾也。人之相對，亦當飲其醇和，悠然自適，於俄頃間消釋鄙吝，受其裨益。此以和感，彼以和應，寧止橫逆不加，免於世網而已哉？是以君子必守禮也。

人有一嘉樹、一重器，尚且封植愛惜，不使曝諸風日，汙以塵垢，而況此身之重，此心之靈乎？修身之要有三：居心宜清也，養氣宜定也，威儀宜肅也。人心放縱之害與汩没等。滅卻一時妄念即有一時虛明，增益一端義理即有一端安閒。聖人之心或在天地之前，或在天地之後，在前者天地不能違，在後者天地若有待，如日出之初，萬物皆受其光采焉，所謂「居心清」也。非惟心不可放，即氣亦不可粗。心挾氣而動，氣驅心使動，兩相馳逐，如奔馬之失馭。君子非禮弗履，在乎平日檢察省畏，施諸臨事，豈有躁動失馭之事乎？所謂「養氣靜」也。且非幾作於中，必威儀喪於外，如心存好貨，則有傾身障簏者；心存好色，則有同車共載者。君子執虛如執盈，入虛如有人，不獨内境澄清，即容貌詞氣亦必端莊閒定，所謂「威儀肅」也。人之生也，所具之理皆善，積漸以往，則不善附焉。如明窗淨几，不移時而塵埃集；清池瑤墀，不歲月而苔草生，因積漸而有垢翳，因垢翳而致蒙蔽。聖賢事事克治，念念省察，隄防檢束，掃除湔洗，天分不足則借助于師友，師友稍遠則潛心乎書傳，與人相對則喜其聞過而痛其不聞過，自問其心則以知非爲快，不知非爲辱，然後義利是非確然見其界限，如白黑之不相亂，甘苦之不並投。善者如木之條榦、體之隻耦，不善乃木之旁見側出，體之附贅懸疣也。於其善者引而伸之，存而養之；於其不善，汎除遏抑，勿使浸長竊發，斯得之矣。所謂爲善者適當乎事之所宜，斯爲善矣；所謂爲不善者不當乎事之所宜，即爲不善，不善即惡矣。善無大小，凡有益於人者皆是。惡無大小，凡有妨于人者皆是。善不可悉數，書傳舉示大略已具。至於爲惡之端，則書傳不欲盡載，人當隨事警省也。威儀不謹，人見爲可狎；舉動不經，人見爲可駭；言行不稱，爲人所鄙夷；喜怒失節，人所不堪，莫不望而遠之，斥而絶之，一日之間，非簡細故以自崇，即飾私智以自奇，以此爲人所厭，皆不善之類也。蓋人心收斂不住處即謂之惡，人事筦攝不到處亦謂之惡。收斂不住、筦攝不到，皆心之怠惰爲之，怠惰非惡而何？所以能去惡者，警省而已。一卷之書，俗儒觀之，莫非名利捷徑；君子觀之，皆警省條例也。無事則臨淵履冰，有事則恐懼修省，治天下則思患豫防，皆警省之謂也。不獨省察惡幾，亦當省察善幾。蓋人心善幾常從私意中帶出，然其爲體甚微，常混雜不易識，零星不成段。君子於此，務在混雜者澄清，零星者湊合，其功與去惡等也。不獨省察惡幾，又當省察在己宿昔之病痛。如天性剛果，即不可遇事激烈；天性疏懶，即不可遇事解弛；平日浮慕居多，即不可存近名之念；平日私己居多，即不可存有我之念。有病即醫，知過即改，不可謂事已無可奈何，因而遂之也。今人畏禍憂譏，然後不敢爲惡，只此一念，已非率性之謂道矣。人性本善，率其性即不爲惡，不待有所恐懼而後不爲也。以恐懼而弗爲，若無恐懼即爲之矣。以恐懼不爲惡，猶好名而後爲善也。若此者，常懷自欺之心，未善而自以爲善；又長虚驕之氣，已善而自矜其善，皆不可久者也。且恐懼之心與好名之心，皆用於大善大惡，而小惡小善每不加意。天下豈有不義之事，自少至老，全不知非者？必其偶然知之，而曰此小善也，爲之無益；此小過也，不爲亦無益者也。則是有心不改過、不遷善也，謂之大惡可矣。人之此身既爲天地所生，凡所以處心應事莫不當與乾坤合德，仁民愛物，乃日用飲食之常，非可委諸分量之外，聽其缺陷，亦非待揣摩計較，勉强行乎闊大之途，實未離乎狹小之域者也。蓋體備乎陰陽，則可充塞兩間；性具乎健順，即可主持人物。有時自損所有以求益人，非有益爲之，仁在其中。動於不能自已，所以象乾坤之體也。是以爲善去惡之事不獨己欲爲之，又欲人皆爲之，善之在己與人共之，不善在人若己有之，因人有過而自省，自省即改之，不必己有過也。己雖有善，或取諸人而得之，或與人共爲而皆得之，不難分以與人也。以一人之身，鼓舞天下之善，又使已成之惡皆反而爲善，所以去其間隔而同天地之心也。但能爲善，不知去惡，則所爲未必盡合於義，敬君子而不能遠小人是也。但能從是不能遠非，則所存未必盡依於仁，欲爲君子而不能屏嗜欲是也。宗廟之敬、朝廷之嚴、閨門之和，皆自然之節文，不至於此，自是欠缺，不可謂我道已盡，人不我喻也。若此者，皆與天地不相肖，是以君子亟去之也。然而爲善之本在乎無欲，無欲則胸中無附麗夾雜，是以靜虚；行事無偏倚窒礙，是以動直。人心千頭萬緒，皆爲欲所使也。人事千蹊萬徑，皆爲欲所亂也。嗜欲之私，隱而未發，但此根猶存，終必萌動，所居所行皆足煽動其根，使之滋長。不實致其去私之功，而曰吾當如何去欲，不如法者非；吾將如何去欲，不如言者亦非。此亦畫地爲餅，不可啖也。

君子之修身也，觀宥坐之器，知盈必覆也；觀撲滿之義，知滿必毁也；觀水之赴壑，知處下多受也；觀土之生殖，知重厚多育也；觀川之懷珠，知潛必著也；觀蛾子時術，知積累有功也；觀鳴鶴之相應，而善其言行，使由近及遠也；觀歧路多迷，知善惡之分，其始甚微，終甚遠也；觀陶瓦之範，其初則圓，剖而爲方，毁其圓以爲方，合其方而復圓；知物我之間，貴其兼容，又貴其能辨也；觀善射者弦與鏃齊而後發，知用力不可不盡也；觀禽鳥之宿戢左翼而舒其右，知相依於內，禦患於外也；觀風雷飄忽猝至，迅疾不留，知遷善改過宜速也；觀蘋藻之微，用諸公侯之事，知小善不可遺也；觀溜之穿石、綆之斷幹，而懼夫朝夕之積劘也；觀鼠晝伏夜動，不穴寢廟，知有盜心者畏人也。觀醉飽傷生，多於饑渴；文字伐性，甚於顚蒙；法令誨奸，捷於教導；平野覆車，易於山徑；螘壞漏河，等於沃焦。是故君子慎所以狃之者。大盜殺越，不以晦夜；鼷鼠竊庾，不以拊揵；猛虎突藩，不以銜機；煙炎漲空，不以簸揚；烈火焚林，不以脂澤。是故君子慎所以縱之者。根本未固，不必豐其枝葉；親戚多怨，不必問其交遊；言行多疚，不必觀其事業；不見敬於州里，不必論其立於朝廷、臨於民庶也。蓋書於大帶，銘于座右，未若「不聞亦式，不諫亦入」也。爲君子者不可不知日損之義與居身之節也。

損剛益柔之謂損，說以行險之謂節。有餘之念，念之可損者也；不急之事，事之可損者也。玩好在耳目之前，聲名及四海之內。勢位爲親戚交遊光寵，良田美宅遺所不知何人，孰非念之有餘，事之不急者？君子損之，夫是以決去之。古之君子，頤指氣使之人，晏安鴆毒之欲，浮華無用之察，矜張誇大之氣，斥而去之，此損其過以就義理者也。謗我者，責我以善也，人顧怨之；君子不惟不怨，即所責之善吾既爲之矣，猶不舉以自白也。譽我者，勉我以進也，又顧狃之；君子不惟不狃，且因人之見譽而彌不自安，恐不鞭其後，則有愧于前也。此損其美以從有道者也。今之君子矜尚存乎心，不見人之勝己，❶間有

❶「人之」，原倒，今據清道光十七年顧氏刻本《繹志》卷二乙正。

見其勝己者，亦不承之以受益，而承之以媢疾，矜尚見乎面，人不肯以所長相助，久之不知人之遠己，而以爲天下之人無復勝己者，是以皆相下也。吴王曰：「若無越，則何以春秋耀吾軍士。」智伯曰：「難將由我，我不爲難，誰敢興之。」此亡國喪家之言，不知自省故也。取繁難之務，事事任之，以徇衆望，君子憂之；於名理之外，别求勝情，以邀盛譽，君子憂之；功在身外，若人器量已盈，君子危之；天地休否，若人體性獨怟，君子危之。若此者，病在不知節也。彼君子者，無餘念於胸中，無求多於人世，知好盡爲累，則常留有餘；知道廣難周，則力絶依附。常知己之不足，則勝氣日消；常知世之廣大，則溢情自斂。若此者，知節故也。恃刃之利而敝敝焉以割物爲務，必物與刃俱傷；恃知之多而敝敝焉以明察爲務，必身與知俱困。凡人處分量之際，禍福成敗不足止其踰越之心，知四時之必不可過，則詘然止矣。四時者，天地盈虚消息之節也。春夏之間，乘長養之氣，日見敷腴，未嘗充實也，未嘗堅凝也。秋冬之際，申以露，戒以霜，禮曰「天地始肅，不可以嬴」。天地之道原無所謂嬴也，充實而已矣，堅凝而已矣。君子以此爲心，然後所得於身者，皆充實堅凝爾。

至治篇

孟子曰：「天下之生久矣，一治一亂。」治亂相尋而天下之生未已，所以生者道也，故爲治必辨道。道不純備，雖小有善政，不能宏益斯人也。六經，經世之書也。唐虞以前，上以開物，下以資始。天地初立，而道行乎其間，《易》之指也。唐虞以後，迄於三代，乃漸備其法。人皆貪利，謹權審量，所以止其貪也；人皆好亂，立經陳紀，所以正其亂也；人皆徇私，禁暴戢亂，所以制其私也。有貢賦之等，有刑賞之制，有天人之紀，有君臣之儀，有傳心之學，有定亂之功，《書》之指也。人情之正、風俗之敦者，扶而進之，訓而迪之；人情之辟、風俗之偷者，革而正之，悼而憫之，使人憂深思遠，不害其和，樂生備物，不失其正，《詩》之指也。王道既微，諸侯惡其害己，削去典籍，無以知治亂之由、文質之中、制度之宜、義禮之公，曆數不合天時，禮樂不切人事，聖人因周禮在魯，可以該天下得失，故即其行事，正以大法，《春秋》之指也。《易》始乎三皇，《書》斷自二帝，《詩》舉西周之典爲多，《春秋》東遷以後，《禮》、《樂》之指貫乎歷代，如土寄王於四時，故曰爲治者不可不先定道術。道術既定，然後統紀可一，法度可明也。秦漢以來，節族乖方，人情倣詭，乃爲律令以防之。律令之文能治條教所及，不能治條教所不及，蓋任勢而已矣。任勢之敝，民有遁心，下情離叛，而上亦無以自安矣。夫一治一亂，天地時也。撥亂世，反諸正，聖賢力也。天生人物，共此水土之澤，嗜欲之情，君臣上下父子兄弟之恩，道德功名議論行事之迹，無不同也，而或以養人，或以害人，蓋由主持世教者代有不同，故所生人物亦不同也。凡水土之震盪不寧者，嗜欲之强暴不訓者，倫常之變戾、學術之偏詖者，皆亂君所使也。水土則演爲民用，嗜欲則各止其所，倫常則雍穆，學術則直方，皆聖君所使也。聖人於人物如其性，斯得其用；暴君於人物反其性，斯喪其用。六經者，復性之書也。其議道也，以聖人爲則；其制法也，以衆人爲心。於聖人見道之極，於衆人見道之同。衆人之所同，即天心也，治法盡是矣。舍此求治，必秦漢以下任勢之爲，不久而遂敝，似治而實亂也，故不足道也。

聖王治天下，物無不得其平者，平者治之至也。人世有自然之窊隆，不可復有意爲窊隆也。有自然之權衡，不可復自我爲權衡也。窊隆已定矣，或削之使夷，或附之使登，其爲不平更甚。權衡有常矣，更欲抗之使舉，抑之使墜，其爲不平尤多。山自高也，淵自深也，總謂地之平。天子、諸侯、大夫自上以下，降殺以兩，總謂泰階之平。不平者，地之坎窞也，水之湍激也，天下之危途也。彼民也，衣食豐足，室家完安，無饑寒流宂之憂，無刦奪盜賊之患，無刑辟死亡之悲，心之所安，足以達其性；體之所資，足以給其生，則治平之樂歸焉。其或徵發期會、幸榷括取之令不絕於朝，檢括漏田、隱實逋賦之車不絕於道路，齋醮土木極其狼戾，賞賚賜予窮其屑越，加以地力既盡，水旱不時，穀人不足于晝，絲人不足於夜，則不平之感生焉。夫興學命官，懸法布令，九譯順範，四靈來格，此治平之文也。五畝之宅，百畝之田，仰事俯育，勿失其時，草木蕃而禽魚多，此治平之實也。從事於文者，利害不相恤也，緩急不相應也。用掊克之吏，以竭民力；賈傷心之怨，以朘民生，一君之身所以自奉，天下不能堪也。億兆之心所以自私，人主亦不能堪也。從事于實者，賤金玉而愛善人，屏姦慝而親正士。聚民所欲，如居千石之官；去民所惡，如去七年之病。一身之中，筋骸毛脈，精氣莫不流通，既流通矣，各如其所當受，無偏輕重焉，無偏贅聚焉。蓋在民者欲其用足，用足則情志泰，而樂治之心生。在上者欲其事簡，事簡則謀慮周，而濟治之務成。古之聖王以一人經畫，散爲九州分顧，各得其程量而無軒輊。合九州九願爲一人治功，各歸其分際而無盈縮，所以謂至平也。

然其本則在君身。凡養民之法適以害民，乃乘人主懈怠之心而後爲害也。擊奸之令即以惠奸，乃探人主不誠之心而滋其欺也。聖王爲治，使天下皆聚者，精神先自聚也；使天下皆信者，肝膽先自信也。天地萬物之情可得而見，見于所聚也。飛潛動植之物各依其類，依於所信也。雌之伏、禽之化、蟲之祝，類聚此精誠，以達彼精誠也。處臺榭，欲安棟宇；食膏粱，欲無饑寒；顧嬪御，欲有室家；信己肝膽，以及人肝膽也。精誠之聚，仁也；肝膽之信，誠也；仁且誠者，致治之本也。天有三辰，綱紀星也，君之刑賞猶天之三辰也。國家之患往往以不急之務損其實力，至于慶賞刑威，所以親下而衛上者，反視爲故事。使有司輕重其間，失策之甚者也。先王立法，禮以旌之，義以閑之，而後刑賞之施，皆從此出。蓋天生是物，必使爲人用。既爲人用，必有法以禦之。金鐵之堅，可融液而柔之，使成器也。牛馬之悍，可服而乘之，使引重致遠也。刑賞者，治世之煅冶、銜策也。治平之世，冢宰班爵命，言官擊奸慝，鄉遂舉賢良，司敗論刑辟，直陳禮義，無所回互，其用甚直，如矢之急疾而能貫也。昏濁之代，其所是非未嘗不傅于禮義，或得諸貨賂，或得諸請託，或託諸權勢，或得諸私謁，或得諸報恩怨，其用甚曲，如以石壓草而軋茁于其罅也。夫以薄民試歛法，以邪吏治薄民，相觀以術，相劫以威，何馴習之有焉？譬煅冶、銜策雖具，而施之失宜，不周事之用，則成器致利者鮮也。且法行則人從法，法壞則法從人。師之初出坎變爲兑，坎者法也，變而之澤，有衆散之象焉，有川壅之象焉，是失法從人也。故以行師必敗績，以治人必生亂。郎顗曰：「王者之法，譬諸江河，當使易避而難犯也。」故法之平者，人不見其愁苦，然人之畏之，若絶澗之無游禽。法不平者，人不勝其酷烈，然敢于犯法，狎而翫焉。其故何也？法網日繁，果桃菜茹之饋，積以成贓，何其難避也？未幾而赦令已下，一經闓澤，即爲平人，又何其易避也？夫法不畫一，則國是不定；法可解免，則民聽不一。故治天下者，不可科條既設，復聽人自理；不可奏當已成，復别開二門。匡衡曰：「今日大赦，明日犯法，相隨入獄，姦邪不爲衰止。」皆以法從人之敝。始之難避，賢者喪氣；終之易遁，不肖得志也。古所云勸懲者，非以人情，皆慕賞而誘之使勸，皆惡刑而懼之使懲也。誘之懼之，出于其情，不能動乎其性，必有干賞而逃刑者。因有竊賞而蠲刑者，不肖之心更熾，不肖之行益多。苟有以動乎其性，使勸不以爵賞，好善之性自喜于爲善；威不以撻罰，惡惡之性自恥于爲惡，可以懸法不施，而世自治矣。且人有賢否，則法有重輕。以賢者用法則法重，以不賢用法則法輕。不賢之人盡以私行，故法不能縛姦，是以輕也。雖有賢者，不能於法律之外自行一事，僅能守法，不足大慰天下之心，故法亦輕也。其在上也，不賢者不啻行私，常借法以行私。其在下也，不賢之出于守法，以白其無私。賢者不敢自謂無私，寧人不問何法，皆能快所惡而恣所欲，獨賢者不然，法善則僅免于害，法敝則偏受其酷。然則法固甚便於不賢，甚不便于賢，此法所以輕也。刑賞之外，又當明好惡以示民。好惡者，同乎刑賞，而其實不同也。刑賞所以明法也，好之惡之，則是與人爲善也，望人改過也。且禁于未然之謂豫，録其能改之謂忠。蓋以人從道，不以道棄人也。懸爵紱以求直言，言未必至。好善之心達于天下，四海之内皆輕千里而來告矣。嚴刑峻制以懲奸惡，奸未必遠。聲音笑貌之間稍不假借，其人已知難而退矣。口雖未言，聲馳已疾；令雖未出，化洽若神。故曰同乎刑賞而其實不同也。然用法之道，君子、小人不必概施也。彼君子者，不貴於賞而貴有禮，不在於刑而在勵其心。彼小人者，非重賞無以誘善，非嚴刑無以止惡。若概施不殊，則兩無當也。

天下之勢有輕與重，極輕之勢非極重無以奪之，極重之勢非極輕無以矯之。人君操以御世者有美惡、厚薄、劬勞、逸樂之不同，有反經、任勢而得事理之中者，所以挽積重之勢也。凡不敬、冒上、無等之事，在乎比閭族黨積漸陵夷，恬不知怪者甚多；風俗之壞，因俗吏不知輕重，倒置紊亂者亦多。民間陵夷于下，俗吏倒持于上，奸人起醜正之心，愚魯之民幾何不怙亂也。又有甚焉者，政之得失多端，皆可隨事補救，惟大綱一壞，則無事可爲。蓋得失之繁，無不因大綱既壞而生，而隨事得失往往層累浸漬，而發於大綱所壞之處。如元氣虚而病生，百脈之病皆象元氣之弱，故唐有河朔，百事皆礙於藩鎮；宋有新舊兩法，衆難皆作於水火也。夫以民俗惡逆視兩造不簡，兩造其小者爾；以敗壞紀綱視期會不逮，期會其小者爾；以大吏府奸視小吏鬻獄，鬻獄其小者爾。天下之患在乎解弛大綱而譴責微細。夫大綱所在，豈無故而弛哉？必有所由以弛者，此不可令人主知也。故日有所按劾，以覆大綱解弛之失，而譴責益嚴，綱維益壞，風裁彌厲，中情彌怯。且按劾非人，則不肖之流得引賢者爲類，以亂其名。知名不可程，則力取其名以亂其實，而名實俱亂矣。人情至此，犯法者衆。爲人主者，雖與三公九卿聽諸棘木之下，不能不有所縱舍。其縱舍也，以爲寧取大而舍小，勿急小而遺大，無如大焉者力足自拔，小焉者勢窮莫告，曾不旋踵，大者免而小者誅矣。所以小吏被劾，皇恐待罪；大吏章下，逡巡求解。遲久不決，以待事會之轉移，豈可謂有綱維耶？豈可謂有風裁耶？覩一壺之冰，知天下皆寒也；觀一事之失，知百度皆廢也。是以奸宄生心，細人弄法，悖逆之子封殖而掎父兄，偃蹇之廝戟手而藐主伯，桀黠之胥破檻車而不糾，貪汙之吏檥篋輿而求生，要皆入粟可以焚丹書，出貨可以卜雞竿。車馬道路之間，相習而不怪；通都大邑之中，大言而無怍，皆上下相安，恬不知畏之故也。不獨此也，一介之士，幸而通籍，即欲于旦夕之間躐取公卿，而棄其舊學，以邀世資；鄉曲之秀，甫入庠序，不以爲居業之地，而比黨以邀公事；農、工、商、賈貲入稍饒，更欲遷其世業，係籍寺署，兼收乾没之利；府史胥徒疾士大夫如仇，思有以窒其隙而蹈其瑕；臧獲臣虜倦於役使，皆欲跳軀遠迹，自爲一家之主；辛苦力作之人，莫不思華服美食、豐屋重騎，而厭其治生之艱難，未嘗頃刻無探丸輟耕之志也。一人爲吏，子弟故舊人人皆有啜汁之心，匄請之賓車轍馬跡偏乎四海。大吏所過，馳馬車轝緜互數百里，旅次爲之充塞，商羈無所容棲，不知所載何物也。請求之姦，古云「暮夜將之，舉袖欲有所呈」者，昭然指以爲名而賦諸郡國，不知所輸何處也。侵盜官物，古所云「糾法也」，奸黠相語曰「但能侵盜盈千百，則事雖發露，可以不糾」，何也？爲有司者懼一朝決斷，則主名無人，所負無從出，故留以爲質，不知所擬取償者何人也。一入仕籍，歌童舞女之翫，日陳于前，后服帝飾，賤若敗枲矣；倡優角觝，莫不極華侈、窮壯麗，東海紫紘，南方火毳，習若緼袍矣；妖姬豔嬖，列屋而閒居，縹緲煙霧之境，綽約阿閣之中，砥室翠翹，閑房邃宇，莫不朝成夕毁，務以相競矣。減一飯之費，可活饑人數十。籍一家之財，可餉戰士千萬。後生小儒，焉知仁義？以鄉其利者爲有德，快意否耳？雖有四放之罰，猶不畏也。儻非或輕或重，加以權稱，于成法之外，有所取舍，矧曰其有能砥礪哉？然所謂輕重者，易置其人而已矣，未可議及法也。

法令在理官，猶經術在鄉校。人材不振，非經術之過；姦利雖多，非法令之疵。所當斥去者，亂法之人也。夫聖人者不擇世而興，不易民而治者也。不去亂法之人，惟求盡善之法，雖漢宣爲君，不能陳紀綱；雖王猛爲政，不能謹無良。故人有不善，法無不善。人可更，法不可更也。先王立法，但舉大綱，而損益存乎其人。法令有限，而治理無窮者，以人行法，不以法窒人也。以人行法，雖偶有未善，害之所至，與其人爲終始。法之本善者，固自若也。後世以不擇之人用有定之法，常以私意軼法之外，朝廷之上遂多爲之法，以防于未然，欲使天下不肖苟且之行，盡在吾法所及而莫能遁。夫先事之揣摩，既未必盡乎人之機智，而以防姦爲心，科條亦不出于中和。夫如是滲漏轉多，而法果不善矣。害之所至，乃以其法爲終始，不翅以人爲終始矣。是以一時救弊而貽患無窮也。故曰人可更，法不可更也。

且變法之事亦難言矣。先王所謂善政，

不過少取民財，重視民生，使失養之人有所依歸而已矣。府庫有時盈虛，則以節儉勝之，兼使天下務本力農，粟不屑越，財不耗斁；綱紀有時陵替，則以敬慎持之，兼使天下修明禮制，貴賤有等，名分不亂；習俗有時偏重，則以張弛相之，兼使天下鼓舞振作，志氣一新，風尚丕變。循是而往，可以數百年無弊。不幸而至于弊，乃所行不如古，非先王所遺之法一旦不可行也。如是而欲變之，先觀人主之心，心純全者，政亦純全；心偏駁者，政亦偏駁；心懈弛者，政亦懈弛；心繆戾者，政亦繆戾。故觀其政，知其心；聞其樂，知其德也。其次則存乎大臣之學術。爲大臣者學識純正，事務明達，操持堅定，才調精敏，與天下同其所是，則用天下之知而不自用其是。與天下異其所是，則反復究其不同之端，而不咈百姓以從己之是，不以我之義理從人之私欲，不以我之私欲亂人之義理。觀民者，所以觀己也。省己者，所以察民也。如精神不貫，學術不純，凡所造端，莫不滲漉，徒使威福借于叢神，貨利別有囊槖，怨謗盈于郊野，禍幾發於忽微。以爲民實頑梗，不足與謀度外之功，而不思發端原委也。成法一棄，人自爲心，各以智計相禦，無復綱紀，何有上下？如乘敝舟浮江湖，離其故處，未臻彼境，此時暫遇風波，不知何以自記也。

古人之立法也，除惡者既去異類，猶必謹其界限分別；立國者既作綱紀，猶必施以修飾愛護；制器者既成模笵，猶必加以采色文章。若此者何也？所謂法外意也。法外之意，不盡在法之中。倉卒變法，未得其意，疏觕之患，以次而作，行之未久，害且倍于前矣。更用新法，恐益紕繆。即欲循其舊章，而反復多端，如元祐、紹聖終不得指歸，徒爲小人攻擊君子之蹊隧耳。然以人用法，非故爲嚴酷也，適獲其分而已矣。保安善人，使不蒙其害，賢者之分也。禁伏凶人，使不稔其惡，不肖之分也。使賢者泰然無事，不肖者常若嚴刑在側，則法不亂矣。使賢與不賢皆無所恃以不恐，則法必亂矣。天道福善禍淫，或有未測，人主以賞罰贊襄焉，則法不亂矣。賞罰失正，以禍福俟諸天道，則法必亂矣。此何可不知治體也。

爲治必有定體，因天之道，用人之性，理有定質，物有定位，先後有定序，煩簡有定宜，措置有定勢，本末有定務，此爲治之體也。天之于物，各與以性命，即各賦以至理。先王順四時布令，因物理敷教，未嘗意決其間，因天之理也，因物之理也。參以己意，則物理不完，多所間隔。治天下者，誠知物理本然，則輔掖引導，匡正矯拂，總以歸于所固然也。此因天之道也。聖人能一萬物之情，以其反觀也。反觀吾身，四德備焉，即知人之爲性，莫不好善。聖王不止愛民，又使得其天性，而有降祥之吉；暴君不止虐民，又使反其天性，而有罹罪之凶。此用人之性也。皇極之理，居數之中，故治天下莫尚于中和。氣化不齊，裁而制之，勿使偏羸；形質有限，輔而翼之，勿使常絀。分四時，畫九州，序百官，所以裁氣化之過也；用天時，因地利，厚人倫，所以輔形質之不及也。此理之定質也。使小賢佐大賢，不使大賢佐小賢，蓋小賢不能無欲，而大賢必無欲。使無欲者主持是非，則所主無私；使有欲者奮其才智，則所爲必效。才智既效，而君受其成，人得所欲，共成無欲之治也。所減于君身者，亦不足給天下，而欲減之心，有一事之損，所益不止一事；有一物之省，所益不止一物。王者竭心思養天下，天下勤職業奉王者，此物之定位也。欲立法度，先正人心；欲明號令，先慎起居；欲用刑辟，先崇教化；欲撥亂興治，先使一綱舉而萬目張。故正其本者，雖若迂緩，實易爲力；救其末者，雖若切至，實難爲功。此先後之序也。郡縣長吏治告訐，詰盜賊，勸課農桑，平均徭役，雖有精察監司不可攝也；有京尹畿令伺姦鋤惡，則豺傷橫道，宰相不必問；有治獄令史、搜粟都尉各舉其職，問之三公不知，不爲曠官也。等而上之，魏明帝欲案事尚書，陳矯不從；孫權署小吏校事，陸遜不欲；唐玄宗欲自察郎吏，姚崇止之；宋神宗以吏兼商賈，舉朝爭之。等而上之，《書》曰：「厥獄庶慎，文王罔敢知于茲。」此煩簡之宜也。紀綱法度，必爲數百年之基。其自處也，動必由義，居必由禮，不以私智偏見取必于下，不以小智小惠掩私己之情，市利物之美。其論官也，有德者貴，無德者賤，不假借僥倖，不屑越名器。其取民也，不奪其耕稼，利其貨賂；苛以文法，以破其稸聚。其化俗也，不以輕纖奇巧之物先耕作織紝之器，不以輕訬傾覆壞敦朴豈弟之良心。其詰奸也，振衰剔弊，使頑嚚革心，髖髀畏法，雖反經任執，而得事理之中。其服遠也，修明政治，使順從者安寧，叛去者危殆。至於六軍雷發，三年震用，人不以爲勞也。其立法也，不以一事是非傷教化大閑，故功有所不可賞，刑有所不必用。寧旒纊以自蔽，勿縱小吏爲耳目。總以愛惜防護，與衆共存此大閑也。故曰去民所爭，奚獄之聽？兵革不陳，奚鼓之鳴？此措置之定勢也。君者，民之本也。心者，身之本也。京邑，四方之本也。《詩》、《書》、

《禮》、樂，五常之本也。創業垂統，孫子百世之本也。器有關鍵，繩有樞紐，得其要而執之，舉一可以挈萬；扼其幾而制之，即近可以防遠。樞要所在，壞尺寸則中絶；輕重相衡，加銖兩則衡決。彼刀鋸日敝，奸宄愈多，不能去爲惡之原也。古之聖王求其本原而治之，尊卑之禮，日在人心，雖有大惡，不敢動也；道義之事，日在天下，雖在隱微幽獨，不敢欺也。至于進退誅賞，乃成功之終事爾。此本末之定務也，此知治體者也。

若夫仁即恩也，義即威也。聖王在上，言仁義而已，不言恩威。舍仁言恩，民有不得其平者矣；舍義言威，民有不得其死者矣。經常之理，所以遠害。增一譙何，即撤一藩籬。闢者捷徑，即薉者周道。以設險爲未足，重之以銷兵，患即在銷兵之中。以懲惡爲未盡，加之以詗察，禍即起詗察之吏。變風俗者，不變其澆薄，而變其頽靡，則矜激之害作。正法度者，不正其紀綱，而正其緒餘，則幻詭之智生。格沮罪重，謬誤過輕，則朝廷之法不可勝易；平反有讉，羅織無過，則民間之罪不可勝誅。一大臣進而法一變，一大臣去而法一變，黜陟必有攻擊，更張動踰歲時，則立國元氣傷矣。國多商賈，紅朽之積必薄；士多聲名，宏濟之業必卑。當其所重，不重者必輕；當其所急，不急者必緩。必有一時偏重，喪終古所常重者矣；必有一時偏急，喪終古所常急者矣。敝文具而無實，事事完備，字字虛假，天下潛潰，而詔書所下，計簿所上，猶以爲至治之世，文具之害也。國勢未至陵夷，而陵夷之理已具，不能安靜敬慎，以待氣運之復，而朝廷動之于上，郡縣動之于下，必有力盡而斃之，患人心未正，法令已密，則姦宄益長，良直更困。

禮樂刑政不以教人爲心，而爲物采、爲威福，則上下相欺，傾險生焉。賞罰失中，廷無一言者，亡國形也。朝有失德，邊境晏安者，釀亂勢也。年穀豐登，愁色載路，重斂國也。法令滋章，桴鼓不息，賄賂世也。又其甚者，一代之初，司治法者不能與民休息，以綏罷敝；執治柄者，不能明道興行，以厚風俗。一切苛繳煩擾，矜明察之智，拔殲破柱，奮乳虎之威，雖居身頗清，而貴賤無等，鈐閣不嚴，威福爲左右所竊。威福所在，厚利隨之。後起者以爲利源在我，胡爲假人，遂取而自有焉，而簠簋不飭矣。事雖稍敗，文吏方欲執之，而奥援甚堅，非法所得取，竇穴不塞，遂成蹊隧。至于十年生聚，十年教訓，固不暇講求矣。禮樂教化，所以養人廉恥之心，使知自愛而不犯，有司者益不暇修飭矣。重賢德之品，省告訐之俗，使禁網疏闊，民安其業，吏愛其下者，亦不暇勸課矣。湯火之慘暫戢，遠大之猷已隳，不過一二紀之間，天下蕩然，綱維盡裂，權譎紛起，百孔千瘡，坐視而不療，拒虎進狼，後來者益多。間有憂民之言，皆以爲貨財所從出，力役所由供。吾之供億不可乏，則彼之性命不可盡，朘胝不可傷，非有天地生成之心，聖賢胞與之念，不旋軫而沮于艮限，障以豐蔀，鮮逮下之澤矣。故其爲治也，無王者之豈弟，而誤認爲姑息。舉世縱其威克，而姦利愈多；利夫釐毫，害靡國家，而不能勝也。蓋由定制之初，未及澄清爲治之原也。室中不能糞除，則道路蕪穢無暇芸治矣。婦姑勃谿相稽，則鄰家詬誶無暇訓敕矣。天下之人皆竊藏以爲富，胥戕以爲生，犯禁以爲勇，亂義以爲智，則人主賞罰無由勝其譎詭矣。夫木之堅也，非雷不能震；草之柔也，非露不能潤。治天下者，剛柔張弛，焉可不觀天道哉！此不知治體者也。杜恕曰：「萬物皆得其體，無有不善。」故其所著書名曰《體論》。蓋儉人能鼓神姦而不知大體，知大體者惟方正君子耳。人主所與共治，舍此誰屬哉？

爲治之道，揆度易而畫一難。參衆論則築室道謀，矜獨斷則具曰予聖，是以難也。聖王爲政，務使行仁者獲其樂，好義者遂其安，天下之人皆明道而知性，安上而貴己，奉法令不拂其情，親戚相保，不知所歸德。下無異志，上易拊循。通乎盛衰，不失厥指，而治可畫一也。隆禮義則士有定學，用賢才則官有定人，重公論則國有定是，尊舊章則朝有定制，慎賞罰則下有定趨。凡長治久安者，皆其有定者也。凡數動易驚者，皆其無定者也。有定則民氣恬，無定則人情駭。民氣恬而國勢安，人情駭而君位危。君人者就安存而去危殆，不使羣情駭亂，所謂畫一也。府庫足以給班賜，品節足以杜淫侈，等級足以裁僥倖，名位足以任賢德，物采足以定經制，考課足以勵職業，世業足以息姦志，湣風足以革薄俗，生養遂則樂，上下定則安，賢知進則道行，忠信著則士奮，禄養厚則吏廉，恩倖節則役寡。普天之下，無愁慘之氣，無傾覆之習，無失養之人，無遺棄之士。朝廷之上，不必有非常之功與无妄之福，士大夫帶縱垂纓，而談者無無稽之論，弗詢之謀。此畫一之效也。人主以寬仁爲心，德化爲務。寬仁者，天地發生氣也。刻急者，天地陰慘氣也。發生之氣乘權，風皆和聲，律皆和律，人居其中，樂事生而忘勤苦，往往慰勞相勸，歌詠相答，雖有衣帛食肉之須，而無竭澤絶流之貪，無適不有其太和。于時秋也，陰慘之氣乘權，鷙鳥猛獸競起而害其羣。人類之中其勤于治生者，亦事網罟畋漁，大爲物害，以傷天地之和，而不謂不仁也。夫螘之微也，感春氣而出穴。鷹之鷙也，化和風而嚶鳴。天地仁厚之德潛孚于物，如此，人君安可務殘忍乎？凡法之用，非君能自按之，不過假手有司。立法太嚴，必有不當其實之弊。誅衆不肖，未必懲惡，萬一誤及賢者，則人心遑惑，趨避横生，恥於罹罪，不恥欺天，莫不飾智以邀名，賦斂以行賂，高論以詆俗，盛氣以立威，不踰數月，以虚僞欺人主者，騈首而徧海内，其弊使黠者免脱，朴者雉離，所謂明覈安在乎？

古者爵不踰德，刑不溢罪，賞不自賞，當其賢而已；刑不自刑，當其罪而已。雖一家之中，父子兄弟不相及焉，宜若不甚烜赫者。然圖賞者勇躍而趨，畏罪者恐慄而避，不踰德、不亂罪也。後世爵人以恩，恩必及其家；刑人以怒，怒亦及其家。或不以恩也，誘其鷹犬而光五宗；或非所怒也，憂其報復而沈三族。是以一家之中，賞既叨竊，刑亦參夷，其畏威懷德，宜倍往時矣。然感恩者不懷，服罪者不恥，踰其德，溢其罪也。小人之道益長，長于法網日繁；君子之道益消，消于名義不貴，兆民安所取則哉？凡物之輕重懸于多寡，天下之輕重懸于利害，利害所在則重，利害所去則輕，本末大小所以相使，計一失則本末易操矣。君尊臣卑，是以相從，權一失，則尊卑易位矣。以爲爵人之柄不可下移，于是聞其薦引，疑謂有私，則從而靳之；以爲兩下相訐，非人情所樂也，于是覩其彈章，觀其爰書，則曰公爾忘私。此懷一偏，羣下窺伺，顯以爵賞由上，潛以威刑由下。夫爵禄雖人所趨，然有好者，有不好者。其不好焉者，雖日懸官爵于市，無由招致。

至於刑罰，則不可堪忍，勢不得不求避。苟欲避刑，無不趨走權門，而權門亦持此爲市。賢與不賢，皆可脅而致之，使爲吾用。是以君日處其輕，臣日操其重，惟辟之威默市于虚文之彈章，實顯操于可畏之刑戮矣。古有大奸雖去，而朝廷之權從此盡失者，賢否不明，誅賞無法，漢桓帝、晉惠帝是也。名爲獨斷，而朝廷之勢因是彌輕者，旁側出令，宰相不聞，宋理宗是也。彼聖王者，不弛其柄而已矣。不在嚴酷也，牛馬維婁，所以制猛悍也，然其爲物，一切以柔牽之，未聞以剛。蓋服以義，非服以力也。聖王以寬大之政繫屬天下人心，使人安于義，則亂自不作。以强教悦安，使天下皆居無過之地，則刑自不犯。天下無不定之志，則無不守之法矣。天道運而無迹，令人可測者，誠信而已矣。《易》曰「或之者，疑之也」，謂其「上不在天，下不在田，中不在人，故疑之」。疑之者，審天人之分，不自信其心也，非謂設疑待事，以不信期天下也。聖王戮凶無重，賞善無輕，恩不中絶，教無二可，示民不疑也。夫當得者曰分，當爲者曰義。分也者，所受于天，所受於君也。義也者，受于天者爲之以天，受于君者爲之以君也。自公卿大夫至農工商賈，莫不有義，莫不有分，合于分義者，無所用疑也。不合于分，不合于義，直據其事決之，何疑之有焉？疑積于心，賢與不賢皆不得以分義事上，而必出于機智，機智事人，賢者不如不肖之能也。與其盡天下疑之，何若擇之于先，用之于後？苟擇之患其不精也，何以知疑之失于未當也？既不能崇重禮義，止爲惡于微渺，又不分别淑慝，不使爲惡者得至任使之地，徒欲人人疑之，事事防之，疑之深則人無奮志，防之密則人有遁心，往往杜絶關通，因而至于蔽匿，倏忽之間墮其智機中矣。是以上下相伺，未知其極也。

聖王治天下，其事不一類，其理皆可通。禮樂制度，先王所以合天下而使之偕來，來天下而使之族處也。黼黻文章不可人人服也，辨其名器則同美；態色好言不能使人皆悦也，威儀可象則同敬；浮華綺靡，有好之者，有惡之者，示以敦厚則同趨；貨利山積，有聚之者，則有散之者，砥節勵行則共尊。性行不均，高卑異致，得失相補，歸于中和則皆吉；情智深阻，嶮于山川，銛于矛戟，而平易近人則考終；志趣高邁，重之者如山，輕之者如草，而純粹履道則可師。凡可以相通者，皆天下之至公也；其不能相通者，皆天下之至私也。至公之理，可以行之于此，象之于彼，萬姓喻焉，萬國從焉，萬世法焉。故貴可通于賤，賞可通于罰，洒掃庭内可通于弓矢、車馬、戎兵，五服、九畿之情可通旃厦、山砠、水側，匹夫匹婦勞苦愉佚可通朝廷之上，官署之前，前聖之知通乎後世，後聖之行通乎前世，子孫興替之狀可通于開國之初，天地鬼神之心可通于政教號令也。如其不然，宫庭之内、寮寀之間不能通也。天下之人生其時、服其令者，父子兄弟不能通也，州里鄉黨不能通也，而況上下乎？故相通則治，不通則亂。治安之日，物産豐盈，資待充足，人情不期而驕侈矣。閭里無犯法之民，無犬吠之警，長吏卧治而興禮樂文章，綱紀不期而廢弛矣。世臣豪族席累葉之資，田園踰制，室廬踰制，妾媵踰制，蒼頭廬兒踰制，務此無已，以迫促細民，細民不期而怨怒矣。民間不覩兵革，士大夫恥言介胄，游惰之人飽食煖衣，嬉游烏集，日逐蒱博飲酺以自耗，適值乏困，相從爲盜，兵戎不期而伏莽矣。

以天運言之，天道五年一變，五行相勝，以五成也。十有三年一變，歲星一周也。三十年一變，天道小成也。存亡之數，不過三紀，歲星三周也。十日十二子相配，數窮六十。以日計者，七日而復。以月計者，八月而有凶。此皆必變之期，不獨漢人三七之厄、五際之會，神在天門，災成戊己也。天人之變若此，雖聖人如之何？聖人處此，必使上下之情相通無間。莫尊于君，至無上矣而尚賢；莫貴于君，至無虞矣而畏民。善無微不積，若累土成山，投秉盈倉；惡無小不懼，若信彼桃蟲，翻飛維鳥。防以止水，不潰于渠衝，潰于蟻穴；虎豹服猛矣，係踶不能困者，蟣蝨困之。天下之事莫不防諸重大，壞于忽微，此無他，皆以有所間隔，故至于此。聖賢居上能敬，居安能戒，高而益下，勞而益謙，盈虛消息，如環之無端焉。武王王矣，衛武公耄矣，箴、儆之旨見于《詩》、《書》，皆以通乎上下而使無間也。既無間矣，又何疑之有焉？

有初定之治，有盛大之治，有中葉之治，有衰亂之治。天下多難，雖有聖人之德，不能下逮民間。迨削平禍亂，則宜平易以親之，安靜以息之。忠恕所以爲平易也，仁厚所以爲安靜也。恩澤不如平易，震疊不如安靜，順民所疾，因而更之；揣民所鬱，從而宣之。不以土地所不宜責也，不以習俗所不便强也。九圍之内，小有不正，不必急于剗除，但持之以靜，久當自正。此初定天下之治也。迨其後也，土地既廣，邊防有不周；財貨既豐，宿吏多中飽；兵革既盛，餉勞亦繁；人才既衆，文具益勝。于斯時也，邊以不拓爲廣，財以不殖爲富，兵以不試爲威，賢以敦本務實爲寶。君相奮志有爲，而處之以中，處之以常，不違衆論而自作。此嗣盛大之治也。中葉以後，官分南北之司，民有兵農之别，賞雖具而下弗慕，罰雖施而人莫懲，髖髀之家格有司法令，壅蔽之官塞君上聰明，深宫荒晏倦勤而好大喜功，猶復不戢，大臣處外，章奏批駁，動須復請。於斯時也，不憚改悔之誠，則前此之患可除；旁求補救之方，則後此之治可久。要使天下之柄常在君子，不在小人；常在政府，不在旁側，則可數世無患。此中葉以後之治也。若夫將傾之勢而欲正之以道，孔子墮三都是也。不去三桓，魯國之事必不可爲；不使三桓自墮其都，公室之難又將無已。孔子于此，明君臣之義，以正人心；修文武之法，以匡亂俗；定教化之指，以一道術；正雅頌之樂，以導和氣，皆欲喻强禦于道，而輔公家以禮，舍此不爲，則更無可爲者矣。此際衰亂之治也。四者天下之至理，聖人之大用也。

四治之外，更有四要。行義以立功，去奸以息難，忘私以聚人，持正以定命。何謂行義？一怒而安天下，則孟津之會不期而至矣。辭九夷八蠻之贄，則明堂之位舞四荒之樂於門外矣。❶姬姓子弟不狂惑者莫不爲顯諸侯，則本支百世，卜過其曆矣。文王、武王有大功于天下，行義致之也。何謂息難？天下之禍先伏於憤之積，徐發于義之動，内有君側之惡，則外有晉陽之甲。操大政者，除桓靈寶於微，則丹徒義旅不因是移晉祚矣；置董卓於遠郡，則西討之師不因是亂漢室矣；無十九年竊位，則范陽無偏重而天寶不亂矣；不沈溺諫臣，激怒强鎮，則沙苑之師不敗，嗣襄王之難不作矣。失之于此，害成于彼，故曰「去奸所以弭亂」也。何謂忘私？

❶「明」，原作「名」，今據《繹志》卷五改。

人類相聚，其道有五：先聚己之精神，而後人可聚也。繩束以名教，使有所矜式，而後不亂也。以道義相終始，而後可久也。總其大綱，貸其末節，而後相安也。進而有爲，人有士君子之行，而後爲同德也。最上化之，其次勞來之，最下者維繫之，故曰「忘私所以聚人」也。何謂持正？籍天下之兵盡歸朝宁，不可爲强；括郡縣之利盡入内府，不可爲富；文法太密，事權太分，不可張國勢。古之聖王至誠待物，使四海九州同于翼戴。天子不必私武夫爲腹心也，京坻之積藏于民間，勿割肌膚以奉朽蠹，則倉庾之盈流諸不竭矣。宏裕坦蕩，使賢者得盡其長，勿以小謀間大作，勿以局外之論操局中之進止，則羣策不屈，衆志成城矣。禮義廉恥，以助立國之防，爲經制以定天下之心；盛德大業，以彰三才合一之理，所以爲子孫帝王常久業也，故曰「持正以定命」也。四者致治之要也。

讀書説

務本

聖賢立教，欲使天下之人同爲聖賢，故《論語》首篇皆言務本之意。天下之事莫不有本，本盛則所生亦盛，本良則所生亦良。蓋天下之物，觀於其末，見其一端，不能見他端。觀於其本，條幹雖多，可一覽得之。此論知者貴乎識本也。其行之也，一事自爲一事，彼此難以相通。操之有要，力省而功倍。此論行者貴乎舉本也。凡事之本，莫非義理，放乎末流，則爲情欲。君子務本，故不溺於欲；小人逐末，故不洽於理。聖賢教人學問，欲其以本務勝末流也。古人未生胎教，既生保教，故爲學之法自童稺始。凡教幼子者最忌舉動無常，宜先之以德器；又苦識趣卑陋，當次之以胸襟，不可不出爲世用也。故書名點畫之類，灑埽應對，《少儀》、《内則》之篇，亟就外傅學之。十五入大學，則必授以經史。此正始之道，人才之基，學問之原也。然矜心勝氣，辯言小慧，皆學之累。虚浮華美，轉徙流遁，又德所由喪。晏安偷惰，護前文過，則善端潛消，惡幾易熾，故必大爲之防焉。既道以善行，又阻塞惡竇，如此而人才不成者，未之有也。聖王治天下，少則習人於學，長則材人於位。少之所習者，本也；長之所材者，末也。末者，所以驗其本；本者，所以資其末。由本及末，則輕重小大，更可相資成功；内外隱顯，亦相輔而日進德矣。《書》曰：「善無常主，協於克一。」一者，善之所止也。聖賢之言，即善所止。蓋欲有一綫未泯，即理有一綫未湣。聖賢之言，欲盡理全，全斯止矣。所言之道皆仁義也，所言之事皆禮樂也。《記》曰：「天高地下，萬物散殊，而禮制行焉。流而不息，合同而化，而樂興焉。」禮樂兩端，如世上兩大城郭，幾許物類莫不依託其中。仁義者，禮樂之本，孝弟又仁義之本。故程子曰：「盡性至命，必本孝弟；窮神知化，必由禮樂。」以此思之，説理雖精而無當於天性，應務雖通而不足於中和，皆無本之學也。爲學爲治莫不皆然，一隅之察，一事之宜，不能有益世道人心也。

理事

學問之道，理與事之相須，猶形之與影也。涉獵典故者，雜而不貫，常以多自愚；善言名理者，華而不實，常以眩自躓。涉獵之病，馬融、何晏有之，學博而知昏，故失身而不自知。空言之病，王衍、嵇康有之，體遠而遺近，故履危而自以爲安也。聖賢之學，體則兼全之體，用則兼收之用，務使其身爲衆理所會，然後可應庶事。故其教人，凡禮樂名物、古今之事變、人倫日用、情文恩愛，粲然相接，殷然相向，莫非天下之實理，莫非生人之實事。蓋以實理實事約束紛紜馳騖之心，或大或小，皆求其實，則凡事悉由規矩，凡理不墮虚浮。故董仲舒《春秋》之學用以禱雨而效。過此以往，不知不害爲君子者，可不必學也。凡爲善而不終，行善而多阻者，學聖之無法也。學聖賢者先學其齋戒洗心，以爲窮理之本，然後學其默識心通，以爲應事之方。所求乎卷中者，偏於理、偏於事皆偏也，偏於靜、偏於動亦偏也。理達於事，事達於理，動不礙靜，靜不礙動，而事物之中道始存。以我曲尋古人之義不可，把捉古人之義彊來就我，就我意見固不可，就我嗜好尤不可也。故凡前賢議論，驅遣書傳以從己説者，非讀書法也。讀書惟漢人最確，原委得失較然不誣，取舍勸戒屹然不爽，諫章則少文多實，議事則守經據古，絶不假借牽合，以伸己説。讀書若此，故胸中所得義理亦無假借牽合之病，粗者即粗，精者即精，大者即大，小者即小，非粗者必欲求諸精，小者必欲求諸大也，非精者遂不必求諸粗，大者遂不必求諸小也。體驗未深，惟簡擇古今最勝之理，藏於胸中；推勘未細，惟將胸中所積最勝之理施諸事行，往往戾于時宜，拂乎機要，舛午乖剌，迴穴錯互，自謂本諸淵海，遇人不服，則盛氣奪之；遇道有礙，則博辯争之；遇時有窒，則倔强守之，以不純不備之指，據爲不可易之説，假借牽合，毫釐千里，不止一間未達也。士大夫居下位，處貧賤時，不以經術充實其中，一旦立兆民之上，事務煩擾，人情嶮巇，精力匱乏，世局錯亂，不能遵先正規模，而決其成敗，所倚仗者不越徑寸之胸次，世俗所云聰明智巧已爾。天下國家之事盡以聰明智巧處之，自然多所錯誤，無限不善之端乘間而出，引其身陷溺而不可援也。天下至理所在，古今治亂初無間隔，不可謂有餘在己，不足在人；得則在己，失則在人。夙昔苦于未知，即以學去其障；夙昔苦于無能，即以學充其力。我欲爲聖爲賢，而取諸古語以爲鄉導也。但能竭力用功，至誠立心，不取效驗，不記歲月，矜色溢氣消除殆盡，中和之理流動充周于胸臆之間，如衣之附體，無所往而不相尋，則是非得失、經權常變，莫不剖判分明矣。若以聞見爲美，日誦萬言而不得其理之所在，雖稍得之，不能了然于心，充然于心，掩卷之後，依然鄙夫之胸次。臨事號召，無以取諸左右，則不足貴矣。

行　習

學宜謹内外之際。凡博聞廣記、聲譽名達、矜心勝氣、辯言小慧，皆務外者也。凡誠切警省、勤敏篤實，皆務内者也。務外者，致飾喪真，非成德之器。一涉于彼，即不能返此。爲之益熟，則居之不疑；用之益工，則箴之不痛。終其身不自知者，如未嘗學者也。務内者，誠則不欺，切則不浮，不分心于情欲，不阻喪于苦難，不怠棄于半塗，按其節次，時其生熟，無分外之求、意外之得，其益不可勝述也。聖賢欲天下知學之人多，非矜喜其少也，故其持論往往近于平夷，而樂于共至。人所同得，而我先得之，非謂人所不得而我獨得之也。故爲學者務得實地踐履，實地中行。蹈空者顛覆，倚空者傾頹。讀書而汎濫無歸，浮華不實，何以異此？河間獻王好書，務得事實，每求真是。蓋無所見者，於書求之；有所見者，於書證之。有益於道者取之，無益者略之；有實用者存之，空談者屏之。邃古載籍，近世文獻，必服膺而景行。理之深者，不以淺嘗；序之漸者，不以猝至；論之篤者，不以泛觀。一語一言，無不引伸而及於學術，無不引伸而及世道人心，要使數千年學術事功如以身親歷其間，而不爲臆度懸想之説，庶不媿好學之稱也。不可矜古人已定之名，而迹其已然之功，當得其功之所由以成，名之所由以不誣，則其理庶爲我有，變通亦在我，而無不受益於古人。又使無形之理具於吾心，如有一物可持，如有一城可守，持之無失，守之無遷，日積月累，所得無垠，又且誠意懇至，感悟深微，學周公則見於夢寐，學堯、舜則見於羹牆，學文王則得其形狀，皆誠之所感也。至誠所感，亦可增長聰明，正苦一問未達，精於所讀之書則達矣。即有未達，亦可尋古人成法以達之。要在攻去自己之私心，獨力恐不能勝，則合古來聖賢之力以攻之，未有不勝者。此昔人所以多讀書也。今人學問愈多，私心愈熾，不求我所取資，但欲評量他人，援引古人，以彌縫身心不善之端，假借古語以指摘他人爲善之事，以前聖格言助吾文辭典雅，以前代成敗資吾文字辯博，終其身無一可紀之行、可法之言，是有狐白之裘而反衣也。夫文字之業未嘗不有益於人，以爲觸目警心之具則有益矣，以爲矜名逐利之具而淫心以求之，不惟無益，又且陷溺日深，非舟航所能拯援也。

讀書義理宜精，然用功次第亦不可不

知。蓋聖賢之功絶有次第，積漸以往，層累而至。若金銀銅鐵，攬作一器，非良功也。其始也專精一書，一書之指既爲吾有，所得雖少，皆有實際。以此更歷諸書，亦皆實際矣。《大學》一書，既有義理，又有次第，如人之居宅，朝夕出入其中。《論》、《孟》如人之田疇，衣食所從出，然而不在一處，有經年不一至者。所以《大學》最爲門户，其餘未盡之理散在諸書中者，緣此求之，即能深入其奥。目通而心未通者，不可居之爲理；意至而身不能至者，不可任之爲事。寧取其少而守之堅，不取其泛而施之雜，要使心氣浹洽，義理貫通，盪滌胸中淺俗鹵莽之氣，日進高明細密，闕者俟補，斷者俟續，善者宜護悉，惡者宜驅除，一觸動即可參前倚衡，一省悟即可悦心研慮，不可一讀再讀而遂輟也。更可慮者，涉獵未深即捐去卷策，少間遂認初時涉獵之見妄爲至理、爲定解，他時即心光偶露，又被前此疑障裹定，不得迸出。仁義禮智之説，日在輔頰，問其所以然，鮮能指一事實之。平日未據實地臨事，自不爲用，雖意見偶合，亦復不能自信，交臂而失之矣。柰何以讀書既多，遂謂能畢爲學之事乎？

義　利

爲學先辨義利，義利未清，終身夾雜顧戀，宅心處事，必不在中道與正理也。今人立身行己，多是私欲；謀人家國，亦是功利。好責人而憚於自責，就所安而遠所畏。凡可以害道義者，皆利也。學者此身此心無一刻非道，所流見與所盤旋，出入起居，羹牆寤寐，皆是物也。一遇聖賢之語，或相印證，或相觸發，自然入之深而守之固，用之精而赴之勇。蓋人心原是義理結成，只一撥動，便如撥火，引之即然，延之即遠，如之何不深且固、精且勇也？若不用以精氣，殊爲可惜。若復用以逐利，其撥動牽引亦猶此，則陷溺滋深矣。今人所云吾心靈變者，全是利欲之心，助其機巧，見爲靈變，其實是大憒憒。至真正潔白高明，絶無利欲處，便自嬾慢，不肯用心，豈非大憒憒耶？辨義之學，先以窮理。窮理之功，非茫無畔岸也。大儒之學，本於天之所賦，故子思首言天，董子亦然。其次則心之所存，體之所具，身之所接，皆理所寓。此外則有人、有物、有鬼神、有古今，亦皆理之所寓，莫不明白坦易，充足雋永者也。平日洗滌此中渣滓既淨，然後觀理之時，所發皆正念，所求皆正道，而與義相入。若渣滓未盡，正理不治，鉤棘險僻盈其胸次，則所求乎義者莫非利欲之捷取也，何以得夫事物所當然與其所以然乎？故精義之功在乎窮理，窮理之功先以洗心。此之爲學，亦不必堅白同異之察，六合九州之外矣。

論著

天地之道非文不宣，猶玉不可不琢，皮不可去毛。故陰陽相錯之謂文，物我相交之謂文。入則有夫婦，出則有友朋，位有君臣，體有左右，程子所云「一不獨立，二則爲文」也。聖賢制法作事，皆引天道爲本統而附續萬類，凡王政人事法度無不麗焉。故文章非一人之事，爲文非私己之業。取其可繼微旨，可通王道，彪炳于陰暗之時，經緯于明備之日。不本乎天謂之誕，不益于人謂之鄙，君子不好也。「敬以直内，義以方外」，所以立德也。充然于心，盎然于身，因而授諸簡札，所以居業也。忠信爲進德之質，德日積而不自知。修詞有可見之迹，是以爲所居之業、進德之實可于修詞驗之。君子終日乾乾，猶不免以詞見者，所以自考也。以爲非敬不立，非義不宣，惟此可以觀心，而爲德所託也。人之有益于世者，莫如功業。功業既成，則可轉亂爲治，轉不肖爲賢。然功業不可人人，而爲功業者又未必稱其所學之志，故不可無著述之業。辨析義理，使明白痛快，如披雲霧而覩白日，亦能以治易亂，以賢易不肖也。然著述之業有指趣，有條目，指趣體也，條目用也。明道有明道之體用，事功有事功之體用。有體而無用，可談説而不可施行；有用而無體，施行雖赫奕而義理無根株。《易》之爲書，至約之理存乎卦之畫，至廣之義發乎爻象之辭。畫本乎天地，辭括乎人事，本天地爲體，括人事爲用。此《易》所以爲文字之祖也。聖賢爲學，合義理以爲體，授諸簡編，則又包括庶事而爲用，其所授簡又可自爲一書，以爲天下後世義理之體，而隨其日新遞益者，又足爲體中所具之用。此聖賢所以爲文字之源也。蓋著述所以立法，立法所以經世，故學不苟博，必求天地之心；文不苟作，必協動靜之義。揆天道，質人情，按古法，正時事，所謂文也。蓋由存諸心者精明純粹，精明則有光采，純粹則無瑕疵。既已精明純粹，則常矜乎人之未至于是者，未免處乎暗室，行乎危途，不得已而著書立説，以開示之。其約也所以舉其大綱，其詳也所以示之節目。約非不足，詳非有餘，以爲天道有示人之處，人事有應天之處，使吾之是非曲直無不與天地休咎、禍福相應，然後從吾説者能免鬼神之譴責、人主之刑罰、陰陽之災沴、人類之傷殘也。揚子曰：「春木之芚兮，援我手之鶉兮。」言春木芚然而生，譬若孔氏啟導人心，援手而進之，相與游處，涫乎其安之也。若不以拯援爲心，則聖賢不著書矣。且天地靈異之氣不常流露于世，其篤生也必有爲，其成質也爲大慶，與天下後世共登仁壽之域，豈一身之事乎？文之美者君子樂取之，樂取之者助其爲善之心也。文之惡者君子厭觀之，厭觀之者恐助其爲惡之智也。使君子樂觀、小人厭觀者，君子之文也。樂觀君子之文、厭觀小人之文者，君子之人也。戰國以後，聖學失傳，士之爲文者不必本道德，是以有文采者苦于道德不足，有道德者苦于文采不揚，而時之所須又不必盡合道德，但取措置事務，功成而無後患，是亦文之有用者也。所以體裁日下，去道日遠。揚雄譏其雜而不純，李軌斥其動而愈僞也。蓋文之美者，如金銀銅鐵皆可煅鍊成質，以爲器用。百鍊之後，即銅鐵爲質亦能水截蛟龍、陸斷犀象。惟無用之言，如奸人假造銀幣，非不爛然光華，若入火煅鍊，即與煙燄飛去，化爲烏有矣。儒者論文字短長，娓娓可聽，井井有章，偶爾自作，輒以飣餖成質，採掇取妍，向之娓娓井井不知安往，此入火飛去者也。君子有言，要使當世知禁，後世知戒，主于表章善道，垂示法則，而佐以貶惡以防闕失，猶夫陰陽之理，陽主歲功，而陰佐以肅殺，皆以生成萬物，非如酷吏斷獄，一切致人死地而後快也。太史公曰：「《春秋》采善貶惡，推三代之德，褒周室，非獨刺譏而已。」故爲文者亦當以勸誘爲上，規切次之，嬉笑、怒駡、佞諛、嘲哂，品之下者也。寧端莊，勿痛快，令人改容而禮之，不令人解頤而悦之也。事之反正，最甚者祕而不録，所以存萬世之大防。若詞之詭、辯之迂，不能使萬物得其序，五常得其倫，適足擾亂時政，敗壞人心，君子之言豈肯類此？嗟乎！天下之大，古今之久，一人耳目心思所及，幾何著書立説，總非格天之業，況以屬文爲事，原與物欲相近，最易牽引而至陷溺。故昔人五世之業，至能文而衰。若無大道爲公之念存乎其間，必不能成就所事，或阻于世網，或沈于水火，皆不免也。君子惜之。

附　録

先生累世講義理之學。祖賀布衣，本生父早養利州學正，祀名宦鄉賢。嗣父永定諸生。長兄承詔，南京太僕卿，先官廣西左布政，曾拒魏忠賢立祠。先生自言：著書多本先人遺志推廣之，以訓迪子孫。參年譜、《繹志自序》。

先生初亦涉獵二氏之書，五十歲乃屏去，不復寓目，自題《草堂歌》云：「比來讀《易》無思慮，益信卧痾多暇豫。下簾不著老氏書，焚香那誦迦維語。」年譜。

先生自辭選告歸，足不出户庭，著作人莫得而知。涇陽李念慈宰竟陵時，曾不數見。及李去官，留寓比鄰，僅讀其詩。先生歿後，始從其子褎見《繹志》，手録藏副，爲之序，亦未能刊行也。《繹志》李念慈序。

李申耆曰：「《繹志》出較後，《四庫》不及收。若論其書，則貫通古今，包合宇宙，不敝之篹述也。《讀書録》即《讀書説》。文體類《淮南》、《抱朴》，鱗雜細碎，隨事觀理而體察之。」《繹志跋》。

毛申甫曰：「先生之學，達於身心、倫紀、禮樂、刑政、陰陽、五行、吉凶悔吝之幾及古昔治亂、賢奸用舍、世事情僞，所以隆替起伏者，故其言質而不窾，博而知要，反復而切至，條疏而亮直，欲以正人心道術，頗汎濫於諸子百家，而折衷於聖人者也。」《繹志序》。

譚復堂曰：「胡先生粹然一出於正，可見施行，視亭林更大，視潛齋更實，視梨洲更確，視習齋更文。」《復堂日記》。

又曰：「《兵略》、《軍政》篇陳義甚正，多載籍陳言，不若《至治》、《吏治》諸篇之精確。《尚論》篇往往先得我心。六十一篇之文，要當三復，始窺其藴。」同上。

又曰：「閒嘗窺其立言之旨，以禮爲教，郇卿之遺也。中和爲本，徐幹之志也。無放言高論，而隱以正人心、距詖行自任，可陳黼座，可垂國胄。」同上。

周少璞曰：「先生潛修息交，以遂其孤往之韻。其見於國初人著録者，僅亭林《日知録》附見參訂姓名，漁洋《感舊集》存詩數十篇而已。」《詩集序》。

清儒學案卷二百五終

清儒學案卷二百六

天津徐世昌

諸儒學案十二

李先生道平

李道平，字遵王，號遠山，一號蒲眠，安陸人。嘉慶戊寅舉人，官嘉魚縣教諭。髫年失恃，能事父，父不再娶，孝養三十餘年如一日。居父喪，哀毁骨立，慎終之事一遵古禮，不作佛事。手定《家則》，以示子孫。在官訂《學約》，教諸生以躬行爲先，次乃與之講經談蓺，月集於明倫堂，肫肫訓誨，反復不厭。捐資修葺文廟，創建元儒趙復專祠，訪輯《安陸貞烈傳》，襄訂縣志，能舉其職。道光二十四年卒於官，年五十有七，祀鄉賢祠。先生考訂之學宗漢儒，義理之學宗宋儒。治經於《周易》用力尤勤，爲李氏《集解纂疏》十卷，承惠氏定宇、張氏茗柯之後，旁及諸家之説，參以己意，不是古而非今，不舉一而廢百，無攻擊詆排之習，持説主於矜慎。其論學擇兩漢以下至近代諸儒醇粹者共三十七人，編爲《理學正傳》一書，凡稍涉禪宗、有乖聖道者，皆不與。他著有《易筮遺占》、《詩旨述三》、《四書外義》、《讀經款啟録》、《讀史款啟録》、《款啟餘録》、《喪禮從宜》、《安陸文獻考》、《安陸舊志刊補》、《鄖小紀》諸書，又有《獲齋文集》十卷。參子守南撰行狀、查燕緒撰傳、馮煦撰墓表。

周易集解纂疏自序

古人之説《易》也慎，後人之説《易》也僭；古人之説《易》也言象數而義理在其中，後人之説《易》也言義理而象數因之以隱。《説卦》曰：「聖人設卦觀象。」又曰：「聖人立象以盡言。」又曰：「極數知來之謂占。」又曰：「極其數，遂定天下之象。」使象數可廢，則聖人之言爲無稽，而羲、文之假象數以垂訓者反等於駢拇坿贅。夫規所以爲圓，矩所以爲方，必規矩具，然後方圓成。斷無方圓成，而規矩遂爲可棄。故作《易》者不能離象數以設爻象，説《易》者即不能外象數而空談乎性命矣。説《易》莫先于《左氏内傳》，紀事雖不免「或失之誣」，然解釋筮辭皆準象數，猶可考見古人説經之遺。漢儒踵周秦而興，《易》師授受一脈相承，恪守典型，毋敢失墜，凡互卦、卦變以及卦氣、爻辰、消息、納甲、飛伏、升降之説皆所不廢。蓋去聖未遠，古義猶存，故其説往往與羲、文之旨相契合。自時厥後，一變爲晉《易》，而老、莊虚無之談熾；再變爲宋《易》，而陳、李《圖》學之説興。夫老、莊之虚無，陳、李之《圖》學，斷不能遠出漢儒象數之上。且王氏之注，論象數既不及漢儒之確，論義理又不及宋儒之醇，進退無所據，有識之士多擯斥不肯道，迺唐祭酒孔君沖遠奉勅疏解諸經傳注，獨于《易》黜鄭、虞而宗王、韓，取輔嗣野文疏而行之，其書遂藉以獨尊于世，而漢書寖微。❶于是梓州李君鼎祚恐逸象就湮，乘其時古訓未散，取子夏以下三十餘家成《集解》一書，表章漢

❶「書」，據清道光本《周易集解纂疏》當作「學」。

學，俾古人象數之說得以緜延，至今弗絶，則此編之力居多。

予少時，嘗取其書讀之，隱辭奧義，深邃難闚。予不自揆，輒欲有所闡發，以通窔宣幽，卒以多所滯礙而止。久之，得東吴惠氏書，而向之滯者十釋四五矣。又久之，得毗陵張氏書，而向之滯者十釋二三矣。又久之，廣覽載籍，旁及諸家之說，而向之滯者即有未釋，蓋亦無幾矣。復不自揣，萃會衆說，句梳而字櫛之，義必徵諸古，例必溯其源，務使疏通證明，關節開解，讀者可一覽而得其指趣。舊注間有未應經義者，或別引一說以中其義，或旁參愚慮以備一解，亦不敢墨守疏家狐正首丘、葉歸根本之習。是編也，其有當于絜靜精微之教與否，則不敢知。其于漢魏諸儒之學，則未嘗無一日之功焉。抑又思之，自唐迄今千餘載，無人起而爲之疏，而予獨毅然爲之而不辭，予方懼其弗慎且近僭，而又安敢自以爲功也。書既成，謹述其原委，弁諸卷端，亦聊以備講漢學者採擇焉爾。

凡例

一、是編舊有毛氏汲古閣本、胡氏《祕册彙函》本、盧氏雅雨堂本，魯魚亥豕，互有異同。孫氏岱南閣本兼采諸家，字畫踳駁尤甚。唯木瀆周氏枕經樓本據儒先論定，多所改正，較諸本爲完善。今所據以纂疏者，周氏本也。間有未盡善者，悉改訂于各條之下。

一、自宋以來，漢《易》幾成絶學，即間有留心象數者，皆自攄己見，不必根據儒先。我朝經學昌明，名賢輩出，如惠徵君棟，承其家學，說《易》尤精；張編修惠言接踵而興，如騶之靳，大抵皆謹遵漢學，于荀、虞諸儒之旨多所發明。其所徵引，總不外《集解》一書。故茲編所采，雖廣録諸家，而于惠、張兩先生之說尤多，但參合成文，不能詳著姓氏，非敢掠美，致郭竊向注之譏，閱者諒之。

一、疏家之體墨守注義，不敢有所出入，重師承也。然義取其當，不尚苟同。茲編于注義未協經旨者，必詳加辨正。亦有舊義不詳不確者，或另申一說，以備參考；兼引諸家者，但加「案」字；自攄管見者，則加「愚案」以別之。

一、孔穎達《正義》，專釋王、韓注也。茲編所引王、韓注有全用《正義》者，則書「孔疏」以別之，間引數語者不書。

一、古人說《易》各有宗派，《易》含萬象，不可一例拘也。故李氏兼收竝蓄，多兩存其說。茲編亦兩釋之，以備學者採擇。至詮解諸家，亦各遵其例，不相混淆，重家法也。

一、諸家體例淵源各別。如鄭言爻辰，荀主升降，虞明消息之類，若不詳其端委，讀之每多扞格而難通。茲于諸家說《易》體例，撮其尤要者，列于簡端，俾讀者開卷瞭然，庶于各家宗旨得其梗概。由此以讀全書，勢如破竹矣。惟卷中徵引事實之處，一時未及檢出原書，難免舛誤，尚冀博雅君子匡所未逮。

諸家說易凡例

卦氣

卦氣之說，出于《易緯稽覽圖》。其書首言：「甲子卦氣起中孚，六日八十分之七而從，四時卦其一辰餘而從。坎常以冬至日始效，復生坎七日。消息及雜卦相去各如中孚。」攷其法，以坎、離、震、兑四正卦爲四時方伯之卦，餘六十卦分布十二月，主六日七分。又以自復至坤十二卦爲消息，餘雜卦主公卿侯。❶風雨寒温以爲徵應。蓋即孟喜、京房之學所自出也。漢世大儒言《易》者多宗之。今列圖于左，俾讀者有所攷焉。

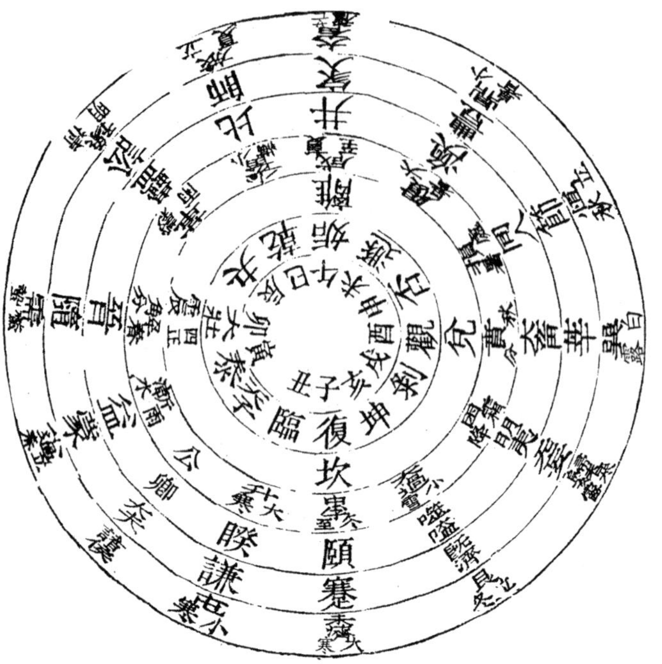

消息

《剥·彖傳》曰：「君子尚消息盈虚。」《豐·彖傳》曰：「天地盈虚，與時消息。」故古人稱：「伏羲作十言之教，謂乾、坤、震、巽、坎、離、艮、兑、消、息。」《易緯》稱：「聖人因陰陽起消息，立乾坤，以統天地。」《稽覽圖》云：「唯消息及四時卦當盡其日。」又云：「消息及雜卦相去各如中孚。」太史公亦曰：「黄帝考定星曆，建立五行，起消息。」皇侃注云：「乾者陽生爲息，坤者陰死爲消。」消息之義蓋已古矣。孟氏傳其學，荀氏言之不能具，惟虞氏所注猶存其概。大抵乾、坤十二辟卦爲消息卦之正，其自臨、遯、否、泰、大壯、觀生者，謂之爻例；自乾、坤生者不從爻例。每二卦旁通，則皆消息卦也。消息卦

❶「公卿」下，據下《卦氣圖》，當有「大夫」二字。

則皆乾坤相合之時，則剥復、夬姤、泰否之交也。近惟武進張氏言之最精，其詳具所著《周易虞氏消息》。

爻　辰

爻辰者，以乾、坤十二爻左右相錯當十二辰也。《乾鑿度》曰：「乾陽也，坤陰也，竝如而交錯行。乾貞于十一月子，左行陽時六；坤貞於六月未，右行陰時六，以順成其歲，歲終從于屯、蒙。」又云：「陰卦與陽爻同位者，退一辰。以未爲貞，其爻右行，間時而治六辰。」愚案：《乾鑿度》之言與十二律相生之説合。《周禮·春官·太師》鄭玄注云：「黄鍾，初九也，下生林鍾之初六，林鍾又上生泰蔟之九二，泰蔟又下生南吕之六二，南吕又上生姑洗之九三，姑洗又下生應鍾之六三，應鍾又上生蕤賓之九四，蕤賓又上生大吕之六四，大吕又下生夷則之九五，夷則又上生夾鍾之六五，夾鍾又下生無射之上九，無射又上生中吕之上六。」《周語》韋昭注云：「十一月黄鍾，乾初九也。十二月大吕，坤六四也。正月泰蔟，乾九二也。二月夾鍾，坤六五也。三月姑洗，乾九三也。四月中吕，坤上六也。五月蕤賓，乾九四也。六月林鍾，坤初六也。七月夷則，乾九五也。八月南吕，坤六二也。❶九月無射，乾上九也。十月應鍾，坤六三也。」又京房亦言爻辰，與鄭不同。乾左行陽時六，始于子而終于戌，二家所同。坤右行陰時六，始未而終巳者，鄭氏説也；始未而終酉者，京氏説也。二家同出于律、辰，鄭氏本乎月律，即《月令》十二月所中之律，隔八相生之次也。《月令》

❶「二」，原作「三」，今據《四部叢刊》景明金李刊本《國語·周語下》韋昭注改。

之行順，故爻辰亦順。京氏本乎合聲，《周禮・太師》「掌以六律六同以合陰陽之聲，陽聲黄鍾、泰蔟、姑洗、蕤賓、夷則、無射，陰聲大吕、應鍾、南吕、林鍾、中吕、夾鍾」，合聲始終之序不同于月律也，合聲之行逆，故爻辰亦逆。因鄭氏以爻辰言《易》，而竝録京氏之説，以備參考。後所圖者，鄭氏爻辰也。

升　降

乾升坤降，其義出于《易緯乾鑿度》。陰麗陽而生，陽由七上九，陰由八降六，故陽性欲升，陰性欲承也。《繫辭》所謂「上下无常，剛柔相易」，即此義也。荀氏説《易》多主此義。有以陰陽爻爲升降者，不拘内外，如離與小過四升五是也；有以上下卦爲升降者，不拘乾坤，如升初與巽一體相隨，升居坤上是也。此陽生陰降之大凡也。

納　甲

納甲者，乾納甲壬、坤納乙癸、震納庚、巽納辛、艮納丙、兑納丁、坎納戊、離納己。其説莫詳所自，始魏伯陽《參同契》：「三日出爲爽，震庚受西方。八日兑受丁，上弦平如繩。十五乾體就，盛滿甲東方。七八道已訖，屈折低下降。十六轉就統，巽辛見平明。艮直于丙南，下弦二十三。坤乙三十日，東北喪其朋。節盡相禪與，繼體復生龍。壬癸配甲乙，乾坤括始終。」載籍言納甲者，惟見于此。要之，《說卦》言「天地定位，山澤通氣，雷風相薄」，以三陽三陰至一陽一陰爲序，其後乃言「水火不相射」，蓋以六卦寓消息，而以水火爲用，即此義也。虞氏本此以說《易》，與經旨適合。其法以震、巽、艮、兑、乾、坤六卦應月候，而坎、離爲日月之本體，居中不用。震直生明者，一陽始生；又生明之時，以初昏候之，月見庚方也。兑直上弦者，二陽浸盛；又上弦之時，以初昏候之，月見丁方也。乾直望者，三陽盛滿；又望時以初昏候之，月見甲方也。巽直生魄，則一陰始生；又生魄之時，以平明候之，月見辛方也。艮直下弦，則二陰浸盛；又下弦之時，以平明候之，月見丙方也。坤直晦則三陰盛滿，又晦時以平明候之，月見乙方也。此納甲之大凡也，並列圖於左焉。

納十二支

納支者，以八卦之六畫分納陰陽六辰。凡乾在內則爲甲而納子、寅、辰，如初九爲甲子，九二爲甲寅，九三爲甲辰也；在外卦則爲壬，而納午、申、戌，如九四爲壬午，九五爲壬申，上九爲壬戌也。凡坤在內卦則爲乙，而納未、巳、卯，如初六爲乙未，六二爲乙巳，六三爲乙卯也；在外卦則爲癸，而納丑、亥、酉，如六四爲癸丑，六五爲癸亥，上六爲癸酉也。因乾坤各納兩干，故別爲內外二卦。若震止納庚，則初九爲庚子，六二爲庚寅，六三爲庚辰，九四爲庚午，六五爲庚申，上六爲庚戌。巽止納辛，則初六爲辛丑，九二爲辛亥，九三爲辛酉，六四爲辛未，九五爲辛巳，上九爲辛卯。坎、離、艮、兑四卦依震、巽例推之，今火珠林即其法也。

戌申午	辰寅子	乾☰
戌申午	辰寅子	震☳
子戌申	午辰寅	坎☵
寅子戌	申午辰	艮☶
酉亥丑	卯巳未	坤☷
卯巳未	酉亥丑	巽☴
巳未酉	亥丑卯	離☲
未酉亥	丑卯巳	兑☱

六親

六親爻例起于京君明。京氏《積算法》云：「孔子曰：『八卦鬼爲繫爻，財爲制爻，天地爲義爻。』」陸績注云：「天地即父母也。」「福德爲寶爻」，注云：「福德，即子孫也。」「同氣爲專爻」，注云：「兄弟爻也。」法以八卦六位，乾屬金，主甲子、壬午；坤屬土，主乙未、癸丑；震屬木，主庚子、庚午；巽屬木，主辛丑、辛未；坎屬水，主戊寅、戊申；離屬火，主己卯、己酉；艮屬土，主丙辰、丙戌；兑屬金，主丁巳、丁亥。各以陰陽順逆而治六辰，從世卦五行論其生剋，命其六親。如乾初甲子，子爲水，金生水爲義爻；乾外壬午，午爲火，火剋金爲制爻是也。其餘可以例推。

八宫卦

八宫卦本京氏《易》。蓋乾坤生六子，八純卦生五十六卦，爲六十四卦也。《易傳積算法》云：「孔子易云有四易，一世、二世爲地易，三世、四世爲人易，五世、八純爲天易，游魂、歸魂爲鬼易。」其法六十四卦分八宫，乾、震、坎、艮、坤、巽、離、兑爲次。八卦本象爲八純，世在上。變初爲一世，以次而至五，則上爻不變。四反而爲游魂，下體皆復而爲歸魂。游、歸之卦，乾坤用離坎，離坎用乾坤。震巽用兑艮，兑艮爲震巽。

乾䷀　姤䷫一變　遯䷠二變　否䷋三變　觀䷓四變
剥䷖五變　晉䷢四不變　大有䷍歸本卦

巽䷸　小畜䷈一變　家人䷤二變　益䷩三變　无妄䷘四變
噬嗑䷔五變　頤䷚四不變　蠱䷑歸本卦

離䷝　旅䷷一變　鼎䷱二變　未濟䷿三變　蒙䷃四變
渙䷺五變　訟䷅四不變　同人䷌歸本卦

兑䷹　困䷮一變　萃䷬二變　咸䷞三變　蹇䷦四變
謙䷎五變　小過䷽四不變　歸妹䷵歸本卦

坤䷁　復䷗一變　臨䷒二變　泰䷊三變　大壯䷡四變
夬䷪五變　需䷄四不變　比䷇歸本卦

震䷲　豫䷏一變　解䷧二變　恒䷟三變　升䷭四變
井䷯五變　大過䷛四不變　隨䷐歸本卦

坎䷜　節䷻一變　屯䷂二變　既濟䷾三變　革䷰四變
豐䷶五變　明夷䷣四不變　師䷆歸本卦

艮䷳　賁䷕一變　大畜䷙二變　損䷨三變　睽䷥四變
履䷉五變　中孚䷼四不變　漸䷴歸本卦

納甲應情

納甲應情之説，始于翼奉，無關《易》義。惟干氏釋經，間用此例，故詳著焉。《漢書·翼奉傳》曰：「北方之情，好也，好行貪狼，申子主之。」孟康注云：「水性觸地而行，觸物而潤，多所好，故多好則貪而無厭，故爲貪狼也。」又曰：「東方之情，怒也，怒行陰賊，亥卯主之。」注云：「木性受水氣而生，貫地而出，故爲怒，以陰氣賊害土，故爲陰賊也。」又曰：「南方之情，惡也，惡行廉貞，寅午主之。」注云：「火性炎猛，無所容受，故爲惡，其氣精專嚴整，故爲廉貞。」又曰：「西方之情，喜也，喜行寬大，巳酉主之。」注云：「金之爲物，喜以利刃加于萬物，故爲喜。利刃所加，無不寬大，故曰寬大也。」又曰：「上方之情，樂也，樂行姦邪，辰未主之。」注云：「上方謂北與東也，陽氣所萌生，故爲上。辰窮水也，未窮木也。翼氏《風角》云：『木落歸本，水流歸末。』故木利在亥，水利在辰，盛衰各得其所，故樂也。水窮則無隙不入，木上出窮則旁行，故爲姦邪。」又曰：「下方之情，哀也，哀行公正，戌丑主之。」注云：「下方謂南與西也，陰氣所萌，故爲下。戌窮火也，丑窮金也。翼氏《風角》云：『金剛火彊，各歸其鄉。』故火刑于午，金刑于酉，酉、午，金、火之盛也，盛時而受刑，至窮無所歸，故曰哀也。火性無所私，金性方剛，故曰公正。」

世月❶

胡一桂：「京房起月例云：一世卦，陰主五月，一陰在午也；陽主十一月，一陽在子也。二世卦，陰主六月，二陰在未也；陽主十二月，二陽在丑也。三世卦，陰主七月，三陰在申也；陽主正月，三陽在寅也。四世卦，陰主八月，四陰在酉也；陽主二月，四陽在卯也。

❶「世月」二字，原在「公正」二字下，今據《周易集解纂疏·凡例》移正。

五世卦，陰主九月，五陰在戌也；陽主三月，五陽在辰也。八純上世，陰主十月，六陰在亥也；陽主四月，六陽在巳也。游魂四世所主與四世卦同，歸魂三世所主與三世卦同。」案：自納支以下，干氏《易》多用之。蓋干氏說《易》多附人事，而取例亦比諸家較雜也。

二十四方位

二十四方位，即陰陽家二十四山也。其實漢人言《易》多用此法，其義最古，故録之以備參考。八卦惟用四隅而不用四正者，以四正卦正當地支子午卯酉之位，故不用卦而用支，用支即用卦也。八卦既定，四正則以八干輔之。甲乙夾震，丙丁夾離，庚辛夾兑，壬癸夾坎。四隅則以八支輔之，戌亥夾乾，丑寅夾艮，辰巳夾巽，未申夾坤。合四維八干十二支，共二十四。天干不用戊己者，戊己爲中央土，無定位也。今列圖于左。

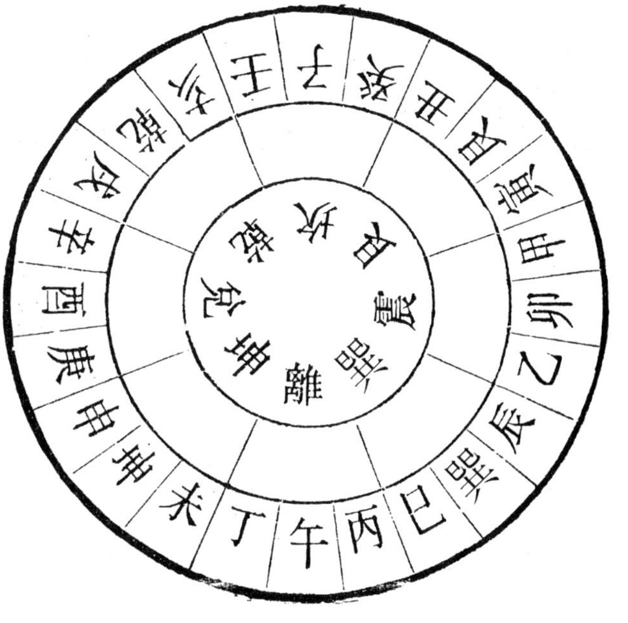

易筮遺占自序

古者卜、筮竝重，夫子贊《易》，亟稱蓍德，由是筮獨顯而卜微。繼六壬萌芽于《吴越春秋》，錢卜濫觴于京房《易傳》，小數迭興，筮雖存而其灋亦墜。降及晚近，揲蓍流于影象，惟市井細人始操此術，學士大夫罕有過而問焉者。即偶一及之，不過持草莖以索之爻象，杳杳冥冥，十不酬一，豈倚數不盡可憑邪？抑爻象之辭奥衍而難窺邪？

余謂庖犧既往，《易》之藴不得文王、周公、孔子之言不能闡，而其至精、至變、至神之用，究不能以文王、周公、孔子之言而盡，是必深窺乎未有象、爻、象之前，始可與之言《易》，始可與之言筮矣。且古人占筮，三易竝用。觀其繇辭及其取象，當時必别有成書。班史《藝文志》即載蓍龜十五家四百餘卷，劉向《七略》蓍龜之書四百一卷，班《志》總數亦作四百一卷，今合計之，除易卦八具外，凡四百七十二卷，必有誤字。而蓍居三之一，今皆不可攷見，古灋蕩然，千百什一廑存于《左傳》、《國語》之中。迺前代名儒既以筮爲小數，又疑《記》言者「多失之誣」，遂擯斥之，勿復道。夫侈談徵應，固不免或失之誣。要其占筮之辭，必援古灋以斷，始足取信於當時，則事雖誣而其灋不尚存乎？是亦曷可盡廢也。近時毛氏奇齡纂《春秋占筮書》止録《左傳》不及《國語》；李氏塨著有《周易筮考》，余嘗購求其書不可得。迺裒《左》、《國》筮占十有五則，都爲一帙，詳載舊注以闡明遺灋，間附漢魏《易》義，以著古人説經之旨，管窺所及，亦綴于篇。《晉語》韋注紕謬尤多，悉加是正。復取《洪範》稽疑、《周禮·筮人》冠于篇端，以存梗概，俾學者有所攷焉。

夫乾坤之藴廣矣、大矣！徒執朽甲枯蓍以求古聖人之宏旨，誠淺之乎測《易》矣。然崇義理而排象數，必擯龜筴于易道之外，是竝夫子卜筮尚占之言而廢之，又豈得謂之知《易》也哉？惟善學者一遵乎聖人之軌，勿視爲方術，勿雜以旁門，技進乎道，而占筮之遺瀌不至終湮没而無傳也。

四書外義自序

四子書之有朱注，猶日月麗天，照耀萬古，不可磨滅。其他諸説則螢光爝火，安敢與二曜爭輝？況自明以來，功令以四書命題取士，場屋悉遵朱注，承學之士尤當恪守繩墨，不敢踰豪髮。雖然，制舉之學宜爾矣，窮經之道則不盡然。孔子曰：「博學於文，約之以禮。」孟子曰：「博學而詳説之，將以返説約也。」蓋由博而約也，則其爲約也精；不由博而徑約，則其爲約也固。今夫人足之所履不過一尺，苟無餘於一尺者，安得一尺而履之？身之所衣不過一襲，日之所食不過三餐，苟無餘於一襲三餐者，安得一襲而衣之，三餐而食之？今學者從事講章，如嚼木柹泊然寡味，有以他説告者，則驚若河漢，舌撟而不能下，又何怪荒陋日甚，並朱子匯羣言以折衷至當者，卒莫能闚涯涘於萬一。

予讀四書，於朱注外，自漢魏、六朝、唐宋《注疏》以迄元明暨國朝諸儒之説，凡有殊聞奥旨，輒手録之，久而成帙。删其踳駁不近理者，都爲此編，凡二十又九卷，題曰《四書外義》。其異者可以廣學者之見聞，其精者並可補朱子所未備，兼收並蓄，未嘗非好古窮經之一助。若謂予述是編，如楊升庵、毛西河諸人逞其辯博，毅然以攻擊朱子爲能，則朱子之罪人也，予何敢！予何敢！

理學正傳自序

且有苗即有莠，有粟即有秕，有雅樂即

有鄭聲，二者常並出以角勝，然而苗之良也，粟之美也，雅樂之和且平也，邪正究不容少溷。是故，當孔子之世而有老聃，當孟子之世而有楊、墨，當朱子之世而有金溪、二陸，降及於明王、陳之啖熾，草莽荊棘生於正涂，至龍溪、心齋猖狂恣肆，泛濫極矣，謬種流傳，緜延至今弗絶。予竊憫其純駁瞀亂，惑世誣民，謹擇漢以來諸儒有大醇無小疵者，河間獻王劉子德、董子仲舒、諸葛子亮、韓子愈、周子敦頤、胡子瑗、張子載、程子顥、程子頤、邵子雍、胡子安國、尹子焞、楊子時、羅子從彥、李子侗、朱子熹、吕子祖謙、張子栻、蔡子元定、蔡子沈、黄子榦、陳子淳、真子德秀、魏子了翁、何子基、趙子復、王子柏、許子衡、金子履祥、許子謙、曹子端、薛子瑄、胡子居仁、羅子欽順、蔡子清、吕子坤及我朝陸子隴其共三十七人，編爲《理學正傳》，凡稍涉禪宗，有乖聖道者，必嚴加淘汰，使不得與於斯文。古人云「信道而不信邪」，蓋邪足以害正，邪不絀則正不信，正不信則邪愈不能絀。欲絀其邪，務信其正，正既信，則邪不待絀而自絀。故予特芟其莠，簸其粃，放其聲之近於鄭，俾苗粟正味、雅樂正聲愈暴白於天下，然後承學之士望道以趨，亹亹焉日由乎正軌，而厖雜詭異之習不得參焉，則學者幸甚！則吾道幸甚！

文集

陪尾解

蔡九峯《書傳》注「陪尾」以安陸縣之横尾山當之，其説蓋出於《前漢書·地理志》。《志》稱横尾在安陸東北，古文以爲陪尾，不知陪尾在兖州泗水縣東，與安陸無與，豈可因班《志》之舊遂相沿而莫正其誤哉？或曰：《禹貢》之舉陪尾，導山非導水也，導山則必舉其山之相連，故由熊耳而外方，而桐柏，以至于陪尾，茲四山者實一脈相延，綿亘不絶，則即以陪尾爲安陸之横尾也，亦奚不可？雖然，《禹貢》一書歷紀山川，大約舉水之經道因山以尋，而山亦莫不因水之源流以誌其所在之處。經舉陪尾，孔傳以爲導淮，則欲舍淮水之所經以定陪尾之實迹，豈可得哉？孔傳云「淮出桐柏，經陪尾」，今稽淮水東至光州東北會汝水，又東，由固始縣入江南潁州界，經兖州泗水縣之陪尾山。且經云「導淮自桐柏，東會於泗、沂」，泗固出於陪尾，則陪尾在兖州而不在安陸也明甚。若夫淮南諸山皆自秦關而來，由大復以逮鄳阨，蜿蜒而東，此形家所謂中幹龍也。淮水在中幹之北，横尾在中幹之南，崇山間隔，若風馬牛不相及，而遽謂淮水經安陸之横尾，禹豈能激之使行歟？抑豈有移山之術歟？不然，淮亦安能越鄳阨而南也？此説之必不通者也。且安陸横山本名横尾，不名陪尾，班氏求陪尾而不得，遂以安陸横尾冒之，使固早知陪尾在泗水，必不爲此假借之説矣。

諸侯盟於首止解

齊桓之功莫大乎攘夷狄而尊周室。其攘夷狄也，則如屈完盟於召陵，使天下懔然於中外之大防；其尊周室也，則如諸侯盟於首止，使天下懔然於尊卑之大分。昔王子帶有寵於惠后，后與王謀廢世子鄭而立帶，桓公以爲争則不可，諫則不能，於是大合諸侯，會王世子於首止，所以别白而定一尊也。既會矣而復盟焉者何？桓公若曰非會不足以示義，非盟不足以立信，既會之以定世子之位，尤必盟之以固諸侯之心。蓋諸侯之心固，而後世子之位定。獨是齊既爲王世子盟於首止，乃諸侯盟而王世子反不與焉，何也？曰王世子，王之貳也。使諸侯盟而王世子與，是褻世子也；褻世子，是褻王也，褻王無以昭天下之大義，褻世子先無以塞天下之邪心。故諸侯爲王世子盟，而世子之名愈正；諸侯爲王世子盟，而世子不與盟，而世子之分愈昭。世子之名愈正，分愈昭，斯世子之位益定。且《春秋》之盟一百有九，而殊盟有二：一爲首止，一爲葵丘。葵丘之盟，宰孔在焉。首止之盟，世子在焉。葵丘之盟，意在於尊天子，尊天子故天子之宰不與盟。首止之盟，意在於尊世子，尊世子則世子之尊尤不可與盟，即不爲世子盟。彼天子之宰且不與盟，豈天子之子而反與盟？故自有此盟，斯諸侯以睦，天子以尊，而王世子之位益定。或曰：天子之子，天子得而立之，天子亦得而廢之。桓敢盟諸侯以挾天子，是不臣也。王世子孑也塊然，諸侯之尊己而立乎其位，是不子也。桓不臣，子不子，此一盟也，亦何足爲天下重哉？然而識者以爲變之正焉，何也？蓋王所徇者，一時之私情。《春秋》所書者，萬世之大義。

原教

三代以前之教操於上，三代以後之教操於下。教操於上，則化行而俗美；教操於下，則政雜而言厖。昔者大舜慮「百姓不親，五品不遜」，命契爲司徒，五教於是乎興。自時厥後，有夏敍彝倫，成湯修人紀，迄乎成周，而法大備。自天子元子以及卿大夫元士之適子，則於國學教之。民之俊秀與夫服農力穡之儔，則於鄉學教之。凡四術、五體、六樂、七教、八政之屬，其殽然而並列者，固不一而足矣，而要莫不諄諄焉以孝德爲教本。降及後代，家自爲學，人自爲師，先王之澤蕩然無存，求所謂「鄉三物以興賢能」者，有之乎？求所謂「敷五典以擾兆民」者，有之乎？即間有司成、鄉校之官，皆爲學官弟子與上下舍而設，至茅蒲襏襫之民，直漠然置於王化之外，其民亦遂悍然不知身之有教，自外於禮法，甘冒天下之不韙而不辭。夫正經不明，則異説安得不乘其腐而蠹之哉？蚩蚩之衆，食不耕，衣不織，非緇衣而僧，即黄冠而道，甚且張角以妖術教於漢，張魯以鬼道教於蜀，宋則王則乘貝、冀妖幻以煽亂，方臘、鍾相託左道以惑衆，明則李福達以彌勒教誘惑愚民，趙一平以妖術倡亂，王森得妖狐異香倡白蓮教以延蔓於天下，奇衺蠭起，不可殫述。夫佛老之害止及其身心，邪教之害並及於國家。揆厥由來，豈民之性與人殊，而果於爲不善哉？抑上之人不能建其坊，樹其表，聽其汗漫恣肆無所歸，而民遂日趨於亂而不自知也。

當今之世，欲行古學校之法，書其德行、道藝、孝弟、婣睦、任卹，以復於鄉選里舉之舊，勢必不能。夫古既不可復，則必求事之近乎古者行之。今日事之近乎古而可行者，則莫如明譜系而建宗祠。古者聖王立教，類皆首重明倫，則所謂「親親而仁民，仁民而愛物」者在是矣。所謂人人親其親、長其長而天下平者，亦在是矣。蓋以孝弟者，百行之原，萬化之本；而宗祠者，則敦本、收族之大端也。審如是，則先王之教之存於今而可進於古者從可知矣。惟恃在上之君子有以識其端之所在，而因以推廣之耳。苟其大發涣號，勸族中賢而有力者建宗祠以祀其先，又置義田以贍其宗族，俾族之疲癃、殘疾、老弱不能自存者有所養，貧乏不能婚葬者有所賴，而子弟之誦詩讀書者其膏火之費有所出，如是則嚮善有資矣。又取朱子增損藍田吕氏《鄉約》，參以後世諸家宗規，且各隨其風土人情損益其條教，而垂爲世範，如是則遵行有準矣。其經畫也如彼，而其法程又如此。於是擇其族之分尊年高而有德者以爲之長，又擇其品學兼優而位尊者以爲之副。歲時伏臘率合族之人詣宗祠以崇祀事，尊卑有序，長幼有倫，揖讓雍容之氣固已洋溢於尊俎之間。即以其時講明大義，以開導乎愚蒙。或有不率大戛者，亦必聚族人於是堂而訓迪之，而韃撻之，則子弟之賢者既忻忻然樂於爲善，其不肖者亦有所懼而不敢侈然爲非。若此者，朝廷曷嘗勞一費，設一官，家説而户曉之，而絲牽繩聯，類族以徧乎天下。一族善則一族治，百族善則百族治，天下之族善則天下治，犯上作亂之事潛消於無形，型仁講讓之風遂蒸爲有象。如是而謂俗不厚，世不理，豈可得哉？

或曰：天下之人衆矣，安得世皆大族而行子之法？予曰：世不必皆大族，然巨邑中不下數十大族，小邑亦不下十餘族，誠使大族遵其教，則小族必從而效之。即間有單丁獨户，亦必有所觀感而恥於不倫。或又曰：用子之法安能必族之人皆遵行而不悖？曰：是又不然。今國家律令未嘗以建祠序譜迫民，而慷慨慕義之士莫不兢兢以是爲急務，豈非動於情之不自已，而無待於强爲？且予嘗過通都大邑矣，觀其祠宇輝煌，必進而核其條教，其條教皆犂然而有當，退而詢其鄉人，皆交口而稱善，謂其尊長之用法嚴，其子弟之率教謹，良不愧一方詩書之族。偶遇其宗人，實莫不循循然有規矩，未嘗不歎人情之嚮善，斷不後於骨肉；而宗法之足以範人情，斷不遺於海澨山陬，其成效亦較然可睹矣。其在《周禮》曰「族師掌其族之戒令政事」，又曰「宗以族得民」，良法美意，略具於斯，謂非事之行於今而猶近古者乎？所慮者上之人操轉移風化之權，不能因其勢而利導之，而先王之遺澤終湮没而不彰也。

附　録

先生自題讀書之所曰「有獲齋」，自爲之記，略曰：「有獲云者，必將博陳古人之遺編，朝考而夕究之，而鉤稽之，而貫串之，俾皆得其玄要之所存，而後可以言有獲。抑非徒識其趣而已，必使其理皆默會於吾心而無疑，而後可以言有獲。抑非徒默識之而已，必使得諸心者皆體諸身，而吐辭可爲經，舉足可爲法，而後可以言有獲。不然，則口耳之學而已，記誦之學而已，烏足言有獲？」文集。

先生當嘉慶初年，見教匪之亂，謂世亂由於民之失教。古教民之法驟難盡復，莫如重宗法，使家自爲治，人人親其親、長其長，而天下平，庶收經正民興之效。作《原教》一篇，多探本之論。文集。

光緒中，王文敏懿榮官編修，奏請以國朝人所著諸經疏頒行學官，於《易》舉先生所著《李氏集解纂疏》，未及議行，湖北學政趙編修尚輔刊入《湖北叢書》，前江蘇學政王祭酒先謙又校刊於長沙，序之云：「後之究心漢《易》者，其必以是編爲先路之導，則有功於經學非小小矣。」《鄉賢録事實》。

萬先生斛泉

萬斛泉，字清軒，興國人。束髮受書，即鄙夷帖括，於身心性命之學心嚮往之。得程氏《讀書分年日程》，篤信謹守。以朱子《小學》、《近思録》爲宗，精研《大學衍義》及性理諸書。家貧，性孝，取與不苟。臨桂龍侍講啟瑞督湖北學政，於漢陽創建崇正書院，聘主講席。教士惟重讀經，日與諸生講朱子《小學》及四子書。每講正義畢，於世儒所行得失反覆勸懲，而不欲以文藝爲程課。洎粵寇擾湖北，興國爲江西入楚門户，寇氛屢及，先生結茅山中，讀書講道。寇至正襟端坐，絃誦不輟，寇亦不逼，自相引去。與弟子宋鼎、鄒金粟皆不求仕進，安貧樂道，砥礪廉隅，爲鄉里所矜式。胡文忠公爲巡撫，訪求隱逸，徵之不出，特疏薦曰：「造物生才，原關氣數。國家選士，不限雲泥。當兹力挽頹風，得才士百，不如得醇士一。請給予國子監學正銜，宋鼎、鄒金粟亦並予翰林院待詔銜，庶幾頑廉懦立，於人心風俗大有裨益。」部議予七品頂戴。曾文正公自江西貽書幣招之，辭不就。湘鄉李勇毅公續宜欲迎致軍中講學，亦不往，留主黄州武昌講席。同治初，主上海龍門書院，丁本生父憂，當事虚講席以待，援心喪三年之義堅辭不出。晚歲居鄉，主疊山書院。大吏至，必加禮。涂總督宗瀛捐金擴充膏火，奏加國子監博士銜。張文襄公復疏陳學行端純，化及一鄉，議論正而不偏，教思耄而不倦，特詔加五品卿銜。光緒三十年卒，年九十有六。先生行誼與東漢獨行爲近，其所學則一以程朱爲歸，踐履篤實，一一可見諸行事。崇正學，辟異端，辨别疑似，剖析幾微。著有《春秋四傳詁經》、《通鑑綱目前編辨誤》、《正編正誤補》、《童蒙須知韻語》，又《尉山堂稾》十四卷。參胡林翼奏疏、黄嗣東《道學淵源録》、周以翰、張文鼎撰《文稾序》。

春秋四傳詁經序

《春秋》經世大典，見諸行事，非空言比，故讀《春秋》者必窮究其邪正是非，而後可以見筆削之旨。《春秋》事跡詳於《左》，論斷具於《公》、《穀》、《胡》，然《左》富而失誣，《公》辯而失俗，《穀》清而失短，《胡》正而失鑿。故專以傳求經，而經旨或晦；舍傳以求經，則考索無從。斛泉謹遵《欽定春秋傳説彙纂》，節録成編，名曰《春秋四傳詁經》。《春秋》之大義數十，炳若日星者固已於此可見其確實，而其微詞隱義時措從宜者，諸家雖未必悉協乎聖心，而敍述詳明，議論平正者，終不至於南轅北轍、相背而馳。習《春秋》者苟以是編爲津梁，庶於聖經之旨未必無小補云。

綱目正編正誤補序

斛泉壯年讀朱子《綱目》，有難通處，即檢閲元代王氏幼學《集覽》、明代陳氏濟《正誤》、馮氏智舒《質實》，疑終莫釋，則劄記以俟考。歲在庚午，購得宋代胡氏三省所注司馬《通鑑》，潛心參究，始知《集覽》所云，多本史炤《通鑑釋文》，頗有訛誤；陳氏《正誤》尚矣，猶未盡善；馮氏《質實》但據《一統志》以爲言。夫《綱目》之修本於《通鑑》，注《綱目》則當參考《通鑑》。胡氏注《通鑑》，自謂：

「紀事之本末、地名之同異、州縣之建置離合、制度之沿革損益，悉疏其所以然。」迄今讀之，誠非妄言。又著《釋文辨誤》十二卷，精確詳明，皆注《綱目》者所當考。王氏、馮氏似未見《通鑑》及胡氏之注與《辨誤》，陳氏雖若見之，似亦未加詳察。夫摭前人之短，論前人之失，誠非謹厚者所爲。然一字之訛，一解之偏，以致後學疑誤，恐非前人立説之本意也。是以忘其固陋，謹述此篇，以《綱目》爲主，參以《通鑑》及胡氏諸説，王氏、陳氏、馮氏之不合者，則以《通鑑綱目》本文以決是非。其無上下文可考者，則必檢閲各史以求左驗。至於當注者而或有所遺，不當注者而或過於宂，欲加增删，力有未能，特辨其最著者，名曰《正誤補》，以求正於君子焉。

文集

原教

周秦而降，有儒者之學，有訓詁之學，有辭章之學，學有三而教亦然。夫業訓詁、辭章者，欲以儒者之學教人不能也。欲業儒者，以訓詁、辭章之學爲教亦不願也。蓋造就各殊而趨向自别也。今之擇師教子者，無不欲得良師。既得良師，遣子入學之初，乃又面語之曰：吾子不肖，非能大有所成，但願先生講明字義，教以制藝試帖，能博一衿足矣。是不啻教玉人雕琢玉，並欲玉人時爲弓人，時爲矢人，遷就其所習，而責其成功。苟或不然，非以爲迂闊不情，即以爲不能因材而篤也。或曰：孔子教人，「行有餘力，則以學文」，又曰「文行忠信」，又有德行、言語、政事、文學四科，今子之言如此，則孔子非歟？曰：孔子所謂文者，非如今制藝試帖之謂，謂《詩》《書》六藝之文也，如游、夏輩何嘗秉筆學爲辭章哉？蓋嘗考之，孔子教人所謂博文約禮者，教之律令也。所謂因材而篤者，教之權宜也。譬之場師樹木，選擇美材，灌溉之，維持之，芟乂之，寬其歲月，以俟其成；其材將成，然後可琴瑟者，則斲之絃之，使成琴瑟；可棟梁者，則繩之削之，使成棟梁，故天下無棄材。今者人自爲學，家自爲教，子弟之稍有材質者，四書、六經尚未能成誦，而遽教以爲文，是如獲美材，失灌溉、維持、芟乂之節，而妄施裁成，不至於枉其材者幾希矣。且四科之説，亦因其人之所成就者而言，非孔子先設四科以待人也。孔子教人，無不欲其成德，觀於《論語》問答之言，又獨稱顔子爲好學，及其既死，傷痛之切、思念之深，亦可見矣。夫德行，本也。言語、政事、文學，末也。本可以該末，末不可以該本。此孔子所以重德行之教，而後之教人者豈可不法孔子哉？

學顔子之所學論

堯、舜、禹、湯、文、武、周公道統相傳，至於孔子，集羣聖之大成，至矣！孔子傳之顔、曾，曾子傳之子思，子思傳之孟子，是則曾子、子思、孟子之所學皆可學也，皆可學而至於聖人也。周子《通書》獨言學顔子之所學者，何哉？蓋曾子、子思，一作《大學》，一作《中庸》，聖學之規模、聖功之極致皆具此二書，而《大學》經傳之目混而未分，格致之功缺而未補；《中庸》小大並舉，費隱兼該，不分精粗，一滾説去。孟子述孔子之意，作書七篇，雖有功於聖門不可勝紀，而其氣象泰山巖巖不可攀躋，高談雄辨不少委婉，似與孔子不類。苟非深造自得，通達世變者，何以晰此？故學三子之所學，恐誤用其力而失其真也。然則顏子之所學奈何？夫顏子天資純粹，功夫縝密，博文以爲知，約禮以爲行，視聽言動克己復禮，孔子稱之，則曰「得一善，則拳拳服膺而弗失之矣」，又曰「不遷怒，不貳過，有不善未嘗不知，知之未嘗復行也」，曾子稱之則曰「以能問於不能，以多問於寡，有若無，實若虛，犯而不校」，皆切於學問之實，精進之，漸學之，有所持循，故周子獨推之也。程子亦曰：「學者要學得不錯，須是學顏子。」又曰：「學者當學顏子，入聖人爲近，有用力處。」其以此與？

孔孟韓荀言性辨

性之理微，本未易知，而學者考之於聖經賢傳，驗之於物理人情，其同異是非未嘗終不可明也。是故孔子、孟子、韓子、荀子言性各有不同，正不可以不辨。孔子所謂「性相近」者，在有生之後，兼氣質而言之也。氣有清濁，故人有智愚；質有純駁，故人有賢否。然原其初而言之，則其良知良能之本然者固自在也。至若孟子所言，則本秉彝之初，專指理而言之。理無不善，而性豈有不善，故曰「人無有不善，水無有不下也」。若夫韓子言性三品，雖與「性相近」之說相似，而實不同。蓋「性相近」之語簡明而該，舉凡天地之負陰抱陽、剛柔明暗、品彙不齊，而四端之發於外者，總未有以見其大相逕庭，則相近之明驗也。而三品之說，上焉者善也，下焉者惡也，中焉者可善可惡也。推其說，是有性善，有性不善，夫豈「維皇降衷」之謂哉？至於荀子性惡之說，顯與性善之言如水火冰炭之不相入，彼曰「桀紂性也，堯舜僞也」，此曰「孩提知愛，稍長知敬」，所言孰爲有據乎？即以世俗論之，天下之鮮廉寡恥者莫如盜賊、娼妓，而迫於不得已之初，或强而爲之，或昧而爲之，未嘗不畏人知。及其見人不勝其消沮閉藏，是其性本善乎？本惡乎？孟子之言可信乎？荀子之言可信乎？大抵言性以孔孟爲宗，韓子之言駁，荀子之言悖。

復宋鼎

楚材足下：「大而化之之謂聖，聖而不可知之謂神。」是故神聖所爲，未易以常情測。然神聖雖未易測，而考之經傳所載、聖賢所言，亦無不可憬然悟矣。來書云「武王伐紂時，則有若箕子、微子之賢，武竟取之，不立以繼帝乙」者，非也。夫武王所遇征伐而王之時，非易位置君之時也。《孟子》曰：「取之而民不悦，則勿取，古之人有行之者，文王是也。取之而民悦，則取之，古之人有行之者，武王是也。」武王伐紂，不期而會者八百國，雖欲易位置君，不可得已。又云「微箕之賢，使武薦之於天，天未必棄暴之於民，民未必叛」者，亦非也。夫益賢於啟似大有間，禹薦益於天，七年禹崩，「朝覲訟獄者不之益而之啟，謳歌者不謳歌益而謳歌啟」，孟子以爲歷年少，施澤於民未久故也。況微、箕兩人，諫則不行，言則不聽，膏澤不下於民者哉？今曰薦之於天而天受之，暴之於民而民受之，恐臆度之説也。又云「假令二子爲許由、季札，不樂爲君，猶可爲武寬。及武有天下之後，皆作賓於王家，非不欲繼帝乙有天下」者，此語尤屬舛謬。夫微、箕雖不欲爲許由、季札，亦斷然不欲繼帝乙而有天下也。

蓋嘗考之於《書》，祖伊有言曰：「天既訖我殷命，格人元龜，罔敢知吉。」微子之言則曰：「今殷其淪喪，若涉大水，其無津涯，殷遂喪越至於今。」箕子之言則曰：「商今其有災，我興受其敗，商其淪喪，我罔爲臣僕。」詳觀三人所言，不過反復天命民情之可畏，毫無一言及於周者，則周家公天下之心於此可見，天之亡商、興周亦於此可知矣。夫箕、微，格人也，樂天知命者也，乃一旦圖度既訖之天命，欲繼先王而有天下，豈格人之所敢出，而樂天知命者之所爲哉？凡此辯説皆有明文，詳考之可也。

復潘湘門太史

丙午夏，先生與易孝廉芳谷枉駕敝館，後又假以《李二曲集》，命卒業，且誨以手書曰：「若有所得，必以告予。」斛泉賦質庸劣，見寡識淺，承先生顧問，忻悚交至。及讀《二曲集》，與斛泉向之所聞不合。若以爲是，則向所聞者孔、孟、程、朱之言；若以爲非，則又以詆毁先輩爲嫌。故囁嚅而不敢對者，於今三年矣。雖然，先生之命不可虚辱，姑以所疑質之。凡人立言行事必準於理，彼此不相妨礙而後可傳。若二曲品非不高，而其評論先儒，應接事物，似無當且相矛盾也。嘗讀其《靖江語録》有云：「陸之教人，一洗支離固蔽之陋，令人於言下爽暢醒豁，有以自得。朱之教人，循循有序，恪守洙泗家法，中正平實，極便初學。」誠如其言，是朱便於初學，而陸終身可行也。其《答張敦庵書》有云：「晦庵教不躐等，深得洙泗家法，而其末流之弊，高者徇跡執象，不勝憧憧；卑者桎梏文藝，茫昧一生。陽明出而横發直指，一洗相沿之陋，反之己而裕如。」推其語意，不惟朱不如王之無弊，孔亦不如王之無弊也。其《授受紀要》有云：「周、程、張、朱諸人，乃孔門曾、卜流派。陸、吳、陳、王諸人，乃鄒孟流派。」然詳考之，孟子所謂知性者，物格也；盡心者，知至也；存心、養性、修身者，誠意、正心、修身也。其他如慎獨之言、不慊之説、義利之分、恒言之序，無不脗合於《大學》書，亦何所據而以爲曾、孟異派乎？惟其《富平問答》則云：「自孔子以博文約禮之訓上接虞廷精一之傳，千載而下，惟朱子得其宗。生平自勵勵人，一以居敬窮理爲主。窮理即孔子之博文，居敬即孔子之約禮，内外本末，一齊俱到，此正學也。」此條論朱子之學最爲切當。其下文即云「下學循序之功，象山若疏於朱，而其爲學先立其大，峻義利之防，亦自有不可得而掩者」，則又恐人棄陸從朱而爲兩可之説也。夫程朱、陸王之學如水火冰炭之相反而不可以相入，羅整庵之《困知記》、陳清瀾之《學蔀通辨》、陸清獻之《三魚堂文集》論之詳矣。二曲顛倒其説，恐不免迷惑後學也。且《記》、《辨》兩書俱宗程朱，而闢王陸，乃《復張敦庵書》甚斥《學蔀通辨》，《體用全學》篇又極稱《困知記》，自相矛盾，大抵如是。以其所行觀之，衰衣麻絰，尋父骸骨於襄城不獲，悲感交切，襄城人哀之，舉曩時戰敗之骨，並爲大冢，名曰義林。事且未畢，一旦應人之請，講學於江南，而復至襄城迎神以歸。其講學也，衰絰從事與？抑釋服而往與？衰絰從事則樂憂，釋服而往則忘哀，二者必居一於此矣。故其辭詔書而不赴，辭關中書院主講而不留，出處之際，雖若不苟，而學術未純，語默動作，終不能使人無疑焉。此斛泉膠固之見，不能自解者，伏望先生裁之。

復陳廣文

接手札稱曾節帥遭父喪回籍，奪情起復，函商出處，内有「出則無以對親，處則無以對君」之語，忠臣孝子之心固如是也。竊考《禮》書子夏問曰：「金革之事無辟也者，禮與？」孔子曰：「昔者魯公伯禽有爲爲之也。」鄭康成注云：「徐戎作難，喪卒哭而征之，急王事也。」胡致堂《上宋高宗書》云：「魯侯有周公之喪，而徐戎並興，東郊不開，墨衰即戎。孔子取其誓命。」黄勉齋詳載此事於《儀禮經傳通解·喪禮》中。吴草廬亦云：「此時王室危急，故伯禽不得以喪辭。」則此一事，諸先生已有定論矣。國家當有事之秋，在才學未優而委任不重者，固不得藉口魯公，妄希利禄。今節帥德隆望重，又奉聖天子明詔，節制諸軍，蕩平逆賊，有可以報君者即可以慰親，變則達權，此其時也。又何傷於禮哉？因奉尊命，略陳管見，惟閣下更裁之。其或事從中制而不足以行其志，或事權不一而不足以提其綱，則在節帥隨時裁處，非鄙人所能知也。

上胡宫保詠芝

麾下躬膺專閫，軍務旁午，昕夕不遑，猶復惓惓於學校教育，爲國家培元氣，爲斯世植人材，豈獨楚北之福哉？斛泉一介鄙儒，毫無善狀，辱以手書，欲令主講書院，竊以風氣波靡，人心陷溺，非明定課學章程，而欲有所轉移，雖聖者不能，況譾劣菲材，能勝厥任乎？曩時伏讀《學政全書》，内載乾隆元年上諭：「書院中酌倣朱子《白鹿洞規條》，立之儀節，以檢束其身心；倣《分年讀書》之法，予之程課，使貫通乎經史。有不率教者，則擯斥勿留。」大哉王言！誠維持世道者所以遵守也。夫朝廷取士，本欲得碩德鴻才，付以治平之任，而碩德鴻才未易驟知，故假文詞之發於外者以驗其中之所存，冀其拔十或得一二。是以吾儒爲學，自當先器識而後文藝也。今之學者識趣多卑，惟科名是趨，而不願爲君子儒；惟考墨是娱，而不樂讀古人書。家塾黨庠，學徒雖衆，欲求所謂心正身修、經明史通者，幾不可多覯。吁！敝壞極而挽救誠不容緩矣。夫書院有甄别，有月課，皆官長主之，固不能離制藝以衡士。然制藝必由含經茹史以深其底藴，故主講者之立教，貴先培其基；學者之受教，當漸循其序。爲今之計，凡居院肄業，必擇其年富力强、厚重端正者，以行己之敬肆、倍誦之多寡生熟、講説之通塞淺深爲優劣，寬之以歲月，漸之以磋磨，由小成以底於大成，而制藝又不足言。如此，庶風氣可挽，人心可回，而宫保栽培士類之深心亦無不可遂矣。外有《講義》、《原教》各一首，《諭帖》二首，《書》三首，《崇正書院條約》七則，鈔呈鈞覽。此皆拘儒一隅之見，可否施行，伏乞裁之。

復婁縣沈祥龍

接閲手函，知於朱子《小學》一書考求尋究，不遺餘力矣。夫讀書之法，貴有專信，所信不專，則此著一書而尊信之，彼著一書而尊信之，將天下之書日著日多，而吾人以無主之心讀之，此吸彼嘵，靡所適從，難免受書多之累。昔人云：「唐宋以前之書，非經朱子論定者，不敢讀。」此法最善，梟常守此語。宋元以前之書，以程氏《分年日程》爲主。元明以前之書，以欽定及陸清獻公爲主。非欽定及二公所論定者，不敢一寓目。蓋識見淺寡，恐爲紛紛之衆説所撓也。且足下既知切近身心處體驗實學，深望勿託空言，省察存養而力行之。譬諸坐談京師，披閲圖書，未嘗不見其彷彿，然視之實至京師者，目覩市廛之從横、朝廟之宏敞固有間；視之老於京師者，心悉地勢之險易，路徑之紆直又有間。行與不行，此理甚明，望足下從此精進，踐履日久，此中之曲折微妙有非口舌所能爭者矣。

漢郡崇正書院諭諸生

古者爲學皆有次序，秦火以後，不無殘缺，經籍不全，無由考校。雖《曲禮》、《少儀》、《内則》諸篇載在《禮記》，讀者亦莫知其爲小學之支流餘裔。是故高者入於空虛，卑者流於功利，不背於古人者鮮矣。朱子慮正學不明，輯爲《小學》一書，大而倫常，小而飲食衣服威儀，無不詳備，古人爲學之方始復明於世。元大儒魯齋許先生出入經傳，泛濫諸子百家，靡不研究，稱師矣。及得是書，讀之默契於中，聚學者謂之曰：「昔所授皆孟浪也，今始聞進學之序。」凡受學者使無大小皆自《小學》入。有明一代，薛文清、胡文敬、高忠憲暨國朝湯文正、陸清獻諸大儒皆尊信之。今者翰臣龍宗師、繼園杜宗師先後相繼，創崇正書院，刊刻《小學》刷印，獎賞肄業諸生。權郡伯趙静山司馬及海明府蒼山贊成此舉，實爲大有造於楚北，非獨漢郡而已也。惟是書院初建，以斛泉伴讀，譾劣菲材，何能勝任？然《小學》書具在，敢與同志先讀之，相與講明而力行之，漸次及於經史子集，以求共學之益，使他日義精仁熟，賢才輩出，則《小學》不爲虛刻，書院不爲虛建，顧不美歟？諸生其深體之。

上海龍門書院條約

前奉應觀察書來，遊滬上，原以江浙勝地，人文淵藪，私冀不修之身，獲就正於賢大夫士，曷勝幸甚！今者龍門書院顧院長忽棄生徒，竟作古人，觀察囑泉伴讀，董率俊髦，自顧庸劣，何能勝任。惟是朱子《白鹿洞書院教條》，觀察及顧院長《章程》具在，願與諸君奉守而共行之。若視此爲冠冕語，付之空言，而終日閉户服習，仍不出記誦詞章之學，恐非觀察新設書院之意也。爰先以數語與諸君約。

士人好諛，莫大之病。諺云：「道吾好者，是吾賊；道吾惡者，是吾師。」必須常存此心，學問方能長進。泉於諸君言行好處不欲過爲贊美，恐涉諛阿之迹，以長驕矜之心。於不是處不憚詳言極論，非故爲苛刻，責善之道似宜如此。即泉所言未允，所行未當，諸君不妨究詰，教學相長，無犯無隱，古人嘗言之矣。

問必切實，毋徒泛泛。《論語》一部問答多端，然只是人生日用切己之事，曷嘗談玄説妙，探賾索隱？昔游定夫問「陰陽不測之謂神」，伊川先生曰：「賢是疑了問？是揀難底問。」夫定夫所問猶是經書中語，程子以其功候未到，且不之答，況泛泛之問，亦何當於當務之急乎？

附録

先生於國朝諸儒最服膺陸清獻，謂清獻之學精博純正，而於張楊園則謂其《上劉念臺書》先言「讀《近思録》始知聖賢之果可爲」，後言「於陽明所言良知，體之較切」，豈以劉先生亦爲陽明之學，而始爲權辭乎？則又非事師無犯無隱之道也。又謂答門人問禮數條有不合，嘗校《楊園全集》，撰記疑若干，則駁正之。文稾。

先生爲吳竹如侍郎校勘《拙修集》，亦撰記疑若干則。吳劄記有云：「主靜者，主正與義也，正義便是利貞。中是亨，仁是元。利貞，誠之復也。」先生曰：「『主靜者，主正與義』，恐少偏。周子明言『聖人定之以中正、仁義而主靜』，立人極兼中正、仁義説。若他條言主靜，實貫動靜而後歸重靜，卻不妨。」吳云：「『萬物本諸天，萬理本諸心』，宜曰『萬理本諸性』。雖言心即可該性，然言心而不言性，終恐爲外學所假借。」先生曰：「『萬理本諸心』句似無病，猶言理具於心，非謂理即心也。如改心爲性，性即理也，云萬理本於理可乎？若恐爲外學所假借，故改心爲性，然《大學》一篇言心不言性，外學何嘗能假借乎？」又吳《復曾滌生中堂書》有云：「無人欲之私易，無天理之私難。」又云：「凡氣節、文章、經濟一有偏重，即有所蔽，而有時流於不自覺，即天理中之私也。」先生曰：「無人欲之私二句，恐有語病。蓋天理自是公的，若有私，則非天理矣。即無人欲之私，恐亦未易也。至於氣節、文章、經濟，以大公處之，便是天理。稍有一毫私意雜乎其中，便是人欲之私。今曰天理中之私，似未妥洽。天理人欲之分，竹如先生當已辨之明矣。必如此立言者，蓋欲婉其詞以相諷與，但遣詞欠斟酌，讀者恐未能曲原其意。」同上。

先生在江蘇，聞大吏將疏薦於朝，乃致書應布政寶時曰：「自漢而降，被徵處士可人意者能有幾人。當未薦以前，聲名猶覺漸盛；及被薦以後，受當時指摘，後世譏貶者，比比也。伏望閣下曲爲勸止，保全末學，使士偶人不失爲西岸之土。不勝幸甚！」同上。

先生教人惟重躬行，與人書曰：「大著憂世之心燦然楮墨間，學者流弊言之亦甚分明，但弭之以講論，不如弭之以躬行。夫不講論則理無由明，固無以爲躬行之資。然徒講論而不躬行，則所明之理終非己有，聽其言則是，觀其行或未必是，疑而議之者從此起矣，尚何望其能有所挽回哉？詳尊篇言講論處多，言躬行處少，得毋此中尚欠著實與？鄙人於躬行之事未能萬一，然不敢以己所不能者遂不望諸同志。」同上。

莫子偲曰：「先生一言一動未有不應規矩，翕然人師。所作皆精於析理，謹於守禮之文。言行如一，不煩不支，氣象極似尹和靖、許白雲。」《尉山堂稾跋》。

黄先生嗣東

黄嗣東，字小魯，漢陽人。同治癸酉拔貢，官刑部郎中，出爲陜西候補道，歷任鳳邠鹽法道，陜安兵備道，除蠹治盜卓有政聲，以母憂歸，遂不出。宣統二年卒，年六十五。

先生性剛介，負志節，治宋明儒家言。在陜與平定李布政用清、三原賀徵君瑞麟以正學相砥礪，就許魯齋講學故址闢書院，集生徒講肄，輯《濂學編》六卷，表章湖湘先哲。又輯《道學淵源録》，分《河洛》、《洙泗》、《兩漢》、《河汾》、《濂洛》、《江漢》、《姚江》、《聖清》八編，共一百卷。參陳三立撰墓志、《濂學編》、《道學淵源録》。

濂學編序

自來國家禍亂之興，未有不由於吏治之敝，而吏治之敝未有不由於人材之不振，而人材之不振皆學術之不明爲之也。咸、同年間，粵寇内訌，荼毒東南，羅忠節公以一介儒生，崛起湖湘，率團討賊，卒平大亂。其始不過講學授徒，行鄉約法，時時修冠昏喪祭之禮，以信義相感孚，以廉恥相砥礪。一旦有事，卒收指臂之效，而寰海賴以乂安。此以知學術之關係於治亂興衰者非淺鮮也。

竊謂湖湘之學肇自濂溪，上繼洙泗，下開洛閩，聖道中天，厥功最偉。迄宋之亡，嶽麓羣賢舍生取義者猶指不勝屈。元明代興，趙江漢以南冠講授太極書院，使氈衣酪食之士媲美鄒魯；冀闇齋當刀鋸鼎鑊之餘，猶能忍死以雪師冤。厥後醇儒輩出，恪守師說，危行浩氣，炳若日星。聖清典學，接迹祁姚，故雖石莊、船山吸潁水之沈波，蹈首陽之苦節，而熊孝感、曹黃岡並以碩儒入侍講席，一時海内士夫欣欣向學，諸不在孔子六藝之科者絶勿使道。降及中葉，訓詁、詞章之學盈天下，濂溪一脈不絶如綫。唐確慎輯《國朝學案》，獨與二三同志躬行實踐，講明宋五子之書，曾、劉諸公因是由博返約，恍然知聖經賢傳之有益於身心，而始悟諸子百家之穿鑿附會，皆趨歧徑而游斷港也。

嗣東資性迂拙，不及親炙諸先生之訓，顧篤嗜性理書及諸先生遺事，多所鈔録。及筮仕關中，與平定李菊圃布政、三原賀復齋、華陰王遜卿兩徵君游，又闢魯齋精舍，聚生徒，設學會，夙夜講習，因備聞曾、劉諸公師友淵源及居敬窮理之方、修己治人之術，雖不能至，心嚮往之。布政爲長白倭文端公入室弟子，文端當咸豐朝與湘鄉曾公講學於京師。賀徵君則劉中丞撫秦時聘爲關中書院學長者也。方今海波沸騰，王事孔棘，三先生或歸道山，或講授鄉里。嗣東薄宦槖散，退食多暇，因取向所手録吾楚諸先生事迹及聞於三先生者，次其先後，訂爲一編，仿《洛學》、《關學》諸編例，名曰《濂學編》，付之剞劂。明知僭妄，苟於世道治亂、人材盛衰之故，俾與人家國事者有所考證，夫豈一鄉一邑之私，則《春秋》罪我所不敢辭云爾。

道學淵源録序

古無所謂道學之名也。天造草昧，必有神靈首出，作之君師，而萬物於以託命焉。任洪水猛獸夷狄之百出，其變以相試，而道與權合，卒措天下於衽席之安。此古昔盛時所以人倫明於上，小民親於下也。蓋自伏羲、神農、黄帝、堯、舜、禹、湯、文、武、周公聖同此心，心同此理，夫豈有一毫自私自利之見存乎其間哉？驪山一炬，姬鼎東遷。上焉者忘君父之讎，而廉恥道喪；下焉者困賦斂之苛，而怨讟繁興。孔子四國栖栖，又不見用於世，目擊夫被髮左衽之交於中國而莫之能救，不得已而有獲麟之作，微管之歎也。悲夫！自茲厥後，先王《詩》、《書》、《禮》、《樂》之教，楊、墨於戰國，火於秦，黄、老於漢，佛於魏晉六朝，詞賦於隋唐及五代之季，而亂臣賊子踵相接也。宋五子興，得洙泗不傳之緒，探河洛至理之精，理學昌明，轉相授受，至考亭而集其大成。然當安石創爲富强之説以惑人主，一變祖宗之成法，禍不旋踵，而趙社南渡矣。朝野泄沓，歲幣日增，競以和議爲得計。朱子晝焉傷之，退而講授鄉里，自述其平生學業得力於五子之徒者，作《伊洛淵源録》一編，上以繼往聖，下以開來學，意至摯，功至鉅也。元修《宋史》，特立《道學傳》，以尊程、朱諸子，後世道學之名以此始。江漢既歿，正學不絶如線。明之中葉，姚江、東林、復社、幾社諸君子各立宗旨，講幟高張，其矯矯者又爭漢、宋之門户，析朱陸之異同，以爲名高，數百年於兹矣。迨至景教浸熘，滄海横流，無父無君之説盈天下，唐虞三代之遺經束之高閣，其禍有甚於焚書坑儒者。果誰執其咎而任其責耶？

往歲戊子，嗣東自西安假歸侍先大夫，宦寓湘州，新城陳子鵬運出其師善化楊先生家貞手鈔同里李朗軒先生文炤所輯《淵源全録》見示，受而讀之。是書上溯孔子，下逮前明薛、胡諸儒，共三十卷，取法甚正，獨謂江漢、魯齋竊吾道之名以用於夷狄之世，金谿、陽明借儒者之言以蓋其佛老之真，皆屏而不録，則持論之苛也。借鈔一通，藏之篋笥。不揣固陋，復輯伏羲以來帝王卿相及春秋時之賢士大夫，有合於孔、孟仁義之旨者，曰《河洛録》六卷，原道學之始也。《洙泗録》八卷，則取李先生所輯而增益之，以周末諸儒爲斷，正道學之統也。秦火後，學者不見全經，而猶得拾遺緒於斷簡殘篇者，則漢初諸儒之力也，爲《兩漢録》八卷。隋王通講授河汾，而唐初將相半出其門，貞觀刑措之風，幾於三代；陸宣公草詔興元，再造唐室；厥後，昌黎、廬陵排斥異端，功不在孟子下。范、韓、司馬諸公正直立朝，其於義利公私之閒辨之審矣，固宋五子之先聲也，合而爲《河汾録》八卷。《濂洛録》廿四卷，則一遵朱子及謝先生鐸之舊而增損之，而易伊爲濂者，以伊洛之學究本於周子也。乾坤晦盲，至宋元之交極矣。江漢北行講道太極，中原始復知有程、朱之學。魯齋、草廬碩儒輩出，及方、曹、薛、胡其傳益廣，亦道學之干城也，爲《江漢録》八卷。王陽明提致良知以倡道東南，一時學者靡然從之。或遁於禪宗，如龍谿、泰州輩爲世詬病，而終明之世，私淑王學者類能敦氣節而厲頑懦，抑亦百世之師也，爲《姚江録》八卷。我朝列聖緝熙典學，祖述唐虞，欽定七經諸書，燦然大備，化行俗美，故操觚之士皆知黜百家而尊孔氏，開國如孝感、睢州卓爲純儒；及粤盜蠭起，曾、羅諸先生皆以書生率其鄉人弟子效命疆埸，卒平大難，皆道學之效也，爲《聖清録》三十卷。八録，録各爲表，有傳者則節録本傳附於後，俾後之論世知人者有所考鏡焉。

嗟嗟，天下之生久矣，一治一亂。其治也，必有聖君賢相道行於上，垂之史册者，炳若日星。其亂也，苟無一二志士仁人砥厲名節，使天下後世曉然於君臣之分、義利之防，則人道或幾乎熄矣。故《魯論》表三仁而崇逸民，其後史遷以伯夷冠《列傳》，朱子書靖節於《綱目》，率是道也。今上既允朝臣之請，尊孔子爲上祀，又詔禮臣祀黄宗羲、顧炎武、王夫之三先生於孔廟兩廡，表章先哲，爲後世法，其有關於世道治亂興衰之故者豈淺鮮耶？嗣東養痾閭里，學殖荒落，曷足以窺往哲道學之淵源？唯先世與南雷同宗，幼秉庭訓，多藏諸先生性理書，隨時手鈔，積紙成帙。深恐李、楊兩先生嘉惠後學之苦心没焉不彰，涼秋多暇，臨湘吴子獬千里過訪，留共商榷，重加編輯，付之剞劂。竊比述而不作之義，極知僭妄所不敢辭云爾。

以上湖北。

劉先生紹攽

劉紹攽，字繼貢，號九畹，三原人。雍正壬子拔貢生，以朝考第一，出爲四川知縣，補什邡，調南充，丁憂回籍。服闋，授山西太原縣，調陽曲，卓異引見，拜文綺之賜。後因病告歸。先生博學通明，所至以經術飾吏治。既歸里，主蘭山書院，多所造就。嘗以陸、王之學竊取佛似，明陳建曾辨之而未得所徵，因讀周密《齊東野語》，知張子韶嘗參宗杲，陸子靜又參杲之徒德光，因窮究源委，著《衞道編》二卷，上卷闢異學，下卷明正學。其論讀朱子書謂：「世之攻朱者，非宗良知，即誦古注。然尊朱者守其一説，不知兼綜衆説，非善學朱子也。」乃舉黄勉齋《復葉味道書》以爲學者法。後桐城方宗誠見其書，稱其言：「潔浄精微，平湖陸清獻外，未有如此之純粹。」他所著有《周易詳説》十九卷，《書考辨》二卷，《春秋筆削微旨》二十六卷，《春秋通論》五卷，《四書凝道録》十二卷，《九畹文集》十卷，並輯關中人詩爲《二南遺音》四卷。參史傳。

孫先生景烈

孫景烈，字孟揚，號酉峯，武功人。乾隆己未進士，改庶吉士，授檢討，與崔祭酒紀、官編修獻瑶同以理學相切劘。會大考不及格，以原官休致。先生少家貧，力學，講《小學》、《近思録》諸書，確然有得。嘗官商州學正，倡社學，爲諸生闡發經義，究義利之辨，當道爲舉孝廉方正。既放歸，總督尹文端繼善、巡撫陳文恭宏謀先後延主關中、蘭山書院，後復主鄠縣明道書院，日與生徒講性命之學。雖盛暑必肅衣冠，凡出使秦蜀者經其地，無論識面與否，莫不造廬，請謁敬禮有加。先生爲學，以求仁爲要領，以主敬爲工夫，以《小學》一書爲入德之基，期爲切實近裏。嘗舉真西山語曰：『古之學者爲己，今之學者爲人』。爲青紫而明經，爲科舉而業文，去聖人之旨遠矣。」其誨人汲汲孜孜，合經義、治事爲一。先後受業者無慮數十百人。其膺科名、歷仕中外者，類能有所設施，以自表見。即未仕者，亦俱務爲醇謹，不爲非義之行。故一時海内之士無不知有西峯先生者。韓城王文端杰爲先生入室弟子，嘗語人曰：「先生冬不鑪，夏不扇，如邵康節；學行如薛文清。」又曰：「先生歸籍三十年，雖不廢講學，而獨絶聲氣之交。」四十七年卒，年七十七。著有《易經管窺》、《詩經講義》、《四書講義》、《性理講義》、《關中書院課解》、《蘭山書院課解》、《康海武功志注》、《郃封聞見録》、《菜根園慎言録》、《西麓山房存稿》、《可園集》。參史傳、張洲撰行狀。

李先生元春

李元春，字時齋，朝邑人。嘉慶戊午舉人，截取知縣不就，改大理寺評事。後以勸捐出力，加州同銜。嘗率所居十六村聯爲一社，行保甲法，鄰盜相戒不敢犯。關中旱，捐穀賑給村民，著《救荒策》數萬言，上之當道。大致謂：「當村各護村，族各護族。」時賴以全活甚衆。所居高閣，手植四桐，積書數萬卷，自號桐閣主人。年八十，猶夜半起讀書，語學者曰：「人愈勤則精神愈生。」咸豐四年卒，年八十六。先生幼時家貧，嘗拾薪飼驢，代鄰家碓碾，得麩糠，和蔬爲食。一日過里塾，聞誦聲，歸告母，欲讀書。母喜，遣入學，猶半日負薪以爲常。稍長，塾師講「仁而不佞」章，輒苦思前後言仁不同處，悟聖門求仁之旨。年十四，得薛瑄《讀書録》，益究性命之學，徧求程、朱文集，熟讀精思。鄉薦後，以父没母老，絶意進取，迭主潼川、華原書院，導諸生以正學，興起者衆。其學以誠敬爲本，而要於有恒。讀書觀理，以爲行之端；處事審理，以驗知之素。本末兼該，内外交養，一宗程、朱。謂：「朱子之學之精全由與友朋講論而得。禁僞學，忌講學。世衰政亂，時也。扶衰救亂，還在明正學，此根本事。」謂：「陽明《朱子晚年定論》全是援儒入墨，是己之見牢不可破。在朱子公心衛道，初無此意，然後來衛朱子者譏陸、王亦太甚。」謂：「白沙、甘泉不盡與陽明同，而亦相近，高忠獻、顧涇陽、陳幾亭、馮少墟不欲與程、朱異，而亦有殊，不可不辨。」謂：「李二曲亦有爭名立名之意，其以文章推山史，以節介推復齋，按山史，王弘撰字。復齋，王建常字。而云『躬行實踐，世無其人』，則自謂也，是明爭名矣。然山史不止文章，復齋不止節介也。」生平博通經史，深惡支離，著《學術是非論》曰：「學術至今日而愈歧矣，有記誦之學，有詞章之學，有良知之學，而又有考據之學，而皆不可語於聖賢義理之學之精。良知之學竊聖賢之學而失之過者也，考據之學襲漢儒之學而流於鑿者也。講良知者尊陽明而溺於空虛，勢必與佛老之教等。然陸、王學偏而行誼事功猶有可取，高明之士竊此而與朱子爲敵，其實蕩檢踰閑，有不可問者。此真所謂僞學也。務考據者右漢儒而左朱子，彼謂漢儒近古，其所講説皆有傳受。夫近孔子而解經者孰如《春秋》之三傳，然盟蔑、盟昧，其地各異，尹氏、君氏其人云訛，此類疑竇不可勝數，何論漢儒？吾嘗思之，生數千載之下，欲講明於數千載之前，聖人已遠，簡編多缺，兼以僞書日出，將一一而考其實，有可據必有不可據者，有可通必有不可通者，不可據不可通，是終不能考其實也，故斷不如朱子說理之爲真。嗟乎！朱子豈不知考據者哉？今人好立說以駁朱子，名心勝也。此與講良知者之意等也。然則儒者果將何所擇而守乎？曰楊墨、佛老吾斥之，記誦、詞章、考據吾爲之，而一以朱子之明其理而履其事爲宗，又不入於良知之家，庶乎與聖學相近矣。」先生有所纂述，皆以扶世教、正人心爲己任，不務空言。常輯《張子釋要》、《先儒語録》，爲《關中道脈書》，增補馮從吾《關學編》，學者宗之。所著有《諸經緒說》、《經傳摭餘》、《春秋三傳注疏說》、《左氏兵法》、《諸史閒論》、《諸子雜斷》、《圖書揀要》、《百里治略》、《循吏傳》、《芻蕘私語》、《喪禮補議》、《閒居鏡語》、《益聞散録》、《學薈性理論》及文集等書，凡百餘卷。又輯《關中詩文鈔》四十七卷，《青照樓叢書》三編，共九十餘卷。參史傳。

賀先生瑞麟

賀瑞麟，字角生，號復齋，三原人。恩貢生。幼穎悟，父以「半耕半讀」屬對，應曰「全受全歸」。居父母喪，一遵《家禮》。築廬墓側，顔曰有懷草堂。年二十四，從朝邑李時齋游，遂棄舉業，致力儒先之書。其學以朱子爲準的，於陽儒陰釋之辨尤嚴。同治元年，關中亂，避地絳州。顛沛之中，與友人薛于瑛、楊樹椿講學不輟。歸主本邑學古書院，手定《學要》六則：曰審途以嚴義利之辨，立志以大明新之規，居敬以密存養之功，窮理以究是非之極，反身以致克復之實，明統以正道學之宗。性嚴正，雖盛暑嚴寒，必正襟危坐。接引後進，皆規以禮法，不爲謗讟所動。舉孝廉方正，不就。大吏歷聘，主講關中、蘭山書院，皆固辭。晚闢清麓精舍於清涼原，來學者益衆。生平以倡復横渠禮教爲己任，或延講古禮，不遠千里。郡縣請行古鄉飲酒禮，觀者如堵牆，風俗一變。時人於妻喪服多略，先生獨依禮而行，作《妻服答問》以解衆惑。居恒不入城市，惟於振窮、墾荒、均田、積穀諸事則莫不躬親贊治。督學吴大澂、柯逢時先後以經明行修薦，予國子監學正銜，晉五品銜。光緒十九年卒，年七十，贈五品卿銜。著有《朱子信好録》、《讀朱録要》、《養蒙書》、《誨兒編》、《清麓文集》二十三卷、日記五卷。參史傳。

以上陝西。

清儒學案卷二百六終

清儒學案卷二百七

天津徐世昌

諸儒學案十三

費先生密

費密，字此度，號燕峯，新繁人。父經虞，字仲若，明末官雲南昆明知縣，累遷廣西府知府，有治行，兼邃經學。著有《毛詩廣義》、《雅論》諸書，以漢儒注説爲宗。先生早負奇偉之才，年二十餘，值流寇張獻忠擾四川，先生曾於什邡起義師禦寇，已而全蜀皆陷，因赴雲南省。父迎之歸，轉徙蠻中。迨獻忠殄滅，兵事猶未已。鎮將楊展，膺明廣元伯之封，督秦蜀軍，駐嘉定。先生爲籌屯田，給兵食，署中書舍人之職。久之，見事不可爲，遂奉父入漢中，溯漢江，下吴越，流寓泰州，家焉。村居三十餘年，著書甚多。康熙三十八年卒，年七十有七。先生少傳家學，中年謁孫夏峯徵君於蘇門，執弟子禮，述先訓以就正，逾月歸。徵君爲題「吾道其南」四字贈之。嘗游京師，與毛西河、閻潛邱交，又與李恕谷論學，爲作《大學辨業序》。其爲學大旨謂宋人以周、程接孔、孟，盡黜一千餘年儒者爲未聞道，深病之，乃作《中傳正紀》百二十卷，上考古經與歷代正史，旁採羣書，序儒者源流，爲傳八百餘篇。又作《弘道書》十卷，弘道者，所以廣聖人之道也。曰《統典論》、曰《輔弼録論》，明大統必歸帝王，不得以儒生參之也。曰《道脈譜論》，明先聖以來七十子傳人具在，不可滅没其功也。曰《古經旨論》、曰《原教》，明聖人之道古經具在，無所謂「不傳之祕」也。曰《聖門育材論》，明聖人取人甚寬，不可舉一廢百也。曰《祀先聖禮樂舊制議》、曰《先師舊制議》、曰《七十子封爵舊制議》、曰《七十子爲後議》、曰《從祀舊制議》，明漢唐以來學校不可廢，先儒不可黜，七十子漢唐過薄，宋儒過厚也。曰《先儒傳道述》、曰《聖門傳道述》，明帝王師儒有舊章不可雜，不可改易也。曰《吾道述》，明聖教不同於二氏也。竝載諸圖，是爲《弘道書》。又作《古今篤論》四卷，《朝野諍論》四卷，《中旨定録》四卷，《中旨辨録》四卷，《中旨申惑》四卷，皆申明《弘道書》之旨。又著有文集二十卷，詩鈔二十卷。外集二十九種，《河洛古文》一卷，《尚書説》一卷，《周禮注論》一卷，《二南偶説》一卷，《甕録》一卷，《中庸大學古文》一卷，《中庸大學駁論》一卷，《太極圖紀》八卷，《聖門學脈中旨録》一卷，《古史正》十卷，《史記補箋》十卷，《歷代紀年》四卷，《四禮補録》十卷，《古文旨要》一卷，《蠶叢遺録》二卷，《奢亂紀録》一卷，《荒書》四卷，《笭箵歸來晚暇記》四卷，《歷代貢舉合議》二卷，《二氏論》一卷，《題跋》六卷，《尺牘》六卷，《詩餘》二卷，《雜著》二卷，《費氏家訓》四卷，《長沙發揮》二卷，《王氏痧論》一卷，《金匱本草》六卷，《集外雜存》八卷，《補孝貞先生劍閣芳華集》二十卷，《雅倫》二十六卷。此外復有《春秋虎談》二卷，未入自定書目中。其諸書皆手録，藏之家，未顯於世，大都散佚。至清末，大關唐鴻學始得《弘道書》、《荒書》、《燕峯詩鈔》三種，刊行焉。子錫琮，字厚菴，著有《醫書》、《階庭偕詠集》、《白鶴樓集》。次子錫璜，字滋衡，著有

《貫道堂文集》、《掣鯨堂詩集》，並能傳其家學。參史傳、子錫璜撰家傳、《文獻徵存録》、孫桐生《全蜀詩鈔小傳》。

案：刊本《弘道書》三卷，《荒書》一卷，與家傳所録卷數不同，乃出後人歸併，非删減也。

弘道書

統典論

《尚書》聖緒，肇録二《典》。《十翼》本始，羲、農紹休。太古邃渺，曆數綿絡。元睿土德，天命垂御，啟禮贍器，覆澤蒸黎。開弘漬漸，累代褒宣。堯、舜陟位，哲文恭濬，光格裔海。三王咸享國久遠，治化敦湆，承遺謨訓。周監二代，王道克茂，風教隆溢。孔子述憲典文，以待後世帝王，有所據依，因時爲政，濟世安民者也。

費經虞曰：後世言道統，徐學謨云：「道統之説，孔子未言也。」乃爲實論矣。不特孔子未言，七十子亦未言，七十子門人亦未言。百餘歲後，孟軻、荀卿諸儒亦未言也。世日以變，道日以消，漢儒始得奉聖人所言先王成法，尊護守衛，相受有緒，布爲政也，安平易行；著爲言也，篤實可用。通出處爲一，亦何嘗有道統之説哉！魏、晉而後，清談言道，去實而就虛，陋平而喜高。歲遷月改，流傳至南宋，遂私立道統。自道統之説行，於是羲、農以來，堯、舜、禹、湯、文、武裁成天地，周萬物而濟天下之道，忽焉不屬之君上，而屬之儒生，致使後之論道者，草野重於朝廷，空言高於實事。世不以帝王繫道統者五六百年矣，經文煌煌大訓，乃爲蕪亂，寧可不正哉！

古之二帝三王皆在位，倫無弗敘也，政無弗平也，方隅無弗安，而教化無弗行也。其民湻質，以下從上，無所異趨。君、師本於一人，故爲統。司馬遷曰：「天下重器，王者大統，傳天下若斯之難也。」統之天子名之，諸侯不敢與也，況士乎？後世聖人如孔子，不得在位，列國殊政，多未合於道，各趨嗜好，習久相化，而道亡，天下日就沈溺。孔子述往古，以爲久遠安寧之本，後世聽其損益，道始有緒。孔子在下，君、師分爲二人，君、師分則雜焉，亂於道者，其說多矣。孔子道具而統失，道在先王之事，其得存也繫於孔子之言。非事不足以定民志而養天下，非言不足以記典章而教天下，豈先王規程越品物之外，孔子又欲託空言以爲道也？懼先王所以仁天下者散亡不可收采，一時失之，千萬世失之，聖王不興，天下孰能宗予，其言尚彰彰也。

飲食男女，人之大欲存焉。衆人如是也，賢哲亦未嘗不如是也。先王憂之，謂欲不可縱，亦不可禁者也。不可禁而强禁之，則人不從。遂不禁，任其縱，則風俗日潰。於是因人所欲而以不禁禁之，制爲禮樂，定爲章程，其不率者俟之以刑，使各平心安身而化。孔子欲先王之政教行之於萬世而無斁也，乃以爲六經，傳之而緜緜永存，爲道脈矣。故上之道在先王立典政以爲治，其統則朝廷歷代帝王因之，公卿將相輔焉。下之道在聖門相授受而爲脈，其傳則膠序，後世師儒弟子守之，前言往行存焉。苟無帝王受天明命，宰育萬彙，有磨礪一世之大權，優善懲惡，公卿行之，以動蕩九服，取儒生空辭虛說，欲以行教化而湻風俗，必不能矣。王天下者之於道，本也；公卿行焉，師儒言焉，支也。道者何？射之鵠也，大匠之規矩也，入焉而各自有得者也。遠射焉而中，近射焉而中，左射焉而中，右射焉而中，取其中，不計其他也。規之獲圓，矩之獲方，求其方圓，不索於規矩之外也。道若此止耳。孔子教一人者，所以教天下；教弟子者，所以教士大夫。習之者易通，教無煩賾也；傳之者易曉，學無艱深也。其君子學古入官，體國行政，以誨其族，及於里黨。其小人受以謹身，因以善俗。此先王所以爲道，孔子之旨則然也。以孔子之道自治則德修，以孔子之道治天下國家則政備。宗孔子，則二帝三王之道可明矣。故一於帝王，道則爲統；傳於孔子，道則爲脈。後儒飾虚矜肆，以杳冥不可致詰爲道，枝辭爭辨爲學，襲六經以就其私議，於是性命之説出焉，傳心之論起焉，誕浮相尚，聖王修身安人、開國承家之實咸爲後儒所壞亂。統也者，道行於當時，薄海内外，莫不化洽也。脈也者，道傳於萬世，王侯下逮庶人，莫不取則也。合歷代帝王公卿稱曰道統，庶可也。無帝王則不可謂之統矣。

上古其氣渾噩，天道也。包羲畫卦爲罟，神農作耒耜、立市，地道興矣。舟楫、弧矢、杵臼、衣裳，始於黄帝，人道漸大。堯、舜命官分州，夏后、成湯禮樂殊别，周兼而文之，人道全矣。東遷以後，日就陵替，孔子當其時，欲以道興治，天命不與。先王所遺傳焉，雖世異政殊，後世修述，尚與道不遠。孔子雖位不同於二帝三王，而聖則一。七十子於孔子，猶諸侯之於天子也。松柏始生，核焉耳；櫱之分許，長之寸許，蟠於地而根之，及其麗風日久遠也，鉅本而蒼皮，歧爲大柯，枝葉蕃焉。上古，核也。羲、農以來，根也。黄帝、堯、舜、夏、殷、周、秦、兩漢而下歷代之君，本也。如漢之高、光，唐之太宗、肅、代，皆與湯、武、中、宣同功，而文、景、明、章與元魏孝文、宋仁宗、明宣、孝，皆與太甲、成、康同德。堯、舜之德雖盛，不能安後世之民生。湯、武之功雖高，不能救後世之殘暴。故曰遞興遞廢，勝者用事，所受於天也。累代帝王，曆數歸而革命，奠百年之倫紀，賢君繼位，德厚慶長，民賴其福。即中材以下之主咸能安輯一世於當時，何得遂置之耶？

孔子修帝王之道，爲萬世法，本而大柯也；分以爲枝，七十子承焉、傳焉；後世之儒，條葉豐茂而已。非根不深，非本不成，非柯非枝不盛。受雨露而滋養者，條葉也。夫德有大有小，天命殊之，人力異之，可内省以曉也。天命殊之何也？子貢曰：「固天縱之將聖。」有若曰：「自生民以來，未有盛於孔子。」人力異之何也？孟軻曰：「冉牛、閔子、顏淵具體而微。」東方朔云：「顏淵如桂馨一山，孔子如春風至，萬物生。」不能至聖人，顏淵、閔子已然矣。蓋千里奉一君則爲王，百里一君則爲侯，君七十、五十、三十里，伯子男而已。所得大，所養多，所立者尊，自然之勢也。天地之氣鍾爲數人，或數十人，則其德隆，其道遠。散而爲百千人，末也已。以百千人而欲至於德隆道遠之古人，非愚則倔强焉。先王文謨武略，聖人道全德備，非後世之儒所敢輕擬。守先王之法，不知變通損益，必塞而難施，非法不可久也，行法者未得先王之意云耳。求聖人道德百之一以自淑，學之修身可也；取經傳之言而顛倒之、穿鑿之，强謂聖人如此，吾學聖人，遂得之如此，自以爲古人與一世皆所未知，而獨吾一二人靜坐而得之，以吾之學即至聖人，是孔子所不居，七十子所未信，孟軻、荀卿諸儒所不敢，後世儼然有之，何其厚誣之甚與？昔羣弟子以有若似聖人，欲以事孔子者事之，曾子不可；子夏設教西河，曾子責其擬於夫子。有若、子夏親傳道業，在七十子中彬彬焉，曾子且以爲不可擬於聖人，後世之儒無所忌憚，其見惡於曾子也深矣，而況於帝王之統乎？欲正道統，非合帝王公卿，以事爲要，以言爲輔不可。宋則議論爲主，實事爲末。蓋人主鎮撫四海，提挈綱維，士大夫協恭共濟，政和化洽。澤之渥者，當世蒙其休；法之善者，後世著爲令。皆益治保民之大，當遵經據史，序上古及歷代爲統典。昔先聖言，殷因夏禮，周因殷禮，皆有損益，百世可知。且齊桓、管仲尚稱一匡天下，民受其賜，而許以仁。漢唐以來，治亂不一，睿帝哲王，救民除暴，因時爲政，布惠敷恩，宣褒古經，興立學校，使先王之典制不致盡没，黎庶之塗炭不致久困，一時賴之，數百年享之，追繼三代，無疑也。歷世久遠，諸儒皆無異辭，何爲至南宋，遂敢杜撰私議，而悉謗毁黜削之，謂秦、漢而下，詔令濟得甚事，皆勢力把持，牽滯過日。司馬遷曰：「帝王者各殊禮而異務，要以成功爲統紀。」漢繼五帝末流，接三代統業。晉袁宏云：「漢祖雖不以道勝御物，羣下得盡其忠。蕭、曹雖不以三代事主，百姓不失其業。靖亂庇人，抑亦其次。」謂亞於堯、舜、禹、湯、文、武可也，乃遂不許列道統中，承三代之後，則《秦誓》次典謨訓誥内，將爲大非矣，不思孰甚！惡可以繼聖門之旨，而開後世之業？況獨尊其黨之匹夫，於年湮代隔已久，妄以續二帝三王，假聖賢之言，僭名道統者也。其語播流天下數百年，儻談道不本於廟堂，何以謂之儒說？不序歷代，何以知損益？若不重述舊章，道統還之帝王，而舉諸儒公論，後世不得立於聖門，歷代不得顯加排擯，則亦無當也已。後儒以其僻説强辭，竄入聖人之經；擬聖人之德，上附鄒魯，此亦尉佗之黄屋左纛也，君子或將許之與？如是而後，固説始可息，偏行始可撥，公論乃伸，吾道乃正，斯誠儒者不易之定論也。先於《統典論》首録之，以爲言道之□。

道脈譜論

二帝三王前規盛制，先聖孔子撰録簡策，定之爲經，所以宣演徽猷，翼贊崇化。傳七十子，七十子又傳之，如父於子、子於孫，使學者謹守，不敢亂紊。悠久至今，成爲道脈。故道脈斷自先聖孔子始，後世去聖人日遠，欲聞聖人之道，必以經文爲準，不合於經，虚僻曉譁，自鳴有得，其誰信之？經傳則道傳也。秦人焚書，經文盡失，儒者壁藏之，塚藏之，子若孫口授之，二三門人討論纂述之，保祕深厚，幸獲不墜，經已絶復存者，先秦諸儒之力也。漢興，下詔追尋大師耆德，收理舊業，迪訓後起，正定訛殘，互述傳義，共立學官，七十子遺學未泯，經久亡而復彰者，漢儒之力也。自漢而後，中罹兵事，書傳佚落。六朝以來，諸儒於經注解音釋或得其遺，以補亡脱。至唐始會爲十二經，《孟子》古不列經，宋宣和後始入。上自朝廷，下逮草野，皆有其書，經如絲復盛者，魏晉、隋唐諸儒力也。采取整葺，已成師資，傳次千餘年，傳爲不刊之經，改變古文，蠭起而立，臆説而遂行矣。經旨廣大，稍平近實者，亦不必盡刓削焉。從漢而來，歲月深長，姓氏更改，典章不同，諸儒奉經也，我以爲宜，人以爲不宜，行之則成過。我以爲不宜，人以爲宜，不行亦成過矣。況感恩不忘，世多有之。釋憾終身，古來無幾。或無心之語而犯忌諱，或偶事之失而成不解。一怨橫胸，讒誹遂作，薏苡珠璣，百升之歌，詠檜之謗，足以污盛德而亂聽聞。是非賢不肖之論未易悉數也。故尚論者，生不同時，事不共歷，固宜考詳始終，推量隱曲，安可悉銖兩於聖賢而立論哉？

古人有言，難得而易失者，時也。不特此也。難一而易二者，心也。難合而易乖者，情也。難決而易動者，疑也。難無而易有者，爭也。難平而易忿者，氣也。難免而易來者，忌也。難伏而易起者，謗也。難完而易瑕者，名也。難久而易變者，事也。難善而易壞者，政也。難除而易生者，弊也。難堅而易怠者，學也。難終而易移者，守也。難立而易毀者，家也。難聚而易散者，財也。難享而易奪者，福也。難通而易執者，意見也。難悔而易遂者，過誤也。難成而易欺者，勳業也。世若此其紛紛難處，甫一行事，操尺寸而議者在其後矣。有不自恐自懼而深究責大，生媿悔求以寡過，尚何敢任意苛搜輕刺往哲哉？儻必少無一瑕，老能止足，出處咸宜，仁義禮樂之旨，倫常政治之端，未嘗大殊，輔翼聖門，勞齊而功並也。

唐以前雖有異說，所守舊章無論矣。宋陳摶、种放、穆修，當五代學廢之後，相繼談經，以《圖》明《易》。其後諸儒視《圖》偏重，共矜爲不傳之祕旨。劉向校書，考《易》說諸家皆祖田何，楊叔、丁將軍大誼略同，惟京氏異黨，不言《易》有《圖》，王弼、韓康伯注本可據也。「圖緯教授樊英、楊厚之倫」，唐章懷太子注《後漢書》云「《圖》，《河圖》也」，則漢所謂圖緯咸承於古，不附經而別授。古者左圖右史，傳經者右史之學，傳圖緯者左圖之學。漢張衡請禁圖讖云「河洛之篇已定，矯稱讖記」，則圖緯與圖讖若同而異。諸儒解圖曰緯，猶後世語録。讖雖矯稱，亦宗於圖。古圖實賴緯以存。劉勰《正緯》云：「真雖存矣，僞亦憑焉。」宋儒先天、後天之學，本漢圖緯之書也，非自圖緯，無所從來。將謂宋儒僞撰，假託上古。宋之經學，楊慤、戚同文傳范仲淹，❶孫復，張載未明所從來，時猶及於陳摶。李溉傳許堅、范諤昌。劉牧本自种放，其事穆修者，李之才、周惇頤、尹洙。之才傳邵雍，劉羲叟、邵伯温、趙鼎。惇頤傳程顥、程頤，頤傳游酢、謝良佐、楊時。學《春秋》於孫復者歐陽修，修稱「師友之益，得尹洙爲多」，蘇軾、蘇轍，黄庭堅出焉。宋以王、蘇、程三氏學術問生徒。穆修所授一二世而已分。至於詁經，唐啖助、王元感、陸湻以來，已出意見，尚未大變亂也。經旨大變，創於王軫，和以賈昌朝，而劉敞爲説始異古《注疏》，然不著天下。王安石自昌朝發，及其得相，憑藉寵望，獨任己私，本劉敞《七經小傳》，盡改古注，爲《新義》，用以試士。憑立章程，誣辯誕幽，以爲道德性命之微自此興。安石倡據於上，迫以功令，儒生求合有司，紛應於下，堅守古説，不變者無幾。或稍增損，若異之，大旨實一也。韓駒奏曰：「西漢之士專一經，飾吏事，斷疑獄，皆出於此。今學者亦專一經，不能施於用，徒誦王安石義訓義格以待問。六經之旨既爲微妙，其間星辰、山川、禽魚草木，皆須他書以資參驗，王安石所以無書不讀也。今之爲學，安石所訓之外不加研究，有司不可爲題目者，又不復究，知獨誦道德性命之言，以爲學聖人之道，如是足矣。安石言之則爲新義，行之則爲新法，天下騷然，中

❶「戚」，原作「成」，今據《宋史》改。

原盡失，宋遂南渡。當是時，不專守古經，言足食、足兵，好謀而成，從生聚教訓實處講求，思以立國，而因循苟且，朝士所爭，乃王安石、程頤之學術，上殿多言格物，道德性命之説益熾。吕祖謙、陸九淵、朱熹、張栻、陳亮最播論各不同，而九淵與熹尤顯。九淵言本心而略經傳，又非程顥、程頤，其徒不盛。熹本道德性命之説，更爲《集注》，力排七十子古今諸儒，獨取二程。然二程與安石稍異者不過靜坐體驗，會活潑潑地氣質之性耳，一切道德性命臆説，悉本安石焉。熹齒既高，觀書深而氣平，稱漢儒説經意味深長，知者鮮矣。明洪武中，定取士法，用古《注疏》，兼之宋傳，著爲令甲。宋傳亦未盡從，以蔡沈言天運大非，集諸儒更解，賜名《書傳會選》；勅劉昆孫刪《孟子》爲《節文》。削去八十五段，不以試士。永樂得位，專用朱熹之説，始不遵祖訓，仍宋舊本，作《四書五經大全》，命科舉以爲程式。古《注疏》亦未嘗有詔禁止。生徒恐畏趨時，專習宋傳，性理浮説盛行，遞相祖受，古義盡廢。七十子所遺，漢唐相傳共守之實學殆絶，講議益固。洪、宣至隆、萬，諸儒深憂之，諍論大出，而皆未嘗別標門户也。王守仁遵信古本《大學》，取朱熹晚年所言乃定論，此聖門實學將復之機。奈守仁不深稽經文，求七十子之舊，正聖人立教本旨，雖以朱熹窮理格物爲非，而復溯九淵本心之説，改九淵接孟軻，更欲以截然自樹立，爲致良知，一時學者喜新好異，紛然去朱而從王。自此窮理、良知二説竝立，學者各有所好，互相仇敵，然諸儒多持異議，引辨甚力，追溯漢唐古學。林希曰：「秦悖人道，焚書籍，坑學士，先王道無存，賴當時耆儒老叟遺及漢世，口諷手傳，或山崖屋壁之間，收拾缺編折册，朽蠹斷絶之餘，久而成文。當大壞之後，古經益以明世。學者求而易入，識爲人之道者，漢儒之功。世之人猶指其一二而譏之，亦甚愚矣！」王鏊曰：「漢初六經皆出秦火煨燼之末，孔壁剥蝕之餘。然去古未遠，尚遺孔門之舊。諸儒掇拾補葺，專門名家，各守其師之説。其後鄭康成之徒箋注訓釋，不遺餘力，其功不可誣也。宋儒性理學行，漢儒之説盡廢，其間有不可得而廢者，今猶見之《十三經注疏》，惟閩中有板。閩本亡，漢儒之學或幾乎息矣。」鄭曉曰：「宋儒論漢儒駁雜，譏其訓詁，恐未足以服漢儒之心。宋儒取資漢儒者十之七八，宋諸經書傳注儘有不及漢儒者，宋儒議漢儒太過。近世又信宋儒太過。」熊過曰：「秦漢之際，儒士談論以明先王之典者，皆有譜牒可考，傳授之次不迷其所統壹。漢而下，則官師重。魏晉六朝，王、賀、范、徐及庾蔚之等觀其所議，可以還古。」歸有光曰：「光鑽研六經，溯其源本。秦火以後，儒者專門名家確有指授，古聖賢之藴奥未必久晦於漢唐，而乍闢於有宋。欲以餘年發明先聖之遺書，儒林、道學分爲兩科，道學未可以蓋儒林，新安未可以蓋金谿、永嘉，而姚江亦未可以蓋新安。」黄洪憲曰：「經藝奥微，漢儒精通其旨，使非《注疏》先行於世，則扃鐍未啟，宋儒之學未必能窺其堂奥。即使宋儒生經殘籍滅之後，其所窺識未必能過《注疏》也。矧漢去古未遠，表章之後，遺書肆出，諸儒校讐，未必無據焉，可盡訾哉？」於是張朝瑞撰《孔門傳道録》，紀七十子。朱睦㮮序《授經圖》，列漢儒。鄧元錫纂《學校志》，從七十子序。及近代王圻作《道統考》，取儒林世系，收秦漢魏晉南北朝隋唐諸儒，於宋之前，著論明其不可廢。自諸儒之説出，而四子之書行，談學仍歸中正。七十子與漢唐抱道諸儒爲朱遏絶者五六百年，萬曆間始復禘祫聞道世系之中。吾道昔何可傷，而今乃可慶也。然四子立説，或散見文獻；所畫世系，晉、唐都求考補，或雖别爲一編。其言未詳，其人未廣，其説未大行於世，吾先子常慊焉。謂四子遺書，可因之以搜求。史傳儒籍，鄒魯遞及，雖缺略有間，授受可據，猶堪指陳；親炙、私淑，源流遠深，當遵聖門定旨，輯爲《中傳正紀》，帝王公卿首著録焉。專序七十子傳人，見於國史者爲《聖門道脈譜畫圖》，詳其世次，述傳授之宗系。蓋羲、農尚矣，堯命舜稱「允執厥中」，舜亦以命禹。湯執中，文、武、周公無偏無陂，皆中也。萬世帝王傳焉，公卿用之。至孔子曰「中庸」，古今學者守之，庠序布焉。是中者，聖人傳道準繩也。不本中以修身，僻好而已。不本中以言治，偏黨而已。不本中以明學，過不及而已。故謂之中傳。師友聞見，世世不絶，使斯文未墜，故謂之道脈也。

密受規條而論次之。辨者曰：先儒以二程、陸氏接孟子，其説各異，止宋儒也。今取秦漢隋唐諸儒，續七十子後，雖本經史，衛道苦心，毋乃違先儒與？曰：非吾先子創論而諸儒之議也。求之司馬光、歐陽修、朱震、陳瓘、劉恕、謝廓然、蘇軾、蘇轍、林希、周必大、陳公輔、陳賈、林栗、葉適、張貴謨、何坦、陳善、徐度、羅泌、劉安世、陳亮、李蓍、王十朋、方士繇、晁説之、張端義、李覯、陸游、李宗恩、周密，元吴澄、劉因、馬端臨、元明善、虞集、黄澤、袁桷、陳樵，明宋濂、王鏊、鄭曉、何瑭、楊慎、羅洪先、胡紹曾、楊守陳、趙貞吉、祝允明、倪岳、何遷、雷禮、羅欽順、薛應旂、熊過、蕭良有、林承芳、唐文獻、林熑、郭正域、焦竑、孫紹先、周夢暘、歸有光、彭最、曾朝節、文徵明、張鳳翼、沈長卿、王世貞、孫舉、胡直、徐常吉、申時行、王錫爵、葉向高、馮復京、邵寶、吕坤、馮時可、丁元薦、張與行、王道新、譚貞默、馮琦、李槃、曹于汴、沈鯉、張問達、張溥、顧起元、管志道、錢謙益、張采、黄洪憲、馮從吾、曾文饒、徐珊、陳函煇，其文已著矣，而未見之文尚衆也，而成於王圻、張朝瑞、朱睦㮮、鄧元錫。先子奉諸儒遺議補定耳，惡在七十子與漢唐不可以傳也？辨者曰：周公没，聖人之道不行；孟軻死，聖人之學不傳。道不行，百世無善治；學不傳，千載無真儒。河南程氏兩夫子出，而有以接乎孟氏之傳。蓋千四百年之後，乃得不傳之學於遺經，而承道統。曰：道與學非二也，道已不行於周公既没之後，則成康以來，天下無聖人之道久矣。詩人尚美宣王，孔子止傷幽、厲，又何以異耶？蓋得時而駕，不得時而教，非善治有别道，而其儒有别學也。況宋祖帝乙，不聞其上接成湯也；鄭祖厲王，不聞其上接文武也。且不傳之學，亦遺經得之，非得於遺經之外也。古今遠隔，舍遺經而言得，學則不本聖門，叛道必矣。既不敢自爲傳，云得之遺經，是遺經也，漢唐諸儒若良臣衛國門，子孝孫居，守祖宗墳墓，興之繼之，初非一人力，非一代力，獲傳此遺經也，《淮南鴻烈》云「坊庸郵表」，非謂其能事也。先王祭之，蓋思其功也。連庶云：「弓矢舞衣傳百世，藏於王府。」蓋以古物之傳於今，尚有典型也。傳此遺經，以惠後世，使得因之，以識聖門所述，先王之遺，何一二儒生，竄亂經文，悍然自是，皆黜削不以爲傳也，不亦太過乎？辨曰：漢唐傳遺經信矣，未得性命微旨，不聞道也。漢唐止可言傳經，宋始傳道。曰：聖人之道惟經存之，舍經無所謂聖人之道。鑿空支蔓，儒無是也。歸有光嘗辟之云：「自周至於今二千年間，先王教化不復見，賴孔氏書存，學者世守，以爲家法，講明爲天下國家之具。漢儒謂之講經，後世謂之講道，能明於聖人之經，斯道明矣。世之論紛紛然，異說者皆起於講道也。」有光真不爲所惑哉？漢唐守聖人之道，考究經傳，其說長姑舍不論也，即聖門果有性命突起之說，漢唐果未得，果至宋乃得之，而亦不可廢也。得不傳之學，不過猶周之天下耳。帝嚳以來，堯、舜、禹、湯相繼爲君，先公悉諸侯也，文、武始有天下，然禘嚳而郊稷，追王太王、王季，上祀先公以天子之禮。不窋失官，出奔微矣，必祀以天子之禮者，吾祖宗也，無祖宗則無子孫，王業烏從而發。苟非七十子之與漢唐諸儒，遺經又絶，不傳之學何自而得哉？儻至宋，忽云聞道，繼不傳之學，必也謂周先公未嘗有天下，舉上世以來涵淵化靈，合究而盡去之，纘帝嚳以文、武、后稷，至王季不以入祀，可耶？否耶？籩俎鼎鉶至文也，必先毛血；大烹酒醴至美也，必重明水，示不忘其先也。聖人，至仁也。子貢曰：「文、武之道未墜於地，在人。賢者識其大者，不賢者識其小者，莫不有文、武之道焉。」傳曰：「禮失而求諸野。」不賢也，野也，皆道所在，聖人不廢，七十子與漢唐諸儒傳遺經而道獲存；不賢焉、野焉亦可爲毛血、明水，遂盡削之，其合於聖人之仁否也？而況與聖門殊乎？辨曰：此有本之大議也。然自永樂尊顯以來，世以宋性理之説爲是者數百年，取駁議諸儒之言謂非聖門之舊而述古學，恐世未能盡信乎？曰：事久難以卒變，自古而然。昔王安石義訓大行，楊時論之，諸生咸以爲不可。今之非安石者皆是也，安石、程朱小殊而大合，特未嘗就數家遺書細求耳。辨曰：痛哉！痛哉！七十子與漢唐諸儒傷其久湮矣，然宋儒何爲有是説耶？曰：獨言孟軻之傳，開於唐儒韓愈，至宋蔡京遂以王安石上下孟軻，程頤又以程顥爲孟軻後一人，而尚無道統接傳之論也。南渡後，朱熹與陸九淵爭勝門户，熹傳洛學，乃倡立道統，自以爲曾氏獨得其宗，而子思、而孟軻，而程顥、程頤接之。蓋楊時事二程而友羅從彦、李侗，熹所從出也，皆與韓愈不合。愈之言曰：「博愛之謂仁，行而宜之之謂義，由是而之焉之謂道，足乎己無待於外之謂德。其文《詩》、《書》、《易》、《春秋》，其法禮樂刑政，其民士農工賈，其位君臣、父子、師友、賓主、兄弟、夫婦，其服麻絲，其居宫室，其食粟米、果蔬、魚肉，其爲道易明，其爲教易行，堯以是傳之舜，舜以是傳之禹，禹以是傳之湯，湯以是傳之文、武、周公，文、武、周公傳之孔子，孔子傳之孟軻，軻之死，不得其傳焉。荀與揚也，擇焉而不精，語焉而不詳。」夫愈之《原道》，舉其實而闢其浮，守其中而貶其雜，未嘗及統，略焉耳。苟以傳也，孔子傳七十子，承以曾申、矯疵、公羊高、穀梁赤、公明儀、公明宣、樂正子春、檀弓、孔伋，門人乃有孟軻。曰「孔子傳之孟軻」，七十子與曾申諸賢將不堪比數耶？又嘗曰「文、武以是傳之周公、孔子」，不及孟軻。以其言求之，前則不以七十子爲傳，後則不以孟軻爲傳，愈即欲乖悖，未嘗敢若斯過甚也。「不得其傳」，謂孟軻門人無能著書者也。繼孟軻著書，荀卿、揚雄稱善，故曰「荀與揚也，大醇小疵」，猶云「伯夷聖之清而隘，柳下惠聖之和而不恭」，非謂荀、揚不能繼孟軻之傳也。愈嘗語諸生：「昔者孟軻好辯，孔道以明。荀卿守正，大論是閎。是二儒者，吐辭爲經，舉足爲法，絶類離倫，優入聖域。」又曰：「己之道乃夫子、孟軻、揚雄所傳之道。若不勝，則無以爲道。」其揮之、進之，取雄爲法焉。崇奉荀、揚，其可知矣。韓愈未敢廢秦漢以來，劉子翬以愈言爲孤聖道、絶後學而非之，蔡京乃敢爲妄言曰：「自先王澤竭，家異國殊，由漢迄唐，源流浸深。宋興，文物盛矣，然不知道德性命之理，安石奮乎百世之下，追溯堯舜三代，通乎晝夜陰陽所不能測，而入於神。初著雜説數萬言，世謂與孟軻相上下。天下之士始緣道德之意，窺性命之端。」安石以其學術禍衆，不爲士論所與。程氏紹興方盛，熹列安石於名臣，別祖程頤，謂傳道統。十室之邑必有忠信，三人行必有我師，九州之遠，文獻相承，七十子皆在所棄，漢唐千四百餘年都無一人足取，豈情理之平也哉？管志道曰：「孟子既没，周、程未生，中間千有餘年，人心不死，綱常不移，孰維持？是程朱。」謂道統絶於孟子，續於明道，亦屬偏陂之説。上古無書契，而天地位，萬物育，豈以《大學》、《中庸》有無爲絶續耶？王文成翻其格物而不翻其道統，何也？遥接之謬既倡，致沙門言邵雍之《圖》得於老氏、陳摶，周惇頤之道妙得於佛氏林總。❶義、文、周、孔至宋乃託二氏再生於天地之間，吾道受辱至此，百爾君子欲不憤，得乎？此諸儒不能已於言，四子不能已於述也。性命各正，學業各成，論道者止宜舉其大同，聽其各致，不得以一己之私强畫之也。孟軻言

❶「林總」，沈粱校疑爲「常總」之誤，當是。

聞知見知，於夏獨稱禹，又曰「啟賢，能敬承繼禹之道」；殷獨稱湯，又曰「賢聖之君六七作」；見知不稱周公，又曰周公、仲尼之道在彼在此，文有互見，非謂此皆不足傳，止堯、舜至於湯，湯至於文王也。良賈蓄數十年而後殖於財，良工肆數十年而後精於技，幾於成也，艱難至矣。七十子與漢唐諸儒，生平素履累數十年，積學守衛聖人之道工苦深厚，澤及後世，取其所傳遺經，盡絶其人，從千百年前加以數語，如親見之，決然竝棄，恐亦未嘗詳思耶？世之人於父之言行則見而知之，祖則聞而知之，曾祖則傳聞焉，高祖則傳聞無考，百年之内已如此，勢所必至，雖聖人不能違也。故孔子作《春秋》，「所見異辭，所聞異辭，所傳聞異辭」，以天下大矣，古今遠矣，非父子兄弟朝聞夕見，可遂直定之也。子貢問曰：「向也賜觀於太廟之堂，未既輟，還瞻北蓋，皆斷焉，彼將有說，匠之過也？」孔子曰：「太廟之堂，官致良工之匠，匠致良材，盡其工巧，蓋貴久矣。尚有說也。」聖人不敢以己意定而闕疑，況下者乎？古人相友，嘗以爲知之未盡。晉平公問羊舌大夫於祁奚，奚辭以不知，强之，乃對。公曰：「曩者問子，子奚曰不知也？」祁奚曰：「每位改變，未知所止，是以不敢得知也。」魏舒爲鍾毓長史，毓與參佐射，舒常畫籌，後射乏人，以舒備耦，發無不中。毓曰：「吾之不足以盡卿才，如此射矣，豈一事哉！」王湛，兄弟宗族咸以爲癡，兄子濟輕之，詣湛，見《易》，請焉，則皆濟所未聞，留連彌日，自視缺然，乃歎曰：「家有名士三十年而不知，濟之罪也。」與周旋非一日，未知且若此，何以遥斷，略不存疑？寧學者所不安，亦非聖門忠恕之旨也。道之定，遺經立其本，七十子傳其緒，漢唐諸儒衍其脈。後儒比七十子猶滕、薛之於齊、晉也。七十子身事聖人也，見全經也，三代典制存也。自漢至近代諸儒，其德兄弟也，善言美行皆可補益於世，然漢儒冢子也，後儒叔季也。漢儒雖未事七十子，去古未遠，初當君子五世之澤，一也。尚傳聞先秦古書、故家遺俗，二也。未罹永嘉之亂，舊章散失，三也。故漢政事、風俗、經術、教化、文章皆非後世可幾，何敢與漢儒敵耦哉？魏晉至唐多方補葺，猶得六七焉，後儒亦不能及。經文之外，別撰條目，騰口相授，輒立姱辭，互相尊崇，執不少讓。《祭義》曰：「天子有善，讓德於天。諸侯有善，歸諸天子。卿大夫有善，薦於諸侯。士庶人有善，本諸父母，存諸長老。禄爵慶賞，成諸宗廟，所以示順也。」昔者聖人建陰陽天地之情，立以爲易，易抱龜南面，天子卷冕北面，雖有明知之心，必進斷其志焉，示不敢專以尊天也。善則稱人，過則稱己，教不伐以尊賢也。閔馬父謂子服景伯曰：「昔正考父校商之名《頌》十二篇於周太師，以《那》爲首，其輯之亂曰：『自古在昔，先民有作。温恭朝夕，執事有恪。』先聖王之傳恭，猶不敢專，曰自古，❶古曰在昔，昔曰先民。令吾子之戒吏人曰『陷而入於恭』，其滿之甚矣！」季札觀樂，見舞《韶》、《濩》者，曰：「聖人之弘也，而猶有慚德，聖人之難也。」子曰：「古者言之不出，恥躬之不逮也。」後儒大言而不少疑，内滿而不自省，慚德恥躬，棄置不講，諸儒起而切辨，亦出於萬不得已也。

密事孫徵君於蘇門山，述先子平日所論以就正，反覆辨議，徵君深以爲然，則四子傳

❶「曰」上，《國語·魯語下》有「稱」字。

七十子，序漢唐諸儒，此爲篤論，補葺著之，使世之好古君子志聖門實學者有所考焉。

朱文公熹《語類》云：「某解《大學》，而今據某謂穩，只恐數年後又見不穩。」又云：「舊讀《中庸》慎獨、《大學》誠意處，近日乃覺其非。此正是最切近處，最分明處，乃舍之而談空於冥漠之間，其亦誤矣。至於文字，亦覺向來病痛不少。蓋平日解經最是守章句，然亦多是推衍文義，自做一片文字，非惟屋下架屋，説得意味淡薄；且使看者將注與經作兩項工夫，看得支離，至於本旨全不相照，以此方知漢儒可謂善説經，只説訓詁，經文不相離異，只是意味深長也。」「問：論惟有已發之性。曰：性纔發便是情，情有善惡，性本全善。心又是包總性情的，大抵言性須見得元受命於天，其所稟賦自有本根，非若心可以一概言也。卻是漢儒解『天命之謂性』云木神仁、金神義等語甚有意思，非苟言者。學者要體會親切。」蓋學問必至暮齡，識見始定。文公從王、程之後，以漢儒爲説夢，盡改其經注，盡黜其傳人，盡翻其實論，自以爲獨吾之説，乃可以追千聖而紹百王，門人播聞已久，晚年乃推尊漢儒，尤痛悔前説，有「乃知日前自誑誑人之罪，不可勝贖」等語。可見七十子相傳本源定旨，未可輕易敢改動也。文公此悔，不吝改過，真可稱大儒。吾先子讀文公《語類》，於其硬將己意入經傳，專任己私，抹埽漢唐，未嘗不痛心灑涕，據經力正，附文公諍臣、諍子之列。後既追悔昔非，又未嘗不爲文公手舞足蹈，幾十年，絲毫細辨，盈几叠篋之書，老來都冰消霧散，則賢者無已之進德也。王文成公守仁輯文公《晚年定論》云：「後世徒守其中年未定之説，學者久傳，惜乎！」文成倥偬軍務以没，尚少文公之一段痛悔也。悲夫！

古經旨論

古經之旨何也？聖人之情見乎辭，惟古經是求而通焉，旨斯不遠矣。大道之行，聖王不一，皆敦本務實，以率天下。夫善不善者，意也。治亂者，時也。得失者，政也。存亡者，人也。聖人傳其要，待後世推行焉耳，古經備矣。不待後世別有所發明，其旨始顯也。宋諸儒承王安石之說，言聖人性命之理七十子所未至，獨有曾氏再傳而斷，漢儒以來皆所未識，逮宋復昌明於世，別建宗旨，門户既立，徒黨分爭，號恣大著。後世學者悉本其書，久而安焉，故相沿言道，孟軻而後，以宋直繼。羣儒論其説太過者多矣。吾先子以爲然哉？然哉？天子以至庶人修身爲本，聖人懼後世未得修身之方也，於是取三代之遺而述焉。序《書》以紀之，定《禮》以立之，删《詩》以風之，作《春秋》以裁之，晚而贊《易》。《尚書》者，二帝三王之鴻績，而善政遺後之典册也。《禮》者，四代損益定制，天子諸侯以至卿大夫士庶人取正之遺則也。《詩》者，祭祀燕享，敦教化俗，潤色昇平之樂章也。《春秋》者，天王巡狩之典闕，方伯連帥會盟征伐，以尊王室之舊事也。《易》者，先王則以開物成務，而命官掌之，乃吉凶以前民用之繇辭也。此皆實政實教，安朝廷而平諸夏者也。是六經，先王以格上下，通神明，肅典章，施教育，和風俗，而安民生之寶訓。先聖孔子序述爲教，使三代政治不散，世熙則文以齊之，而亦不忘武備；世亂則以武戡之，而即誕敷文德。後世之士得之而身修，庶人聞之而身亦修矣。此所謂「道用則舉之爲行道，不用則傳之爲明道」。故曰：

《書》云：「孝乎惟孝，友於兄弟，施於有政。」「爲國以禮，能以禮讓爲國乎何有？」「誦《詩》三百，授之以政，不達，使於四方，不能專對，雖多亦奚以爲？」「五十以學《易》，可以無大過矣。」孟軻曰：「孔子成《春秋》而亂臣賊子懼。」經旨昭昭如此，非有他也。且未嘗以《易》、《春秋》爲雅言，不欲嘵然而論。今血氣未化，世變未達之人，强使勦説，爲七十子述聖人遺言以教弟子。戴聖、戴德所録，皆失姓氏，惟公孫尼子《緇衣》，檀弓記禮，子思《中庸》、《大學》傳耳。孟軻十四篇、荀卿三十篇引《詩》、《書》最多，皆未嘗及《易經》。傳載聖人之言不爲不廣，命罕言，性與天道不數數，豈聖人面命不足發七十子，七十子承聖人之教咸不能入，如水投石焉？後世之儒又何言人人同，悉深於無極焉、先天焉、性焉？是後世之儒邁千古，聖門不能如後世之儒之善教，七十子不能如後儒門人之善學，恐彷彿爲見，依倚成語，非古人深造自得之學矣。古稱商瞿好《易》，孔子傳之，志焉，《易》自此始存也。代有傳人，國史記之，後儒直不謂之聞道。苟必致力無極、先天，乃可闡獲精微。聖人既不見之雅言，後儒所宗顔、曾、思、孟竝無一語。商瞿親聞於聖人，使《易》流萬古，不能與周惇頤、邵雍竝列，即程頤、朱熹門人楊時、黄幹輩亦不得同爲聞道焉，寧不大可傷哉？古經之旨未嘗不傳，學未嘗絶也，後儒自取私説，妄改古經，追貶七十子，盡削漢唐守道諸儒，惡足信乎？

吾先子痛深而思遠，嘗奉諸儒共諍已久之公論，冒天下之譏，申古經之旨，曰聖人之學修己安人，見之實事；聖人之教，因材而篤，各有所成。孟軻曰：「引而不發，躍如也。中道而立，能者從之。」學者於德行、言語、政事、文學兼之可也，得一焉可也，能行之又能言之可也，能行而不能言亦無不可也。或出或處，或默或語，各成一材，各就一德，王道著而風俗美，聖人之旨如此而已。所謂性命，非經傳遺文，言之雖微，不可謂之聖門之傳。李方子曰：「王氏高談性命，絶滅史學，足稔中原之禍，君子所深誅而不聽者也。」則性命倡自安石，宋已論之矣。天也、静也、性也、誠也、敬也、理欲也、本心也，無極而太極，尊《大學》、《中庸》、《孟子》也，宋儒以爲獨得古人未識者此耳。「道之大原出於天」，董仲舒之言。劉向曰：「凡學非能益之，達天性也。能全天之所生而勿敗之，可謂善學者矣。」性則聖人原有定論，其後漆雕、世碩、子賤、公孫尼子、孟軻、荀卿、告子、揚雄各立有説，要必以聖人之言爲歸。「澹泊明志，寧靜致遠」，諸葛亮引《淮南鴻烈》以戒子也。敬則諸儒守之者甚衆，潘尼創私欲之論，徐遵明發本心之旨，蘇綽繼治心之書，李翺起誠明復性之説。講辨太極自顧榮、紀瞻、梁武帝、李業興皆有之，言無則王弼、韓康伯之舊，而無之一旨，又始張衡也。《大學》、《中庸》，賈逵稱「經之緯之」，戴顒傳《中庸》二卷，謝藺著《中庸頌》，梁武帝撰《中庸制旨》，張琯、朱异、賀琛遞述《中庸義》於士林館，李翺亦專言焉。《中庸》、《大學》之别出，六朝已有。孟軻之尊，始揚雄、程曾、趙岐，繼於韓愈，奏於皮日休。皆謂自我發之，冤哉！冤哉！縱自我發，安得遂謂古人未識耶？元亨利貞，文王演《易》方有此辭，謂堯、舜、禹、湯未知元亨利貞，其可乎？孔子贊《易》，始著太極，謂太極甘盤、傅説、箕子、周、召未聞也，可乎？後代視前，亦猶前代視古，又何怪乎？王守仁良知之説出，學宗守仁者以爲宋儒未喻也。傳聖人之道將如積薪然，後來者居上耶？後儒所言非教所急，舍其實而虚是求，居其有而無是論，古經不聞有是訓也。苟有人焉，謂宋儒立説，聖人之旨始明，爲學之方始備，前代未具也。此亦未聞南人言樵耳。南人梁游者謂山中人曰：「吾南方有樵焉，入雲霧，履巉巖，渡澗壑，鳥鳴導前，芳草匝足，行歌而歸，以終其身，謂之高士。」梁人聞其言美，欣欣而前，曰：「吾山中所不知也。」遣子學焉。晨起，與南人行，登石，南人曰：「巉巖也。」渡溪曰：「澗壑也。」聞禽聲曰：「鳥鳴導前也。」觸草氣曰：「芳草也。」令梁人之子嗚呀曼聲曰：「行歌乎？歸哉！」歸而其子具以語梁人，梁人笑曰：「吾祖、父居於此數世矣，皆如是也，客未嘗有所加，特美於言耳。」宋儒言學，非能加於漢唐，煩辭蕪雜已耳。漢張釋之從孝文登虎圈，問上林尉禽獸簿，尉不能對，虎圈嗇夫代尉對甚悉，口對響應無窮者。詔釋之拜嗇夫爲上林令。釋之前曰：「陛下以絳侯周勃何如人也？」帝曰：「長者。」又問：「東陽侯張相如何如人也？」帝曰：「長者。」釋之曰：「夫絳侯、東陽侯稱爲長者，此兩人言事曾不能出口，豈效此嗇夫喋喋利口捷給哉？陛下以嗇夫口辯而超遷之，恐天下隨風靡靡，爭口辯無其實，舉錯不可不審也。」帝曰：「善。」乃止，不拜嗇夫。孝武問政，申公曰：「爲政不在多言，顧力行何如耳？」司馬遷曰：「孔子之天道命不傳，傳其人不待告，告非其人，雖言不著。」褚少孫曰：「非其地，樹之不生；非其意，教之不成。」此七十子以來聖門之旨，漢儒可謂繼將絶之學於古經，不恃口辯而欲默成也。子思稱「明辯之」，孟軻好辯，與楊、墨辯義外，辯竝耕，辯楊子取爲我、墨子兼愛，惡其執一也，賊道也。楊、墨之道不息，孔子之道不著，辯其舉一而廢百也。且曰：「逃墨歸楊，逃楊歸儒，歸斯受之。今與楊、墨辯者，如追放豚，既入其苙，又從而招之。」七十子之學未追辨也，陳良楚產，學周公、仲尼之道，稱之甚力，彼後儒議論煩細，自相攻擊，大異於孟軻矣。漢儒箋注古經，遞相授受，傳者或不能無少異。顏師古曰：「六經殘缺，學者異師，文義競馳，各守所見。」故《漢書》所引經文與近代往往乖別，既自成義，即就而通之，庶免守株。然朱子□周末久，❶江河劃斷，烏有七十子師友講受聖門淵緒之學皆以爲非，而杜撰一旨，自以爲是，千餘年後突起而廢前聞哉？若去知與故，循天之理，莊周之言；節欲返性之論，《淮南鴻烈》所載，漢儒謂出於黃老，不以爲學，況宋之前駁議亦不乏人，魏王肅、吴虞翻、元魏張奇、劉獻之、張吾貴、劉蘭、梁許懋、隋張仲、唐啖助、徐曠、王玄度、王元感之流，皆有著書，歲久遺落，烏知宋儒以爲創獲者，非古人陳言乎？世所稱濂、洛、關、閩、青田、姚江之學，何其說皆李翺《復性書》所有也？聖人欲以修身齊家治國平天下，故爲顏淵定四代禮樂，爲曾子序天子至於庶人之定分，實行爲孝，何嘗有後儒浮說耶？近代何塘言：「所謂道學者，多用心於性與天道及存心養氣之說，名雖可觀，實則無補窮理講學。」張士隆曰：「端默寂滅可謂閒心，當於事驗其實。」身與心爲二，理與事相乖，非聖人合內外之道也。」歸有光言：「性命之說，聖人難言之。」夏廷美不信天理人欲之分，諸儒皆知古

❶「□」，疑當作「去」。

經之旨，數百年來膠固拘隘，使聖人之情偏而不中，全道備德不著於世，毋亦聖人之道久離欲合，而後諸儒之論始出耶？吾先子於古經無偏無黨，省其過論，率由舊章，還七十子相傳之舊耳。

先天、後天，聖人贊《乾》九五之「大人」，非後儒之説，有辨別見。闕文闕疑，經訓昭然。惜乎宋儒改經補傳，不知闕文闕疑之義。

原　教

聖人之道一也，非有奇旨殊意，使人難曉，然深且大矣。深也故入者微而無所不盡，大也故出者詳而無所不兼。先王在昔設教首士焉，士則胄子與公卿之元子、凡民之秀也。胄子，異日之南面君臨者也。公卿之子與凡民之秀，皆異日治事，以佐君理政者也。胄子成，而凡胄子所及者皆不敢有亂行矣。公卿之子成，凡公卿之子所及者不敢有亂行矣。凡民之秀成，而閭閻所及者無不率於典制矣，教成治定焉。夫性，天生者也，故其德不同，有智焉，仁焉，聖焉，義焉，中焉，和焉。智則足以炤燭事機，仁則足以涵育萬類，聖則足以通達幽隱，義則足以斷宰善惡，中則不偏，和則不厲，此其德性之美者也。德美則有立乎臣民之上之本矣，必見之於行而後足以養德。孝於親、友於昆弟、睦於宗族、姻於婚媾、任於里黨、恤於孤寡，如是其行也，而德之修遠矣；治事之才猶未成也，於是六藝以習之，禮以立身，樂以和氣，射以觀德，御以達能，書以通事，數以理財，六藝成而才當於用，故德性不可强者也，行與藝則因教而進焉。故知之孝與仁之孝不同而孝一也，聖之禮與義之禮不同而禮一也，因其德性，增之才能，而士皆可爲國之楨幹矣。夫自其幼而教之則易入，及其冠而室也則易成。故十年而學幼儀，十三而學樂、誦《詩》、舞《勺》，成童而舞《象》，二十而學禮，惇行孝弟，三十而博學無方，則射御書數皆在其中矣。蓋開國承家之事，必賴壯盛精力爲之。年高則精力衰，於事識之雖至而時已不可爲。壯盛而學成，以當上用，國之慶而家之福也。故謀於耆艾而事於少壯，所以因人之能而使才足用也。此先王立教以成人才之本也。

世衰教散，吾先聖孔子起而修之，其傳則士也，故身通六藝者七十七人，學聖人之道其才不同，則所就不同。聖人以道教人，其法不異，則所由不異，不同也而使同，不異也而有異。昔者七十子學於孔子，與孔子所以教七十子者，其法具在，子路勇也，冉有藝也，子貢、宰我言也，顔淵、閔子騫、冉伯牛、仲弓善言德行也，子羔之愚，曾子之魯，子張之辟，琴張、曾皙、牧皮之狂，未嘗盡違其才，以求似於聖人，聖人亦未嘗欲其似己也，盡違其才而教之，故聖人不勞而教成，七十子不苦而學成。孔子既没，七十子分教，世之子弟就學，七十子各以其所得於聖人者以爲教，世之子弟各以其所受於七十子者以爲學，教異而學不同矣，學異而教不同矣，學與教雖不同，求聖人之道則無異，故儒爲百氏宗焉，儒靡不周也。士守其典籍，《白虎通》曰：「士者，事也，任事之稱也。」後世止以守典籍者爲儒之人，士亦止以言典籍者爲儒之職。「其道甚大，百物不廢，舉而措之天下之民謂之事業」，少有識者矣。古經猶可徵也。子夏居西河，學者甚衆，而有田子方。子方之後，遂爲莊周，周之書非儒旨也，則百氏之學皆源於聖門。其書之美者，皆聖人所備有，百氏自失焉，安其偏而嗜大異，倡狂恣論不獲返中，是不可不知也。聖門具體，諸賢未聞，傳人子夏、子游、子貢、子張、商瞿、曾子、左丘明、澹臺滅明、原憲、季次各有受業，曾申、孔伋、公明高、樂正子春、李克、孟軻、馯臂、吴期其傳不絶，或顯或不顯耳。七國戰爭，縱横雜出，因力假勢，諸侯貴之，習以爲俗，惟荀卿以學鳴終老。於是秦博士如伏生、叔孫通輩咸得先師遺訓，國方廢學不之重。

漢乃遵奉古經，田何、王同、丁寬、孟喜之於《易》，伏生、歐陽、夏侯、孔安國之於《尚書》，申公、毛公、韓嬰、轅固之於《詩》，高堂生、孟卿、后蒼之於《禮》，制氏之於樂，《春秋》則胡母子都、董仲舒善《公羊》，蔡千秋、劉向善《穀梁》，貫公、劉歆、翟方進善《左氏》，匡衡、蕭望之、師丹、戴聖、戴德、桓榮、丁鴻、楊震、謝曼卿、賈逵、衛宏、馬融、鄭玄、盧植、服虔、鄭衆、許慎、趙岐炳蔚一世，❶餘教授不可勝紀。於時搜録廢絶，未知其義，專門講説，天下稍稍聞見聖人之書，二帝三代之王政定制始不湮没。書不盡言者，咸出口授。古今不同，非訓詁無以明之，訓詁明而道不墜。後世舍漢儒所傳，何能道三代風旨文辭乎？故漢儒之於聖門，猶啟、甲、成、康之於禹、湯、文、武也。若陸賈、賈山、賈誼、揚雄、荀悦、徐幹、王充、王符諸儒，鴻材鉅識，別有著書，皆甚可觀，世未大好也。

迨於魏晉，王弼、何晏習爲清談，儒學始變，朝野相尚，損實壞政，中原淪没；宋、齊、

❶「鄭衆」、「許慎」，原作「鄭重」、「許甚」，今據民國九年怡蘭堂刻本《弘道書》卷上改。

梁、陳偏安江左，諸儒談經，遂雜玄旨，何承天、周弘正、闕康之、雷次宗、劉瓛、沈麟士、明山賓、皇侃、虞喜、張譏、周捨、伏曼容、張緒諸君子，緇素竝聽受者甚廣。北方舊族，執經而言聖人之道，盧玄、王保安、刁沖、劉蘭、張吾貴、李同軌、徐遵明、熊安生、劉焯、劉炫諸儒，弟子著録以千萬計，古經得傳，深有賴焉。隋王通聚徒河汾，慨然經傳，欲續未墜之緒，通年不壽，講席散去，天下用兵，未大蕃昌，然聖門萬世宣流之澤至此一興，通之勳亦茂哉！

唐定天下，其主好文，其臣皆多才力學。彼魏徵、虞世南、張説、賈至、顔真卿、劉禹錫、宋璟、崔仁師、楊發諸公經學精深，世猶以詩賦稱。陸元朗、顔師古、朱子奢、孔穎達、馬懷素、褚無量、楊士勛、賈公彦、彭景、李鼎祚羣儒用意經傳，功厚而澤普。韓愈悲流俗沈溺，傷至道久廢，起而注《論語》，尊孟軻，爲學者規。學於愈者，李翺、皇甫湜輩皆有書。六代以來，靡弱不振之俗，宂雜聲偶之文，勃然一改。愈竄逐奔走，爵未通顯，倡而寡和，不能使天下大進於學，亦愈之不幸也。藩鎮逆命，兵革不息，朱温篡奪，天下益亂。莊宗、明宗既非大治之主，又在位日淺，唐之子孫僻在一隅。石氏、劉氏、郭氏皆立紛亂之中，久者十餘年，少者數年，四方各立者數姓，以兵甲爲飲食，奪攘爲風俗，五十餘年，儒術衰敝極矣。

宋興，雖未異於郭氏，太祖、太宗養之以德，治之以禮，割據諸國，漸就平削，子孫君天下日久，海内乂安。百餘年間，儒風蔚起，如种放、穆修、李之才、尹洙、李溉、歐陽修、司馬光、王安石、周惇頤、程顥、程頤、張載、邵雍、蘇軾、蘇轍、黄庭堅、胡安國、劉牧、朱震、呂祖謙、朱熹、陸九淵、張栻、尹焞、詹體仁、蔡元定、真德秀、葉適、魏了翁、陳亮、陳澔，南北竝興，然安石《新義》至朱熹《集注》，儒學更大變。許衡、廉希憲、伯顔、贍思、拜住、不忽朮、吴澄、虞集、袁桷、黄澤、元明善、韓性、陳樵皆著於元。若明以來，宋濂、方孝孺、薛瑄、吴與弼、婁諒、章懋、胡居仁、陳獻章、湛若水、羅洪先、陳選、呂枏、丘濬、羅欽順、許誥、郝敬、來知德、呂坤，悉世所稱。王守仁別取致良知爲旨，學者崇奉，儒學尤變甚矣。

諸儒緒次不絶二千餘年，興起宣播不一其代，聖人參贊天地，深功上德，明白於天下，即百家衆説，雜然竝起，聖人之道永爲生民主矣。諸儒或遠或近，或達或窮，或衆或孤，衎衎錯錯，被於四海，緜之後世，儒術盛衰，此其大都也。聖人之道，無不覆載如天地焉，無不容納如山海焉，包羲、神農、黄帝、堯、舜、禹、湯、文、武之大聖人立之，周公、孔子之大聖人傳之，爲天下法，從用則吉，悖棄則凶，天子至於庶人咸以儒説爲定，儒者非自尊其説，强天下以從也。苟舍儒而不從，小之一身也，大之天下國家也，必變出而亂作矣。聖人以道教天下後世，大賢焉入其深者，小賢焉入其未深者，大賢焉爲其鉅者，小賢焉爲其未鉅者，賢而欲進者仕以治事，賢而欲退者處以自安，道未嘗有所絶，聖人未嘗有所禁也。聖人言道甚中，傳者亦宜中；甚平，傳者亦宜平；甚全，傳者亦宜全，庶幾得而少失。道一也，天生烝民，作之君，作之師，舉天下之人各責以事，使事備而義禮行者，君道也。舉天下之人先之以義禮，使義禮正而事定者，師道也。君道立則事安，治平之要也。師道立則禮義明，久遠之策也。

事者，實也。明禮義所以善事也。君相之事與學士同，君相之學與學士異。民庶之學與學士同，民庶之事與學士異。是不可偏舉也。道非人不能弘，故聖人於天下之才兼收竝育，天下之事分端各治，竝納門牆，名之曰儒。蓋欲大道完備，而息後世異趨多爭也。道總事物之全，然主也有在，出也有序，載也有殊。允執厥中，中者道之平。其定也禽土、禽稷、禽教、禽刑，事也，事者道之要。其著也，求其定，不獨心也，耳目四肢皆合焉。治其著，不獨水土刑教也，射御書數皆通焉。安道之中，行道之事，惟聖人盡之。賢者於聖人之盛德也、大業也，或得其一焉，不必同也，不必異也。天子出禮樂，則文之儒當之；出征伐，則武之儒當之；足國用，則計財賦之儒當之；善任使，則知人之儒當之矣。苟隱閉不出，著書言道，獨善其身，爲天下端人，行天下中事，惡得不爲儒哉？聖人稱顏淵不違如愚，仲弓、閔子纔一二語，冉牛之辭不著，則德行非以辨論爲長，政事取冉有、季路，言語取宰我、子貢，文學取子游、子夏，諸賢何嘗無後世可以駁議之事，聖人未以一眚棄之？又不可以爲大夫，雖不欲不與也；民受其賜，雖不知禮而仁之，聖人取人可知矣。「不得中行，必也狂狷，狂以其進取，狷有所不爲」，聖人育才又可知矣。故聖人設教則寬，取人則恕，育才則周，舉事則備，力行作範，言論成則，經傳具存，天下後世之儒當以爲法，當以爲教也。君子有大節，出處是已。羣黎有大事，養生送死是已。儒者修其身，正天下國家，使男女之倫不有邪慝，上下有常，親疏有節，生安死順，久遠平治也。不獨於身得之，亦於人而得之；不獨於言見之，亦於事而見之，非斤斤焉同乎我者納之，其未同乎我者遂擯而棄也。

熙寧間，王安石别開異説，謂之道德性命，諸儒從此言理、言欲，廢棄實事，空文相爭，論道益幽而難考。夫道之尊也，吾黨之幸，而聖人所以爲教則未能合，況南渡後已甚焉，不危坐、不徐言，則曰非儒行也；著書不言理欲，則曰非儒學也。二三師儒各立一旨，自以爲是，外此非絶天下之人以爲不聞道，自命曰真儒，其説始固蔽不通，學者不能盡可其説，辨論亦從此紛起矣。聰明俊異高弘闊達之士，聖人所謂狂而必與者，拒以爲非，學道之人於是以儒之説爲昧難測也，儒之意爲執難平也，儒之事爲煩難從也，儒之情爲隔難合也，儒之氣象爲厲難近也，彼方彝然自遠，此復絶之，不肯鉗然以處人後。二者各欲爲名高，交相惡矣，交惡則交仇，交仇則交攻，交攻則交困，立於朝廷，兩相危陷，使國家不得享靜寧之福，開隙萌亂，以憂社稷。下處草野，是非煩辨，損害學案，激使他趨，天下之人婚宦喪祭終身儒行之中，所尊反與儒異，所言反與儒敵，其何尤哉！聖人之教之大備有未盡也，欲異説無害聖人之道，吾徒無教而自攻，莫若修復聖人教人之成法。聖門有德行、言語、政事、文學，能德行者則爲德行之儒，能言語者則爲言語之儒，能政事、文學則爲政事、文學之儒，篤信守善，此亦名儒。子夏曰：「雖曰未學，吾必謂之學矣。」蓋聖人立教，十人中五人能知，五人不能知，五人能行，五人不能行，不以爲教也。可言也不可行，君子弗言也。可行也不可言，君子弗行也。故言必慮其所終，而行必稽其所蔽。今大郡十餘萬家，長老子弟秀傑者雖上下不齊，而常千百人。孝弟忠信之行，《詩》《書》六藝之文則皆已知，浸汩敷衍於後儒性理新説多者五六人，或二三人，或千餘里無一人焉。道不遠人，説何艱深。若此士已未識，欲千萬人不能知、不能行者以立教，則爲道而遠人，不可以爲道矣。聖人之舉事也，可以移風易俗，而教道可施之於百姓，非獨適身之行也。天下之才甚不一也，聖人論其中，不論其上下。天下之事甚不同也，聖人論其常，不論其變。故治亂聽之世，而平之以政；才德任之人，而定之以學。狂狷不相强，亦不必强狂狷以中行。狂與狷雖疾也，皆天也，盡絶其天，雖聖人不能裁之而已。裁狂狷而兼德行、言語、政事、文學，聖人立教至定不易之成法也。天下既治，無異於中材；天下已亂，無救於成敗。上不足以急君父之難，下不足以拯民生之戹。浮言荒説，高自矜許，誣古人而惑後世，非聖人所取也。聖人所取，修之有益於身，言之有益於人，行之有益於事，仕則有益於國，處則有益於家。□道患不明不行也，欲道之行，先之以教，收上下之英才，返吾黨所固有，明告天下後世，曰豪傑之士自拔流俗，或出或處，爲天下端人，行天下中事而無忒焉，皆聖人命之曰儒也。經傳仁義之旨，非後儒之理欲，不必傍附言之，乃可曰儒也。不言理欲之浮虚而雜二氏，庶得經傳之實也，吾先子庶不失聖門之舊哉。

六藝，先王以教士耳，農工商賈以至府史胥徒俱事師。《周禮》如縣師、鄙師、遂師、賈師、旅師、胥師之類，蓋皆各授以法，各習其事，使精熟而當於用也。士之才力厚者習數藝，其餘止終身一藝，故《學記》云：「進而不顧其安，使人不繇其誠。」如學樂尚未安，教者便進以學禮；學禮尚未安，教者便進以學射，使人一藝不能誠，其身何能進於道也？安者，身心與藝相和爲一也。誠者，實有此藝隨意而出，無一毫勉强也。安與誠之云者，精熟之至，猶入芝蘭之室久而不聞其香，與之俱化矣。七十子皆身通六藝，雖德行、文學各有所獲。若非學之化而能施於用，不得謂之通也。先子嘗言後世六藝悉不爲儒者事矣，儒者高談性命，工爲文辭而止。今州縣學内大者諸生數百人，小者亦百計，其間得中鄉試、列仕籍者甚少，即貢而爲學官，已衰耄無能爲矣。其餘悉貧困以没。蓋諸生若不專心講書作文，則考下等，不齒於里閈。若欲兼治生以養父母、畜妻子，又無閒空日月，所以難也。況盡棄實用而專託空言乎？先輩楊汝容、陳元忠、歸熙甫、祝希哲、張叔大、茅順甫、來矣鮮、馮用韞諸公皆有虚文誤世、資格限人之論。周蓼洲第後，與兄弟書云：「閒中閲邸報，四方告急日甚。有志者能不深杞人之憂乎？今漫以書生當局，其籌國、治河大政無論，有問以簿書錢穀之數天下幾何，茫茫不能對也。始知書不可多讀，平日爲八股誤了許多工夫，徒成不識時務，良可歎也。」順昌職膺司理，偶展律書，多所未諳，乃信「讀書不讀律，致君終無術」，非浪語也。誠能用元先儒袁桷國學舊議，令習實事，如禮樂、兵農、漕運、河工、鹽法、茶馬、刑算，一切國家要務，皆平日細心講求，使胸有本末定見，異日得施於政。在學十年，選而仕之，使自署其習，云能某事，得以課勤其實，悉考爲伍貳，禄俸足以養廉，歷練國事，能則遷陞，不能罷去。則朝廷成就許多人才，而草野亦少飢寒之士矣。昔冉牛、閔子、顔淵皆具體而微之大賢，必身通六藝焉。聖人蓋以實乃可入用而近道也。後世言學與聖門相隔甚遠，虚浮成風，而爲日久遠，積重難返，非君相以質以實，深力救之，習俗未可變，無用焉有能也。古者立賢無方，故宰夫、僕御事雖鄙賤，正人皆爲之而不辭。若膠鬲、管仲、孫叔敖、百里奚，國家皆舉之而不棄。漢猶選大臣子弟舞宗廟之樂，六朝猶以挽郎登仕籍。唐詩賦取士已入浮薄，猶云儒裝，亦有云「家散萬金酬士死，身留一劍報君恩。漁陽老將多迴席，魯國諸生半在門」，故唐力尚足臣藩鎮，宋遂卑弱不堪，令人痛哭。皆諸儒矜高自大，鄙下實事，流入佛老，專喜靜坐而談心性，全不修當世，不以行要務，拱手空言上古德化，養成嬌弱，一無所用，失先王政教，而壞士習，可勝歎哉！

附録

先生少遭離亂，經歷兵戈，中年遷徙異鄉，足迹所至，十有四省。晚年窮困，在離亂則保護鄉里，屯墾濟衆；遷徙則訪宿儒，購異書，遊佳山水以爲常。窮困則闔户著書，篤守古經，倡明實學，以教及門。常謂二子曰：「我著書皆身經歷而後筆之，非敢妄言也。」家傳。

先生謁孫夏峯而歸，夏峯贈以詩曰：「君翁遺命令從游，北地寒天喜應求。聞所聞兮見所見，歸攜何物慰冥幽。」跋云：「成都費密此度游燕趙間，得余《歲寒居集》，其尊人鮮民公閲之而有合也，令其徒步事余於空山清寂之中，余媿無以益此度，而感鮮民公知己之言，於其歸也，口占一絶送之。」其後夏峯有《懷友詩》，稱其博洽。及夏峯殁，先生於泰州圓通觀設主，受客弔，爲制服焉。《夏峯集》及家傳。

先生久居淮南，一時名輩多以經學、詩、

古文辭相推服。漁洋司理揚州，不往謁。漁洋見其詩驚歎，尤愛「大江流漢水，孤艇接殘春」之句，當時咸以爲知言。家傳。

唐先生甄

唐甄，字鑄萬，號圃亭，達州人。順治丁酉舉人，官山西長子縣知縣。爲政務在親民，勸興農桑，在官僅十月，以逃人詿誤去職。隱於吴，著書終老。嘗曰：「君子當厄，正爲學用力之時。窮阨生死，外也、小也，豈可求諸外而忘其内，顧其小而遺其大哉？」所著書初曰《衡書》，志在權衡天下，後以運蹇不遇，更名曰《潛書》，凡九十七篇。上篇言學者，曰《辨儒》、《尊孟》、《宗孟》、《法王》、《虚受》、《知行》、《性才》、《性功》、《自明》、《充原》、《居心》、《除疾》、《病獲》、《悦入》、《恒悦》、《七十》、《無助》、《思憤》、《敬修》、《講學》、《勸學》、《取善》、《有爲》、《良功》、《格定》、《去名》、《五經》、《非文》、《知言》、《鮮君》、《抑尊》、《得師》、《太子》、《備孝》、《明悌》、《内倫》、《夫婦》、《居室》、《誨子》、《善施》、《交實》、《食難》、《守賤》、《獨樂》、《養重》、《居山》、《貞隱》、《大命》、《破祟》、❶《博觀》，凡五十篇。下篇言政者，曰《尚治》、《富民》、《明鑒》、《考功》、《爲政》、《存言》、《權實》、《格君》、《任相》、《善功》、《遠諫》、《卿牧》、《善任》、《省官》、《制禄》、《達政》、《更幣》、《匪更》、《用賢》、《六善》、《恤孤》、《善游》、《主進》、《梲政》、《惰貧》、《教蠶》、《省刑》、《名稱》、《除黨》、《賤奴》、《醜奴》、《去奴》、《恥奴》、《女御》、《吴弊》、

❶「祟」，原作「崇」，今據清康熙刻本《潜書》改。

《全學》、《五形》、《審知》、《兩權》、《受任》、《利才》、《仁師》、《室語》、《止殺》、《厚本》、《有歸》、《潛存》，凡四十七篇。其自謂「上觀天道，下察人事，遠正古迹，近度今宜，根於心而致之行，如在其位而謀其政」，非虛言也。康熙四十三年卒，年七十有五。又著有《毛詩傳箋合義》、《春秋述傳》、《潛文》、《潛詩》、日記等書。參《潛書》、王聞遠撰行略。

潛書

辨儒

佛者大瓠過唐子之門而入問焉，唐子喜炊麥食之，而與之言終日。大瓠曰：「子天下之明辨之士也，然而未學道也。」唐子曰：「學道何如？」曰：「儒者，世之宗也；身者，人之表也；心者，事之本也。君子欲易世，必立其宗；欲正人，必端其表；欲善人，必務其本。諷誦三《詩》，定卦索象，秉禮道《書》，合《春秋》之邪正，皆所以閑身也，皆所以養心也。審人倫之則，探性命之微，根於誠信之地，而往來仁義之塗，堯舜雖遠，趨焉如躡其跡也，立焉如合其影也。若斯之人，生爲生民之師，死配先師之饗。法言矩行，流於無窮，豈非有道君子哉？此古之人所以日夜孳孳，至於老死不倦也。」唐子曰：「子之言信美矣，雖然，聖賢之言因時而變，所以救其失也。不模古而行，所以致其真也。昔者先師既没，羣言乖裂，自宋以來，聖言大興，乃從事端於昔，樹功則無聞焉。不此之辨，則子之美言猶爲虛言也夫。」大瓠曰：「自宋及明，聖言大興，百家盡滅，不誤於異聞。大賢先生，高世可法，功爲不少矣。而子獨以爲無功者，是何説也。」曰：「吾聞魯哀公之時，齊人大興師伐魯，季孫立於朝，屬諸大夫謀帥焉。諸大夫皆曰：『冉求可使也。』於是季孫舉以爲將，與齊人戰。冉求不能將，魯師大敗，喪其戎車三百乘，甲士五千人。季孫欲誅冉求，冉求懼而奔楚。已而田常欲伐魯，子貢請出救魯，仲尼止之曰：『吾道奚爲此也？』子貢不聽，往説吴、晉之君，困齊以存魯。吴、晉之君弗信也，而反私於田常。田常大怒，以子貢來誅，師薄於門，魯之君臣繫頸請降，獻三邑以解伐，而後田常乃釋之。當是之時也，魯幾亡。」大瓠驚曰：「吾於書傳未聞此也，子於何而聞之也？」唐子曰：「更有於此。昔者宋國日蹙，竄於吴、越，其後諸儒繼起，以正心誠意之學匡其君，變其俗，金人畏之，不敢南侵。於是往征之，不戮一士，不傷一卒，不廢一矢，不刺一矛，宋人卷甲而趨，金人倒戈而走，遂北取幽州，西定西夏，東西拓地數千里，加其先帝之境土十二三焉。子聞之乎？」於是大瓠乃大笑曰：「甚矣！子之爲戲也。」唐子曰：「非戲也。請爲子正言之，可也。求、賜之學多疾，宜若無功者。諸儒之學如錫百火，可爲百世師，宜若有功者。然而得失相反，功業相遠也。吾嘗宦於長子矣，聞上黨之參，天下之良藥也，命醫獻之，其形槁然而長，其色堊然而白，曰是物之生，其變也久矣，食之雖亦有補，而不能起羸弱之疾。異哉！一山谷，一根葉，一雨露，昔爲良藥，今非美草。古之儒，昔之上黨之參也。後之儒，今之上黨之參也。」大瓠曰：「吾聞儒者不計功。」曰：「非也。儒之爲貴者，能定亂、除暴、安百姓也。若儒者不言功，則舜不必服有苗，湯不必定夏，文、武不必定商，禹不必平水土，棄不必豐穀，益不必辟原隰，臯陶不必理兵刑，龍不必懷賓客遠人，吕望不必奇謀，仲尼不必興周，子輿不必王齊，荀况不必言兵。是諸聖賢者但取自完，何以異於匹夫匹婦乎？子曰心者，事之本也。請爲貴本之譬。彼樹木者，厚壅其根，旦暮灌之，旬候糞之，其不憚勤勞者，爲其華之可悦也，爲其實之可食也。使樹矣不華，華矣不實，奚貴無用之根？不如掘其根而煬之。惟心亦然。事不成，功不立，又奚貴無用之心？不如委其心而放之。木之有根，無長不實；人之有心，無運不成。若今之爲學，將使剛者韋弱，通者圜拘，忠信者膠固，篤厚者痺滯，簡直者絲棼。天實生才，學則敗之矣。」

大瓠儒者也，好學多聞，善爲《楚騷》之辭，其父不得其死，逋於佛以免難者也。他日唐子往見焉，欲有所言，使權之也，乃大瓠則病且死矣。正心誠意，學之本也。古之人正心誠意，則爲聖人。後之人，正心誠意則爲拘儒。治心之道，曰毋利而思義，毋詐而主誠，義則一義，誠則一誠。誠一也，然有分焉。毋以義與利辨，以義與義辨；毋以誠與詐辨，以誠與誠辨。雞卵素、雉卵文，此易辨也。雞卵與雞卵，則無辨。其方伏之時，視之無象，揣之無形，豈有雌雄之分哉？然雌雄則已異矣。伏雄者爲聖人，伏雌者爲鄙儒。有宋襄之義，有文王之義；有尾生之信，有季路之信；奚必戰於泓而後爲襄公，戰於崇而後爲文王哉？其終日默坐，終日事事，終日讀書，思之所注，心之所存，宋襄、文王之分已種於中矣。未有伏雄成雌，伏雌成雄者也。心之動也，有愛惡是非之用，有忠信仁義之道。有用之信必不愚，有用之仁必不懦，有用之義必不固。别若黑白，人未之知，己自知之。陽者伏於窮亥，萌於微子，是震雷澍雨之根也。信者不欺僕妾，不欺童稚，是馴暴服蠻之根也。仁者不忍庖廚，不傷蟄宿，是澤覆四海之根也。義者不貪利，不蔽愛，不徇惡，是誅暴亂、定天下之根也。君子既得其根，又善其養也。善養則根生，不善養則根腐。丹溪者，昔之良醫也。治不得前溲者，助其陰，餌以黄檗、知母，烏知其用桂三分也。心靈物也，不用則常存，小用之則小成，大用之則大成，變用之則至神。不可使如止水，水止則不清；不可使如凝膠，膠凝則不并。昔者蜀之蔣里有善人焉，善善而惡惡，誠信而不欺人，鄉人皆服之。有富者不取券而與之千金，賈於陝洛，以其處鄉里者處人，人皆不悦，三年盡亡其貲而反。斯人也，豈不誠善哉？爲善而亡人之千金，何則？水止而膠凝，無桂以道之也。此所謂不出鄉里之善也。昔者陽明子方少，有後母而數行不善也，陽明子憂之。女巫來，陽明子使告其母曰：「今者有神與我言，母毋爲不善。爲善降之福，爲不善降之禍。」於是遽改其行，一朝而爲賢母焉。是謂以狙待親，君子病之。乃他日用是道也，以奇用兵，而成禽寧定洲之功。治心之用，於斯可見矣。

尊孟

固哉程頤！孟子曰：「我聖人也。」而頤也以爲非聖人也。古人多實，今人多妄，是故古人自知，今人不自知。子路之才千乘，冉求之才七十，其自許者，仲尼亦許之。昔者公孫丑問於孟子曰：「夫子其聖矣乎？」孟子曰：「夫聖，孔子不居，是何言也。」不自謂不聖，而謝之以孔子所不居也。蓋亦不敢自居焉云爾。丑未之達也，曰：「然則夫子安於顏淵矣乎？」曰：「姑舍是。」夫道之進也，舍其過迹；階之升也，舍其過級。舍之者，過之也。過乎顏淵，是何人也。猛虎在深山，百獸震恐，烏知其見麟則伏也？麟，善獸也，可以手挽其角而指數其牙，人之視之，謂是虎之肉也，而不知其能伏焉者，麟虎未相遇也。聖人，麟也。奸雄，虎也。世無聖人，或有聖人而不用，是以奸雄無所於伏而霸天下。昔者孟子之世，天下强國七，秦孝公發憤於西陲，布恩惠，振孤寡，招戰士，明賞功，西斬戎王，南破强楚，虎視六國，狙以濟之。六國之人，君臣危懼，異謀並進，西向以待秦。燕昭王篤於用賢，韓昭侯明於治國，趙武靈王以騎射雄北邊，蘇代、陳軫之屬奇計莫測，白起、趙奢、樂毅之屬神於用兵，所向無敵。當是之時，人皆習兵而熟戰，以甲胄爲衽席，以行陣爲博奕，智謀之士率而用之，張軍百萬，轉戰千里，伏尸滿野，血流漂鹵，七雄並角，其勢不能相下。論者審當時之勢，以爲雖太公復生，不易定也。乃孟子則曰：「以齊王猶反手也。」王之者必使秦孝、燕昭、趙武靈之屬，籍其土地、人民之數；稽首爲臣，誅賞惟命，白起、趙奢、蘇代、陳軫之屬，杜口而不能謀，投戈而不敢校，化狙爲良，柔雄爲雌，而後天下可定，齊可王也。嗚呼！豈不神哉！非聖人而能若是乎？

天下莫强於仁，有行仁而無功者，未充乎仁之量也。水能載舟者也，其不能載舟者，水淺也。仁能服人者也，其不能服人者，仁小也。仁之大者無强不順，無詐不附。謂仁勝天下，鄙人皆笑之。夫愚者見形，智者見心，禮揖不格刃，儒服不禦矢，形也。刃不我刺，反爲我操；矢不我傷，反爲我發，心也。戰國致形，聖人致心，何以見其然也？天下有心至而身不能至者四輩：孺子在幼，婦人在内，黎民在土，三軍之士在將。此四者，恃以爲國者也，然心至而身不能至者也。此四賢才者，四者之舟車也。去之則四者皆去而國亡，歸之則四者皆歸而國興。是故聖人之得人心，自賢才始。請於一室之中，設爲兩國之形，相彼之國，君疑臣猜，征煩法峻，老幼飢寒，夫妻離散；相此之國，君明臣忠，上下和易，老幼飽煖，養生送死無憾。彼白起、趙奢、蘇代、陳軫之屬，其從彼國乎？其從此國乎？彼數子者，亦欲得君就功，置田宅以遺子孫耳，豈樂處不測之朝，取難保之富貴哉？其來歸恐後無疑矣。賢才既歸，彼秦孝、燕昭、趙武靈之屬斷臂折翼，不能自立，叛則爲禽，歸則爲侯，豈待計哉？反手之言誠然也。孟子之道在養氣而不動心。今夫足之所履，衡不及二寸，縱不及七寸，二寸七寸之外皆餘地也。彼度山之梁廣若二三尺，豈不能措足哉？然下臨千仞不測之淵，使怯者過之，則驚眩而欲墜，非足弱也，心不持足也。冶人致風之器，南方以櫝，北方以橐，挈其橐而鼓之，則風勁火烈，鎔五金，鑄百器，橐之利用大矣。若有容錐之隙，則抑之中虚，鼓之無風，而器不成，非橐之不足用也，氣不充橐也。心不持足則不能歷險，氣不充橐則不能成器，任天下之重亦然，氣大則心定，心定則才足，固歷險成功之道也。

宗孟

性具天地萬物，人莫不知焉，人莫不言焉，然必真見天地萬物在我性中，必真能以性合於天地萬物，如元首手趾皆如我所欲至，夫如是乃謂之能盡性也。《繫辭》、《中庸》廣大精微，入而求之，雖有其方，難得其樞。性本在我，終日言性，而卒不識性之所在，於是求性者罔知所措矣。孟子則告之曰：性非他，仁義禮智是也。於是求性者乃有所據焉。仁能濟天下，以堯舜爲準；義能制天下，以湯、文爲準；禮能範天下，以周公爲準；智能周天下，以五聖人爲準。必若五聖人，而後四德乃全。守隅而不能徧，具體而不能充，雖有前言往行，遵而行之，皆爲襲取，終非我有，而卒不能全其德。於是爲仁義禮智者，又罔知所措矣。孟子則告之曰：仁義禮智非他，人心是也。天下豈有無心之人哉？四德我所自有，非由外鑠，於是爲仁義禮智者，乃知所從焉。心之爲物，顯而至隱，微而至大。聖人之於四德也，神化無窮。衆人之於四德也，致遠則泥。寂寂焉主靜不動，屹屹焉屏慾如賊，外專而内紛，外純而内雜，真僞莫辨，而卒不知心之所在，於是求心者，又罔知所措矣。孟子則告之曰：人生所同有者，良知也。孩提知愛親，稍長知敬長，惻隱、羞惡、辭讓、是非人皆有是心也，推此四端以求四德，毋違毋作，因其自然，具備無缺，於是求心者，乃知所從焉。良知在我者也，非若外物，求之不可得也。而不能致者，非不用力也，雜以嗜好，拘於禮義，雖爲我所故有，如觀景模形，明見其爲良，而卒不得有其良，於是致良知者又罔知所措矣。孟子則告之曰：造道之方無他，貴其自得之也。父之所得不可以爲子之得，師之所得不可以爲徒之得，疾病在己，飢渴在己，爲治爲療、宜飲宜食我自知之，未可專恃講習也。於是求致良知者，乃知所從焉。心體性德，既已自修，天地萬物何以並治，必措之政事而後達。昔者堯舜治天下，風之則動，教之則率，不賞而勸，不刑而革。後世風之而多頑，教之而多犯，賞之罰之而不以爲懲勸，於是爲政者又罔知所措矣。孟子則告之曰：堯舜之治無他，❶耕耨是也，桑蠶是也，雞豚狗彘是也。百姓既足，不思犯亂，而後風教可施，賞罰可行，於是求治者乃知所從焉。學由自得，則得爲真得。良知可致，本心乃見。仁義禮智俱爲實功，直探性體，總攝無外，更無疑誤。措之於天下，人我無隔，如處一室，各遂其惡欲矣。夫陰陽順逆，人氣所感，百姓既安，沴戾消釋，則地無山崩水溢之變，天無恒暘恒雨之災，萬物繁育，咸得其生，皆心之所貫，非異事也。

堯舜以來，傳道皆以傳心，人莫不知焉，人莫不言焉，而道卒不得明者，何也？以其雖知心而學之不一，求之不專，如天象全見，而未知其樞也。陸子靜讀《孟子》而自得立其大而小不能奪，陽明子專致良知而定亂處讒，無所不達，二子者皆能執其樞者也。學問之道，必得所從入之門。若不得從入之門，誤由外入，不由内出。聖人之道廣矣大矣！失其本心，徒覩其形象，如泛大海，不見涯涘，其如己之性何哉？其如人之性何哉？其如萬物何哉？其如天地何哉？

法王

陽明子有聖人之學，有聖人之才，自孟子而後無能及之者。仲尼之教大端在忠恕，即心爲忠，即人可恕，易知易能者也，無智無愚皆可舉趾而從之。然易實不易，蓋世降日下，古之風也湻，今之風也薄；古之習也淺，今之習也深。是故古人之心如鏡蒙塵，今人

❶「他」，原作「多」，今據《潛書》上篇改。

之心如珠投海。本心既亡，客心篡入而爲之主，嗜慾内膠，人己外隔，以是心求忠恕，猶登山網魚，入水羅雀也。求忠恕，非即心乎？然而有閒，忠恕爲用，心爲質，無質何用？古人心在，故求忠而忠，求恕而恕。今人心亡，故求忠而非忠，求恕而非恕。諸儒之言，皆各有得，然使聞其言者，以既亡之心，求合其言，始而誤焉以影爲形，轉而既焉以假爲真，如以石爲玉，雕琢之工雖巧雖勤，終爲惡器，非質故也。陽明子以死力格外物，久而不得，乃不求於外，反求於心，一朝有省，會衆聖人之學，宗孟子之言，而執良知以爲樞。孩提之童無不知愛其親者，非教之愛親而然也。及其長也，無不知敬其兄者，非督之敬兄而然也。天下之孩提皆同也，充愛親之心而仁無不周，充敬兄之心而義無不宜，則前後之聖人不外是矣。是良知者，乃江漢之源，非積潦之水，豈有竭焉而不達於海者哉？天之生人，有形即有心，有耳必聽，有目必視，有鼻必聞，有口必嘗，有手必持，有足必行。聽者心聽之，視者心視之，聞者心聞之，嘗者心嘗之，持者心持之，行者心行之，形全而無缺，則知心全而無缺。堯、舜無缺，我亦無缺。是故雖夫婦之愚，是非自見，必不以是爲非，以非爲是；善惡自見，必不以善爲惡，以惡爲善；心知其是，乃背是而甘於非；心知其善，乃背善而從於惡，是豈心之本然哉？利慾蔽之也。浞、羿篡國，義心自在；盜跖殺人，仁心自在；酉卯晝晦，日光自在。自良知之説出，使天下之蒙昧其心者，於是求之，如旅夜行，目無所見，不辨東西，雞再號，顧望一方，微有爽色，而知日之出於是也。爽色者，日之見端也。良知者，心之見端也。執此致之直而無曲，顯而無隱，如行九軌之途，更無他歧，故曰「人皆可以爲堯舜」。人皆可以爲堯舜者，人皆可以明心也。仲尼以忠恕立教，如闢茅成路。陽明子以良知輔教，如引迷就路。若仲尼復起，必不易陽明子之言矣。此真聖人之學也。才成於學，三代以後多過人之才，皆其生質不由學問，更事多而識見敏，亦可以定亂，亦可以安邦。其中亦有好學者，但能法言矩行，得聖人之皮毛，心體未徹，如秉燭不能遠照，如汲井不能廣潤，故其所爲，或壹於剛，或壹於柔，或長於此而短於彼，或及於五而遺於十，雖或小康，終非善治。此周公之後，所以無相也。陽明子專致良知，一以貫之，明如日月，涉險履危，四通八闢而無礙也。其見於行事者，使人各當其才，慮事各得其宜，處患難而能全其用，遇小人而不失其正，委蛇自遂，卒保其功，跡其所爲，大類周公。明之有天下也，亦可慨矣。爲君者非悍則昏，爲臣者非迂則黨，傾險之智接踵於朝，奄人之專滔天無忌，惜陽明子之不爲相也。若得爲相，人主信任之專，如成王之待周公，必能啟君之昏，化君之悍，散黨驅邪，不張皇而潛消，而天下大治矣。此誠聖人之才也。

虛受

陽明子有聖人之學，有聖人之才，而無聖人之德，不可以不察也。謂其無聖人之德者何也？以其小仲尼而自擅爲習兵也。舜不及堯，禹不及舜，湯、武不及禹，堯、舜、禹、湯、武不及孔子，見於書也詳矣，見於孔、孟、子思之言也明矣，而陽明子則反之曰：「堯、舜爲黄金萬兩，孔子爲黄金九千兩。」吾不知其何以衡之，而決其輕重如此也。若有人焉，獨具神識，觀於泰山而謂泰山之土輕重於華山者幾斤兩，觀於華山而謂華山之土輕重於泰山者幾斤兩，人其信之乎？陽明子之衡堯、孔，若似於此。兵者，國之大事。周公曰：「其克詰爾戎兵，方行天下，至於海表，罔有不服。」聖人未有不知兵者也。仲尼之所慎者，戰也。「臨事而懼，好謀而成」，「曰我戰則克」。其謀討陳恒也，能以魯之弱小勝齊之强大，是故冉有曰「我之用兵，學於仲尼」。且聖無不能，「不習無不利」也。而陽明子則曰：「對刀殺人之事，非身習不能。孔子謂軍旅未學，亦非謙言。」是何言也？禽一區區小賊，遂以傲仲尼，謂得金九千兩，是仲尼有未足矣；謂未習於兵，是仲尼有不能矣。以仲尼有未足，必有足之者；以仲尼有不能，必有能之者，其傲亦已甚矣。故曰「無聖人之德也」。學問之道，貴能下人。能下人，孰不樂告之以善？池沼下，故一隅之水歸之；江漢下，故一方之水歸之；海下，故天下之水歸之。自始學以至成聖，皆不外此。昔者郭善甫與其徒良善自楚之越，學於陽明子，途中爭論不已，以其所爭者質之陽明子。陽明子不答所爭，而指所饘語之曰：「盂下乃能盛饘，几下乃能載盂，樓下乃能載几，地下乃能載樓，惟下乃大。」此爲至善之言矣，何彼言之異於此言也？傲者人之恒疾，豈惟衆人，聖賢亦懼不免。是故禹之戒舜曰：「無若丹朱傲。」舜之爲聖盡善矣，禹之爲聖無間矣，以無間之聖人進言於盡善之聖人，豈好直言之名而爲是必不然之防哉？蓋必有所深見焉。衆人之傲在可見之貌，聖賢之傲在不見之微。意念之間自足而見其足，過人而見其過人，是即傲矣；足而不以爲不足，過人而不以爲不及人，是即傲矣。

是故仲尼答鄙夫之問而自以爲空空無知。「不爲酒困」，尤庸人之善事，而自以爲未能。其心如是，是以受攝廣大，造極無上，而與天地準也。仲尼且然，何況吾屬？吾屬當何如？其爲志也，必至於堯、孔而不少讓；其爲心也，視愚夫愚婦之一言一行有我之所不及者，有而若無，進而若退，而後可以爲學也。師友之言，必期以大者，然人心多傲，得寸爲尺，得尺爲丈，欲進於大，未見其大，先成其傲。有以聖人之言敗德者矣，且有以聖人之言叛道者矣，權衡不精，其害甚大。陽明子，吾之所願學也，乃兢兢於斯者，恐不善擇於其言，徒以長傲，以是自察焉爾。

性 才

世知性德，不知性才，上與天周，下與地際，中與人物無數，天下莫有大於此者。服勢位所不能服，率政令所不能率，獲智謀所不能獲，天下莫有强於此者。形不爲隔，類不爲異，險不爲阻，天下莫有利於此者。道惟一，性豈有二名？人人言性，不見性功，故即性之無不能者别謂爲才。别謂爲才，似有歧見，正以窮天下之理，盡天下之事，莫尚之才。惟此一性，别謂爲才，似有外見，正以窮天下之理，盡天下之事，皆在一性之内，更别無才。古之能盡性者，我盡仁，必能育天下；我盡義，必能裁天下；我盡禮，必能匡天下；我盡智，必能照天下。四德無功，必其才不充。才不充，必其性未盡。自子輿以後，無能充性之才者，性乃晦以至於今。有非性之才，有無才之性。非性之才能小治不能大治，無才之性爲小賢不爲大賢。聖人道衰，管、國、申、商之倫作，亦能匡世治民，然暴白藏墨，使民形牿情散，齊、鄭、秦、韓終爲亂國。性之爲道，聖不加多，衆不加少，得亦非得，失亦非失。即非聖之爲，皆由以發，然失其中正，壹於外假，雖出於性，已非本性，不可爲治。譬如穀之精氣，淫爲蕛稗，春爲粉粢，味與穀同，雖出於穀，已非正穀，亦可以療飢，不可以恒食，恒則致疾。又如星之戾氣，散爲彗孛，亦爲明體，亦爲懸象，雖出於星，已非正星，不可以恒明，恒則爲水旱兵革之災。管、國爲蕛稗，申、商爲彗孛，非性之才所成如是。自是以後，千有餘歲，世不知性，即有言者，亦偏而不純。程子、朱子作，實能窮性之原，本善以求復，辨私以致一，其於仲尼、子輿之言，若合符契。此其所得，我則從之。此則我從，人不我得，其若人何？蓋彼能見性，未能盡性。外内一性，外隔於内，何云能盡？人有性，性有才，如火有明，明有光，著火於燭，置之堂中，四隅上下無在不徹，皆明所及，非别有所假而爲光。亦有無光之明，如燭滅而著在條香，滿堂賓客無不見其明者，然而明不及衆，衆皆昏亂不能行作，不知几席所在，不知東西所向，不知門户所由，人亦何賴於此明？若即此明取而燎之，何患無光？惟止於香杪炷而不燎，是以雖明而不及於衆。無才之性，所成如是。性之爲才，故無不周。何以聖人乃能周世，後儒僅能周身？蓋善修則周，不善修則不周。性統天地，備萬物，不能相天地，不能育萬物，於彼有闕，即己有闕，欲反無闕，必修其無闕。雞卵無雄者，蜀人謂之寡彈。有媪易十卵，鬻者紿以五配五，寡既伏既出，乃知其寡。卵之爲物，無陽亦成，鋭前而豐後，白外而黄中，雖有至精者，不能察，其孰爲配？孰爲寡？既伏之後，有陽者出爲雛，無陽者敗爲液。卵見渾成，其中闕陽而媪不知。學見渾成，其中闕陽而儒不知。儒者豈不知陰陽，乃其思力惟恐不精，惟恐不一，理沈事滯，固守不生，於是求復亦成剥，求泰亦成否。十月之間，陽雖存而不用，不能疏土脈、鼓萬物，謂之無陽。人心亦然。心之陽若何？道貴明，明由於靜。道貴通，通由於明。道貴變，變由於通。道貴廣，廣由於變。發生不窮，是爲心之陽。古之聖人，萬物爲一，功同天地，所施無不合者，皆在於是。道力雖廣，不於廣徵。雖即次有推，實具於由靜得明。靜中自足，至明則顯。明非其明，守靜乃塞。靜得其靜，大明乃生。以軸觀靜，以受軸之虛觀明，以行觀通，以御觀變，以至觀廣。軸虛相受，徑不二寸，圓轉無滯。九州之遠，道里交錯，不計其數，造車之始，已攝於徑寸之内。性之爲才，視此勿疑。言性必言才者，性居於虛，不見條理，而條理皆由以出。譬諸天道，生物無數，即一微草，取其一葉審視之，膚理筋絡，亦復無數。物有條理，乃見天道。堯、舜雖聖，豈能端居恭默，無所張施，使天下之匹夫匹婦一衣一食皆得各遂？必命禹治水，稷教農，契明倫，皋陶理刑，后夔典樂，庶職無曠，庶政無闕，乃可以成功。堯、舜之盡性如是。後世之爲政者，心不明則事不達，事不達則所見多乖，所行多泥，徒抱空性，終於自廢何？以性爲誠，能反求諸性，盡其本體，其才自見。

性渾無物，中具大同，仁所由出。苟善修之，物無不同。仁與私反，若能去欲至盡，如匹帛無纖塵之色，是可謂之無欲，不得謂之無私。人知人私而不知天私，天非己獨，專以自善，是爲天私。雖天非仁，仁之爲道，内存未見，外行乃見，心知未見，物受乃見，流動滿盈，無間於宇内，是即其本體，非僅其發用。氣機不至，萌蘖立見其絶，條幹立見其槁。既絶既槁，仁將安在？是故虚受不可言仁，必道能廣濟，而後仁全於心，達於天下。

性渾無物，中具大順，義所由出。苟善修之，無行不順。義與固反，無有定方。凡德易識，惟義爲難識。内主易識，外行難識。主以專直，行以變化。心如權，世如衡，權無定所，乃得其平。確守不移謂之石義，揚號以服人謂之聲義。二者雖正，不可以馴暴安民。人我一情，本無衆異。一情衆異，猶一繩互綰而爲百結，從中解之則不可解，引而直之，各自爲解，復爲一繩，豈有不順？於此識義，夫然後義達於天下。

性渾無物，中具大讓，禮所由出。苟善修之，人無不讓。禮與爭反。古之《禮經》，後世多不能行，不行不足以病禮。禮之失，非儀文度數之失，乃爭之失。上世以禮息爭，後世以禮遂爭。君子而不爭，則君子不名；道德而不爭，則道德不顯，何況勳勞？何況富貴？何況奸慝？天下大亂，此爲之根。救於其發，其何能救？知禮者不在行讓先，揖讓右，而在心讓賢。尚賢之世，必無真賢。示賢於人，恥於賈貨；歸賢於己，辱於攘貨。世以賢爲賢，我以不爭爲賢。讓德之外，更以何者爲賢？抑抑雍雍，不習而成風。君子不黨，小人不戎，雖不議禮，而禮自行於天下。

性渾無物，中具大明，智所由出。苟善修之，物無不通。智之本體，同於日月。自襁褓以長，知識日深，掩蔽日厚。蔽明者非他，即我之明；蔽聰者非他，即我之聰。我所以不及舜者，我唯一明，舜有四明；我唯一聰，舜有四聰，是以我測一物而不足，舜照天下而有餘。人之耳目不大相遠，十里之間不辨牛馬，五里之間不聞鼓鐘，誠能法舜以爲智，四海之祝詛附耳以聲，未至之禍福承睫以形。所患智之不足者，患在正不勝詭。夫詭明不如小明，小明不如偏明，偏明不如大明，大明所在，雖身所不歷，事所不習，而智常周於天下。三德之修，皆從智入。三德之功，皆從智出。善與不善，雖間於微渺，亦不難辨。但知其不善而去之，知其善而守之，謂爲竟事。以此用智，未得智力。修德者雖能致精，得於沈潛其中，易膠智之真體，流盪充盈，受之方則成方，受之圓則成圓。仁得之而貫通，義得之而變化，禮得之而和同，聖以此而能化，賢以此而能大。其誤者見智自爲一德，不以和諸德，其德既成，僅能充身，華色不見發用。以智和德，其德乃神。是故三德之修，皆從智入。人固我同，及其積小至大，積近至遠，則有不同。世有守一官、治一邑而稱善者，而善治天下者則未之聞。蓋大小不同勢，遠近不同情，豈能縮天地爲三里之城？豈能縮萬物爲三百户之民？德雖至純，不及遠大，皆智不能道之。故無智以道之，雖法堯舜之仁，不可以廣愛；雖行湯武之義，不可以服暴；雖學周公之禮，不可以率世。有智以道之，雖不折枝之仁，其仁不可勝用；雖不殺梟之義，其義不可勝用；雖不先長之禮，其禮不可勝用。是故三德之功，皆從智出。此爲大機大要。陽氣發生，軸虛相受，二喻蓋取諸此。

性功

儒有三倫：大德無格，大化無界，是爲上倫，上倫如日；無遇不徵，無方不利，是爲次倫，次倫如月；已獨昭昭，人皆昏昏，其倫爲下，下倫如星。亦有非倫，非倫如螢，螢不可亂星，不必爲辨。日之上升，天地山河無有隱象，堂房奥窔無有隱區，青黄錯雜無有隱色，上倫如斯。月之上升，九州道塗可見，諸方車馬可行，衆農耒耜可施，鳥獸棲伏可興，次倫如斯。星體非不明，明不外光，光非不照，照不遠及，不能代日，不能助月，物無所賴，不如樹燭可居，不如懸燈可導，下倫如斯。以象取喻，日月星有異體。以心取喻，日月星惟一明。自照則爲星，及物則爲日月。爲日月之明者能照一室，即能照一城；能照一城，即能照一國；能照一國，即能照東西南北億萬里。照一室，即一室之耳目心身遂；照一城，即一城之耳目心身遂；照一國，即一國之耳目心身遂；照東西南北億萬里，即其耳目心身無不遂。爲星之明者，智盡經緯，學窮度數，何讓日月？品絶塵垢，體立峻潔，何讓日月？孰不尊其賢、仰其德？雖賢雖德，無尺寸之光，以臨下土，以惠營作飛走之類。

天有三明，人心亦有三明。人心三明，可以爲星，可以爲月，可以爲日。胡乃爲星而不爲月、不爲日？堯、舜、仲尼爲日，禹、文、伊、周、顔淵、子輿爲月，後儒爲星。辯者恒謂聖賢無位，不可校功。仲尼、子輿何功？不智莫甚於此。仲尼爲夜之日，子輿爲晝之月，謂二聖人無功，猶夜處而論日，謂日無光；晝處而論月，謂月無光。謂後儒得位亦有功，猶晝處而論星，謂星亦可照萬方。今之制度，朝賓之服必束絲帶，絲帶之長五尺，綴以錦包，綴以佩刀，綴以左右疊巾，繞後結前，而垂其繸，斯爲有用之帶。若有愚者，割五尺爲二尺五寸者二，持以鬻於市，圍之不周，結之不得，綴之不稱，市人必笑而不取。然則雖爲美帶，割之遂不成帶。修身、治天下爲一帶，取修身割治天下，不成治天下，亦不成修身。致中和、育萬物爲一帶，取致中和割育萬物，不成育萬物，亦不成致中和。克己、天下歸仁爲一帶，取克己割天下歸仁，不成天下歸仁，亦不成克己。孝悌忠信、制梃撻秦楚爲一帶，取孝悌忠信割制梃撻秦楚，不成制梃撻秦楚，亦不成孝悌忠信。若續所割二尺五寸之帶，還爲五尺之帶，可圜可結，可綴兩端之襚，薤然而中有續脊，終不成帶。大道既裂，身自爲身，世自爲世，此不貫於彼，彼不根於此，强合爲一，雖或小康，終不成治。若是者何？身世一氣，如生成之絲；身世一治，如織成之帶，不分彼此，豈可斷續？又譬織帶者引五尺之絲於機上，但成二尺五寸，其二尺五寸不加緯織，仍爲散絲，但結尾端，亦豈成帶？以織所起喻本，以織所止喻末，工專於本，不能使末織之半自然成帶。學專於本，不能使末及之羣生自然成治。若是者何？一形一性，萬形萬性。如一器一水，萬器萬水，器雖有萬，水則爲一。於己必盡，於彼必通。是故道無二治，又非一治。以性通性，豈有二治？通所難通，豈爲一治？父子相殘，兄弟相讐，夫婦相反，性何以通？天災傷稼，人禍傷財，凍餒離散，不相保守，性何以通？盜賊忽至，破城滅國，屠市燬聚，不得其生，不得其死，性何以通？但明己性，無救於世，可爲學人，不可爲大人；可爲一職官，不可爲天下官。天地初闢，有道無德，有治無政，清靜淵默，各養其身。黄帝谷神之書，老聃稱述，傳爲道宗。運及堯、舜，生人日衆，情慾日開，不能與鳥獸雜處，黄帝所治不復可治，政教乃起，學問乃備。使五穀爲食，五行爲用，五教爲序，五兵爲衞，心原身矩，以溉生匡俗。至於釋氏，則又大别，斷絶塵緣，深抉本真，知生死流轉之故，立不生不滅之本。老養生，釋明死，儒治世，三者各異，不可相通，合之者誣，校是非者愚。釋出天地外，老出人外，衆不能出天地外，不能出人外，一治一亂，非老、釋所能理，是以乾坤筦鑰專歸於儒。故仲尼、子輿言道德必及事業，皇皇救民，輈轉亂國，日不寧息。身既不用，著言爲後世禾絲種。釋惟明死，故求真心寶性，以天地山河爲泡影。老惟養生，故求歸根復命，以萬物百姓爲芻狗。儒惟治世，故仁育義安，禮順智周，天地山河、萬物百姓即所成性，離之無以盡性。譬如一家門庭房廩、童僕婢妾諸器畢具，乃爲主人。若棄其廣宅，棲身於野，乃非主人。舍治世而求盡性，何以異是？今於其内致精，於其外若遺若忘，天地山河忘類泡影，萬物、百姓遺等芻狗，名爲治世，實非治世，即非盡性。儒嘗空釋而私老，究其所爲，吾見其空，未見其實；吾見其私，未見其公。學能盡性，四通六格，備在一身。如酌水於井，取火於石，井無盡水，石無盡火。夫井僅容甕，石大如棗，何以無盡？若是以天地之水通於容甕之井，以天地之火藏於如棗之石，水火本自無盡，非井、石能不盡。世能用我，如日酌日，取無求不足。世不用我，如不酌不取，而井之無盡水者自若，石之無盡火者自若。夫井之通水廣，故其濟亦廣；石之藏火廣，故其用亦廣。今之言性者，知其精不知其廣，知其廣不能致其廣，守耳目，錮智慮，外動利，怵變異，守己以没，不如成一才，專一藝，猶有益於治。破其隘識，乃見性功。

自明

道無小大，今皆不傳。醫有書，讀其書者不能生人；卜筮有書，讀其書者不能知吉凶；聖人有書，讀其書者不能治天下，道在書而非自得也。是故上世無書而道出，中世書少而道明，下世書多而道亡。心如果，書如土，枝葉出於果非出於土，不自得而壹於書，是舍其種而求枝葉於土也。惟師亦然。因師而得者，不過繩墨其身，權度其心，爲君子人而止。其可得者在師，其不可得者在我。是故以仲尼爲之父，而伯魚不過爲中材之子。子輿之後也百有餘歲，不及身爲之徒，乃得其學焉，而爲聖人。學天地之道，雖知天地，道在天地，於我乎何有？學聖人之道，雖知聖人，道在聖人，於我乎何有？學君臣父子之道，雖知其道，道在君臣父子，於我乎何有？過都市者見寶而喜，去之不可忘，就之不可取，寶非己有，猶壤芥也。夫豈非寶不可以爲寶？以斯譬道，道非己有。夫豈非道不可以爲道？天生物，道在物而不在天；天生人，道在人而不在天。取諸一物，道在此物而不在彼物。取諸一人，道在我而不在他人。身有目，目有明；身有耳，耳有聰。道在明而不在目，道在聰而不在耳。道在明明而不在明，道在聰聰而不在聰。不知我之言者，以爲止而不及於通也，獨而不及於該也。知我之言者，以爲止所以爲通也，獨所以爲該也。園師伐樹以接樹，非木相貫，生相貫也。鉅人肢瘻，非體不相貫，生不相貫也。道散然後見形，道歸不復見形。天地爲首趾，自心爲胡越。身世之故，判於斯矣。多聞多識，譬諸藥食，内實内明；譬諸氣血，氣血資於藥食，藥食非即氣血。人知藥食之非即氣血，而不知聞識之非即聰明。心不可以空明，不可有所倚以爲明，所見之事、所遇之物、所讀之書、所傳之學，皆心資也。然而倚於四者，則心假四者以爲明，而本明不見。本明不見，則學與不學同失，學之是者與學之非者同失，學之正者與學之偏者同失。心之不能自見，有如其背也。心之不能自知，有如其藏也。然兩鏡傳形，則背可見。三指按脈，則癥結可知。是背與藏猶可見知而心不可見知。致思之深結而成明，求見之篤結而成象，其於天性自以爲達其微，其於庶事庶物若顯然有以貫之者，若是者，乃其心之所假，非正心也。楚有患眚者，一日謂其妻曰：「吾目幸矣，吾見鄰屋之上大樹焉。」其妻曰：「鄰屋之上無樹也。」禱於湘山，又謂其僕曰：「吾目幸矣，吾見大衢焉，紛如其間者，非車馬徒旅乎？」其僕曰：「所望皆江山也，安有大衢？」夫無樹而有樹，無衢而有衢，豈目之明哉？目之病也。不達而以爲達，不貫而以爲貫，豈心之明哉？心之病也，不死其病而生其病，尚何言心？心有真明，人皆以意爲明；心有真體，人皆以影爲體。以此爲學立業，是期意以成應，而責影以持行也。真體真明，大徵小徵，內見於寸而外寸應之，內見於尺而外尺應之，心無長短，易應者內得其一而外效不過於一，內得其十而外效不闕於十；心無多寡，易效者既事既試，內外相衡，如錙銖之不爽。夫是之謂得心。古之人學之九年而知事，學之二十年而知人，學之三十年而知天。知事則可以治粟，可以行軍；知人則可以從政，可以安社稷；知天則德洽於中土，化行於四彝。迨其後也，非性命不言，非聖功不法，辨異端過於古，正行過於古，參稽勤備過於古，言説辨博過於古。問之安社稷之計，則蒙蒙然不能舉其契；問之平天下之道，則泛掇前言以當之。古之人推學於治，如造舟行川、造車行陸，無往不利。後之人推學於治，如造舟行陸、造車行川，無所用之。君子爲天下母，君子之學爲天下乳，不能育人，則生化無輔，帝治以絶，大道以熄，其害甚於異端之横行。蓋異端惑世，如身之有病耳。學道無用，如身之氣盡而斃焉。不能究極之，勿言學也。

悦入

甄晚而志於道，而知即心是道，不求於外而壹於心，而患多憂多恚爲心之害。有教我以主靜者，始未嘗不靜，久則復動矣。有教我以主敬者，始未嘗不敬，久則復縱矣。從事於聖人之言，博求於諸儒之論，爲之未嘗不力，而憂恚之疾終不可治。因思心之本體，虚而無物者也。時有窮達，心無窮達。地有苦樂，心無苦樂。人有順逆，心無順逆。三有者，世之妄有也。三無者，心之本無也。奈何以其所妄有加於其所本無哉？心本無憂恚，而勞其心以治憂恚，外疾未除，内主先傷，非計之得者也。既知其然而求心之方，將何從入？嘗聞良醫治人之疾，不於見疾治之也，必察其疾之所由來從而治之，則藥必效而疾易除。吾今而知疾之所由來矣。吾之於人也，非所好而見之，則不宜於其人；吾之於食也，非所欲而進焉，則不宜於其味。凡所遇者，大抵少所宜者也。故嘗詈僕妾而怒養子，而亦求備於妻。一朝有省焉，即此一人，即此一事，或宜於朝而不宜於夕，或不宜於朝而宜於夕，其所不宜者必當吾之不悦時也，其所宜者必當吾之悦時也。然則宜在悦不在物也，悦在心不在宜也。故知不悦爲戕心之刃，悦爲入道之門，無異方也。於是舍昔所爲，從悦以入。悦者，非適情之謂，非徇欲之謂。心之本體，虚如太空，明如皦日，以太空還之太空，無有障之者；以皦日還之皦日，無有蔽之者。順乎自然，無强制之勞，有安獲之益，吾之所謂悦者蓋如是也。自從悦入，不戚戚而恒蕩蕩，未嘗治憂也，而昔之所憂不知何以漸解；未嘗治恚也，而昔之所恚不知何以潛失。二疾雖未盡絶，固已十去七八矣。不啻於是，十年以前嘗專力以治躁逸，如繫狙包汞，愈謹愈失，自從悦入，久不治躁逸矣，今則漸安，不至如狙之無定；今則漸止，不至如汞之易流。二疾雖未盡絶，固已十去五六矣。此吾悦入之功也。人倫難協，民物難齊，皆心之所貫也。心本可貫，或不能達，唯悦可以達之，不悦則嘗懷煩懣，多見不平，多見非理。色不和，言不順，處君臣之間必不相愛，處父子之間必不相親，處夫婦之間必不相宜，處兄弟之間必不相好，行於邦國之間必多怨尤，如是則内拂於性，外隔於人，其違道也遠矣！悦則中無矯戾，所見無不平，所見無非理，色和而言順，處君臣之間必能相愛，處父子之間必能相親，處夫婦之間必能相宜，處兄弟之間必能相好，行於邦國之間必無怨尤，如是則内不拂於性，外不隔於人，其違道也不遠矣。不悦則君亢於上，臣怨於下，百僚相競，朋黨以興，措之以政事，喜怒必不平，喜怒不平則刑罰不中，刑罰不中則百姓不安，以此求天下之治也難矣。悦則君臣相親，上下相交，百僚和同，無相爭競，措之於政事，喜怒必平，喜怒平則刑罰中；刑罰中則百姓安，以此求天下之治也易矣。日月照臨，萬物皆喜。陰霾晝晦，萬物皆憂。和風所被，萬物皆喜。雷霆所震，萬物皆懼。生於心，見於色，發於聲，施於政，其理一也。是故唯悦可以通天地之氣，類萬物之情。此吾之所未試而信其爲悦之所可致也。仲尼之教亦多術矣，不聞以悦教人，而予由此入者何？予蜀人也，生質如其山川峻急不能容，而恒多憂恚，細察病根，皆不悦害之，故由此入也。悦爲我門，非衆之門。人固有生而無愠怒者，豈非質之近於道乎？而不可以入道者何？蓋人之生也爲質不齊而爲疾亦異，或之剛、之柔不以相濟，或好名、好利用心不壹，是在因其疾而治之，不可同於我也。

有爲

顧景範語唐子曰：「子非程子、朱子，且得罪於聖人之門。」唐子曰：是何言也！二子，古之賢人也，吾何以非之？乃其學精内而遺外，其精者顔淵不能有加，其遺者蓋視仲、冉而闕如也。吾非非二子，吾助二子者也。顧子曰：「内盡即外治。」唐子曰：然則子何爲作《方輿》書也？但正子之心，修子之身，險阻戰備之形可以坐而得之，何必討論數十年而後知居庸、雁門之利，崤函、洞庭之用哉？童子進粥，唐子以粥爲喻，曰：謂粥非米也不可，謂米即粥也亦不可。耕之、穫之、舂之、簸之，米成矣，未可以養人也，必炊而爲粥，而後可以養人。身猶米也，修猶耕、穫、舂、簸也，治人猶炊也。如内盡即外治，即米可生食矣，何必炊？

唐子觀霍韜之書，其言有之曰：「程、朱所稱《周禮》，皆未試之言也。程、朱講學而未及爲政，故其言學可師也，其言政皆可疑也。」唐子曰：善矣！霍子之言先得我心之所欲言也。古之聖人言即其行，行即其言，學即其政，政即其學。孟子欲制梃撻秦楚，我知其果可撻秦楚也；欲反手王齊，我知其果可王齊也。南濠之賈善言貨，湖濱之農善言稼，使聽之者如坐肆居田，而又奚疑焉？

徐中允著書，著有明之死忠者。唐子曰：公得死忠者幾何人？曰：千有餘人。唐子慨然而歎曰：吾聞之軍中有死士一人，敵人爲之退舍。今國有死士千餘人，而無救於亡，甚矣！才之難也。中允未有以發也。

唐子夜寢而思之，曰：吾與人奕，無所博者常勝，有所博者常敗，利蔽其才也。是故無固利之情者，其才半；無固位之情者，其才七；無固生之情者，其才十。其不然者，則所習之非也。爲仁不能勝暴，非仁也；爲義不能用衆，非義也；爲智不能決詭，非智也。

昔者大瓠嘗稱高景逸之賢，曰：是不畏死。唐子曰：子謂高君之賢是也，以其不畏死也而賢之，則非也。君子之道先愛其身，不立亂朝，不事暗君。屈身以從小人，固可醜也；殺身以徇小人，亦自輕也。是故義有所不立，勇有所不爲，忠有所不致。《詩》曰：「我有旨蓄，亦以禦冬。」言有待也。君子愛身之謂也。

唐子曰：生貴莫如人，人貴莫如心，心貴莫如聖，聖貴莫如功。物非牝牡不相求，非乳育之時不相愛，人則無不通也。耳目不能易其用，上下不能易其體，心則無不行也。釋氏之治其心者盡矣而不入於世，老氏與於治而不辨於理。是故有天地，有萬物，不可無聖人。性不盡非聖，功不見非性。天下無無本之枝，壹於外者失之矣。天下無無枝之本，壹於内者失之矣。

唐子曰：車取其載物，舟取其涉川，賢取其救民，不可載者不如無車，不可涉者不如無舟，不能救民者不如無賢。昔者唐子之母善飲酒，有饋唐子甕酒者，發而嘗之，酸不可飲，母欲以與鄰之貧而好酒者，婦曰：「勿與也，是可以爲醋。」乃燎粟一升，入之七日而成醋，調之終歲不盡。可以人之賢也而不酒之酸若哉？

良　功

修非内也，功非外也。自内外分，管仲、蕭何之流爲賓，程子、朱子之屬爲主。賓擯不入，主處不出，賓不見閫室之奥，主不習車馬之利。自内外分，仲尼之道裂矣，民不可以爲生矣。身之於世，猶龍蛇之有首尾也，猶草樹之有本枝也，存其首而斷其尾，培其根而去其枝，豈有龍蛇、草樹哉？昔者莊烈帝嘗曰：「吾豈不知劉宗周之爲忠臣哉？必欲我爲堯舜，當此之時，我何以爲堯舜？」誠哉斯言！天下之主在君，君之主在心，然而無邊不成省，無省不成京，無京不成君，無君不成心，以斯觀之，知專執身心乃大失矣。仲尼曰：「窮理盡性以至於命。」理非獨明也，天地萬物無不通是理也；性非獨得也，天地萬物大同焉是性也。隔於天，隔於地，隔於萬物，是不能窮理也。天不安於上，地不安於下，萬物不安於中，是不能盡性也。順天之行，因地之紀，遂情達變，物無詬厲，是能窮理也。有苗作亂，舜服之；桀紂虐民，湯、武定之。《書》曰：「海隅蒼生之地，無不率俾。」《詩》曰：「綏萬邦，屢豐年。」是能盡性也。當是之時，天得以施，地得以承，萬物各遂其生，是至於命也。君子用則觀其功，不用則觀其言。仲尼試於魯矣，子輿雖未試，其策齊、梁者如衣必煖、如食必飽，未成之衣不疑其不煖，未炊之粟不疑其不飽，豈可以子輿之不行爲無功之儒解也？德必一，修必純。後儒得半，誤以爲一也，守固誤以爲純也，請明一與半之形。昔者唐子之妻當童時，與其姊同寢，姊嘗使之驅蚊，妻不悦。一夕獨驅己首之處而掩帳焉，其姆笑而問其故，曰：「我豈暇爲他人，自爲而已。」儒者爲己之學有似於此，吾之於斯人也，猶兄弟也，其同處於天地之間也，猶同寢於一帳之内也，彼我同樂，彼我同戚，此天地生人之道，君子盡性之實功也。是乃所謂一也。儒者不言事功，以爲外務。海内之兄弟死於飢饉，死於兵革，死於虐政，死於外暴，死於内殘，禍及君父，破滅國家，當是之時，束身錮心，自謂聖賢，世既多難，己安能獨賢？是何異於半掩寢帳之見也？是乃所謂半也。彼自以爲爲己之學，吾以彼爲失己之學。蓋一失即半失矣，焉得裂一而得半也？後儒豈不曰天地吾心、萬物吾體，皆空理無實事也？後儒豈不曰湯武可法、桀紂必伐，皆空言非實行也？不能勝暴，即不能除暴；不能圖亂，即不能定亂；不能定亂，即不能安天地萬物。後之儒者學極精備矣，終身講道，吾不聞其一言達於此，又奚問其用不用乎？萬物之生，畢生皆利没而後已，莫能窮之者，若或窮之，非生道矣。此觀乎其形也。心，形之主也，豈形無窮時，心反有窮時？心有窮時，非心理矣，心具天地，統萬物，人皆知之，而弗能者，有格之而不達者也。格之者何？暴屈之，詐罔之，機愚之，邪傾之耳。心之本體不角力而能勝天下之暴，不鬬智而能破天下之詐，無術而能御天下之機，不察察於邪而能息天下之邪，其不然者，心體不充，自窮於内,非有能窮之者。上古聖人與龍蛇虎豹爭而勝之,堯、舜與洪水爭而勝之,湯、武與桀紂爭而勝之。蓋龍蛇虎豹洪水雖毒,不若心之神也。桀紂雖暴,不若心之强也。身處末世,心無古今,若龍蛇虎豹與我雜處,洪水桀紂與我爲難,君子深恥之,非恥不若堯舜也,恥失之心也。自學無真得,反錮其心,措之於世阻塞不利,乃謂古者大略奇功,天有別降之才。天之生才,豈無大小?然大則成大,小亦成小,無不可造者。若是者何?人皆有心,心皆具仁義禮智,仁義禮智猶匠之有斧刀繩尺也,天下之材不齊,其成器也萬變萬巧而不一,豈有斧刀之所不能施者哉?豈有繩尺之所不可合者哉?天下之人不齊其爲變也,亦萬有不一,豈有仁之所不能養、義之所不能服、禮之所不能裁、智之所不能達者哉?大者如是,小雖不及,亦必有成。器之不成,非斧刀繩尺之不利也,操之不習也;功之不成,非仁義禮智之無用也,學之不至也。衆人有庸見矣,謂功不必出於心性,皆溺於漢以下之見也。漢以下雖多奇功,然治即梯亂,功即媒禍,君子無取焉。即有良治,必其生質之善,忠厚之行,不學而近於道者也,究不外於心性也。天下豈有功不出於心性者哉?功不出於心性,是無天地而有萬物也。豈有心性無功者哉?心性無功,是有天地而不生萬物也。既指四德,更觀四官。目之爲明,極天下之形色、大小、邪正、黑白不必習睹,自無不辨。耳鼻舌亦然,皆不外假而自足。極聲色馨味之變,豈有窮四官以莫辨者哉?是聰明者即耳目而有,耳目者即母胞而有。不能治天下者,必其無聰明;無聰明者,必其非耳目;非耳目是鬼胎也。腹大虚消,或産非人形,俗謂之鬼胎。

世之篤學者，其能不爲鬼胎乎？仁義故大，聰明故神，亦去其害之者而已矣。自純害仁也，自方害義也，自聽害聰也，自視害明也，亦得其養之者而已矣。合天下以爲純則仁全，合天下以爲方則義大，以天下爲聰則聽廣，以天下爲明則視遠，舉天下者，非逐天下也，周天下所以完心體也，完心體所以周天下也。完心若是，於治功也何有？

鮮君

治天下者惟君，亂天下者惟君。治亂非他人所能爲也，君也。小人亂天下，用小人者誰也？女子、寺人亂天下，寵女子、寺人者誰也？奸雄盜賊亂天下，致奸雄、盜賊之亂者誰也？反是於有道，則天下治，反是於有道者誰也？師尹、皇父無罪，勃貂、驪姬無罪，后羿、寒浞無罪，何云無罪？毒藥殺人，不能殺不飲者。伊尹、周公無功，何云無功？良藥生人，不能生不飲者。一賢人進則望治，一小人進則憂亂，皆淺識近見，不知其本者也。海內百億萬之生民，握於一人之手，撫之則安居，置之則死亡。天乎君哉！地乎君哉！上觀古昔堯、舜、禹、啟治世惟久，夏、殷、西周、西漢治多於亂。治世多者雖有昏主，賴前王以安也。其餘一代之中，治世十一二，亂世十八九，前帝澤薄，無以保其後故也。君之無道也多矣，民之不樂其生也久矣，其如彼爲君者何哉？天之生賢也實難，博徵都邑、世族、貴家，其子孫鮮有賢者，何況帝室富貴，生習驕恣，豈能成賢？是故一代之中，十數世有二三賢君不爲不多矣，其餘非暴即闇，非闇即辟，非辟即懦，此亦生人之常，不足爲異。惟是懦君蓄亂，辟君生亂，闇君召亂，暴君激亂，君罔救矣，其如斯民何哉？嗚呼！君之多辟，非人之所能爲也，天也，天無所爲者也，非天之所爲也，人也。人之無所不爲也，不可以有爲也。此古今所同歎，則亦莫可如何也已矣。匡君治國之才，何世蔑有？世無知者，其才安施？雖使皋、夔、稷、契生於其時，窮而在下，亦不過爲田市之匹夫；達而在位，亦不過爲將承之庸吏。世無君矣，豈有臣乎？然則三代以下，君子之所學不皆廢乎？是不然。君有明昏，世有治亂，學無廢興。善事父母，宜爾室家，學達於人倫；寒暑推遷，景新可悦，學達於四時；薄天而翔，騰山而游，學達於鳥獸；山麓蔚如，海隅蒼生，學達於草木。吾於堯舜之道未有毫釐之虧也，奚必得君行道，乃爲不廢所學乎？惟是賢君不易得，亂世無所逃，坐視百姓之疾苦而不能救，君子傷之矣。

抑尊

聖人定尊卑之分，將使順而率之，非使亢而遠之。爲上易驕，爲下易諛，君日益尊，臣日益卑，是以人君之賤視其臣民，如犬馬蟲蟻之不類於我，賢人退，治道遠矣。太山之高，非金玉丹青也，皆土也。江海之大，非甘露醴泉也，皆水也。天子之尊，非天帝大神也，皆人也。是以堯舜之爲君，茅茨不翦，飯以土簋，飲以土杯，雖貴爲天子，制御海内，其甘菲食、暖粗衣，就好辟惡，無異於野處也，無不與民同情也。善治必達情，達情必近人，陳五色於室中，滅燭而觀之則不見；奏五音於堂下，掩耳而聽之則不聞；人君高居而不近人，既已瞽於官、聾於民矣，雖進之以堯舜之道，其如耳目之不辨，何哉？人君之於父母異宫而處，朝見有時，則曰天子之孝與庶人異。人君之於子孫異宮而處，朝見有時，則曰天子之慈與庶人異。人君之於妻異宮而處，進御有時，則曰天子之匹與庶人異。骨肉之間驕亢襲成，是以養隆而孝衰，教疏而恩薄，讒人間之，廢嗣廢后，易於反掌。不和於家，亂之本也。親雖至暱，亦有難諫。友雖至私，亦有難語。師雖善誘，亦有難教。而況君乎？人君之尊，如在天上，與帝同體，公卿大臣罕得進見，變色失容，不敢仰視；跪拜應對，不得比於嚴家之僕隸。於斯之時，雖有善鳴者，不得聞於九天；雖有善燭者，不得照於九淵。臣日益疏，智日益蔽，伊尹、傅説不能誨，龍逢、比干不能諫，而國亡矣。蜀人之事神也必馮巫，謂巫爲端公，禳則爲福，詛則爲殃，人不知神所視聽，惟端公之畏，而不惜貨財以奉之。若然者，神不接於人，人不接於神，故端公得容其奸。人君之尊，其猶土神乎？權臣嬖侍，其猶端公乎？無聞無見，大權下移，誅及伯彝，賞及盜跖，海内怨叛，寇及寢門，宴然不知，豈人之能蔽其耳目哉？勢尊自蔽也。直言者，國之良藥也。直言之臣，國之良醫也。除膚瘍，不除癥結者，其人必死。稱君聖，讁百官過者，其國必亡。所貴乎直臣者，其上攻君之過，其次攻宫闈之過，其下焉者攻帝族、攻后族、攻寵貴，是瘍醫也。君何賴乎？有此直臣。臣何貴乎？有此直名。是故國有直臣，百官有司莫不畏之，畏之自天子始。昔者明顯帝食，庖人進鱉，顯帝食而甘之，舍箸而問曰：「吾聞劉光縉禁鱓鱉之屬，安所得此鱉也？」左右對曰：「取之遠郊。」顯帝曰：「自今勿復進此，恐犯御史禁也。」以萬乘之尊下畏御史，可以爲帝王師矣。位在十人之上者，必處十人之下。位在百人之上者，必處百人之下。位在天下之上者，必處天下之下。古之賢君，不必大臣，匹夫匹婦皆不敢陵；不必師傅，郎官、博士皆可受教；不必聖賢，閭里父兄皆可訪治。尊賢之朝，雖有佞人，化爲直臣；雖有奸人，化爲良臣，何賢才之不盡？何治道之不聞？是故殿陛九仞，非尊也；四譯來朝，非榮也。四海唯能下，故川澤之水歸之。人君唯能下，故天下之善歸之。是乃所以爲尊也。

尚治

孫子曰：昔者吾之師嘗聞諸顧涇陽曰：禮義者，治之幹也。學校者，禮義之宗也。先王謹學校以教天下，是以治化大行。學校既廢，禮義無師，欲效先王之治，難矣。居今之世，正心復性，敦倫淑行，得朋講復，聖道昭明，以之正君，以之正職，端於朝廷，治於鄉里。君子學道則愛人，小人學道則易使。先王之治，其庶幾乎？唐子曰：是天下之善言也，烏知其不能行也？曰：何爲不能行也？曰：先王之世，自國及鄉，所在有學。人之於學也，猶其於田也，無人無田，無人無學，習而安焉，安而忘焉。當是之時，人之甘於禮義，猶五穀也。學廢世衰，惟欲所恣，黷昏僨興，不可解喻。人之苦於禮義，猶藥石也。雖有能者，不能强人之甘藥石也亦明矣。今夫勢之易行，情之易達，莫如父之於子。子之良者，不教而善。子之不良者，雖教不善。家有不良之子，詈則詈之，杖則杖之，教之豈不篤乎？然入則《詩》、《書》，出則博奕，知其入而不知其出也。夫以嚴父之教，然且不行於子，而況四海之大，生民之衆乎？乃欲稱《詩》、《書》，明禮義以道之，使之去惡遷善，是涸東海、移太山之勢也。孫子曰：然則天下終不可治乎？曰：苟得其道，治天下猶反掌也。曰：教之難行，民之不率，信如先生之言矣。又謂治之若易爾者，何也？唐子曰：毋立教名，毋設率形，使民自爲善而不知。曰：使之若何？曰：聖人之所憑以運者，風也。天地之間無形而速動者，莫如風。起於幽陸，至於炎崖，偃靡萬形，鼓暢衆聲，無一物之不應者，惟風爲然。人情之相尚，或樸或雕，或鬼或經，忽焉偏於海隅。改性遷習，若有物焉，陰率之而無一人之不從者，亦猶風之動於天地之間也。是故天地之吹氣謂之風，人情之相尚亦謂之風。古者鄭、衛之民淫，男女無別。今也朝歌之墟，溱洧之閒，纖履不假於鄰女，豈古淫而今貞哉？風使然也。使古人生於今，今人生於古，則皆然矣。吴、越之民衣縠帛、食海珍，河汾之民衣不過布絮、食不過菜餅，豈東人侈而西人約哉？風使然也。使東人居於西，西人居於東，則皆然矣。風之行也，必有作之者。作之善者，善以成風。作之惡者，惡以成風。善作者因人情之相尚，以身發機，人之從之，如蟄蟲之時振，草木之時生，而不知其誰爲之者。夫轉陰陽、判治亂、分古今，皆風爲之。得其機而操之，人皆可以幾唐虞之治。此人所罕知者也。孫子曰：風之爲言誠然矣，雖然，竊有惑焉。人之爲善必由禮義，民既苦於禮義，不可强而從我，更以何者爲風乎？曰：樸者，天地之始氣，在物爲萌，在時爲春，在人爲嬰孩，在國爲將興之候。奢者，天地之終氣，在物爲茂，在時爲秋，在人爲老多慾，在國爲將亡之候。聖人執風之機，以化天下，其道在去奢而守樸耳。不聽好音，非儉於耳也，所以養天下之耳也。目不視采色，非儉於目也，所以養天下之目也。口不嘗珍味,非儉於口也,所以養天下之口也。身不衣輕煖,非儉於體也,所以養天下之體也。四者不從心之欲,非儉於心也,所以養天下之心也。當是之時,家無塗飾之具,民鮮焜耀之望,尚素棄文,反薄歸厚,不令而行,不賞而勸,不刑而革,而天下大治矣。孫子曰:民之趨於奢也,如水之下壑也,逆而反之,竊恐不能。曰:何爲不可反也?子未之信也,請徵諸故跡。昔者秦奢而漢樸,及其治也,世多長者之行。隋奢而唐樸,及其治也,錦繡無所用之。夫二代之君,未聞堯舜之道也,與其將相起於微賤,鑒亡國之弊,以田舍處天下,人之化之則若此。豈惟君天下者哉?卿大夫亦有之。荆人炫服,有爲太僕者,好墨布,鄉人皆效之,帛不入境,染工遠徙。荆之尚墨布也,則太僕爲之也。豈惟卿大夫哉?匹夫亦有之。

陳友諒之父好衣褐,破鄿,不殺衣褐者。有洛之賈在鄿以褐得免歸,而終身衣褐,鄉人皆效之,帛不入境,染工遠徙。洛之尚褐也,則賈爲之也。縠帛,衣之貴者也。布褐,衣之賤者也。貴貴賤賤,人之情也。有望人焉反之,能使一鄉之人貴其所賤而賤其所貴。蓋風之移人若斯之神也。洛賈且然,況太僕哉?太僕且然,況萬乘之君哉?孫子曰:敢問行之之方?曰:先貴人,去敗類,可以行矣。先貴人若何?曰:捐珠玉,焚貂錦,寡嬪御,遠優佞,卑宮室,廢苑囿,損羞品,郤異獻,君既能儉矣,次及帝后之族,次及大臣,次及百職,莫敢不率。貴人者,萬民之望也。貴之所尚,賤之所慕也。貴尚而賤不慕,世未有也。去敗類若何?曰:吾嘗牧羊於沃洲之山,羊多病死,有教之者曰:「一羊病,則羣羊皆敗。子必謹視之,擇其病者而去之，不然且將盡子之羣。」從其言而羊乃日蕃。治天下亦然。講學必樹黨，樹黨必爭進退。使學者扳援奔趨而失其本心，故有口心性而貌孔顔，所至多徒者，是敗類之人也，雖賢必去之。好名者無才而人稱其才，無德而人稱其德，使人巧言令色，便媚取合，而失其忠信之情，故有身處草野而朝廷聞譽求之，公卿折節下之者，是敗類之人也，雖賢必去之。多言者以議論害治，以文辭掩道，以婞直亂正，使人尚浮夸，而喪其實，故有書數上而不止，繁稱經史而不窮，廷折百官而莫能難之者，是敗類之人也，雖賢必去之。此三者，表僞之旗也，雕樸之刃也，引佞之媒也。《詩》曰：「大風有隧，貪人敗類。」是故善爲政者，務先去之也。孫子曰：始吾以爲天下之難治也，今聞先生之言而後知天下之不難治也。苟達其情，無不可爲。今先生懵然在闃塞之中，身雖極而言則傳，後世必有用先生之言以治天下者，不必於身親見之也。唐子曰：吾何足以當此。雖然，必有明其可用者。世多明達之才，但見聖人正天下之法，不識聖人順天下之意，沮於時勢之難行，習於刑法之苟安，舉天下之民縶之策之如牛馬然，民失其情，詐僞日生，文飾日盛，嗜慾日縱，於是富貴之望勝，財賄之謀鋭，廉恥之心亡，要約之意輕，攘竊之計巧，爭鬭之氣猛，六邪易性，非賢師奸，比離閑決，不可以安，不可以動。安則爲奸，動則爲寇，此天下之亂所以相繼而不已也。天地雖大，其道惟人；生人雖多，其本惟心；人心雖異，其用惟情。雖有順逆剛柔之不同，其爲情則一也。是故君子觀於妻子而得治天下之道，觀於僕妾而得治天下之道，觀於身之驕約、家之視效而得治天下之道。不緐十三經之言，不稽二十三代之法，不問四海九州之俗，閉户而堯舜之道備焉。先人有言曰：「語道莫若淺，語治莫若近。」請舉其要。古之賢君，雖貴爲天子，富有四海，存心如赤子，處身如農夫，殿陛如田舍，衣食如貧士，海内如室家，微言妙道不外此矣。孫子曰：由周而上，治日多而亂日少；由秦而下，亂日多而治日少，時爲之也。雖有善治，不復於古矣。曰：不然，陰陽者，治亂之道也。陰陽之復，其時不失，冬夏之日至是也。治啟於黄帝，二千餘歲至於秦而大亂；亂啟於秦，至於今亦幾去黄帝之年矣，或將復乎？

富　民

財者，國之寶也，民之命也。寶不可竊，命不可攘，聖人以百姓爲子孫，以四海爲府庫，無有竊其寶而攘其命者，是以家室皆盈，婦子皆寧。反其道者，輸於倖臣之家，藏於巨室之窟。蠹多則樹槁，癰肥則體敝。此窮富之源，治亂之分也。虐取者，取之一金，喪其百金；取之一室，喪其百室。兖東門之外有鬻羊餐者，業之二世矣，其妻子傭走之屬，食之者十餘人，或誣其盜羊，罰之三石粟。上獵其一，下攘其十，盡鬻其釜甑之器而未足也，遂失業而乞於道。此取之一金，喪其百金者也。潞之西山之中有苗氏者，富於鐵冶，業之數世矣，多致四方之賈，椎鑿鼓瀉，擔輓所藉而食之者常百餘人，或誣其主盜，上獵其一，下攘其十，其冶遂廢，向之藉而食之者無所得食，皆流亡於河漳之上。此取之一室，喪其百室者也。虐取如是，不取反是。隴右牧羊，河北育豕，淮南飼鶩，湖濱繅絲，吴鄉之民編蓑織席，皆至微之業也，然而日息歲轉，不可勝算，此皆操一金之資而致百金之利者也。里有千金之家，嫁女娶婦，死喪生慶，疾病醫禱，燕飲齎餽，魚肉果蔬，椒桂之物，與之爲市者衆矣。緡錢錙銀，市販貸之；石麥斛米，佃農貸之；匹布尺帛，鄰里黨戚貸之，所賴之者衆矣。此藉一室之富，可爲百室養者也。海内之財，無土不產，無人不生。歲月不計而自足，貧富不謀而相資。是故聖人無生財之術，因其自然之利而無以擾之，而財不可勝用矣。今夫柳，天下易生之物也，折尺寸之枝而植之，不過三年而成樹，歲翦其枝以爲筐筥之器，以爲防河之埽，不可勝用也。其無窮之用，皆自尺寸之枝生之也。若其始植之時，有童子者拔而棄之，安望歲翦其枝以利用哉？其無窮之用，皆自尺寸之枝絶之也。不擾民者，植枝者也，生不已也。虐取於民者，拔枝者也，絶其生也。虐取者誰乎？天下之大害莫如貪，蓋十百於重賦焉。穴牆而入者不能發人之密藏，羣刃而進者不能奪人之田宅，禦旅於塗者不能破人之家室，寇至誅焚者不能窮山谷而徧四海。彼爲吏者星列於天下，日夜獵人之財，所獲既多，則有陵己者負篋而去，既亡於上，復取於下，轉亡轉取，如填壑谷不可滿也。夫盜不盡人，寇不盡世，而民之毒於貪吏者無所逃於天地之間，是以數十年以來富室空虛，中產淪亡，窮民無所爲賴，妻去其夫，子離其父，常歎其生之不犬馬若也。今之爲吏者，一襲之裘值二三百金，其他錦繡視此矣；優人之飾必數千金，其他玩物視此矣；金琖銀罌珠玉珊瑚奇巧之器不可勝計，若是者謂之能吏。市人慕之，鄉黨尊之，教子弟者勸之。有爲吏而廉者，出無輿，食無肉，衣無裘，謂之無能，市人賤之，鄉黨笑之，教子弟者戒之。蓋貪之錮人心也甚矣。治布帛者漂則白，緇則黑。由今之俗，欲變今之貪，是求白於緇也。治貪之道，賞之不勸，殺之不畏，必漸之以風。《禮》曰：「知風之自。」昔者明太祖衷襦之衣皆以梭布，夫衣可布，何必錦繡？器可瓦，何必金玉？粱肉可飽，何必熊之蹯、玉田之禾？吾聞明之興也，吴之民不食粱肉，閭閻無文采，女至笄而不飾，市不居異貨，宴賓者不兼味，室無高垣，茅舍鄰比。吴俗尚奢，何樸若是？蓋布衣之風也。人君能儉，則百官化之，庶民化之，於是官不擾民，民不傷財。人君能儉，則因生以制取，因取以制用，生十取一，取三餘一，於是民不知取，國不知用，可使菽粟如水火，金錢如土壤，而天下大治，爲君之樂，孰大於是哉？

明鑒

爲政者多，知政者寡。政在兵則見以爲固邊疆，政在食則見以爲充府庫，政在度則見以爲尊朝廷，政在賞罰則見以爲敍官職。四政之立，蓋非所見，見止於斯，雖善爲政，卒之不固、不充、不尊、不敍，政日以壞，勢日以削，國隨以亡。國無民，豈有四政？封疆，民固之，府庫民充之，朝廷民尊之，官職民養之，奈何見政不見民也？堯曰：「四海困窮，天禄永終。」每誦斯言，心墮體戰，爲民上者奈何忽之？昔者明之亡也，人皆曰外内交鬨，國無良將，雖有良將，忌不能用，安得不亡？此其亡之勢也，非其亡之根也。當是之時，兵殘政虐，重以天災，民無所逃命，羣盜得資之以爲亂。馬世奇曰：「治獻賊易，治闖賊難。」蓋人心畏獻而附闖也，非附闖也，苦兵也。一苦於楊嗣昌之兵，再苦於宋一鶴之兵，又苦於左良玉之兵，行者居者皆不得保其身命。賊知人心所苦，所至輒以勦兵安民爲辭，愚民被惑，望風降附，而賊又散財賑饑，以結其心，遂趨賊如歸，人忘忠義。其實賊何能破州縣，以從賊者衆也。施邦耀曰：「今日盜寇所至，百姓非降則逃，良由貪吏失民心也。得一良吏，勝得一良將；去一貪吏，勝斬一賊帥。」二子之言，見亂本矣。當是之時，天下之大，萬民之衆，恒患無兵。京師之守，以一卒而當數陴。李自成雖嘗敗散，數十萬之衆旬日立致，是故陝民之謡有之曰「挨肩膊，等闖王，闖王來，三年不上糧」。民之歸之也如是，蓋四海困窮之時，君爲讐敵，賊爲父母矣。四海困窮，未有不亡者。其不亡者，未及其命之定也。天留其命，未生奸雄；天薄其命，則生小雄；天絶其命，則生大雄。當四海困窮之時，無雄則飢寒積憂之氣發爲災祲、爲彗孛、爲水旱、爲山川草木人鬼之妖，有小雄以倡之，則逋聚山澤，破城據險，旋滅旋起，以耗國家；有大雄以倡之，則長智增勇，撼山沸河，數百年厚建之社稷如椎卵矣。若是者皆困發也，爲奸雄所馮也。此明之所以亡也。若四海安樂，人保室家，誰與爲亂？雖爲君者不過中材之主，即有湯武之賢，一匹夫耳，欲謀社稷，亦無如何，況羿、浞之流哉？君之於民，他物不足以喻之，請以身喻民，以心喻君。身有疾則心豈得安？身無疾則心豈復不安？有戕其身而心在者乎？是故君之愛民，當如心之愛身也，非獨衣服飲食爲身也，牢廄、門庭、田園、道路，凡有所營皆爲身也；非獨農桑、蠲貸爲民也，上天下地，九彝八蠻，諸司庶事，内宫外庭，凡所有事，皆爲民也。茅舍無恙，然後寶位可居；蓑笠無失，然後衮冕可服；豆藿無缺，然後天禄可享。

考功

近代之政，亦堯舜之政也，曰「三載考績」，曷嘗不考績乎？曰「敷奏以言」，亦求言也。曰「明試以功」，亦論功也。以治天下而卒莫能治者，其故何也？昔者堯之命舜曰：「天之曆數在爾躬，毋俾四海困窮」。舜承斯命以攝位，朝諸侯，命衆職，明天時，修庶政，興禮樂，除凶慝，咸底於績。堯知其能救困窮之民也，乃授之以天下，其舉事任職雖多，不過使民不困窮而已。困窮之民，祖不得有其孫，父不得有其子，死喪不葬，祭食無烹，兄弟仇讐，夫妻離散，當是之時，民何以爲民，君何以爲君？是知堯舜之道非異，盡於命舜之言矣。昔者唐子爲長子知縣，將見都御史達良輔，賦役傳芻備誦之，以待難也。都御史不問而問武鄉知縣，曰：「武鄉之民何如？」對曰：「有生色矣。」都御史曰：「爾欺我哉？吾使人觀於武鄉，有女子而無袴者矣。女子而無袴，武鄉之民，其不堪乎？」唐子出以告人而歎曰：「善哉言乎！惜也未知爲政也。」唐子曰：古之賢君，舉賢以圖治，論功以舉賢，養民以論功，足食以養民，雖官有百職，職有百務，要歸於養民。上非是不以行賞，下非是不以效治。後世則不然，舉良吏而拔之高位，既顯榮而去矣，觀其境内凍餓僵死猶昔也，冢食丐衣猶昔也，田野荒莽猶昔也，廬舍傾圮猶昔也，彼顯榮之舉奚爲乎？爲其廉乎？廉而不能養民，其去貪吏幾何？爲其才乎？才而不能養民，其去酷吏幾何？愛赤子者必爲之擇乳母，勤謹不懈，得主母之歡心，可謂良乳母矣。然而無乳以餓其子，是可謂之良乳母乎？廉才之吏不能救民之飢餓，猶乳母而無乳者也，是可謂之良吏乎？廉者必使民儉以豐財，才者必使民勤以厚利，舉廉舉才必以豐財厚利爲徵。若廉止於潔身，才止於決事，顯名厚實歸於己，幽憂隱痛伏於民，在堯舜之世議功論罪，當亦四凶之次也，安得罔上而受賞哉？賢才者，世不乏也。仁愛者，人所具也。身爲民牧，藉權以行惠。苟非頑薄之資，其誰不能？而不能焉者，未可以咎爲吏者也。朝廷行政，羣臣從政，未有行左而從右者。上不以富民爲功，而欲吏以富民爲務，豈可得乎？誠如是，雖在位皆高世之才，爲大學士者若皋陶，爲尚書者若稷、契，爲都御史者若伊、摯，爲翰林者若史佚，爲給事中御史者若龍逢、比干，爲將軍者若吕牙，爲巡撫者若召、奭，爲布政使者若管仲，爲按察使者若子産，爲知府者若孫叔敖，爲知縣者若公綽、冉求，其得人也如是，於是輔相無缺，出納如衡，奸慝畢除，克壯戎兵，文章典禮，辭命敷榮，布於八方，海隅以寧，四譯來朝，厥功告成，天下豈不大治矣乎？然而觀於民，則所謂女子而無袴者也，是可以爲治乎？欲適燕而馬首南指，雖有絶羣之馬，去燕愈遠。爲治者不以富民爲功，而欲致太平，是適燕而馬首南指者也。雖有皋陶、稷、契之才，去治愈遠矣。唐子嘗語人曰：天下之官皆棄民之官，天下之事皆棄民之事，是舉天下之父兄子弟盡推之於溝壑也，欲治，得乎？天下之官皆養民之官，天下之事皆養民之事，是竭君臣之耳目心思而并注之於匹夫匹婦也，欲不治，得乎？誠能以是爲政，三年必效，五年必治，十年必富，風俗必厚，訟獄必空，災祲必消，麟鳳必至。或曰：子文士也，文其言焉而已。唐子曰：吾之言如食必飽，如衣必煖。用吾之言，三年不效，五年不治，十年不富，風俗不厚，訟獄不空，災祲不消，麟鳳不至，則日西出而月東生矣。請與子合契而博勝焉可也。

有歸

人之生也身爲重，自有天地以來，包犧氏爲網罟，神農氏爲耒耜、爲市貨，軒轅氏、陶唐氏、有虞氏爲舟楫、爲服乘、爲杵臼、爲弓矢、爲棟宇，禹平水土，稷教稼穡，契明人倫，孔氏、孟氏顯明治學，開入德之門，皆以爲身也。聖人好生之德，保人之身，日夜憂思，不遑寧處。羣生各遂，以迄於今。今吾與衆君子、衆庶人處此安樂之居，行於仁義之途，孰非十聖人之功哉？奚啻十聖人哉？若湯、武以及漢、宋之祖，救一時之民，保數世之安，其功亦大矣。奚啻商、周、漢、宋哉？凡一代之興，世雖多亂，亦有賢君，賴以小康。其時守一方、惠一邑者，皆有功於人者也。奚啻是哉？即不吝施者，饑與之一飯，寒推之一衣，亦有功焉。道者道此，學者學此，豈有他哉？澤被四海，民無困窮，聖人之能事畢矣，儒者之效功盡矣。然猶有説焉。聖人保天下之身，無異於保己之身。治天下人保己之身，則不同於保天下之身。治天下而天下治矣，功在天下，己於何歸？生盡其遂盡乎？身亡其遂亡乎？如徒以身而已。一年十二月，一月三十日，一日九十六刻，一刻之間，萬生萬死，草木之根枝化爲塵土，鳥獸之皮骨化爲塵土，人之肢體化爲塵土，忽焉而有，忽焉而無，天地成毁，雖不可見，當亦無異於人物焉。聖人小不同於人物之無知，大不同於天地之無爲，而謂其滅則俱滅焉，必不然矣。不知不智，知而不言不仁，孔孟豈有不知，何爲不言？非不言也，不可言也。聖人治天下，治其生也。生可治，死不可治，故生可言，死不可言也。縗麻饗祀，事死也，非明死也。聖人若治死，必告人以死之道，則必使露電其身，糞土富貴，優偶冠裳，則必至於政刑無用，賞罰無施，則必至於君爲虛位，世無所主。夫天下之智者一二，愚者千萬，爲善者少，爲惡者多，而生死之理又不可以衆著。君既爲虛位，世既無所主，智不勝愚，善不勝惡，惡者起而爲亂，如鳥搏獸噬，莫爲之救。即有一二能修者，亦無以立於天地之間，生人之道絕矣。是故聖人以可言者治天下，以不可言者俟人之自悟。於是智愚善惡，皆可從治。然則孔、孟不言，非以是故而奚故哉？甄也生爲東方聖人之徒，死從西方聖人之後矣。

附録

先生父諱階泰，明末爲吴江令，因蜀寇亂不得歸，遂家吴焉。先生至性孝友，色養愉愉，中外無閒言。父殁，葬於吴門虎邱。王聞遠撰《行略》。

先生罷官後居吴市，僅三數椽，蕭然四壁，炊烟嘗絕，採廢圃中枸杞葉爲飯。衣服典盡，敗絮藍縷，陶陶焉著書不輟。同上。

先生論貧富不均爲亂源，曰：天地之道故平，平則萬物各得其所。及其不平也，此厚則彼薄，此樂而彼憂，爲高臺者必有洿池，爲安乘者必有繭足。王公之家，一宴之味費上農一歲之穫，猶食之而不甘。吴西之民，非凶歲爲麩籺粥，雜以稈之灰。無食者見之，以爲天下之美味也。人之生也無不同也，今若此不平，甚矣！提衡者權重於物則墜，負擔者前重於後則傾，不平故也。嗚呼！吾懼其不平以傾天下也。《大命篇》。

又論人生死之理，曰：唐子見果蠃，曰果蠃與天地長久也；見桃李，曰桃李與天地長久也；見鸜鵒，曰鸜鵒與天地長久也。天地不見終始，而此二三類者見敝不越歲月之間，而謂之同長而並久，其有説乎？百物皆有精，無精不生。既生既壯，練而聚之，復傳爲形。形非異，即精之成也；精非異，即形之初也。收於實，結於彈，禪代不窮，自有天地，而自果蠃、鸜鵒於今。人之所知，限於其目。今年一果蠃生，來年一果蠃死，今年爲鸜鵒之子者生，來日爲鸜鵒之母者死，何其速化之可哀乎？察其形爲精，精爲形，萬億年之間雖易其形爲萬億果蠃，實萬億果蠃而一蔓也。雖易其形爲萬億鸜鵒，實萬億鸜鵒而一身也。果鳥其短忽乎？天地其長久乎？人所欲莫如生，所惡莫如死，雖有高明之人亦自傷不如黿、鶴，自歎等於蜉蝣，不察於天地萬物之故，反諸身而自昧焉。是故知道者，朋酒羔羊以慶友朋而不自慶，被衰圍絰以致哀於親而不自哀。蓋察乎傳形之常，而知生非創生、死非卒死也。物之絶續衆矣，必有爲絶爲續者在其中，而後不窮於絶續也。人之死生多矣，必有非生非死者在其中，而後不窮於生死也。仲尼觀水而歎逝者，時之逝也。日月迭行，晝夜相繼，如馳馬然，世之逝也。自皇以至於帝王，自帝王以至於今茲，如披籍然。人之逝也，少焉而老至，老矣而死至，如過風然。此聖人與衆人同者也。聖人之所以異於衆人者，有形則逝，無形則不逝，順於形者逝，立乎無形者不逝，無古今，無往來，無生死，其斯爲至矣乎。

《博觀》篇。

寧都魏叔子見《潛書》，曰：「是周、秦之書也。今尚有其人乎？」宣城梅定九見先生所著諸書，盡録之，曰：「此必傳之作，當藏之名山，以待其人耳。」《行略》。

潘次耕曰：「論學術則尊孟、宗王，貴心得，賤口耳，痛排俗學之陋。論治道則崇儉尚樸，損勢抑威，省大吏，汰冗官，欲君民相親如一家，乃可爲治。皆人所不及見、不敢言者。不名《潛書》，直名《唐子》，可矣。」《潛書序》。

圃亭交游

魏先生禧 别爲《三魏學案》。

梅先生文鼎 别爲《勿庵學案》。

潘先生耒 别見《亭林學案》。

顧先生祖禹 别爲《宛溪學案》。

王先生源 别見《習齋學案》。

以上四川。❶

清儒學案卷二百七終

❶ 「以上四川」，原無，今據底本目録補。

清儒學案卷二百八

天津徐世昌

諸儒學案十四

錢先生灃

錢灃，字東注，號南園，昆明人。乾隆辛卯進士，改庶吉士，散館授檢討，遷御史。會甘肅冒賑事發，撫、藩皆獲罪。先生以陜撫畢沅曾兩署陜甘總督，豈竟毫無聞見，因疏劾其瞻徇迴護，畢坐削級。未幾，又劾山東巡撫國泰驕縱貪黷，虧帑數十萬金。高宗命尚書和珅、左都御史劉墉往按之，並命先生偕往。先生微服先行，於良鄉途中獲國泰私書，具言借款填庫備查事。比到省，詰庫吏得實，乃出示，召諸商來領貸款，庫藏遽爲之空。案遂定，國泰卒伏法。累遷通政司副使、提督湖南學政。按試各郡，絶干謁，取士一秉至公。凡所甄拔士諄諄教以制行力學，有不率者手自戒責，士子莫不感服。遭憂回籍，杜門課子弟，不與外人往來。因前在學政任内失察事，以主事降補。服闋，選户部主事。及引見，即命以員外郎補用。旋特擢湖廣道御史。時軍機大臣和珅與阿文成桂等不和，辦事不在一室。先生慮開朋黨之萌，疏請悉照舊章，令諸大臣仍同止軍機處辦事。上覽奏，稱是，復命在軍機章京上行走。六十年九月，自灤陽扈蹕還，病卒，年五十六。先生少有大志，舉止岸然。少長，遊同邑王素懷明經瑾之門。素懷之爲教最嚴立品，但有一介之苟輒屏之，以爲非吾徒。於人其言曰：「古人立品，必從慎獨中始。於人所共知而猶不檢，獨中豈可復問？人禽之界混，則雖讀破萬卷，適取罪聖賢耳。」先生謹守其教，生平剛正之學實本於此。所爲文戛戛獨造，卓然成家。尤工書法，逼近平原。嘗興酣畫馬，得者珍之如拱璧云。著有《南園遺集》五卷。參史傳、袁文揆撰别傳、程含章撰墓志銘、《學案小識》、《先正事略》。

文集

湖南試牘序

使者按試數郡，例檢試文佳者數首刻之，不没作者之善也。於是應試生童亦爭先覩以爲快，將以覘使者之所好，而爲揣摩之術也。使者聞而恥之，曰：此即義利之關，不可不亟辨者也。朝廷之取人才由此，人才之所由進於朝廷者亦由此。學聖賢之道而代聖賢之言，不求其何以有當於聖賢，而僅僅欲徇使者之好，充此念後將何所不至哉？夫聖賢之道遠矣，今謂爲文者所言即皆聖賢之言，不特聞者不信，即言者亦不敢自信。然而人之不能及聖賢者，其自盡之功也；聖賢之不能大遠於人者，此同受之理也。聖賢道足於身而爲言，學者即因聖賢之言以見道，見既真則其爲言亦不遠矣。天下同此，人同此道也，猝然而遇諸塗焉，若爲燕，若爲越，邈不相侔矣。然此之言是，彼也色然喜；彼之言非，此也艴然怒。文之爲物猶是也。或曰：若是，則天下宜無不遇之文人矣。莊生曰：「大聲不入里耳，折揚皇荂，則嗑然而笑。」惡可强而同哉？曰：受於天者，理無不同也；盡於人者，功則不可强也。作之者有差等，知之者亦有差等。然既已入於聖賢之道，而不求乎上者取法之，徒貶損以希目前之一遇，聞好高髻則且一尺，聞好廣眉則方半額，其不取憎於人也又有幾邪？

續刻湖南試牘序

學問之道日新月異，不漸進即漸退，謂止於是而遂保不變，自古未之有也。如樹本然自萌芽而尋丈而參天蔽日，有不過數十年極其量者，有數百年而量始極者，有稟受獨正至千餘年猶未極量，如松柏者。方未極量，則日見增高繼長，逮量之既極，亦遂止不復進，豈但不能復進，亦且漸退而就萎落焉。凡木大抵然也，惟松柏之爲松柏，其高亦有止時，而獨有進機，無退機，不但不改色之青青，其枝柯本根漸且進而比堅金石，膏腴之淪注，精氣之旁魄，且變而爲茯苓、琥珀，靈奇光怪，裨益人世不一，惟不止之效也。

使者始來受任，視諸技藝固多可嘉，然實能持之有故，言之成文，根極一理，厭服衆心，殆不數數。丙夜披閲，爲之一一摘瑕發垢，俾知自藥，務期高視古人，相與頡頏。又拔其尤者，刊刻傳之。豈誠以諸生爲既能哉？今日所造如是，異日當有不止如是者，庶幾高視古人，真可以無愧色焉耳。此甲辰歲試過半時事也。已而畢歲，試舉科試觀諸生之能者不過唯之與阿，其不然者即前蛟螭而後蟈蚓，深爲諸生病，尤自病。區區德如越雞，不能稍擴啄菢之力，負聖主委任，縻厚禄而爲身家肥也。未幾，拜命再任，愧畏益甚。凡有一藝投者，罔敢不竭盡所能相與砥礪，日邁月征，歲試又且過半，無如諸生之故態仍且如昔，何也？其毋乃以是爲可止邪？夫古人不作久矣，誰復見其進焉，而所流傳之業於今炯炯，與元精相貫，發人神智，挹取不窮，是何爲者邪？方鞭心策力之時，所以求極其量者，非猶夫人之所爲極量也。向使亦若諸生，不過至是而止，幸者獵一甲乙之科，旋踵已與塵埃共盡，而不然者更無論矣。凡木之止而不進，退就萎落也，螻蟻穴乎其中，斧斤尋乎其外，雖其間頗有爲人所材不盡用，供樵爨，然朽腐摧折亦可以歲月爲期，甚足懼也。諸生止此不進，幸猶腸肥腦滿，若可恃無虞。再歷數年，再歷數十年，頭童齒豁，視荒聽耄，當前所挾，强半歸烏有。在使者曾再膺重寄，固萬萬無所逃罪，而諸生有聰明才力不自振奮，甘讓能於古人，以孤大造賦畀之美與聖朝作育之心者，其罪又誰諉邪？因再裒前後所録課試諸藝之尤者，付之梓人，志今日之成，僅僅如是而已。其將日新月盛，如古人之爲松柏者邪？其遂如凡木之退就萎落邪？噫嘻！惟日望之已矣。

王素懷先生七十壽序

儒者肖形於天，天運而不已，儒者强而不息，終日惕若，與時偕極。少而壯，壯而老，道昌於行恒，德著於積久，所以返性情，即所以綏眉壽，伊古無易也。師體備聖賢之學，用致高年，厥量之所極，匪小子所盡言詮。然自從事於兹廿有三載矣，飲河者孰測河之所自，就腹滿而矜其味；戴日者疇驗日之所行，即目徹而詡其明。敢以請業所聞，略言其端。

訓灃有曰：秉彝雖自所生，必反求而後實有諸己。今學不講力行，然爲文亦見道之始。夫爲文者不曰代往聖言乎？言者言也，所以言者非言也。確信義理於心而後能明之口，又豈但口宣之哉？且將使身有之矣。

徇華者徑惑，希利者心賊。去此二者，而後漸近於聖域。一曰：用志不可不專，操行不可不固。痀瘻累丸，斯承蜩若掇；愚公奮畚，則操蛇知懼。若見異累遷，中道輒廢，絲欲絢而染襍，竈方煬而薪匱，難乎其有濟矣。一曰：學者盡己而已。孫卿子有言：「天不爲人之惡寒而輟冬，地不爲人之惡遼遠而輟廣，君子不爲小人之匈匈而輟行。」故麥茂於霜雪，而雞鳴乎風雨，何論乎道足身窮？何恤乎俗衆我寡？一曰：吾聞君子盡性矣，不聞養生也。閟心思，黜耳目，安貴賦此形爲？存吾神，莫過於仁；堅吾體，莫要於禮。子居惜其拔毛，伯陽務於塞兑，祇自成其私耳，焉知所求之必遂？凡此者，皆所親承於昔日也。指以名師之萬一，或亦無大失歟。

龍吹氣成雲而乘之以盡神者，惟其所自爲也。君子即身具德而修之以獲吉者，亦無事他求也。且澧之於師，尤有異之乎人者矣。自年十八，始得修贄請謁，師輒齒之諸子之列，孩養而匠成之，非止一歲一月。自補博士弟子，爰至乎斯，義則師生，恩均毛裏也。前年假還，拜師函丈，進拜師母於内堂，依切瞻仰，覺相違已歷九歲，德輝道氣略未少衰於疇曩，而家嚴君又時相過從，杯酒雍容。嘗曰：「我兩人雖所業殊異，而此數十寒暑内，各以安貧守素，能無願外，故雖老而所存猶强流輩。」澧敬爲説曰：「山高而不崩，則祈羊至矣；水渴而不竭，則沈玉極矣；君子敬承造物之所予而罔懈，則因材之培亦無異矣。」明年，恭逢皇上七旬萬壽，薄海敷天臚慶承歡，千叟備於禮宴，九如賡乎樂章，絪緼乎緼緼，穆穆乎皇皇。師於是正七十，家嚴君七十有二，不益見聖人在上，歛福以爲民錫，而能率德歸極者，遂與同登壽域也哉？夫民生於三事之如一，凡至願欲申，孰若無疆之休凝於其所尊所親哉？而際斯之時，師方挈我嚴君總鄉之耆老子弟，效祝釐乎三多，敬瞻恩於萬里，退而秩秩乎曳鳩，彬彬乎酌兕，以式後生，以令繁祉，於其方來，正未有艾，何小子之多幸也！而豈言之所能盡哉？

用嚴說 書刻澧州試院廳事後。

寬則慢，微獨無以警無良，嘗因之詿誤善類，故道莫尚於嚴。且未有用嚴而已敢偷惰者，自鞭之道亦在是矣。

附錄

先生性孝友，爲諸生時，奔走數十里外，負米以養。及入翰林，喜曰：「吾今乃得祿養親矣。」與仲叔曲盡親愛。季弟沅早逝，無子，恤其婦，必使得所。生次子嘉棠，即以嗣之。墓誌。

先生自奉甚約，不以貴賤易。官翰林時，非朝會赴公所，不坐車。蔬食大布，宴如也。人或勸之，答曰：「吾本寒士，少年辛苦，如在目前。且爲官而惟車馬衣服是營，又烏能廉？」聞者歎服。見故人子弟侈肆者，必切戒之。同上。

先生遇戚友有昏喪急難事，必極意周卹，雖典衣鬻物弗少惜。視學湖南時，所得京俸悉出以助修會館，又與里人增設府縣兩學鄉會卷金。壬子，昆明大水，先生周覽六河源委，切究利弊，上《六河說》於大吏，且倡衆捐資助工，水患以除，鄉人德之。同上。

先生容貌莊嚴，而待人又極和平。好崇獎士類，凡以詩文就質者必面指其瑕而亟揚其善。蔬食留賓，高談不倦，士類無不心悦。同上。

先生既卒，阿文成等爲文以祭，稱其有守有爲，以不能竟其用爲限。❶嘉慶丁卯，鄉人以先生清風亮節呈請崇祀鄉賢祠，得旨允准。《别傳》。

劉先生大紳

劉大紳，字寄庵，寧州人。乾隆壬辰進士，選授山東新城縣知縣。時累年荒旱，在任多惠政，民愛之若父母。調知曹縣，值趙王河隄決，奉檄修築。集夫役萬餘人，以工代賑，兩月竣事。公暇即親詣書院校士，嘗告諸生曰：「朱子《小學》一書，爲作聖之階梯，入德之軌途。師舍是無以爲教，弟子舍是無以爲學也。晚近利禄之風既熾，惟以記誦詞章博取功名富貴，是以人心不正，風俗不厚，達則驕奢淫佚，窮則儇捷偷薄，無益於天下國家之大。今與諸生約，必讀此書，朝講夕貫，身體力行。由灑埽應對，以馴致於達天知命之域，庶幾明體達用，爲天地間不可少之人，方不虚負此一生。」於是士知正學，風氣一變。後以忤上官意，引疾歸。病痊，補文登縣，尋以曹縣任内舊案被議遣戍，爲新城、曹縣士民捐金請贖，得釋回。嘉慶五年，特諭送部引見，旋仍發山東，補朝城縣，歷署青州、武定府同知。嘗督捕蝗蝻，並查辦沿河賑務，皆竭力任事，實惠及民。十年，以母老請養回籍，遂不出。主講雲南五華書院，成就後學甚衆。道光八年卒，年八十二。入祀鄉賢、名宦等祠。工詩古文，

❶「限」，清道光刻本《碑傳集》卷五六作「恨」，當是。

著有《寄庵詩文集》。參史傳、《學案小識》、《先正事略》。

文集

伏生子孫世襲博士記

國家褒崇先聖賢後，自顔、曾、閔、冉而下，若濂、洛、關、閩，其嗣裔皆予以博士，世襲罔替。隆重儒術，昌明經學，恩溥禮周，於斯爲備。嘉慶七年秋，天子復俞山東撫臣，請以濟南伏生六十五代孫敬祖在鄒平者爲博士，俾世襲。縉紳大夫之徒，青衿子弟之選，莫不欣忭歌頌。是舉也，上紹姬周，唐、宋有承，炎炎盛漢，光耀其間，聖天子優渥之仁，賢大夫表章之義，爲千古所未有也。雲南劉大紳備員東土，嘗以事過伏生里，拜祠下。祠中笵授《書》像，伏生南向坐，女西向坐，鼂錯東向坐少下，肅肅穆穆，如際其時。祠後爲墓，邨阜拱環，林木蓊蔚，信靈爽所憑依也。竊念暴秦肆阬焚之虐，於《書》尤爲厲禁。當時齊、魯諸儒固無敢私挾偶語者，幸而伏生以既老之神明，腹笥藏之，否則雜然與諸子百家同歸煨燼矣。然亦幸而伏生年九十不即死，鼂錯適以求《書》使至。假使伏生死先數年，使者來且數年後，異日孔壁未出，晉僞競作，《書》之傳不傳固未可知也。顧伏生豈無子若孫能誦《書》者，乃寂寂無所見，而煩九十老人口授其女，以授於使者耶？《尚書》不絕如綫，吁亦危矣！東漢明帝爲太子時，受《書》於桓榮。及即位，猶尊以師禮。其後臨雍養老，以榮爲五更，親割祖執爵而酳，賜爵關内侯，食邑五千户。榮生值經學盛行之後，一佔畢諸生耳，跡其行事不踰中人，當拜老乞言之時，亦未聞有所祖述，以爲啟沃，而明帝固崇異之如此。若伏生者，以其身存亡爲《書》之存亡者也，《書》既授而禮遇不及其門，爵禄不及其子孫，將所謂上焉者以黄老之治爲之君，下焉者以刑名之佐爲之臣，二帝三王之道載於《書》者，固未嘗肄業。及之求《書》受《書》，姑以是爲名也云爾，非我國家聖君賢佐一德同心，其誰能舉廢墜之典於二千餘年之後，汲汲焉求其六十五代之裔孫而報稱之也哉？今年博士將入覲，相見濟南，大紳既幸親覩盛事，又識博士，敬述其大略誌之。

上伯制軍書

十二月初九日，鄂州鍾牧到委巷中宣示關書聘金，俾大紳爲五華書院山長，當即再拜祗受，肅緘申謝，想蒙賜覽矣。惟是爾時感愧交并，詞意鄙拙，不盡所言，懼無以仰副大君子樂育羣才之至意。是以忘其忌諱，重瀆視聽，冀教誨焉。

蓋聞書院之於學校，遞爲廢興者也。三代後，學校之教不修，士之有志於學者，始相與擇勝地，立精舍，從事於學，而書院名焉。其後，天下郡縣皆得立學，則有改書院爲學校者矣。又其後，學校之名猶存，而實漸失，於是書院復興。子朱子《衡州石鼓書院記》詳哉其言之矣。朱子曰：「今郡縣學官置博士弟子員，皆未考其德行、道藝之素，其所授讀又皆世俗之書、進取之業，使人見利而不見義。士之有志於爲己者，蓋羞言之。是以常求燕閒清曠之地，以共講其所聞。」又曰：「毋以今日學校科舉之學亂焉。」所謂「富哉言乎」者，非耶？

五華書院肇自西林鄂文端公，其繼起而廣大之者皆聖賢之徒，公相之選，萃三迤之士人於其中，延師課訓之。藏書有樓，寢息有室，脩膳之豐，膏火之裕，視中州大省有加焉，是亦所以助學校之不及也。然而士之來游其中者，爲學來乎？爲科舉來乎？其與子朱子所謂郡縣之學校有異乎？無以異乎？蓋不可知矣。今欲使來游之士盡捐舊習，相與深求古人設書院之意，既無是師，安得有是弟子？而況如大紳之衰年廢學，漫無短長者哉？然大紳嘗考自有五華書院以來，名臣碩彦、學士大夫蓋無不出其中。即以近時論，若錢龍池少司馬、李鶴峯中丞、周立厓少廷尉、錢南園副使、萬荔邨方伯，其最著者也。彼其時，亦豈能不從事於科舉之學哉？毋亦唯是即科舉之業，以求聖賢之學，探天人性命之奥，嚴義利人己之分，本末兼該，内外交修，是以見用於世，與徒事佔畢帖括者相去霄壤也。是以諸公之所成就，爲昆、華、洱、蒼生氣色。而爲之師者，若前之孫澘邨先生，後之張惕庵先生，亦且至今聲稱不朽也。抑又聞之，前明顧涇陽先生、高忠憲公於應天書院講子朱子之學，東林之名滿天下，以社學應之者百餘年風未熄，此亦子朱子所謂好古圖新之資，能謹而存之者也。今大人，百世之師也，惟望出其所學，以授大紳，使大紳得以遞授於弟子，而皆得師焉，則今日之五華書院與郡縣學校而並興，當世有子朱子者其必爲之記其本末，以告來者矣。

王先生崧

王崧，字樂山，浪穹人。嘉慶己未進士，官山西武鄉縣知縣，以病乞歸。滇士多樸質，先生獨徧覽羣籍，學問淹通。阮文達元總督雲貴時，延先生主修《通志》，稱其《地理》、《封建》諸篇，能得魏收、杜佑之遺法云。著有《説緯》六卷。參史傳。

説緯

孔子删詩

《史記・孔子世家》：「古者《詩》三千餘篇，及至孔子，去其重，取其可施於禮義，上采契、后稷，中述殷、周之盛，至幽、厲之缺，始於衽席，故曰：《關雎》之亂以爲風始，《鹿鳴》爲《小雅》始，《文王》爲《大雅》始，《清廟》爲《頌》始。三百五篇，孔子皆弦歌之，以求合《韶》、《武》、《雅》、《頌》之音。」《漢書・藝文志》：「古有采詩之官，王者所以觀風俗，知得失，自考正也。孔子純取周書，上采殷，下取魯，凡三百五篇。遭秦而全者，以其諷誦，不獨在竹帛故也。」《經典釋文序録》：「毛公爲故訓時，已亡六篇，故《藝文志》云『三百五篇』。」《經典釋文》三十卷，唐陸德明著。羣書所言《詩》篇之數，其由來如此。今《詩》三百五篇外，《南陔》、《白華》、《華黍》、《由庚》、《崇丘》、《由儀》六篇無辭，合之爲三百十一篇。自司馬遷有三千餘篇之説，儒者遂謂三百十一篇，外皆孔子所删。有非之者，有信之者。《毛詩正義》：「按書傳所引之《詩》見在者多，亡逸者少，則夫子所録者不容十分去九，馬遷之言未可信。」此非之者也。《毛詩正義》三十卷，唐孔穎達疏。《經典釋文・音義》：「《詩》是此書之名，毛是傳《詩》人姓。」《呂氏讀詩記》：「歐陽公曰：以鄭康成《譜》圖推之，有更十君而取其一篇者，又有二十餘君而取其一篇者。由此觀之，何啻三千？」「删《詩》」云者，非止全篇删去，或篇删其章，或章删其句，或句删其字。如『唐棣之華，偏其反而。豈不爾思，室是遠而』，此《小雅·常棣》之詩也，夫子謂其以室爲遠，害於兄弟之義，故篇删其章也。『衣錦尚絅，文之著也』，此《鄘風·君子偕老》之詩也，夫子惡其盡飾之過，恐其流而不反，故章删其句也。『誰能秉國，成不自爲政，卒勞百姓』，此《小雅·節南山》之詩也，夫子以『能』字爲意之害，故句删其字也。」此信司馬氏之説而推闡之也。《吕氏家塾讀詩記》三十二卷，宋吕祖謙著。王應麟《困學紀聞》卷三：「逸《詩》篇名若《貍首》、原注《射義》。《驪駒》、原注《大戴禮》、《漢書注》。《祈招》、原注《左傳》昭公十二年。《轡之柔矣》，《左傳》襄公二十六年、《逸周書·太子晉解》。皆有其辭，惟《采薺》、原注《周禮·春官·樂師》注。《河水》、《新宫》、《茅鴟》、《河水》，僖二十三年。《新宫》，昭二十五年。《茅鴟》，襄二十八年。《鳩飛》原注《晉語》。無辭。或謂：《河水》，《沔水》也。原注韋昭。《新宫》，《斯干》也。原注朱子。《鳩飛》，《小宛》也。原注韋昭。周子醇《樂府拾遺》曰：『孔子删《詩》，有全篇删者，《驪駒》是也；有删兩句者，「月離于畢，俾滂沱矣」。月離于箕，風揚沙矣」是也；有删一句者，「素以爲絢兮」是也。』愚考之《周禮疏》引《春秋緯》云集證《周禮·大宗伯·飌師》《雨師》疏，又引見《洪範》正義。『月離于畢，風揚沙』，非《詩》也。『素以爲絢兮』，朱文公謂《碩人》詩四章，章皆七句，不應此章獨多一句。蓋不可知其何詩，然則非删一句也。若全篇之删，亦不止《驪駒》。」原注《論語》「唐棣之華」之類。王氏所言，亦以删《詩》爲然也。而近人朱彝尊、趙翼、崔述則力辯删《詩》之非。朱氏曰：「《詩》者，掌之王朝，頒之侯服，小學、大學之所諷誦，冬、夏之所教。故盟會、聘問、燕享，列國之大夫賦《詩》見志，不盡操其土風。使孔子以一人之見取而删之，王朝列國之臣其孰信而從之者？《詩》至於三千篇，則輶軒之所采定，不止於十三國矣。而季札觀樂於魯，所歌風詩無出十三國之外者。又子所雅言，一則曰《詩》三百，再則曰誦《詩》三百，未必定屬删後之言。况多至三千，樂師、蒙叟安能徧爲諷誦？竊疑當日掌之王朝，頒之侯服者亦止於三百餘篇而已。至歐陽子謂删《詩》云者，非止全篇删去，或篇删其章，或章删其句，或句删其字，此又不然。《詩》云『唐棣之華，偏其反而。豈不爾思，室是遠而』，惟其詩孔子未嘗删，故爲弟子雅言之也。《詩》曰『衣錦尚絅，文之著也』，惟其詩孔子亦未嘗删，故子思子舉而述之也。《詩》云『誰能秉國成』，今本無『能』字，猶夫『殷鑒不遠，在于夏后之世』，今本無『于』字，非孔子去之也，流傳既久，偶脱去耳。昔子夏親受《詩》於孔子矣，其稱《詩》曰『巧笑倩兮，美目盼兮，素以爲絢兮』，惟其句孔子亦未嘗删，故子夏所受之《詩》存其辭以相質，而孔子亟許其可與言《詩》，初未以素絢之語有害於義而斥之也。由是觀之，《詩》之逸也，非孔子删之可信已。然則《詩》何以逸也？曰：一則秦火之後，竹帛無存，而口誦者偶遺忘也。一則作者章句長短不齊，而後之爲章句之學者必比而齊之，於句之重出者去之故也。一則樂師蒙叟止記其音節而亡其辭，竇公之於樂，惟記《周官·大師樂》一篇而其餘不知，制氏則僅記其鏗鏘鼓舞而不能言其義，此樂章之所闕獨多也。」《曝書亭集·詩論》。

趙氏曰：「孔穎達、朱彝尊皆疑古詩本無三千，今以《國語》、《左傳》二書所引之《詩》校之，《國語》引《詩》凡三十一條，惟衛彪傒引武王《飫歌》原注：其詩曰「天之所支，不可壞也」，謂武王克殷而作。此之謂飫歌，名之曰支，使後人監戒。嵩案：《周語》敬王十年章。及公子重耳賦《河水》嵩案：《晉語》四篇文公在翟章。二條是逸《詩》，而《河水》一詩，韋昭注以爲『河』當作『沔』，即『沔彼流水』，取朝宗于海之義。然則《國語》所引逸《詩》僅一條，而三十條皆删存之《詩》。是逸《詩》僅删存《詩》三十之一也。《左傳》引《詩》共二百十七條，其間有丘明自引以證其議論者，猶曰丘明在孔子後，或據删定之《詩》爲本也。然丘明所述仍有逸《詩》，則非專守删後之本也。至如列國公卿所引及宴享所賦，則皆在孔子未删以前也。乃今考丘明自引及述孔子之言所引者共四十八條，而逸《詩》不過三條。原注：《成九年》引《詩》曰「雖有絲麻，無棄菅蒯；雖有姬姜，無棄蕉萃。凡百君子，無不代匱」，《襄五年》引《詩》曰「周道挺挺，我心扃扃。講事不令，集人來定」，《襄三十年》引《詩》曰「淑慎爾止，毋載爾僞」。其餘列國公卿自引《詩》共一百一條，而逸《詩》不過五條，原注：《莊二十二年》引《詩》曰「翹翹車乘，招我以弓。豈不欲往，畏我友朋」，《襄八年》引《詩》曰「俟河之清，人壽幾何？兆云詢多，職競作羅」，《昭四年》引《詩》曰「禮義不愆，何恤乎人言」，《昭十二年》引《祈招》之詩曰「祈招之愔愔，式昭德音。思我王度，式如玉，式如金。形民之力，而無醉飽之心」，《昭二十六年》引《詩》曰「我無所監，夏后及商，用亂之故，民卒流亡」。又列國宴享歌詩贈答七十條，而逸《詩》不過五條，原注：《僖二十三年》晉公子賦《河水》，《襄二十六年》齊國子賦《轡之柔矣》，《二十八年》工誦《茅鴟》，《昭十年》宋以《桑林》享晉侯，《二十五年》宋公賦《新宮》。是逸《詩》僅删存《詩》二十之一也。若使古詩有三千餘，則所引逸《詩》宜多於删存之《詩》十倍，豈有古詩則十倍於删存《詩》，而所引逸《詩》反不及删存《詩》二三十分之一？以此而推，知古詩三千之説不足憑也。況史遷謂古詩自后稷以及殷、周之盛，幽厲之衰，則其爲家絃户誦久矣，豈有反删之而轉取《株林》、《車轔》之近事以充數耶？又如他書所引逸《詩》，惟《論語》『素以爲絢兮』句，《管子》『浩浩者水，育育者魚』四句，《莊子》『青青之麥，生於陵陂』四句，《禮記・射義》『曾孫侯氏，四正具舉』八句，《緇衣》『昔吾有先正，其言明且清』八句，韓嬰《詩》有『雨無其極，傷我稼穡』二句，《大戴禮》『驪駒在門，僕夫具存』四句，《汲冢周書》『馬之剛矣，轡之柔矣』二句，其他所引皆現存之詩，無所謂逸《詩》也。《戰國策》秦武王篇甘茂引詩曰『行百里者，半於九十』，秦昭襄王篇客卿造引詩曰『樹德莫如滋，除惡莫如盡』，黄歇引詩曰『大武遠宅不涉』，原注：《史記》作「大武遠宅而不涉」。 范睢引詩曰『木實繁者披其枝，披其枝者傷其心』，《吕覽・愛士》篇引詩曰『君君子，則正以行其德；君賤人，則寬以盡其力』，《古樂》篇有『象爲虐於東夷，周公逐之，乃爲《三象》之詩』，《權勳》篇引詩曰『惟則定國』，《音初》篇引詩曰『燕燕往飛』，《行論》篇引詩曰『將欲毁之，必重累之。將欲踣之，必高舉之』，《原辭》篇引詩曰『無日過亂門』，《漢書・武帝紀》元朔元年詔引詩曰『九變復貫，知言之選』，凡此皆不見於三百篇中，則皆逸《詩》也。按：『行百里』句本古語，見賈誼策。『樹德』二句，姚本作引《書》，則《泰誓》也。『木實』二句，吴師道謂是古語，則非詩也。《吕覽》『君君子』二句全不似詩。『將欲毁之』四句與《國策》所引《周書》『將欲敗之』數語相同，則亦非詩也。惟『大武遠宅不涉』及『燕燕往飛』數語，或是逸《詩》耳。又《韓非子》『先聖有言曰：規有摩而木有波，我欲更之無可柰何』，其句法似詩，然曰先聖之言，則亦非逸《詩》也。推此益可見删外之詩甚少，而古詩三千餘篇之説愈不可信矣。按《詩》本有《小序》五百一十一篇，或即古詩原本。孔子即於此五百一十一篇内删之爲三百五篇耳。《尚書緯》云：『孔子得黄帝玄孫帝魁之書，迄於秦穆公，凡三千二百四十篇，孔子删之爲《尚書》百二十篇，以百二篇爲《尚書》，十八篇爲《中侯》。』崧案：此見《尚書正義》。史遷所謂古詩三千者，蓋亦《緯書》所云《尚書》三千二百四十篇之類耳。惟夷、齊《采薇》及介之推《五蛇爲輔》之歌，孔子訂《詩》，曾不收録，此不可解。或以《采薇》歌於本朝有忌諱，而五蛇之事近於誕，故概從删削邪？」《陔餘叢考》卷二。

崔氏曰：「《國風》自二《南》、《豳》以外，多衰世之音。《小雅》大半作於宣、幽之世，夷王以前寥寥無幾。如果每君皆有詩，孔子不應盡删其盛，而獨存其衰，且武丁以前之《頌》，豈遽不如周而六百年之《風》、《雅》，豈無一二可取？孔子何爲而盡删之乎？子曰《詩》三百，又曰誦《詩》三百，玩其詞意，乃當孔子時已止此數，非自孔子删之而後爲三百也。吴公子札來聘，所歌之《風》無在今十五國外者，是十五國外本無《風》可采。不則，有之而魯逸之，非孔子删之也。且孔子所删者何詩也哉？鄭、衛之《風》淫靡之作，未嘗删也。絲麻菅蒯之句不遜於『縞衣茹藘』之章，即棣華室遠之言，亦何異於東門不即之意？此何爲而存之，彼何爲而删之也哉？况以《論》、《孟》、《左傳》、《戴記》諸書考之，所引之《詩》逸者不及十一，由此觀之，孔子原無删《詩》之事。古者風尚簡質，作者本不多，而又以竹寫之，其傳不廣，是以傳者少而逸者多。《國語》云：『正考父校商之名《頌》十二篇於周大師，以《那》爲首。』鄭司農云：『自考父至孔子，又亡其七篇。』是正考父以前，《頌》之逸者已多。至孔子二百餘年，而又逸其七。是故世愈近則詩愈多，世愈遠則詩愈少。孔子所得止有此數，或此外雖有而闕略不全，則遂取是而釐正次第之，以教門人，非刪之也。」《洙泗考信録》卷五。

宋葉適《習學記言》、近人王士禎《池北偶談》所論大略相同，然於事理皆有所未安。朱氏推原《詩》逸之故，但可解章句之闕略者耳。三百五篇外，逸《詩》甚多，何以不盡遺忘？趙氏備列羣書所引逸《詩》，謂不及刪存《詩》二三十分之一。此但就現存之書計之也，古詩之著録於《漢書·藝文志》而不傳於今者，其中豈遂無之？則二三十分之一未足盡逸《詩》之數，況所列逸《詩》正多罣漏。除前文所有外，今備録之。《左傳》宣公二年「我之懷矣，自詒伊慼」，《禮記·檀弓下》篇「貍首之斑然，執女手之卷然」，《坊記》篇「相彼盍旦，尚猶患之」，《緇衣》篇「昔吾有先正，其言明且清」，「國家以寧，都邑以成，庶民以生」，「誰能秉國成，不自爲正，卒勞百姓」，《射義》篇「曾孫侯氏，四正具舉。大夫君子，凡以庶士。小大莫處，御于君所，以燕以射，則燕則譽」，又見《大戴禮·投壺》篇。《周禮》「諸侯以貍首爲節」，《儀禮注》：「《貍首》，逸《詩》『曾孫』也。」《大戴禮記》「驪駒在門，僕夫具存。驪駒在路，僕夫整駕」，今本《大戴禮》無此文，引見《漢書·王式傳》注，又見《文選》馬融《舞賦》、曹植《責躬詩》、應休璉《與蒲公書》注。《用兵》篇「魚在在藻，厥志在餌」，《孟子·梁惠王下》篇「畜君何尤」，《國語》周敬王章「天之所支，不可壞也。其所壞，亦不可支也」，《逸周書·太子晉解》「國誠寧矣，遠人來觀。修義經矣，好樂無荒」，此師曠歌《無射》。「何自南極，至于北極，絶境越國，弗愁道遠」，此太子晉歌《嶠》。「馬之剛矣，轡之柔矣。馬亦不剛，轡亦不柔。志氣麃麃，取與不疑」，《左傳》襄公二十六年國子賦「轡之柔矣」，注見《周書》。《家語・六本》篇「皇皇上帝，其命不忒。天之以善，必報其德」，《管子・小問》篇「浩浩者水，育育者魚，未有室家，而安召我居」，《墨子・所染》篇「必擇所堪，必謹所堪」，《非攻中》篇「魚水不務，陸將何及」，《列子・湯問》篇「良弓之子，必先爲箕。良冶之子，必先爲裘」，《莊子・外物》篇「青青之麥，生於陵陂。生不布施，死何含珠爲」，《荀子・王霸》篇「如霜雪之將將，如日月之光明」，「爲之則存，不爲之則亡」，《臣道》篇「國有大命，不可以告人，妨其躬身」，《天論》篇「何恤人之言兮」，《解蔽》篇「鳳皇秋秋，其翼若干，其聲若簫。有鳳有皇，樂帝之心」，又云「墨以爲明，狐狸而蒼」，《正名》篇「長夜漫兮，永思騫兮。太古之不慢兮，禮義之不愆兮，何恤人之言兮」，《法行》篇「涓涓源水，不雝不塞。轂已破碎，乃大其輻。事已敗矣，乃重太息」，《戰國策》秦昭襄王篇「木實繁者披其枝，披其枝者傷其心，大其都者危其國，尊其臣者卑其主」，趙武靈王篇「服亂以勇，治亂以知，事之計也。立傳以行，教少以學，義之經也」，《説苑・尊賢》篇「緜緜之葛，在於曠野。良工得之，以爲絺紵。良工不得，枯死於野」，《權謀》篇「皇皇上帝，其命不忒。天之與人，必報有德」，《史記・商君列傳》「得人者興，失人者崩」，《漢書・武帝紀》元鼎元年詔「四牡翼翼，以征不服。親省邊垂，用事所極」，《後漢書・楊終傳》「皎皎練絲，在所染之」，《晉書・束皙傳》「羽觴隨波」，《列女傳・辯通類》「浩浩白水，儵儵之魚。君來召我，我將安居。國家未定，從我焉如」，《集韵》「佞人如蟀」，以上逸《詩》凡前文所引未全者皆備録之。凡此所録諸詩，皆在三百五篇之外者。至於《采薇》、《五蛇》二歌，其辭與三百篇不類，疑是戰國人之作。既不采於太史，孔子豈能録之？

一詩有一序，其數相若。三千餘篇不可信，五百一十一篇又何所徵？《尚書緯》出於《史記》之後，語多荒誕。三千二百四十篇之《書》，不可以之例《詩》也。崔氏謂孔子無刪《詩》之事，所得止有此數，然則三百五篇外何以復有逸《詩》？惟此外闕略不全之説，於事理宜然。大抵世儒所論皆以孔子於《詩》一似昭明太子之《文選》，但因其辭意爲去取，而不知古人之詩皆樂之辭。君卿大夫之所作無論矣，即里巷之歌謡矢口而出，苟和之以器，無非樂也。雖不和之以器，亦可云無器之樂也。《史記》之書謬誤固多，皆有因而然，從無鑿空妄説者。考《漢書·食貨志》「孟春之月，行人振木鐸徇於路，以采詩獻之太師，比其音律，以聞於天子」云云，《史記》所謂「古詩三千餘篇」者，蓋太師所采之數。迨比其音律，聞於天子，不過三百餘篇，何以知之？采詩非徒存其辭，乃用以爲樂章也。音律之不協者棄之，即協者尚多，而此三百餘篇於用已足，其餘但存之太史，以備所用之或闕。「《詩》三百」、「誦《詩》三百」，皆孔子之言，前此未有綜計其數者。蓋古詩不止三百五篇，東遷以後，禮壞樂崩，詩或有句而不成章，有章而不成篇者，無與於絃歌之用。孔子自衛反魯而正樂，釐訂汰黜，定爲此數，以教門人，於是授受不絶。設無孔子，則此三百五篇亦胥歸泯滅矣。故世所傳之逸《詩》，有太師比音律時所棄者，有孔子正樂時所削者。所采既多，其原作流傳誦習，後人得以引之，是則古詩三千餘篇，去其重，取其可施於禮義，乃太師所爲。司馬遷傳聞孔子正樂時，於《詩》嘗有所删除，而遂以歸之孔子。此其屬辭之未密，或文字有脱誤耳。然謂孔子皆絃歌之，以求合《韶》、《武》、《雅》、《頌》之音，可知非獨取其辭意已。《通志·樂略第一》：「《樂》以《詩》爲本，《詩》以聲爲用，八音、六律爲之羽翼耳。仲尼編《詩》爲燕享祀之時用以歌，而非用以説義也。古之詩，今之辭曲也。若不能歌之，但能誦其文而説其義，可乎？不幸腐儒之説起，齊、魯、韓、毛四家各爲序訓，而以説相高。漢朝又立之學官，以義理相授，遂使聲歌之音湮没無聞。然當漢之初，去三代未遠，雖經生學者不識詩，而太樂氏以聲歌肄業，往往仲尼三百篇，瞽史之徒例能歌也。奈義理之説既勝，則聲歌之學日微，東漢之末，禮樂蕭條，雖東觀、石渠議論紛紜，無補於事。曹孟德平劉表，得漢雅樂郎杜夔，夔老矣，久不肄習，所得於三百篇者惟《鹿鳴》、《騶虞》、《伐檀》、《文王》四篇而已，餘聲不傳。太和末，又失其三。左延年所得惟《鹿鳴》一筌。每正旦大會，羣臣行禮東厢，雅樂常作是也。古者歌《鹿鳴》必歌《四牡》、《皇皇者華》，三詩同節，故曰『工歌《鹿鳴》之三』，而用《南陔》、《白華》、《華黍》三筌以贊之。然後首尾相承，節奏有屬。今得一詩而如此用之，可乎？應知古詩之聲爲可貴也。至晉室《鹿鳴》一篇，又無傳矣。自《鹿鳴》一篇絶，後世不復聞《詩》矣。然詩者，人心之樂也，不以世之汙隆而存亡，豈三代之時，人有是心，心有是樂；三代之後，人無是心，心無是樂乎？繼三代之作者，樂府也。樂府之作，宛同《風》、《雅》，但其聲散佚，無所紀繫，所以不得嗣續《風》、《雅》而爲流通也。按三百篇在成周之時，亦無所紀繫，有季札之賢而不別《國風》所在，有仲尼之聖而不知《雅》、《頌》之分，仲尼爲此患，故自衛反魯，問於太師氏，然後取而正焉。列十五《國風》，以明風土之音不同；分大、小二《雅》，以明朝廷之音有間；陳周、魯、商三《頌》之音，所以侑祭也。定《南陔》、《白華》、《華黍》、《崇丘》、《由庚》、《由儀》六笙之音，所以叶歌也。得詩而得聲者三百篇，則繫於《風》、《雅》、《頌》；得詩而不得聲者，則置之，謂之逸《詩》，如《河水》、《祈招》之類，無所繫也。」《通志》二百卷，宋鄭樵著。《文獻通考》卷一百七十八《經籍考》：「作詩之人可攷，其意可尋，則夫子録之，殆述而不作之意也。其人不可攷，其意不可尋，則夫子删之，殆多聞闕疑之意也。是以於其可知者，雖比興深遠，詞旨迂晦者，亦所不廢，如《芣苢》、《鶴鳴》、《蒹葭》之類是也。於其所不可知者，雖直陳其事，文義明白者，亦不果録。如『翹翹車乘，招我以弓。豈不欲往，畏我朋友』之類是也。於其可知者，雖詞意流泆，不能不類於狹邪者，亦所不删，如《桑中》、《溱洧》、《野有蔓草》、《出其東門》之類是也。於其所不可知者，雖詞意莊重，一出於義理者，亦不果録，如『周道挺挺，我心扃扃。禮義不愆，何恤於人言』之類是也。然則其所可知者何則？三百篇之序意是也。其所不可知者何則？諸逸《詩》之不以序行於世者是也。」《文獻通考》三百四十八卷，宋馬端臨著。鄭氏作《詩辨妄》，專指毛、鄭之妄，謂《小序》非子夏所作，盡削去之，而以己意爲序。見《直齋書録解題》卷二。其《通志·樂略》謂齊、魯、韓、毛各爲序訓，以説相高，亦是《辨妄》之意。其謂《南陔》等六篇爲笙詩，有聲無辭，與毛、鄭義異。

惟論孔子正樂，於《詩》專取其音，得詩得聲爲三百篇，得詩不得聲則置之而爲逸《詩》。所見甚韙。馬氏之説意在伸序，其論録《詩》删《詩》則但就詞意爲言，而不及音律。崧竊以爲《詩》必兼辭聲義三端而始全。先有意而後能爲辭，有意則義在其中。徒有辭而不能叶之於聲，則是記序議論之文，而非樂章矣。太師及孔子所録則三端皆全者也。《史記》謂「取其可施於禮義，皆弦歌之以求合《韶》、《武》、《雅》、《頌》之音」，參以鄭氏、馬氏所言，則於事理允協。三百篇後變而爲《離騷》，又變而爲樂府、爲詩餘、爲詞曲，其初亦三端，皆全而爲樂也。久之而音律盡失，後之效爲諸體者亦如作詩之徒有其辭，而無關於樂。惟南北各曲以優人演爲戲劇之故，辭與聲協，愈出愈奇而義不可訓。樂之遷流一至於此，而孔子所正者遂不可復考。猶幸三百五篇具在，誦而法之，學者其可忽諸？

李先生文耕

李文耕，字心田，號復齋，一號塈石，昆陽人。曾祖從綱，祖旼，父頤，學三世，皆舉人。先生成嘉慶壬戌進士，以知縣分發山東，補鄒平令，因病去官。病痊，復坐補原缺。在任五年，以清訟、息爭、戢暴、安良爲務。而尤盡心教化，創立義學及梁鄒書院，使諸生誦讀其中，親策勵之。後調冠縣，擢膠州知州，所至皆有循聲。歷官至貴州按察使，以老原品休致。道光十八年卒，年七十七。殁後入祀鄉賢及山左名宦祠。先生生而嚴重，年十七，讀《朱子古文》及張南軒《義利辨》、陸稼書《三魚堂集》，即悉心研究，歎曰：不如是，不足以爲人也。於是一言一行奉以爲的。其論學也，辨晰毫釐，歸諸至是，不爲瑣瑣之談，不爲高遠無涯際之論，而道學自修之要，行己接物之方，爲政治民之道，無不燦若列眉。筮仕二十餘年，毅然以崇正學、挽澆風爲己任。官山東、貴州時，凡與僚屬文移牘札無不以勤政愛民、修身化俗相勖勉。致仕歸里，杜門卻軌，每昧爽起，猶自立課程，一日中作三次省察，暇即與孫輩及一二門人講學不輟。説者謂滇省遠在西南邊徼，文章節義後先祖望，而道學一脈開自先生。夷考其言與行，殆陸清獻之流亞也。著有《孝弟録》二卷，《文廟增輯通録》八卷，《啟蒙韻言》一卷。所爲詩文有《喜聞過齋集》十二卷。參史傳、劉鴻翺撰墓表、王贈芳撰行狀及文集序、廖敦行撰文集序。

文集

憤悱初稿

甲子冬月初一日，偶思仁、義、禮、知、信五字，謂仁爲心之全德，義祇是其裁制處，禮祇是其品節處，知之真則謂之智，行之實則謂之信。仁之爲德，至尊無對，甚全無偏，一言仁，而義禮智信在其中，似不立此數項名色亦得。即分出此數項，亦不可與仁對言。忽及起行至中堂，見一物不正，急往正之。自省曰：此乃禮之所發，未嘗因仁而有；特發之懇切處，未嘗離仁耳。乃知禮雖從仁出，卻自有禮之境界面目，不妨分爲一德，未可以其統於仁，遂並其分位而抹煞之也。義、智、信殆亦若此耳。

又嘗疑信無其位，智亦附於仁、禮之中，

而別其是非，亦無其位，何以配天之貞而爲一德？然吾性中苟非有澄然不混者，何以事至物來，而輕重緩急之分，遂釐然心目而劑量乎惻隱慈愛之念以出？至惻隱之行，則又辨其親疏，别其隆殺，曲折纖悉之不可淆而禮以定；審其過當，審其回邪，兵革刑禁之不可已而義以行。是智雖統於仁而别其疑似，辨其隱微，有非一惻隱之心所能盡者。又或遇一人而賢姦臧否之能察，見一物而條理終始之能辨，遇一事而是非成敗之能照，不必皆切於己、感乎心而後能燭照判決之也，豈非自有其境界面目，不可以抹煞者乎？再如同一慈祥之人，而智量大者做得周詳，智量小者做得狹隘，益可見矣。又推之如禮出於仁，而恭遜退讓、嚴謹温文，又自成一番面目，非實有秩然於中者不能盡其分。義出於仁而斷制森嚴、趣舍嶄決，又自是一段氣象，非實有截然於中者不能正其則。且見人有禮，便覺允當於心，而思效其整齊；見人有義，便覺脗合於心，而思法其正直，豈必尋源於慈愛之流行，而後有此等意思乎？特此心之懇切效慕者，無非放心之收而統攝要歸於仁中耳。不知其理之一不可，不明其分之殊則尤不可。

道理是由靜而動，人心亦自靜而動，蓋有體而後有用也。然功夫卻是多從動處做到靜處，觀《中庸》註戒懼是「常存敬畏，雖不見聞，亦不敢忽」，非單指不睹不聞也。註致中是「自戒懼而約之，以至於至靜之中，無少偏倚，而其守不失」，未有截開前後，獨從至靜中下手者。後人耑在靜中講存心，所以病怪百出。况周子《太極圖》「一動一靜，互爲其根」，則動時力量從靜中養出來，靜中存養亦跟動時收攝來也。「互根」二字，極可玩味。

人之難化，不難在人而難在己；事之難治，不難在事而難在心。惟專意克己，使偏私之盡化，而矜躁之悉平，則人之不可處而事之不能辨者，或鮮矣。要其功夫，總有兩端：一則在平日之精察，一則在臨時之寧耐。每與鍾雲亭論事，其意見總歸此一路，不可及也。

滿之招損，謙之受益，向只看天道惡盈、人心好謙一邊，若皆奪所恃而逆其意以相報者；近看消息之理，乃知非盈滿之極，直無以激而成損，非謙沖之極，亦無以迫而取益。正如極暑之餘，金飇來爽；大寒之後，始有陽春。蓋物極則反，不極則不反，雖造化亦無如之何者。「招」字、「受」字乃見實義矣。

天道每奪人所恃，故驕者之得禍必奇；人情最忌人之私，故貪者之取怨尤衆。

人最怕爲有識者所笑，以其操人倫之鑑，所以辨是非、别真僞者較若黑白不可亂也。若泛泛悠悠之口，忽毁忽譽，何足重輕，而世乃有見好於衆人，邀譽於鄉曲者。人最怕爲公論所不容，以其秉彝好之正，所以判賢姦、立誅賞者，動於性情不可奪也。有悖於此，衆怒叢之，而世乃有犯不韙、行不義，以人言爲不足恤者。人之度量相越，不可以尋常道里計者每如此。

程子「整齊嚴肅則心便一」，此語中正無偏；周密不漏，學者守之萬世無弊。若謝氏「常惺惺法」，固自包在主一中，第專求惺惺便駸駸乎有入禪之勢。細讀胡敬齋先生《居業録·學問》一卷乃剖晰清楚。《居業》一編，可上接朱子《近思録》，講學最要之書，學者不可不亟讀熟讀。

昭烈帝戒子曰「無以善小而不爲，無以

惡小而爲之」二語，最中學者要害。蓋凡爲學者皆知善當爲，惡當去，總是觀望浮游，反若日用間無可以用力者，所以終日言善，無片善之可紀；終日言惡，無纖惡之稍去也。若如昭烈帝所云，不論大小，見善則爲，見惡則去，此是何等勤懇。且從小處著力，便易上手。先其易者，乃是實心做事之人，正與言不怍而爲之難者相反。今之學者先難得此一段著實勤懇意思，至若孔子釋《噬嗑》上爻義，謂積小足以致大，猶第二層義也。

南軒張先生曰：「學者莫先於義利之辨。蓋義者無所爲而然也。凡有所爲而然者，皆人欲之私而非天理之存。此義利之辨也。」東陽許氏曰：「君子利己之心不可有，利人之心不可無。孟子不言利，是專攻人利己之心。絶利己之心，然後可行利物之事。」夫義利之辨爲學一大關要也。然天理、人欲同行而異情，惟張子剖得細微，斷得淨盡，有功聖學不小。許氏之説利物爲公，自利爲私，界分截然，實與張子之言相足。至於「絶利己之心，然後可行利物之事」，尤足見天理、人欲不容並立，千古仁人志士就義若渴，去利若浼者，皆於自私自利處擺落乾淨，所以一往而不回也。學者先辨乎此，則立志不雜，根基牢固，向上自不能已矣。

憤悱續稿

孟子以居仁由義爲尚志，此士人律令法度也。由居須實扣在仁義上，時時密勘此心果能清明廣大、沖然藹然，通乎天命，不爲私意間隔，可以立天下之大本否？所行果能正直和平，秩然抑然，準乎天理，不爲私情阻撓，可以行天下之達道否？仁義須實按在居由上，務使天地盎然生物之意常油油在方寸間，而不屑簞豆、不受萬鍾之心介然夷然，真於日用事物上發出，方是傾身入於仁義之中，不徒苟於依附已也。苟無此段刻苦嚴密之心，道理總不在身上。

君子無入不自得，只是理順心安。至其用心，則全是憂勤惕厲。蓋吾人自命爲士，任重道遠，實有不容謝之仔肩，不易完之功力，緝熙而後光明，罔念即可作狂，是安得不矢之以憂勤，惕之以危厲？況乎遇有險夷，人多疾疢，不必孤孽始知慮患操心，自古賢豪無不動心忍性，生於憂患，此中之玉成君子者正復不少也。憂勤惕厲，亦何時何地而可忘者乎？

人心最怕驕傲，驕則自足於己，傲則蔑視乎人，其爲凶德第一固已。至懶惰因循，尚未必即是剛惡。然其任情，便已漫然無所警懼，即是不知天命而不畏，久之亦可以無所不至。總之，道二，仁與不仁。捨卻憂勤惕厲，即不知所終矣。

《中庸》戒懼、慎獨皆行一邊事，行跟知來，蓋已用學問、思辨之功，擇乎中庸而有得者。是以密加操存而主宰精明，即可以立天下之大本；切實省察而無使差謬，即可以行天下之達道。若初學用功，則惟有讀書窮理，隨時集義，透一件則有一件之把握，透數件則添數件之把握。若能融會貫通，則處處俱有把握。至於緣感俱謝，歸向寂靜之時，則凡前所得心之理無不融入天性之中，與其本體之明併合爲一，以待事物之感。故即加以操存，不以己私淆汩，有以立天下之大本。至於感物而動，則亦本其靜時之所操存昭晰而不容昧、整齊而不可亂者加以精察，務使適如其分，有以行天下之達道。註中「自戒懼而約之」、「自謹獨而精之」兩「自」字，非功夫截然自此而起。蓋靜根於動，動時之講求者，理順而心安；動時之因應者，物過而神留，一自歸於寂靜，即戒懼而守之，以復還其天命之本然，而大本於斯立。動根於靜，靜中之貞一者安固而不可摇，靜中之湛明者森列而不可亂，一自感物而動，即精察而行之，以各止其天則之所安，而達道於斯行。

程子言：「吾學雖有所受，然天理二字是自己體驗出來。」張楊園先生謂此二字，程子發前聖所未有。竊謂程子「天理」二字，不惟知到，直是行到。蓋非克己之盡，必不能見天理全身。横渠先生「由太虚無欲故虚，太虚者，克己之盡，無一私之雜也。有天之名」，克己之盡，乃見其天，而天可以名。其語可會參而服膺之也。

《備忘録》二卷第一百五十八條：「或問：放心如何求？曰：居處恭，執事敬，與人忠。」又二百二十六條引康節先生「心從行上修」語，謂人能謹言慎行，而心之不存焉者寡矣。觀此，則人心之放只是從欲一邊，放心之求只是收歸理上。先儒不多説出理字者，意以心具衆理，但説操存，則理皆在内，不必指一事一節以當之也。而學者因此遂多將理字落空，致生别症。如人家管教浪游子弟，是要其專務正業。若但禁其浪游而不責以正業，則彼無所用心，而徒有拘禁之嚴，恐其仍思放佚，似莫如指實理字作收放心之歸宿爲牢靠也。

或問：物必有則，則不離物。靜中未感事物，義理將何所附？愚謂：事物之理可會於靜中，不必專得自靜中也。蓋學者功夫，精義爲主。義苟精熟，則無論動靜皆油油在心目間。如知萬物之皆爲一體，則欲使之各得其所者常耿耿也。知萬事之不離吾性，則欲使之各盡其分者常切切也。譬水之能流，不待流派之分，而淵源自裕。如木之能長，不待枝葉之發，而根本自深。操存者，不以私而淆此也；涵養者，不以慾而亂此也。若夫既感之餘，觸於事物而突見其理，未應之前掃空心性而渾以爲靜，則亦非體用一源之謂矣。

靜中操存，固是收斂，不容一物，然已得之理自管温繹，未融之理自管體認，若能温繹精熟，體認融洽，則致中立本功夫倍見得力。蓋初學功夫不能遽比聖賢，聖賢是物格知至者，故一加收攝，主宰精明，即萬理無不呈露於此。學者氣拘物蔽之後，虧欠已多，雖加操存，只是素昔篤信之理油然在目，其未融者仍須隨時體認，體認有得，乃爲感應之本也。

先儒言靜中有物，已不落空，然尚未指實何物。若直以酬應萬事之理坐實此物字，則舉靜而貫攝乎動，操存益有把握矣。李厚庵先生謂：「原夫道不可須臾離之意，則敬蓋爲義而存。不然，則是異學之操其心，不足尚也。」真破的語。

性者，天所賦之正理也。言性者不可離天，蓋天之體用，吾性之體用也。純乎天而後見性之真，順乎天而後得性之正，混合無間，於天而後識性量之宏深，極性體之廣大。張子曰：「性，天德；命，天理。」至哉言乎！

富貴貧賤，命也，不待我而定。吉凶禍福亦命也，必待我而應。不待我而定者，君子審而安之；必待我而應者，君子謹而辨之。安命而後能立命也，立命乃所以安命也，其用心則一而已。

整齊嚴肅，心自入敬，此學者下手第一切要功夫，無論動靜皆離此不得。前此有功夫者，以此加策；前此無功夫者，從此發脚。

必有事焉，無先於此者，蓋此是知行領頭處也。

道爲人性所固有，以道自任，直儒者尋常本分事，完其性之所有而與人無與者也。道不易盡，性不易完，此中要多少苦心，多少毅力。若岸然自異於人，動見齟齬，是先看道字不真切，不但氣象不好已也。如夫子以斯文自信，此是何等擔承，而見於《中庸》則曰「君子之道四，未能一也」；見於《論語》則「躬行君子，未之有得也」，見於《孟子》則「辭命尚未能也」，此是何等氣象，何等心事！是豈以一得自是者耶？又以天下爲己任，此儒者成己成物大端，故范文正公做秀才時便如此。然志自如此，而行事舉動則須看所處地位。如伊尹溝中之内是成湯三聘之後，若畎畝樂道時則亦嘯歌自適而已。若分所未屬，而慷慨擔當，臧否賢否，是卑而言高，自取出位之罪也，君子戒之。

程子云：「學者爲氣所勝，習所奪，止可責志。」真切中要害之言。夫人性之善，皆可以爲聖賢，然自孔、孟至今數千百年中間，不媿聖賢者屈指僅二十餘人，其餘豈盡聰明才力瞠然人後者哉？大抵拘於氣而不自克，溺於習而不自振，故庸衆與同歸也。而要其所以然者，總由於志之不立。蓋志爲氣帥，未有志至而氣不至者。如馬御史公伸執贄程門，不受，十反往而愈恭，且欲棄官而來。羅仲素聞龜山講《易》，稱伊川之説甚好，仲素即鬻田往洛求見程子。黄勉齋往見朱子，冒大風雪，白母即行。此是何等志氣！其至誠懇切處，豈尋常俗情所能畔援者？即一生任重詣極，皆此志爲之也。否則無真實心地，豈能有刻苦功夫？程子之言，其對症藥石矣。

孫思邈「膽欲大而心欲小，智欲圓而行欲方」二語，朱子採入《小學》，若平平讀去，語原無病。蓋有膽乃能擔事，心小乃能敬事。智圓則於理能周，行方則於道能盡也，然在君子之用心守理而已。理之所在，該大處大，該小處小，應圓處圓，應方處方。若有意求大，有意求小，有意求圓，有意求方，便夾雜私心作用。内中「膽大」二字，尤麤。遍察六經無「膽大」字，惟風愆之訓三用「敢有」二字發端，是膽大鐵板註脚。蓋爲惡之人，天變不足畏，人言不足恤，無有不膽大者。若修善之君子，雖掀天揭地之事，皆本兢業出之，無放膽僥倖處也。

人心各有所恃，故怠於自修而安於自放，惟困苦拂鬱之事環來而奪其所恃，則志氣儆而敬畏生。在君子則進德最速，在小人則悔禍有機。蓋憂患原是生路，但悟此者多苦不早耳。

事非勇決不行，非果毅不成，然以如事之分爲主，事有先後、緩急、輕重之差，失其機則固滯不行，越其分則淩亂不達，非將自己麤暴、怯懦、偏僻、固滯之私打疊淨盡，必不能隨時處中，純乎天理。當機之奮發，跟平日之誠篤來；當境之從容，跟平日之和順來；當事之細密周詳，跟平日之窮理格物來。凡日用之一物一事，無不關動全體。雖臨時隨事檢點，而非猝辦於臨時者也。若平日本無豫養功夫，而臨時以倉皇冒昧爲之，不止十有九敗也。

凡人改過，强於行善。行善者如走官道，自來坦平，放步行之，亦間有蹉跌，改過者如從崎嶇、險阻、荆棘、瓦礫中尋出正路，其艱難處時在心目，其平坦處亦不廢提防，較之走官道者用心校虛，動脚校穩，其免於顛躓也必矣。

異端之害汩溺人心，然惟高明者多中之，其餘未數數覯也。至近日功利之害逼天塞地，澈骨透心，勿論富貴、貧賤、高明、沈潛之人，舉凡交際往來、倫常日用之事，非利不動，非利不行，直以趨便求益，鍊成人心，鑄成世界，一舉足而不忘利，一出言而不忘利，一涉念而不忘利，其有正人君子倡爲義舉者，孑立無與，孤掌難鳴，除貼心貼力，任勞任怨外，仍須以利脂秣，以利灌溉，然後各得其欲，爲我所用，而提防少疎，仍恐爲所刦制。其旁觀之忌者、惡者，譏誚之，阻難之，中傷之，又無論已。嗟嗟一舉事而傷仁人孝子之心，短英雄豪傑之氣，殆無有過於今日之世局、世態、世味、世情者矣。士君子生當此時，苟欲爲正人心、變風俗計，惟操甄陶一世之權，有甄陶一世之德，激濁揚清，舉直錯枉，變化愧厲，遲以歲年，庶幾滌垢穢之肝腸，剔腥羶之髓骨，漸復本心，知有廉恥。若在下之君子則惟有自完其貞，獨立不懼，謝流波於砥柱，標勁草於疾風，樹準立規，守先待後，至觀感興起，則仍聽之於世而已。嗚乎！民受天地之中以生，天理人倫昭揭於日星者，無古今，一也。民彝物則，保合於造化者，無盈絀，分也。好是懿德，若性生焉。顧人品爭差，或相倍蓰，自賢人以至庸人，嗜好迴殊矣。自恒人以至下流，嗜好又迴殊矣。乃至苟賤卑污，不齒人類，下視等儕，仍有過之，推其由來，只是好利一念中之，而其後遂淪胥而靡知所底也。可勝歎哉！可勝歎哉！

或問爲政，曰：爲政以安靜爲主，地方無事爲福，然辦事方能了事，了事方能無事。若有事不辦，辦事不了，單講安靜，貽患養癰，是生事之道，非無事之道也。且天下事莫不起於細微，當其細微，及早撲滅，則爲力易而傷人少。若待其養成氣候而後圖之，則殺人必多，且無辜之驚擾，傷殘者不可勝計矣。是以生人而當謂之仁，殺人而當亦謂之仁。今若就此言而推之，則殺人不當謂之不仁，生人不當亦可以謂之不仁。

病之驟來者促不及防，多至傷人，然使於初發時，急起而療之，藥苟對症，亦往往收應手之效。惟來之緩者，初不及覺知，及覺知，亦不介意，迨其養成患害，頑不能攻，結不能解，聽其潰敗，甚可懼也。

一日諸孫問學，答之曰：學以求道，而道爲日用事物當行之理，明此理於心，實此理於身，公此理於人，學問無餘事矣。觀《孟子》論樂正子章，雖有善性，美、大、神、聖層層階級，然只是「有諸己」句爲主。蓋學能實有諸己，自然充實光輝，而可幾於聖、神。否則，雖窮深極微，不過紙上之兵而已。《中庸》云「不誠無物」，《孟子》曰「至誠而不動者，未之有也。不誠，未有能動者也」，可謂傾囊倒篋而出之矣。

吾人不得已而有著述，必真能發前人所未發，或前人已言而未及推闡明透者，我從而指明之，使後學不至歧誤乃可，否則不是雷同，即是矯異，知德者恥之。

課　程

道光癸巳十一月十五夜子初刻，不寐。追思生平爲人心術不壞，姿質亦中等，不惟知善當爲，惡當去，亦曾實做爲善去惡功夫，而念慮不能打疊乾淨，功夫不能整齊久常，中間得罪於天地、聖賢、祖宗、父母者正復不少。今年七十二，桑榆之景來日不能多矣，倘若只乘前此功夫，再加積累，恐從前根基不實不固，連新用之功亦同歸於浮沈，將終無聞道之一朝，可懼莫甚焉。今斷自現在覺悟之一刻，判爲今昔。昔所爲者，一概捨去，從今新起，另用功夫。約於每日之間分作三次考察，當早飯時，即自問卯辰巳三刻所用功夫是仁義，抑非仁義？踏實地，抑非踏實地？中間雜私意否？晚飯時，則將午間所行之事、所用之功照省如前。臨卧時，又將飯後所爲如前考察，竝統計一日之功可對聖賢否？從此著實用數年功夫，再看何如。十六日晨起，書定課程。

課孫偶記

讀書須反到自己身上來，如讀《湯誥》「惟皇上帝，降衷于下民，若有恒性」及《左傳》「民受天地之中以生」，便自問我亦是天所生之民也，天降衷于我在何處？驗出我之恒性在何處？見得孟子教人因惻隱、羞惡、辭讓、是非之情體認仁、義、禮、智之性，便是這個意思。如今須自問我之用情何者是惻隱？何者是羞惡？我何以有此惻隱？何以有此羞惡？便從此認出我之仁來，認出我之義來，則自可知恒性之不虚而降衷之可信矣。又如讀「所求乎子以事父，未能也。所求乎弟以事兄，未能也」，便自問聖人爲子爲弟何以尚且自愧未能，我們爲子爲弟能如聖人乎？我們如今敢自信能事父、能事兄乎？如此體貼，方是讀一句得一句。蓋讀書所以講明爲人之理，學爲好人也。若不體貼在身上，何與於爲人，何貴於讀書乎？

學所以求道也，道安在乎？《中庸註》：「道者，日用事物當行之理，皆性之德而具於心，無物不有，無時不然。」可見天理流行，隨處充滿，無少欠缺，而最切處即在日用事物。離了事物，則天理無著落處。離了天理，則亦不成事物。故孟子一言以蔽之曰「有物有則」，蓋物即日用事物，則即天理也。註中「有耳目則有聰明之德，有父子則有慈孝之心」，不聰明則不成耳目，離了耳目則聰明亦無著落處，不慈孝則不成父子，離了父子則慈孝亦無著落處。推之飲食衣服，一言一動，皆有至當恰好準則，便是天理之即物而存者。是以學者致知之功則曰「在即物而窮其理」，力行之功則曰「隨事精察而力行之」。觀夫子於樊遲問仁，則告之以「居處恭，執事敬，與人忠」；於子張問行，則告之以「言忠信，行篤敬」，便全是在日用事物上切實用功。且要之以固守，則曰「之夷狄不可棄」；勉之以操持，則曰「立則參前，輿則倚衡」，可知離了日用事物，更無處體認天理。不隨事隨物體認天理，亦更無用功處矣。學者但守定夫子告樊遲、子張兩章書，終身體貼，隨時檢點，不患不到聖賢地位。其他溺於詞章、功利，惑於虛無寂滅，均不可與入堯舜之道。爾輩識之。

《大學》之提要在誠意，《中庸》之歸宿在誠身，子朱子以《大學》誠意章爲人鬼關。《中庸》言「誠者，物之終始。不誠無物」，亦人鬼關之意也。《孟子》謂「至誠而不動者，未之有也。不誠，未有能動者也」，則更斬釘截鐵，情激於辭，猶《大學》、《中庸》之意也。曾、思、孟傳授心法具在於此矣。學者爲善去惡之心不實，總是自欺，終身爲聖賢門外人，甚之便爲掩著之小人，再甚之便是無忌憚之小人。爾輩辨之不可不早。

讀書做人，總是小心敬畏，一時一事不可放馳。蓋敬則心存，心存則理得。畏是敬之沈著警動處。「君子畏天命，畏大人，畏聖人之言」，是無事不敬畏也。《中庸註》：「君子之心常存敬畏，雖不見聞，亦不敢忽。」是無時不敬畏也。《詩》云：「如臨深淵，如履薄冰。」又曰：「畏天之威，於是保之。」《書》云：「慄慄危懼，皇自敬德。」《易》言「敬慎不敗」，「以恐致福，以惕无咎」。聖賢憂勤惕厲之心，千古如見，其主意總期於内省无咎，其要歸則無不生於憂患。否若反敬畏則爲肆，一肆則無所不至，不知其所終矣。須親切認之。

學者必學聖人，非夸言以自大也。蓋聖人者道之的，猶射之有正鵠，射者未必皆中的，然未有舍的而爲射者，其中不中則看審固之力何如耳。如伯夷、伊尹皆是聖人，孟子姑舍之而必學孔子，非薄伯夷、伊尹，總是認的真切，心專力正，不肯少涉游移也。然立志必至於聖賢，而取善不遺於芻蕘，故第見賢者必思與齊，三人同行，厥有我師，隨事採訪，隨時集益，乃能湊合融會到聖賢地位。蓋聖賢品地去庸流不知幾千里，然只是人倫之至。如今有人發一言，行一事，合於人倫，至當恰好，即聖賢亦無以過，是資我取法者，原無窮也。不隨處虚心集益，便無有長進處。

躬自厚而薄責於人，此立身處世第一韋絃也。今人好訕議人，每於無可指摘者推求不已。即其論人之嚴，絲毫不容放過，疑其自立處必有過乎人者。及察其所行所爲卻止庸俗平常，而暗室屋漏中或尚多不可對人者。是徒以君子厚望人，而在己反自安於不肖也。自修者必不如此。

附録

先生任鄒平時，百姓初呼爲李教官，後呼爲李青天，循聲大著。墓表。

泰安、沂州二府，素號難治，而沂俗較悍。先生爲守，立屬吏課程，告以治鄒平法，化險健爲淳良，掖匪鹽梟，望風奔潰。勸民捐義倉備荒。地産桲、欏、椿樹，勸民種植養蠶，兩府風俗爲之一變。同上。

先生陟東臬，平允安靜，不務赫赫之名，惟深惡懸案不結，勒限嚴懲。兖州多詐贓斃命，立置縣役重典，吏治肅然。同上。

官黔時，值桐梓縣大水，鑿葫蘆口濬之而患息。立男女紡織二局，使民知棉布。作《家喻户曉篇》，使民重倫紀。同上。

先生年十七，府試第一，聞父病，即歸。甫一日而父歿，治喪一本《家禮》，不作佛事。痛父以酒致疾，遂終身不飲酒。行狀。

李氏居昆陽，舊無譜，先生乃創爲之，又倡建宗祠。同上。

先生在鄒平，創立梁鄒書院及義學四處，修伏生祠、長白祠，表范文正讀書處，立馬宛斯先生神道碑。在冠縣，創立清泉書院。署蒲臺縣，創立縈蒲書院。在浙時，修錢武肅王祠、岳忠武王廟，並刊《朱子古文》、胡文敬公《白鹿洞學規》、《三魚堂文集》、《張楊園先生文集》、陳文恭公《大學衍義輯要》、《五種遺規》、《四禮翼》之類，隨在頒行，用資化導。及採訪節烈孝義，手書額，旌其閭，或立石墓左，復自作勘語表之。同上。

先生用刑最慎，刑具必親閲，諭刑役毋傷人筋絡成痼疾。同上。

先生自東移黔，不能成行。同官爲致

贐，鹽商感其德，亦醵金以助，一無所受。自黔歸，僦居會城，甚湫隘，服食麤菲，非賓、祭不用鮮。同上。

先生自言夙秉母教，謂：「凡事必具有至誠心，乃得見聖賢真處。」生平仕學，於一切苟焉爲名而實爲利者，恧然深恥，實得力此二語。所至士民無不悦服。同上。

以上雲南。

清儒學案卷二百八終

鳴謝

《儒藏》精華編惠蒙善助，共襄斯文；謹列如左，用伸謝忱。

本焕法師　壹佰萬元

智海企業集團董事長　馮建新先生　壹佰萬元

NE・TIGER時裝有限公司董事長　張志峰先生　壹佰萬元

張貞書女士　壹佰萬元

方正控股有限公司、金山軟件有限公司創始人　張旋龍先生　壹佰萬元

北京大學《儒藏》編纂與研究中心

本册審稿人　甘祥滿
本册責任編委　李峻岫

圖書在版編目(CIP)數據

儒藏.精華編.一七二/北京大學《儒藏》編纂與研究中心編.—北京：北京大學出版社，2022.3

ISBN 978-7-301-11890-0

Ⅰ.①儒… Ⅱ.①北… Ⅲ.①儒家 Ⅳ.①B222

中國版本圖書館CIP數據核字（2021）第212961號

書　名	儒藏（精華編一七二） RUZANG（JINGHUABIAN YIQIER）
著作責任者	北京大學《儒藏》編纂與研究中心　編
責任編輯	王　琳
標準書號	ISBN 978-7-301-11890-0
出版發行	北京大學出版社
地　址	北京市海淀區成府路205號　100871
網　址	http://www.pup.cn　新浪微博：@北京大學出版社
電子信箱	dianjiwenhua@126.com
電　話	郵購部 010-62752015　發行部 010-62750672　編輯部 010-62756449
印 刷 者	北京中科印刷有限公司
經 銷 者	新華書店
	787毫米×1092毫米　16開本　59.75印張　580千字
	2022年3月第1版　2022年3月第1次印刷
定　價	1200.00元

ISBN 978-7-301-11890-0
9 787301 118900 >
定價：1200.00元